中国通信学会普通高等教育“十二五”规划教材立项项目

普通高等院校电子信息类系列教材

电信运营管理

彭英　编著

人 民 邮 电 出 版 社

北 京

图书在版编目（CIP）数据

电信运营管理／彭英编著．—北京：人民邮电出版社，2009.9（2016.1重印）
（普通高等院校电子信息类系列教材）
ISBN 978-7-115-20060-0

Ⅰ．电… Ⅱ．彭… Ⅲ．电信－邮电企业－企业管理－高等学校－教材 Ⅳ．F626

中国版本图书馆CIP数据核字（2009）第137490号

内 容 提 要

本书分为 5 个部分，分别介绍了电信运营战略、电信网络组织、电信业务管理、电信服务管理和电信运营支撑系统。本书在吸收了国内外专家学者观点和有关运营管理最新成果的基础上，紧密结合我国电信运营企业的市场竞争情况和企业特点，系统介绍了电信运营管理的理论和方法，每章都提供了丰富的电信行业案例和思考题，方便读者参考。

本书内容丰富，注重理论和实践的有机结合，可以作为高等院校通信和管理类专业高年级学生及研究生的教材或参考书，也可作为电信运营企业经营、管理和相关技术人员的培训和学习用书。

中国通信学会普通高等教育“十二五”规划教材立项项目
普通高等院校电子信息类系列教材

电信运营管理

♦ 编　　著　彭　英
责任编辑　蒋　亮
♦ 人民邮电出版社出版发行　　北京市丰台区成寿寺路 11 号
邮编　100164　　电子邮件　315@ptpress.com.cn
网址　http://www.ptpress.com.cn
北京九州迅驰传媒文化有限公司印刷
♦ 开本：787×1092　1/16
印张：25.75　　2009 年 9 月第 1 版
字数：627 千字　　2016 年 1 月北京第 3 次印刷

ISBN 978-7-115-20060-0

定价：39.80 元

读者服务热线：(010) 81055256　印装质量热线：(010) 81055316
反盗版热线：(010) 81055315

前言

我国加入世贸组织后，电信运营业不仅有了新的发展机遇，同时也面临着严峻的挑战，国内电信运营企业必须面对来自国际、国内全方位的竞争。随着电信市场竞争格局的改变和通信技术的飞速发展，中国电信市场已从过去的卖方市场转向现在的买方市场，快速发展的用户群、多样化的业务以及经营竞争环境对电信运营企业提出了更高、更新的要求。由于客户的选择范围不断扩大，期望值不断提高，电信运营企业必须从“以生产运营为主”的运营方式转变为“以客户服务为主”的运营方式；电信市场的竞争焦点将从“以价格竞争为主”发展到“以非价格竞争”为主，将更为强调提供“以客户为中心”的完善的、全方位的服务。

电信运营业属于服务业，它的运营效率无论对于企业自身的效率和效益，还是对于整个国民经济的效率和效益，都有着举足轻重的影响。本书主要讨论电信运营企业在其运营管理过程中涉及的相关理论与问题。因此，在本书的论述过程中，如无特别说明，“电信企业”等同于“电信运营企业”。

作为电信企业管理的一项主要职能，运营管理承担着向电信客户及时交付质量好、成本低、满足客户需求的产品和服务的任务，它的根本宗旨是提高生产率，而生产率的提高是企业获得竞争优势、保持持续成长的关键。

本书基于运营管理的基本理论，从企业生产管理的起点出发，通过对电信运营企业网络组织、生产过程的全景式描述，使读者对电信企业的运营体系框架有一个清晰的认识。全书共分为 5 个部分，分别介绍了电信运营战略、电信网络组织、电信业务管理、电信服务管理和电信运营支撑系统。第 1 部分，电信运营战略，在回顾运营管理发展历史的基础上，概述了电信运营企业和电信运营战略的基本问题，为本书的后续内容奠定基础。第 2 部分，电信网络组织，介绍了现代通信网规划、电信网络组织与管理、电信网络运行维护管理，并从电信网的监管和电信全球竞争的角度分别阐述了电信网的互连互通以及电信网络的国际化运营，使读者对电信网络有进一步的理解。第 3 部分，电信业务管理，讲述了电信业务设计和创新的方法，以及电信业务流程再造、电信运营企业的业务管理系统、电信业务供应链管理，最后介绍了虚拟电信运营商（VNO）的经营与管理以及电信全业务运营的相关内容，是在前一部分的基础上，重点关注电信业务运营模式的创新管理。第 4 部分，电信服务管理，介绍了服务管理理论以及与电信运营企业密切相关的电信客户关系管理、电信客户服务管理、电信服务接触管理、电信服务需求与产能管理、电信服务中排队问题管理和电信服务的服务水平协议（SLA）模式，给读者理解电信服务管理提供了新的视角。第5部分，电信运营支撑系统，介绍电信企业管理信息系统的有关知识，以及电信管理网（TMN）、电信运营支撑系统（OSS）、增强的电信运营图（eTOM）、下一代运营软件和系统（NGOSS）的框架与模型，这些运营支撑系统可为电信运营管理提供信息化的手段。

本书的最大特点是将运营管理理论和电信组织管理实践相结合，在吸收了国内外专家学者的观点和有关运营管理最新成果的基础上，针对目前我国电信市场竞争情况和电信运营企业特点，系统介绍了电信运营管理的理论和方法。本书的每章都提供了丰富的电信行业案例和思考题，方便读者参考。

在本书的写作过程中，作者进行了大量的调研，参考了大量的有关书籍和论文，进行独立的思考和研究，在写作上的反复斟酌，使本书内容更完整。在此对南京邮电大学经济与管理学院，南京大学商学院，北京邮电大学经济与管理学院，工业与信息化部电信研究院，工业与信息化部科技司国际电联办公室，工业与信息化部通信科技委，江苏省通信管理局，中国联通，江苏电信，江苏移动等单位的领导和专家学者提供的支持和帮助表示感谢，向国内外的有关著作者表示敬意和感谢。

本书的写作得到江苏省博士后基金（批准号0801029C）和南京邮电大学引进人才项目（批准号NY208013）的资助，在此表示感谢。南京邮电大学经济与管理学院硕士研究生曹星、杨希楠、陆玮娜、夏林、谢晓霞等参与了本书的写作，南京邮电大学经济与管理学院经济运行与管理综合实验教学中心徐建勤为本书的实验内容提供了帮助，在此，对他们的辛勤劳动表示衷心的感谢。最后，要感谢我的家人，感谢他们对我工作一贯的理解和支持。

由于作者本人水平有限，书中难免有不当和疏漏之处，敬请广大读者批评指正。E-mail：pengyingnuaa@163.com 或 pengy@njupt.edu.cn。

编　者
2009年8月于南京

目　录

第1部分　电信运营战略

第2部分 电信网络组织

第 3 部分 电信业务管理

第 4 部分 电信服务管理

第 5 部分 电信运营支撑系统

第 1 部分

电信运营战略

获得竞争优势

生产率是企业竞争力的核心。在经济全球化背景下，生产资源的有效管理是关系企业战略发展和获得竞争优势的关键。企业运营管理就是面向企业生产资源的管理活动。通过运营管理设计并控制企业生产系统，可以在产品或服务的生成过程中，有效利用企业的各项资源，最大程度地提高服务质量和生产率。本部分在回顾运营管理发展历史的基础上，着重阐述电信运营企业和电信运营战略的基本问题，并介绍电信企业运营管理中的企业技术与研发管理、项目管理、质量管理等相关内容。

第 1 章 导论

【引例】铱星的陨落

2000 年 3 月 18 日，耗资 50 多亿美元建造 66 颗低轨卫星的美国铱星公司宣告破产。全世界为之震惊，铱星陨落了。

“铱星计划”始于 1987 年，历时 11 年，整个投资共计 50 多亿美元。铱星公司的最大股东为摩托罗拉公司。铱星计划的目标是建立一个把地球包起来的“卫星圈”。1998 年铱星公司实现了这个梦想——网络覆盖全球（包括南、北极及各大海域）。这一系统由 66 颗 680kg 的卫星组成，单颗卫星设计寿命为 5～8 年。这是世界上第一个大型低轨卫星通信系统，也是全球最大的无线通信系统，每年仅维护费用就需要几亿美元。银星系统自诞生后，殊誉不断。美国的《大众科学》将它列为年度百项最佳科技成果之一，数百位中国科学院院士也将它评为 1998 年世界十大科技成就之一。

然而，就是这样的一颗通信产业的新星，却在运营不到一年的时间里成为了一颗流星。1998 年 11 月 1 日，当摩托罗拉公司费尽千辛万苦将铱星系统投入使用时，传统的手机已经完全占领了市场。由于依星手机终端成本和通话费用过于昂贵，加之投入商用的服务系统尚不完善，无法形成稳定的客户群，致使铱星公司亏损巨大，连债务利息都无力偿还。1999 年 8 月 13 日，债权方集团向纽约联邦法院提出了迫使铱星公司破产改组的申请，加上无力支付两天后到期的 9 000 万美元的债券利息，铱星公司被迫于同一天申请破产保护。随后的几年，资产重组方案也相继流产，2000 年 3 月 18 日，铱星公司因背负 40 多亿美元债务无法偿还而正式破产。铱星公司用自己的失败教训告诉了我们这样一个道理：公司因处于当今经济全球化背景下的电信运营企业，如果脱离市场需求，忽视企业运营管理的基本规律，即使拥有技术上先进的产品，也不可避免会走向衰亡。

企业运营管理最初是由生产管理发展而来的。随着近代产业革命的发展，生产管理理论已经不仅局限于制造企业和生产作业的管理，也开始应用到服务企业。现代企业管理涉及营销、财务、人力资源等很多方面，但是，无论企业经营什么，无论企业是生产型或者是服务型，居于核心地位的依旧是生产运营的活动。近年来，经济的全球化和企业竞争的加剧，迫使企业从战略高度审视内部的生产管理。企业对外的经营活动必须满足客户的需求，“以客户为中心”的模式正成为企业运营活动的主体和重点。于是，“生产与运营管理”(Production and Operation Management)

逐步取代了原来的“生产管理”（Production Management），面向服务型企业则直接称它为“运营管理”（Operation Management）。面对经济全球化带来的竞争压力，作为提供电信服务的企业，电信运营商迫切需要对运营管理的概念有深刻的了解，更重要的是，他们必须知道如何运用这一知识来最大程度地提高电信服务的质量和生产率。

1.1 运营管理概念及其发展

1.1.1 运营管理的基本概念

1. 生产管理的概念

运营管理源自生产管理。生产是人们创造物质财富的过程，通过物质资料的生产将原材料转化为特定的有形产品。任何生产都是社会的生产，是物质资料生产与生产关系生产的统一。从广义说，生产还包括劳动力的生产，人们的物质消费，生产着自身，并生产出自己的后代，以及精神财富的生产，如科学研究，教育和文学、艺术创作等。

生产管理，又称生产控制，就是有计划、组织、指挥、监督调节的生产活动，目标是以最少的资源损耗，获得最大的成果。生产管理是对企业生产系统的设置和运行的各项管理工作的总称。它的内容包括如下 3 点。

（1）生产计划工作，即编制生产计划、生产技术准备计划和生产作业计划等。

（2）生产组织工作，即选择厂址，布置工厂，组织生产线，实行劳动定额和劳动组织，设置生产管理系统等。

（3）生产控制工作，即控制生产进度、生产库存、生产质量和生产成本等。

生产管理的任务有：通过生产组织工作，按照企业目标的要求，设置技术上可行、经济上合算、物质技术条件和环境条件允许的生产系统；通过生产计划工作，制定生产系统优化运行的方案；通过生产控制工作，及时有效地调节企业生产过程内外的各种关系，使生产系统的运行符合既定生产计划的要求，实现预期生产的品种、质量、产量、出产期限和生产成本的目标。生产管理的目的就在于做到投入少、产出多，取得最佳经济效益。

2. 运营管理的概念

当今社会，不断发展的生产力使得大量生产要素转移到商业、交通运输、房地产、通信、公共事业、保险、金融和其他服务性行业和领域，传统的有形产品生产的概念已经不能反映和概括服务业所表现出来的生产形式。因此，随着服务业的兴起，生产的概念进一步扩展，不仅包括了有形产品的制造，还包括了无形服务的提供。生产管理虽是制造企业的主要任务，但它也具有一定的服务活动；在以管理和企业运营为主的服务领域，实施有效的经营管理越来越重要，这些关乎整个产品生产和交付系统的活动被称为运营管理，这一概念也包括在制造活动中所需要的生产管理和服务性活动中产生的运营管理。为更好地反映学科发展的连续性，考虑到服务型企业的特点，本书采用“运营管理”这一名称。

随着应用领域的拓展，运营管理的内容和定义也在不断变化和扩展。目前，对于运营管理的定义主要有以下几种：

罗杰•G•施罗德认为，运营管理是一门研究运营职能决策的学科。运营管理者在组织中负责产品和服务供应的生产，并对有关运营职能和转换系统作出决策。

威廉•J•史蒂文森认为，生产与运营管理包括对产品制造或服务提供过程中各种活动的计划、协调和实施。

理查德•B•蔡斯认为，运营管理是面向生产资源的管理活动。通过运营管理设计并控制企业系统，从而实现在产品生产或服务过程中，有效地利用原材料、人力资源、设备和设施。

归纳起来，运营管理主要包括以下几个方面：①运营管理是企业的主要职能；②运营管理的对象是提供产品和服务的生产系统；③运营管理是对生产系统设计与控制作出决策；④运营管理已经发展成为一门学科。

由此，可以定义，运营管理就是对提供产品和服务的企业系统进行设计与控制的决策过程。

1.1.2 运营管理的内涵

1．运营管理是企业的核心职能

对于一个典型企业，管理的基本职能主要有 3 种：财务、营销以及生产与运营。这 3 个职能和其他辅助职能分别完成不同又相互连系的活动，它们相互依赖，缺一不可。只有实现这些职能的相互配合才能实现企业的目标，为此每个职能都发挥着重要的作用，如图 1-1 所示。

运营管理的目标就是以最佳的方式为顾客提供满意的产品或服务，这也是任何一个企业所追求的目标之一，因为只有产品或服务在市场上获得竞争优势，才能为企业带来利润。基于以上功能，我们还可以将运营管理视为企业的一种管理核心：在企业中，生产运营活动所需的资金通过财务职能从资本市场上融资和运营；生产运营活动所需的劳动力通过人力资源部门招募和培训；消费者的需求可通过营销职能预测，如图 1-2 所示。

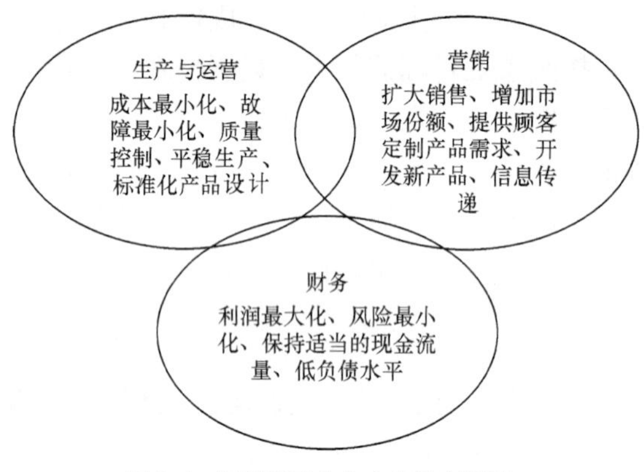

图 1-1 运营管理作为企业基本职能

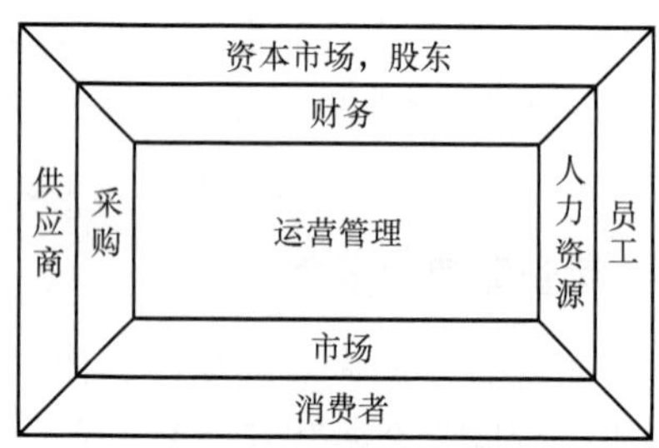

图 1-2 运营管理作为管理核心

2．运营是一个转换的过程

任何一个生产组织都是通过业务流程来提供产品或服务的，从管理的角度来看，建立一种企业的生产运营活动的模式非常重要。在业务流程中，企业将投入的要素变成期望的产出。因此，在研究生产运营管理的问题中，我们应建立过程的概念，将“输入—转换—输出”这一模式称为过程。

如图 1-3 所示，生产过程包括资源的投入、增值或不增值的转换作业、有形产品或无形服务以及内外部信息的反馈。生产运营

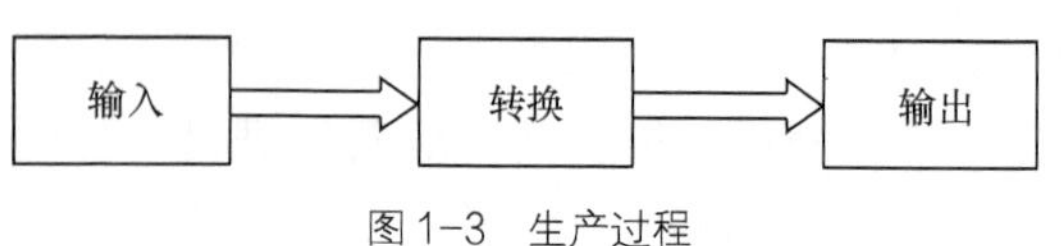

图 1-3 生产过程

系统可以由一个过程也可以由一系列过程组成。在制造系统中，不同的过程就是不同的生产工艺工程；而在服务系统中，不同的过程就是不同的业务流程。生产管理是面向过程的管理活动，包括生产运营系统的设计、运营与改进活动，生产管理使得生产活动能够使用可靠的投入资源（剔出冗余环节），由最佳的运营流程提供顾客满意的产品或服务。

所谓生产运营系统，就是指由人和机器构成的，能将一定输入转化为特定输出的有机整体。生产运营系统本身就是一个人造的系统，它也是由输出决定的。输出的“质”不同，则生产系统也就不同。显而易见，电视机厂的生产系统不同于机床厂的生产系统，电信企业的运营系统也不同于医院的运营系统。不仅如此，生产运营系统还取决于输出的“量”：同样是生产汽车，大批量生产和小批量生产所采用的设备以及设备布置的形式是不相同的；同样是提供食物，快餐店和大饭馆的运营组织方式也是不同的。生产运营系统是由人设计制造的，它可以按照需要进行构造，使它能够适应外界环境发生的变化，这是生产运营系统优于生物系统的地方。生产系统的运营如图 1-4 所示。

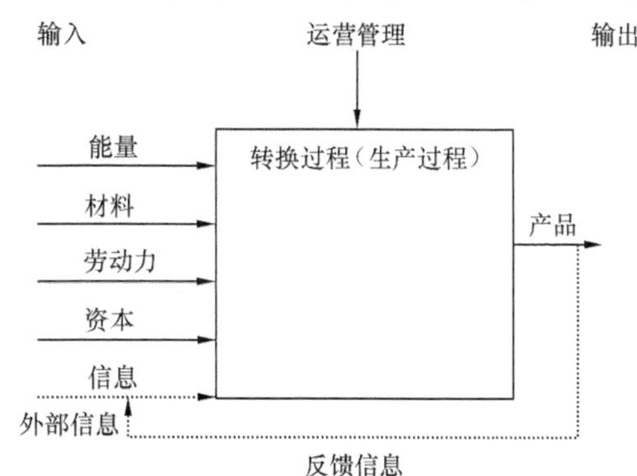

图 1-4 生产系统的运营

为了确保获得满意的产出，管理者必须对转换过程的各个阶段进行监测反馈，并与制定好的标准进行比较，以决定是否采取纠正措施。增值是用来反映投入成本与产出价值或价格之间差异的概念。在不同行业的生产运营系统中，输入不同，转化方式不同，最终的理想输出也不尽相同，如表 1-1 所示。

表 1-1 生产系统实例

系　统	输　入	转　换	输　出
电视机制造	原材料、设备、工具、劳动	电视机制造、装配	电视机
医院	患者、医生、护士、药物、医疗设备	治疗与护理	健康的人
电信服务	电信服务需求者、终端设备、信息、通信设备	传递信息	满意的顾客与传输量

1.1.3 生产与运营管理的发展历史回顾

生产与运营管理的发展大致可以划分为 4 个主要阶段：第 1 个阶段，是 1911 年以前的探索和研究；第 2 个阶段，以泰勒所领导的科学管理运动为特征，奠定了现代生产管理理论的基础；第 3 个阶段，以 20 世纪 70 年代计算机技术在管理中的应用为特征，生产运营管理理论与实践开始研究成本之外的其他运营重点；第 4 个阶段，以 20 世纪末 Internet 的普及为特征，生产运营管理理论与实践突破了原有的企业的边界。

对于生产管理的活动自古就有，然而作为生产运营管理理论的起源，则始于 18 世纪 60 年代手工业过渡到工厂制之后。产业革命使得生产社会化程度得到了很大的提高，由劳动分工引发的大批量生产方式开始逐渐取代单件生产方式。1776 年，英国经济学家亚当·斯密在《国民财富的性质和原因的研究》中系统地论述了劳动分工的 3 个基本经济优点：重复单项作业提高劳动熟练程度，提高效率；减少由于工作变换而损失的劳动时间；作业专门化促使人们发明新机械，这可以说是生产运营管理理论的开始。1911 泰勒年在《科学管理原理》中引入科学的定量分析方法，把凭经验办事的传统管理放在科学基础上，认为“一切管理问题都应当用科学的方法去研究和解决”，“实验是寻找答案的最好方法”，其主要观点是：科学管理的中心问题是提高劳动生产率；为了提高劳动生产率必须有第一流的工人；实现工人操作方法、工具、作业环境的标准化；实施有差别的计件工资等。泰勒因此被誉为“科学管理之父”。亨利·福特运用泰勒的科学管理原理，引入流水装配线生产，使一辆 T 型车的生产时间由 12 个多小时降低到 1.5 小时。在 1908—1916 年间，产量扩大了近 100 倍。

20 世纪 60 年代，随着客户需求日益多样化，市场竞争日益激烈，新的产品和技术不断出现，原来以分工为基础的生产运营理论正面临着以集成为发展方向的强有力的挑战。20 世纪 70 年代以后，计算机技术在生产管理领域得到了广泛的应用，美国和西欧的计算机制造商推出了许多优秀的管理软件包，如 COPICS、MRP 等。柔性制造系统在工厂得到了应用，无人工厂开始出现，成组技术解决了多品种、小批量生产所带来的问题。对生产管理理论的研究拓展到了服务业领域，运营管理从理论上和应用上取得了突出的进展，标准化服务比比皆是。

进入 20 世纪 80 年代以后，市场竞争更趋激烈，使得企业生产管理模式从“以企业为中心的管理”向“以顾客为中心的管理”转化。以顾客为中心的管理，强调对顾客的需求做出快速响应。要做到对顾客个性化需求做出快速响应，不仅要求企业按照业务流程对组织进行重组，消除不增加顾客价值的活动，形成多功能团队，而且还要求企业善于利用外部资源和公共资源。准时化生产、精益生产或敏捷生产、大规模定制生产概念被提出并日渐成为主流生产方式；全面质量管理（TQM）在许多公司得到实施；供应链管理日益受到重视；企业组织也从效率型的机械组织向适应型的有机组织转变，有机组织使企业能够像生物那样适应外界的变化，以其适应性来满足市场需求变化。以服务业为例，麦当劳过去一直是将大规模生产方式运用于服务业的代表，其菜单、食谱、员工制服以及店面都有统一标准，生产方式也和装配生产的流水线一样。这些都给麦当劳带来了巨大的成功：保证顾客在世界上任何一个麦当劳分店都可以吃到始终如一的高品质汉堡包和油炸食品。20 世纪 80 年代末，麦当劳开始增加菜单上的可选品种，现在一些麦当劳店的菜单上已经包括 150 多个不同品种，而且客户还可以对食品内容做某些改动。

20 世纪末到 21 世纪初，Internet 逐渐得以普及，网络经济、知识经济、新经济的概念被提出。在这个时代里，国际市场进一步发展，逐步成为全球化生产和全球化市场，一个企业的竞争力已十分有限，必须与其他企业共同组成动态联盟来参与市场竞争。企业组织的生产方式、组织方式发生着前所未有的变革，生产运营逐渐跨越传统企业边界，虚拟企业、网络组织作为新的生产组织方式得以盛行。运营管理呈现出与传统经济中截然不同的特点。知识经济的出现既为企业带来了难得的发展机遇，又使企业面临着极大的挑战。为了提高企业竞争能力，世界制造业开始了空前的企业改造和重构，核心是生产与运营模式的改造，建立起面向 21 世纪基于信息技术、知识与创新的全球制造体系。生产与运营管理的发展过程，如表 1-2 所示。

表 1-2　　生产与运营管理发展过程

发展阶段	时　间	主要理论或实践	发源地或代表人物
第一阶段：生产管理的探索和研究阶段	20 世纪以前	工业革命	英国
	1776 年	劳动分工的经济利益	（美国）亚当·斯密（Adam Smith）
	1832 年	《论机器与制造业经济学》	（英国）查理·巴贝克（Charles Babbage）

续表

发展阶段	时　　间	主要理论或实践	发源地或代表人物
第二阶段：现代生产与运营管理理论形成与发展阶段	1911年	《科学管理原理》，工作研究	（美国）泰勒 （Frederick W.Taylor）
	1912—1917年	动作研究	（美国）吉尔布雷斯（Frank Gilbreth）夫妇
	1913年	移动装配线	（美国）亨利·福特（Henry Ford）
	1917年	工作进度图表	（美国）亨利·L·甘特（Henry L．Gantt）
	1915年	库存管理的经济批量模型	（美国）F．W哈利斯（F．w．Harris）
	1931年	质量控制的抽样检查和统计表	（美国）瓦脱·休哈脱（Walter Shewhart） 道奇（H．F．Dodge）罗米（H．G．Romig）
	1927—1933年	“霍桑试验”	（美国）爱尔顿·梅耶（Elton Mayo）
	1934年	工作活动的抽样调查	（英国）提普特（Tippett．H．G）
	1940年	解决复杂系统问题的协作方法	（英国）运筹学小组
	1947—1950年	线性规划的单纯形法 模拟理论、决策理论、数学规划、计算机硬件和软件PERT和CPM的项目进度安排等技术的进一步发展	（美国）G·B·但泽（G．B．Dan tzig） 美国和西欧发展与应用
第三阶段：运营管理理论与实践的新发展，运营重点的变化	20世纪70年代	研制各种处理车间进度计划、存储、布置、预测、项目管理等日常问题的软件包	美国和西欧的计算机制造商及用户
	20世纪80年代	服务质量和生产率、准时化生产、TQC、工厂自动化、MRPⅡ、CIMS同步制造（瓶颈分析和约束的优化理论）	麦当劳餐厅；日本丰田公司大野耐一，美国戴明、朱兰等人，美国工程师组织，美国、（以色列）格劳亚特（Eliyahm M.Goldralt）
	20世纪90年代	全面质量管理普及化；敏捷制造；业务流程再造；供应链管理	日本、美国里海大学 （美国）哈默（Nichael Hammer）（德国）SAP、（美国）ORACLE
第四阶段：运营组织边界发生变化	20世纪末21世纪	电子化运营、虚拟企业、网络组织	美国亚马逊网、易趣网、雅虎等

1.1.4　运营管理的发展趋势

进入21世纪，随着制造技术和信息技术的发展，特别是适应顾客需求的个性化与经济全球化的趋势，运营管理的创新活动正处于前所未有的活跃状态，其发展趋势表现为以下几方面的内容。

1．运营的全球化

世界各国经济体制的趋同，消除了经济全球化发展的体制障碍；套利动机形成的全球性扩张；信息技术的进步降低了远距离控制的成本，企业半径加大。这三者促成了经济全球化的发展，各国的市场以及企业实质上正在一体化。北美自由贸易协定（NAFTA）成员国美国、加拿大和墨西哥为促进其间经济的发展，开放了各自的边境；我国也加入了WTO。WTO的144个成员国统一开放经济，减少关税和补贴，扩大知识产权保护。欧洲为了市场共享统一了货币。企业都把市场扩大到全球，纷纷在国外建立跨国公司，这不但将为企业赢得更多的机会，同时也导致世界范围内的竞争加剧。因此，全球化的企业运营必然成为当前和今后运营管理的重点。

2. 重视生产运营的策略

过去人们认为，生产运营只是执行公司的战略，无生产策略可言。随着经济全球化进程的加快，生产运营策略不仅得到了承认，而且被提到重要位置上，与企业的总体战略、竞争战略以及其他职能策略作为一个整体进行考虑。战略是关系企业长远发展的谋划。在经济全球化的形势下，生产运营管理就是要在全球范围内优化资源配置，以尽可能低的成本、最快的响应速度，制造个性化的产品，提供个性化的服务。没有生产运营策略的成功实施，就不能实现企业整体战略。

3. 物流管理

所谓物流管理（Logistics），是指以满足顾客需求为目的，对原材料、零部件、半成品、成品（信息或服务）的获得、移动和存储进行计划、实施、控制的过程。其目的就是“按要求将有关货物正确地运送到正确的地点”。就单个具体厂商而言，根据业务的类型、作业的地理区域，以及产品和材料的重量的不同，物流开支一般在其销售额的5%～35%之间。

德鲁克曾指出，物流管理是降低成本的最后边界，与降低资源消耗、提高劳动生产率相提并论，被称为第三利润来源。然而，我国的企业在这方面与发达国家相比，还存在很大的差距。统计资料显示，发达国家物流成本占GDP的比重为10%左右，美国低于10%，我国的物流成本则占GDP的16.7%，而实际可能超过20%。我国的货运空载率高达60%，仓储量是美国的5倍。企业为产品储存、运输而支付的费用约占生产成本的30%～40%。工商企业自有运输工具的空驶率为40%，仅此一项每年造成的损失高达人民币100亿元。物流管理将是企业运营管理的重要内容。

4. 精细生产

精细生产（Lean Production，LP）既是一种原理，又是一种新的生产方式。从一般意义上讲，精细生产是指减少对一切资源的占用，提高对一切资源的利用率。资源包括土地、厂房、设备、物料、人员、时间和资金。精细的含义包括质量。质量高的产品在消耗同样多的物化劳动和活劳动的条件下，可以提供更好的功能、更可靠的性能和更长的使用寿命。这实质上是提高了资源的利用率。

5. 柔性化与大规模定制

企业的产品或服务既要不断适应市场的需求，又要满足用户瞬息万变的个性需要，企业必须具有对需求量、产品构成和产品设计变化的快速适应能力。从20世纪80年代后期开始，以持续变化性、快速反应性、质量高标准和低费用为特征的柔性化制造出现了。

大规模定制（Mass Customization，MC）是一种寻求定制生产和大规模生产的结合点，在满足顾客需求的同时降低生产成本的生产模式。随着由卖方市场向买方市场的转变，企业竞争形势已经完全改变：多样化和定制化的产品代替了标准化的产品，产品的生命周期和开发周期日益缩短，顾客的要求也越来越苛刻，他们希望获得真正是他们所需要的产品或服务。企业越来越发现，通过大规模定制策略，企业既可以降低成本，又可以满足用户个性化的需求，为企业提供了战略优势和经济价值，成为企业竞争的新前沿。

6．全面质量管理与质量认证

质量是企业的生命，是企业赖以生存与发展的基础。很多国家的企业现在已经将全面质量管理（TQM）应用于企业生产经营，努力为顾客提供高质量、零缺陷的产品或服务。全面质量管理要求整个企业从总裁到所有员工都要对产品或服务的质量做出贡献，形成积极参加并进行永无止境的改进企业文化。全面质量管理的主要特征是由团队发现问题、解决问题和消除问题，强调为顾客服务和连续不断地改进系统。

在提高各国企业质量管理水平方面，国际标准化组织（ISO）起到了重要作用。国际标准化组织颁布的ISO9000质量体系推动了全球制造业乃至服务业质量管理工作，许多公司都将ISO9000质量认证标准作为与供应商签订合同的必要条件。

7．业务流程再造

1993年，哈默（M. Hammer）和钱皮（J. Champy）出版了《公司重组》（*Reengineering the Corporation*）这本具有划时代意义的著作。哈默和钱皮认为，由于3C（Customers，Competition，Change）的作用，公众大市场已不复存在，它已经细分为更小的市场，对每个顾客都要按其特殊要求生产产品或提供服务；贸易壁垒的消除，使得各个国家、各个厂商的产品在同一市场出现，谁的产品价格低、质量高、服务好，谁才能赢得顾客，公司之间的竞争已经白热化；变化已经成为常规，急剧的技术变革推进了创新。由于3C引起的环境严化，按任务导向的管理已经过时，公司应该围绕“过程”（Process）来组织所有的活动。业务流程重组实质上是为了提高对顾客的服务效率和服务质量，以取得竞争优势。

8．绿色制造

20世纪80年代至90年代，制造业传统的驱动因素（质量、成本、柔性和时间）已经发展到了一个新的阶段。制造业需要生产出比以往更好的产品并提供更好的服务，使用更少的时间和成本进行设计和生产。另外，环境问题越来越受到整个社会的关注。绿色制造（Green Manufacturing）的概念被提出。绿色制造业被称为清洁制造（Clean Manufacturing）、环境意识制造（Environmentally Conscious Manufacturing）、环境责任制造（Environmentally Responsible Manufacturing）、全面环境质量制造（Total Quality Environment Management）或工业生态（Industrial Ecology）等，尽管对这种制造战略的称谓有所不同，但目标是一致的，即通过设计和制造使得产品在使用、生产和处理过程中对环境的负面影响最小。绿色制造被定义为是一个通过鉴定、量化、评定和管理环境废物，将产品和工艺设计同生产规划和控制进行集成，以最终达到减少和最小化对环境的影响，同时力求最大化资源利用率的系统。

1.2 电信业及其发展

1.2.1 电信的概念

世界各国关于“电信”这一概念的定义，基本上可以分为两种：一种是以美国为代表的，侧重于电信的社会属性，强调电信是“点-点”信息的传输，属于保护公民通信自由的宪法范畴，美国《1996年联邦通信法》定义：“电信是指两点相互或分别传输，传输点由用户指定，内容由用户选择，信息的形式和内容从发出到接收不得改变的通信形式。”另一种是侧重电信的技术属性，如像国际电联（ITU）的定义：电信是指利用有线、无线的电磁系统或者光电系统，传送、发射或者接收语言、文字、数据、图像以及其他任何形式的信息的活动。我国《电信条例》采用了后者定义。

“产业”一词，早已被人们所接受，但从不同角度出发，对产业有不同的解释。作为社会经济的有机组成部分，产业是社会分工的产物，它随着社会分工的产生而产生，并随着社会分工的发展而发展。在经历了传统的马克思两大部类理论、三次产业划分理论后，随着20世纪人类社会在信息技术、新材料、生物科学等新兴技术领域的突破，社会生产力得到了极大的进步，社会分工也出现了新的变化。奥地利美籍经济学家马克卢普1962年在他的《美国的知识生产和分配》中首次提出了“知识产业和信息服务”的概念，1977年美国学者马克·波拉特的《信息经济》基本形成了第一产业即农业、第二产业即工业、第三产业即服务业和第四产业即信息业的理论。其中，信息产业的结构又可以分为两大部分：一是信息技术和设备制造业，主要包括计算机及网络设备、通信设备、数字终端设备、电子元件等制造行业；二是信息服务业，主要指网络信息服务、电信服务业和专业计算机服务。本书所讲的电信产业就属于信息服务业。

1.2.2 电信产业的特点

1. 自然垄断性

自然垄断性是指当一种产品或一种服务的生产全部交给一家垄断企业经营时，对全社会来说总成本最低。具有自然垄断性的行业的主要特征：一是规模效益明显；二是投资会形成巨大的“沉淀资本”。沉淀资本是指有些企业在参与一个行业的经营后，需建设大量基础设施，并购置大量专用设备，而这些基础设施和设备又难以挪作他用。也就是进入门槛和退出障碍都很高。如果在同一地区，多家企业参与竞争，必然导致多头竞争，重复建设，资源浪费。通信规模效益主要体现在运营成本中固定成本比重大，变动成本比重小，随着经营规模的扩大单位产品成本趋于下降。

2. 准公用性

完全以社会效益为目标的组织是公用性组织，如国防、环保机构没有独立的经济利益。一些提供社会基础设施的组织往往具有准公用性，主要体现在外部经济性与普遍服务性。外部经济是指一个行业或一个部门为社会带来的经济效益高于它本身的经济效益。电信部门每完成一个单位的业务，可为社会节约几十倍的费用。日本的相关研究表明：用投入产出法计算，各种公共投资的诱发系数为：通信2.75，铁路2.18，公路2.38，住宅2.76。由此可见，电信产业为国民经济的发展发挥了巨大的作用。

普遍服务是指一个部门的经营以全社会各阶层为服务对象。现代发达国家正在将人们在全国任何地方均享有同等水平通信服务的通信权作为人权的组成部分。20 世纪 80 年代末国际经济发展与合作组织（OECD）作出的“普遍服务和电信资费的改革”报告，将普遍服务理解为“任何人在任何地点都能以承担得起的价格享受电信业务，而且电信业务质量和资费标准一视同仁”。可采用以下几种方式对提供普遍服务的企业进行补贴：①由政府直接补贴；②各种电信业务相互之间交叉补贴；③征收普遍服务基金。

3. 生产的网络性

电信通信是社会化的通信，必须有一个完整的网络才能提供社会性的服务，这就是全程全网联合作业。单一的或少量的通信线路和信息传递不能算做社会化的通信。一个信息要传递到用户所要求的地方，往往需要不同的电信企业的共同努力才能实现，属于同一经济体内的各电信企业要联合作业，属于不同的经济体的各电信企业也要联合作业，体现出电信生产的网络性。

4. 产品的服务性

美国学者菲利普•科特勒给服务下的定义是：服务是一方能够向另一方提供的基本上是无形的任何行为或绩效，并且不导致任何所有权的产生。由于服务是无形的，就具有与有形商品不同的性质。首先是易消失性，服务是不能保存的，只能即时享用。其次由于服务是无形的，因此交易过程就是不可逆的。商品出售后可退换收回，服务是不可能收回的。例如，电信部门将一个信息传递到用户所要求的地方，收信方已经了解了信息的内容，是不可能恢复到不了解该信息的状态。

1.2.3　世界电信产业的发展情况

信息化已成为当今世界发展的主要趋势，信息产业已经逐步成为世界发达工业国家和地区的支柱产业和战略主导产业。而电信业作为信息产业的主要组成部分之一，是信息产业的支柱，它的建设和发展成为国民经济的重中之重。

世界经济一体化和全球经济贸易日趋活跃，极大地带动了国际电信业务市场的总体需求和迅速增长，从而促使国际电信业务市场总体规模的不断扩展。信息技术日新月异的发展和相互间的融合渗透，在很大程度上推动了全球电信市场需求的不断丰富，扩大了全球电信运营市场总规模。据 TIA 预测到 2011 年全球电信市场规模将达 4.6 万亿美元，在看到全球电信业大发展的同时，我们应当注意到国际间电信发展差距仍然显著。进入 21 世纪，世界处于工业化和信息化交织融合的历史阶段，发达国家和地区信息化已取得了较大的进展，而多数发展中国家和地区仍处于发展初期，电信发展水平和技术普遍远远落后于发达国家和地区。在物质财富的差距逐渐拉大的同时，新的信息化差距又已经形成。一个国家或地区的电信消费规模与其国民经济发展速度、经济总体实力及人均收入水平密切相关。在当前世界宏观经济的背景下，经济发达、社会稳定和人均收入水平高的国家和地区的潜在电信市场规模、实际电信消费水平、电信新业务的拓展和扩散速度均要超过发展中国家和地区，并远远超过经济落后、社会动荡和人均收入水平低的国家和地区。

1.2.4 中国电信产业的发展情况

新中国成立以来，我国电信业的发展取得了举世瞩目的巨大成就，特别是改革开放 30 年以来，电信业的发展实现了历史性的跨越。20 世纪 80 年代起，在国家产业政策的支持下，电信业成为我国发展最快的产业之一，电信业对国民经济发展的贡献率显著提高，通信网的规模容量、技术层次和服务水平都发生了质的飞跃。全国已建成了可提供满足各层次需求业务、覆盖全国、通达世界的公用电信网，完成了由人工交换电话网向自动交换电话网、模拟技术向数字技术、窄带向宽带、单一业务向多种业务的转变，技术装备水平也进入了世界先进行列。图 1-5、图 1-6、图 1-7 和图 1-8 分别显示了我国 2005—2008 年 1～10 月各项电信业务的发展情况。

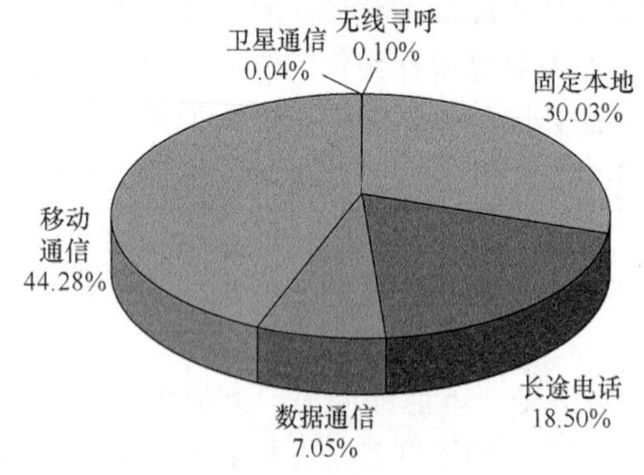

图 1-5 2005 年 1～10 月电信业务收入构成

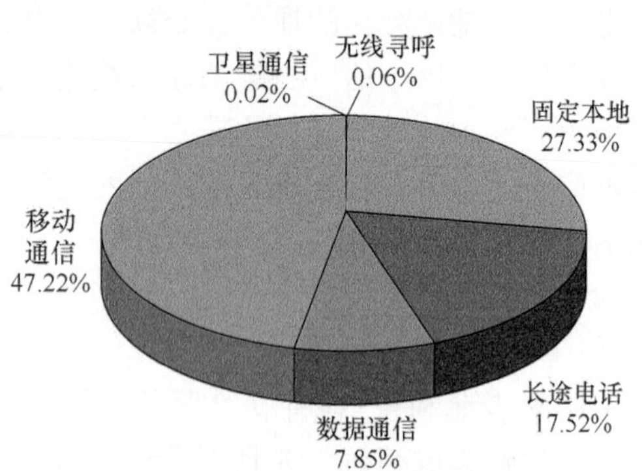

图 1-6 2006 年 1～10 月电信业务收入构成

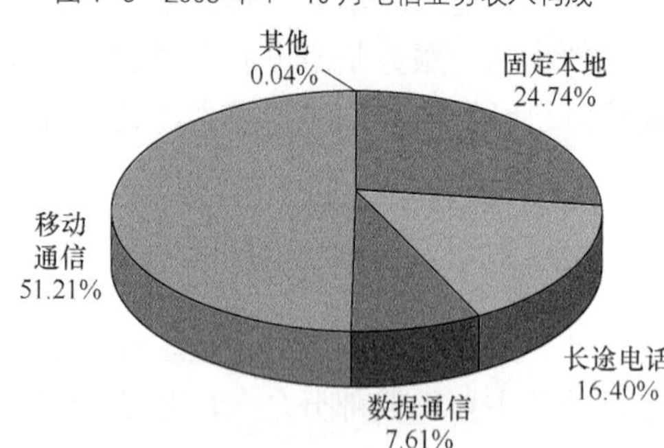

图 1-7 2007 年 1～10 月电信业务收入构成

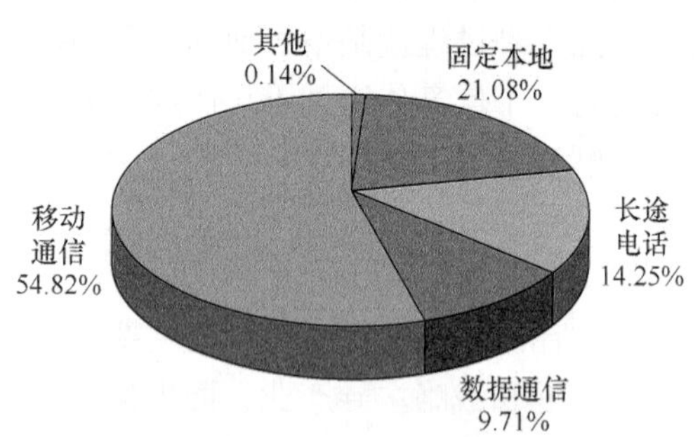

图 1-8 2008 年 1～10 月电信业务收入构成

2007 年，我国电信业务收入达到 7 280.1 亿元，比上年增长 10.9%。电信业务收入构成如图 1-9 所示，各项业务收入同比增长率如图 1-10 所示。

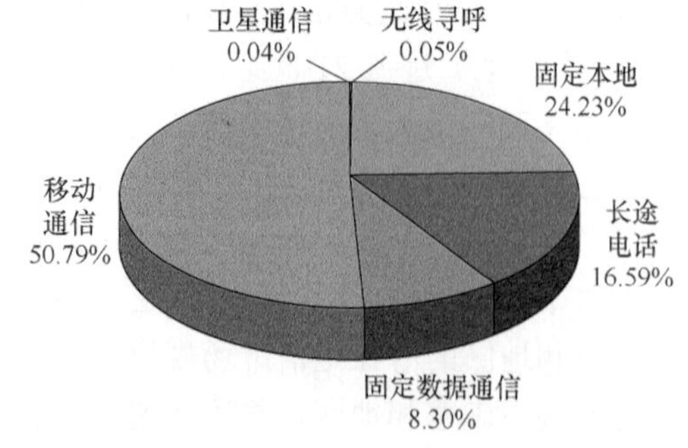

图 1-9 2007 年电信业务收入构成

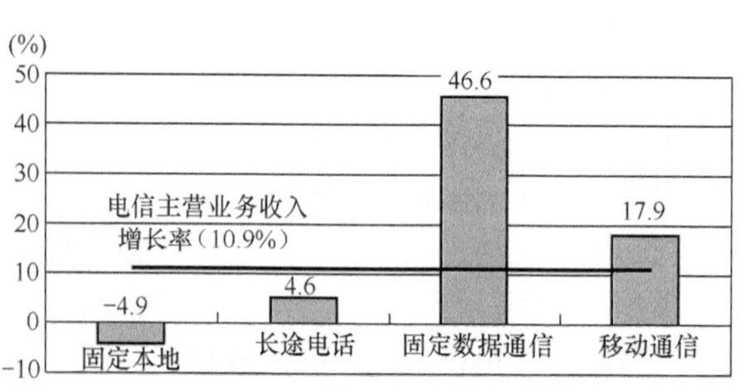

图 1-10 2007 年各项业务收入同比增长率

在电信业务市场格局方面，经过几年的整改，竞争格局初步形成，发展模式逐步实现由垄断经营向竞争开放的转变。我国基础电信企业有中国电信、中国移动、中国联通 3 大运营商，增值电信企业达到 4 400 多家，形成了不同规模、不同业务、不同所有制企业间的共同发展和相互竞争的格局。通信业在内部机构调整变动、外部环境深刻变化的情况下，竞争机制激励了运营企业的发展。截至 2009 年 4 月份，全国电话用户已突破 10 亿户，其中固定电话用户达到 3.33 亿户，移动电话用户达到 6.79 亿户。

电信业充分发挥在信息化建设中的主导和骨干作用，积极配合有关部门建设了金卡、金关、金税等信息化重大工程，努力提供技术装备、系统集成和网络平台服务；配合有关部门推进银行卡、IC 卡公民身份证、社会保障卡、组织机构代码卡的研发和应用，各部门利用公用网资源组建的全国性信息系统已达 218 个；政府上网工程取得了明显效果，全国已有 7 200 多个政府部门建立了网站；企业上网工程加快实施，上网企业达到 21.7 万多家；建成了一批综合性、基础性数据库，远程教育、远程医疗、数字图书馆等快速发展。

总之，我国电信业在内部机构调整变动，外部环境深刻变化的情况下，转变观念，推进创新，已取得了显著的成绩。但目前我国的人均通信水平距世界先进水平还相差较远，各项普及指标仍处在发展中国家的水平，通信领域监管手段薄弱，竞争还不够规范。随着国民经济的发展，特别是中、西部地区经济的发展以及通信新业务的不断开发，电信改革还将继续进行，我国通信业仍将保持持续、健康、高速的发展。

1.2.5 电信产业的发展趋势

进入 21 世纪，在世界经济全球化的背景下，电信产业的发展具有更多的挑战，更具有难得的机遇。经济全球化有利于世界经济的发展，它推动国际贸易的高速增长，有助于国际贸易在更大范围内实现供求平衡，为世界经济的增长带来新的活力和机遇，同时也预示着世界电信产业将会有更多的发展机会。

当前，世界电信产业发展呈现以下 10 大特点。

（1）信息技术、通信基础设施及电子商务的标准化正在消除时空和语言的障碍，全球经济一体化使电信全球化成为共识。

（2）电信发展在许多国家已经成为拉动经济增长的重要因素。

（3）电信竞争全方位展开，使得全球电信服务价格普遍下降，从而使电信用户进一步受益。

（4）打破垄断，放松管制。电信自由化竞争已经成为趋势。

（5）企业兼并、收购和重组改变了电信市场的竞争格局和秩序。

（6）移动业务、IP 业务、数据业务等已经成为电信业务的新的增长点，在电信发展中占有越来越重要的地位，发挥越来越重要的作用。

（7）电信产业的发展在地区上的差异化较大。

（8）市场开放、需求多样化、竞争加剧、网络发展、技术更新、互连互通的增多，迫切呼唤规范的电信法律、公平的市场竞争规则、恰如其分的政府监管和统一的标准与开放的协议。

（9）网络业务发展成为全球关注的焦点。

（10）电信发展正在缩短不同语言、不同肤色、不同国家的人们之间的距离，地球正在变成一个村落。

1.3 学习电信运营管理的目的与方法

1.3.1 学习目的

电信企业生产运营活动是一个价值增值的过程，是向社会提供电信服务的过程。电信服务中最重要的一点就是时效性；同时也要保证所提供的电信服务质量是安全可靠的；电信服务的成本，决定了电信服务的价格，即资费；电信服务的柔性则反映了电信企业满足电信客户个性化需求的能力。时效性、质量、成本和柔性这 4 个方面构成了电信企业运营价值的实现条件，也就决定了电信企业运营管理的目标必然是：在用户提出要求时，以合理的资费，及时、有效地保证提供各种电信业务并达到规定的电信质量和服务水平，满足用户的通信需求。通过这门课程的学习，可以理解电信企业运营管理的组织职能，以及运营管理者的职责、作用和运营决策技巧，掌握运营管理理论的基本内容及其在电信企业的应用，对电信企业的运营体系框架有一个清晰的认识，并熟练掌握各种常用通信网络与通信业务运营理论与管理技术。

为实现电信企业运营管理的目标，主要应解决电信运营管理中的如下 3 个基本问题。

1．重新审视运营管理在电信企业经营管理中的地位和作用

通过这门课程的学习，重新审视运营管理在电信企业经营管理中的地位和作用。过去，由于电信系统是国家的信息中枢，关系到国家安全和人民生活，电信企业的社会职能被认为是其首要的职能。随着我国电信业破除垄断、走向竞争，电信企业逐步建立起自主经营、自负盈亏的现代企业制度，电信企业的生产运营的目的，就在于提高生产效率，实现企业利润最大化。强调电信企业的经济效益目标并不意味着弱化它的社会职责，相反从长远来看，这也意味着企业能够以较小的生产运营成本实现其社会职能。

2．掌握提高电信服务质量的基本方法

通过这门课程的学习，掌握提高电信服务质量的基本方法。提高服务质量是电信企业的生命线，也是电信企业生产运营管理的根本立足点。向社会提供优质高效的电信服务是电信企业的“天职”，也是生产运营管理的最重要的指导目标。有效的运营管理有助于电信企业不断提高服务质量，扩大服务对象，完善服务内容和服务手段。

对于电信服务企业来说，要提高服务质量，首先要提高电信服务能力。3G 技术、NGN 技术等许多新技术的采用引导电信服务迈向新的质的飞跃。

质量管理也是电信生产运营管理的重要内容，结合电信生产特征的科学的质量管理模式和方法逐渐为电信企业所关注。

3．掌握提高电信企业运营效率的方法

通过这门课程的学习，掌握提高电信企业运营效率的方法。提高企业生产运营效率，不仅是电信企业生产运营管理的基本要求，也是检验企业生产运营管理是否成功的直接依据。提高劳动生产率有利于降低成本，提高工作效率，是实现电信企业的经济效益目标的重要手段。

近些年来，许多电信企业在不断进行内部组织运营机构的改变和调整，有些调整是基于

外部环境的需要，而有些是基于内部人事安排的需要。但只有真正适应市场竞争需要的运营组织才是合理的运营组织。同时，对传递一次性信息的通信产品来说，电信企业生产运营特征导致电信业务量在时间分布上的不均衡，如何使生产运营组织和劳动组织适应业务量在时间分布上的不均衡的规律性，将是提高通信质量的关键因素。

1.3.2 学习方法

“学习”作为心理学中的一个术语，它的内涵与人们日常生活中的理解有所不同。目前，心理学界对学习比较流行的说法大致有3种。

（1）行为主义学派认为：学习是有机体凭借经验的获得而引起的行为的相对持久的变化。

（2）认知学派认为：学习是人的倾向或能力的变化，但这种变化要能保持一定时期，且不能单纯归因于生长过程。

（3）人本主义学派认为：学习是指自我概念的变化。

学习方法是指学习者在学习过程中，为达到学习目的、掌握学习内容和技能、发展能力而采用的所有工具、手段、途径，以及学习所应遵循的一些操作性原则、策略和组织管理等环节。学习方法既可表现为从经验中学，又可表现为从理论上学，两者都来自的学习实践。从方法的层次理论来看，学习方法有4个层次：第1个层次是哲学方法论，是最高层次的学习方法；第2个层次是各学科运用的普遍学习方法；第3个层次是分科学习方法；第4个层次是分科学习方法中的单项学习方法。

综上所述，我们在学习电信企业生产运营管理这门课程的时候，既要了解管理课程的一般学习方法的原则和运用范围，也要了解电信运营管理课程学习方法的特殊性。由于运营管理理论研究范围的广泛性、内容的复杂性、发展的快速性，以及通信技术日新月异的变化，因此，要学好这门课程，除了要达到其他管理课程的一般性要求之外，还特别要树立起系统的观点，要学会全面地了解、掌握电信运营管理的具体方法、技术和原理。在学习过程中应注意坚持以下原则。

（1）理论和实践的统一。

（2）技术和市场的统一。

（3）纵向与横向的统一。

（4）传承和创新的统一。

（5）产业和企业的结合。

（6）理解和记忆的结合。

要做到这些，不仅需要扎实的理论基础和创造性的实践能力，还需要具备一定的悟性，并且要有对我国电信产业的热爱和浓厚的兴趣。这或许是学好电信企业运营管理的动力和源泉所在。

本章小结

在本章中，首先介绍了有关运营管理的概念，回顾了运营管理的发展历史，并引出了运营管理的发展趋势。其次，对电信和电信产业进行了阐述，得出了电信产业的特点（如自然垄断性、准公用性、网络性、服务性等），介绍了当今世界和中国的电信产业的发展情况，以及世界电信发展的 10 大特点。最后，明确了本课程的学习目的与学习方法。

思考与练习题

1-1 什么是运营管理？简述运营管理的内涵。

1-2 运营管理有哪些新的发展趋势?

1-3 电信的定义是什么？电信产业的特征有哪些？

1-4 简述我国目前电信市场竞争结构。

1-5 试述学习电信运营管理的主要目的。

案例讨论

营业厅的服务体验

到至少两家不同电信运营商的营业厅办理同种业务，观察这些运营商在其营业厅的基本运营方面有哪些区别，按以下步骤把这些区别记录下来:

（1）营业厅受理业务的流程怎样（一站式服务还是自助式服务）？

（2）遇到 VIP 客户，营业厅工作人员如何处理?

（3）营业厅是否提供产品介绍、业务演示和客户体验等服务?

（4）营业厅的营业环境如何（包括安全设施、服务设施、公告内容、业务演示系统、资料准备等方面）?

（5）营业厅的服务质量如何（包括服务引导、营业秩序与现场管理、服务态度、服务效率等方面）?

第2章 电信运营企业

【引例】移动网络巨头——沃达丰

沃达丰是全球最大的移动通信运营商，其网络直接覆盖26个国家，并在另外31个国家与其合作伙伴一起提供网络服务，全球用户超过1.79亿户。沃达丰拥有世界上最完备的企业信息管理系统和客户服务系统，在增加客户、提供服务、创造价值上拥有较强的优势。沃达丰的全球策略是涵盖语音、数据、Internet接入服务，并且提供客户满意的服务。沃达丰集团公司目前在全球拥有超过10万名员工。

沃达丰最初只是英国RacalElectronics集团下的子公司，后来通过收购美国Airtouch、德国曼内斯曼，并持有美国Verizon无线、西班牙Airtel公司、法国Cegetel电信集团、日本电信等公司的股份，成功地从一个不知名的企业转变成为覆盖26个国家，服务1.79亿用户的跨国公司。目前，沃达丰仅有不到10%的用户来自于英国本土，它的移动业务收入中，英国以外地区的贡献已达到87%以上。

沃达丰持有Verizon Wireless公司45%的股权，持有中国移动3.3%的股权。为了在提升网络与手机业务的同时达到节约成本的目的，沃达丰正在计划与美国Verizon Wireless公司和中国移动建立更紧密的合作关系。

2008年2月，中国移动加入了沃达丰和Verizon Wireless合作进行的LTE试验。同年4月，中国移动又与日本软银以及沃达丰建立了一个联合创新实验室（Joint Innovation Lab，JIL），以促进新移动技术、应用和服务的研发。

在第1章中提到，任何一个商业组织都是通过其业务流程来提供产品或服务的，企业就是一个依靠内部的分工协作来达到交换的经济组织。电信运营企业是以信息传递为主要经营内容的企业，是构成信息产业的重要单位。电信运营企业是电信运营活动的主要实施者，是从事电信服务的生产者和经营者。本章将讨论电信运营企业的内部特征、外部影响因素，以及这两者所决定的企业运营管理系统。

2.1 电信企业的分类与特点

2.1.1 电信企业的分类

简单而言，电信企业就是为了达到组织目标而进行电信服务的经济组织。为了更好地掌握电信企业的内涵，以更好地理解电信企业的运营，就必须对电信企业从不同的角度进行分类。具体来说，分类标准的不同，电信企业的内涵也会有所不同。

1. 按照产品性质分类

广义上来说，按照产品性质来分，电信企业可以分为制造商和服务商。电信制造商包括生产电信设备、零部件的硬件制造商和提供软件产品的软件开发商。电信服务商可以分为提供资源性服务的企业和提供功能性服务的企业。以此为维度，电信服务商包括面向电信制造商的服务提供商、面向用户的服务提供商以及面向电信运营商的服务提供商。狭义上来说，电信企业是指以提供电信服务为主要经营内容的服务性企业。本书研究的对象为狭义上的电信企业，即电信运营企业。本书在后文所涉及的电信企业，都是指电信运营企业。在本书后面的内容中，为了语义的清晰表述，可能会灵活使用“电信企业”和“电信运营企业”这两种表述，两者含义是一致的，请读者注意。

2. 按照商业类别分类

按照商业类别来分，电信企业可以分为零售商和批发商。电信零售商主要面向最终用户提供电信服务，它的特点为业务种类固定、顾客数量众多；电信批发商主要面向零售商、产业用户，而不直接服务于个人消费者，位于电信服务商品流通的中间环节。

3. 按照技术类型分类

技术依赖性是电信企业区别于其他企业的重要特点，随着经济环境的变化，技术在电信企业中的影响力逐步加大，技术类型成为划分电信企业的重要标准。按照通信技术类型，我国一般把电信企业分为固网运营商、移动通信运营商、卫星通信运营商，国外还把有线电视公司和Internet服务提供商纳入其中。我国的电信行业在2008年重组之前，中国电信、中国网通、中国铁通是固网运营商，中国移动中国联通属于移动通信运营商；重组以后，中国电信、中国移动和中国联通3家均获得全业务电信运营牌照，成为全业务电信运营企业。

2.1.2 电信运营企业的特点

企业的特点，是企业自身能力的综合反映。由于电信业服务的特殊性，电信运营企业区别于一般企业，它的特点主要有如下6点。

1. 技术的依赖性

随着电信新技术的突破性进展，计算机和光纤技术成为现代电信不可缺少的基础。电信与计算机技术不断融合，使得电信服务向宽带化、综合化、智能化的方向发展，各种新业务层出不穷，电信通信与信息服务紧密结合，使人们能够更加有效、方便地传递信息和获取信息。电信网络作为社会基础设施和电信通信与信息服务的技术基础，其发展速度与社会经济发展相匹配，这也要求电信运营企业在生产运营中积极跟踪新技术，采用合理、先进的科学技术，来满足人们日益增长的通信需求。

2. 产品的无形性

电信运营企业是以传递信息业务为主要经营内容的服务性企业。电信业不直接生成具体的、有形的物质产品，而是为其他部门提供通信服务，当然许多服务的部分是可触的。由于人类生产力水平和社会分工的发展，人们交流的信息量不断增加，交流信息的方式不断进步，对电信服务的需求也越来越大，电信企业的地位变得更为重要。正是由于产品的无形性，电信运营企业具有了一系列的独特性。

3. 与顾客接触程度高

在传统的制造业中，顾客与产品在空间、时间上是分离的，而在以电信企业为代表的服务业中，服务是以顾客体验为中心的。为了提高服务质量，从电信运营企业的角度来说，企业的运营能力以及运营质量要满足顾客的变化，换句话说就是要求企业一定的运营弹性；就参与服务的顾客而言，顾客的知识面、动机等都会影响服务的完整实施，这就要求电信运营企业规范企业文化，以积极的服务文化为基础来形成良好的服务氛围。

4. 服务响应的实时性

电信运营企业所提供的电信服务是依靠电信号或者光信号来传递信息的，经过调制或编码后的信号在各类传输介质中进行传输，这是任何运载工具所不能相比的。因此，电信运营企业在为顾客提供服务时也是顾客消费服务的时刻，电信服务具有高度的时效性，它的生产运营过程也以时效为第一要求。企业在设计服务系统时，实时性应首先考虑，只有实时性得到了满足，才能提供后续的服务，才能追求增值利润。

5. 从垄断到竞争

作为国民经济基础设施的电信业属于公用事业，电信运营企业的生产经营活动具有明显的公益服务性和天然的垄断性。改革开放以来，按照产业组织理论和国际电信业发展经验，我国电信业力求建立一种规模经济和市场竞争活力相兼容的适度竞争、有效竞争。为此，首先进行了引入市场竞争的改革，1994 年成立吉通公司，被授权建设、运营和管理国家公用经济信息网，与原中国电信在数据业务领域展开竞争；随后成立中国联通公司，经营电信基本业务和增值业务，被赋予打破“老中国电信”垄断地位的色彩。市场效率得到一定改进，在中国联通公司进入的移动通信市场，邮电部门大幅降低了入网费和资费。2008 年新一轮电信重组后，中国移动、中国电信、中国联通均获得电信全业务经营牌照，分别得到 3G 运营牌照。各电信运营企业普遍提高了市场意识、竞争意识和服务意识，大力推进技术创新、机制创新和管理创新，多方采取措施加强管理，降低成本，提高效率。

6. 企业间的相互依存性

电信通信是一个网络性产业，互连互通的电信网是提供电信服务的物质技术基础。由于电信生产经营全程全网的特点，完成一项通信任务往往需要各个电信企业的联合生产、相互协作。为此，为了保证在全行业范围内有效地进行生产经营，切实保证全网的经济效益和各个电信企业自身的经济利益，电信企业的生产经营决策就要受到全行业以及互连互通企业的限制与影响。

2.2 电信运营企业组织架构

不同的组织有不同的组织架构，这些结构对员工、企业运营、市场销售等因素都有影响。电信企业是一个由众多复杂部门组成的有机整体，要了解现有电信企业的组织架构，首先必须回顾一下企业传统的组织架构。

2.2.1 传统的组织架构

1．组织架构

组织内部的部门划分以及它们之间的相互关系，是现行组织目标的手段和工具。任何组织活动都离不开分工和协作这两个既相关又对立的要素。

分工是指按照提高专业化程度和工作效率的要求，把组织的目标和任务进行分解，明确各层次、各部门乃至个人的职责。分工的概念应用于整个组织的纵向分工和横向分工，形成管理层次和各类部门。

协作是指明确部门之间以及部门内部的协调关系与配合方法，指在完成组织任务过程中，使各部门努力达到统一。现在企业的分工越分越细，专业化程度越高，协调越困难，所以组织的协作也越重要。

组织结构是指组织成员为完成工作任务、实现组织目标，在职责、职权等方面的分工、协作体系。

2．组织架构的关键因素

一般来说，管理者在设计组织结构时，必须考虑以下 6 个关键因素。

（1）工作专门化：工作专门化就是把企业中的工作任务进一步划分成单独工作单元的程度，通过这种专门化的工作，企业不仅可以最大限度地实现员工的价值，还可以实现其他目标，如提高员工的技能水平，企业培训更有针对性。同时也要注意的是，过度的工作专门化会带来“不经济”影响——员工的厌烦情绪、疲劳感、压力等（如图 2-1 所示），在这种情况下，通过扩大工作活动的范围，可以提高企业的效率。

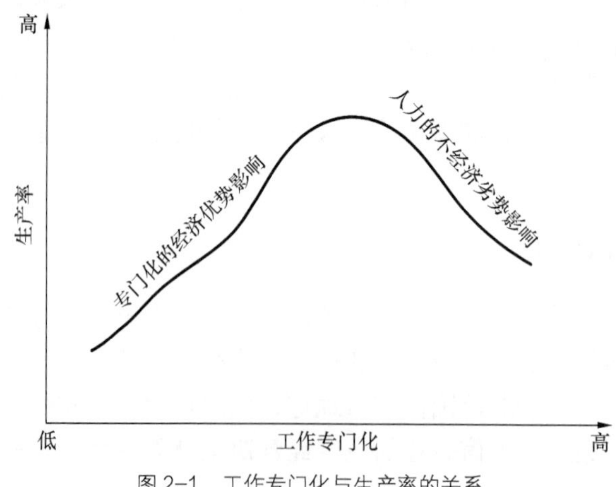

图 2-1　工作专门化与生产率的关系

（2）部门化。对工作单元进行合并的基础叫做部门化，进行部门划分的方法主要的有 4 种，职能划分，产品类型划分，地域划分，顾客的类型划分。职能划分就是把不同的专业人员，按不同的职能需求划分到不同的部门中来进行管理；产品类型划分是指以每一项主要的产品或服务为单位来划分相关资源；地域划分即围绕某个地区形成一个部门，满足每个区域中员工的需求；由于相似类型的顾客存在着共同的问题和需求，把不同的顾客区分开有利于更大程度地满足顾客的需要。

（3）命令链。命令链是一种从组织最高层贯穿到最基层的不间断的职权线路，它明确指出谁要向谁报告工作。在传统的命令链中，每位员工只由一个主管直接负责，但随着信息技术的发展和给下属授权浪潮的冲击，组织中任何位置的员工都能与他人交流，而无需通过正式渠道。命令链的作用越来越薄弱了。

（4）控制跨度。控制跨度是关于一名主管可以有效指挥多少名下属的问题，它在很大程度上决定了一个组织要设置的层级和配备的管理者的人数。当其他条件相同时，控制跨度越宽，组织效率就越高。

（5）集权与分权。集权是指组织中决策权集中于一点。集权式组织与分权式组织在结构上有着本质的差异。分权式组织中，采取行动解决问题的速度较快，更多的人参与决策当中并为决策提供建议，员工与那些影响到自己工作生活的决策者之间隔阂更少，这也是分权式决策越来越受企业所推崇的原因。

（6）正规化。正规化是指在组织内部，工作实行标准化的程度。一种工作的正规化程度越高，意味着从事该工作的人对于工作内容、工作时间、工作手段的自主权越低。当正规化较低时，工作行为相对来说就不那么程序化，员工对自己工作的处理权限也比较宽。

3．组织结构形式

经过长期的实践与发展，组织结构已经形成了多种不同类型，其中常见的主要有以下 6 种。

（1）简单结构。简单结构是一种只有仅有 2～3 层垂直层次，决策权集中在一个人手中的扁平式组织结构形式，如图 2-2 所示。

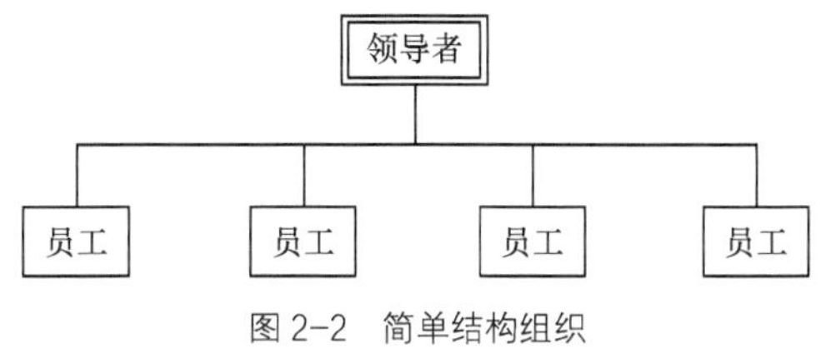

图 2-2 简单结构组织

简单结构组织的最大特点是它不复杂，部门化、正规化程度都很低，管理幅度宽，权利集中在一个人手中。简单结构的主要优势是关系简单，反应迅速，灵活可变，而且责权明确。它的主要劣势是难以适应组织扩展的需要。

（2）官僚结构。官僚结构就是将工作专门化从而得到十分规范的操作任务，非常正规的规章制度，将任务根据职能部门进行组合，集中权威，控制跨度窄，通过命令链进行决策。官僚结构组织的主要优势在于，它能够以高效方式进行标准化的活动操作，通过把同类专业人员配置在同一个职能部门中而实现规模经济，最大程度地降低了人员与机器的重复配置，同时还能确保企业生产结果的可预见性和可靠性。然而在官僚结构组织中，由于工作专门化往往会导致各部门之间相互冲突，不利于目标的实现。

（3）矩阵结构。矩阵结构是两种部门化形式的融合——职能部门化和事业部门化，它的命令链是双重的。它的优势在于能使组织满足来自环境和顾客的双重要求，资源可以在不同产品之间灵活分配，有利于各种活动的协调，同时，也给员工提供了机会来获得职能或一般管理两方面的技能。

（4）团队结构。当管理层运用工作团队作为协调组织活动的核心方式时，它的组织结构即为水平结构或团队结构。在小型企业中，可以把团队结构作为整个组织形式；在大型企业里，团队结构一般作为典型官僚结构的补充。

（5）虚拟组织。虚拟组织是一种企业与企业之间的暂时组织形式，是不同的企业通过合作所组建的“战略联盟”。所加盟的各个企业，可以充分发挥自己的竞争优势，共同开发产品或提供服务。虚拟组织打破了传统组织的层次与界限，在管理上具有很大的松散性，这有利于节约资源，发展核心竞争力；虚拟组织通过先进的通信技术外包了所有的主要职能，组织核心的工作就是协调、监控各组织之间的活动，如图 2-3 所示。

（6）无边界组织。通用电气公司前总裁杰克韦尔奇创造了这种结构形式。无边界组织的思想是减少企业内部的水平界限和垂直界限，并且消除企业与供应商、顾客之间的外部屏障。无边界组织寻求的是减少命令链，对控制跨度不加限制，取消各种职能部门，代之以授权的工作团队。

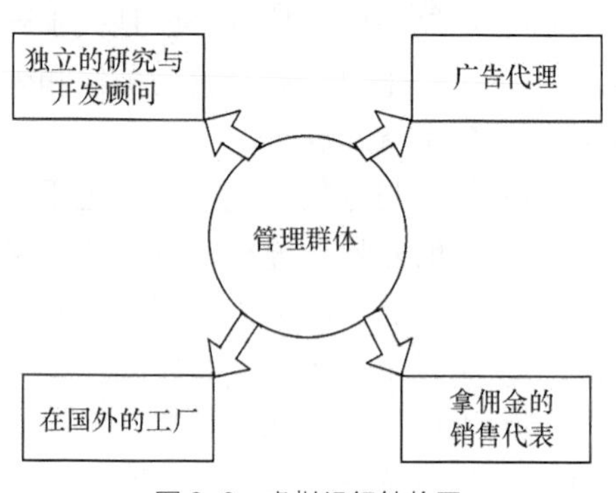

图 2-3 虚拟组织结构图

无边界组织可通过采取一些有效的行动来实现：管理人员取消组织垂直界限而使组织趋向扁平化，等级秩序作用降低到最低限度；以多功能团队取代职能性部门，围绕公司的工作流程来组织活动可以消除组织的水平界限；充分发挥无边界组织的功能，还有助于打破组织与顾客之间的外在界限，以及由于地域而带来的障碍。

4．决定因素

对于各种不同的组织设计方案，从高度结构化和标准化的官僚结构组织（机械结构），到松散而形状不定的无边界组织（有机结构），管理者在决定对组织进行设计或重新设计之前，通常需要对 4 种因素进行评估。这 4 种因素是：战略、组织规模、技术、环境。每种因素都可以单独对设计决策产生影响；或者它们也可以作为各种力量的结合体，从而促进或限制设计的选择。

（1）战略。组织的竞争战略也影响组织设计。组织结构是实现组织目标的一种手段，组织目标又是由组织的总体战略决定的，所以组织战略与组织结构的关系十分紧密。一般来说，组织战略的框架集中于 3 种战略维度：创新战略、成本最小化战略和模仿战略。

表 2-1 列举了 3 类组织战略及其对应的组织结构的特点。

表 2-1　　战略与结构的关系

战　　略	结 构 方 案
创新战略	有机结构：结构松散，工作专门化程度低，正规化程度低，分权化
成本最小化战略	机械结构：控制严密，工作专门化程度高，正规化程度高，高度集权化
模仿战略	有机—机械机构：松紧搭配，对于目前的活动控制较严，但对创新活动控制较松

资料来源：罗宾斯著.组织行为学.北京：中国人民大学出版社，2008

（2）组织规模。美国组织学家布劳通过研究发现，组织规模对组织结构有显著影响，组织规模的扩大促进了组织结构差异化程度的增加。英国 Aston 大学的研究也发现组织规模是组织结构的决定性因素：组织规模越大，工作专业化程度越高，它的标准化程度和规章制度的健全程度就越高，分权化的程度也就越大。美国组织理论专家马歇尔认为，组织规模和专业化、规范化成正相关关系，而与集权成负相关关系。规模影响组织结构无处不在，而这种影响关系是单向性的，即规模决定结构，而不是结构决定规模。

（3）技术。每个组织中都至少拥有一种技术，从而把人、财、物等资源转化成产品或服务。随着高新技术的广泛使用，对组织结构也产生了一定的影响，主要表现在：技术复杂程度的增加导致组织结构的复杂程度增加，组织中纵向管理层的差异程度也增加；组织效益是组织所采用的技术与其组织结构的有机组合，只有组织建立与其技术特点相符合的组织结构体系，才能取得成功。

（4）环境。一切人类社会的组织都是开放的系统，它的生存与发展都直接受到环境因素的影响。组织所处的环境包括可能对组织绩效造成潜在影响的各种机构和力量，通常有宏观环境、产业环境、组织的内部环境等。任何组织环境都存在 3 个关键维度：容量、易变性和复杂性。环境容量是指环境中可以支持组织成长和发展的程度。易变性维度反映了环境的不稳定性。复杂性维度评估环境的依据是环境各要素之间的异质性和集中化的状况。环境的稀缺性、动态性、复杂性越强，就越应该采取有机结构；反之，环境的丰富性、稳定性、简单性越强，就可以考虑采取机械结构。

2.2.2　电信运营企业的基本组织职能

组织职能是指管理者根据既定目标，对组织中的各种要素及人们之间的相互关系进行合理安排的过程，简单来讲就是，建立组织的物质结构和社会结构。主要内容包括设计组织结构、建立管理体制、分配权力、明确责任、配置资源、构建有效的信息沟通网络等。

一般电信运营企业实行何种组织结构，取决于该企业的规模以及所处的发展阶段。在相同的发展时期，各个电信运营企业的行为和组织方式是类似的，因为它们都是依靠提供服务而实现赢利的公司，它们的工作目标都是为客户创造价值。对电信运营企业来说，除基本的财务管理、人力资源管理、物资采购等综合管理职能以外，它的职能按管理专业分工划分，还包括市场经营职能、网络运营维护职能、客户服务职能等。市场经营职能是积极拓展市场业务，包括语音业务、数据业务和以 3G 为代表的移动多媒体业务；网络运营维护职能负责基础网络的建设与维护；要实现企业的整体目标，客户服务职能起了决定性作用，以顾客的需求为基础组织客户服务活动，才能提高顾客的忠诚度。

作为特大型公用事业单位，我国传统的电信运营企业曾以事业部组织结构为主，其中地区事业部和专业事业部同时并存。随着电信市场的开放，国内电信运营商加快了业务流程改造的步伐，改革成果可以从组织架构中反映出来。21 世纪初，中国移动、中国电信在重新构建本地网组织架构时都参照了国际电信运营商的设置思想，充分考虑了公司的发展战略、顾客需求和自身效益等因素，开始建立前后端型扁平的组织架构。新的架构前端以营销为中心，后端以网络为中心。前端按照顾客群和产品进行划分，面对顾客可以统一界面；后端按照网络的高端、低端维护和投资建设进行划分，并根据市场导向统一调度后端资源，简化了管控部门。在前端进行扁平化设计是为了进一步突出分顾客群进行差异化的服务，有利于构建无缝的服务体系，同时将考核指标直接分解到各个部门，强化了责任；在后端进行调整，打破了原有的条线界面，促进维护和资源的集中管理；在前、后端引入了服务水平协议（SLA），规范和制约了前端与后端之间的行为。2008 年 10 月，进入全业务经营阶段的中国联通也颁布了新的组织架构，也规划了面向顾客的市场前端部门。由此可以看出，前后端扁平组织架构是国内电信运营企业改革的一大趋势。图 2-4～图 2-6 是中国移动、中国联通、中国电信这 3 个具有代表性的电信运营企业 2008 年在其官方网站上公布的组织架构图。

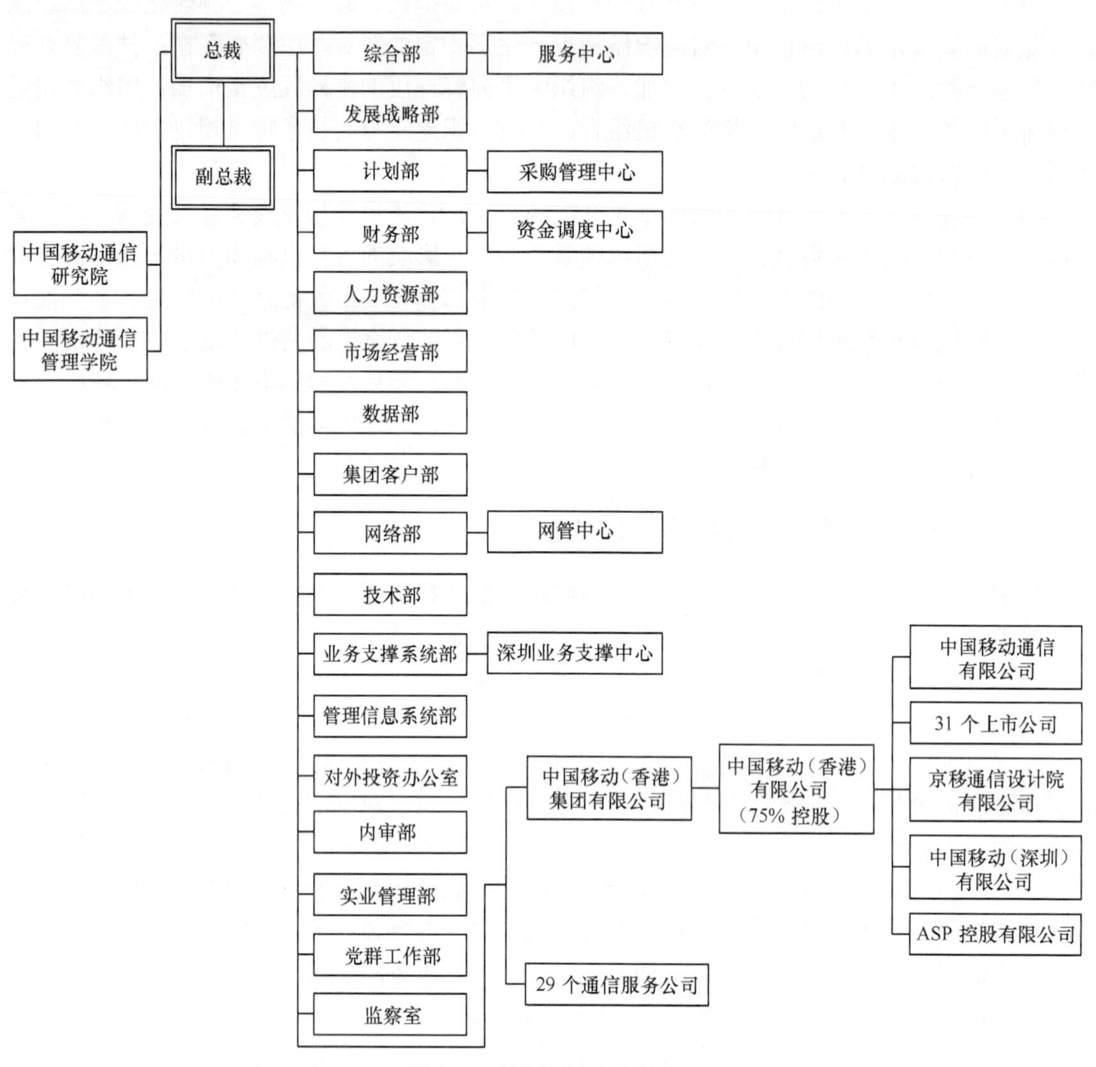

图 2-4 中国移动组织架构图

资料来源：http://www.chinamobile.com/images/jgt1.jpg

国内电信运营商重组后，电信运营企业的改革之路还很长，要进行的改革项目还很多。比如说目前 3 家全业务经营的运营商都没有设置突出融合业务特性的部门，尤其是面向未来的移动 Internet 融合性业务，尚未有独立的运营部门。未来的融合终端将成为一种融合的综合信息媒介，由于没有可以供借鉴的商业模式，目前各运营商尚处于探索阶段，也没有相应的专门运营组织。

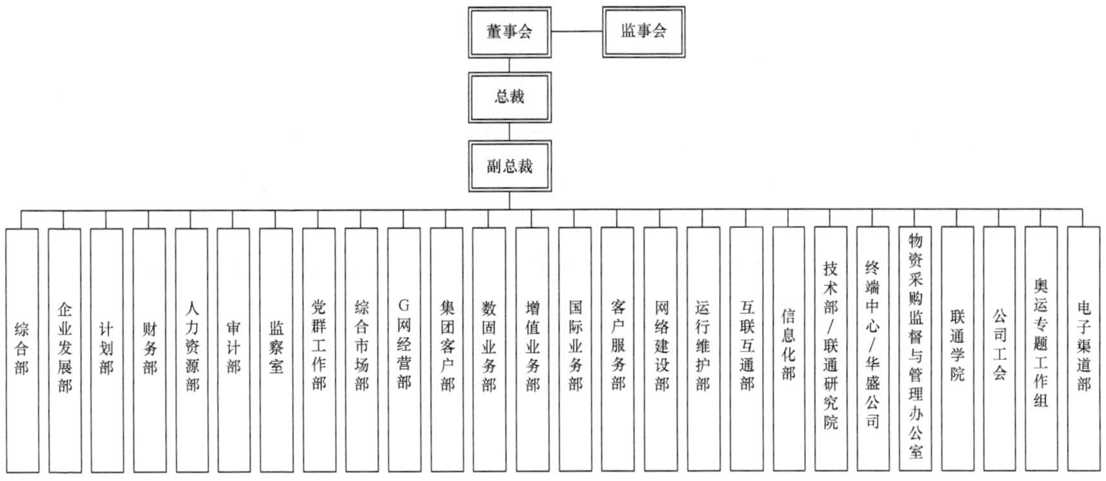

图 2-5 中国联通组织架构图

资料来源：http://www.chinaunicom.com.cn/profile/gsjs/file12.html

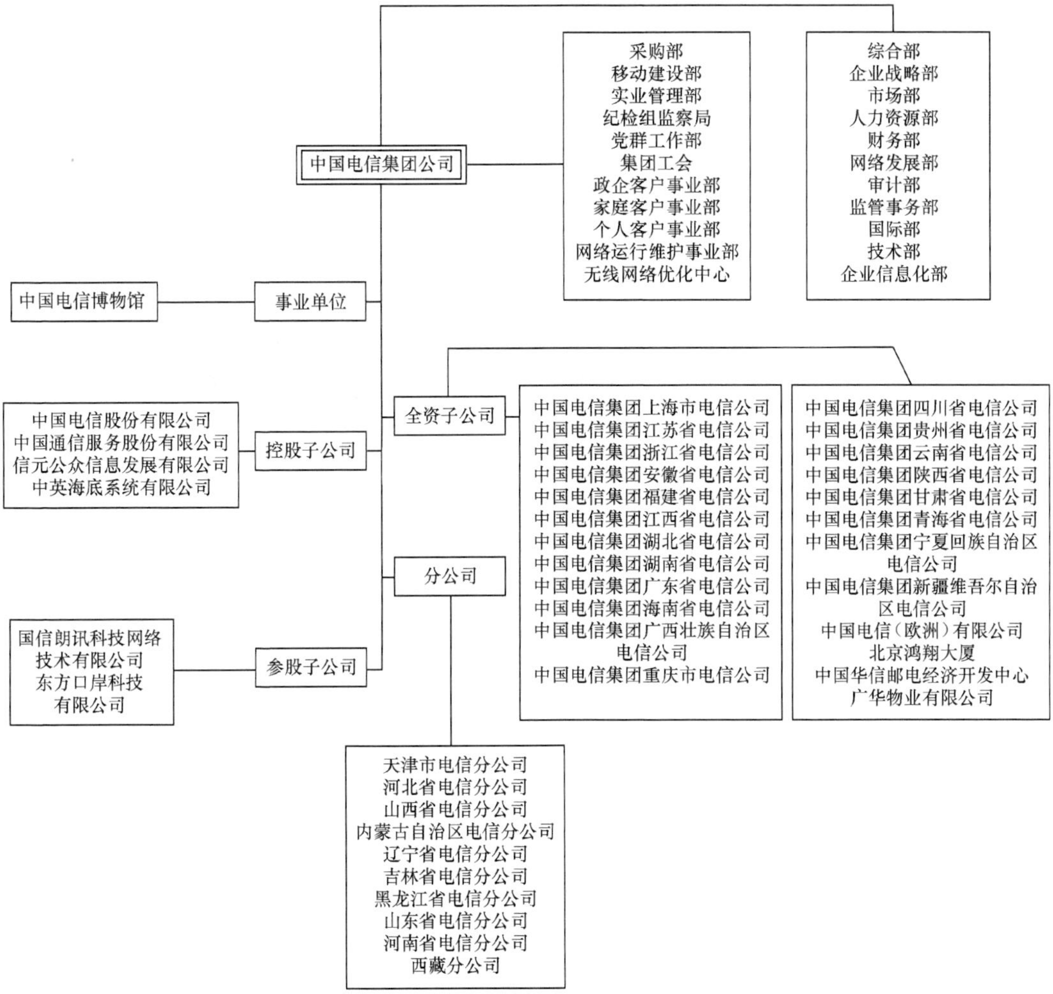

中国电信集团公司

采购部
移动建设部
实业管理部
纪检组监察局
党群工作部
集团工会
政企客户事业部
家庭客户事业部
个人客户事业部
网络运行维护事业部
无线网络优化中心

综合部
企业战略部
市场部
人力资源部
财务部
网络发展部
审计部
监管事务部
国际部
技术部
企业信息化部

事业单位

中国电信博物馆

控股子公司

中国电信股份有限公司
中国通信服务股份有限公司
信元公众信息发展有限公司
中英海底系统有限公司

参股子公司

国信朗讯科技网络技术有限公司
东方口岸科技有限公司

全资子公司

中国电信集团上海市电信公司
中国电信集团江苏省电信公司
中国电信集团浙江省电信公司
中国电信集团安徽省电信公司
中国电信集团福建省电信公司
中国电信集团江西省电信公司
中国电信集团湖北省电信公司
中国电信集团湖南省电信公司
中国电信集团广东省电信公司
中国电信集团海南省电信公司
中国电信集团广西壮族自治区电信公司
中国电信集团重庆市电信公司

中国电信集团四川省电信公司
中国电信集团贵州省电信公司
中国电信集团云南省电信公司
中国电信集团陕西省电信公司
中国电信集团甘肃省电信公司
中国电信集团青海省电信公司
中国电信集团宁夏回族自治区电信公司
中国电信集团新疆维吾尔自治区电信公司
中国电信(欧洲)有限公司
北京鸿翔大厦
中国华信邮电经济开发中心
广华物业有限公司

分公司

天津市电信分公司
河北省电信分公司
山西省电信分公司
内蒙古自治区电信分公司
辽宁省电信分公司
吉林省电信分公司
黑龙江省电信分公司
山东省电信分公司
河南省电信分公司
西藏分公司

图 2-6 中国电信组织架构图

资料来源：http://www.chinatelecom.com.cn/corp/zzjgcs/index.html

2.3 电信运营企业的边界

企业边界是指企业以其核心能力为基础，在与市场相互作用过程中形成的经营范围和经营规模。根据交易成本理论，企业与市场是相互替代的治理机构，一项经济活动究竟应该交由市场还是企业来完成，取决于两者的效率比较。科斯（1937）认为，市场交易的边际成本和企业内交易的边际成本正好相等的点，就是企业的最优边界。威廉姆森（1975）把组织进行交易的方式分为层级和市场两种形态，层级机制的交易成本包括企业内部组织管理成本，市场机制的交易成本包括谈判、合同、付款等。其中，代理效率与市场交换过程有关，技术效率与组织生产过程有关。威廉姆森认为，最优的纵向组织可以减少技术非效率和代理非效率的总和，厂商通过降低生产成本和交易费用的总和，从而经济化。当交易在企业内进行比在市场进行更有效率时，企业倾向于扩张；反之，企业则会缩小其边界，更多诉诸于市场交易，而非企业内部交易。

2.3.1 电信运营企业的纵向边界

任何产品或服务的生产都涉及相当多的活动，从获取生产要素开始到最终产品的分配和销售的过程，被称为纵向链条。为了将投入转化为产出，企业必须考虑哪些活动应该由自己完成，哪些又应该从外部市场购买，这种决策就决定了企业的纵向边界。要确定纵向边界，企业必须衡量利用外部市场的收益与成本（如表 2-2 所示），并与自己完成该活动相比较。

表 2-2　　外部市场的收益与成本

收　益	企业可以专注于自己的核心活动，取得规模经济 提高企业内部部门的效率和创新性
成　本	当某项活动是向另一家独立的市场厂商购买，而不是企业内部生产时，交易费用是不可避免的，而在内部完成此项活动则可以避免该成本

在电信运营企业的组织架构中，我们已经谈到国内电信运营企业都向前、后端型扁平化发展，这些电信运营企业在纵向边界上，表现为前向一体化战略和后向一体化战略。前向一体化的电信运营企业，拥有自己的分销系统来大量销售电信产品，保证销售渠道的畅通；后向一体化是指投入品的供应方面，如技术开发和设备供应，电信运营企业自己生产所需的设备，而不向其他供应商购买，这样一方面可以降低成本，另一方面可以增加经营的灵活性。这两个纵向一体化的途径有两个：一是内部化，即收购、自建等方式；二是虚拟化，即通过企业联合等方式。

2.3.2 电信运营企业的横向边界

横向边界是由工作专门化和部门化形成。实施多元化战略是扩大横向边界的常用方法。许多企业实行多元化战略的动机之一就是想实现范围经济。范围经济是指如果企业的活动水平不提高，仅是增加了企业活动的种类（多元化经营），企业能够降低成本，我们就认为存在着范围经济。降低交易成本是多元化经营的另一个重要原因，企业除了考虑获得的收益外，还必须考虑不同的多元化经营模式的交易成本。在几个独立的企业之间，合作往往会增加交易成本，而且会把与之相关的关键问题复杂化。

企业实施多元化战略应具备以下条件。

（1）核心竞争力。企业实行多元化经营的过程，是一个核心竞争能力的培育过程。如果企业不具备核心竞争力，或者说在原有业务领域并未获取竞争优势，就急于拓展新业务领域，企业往往会迷失发展方向，错误地使用企业资源，令企业陷入困境，最终导致企业的失败。

（2）企业在所在领域已占据了相当稳定和有利的地位。

（3）一定的企业规模。只有企业规模足够大，才会获得规模经济，从而为多元化经营积累必要的资源优势。

（4）企业要存在能力剩余。企业存在一定的业务能力剩余是其进行多元化经营的必要条件之一。如果企业没有一定的剩余业务能力，是不可能成功的进行多元化经营的。

（5）原行业与目标行业之间存在相关性。进入新领域能带动原来的主业或可受到原主业的带动，即可获得协同效益和范围经济效益。

（6）目标行业具有一定的行业吸引力。行业吸引力可以由销售额、竞争状态、收益性和环境的制约条件等指标来评价。

2.3.3 电信运营企业边界的模糊化

随着信息技术的发展和网络的普及，基本的工作信息和工作活动能在各个参与者之间自由流动，企业边界的范围已经扩大到顾客、供应商及其他利益相关者。有研究认为，相对于市场交易成本而言，信息技术应用对企业内部之间协调成本的节约尤其明显，从而促进企业的横向一体化程度提高；也有学者认为，信息技术对企业新涉及的领域节约更大一些，从而促进纵向一体化发展；还有学者认为，信息技术应用的普及，将推动经济活动向中间组织形式（如战略联盟、长期合作）移动。总体而言，企业的边界将趋于模糊。

3G时代的到来，及时、有效地为用户提供需要的信息内容，是各类电信运营企业获得成功的关键。对于那些掌握着品牌、稀缺内容的内容提供商，电信运营商会视内容的稀缺程度、资源品牌优势程度、业务的管理范围等因素，逐步采取购买、买断、战略合作等多元化的内容合作方式；针对3G业务满足用户个性化需求的特点，大量的服务将因电信运营商的不同而异，定制化的信息内容需要定制化的终端设备，定制终端将有利于电信运营商推广业务和提高用户忠诚度，为此，电信运营企业将介入终端设备提供环节，向终端设备商要求提供符合定制规范的定制终端。

2.4 电信运营管理系统构成与功能

运营管理越来越受到企业的重视，建立并完善运营管理系统，可以有效地提高企业运营的管理水平，增强企业的生产运营能力和市场竞争力。本节将介绍电信企业运营管理系统的涵义、构成及其功能。

2.4.1 电信运营管理系统的涵义

系统是一组相互依赖、相互关联的组成部分，通过协同运营来实现系统的目标。系统能成功主要是由于系统的各个组成部分相互合作，密切配合，共同向系统的目标努力。对于运营管理系统，应当以系统、整体的观点来看待，所有的运营管理系统在生产产品或提供服务的过程中，本质上都是将输入资源按照一定的方法和转换程序加以变换，从而产出一定的输出，满足下游系统或顾客的需求。

电信企业的运营管理系统，就是指电信运营企业对将其输入转化为输出的过程进行的计划、组织、控制的结构体系。它的目的是通过有机地结合现代运营管理模式与计算机系统，以支持企业系统高效、经济地进行运营，最大限度地发挥现有设备、资源、人员、技术的作用给电信顾客提供满足需求的优质服务，最大限度地提高企业经济效益。

电信企业的运营管理系统的特征如下。

（1）计算机化管理的程度较高。随着电信业务业务量的日益增大，电信企业的基础设施资源的更新也变得频繁，这对信息的管理提出了很高的要求。以前的手工式或半自动式，不便于查询、维护和管理；人工管理所带来的低效率、高出错率等缺点也越来越突出，大大增加了管理的难度，也直接影响了电信运营企业的服务质量和对市场的响应速度。通过计算机进行管理，可以降低出错率，服务质量得到一定的保证；计算机服务与人工服务相比，响应速度明显提高，提高了运营系统的服务效率。

（2）资源信息的实时性、准确性。与制造型企业或一般服务业相比，电信运营企业在运营过程中，往往被要求传递大量的数据，而且要在较短的时间内传送完毕，这种实时性给电信运营企业的运营系统的可靠性提出了很高的要求；电信运营企业所转化的信息对顾客来说，都具有很大的价值，不允许随便更改或丢失，运营系统的稳定性就成了电信运营企业的一个重要考察指标。

2.4.2 电信企业的运营管理系统构成

任何一个企业的运营管理系统都是端—端的业务，从原料供应到生产制造、产品分销，把企业、供应链和业务连接在一起的实时管理系统。在这个系统中，管理要素决定了管理系统的成败。在电信企业中，运营管理系统主要构成要素如下。

（1）管理主体。电信运营企业及管理者是管理主体的两个有机组成部分。一般而言，电信企业的管理主体从不同的角度可以进行不同的划分：从电信企业的层次位置来看，管理主体可以分为高层管理、中层管理和基层管理；从所属的不同领域来看，管理主体又可分为技术管理、资本管理、市场管理等；从更宽泛的角度来理解，电信运营企业中的每个成员都是其本职工作岗位上和领域中的管理主体，即管理主体的全员性。

（2）管理对象。管理对象即电信企业将它的输入转化为输出的过程。在这一过程中，不仅涉及组织结构、员工、资金，还要考虑技术、服务信息等，这些都是管理对象的有效组成部分。从广义上，把电信运营管理对象分成两大部分，分别包括电信网络管理和电信业务管理，如图 2-7 所示。

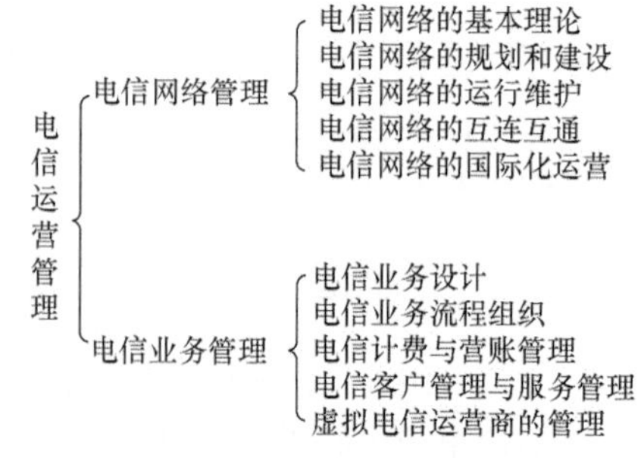

图 2-7 电信运营管理对象的分类

管理对象是电信企业运营系统创造价值的源泉，通过对管理对象的监督、控制和有效调配，可以提高电信运营企业管理水平，提升企业的服务质量。

（3）管理目标。管理大师德鲁克曾说过，当组织的高层管理者确定组织目标后，必须对其进行有效分解，转变成各部门及各个人的分目标，管理者根据分目标的完成情况对下级进行考核、评价和奖惩。电信企业运营管理的目的就是实现企业运营的效率化、效益化。

在运营管理过程中，电信企业必须抓住如下基本目标。①质量：生产适应顾客需要的高质量的电信业务，提供令顾客满意的电信服务；②成本：电信运营企业要降低无谓的损耗，以较低成本和价格向用户提供电信产品和服务，并努力降低用户使用电信业务过程中的成本；③时间：电信企业要提高生产效率，缩短业务开通周期，保证电信业务交付及时；④柔性：为适应市场的迅速变化、消费需求的多样性与个性化倾向，电信企业必须在品种和数量上满足用户需求，建立有较高柔性的运营系统。

（4）管理职能。所谓管理职能，是管理过程中各项行为内容的概括，是人们对管理工作应有的一般过程和基本内容所作的理论概括。管理职能一般是根据管理过程的内在逻辑，划分为几个相对独立的部分：计划职能、组织职能和控制职能。

计划职能就是对企业将要开展的活动所进行的预先谋划；组织职能是为了实现计划而对每个组织成员规定工作内容及关系，如设计组织结构、人员配置等；控制职能保证组织各部门各环节能按照预定要求而运营的一项管理工作活动，可以是寻找偏差、纠正错误。

就电信运营系统自身而言，运营管理的职能是：运营战略与系统的设计管理；运营系统的运行管理，主要是通过计划与控制对运营系统的运行进行管理；运营系统发展管理，即对运营系统的改进、提高与发展进行管理。

（5）管理环境。任何管理都是在一定的环境中进行，这个环境就是管理环境。管理环境的特点制约和影响了管理活动的内容和进行。

就系统内外部而言，电信运营企业的管理环境可分为外部环境和内部环境。外部环境有政治环境、社会文化环境、经济环境和技术环境，电信企业的技术环境是区别于其他企业，现在新技术不断出现，一味地追求新技术对企业来说不经济，抛弃新技术又不利于企业的成长。内部环境是组织内部的各种影响因素的总和。对于电信企业，企业的文化环境尤其重要，对企业运营系统的设计和运营产生巨大的影响。

2.4.3 电信企业运营管理系统的功能

运营管理系统对电信企业的作用可以从两个方面来考虑：一方面能提高企业的运营效率，更好地适应市场需求的变化；另一方面能有效地降低成本，提高企业的市场竞争力。

从运营效率的角度看，运营管理系统对电信企业的促进作用有以下两个方面：

（1）企业运营控制功能。电信企业运营管理系统将对人员、资源、生产状况等信息进行监督和控制，合理安排生产计划，并向管理人员提供反馈信息，保障电信企业的正常运营。

（2）数据处理。数据处理的内涵很多，包括搜集数据、分析数据、存储数据、传递数据和查询数据。通过数据处理，可以为后续工作带来巨大的方便；运用一定的算术运算或逻辑运营对数据进行加工，将数据转化为信息，如电信企业的业务数据经过处理后可以反映出电信质量变化、电信业务量变化等信息，从而为企业管理人员提供决策依据。为信息管理者提供方便的信息查询途径可以提高他们对信息的利用效率。

从经济效益的角度看，运营管理系统对电信企业带来的经济效益一般表现为：

（1）运营管理系统的应用可以减少人工信息处理的工作量，从而节省人工费用和办公用品开支，如通过计算机来提高工作效率，部分代替人工，从而精简人员，减少人工费用。

（2）运营管理系统通过控制成本、提高产品质量带来的效益。如通过运营管理系统提高服务质量、提高网络设备利用率等，给企业带来直接和间接的收益。

（3）加快信息传递速度，减少决策失误，改善服务水平，提高市场竞争力。减少决策失误便可以减少决策成本和经济损失，而市场竞争力的提高更会带来直接的经济效益。

本章小结

本章对电信运营企业进行了全面的阐述。首先，对电信运营企业的分类与特点进行了介绍，其中，电信运营企业的分类可以从产品性质、商业类别、技术类别 3 个角度来划分；电信运营企业的特点主要包括技术依赖性、产品无形性、服务响应实时性、从垄断走向竞争、企业间相互依存和网络特性。其次，在介绍了企业的组织架构的基础上，指出电信运营企业都向前、后端扁平型的组织架构转变，重点比较了中国移动、中国联通和中国电信的组织架构。接着，阐述了电信运营企业边界的问题，介绍了电信运营企业的纵向边界、横向边界、以及如何在企业边界模糊化的情况下管理企业边界。最后，对电信运营企业的运营管理系统构成与功能进行了介绍。

思考与练习题

2-1　联系实际讨论电信运营企业的特点。

2-2　决定电信企业组织架构的关键因素有哪些？

2-3　试比较中国移动、中国联通和中国电信 3 家企业在组织结构上各有什么优点？

2-4　电信运营企业纵向一体化和横向一体化的动机是什么？讨论电信运营企业边界模糊化的例子。

2-5　电信企业的运营管理系统的涵义是什么？主要构成要素有哪些？

案例讨论

运营商的组织架构

当欧美的电信行业因盛极而衰继，一蹶不振的时候，中国的电信运营市场依然以约 14% 的年均增长率成长至 4 100 亿元人民币（资料来源：NII，2002 年）。对于高速发展的中国电信业来说，市场环境的变化无法避免、竞争的日益激烈使得电信公司不得不随时准备调整战略，包括重组自身的组织结构。从 20 世纪 80 年代开始，国际电信运营商如美国电报电话公司,英国电信,德国电信等都经过了从独家垄断到全面竞争的历程。在这艰难的历程中、这些电信运营商都在不断地进行着组织结构整合和重组。

电信运营商的组织架构在很大程度上取决于电信公司自身的运营模式。大部分的国际大型电信公司在从垄断到竞争的变革中均经历了从职能型到地域型，再到细分市场的转型过程，今天的国际电信运营商大多选择大客户主导型或产品主导型的组织结构。

大客户主导型的组织结构是根据不同的客户群展开，如总经理之下设大客户部、公众客户部等、每个客户部门都可以拥有并支配自己的资源。这将有利于发掘不同客户群的潜力，并加快市场响应速度。但是，其体系、人员及基础结构方面的重复建设会导致资源利用率的降低。大客户主导型的组织结构适用于与大客户有着长期战略合作关系的电信企业，而这些大客户对企业有着至关重要的意义。如法国电信从 1995 年起就采用了大客户主导型的组织结构。

产品主导型的组织结构是根据不同的产品线展开。如总经理之下设固网部、移动部等，每个产品部门都可以拥有并支配自己的资源。产品主导型的电信企业更注重于市场对于产品的响应速度，有利于快速发展新业务。但是，在这样的企业中，很难为购买多类产品的客户提供整体解决方案。产品主导型的组织结构适用于产品线广泛而产品之间的协同效应不足的电信企业。美国 SBC 通信在 1999 年兼并 Ameritech，2000 年合资 Cingular 之后采用的就是产品主导型的组织结构。

讨论题：

围绕案例内容，比较国际电信运营商采用的两种组织结构各自的优缺点。

第3章 电信运营管理基础

【引例】新西兰电信的优化运营

新西兰电信是新西兰民用及商用客户的主要服务提供商，旗下拥有澳大利亚第三大电信运营商 AAPT。公司主要经营数据、移动和固话通信业务。

2000 年，新西兰电信通过对供应管理进行检查发现，提高备件跟踪和降低低价值货物采购的管理水平，可以缩短工作时间并节省资金。2002 年，新西兰电信建立了运营管理系统，构建可全面透视的零配件网络，全面自动化管理的在线采购系统等，为今后的竞争和发展奠定了坚实的基础。

备件跟踪/采购系统帮助新西兰电信通过库存管理优化整体运营，提高了增加业务或拓展新市场时的灵活性。其次，有助于新西兰电信与供应商保持良好的合作关系。同时，通过优质的服务保持现有客户的忠诚度。最重要的是，备件跟踪/采购系统帮助新西兰电信优化并简化了关键业务流程。这对于该公司具有重要战略意义，使其可以每天，甚至以每分钟计算，为数百万客户提供有效支持。

新西兰电信公司通过运营管理，使资源的效用得到最大的发挥，显著增强了企业的竞争力；相反，在一些企业中，不适合发展的运营管理方式就会成为企业提高运营管理的主要障碍。本章将主要介绍与电信运营管理相关的基础内容，包括电信企业的运营战略、内部资源管理、价值链管理、技术与研发管理、项目管理和质量管理。

3.1 电信企业的运营战略

3.1.1 企业战略与运营战略

企业的战略决策通常会对企业产生深远的影响。运营战略属于职能战略，是企业战略中的一部分，与企业其他战略相辅相成，共同创造企业的竞争优势。

1. 企业战略

“战略”一词本是军事名词，指“依据国际、国内形势和敌对双方政治、经济、军事、科学技术、地理等因素来确定对战争全局的策划和指导。”现在，这个词已经被广泛地应用于其他领域。企业战略是指企业为求得生存和发展，在较长的时期内生产经营活动的发展方向和关系全局问题的重大谋划。这种谋划包括企业的宗旨、目标、总体战略、运营战略和职能战略。从广义上讲，企业战略包括了企业的使命、目标、战略和策略。从狭义上讲，企业战略则是指企业为了实现使命和长期目标而制定的一种具有总体性和长远性特征的谋划。

一般来说，按照事业部划分的企业战略可以分为 3 层：企业总体经营战略、业务战略和职能战略如图 3-1 所示。

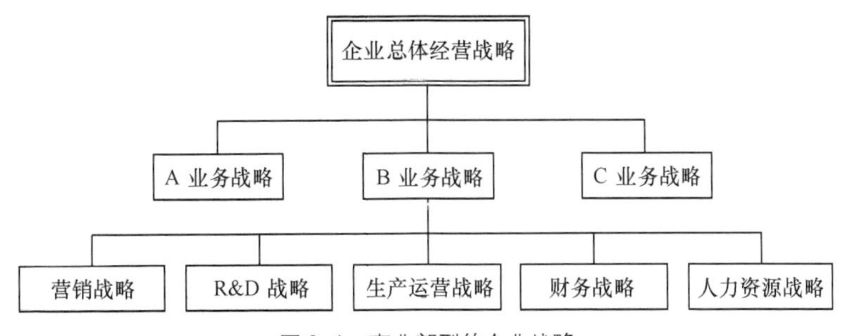

图 3-1 事业部型的企业战略

（1）企业总体经营战略。企业总体经营战略主要是指制定企业的总体目标和宗旨。根据企业所处的环境和企业的资源能力来确定企业的业务组合，以及每一种业务在企业中的地位并由此确定企业内部资源的调配。如发展新业务，退出已有业务等。企业级的决策将从根本上影响一个企业的生存以及未来的发展道路。

（2）业务战略。企业某一独立核算单位或具有相对独立经济利益的经营单位为自己的生存和发展进行规划，把企业总体战略的方向和意图具体化，使之成为更加明确的针对各项业务的目标战略。业务战略主要研究某项业务在其领域该如何进行竞争，包括业务的经营范围、市场范围、地理范围等。

（3）职能战略。职能战略是企业的职能部门，如财务、营销、生产运营、人力资源等部门根据企业的总体战略和本职能部门的任务要求，做出的战略目标谋划。

企业的运营战略属于职能战略，它是在企业的总体经营战略的指导下，根据运营系统来决定如何通过生产运营活动，有效地把一系列投入的人、财、物、信息等各种资源进行加工转换，产出符合市场需要的服务，实现企业的总体战略目标。

2．运营战略

关于运营战略的研究非常丰富。有的学者认为，运营战略是指界定运营系统作用、目标和活动的战略决策和战略行动的总体模式。有的则认为，运营战略实际上是一种职能性战略，运营战略是对运营职能的远见，这个远见为制定运营决策确立了总体方向和职责，能确定运营活动中应一直遵从的决策模式并给企业带来竞争优势。下列是关于生产运营战略有代表性的概念。

早在 1969 年，美国哈佛商学院的威克汉姆·斯金纳（Wicham Skinner）教授就在《哈佛商业评论》上提出了生产运营战略的概念，指出生产运营不仅仅是例行的执行部门，而且也是企业总体战略的一个关键组成部分。所谓的生产运营战略，是指利用生产运营资源所制定的各项生产决策和计划。在这里，生产运营资源由 5 部分组成（运营资源的 5P）：人（People）、工厂（Plant）、部件（Parts）、工艺（Processes）以及计划控制系统（Planning and Control System）。

施罗德、安德森和科莱渥兰德将运营战略定义为4个组成部分：宗旨、特有能力、目标和策略。他们认为，这4部分有助于确定运营应该完成哪些目标和如何达到这些目标。最终的战略应能帮助指导运营各部分的决策。

海斯、威尔瑞特把运营战略定义为一种在运营决策中应一致遵守的模式。这些决策的一致性越好，支持企业战略的程度就越高、越好。他们又指出了在运营中应如何进行决策并保持决策的一致性，强调运营战略的结果——决策模式的一致性。

黑尔发展了一种新的方法来定义和发展运营战略。他指出了应怎样连接运营决策和市场战略。这是一种客户导向的方法，强调运营要满足客户要求，然后根据客户的需求来制定质量、工艺过程、能力、存货以及劳动力的决策。

奈杰尔·斯莱克和迈克尔·刘易斯把运营战略分解为运营战略的内容和运营战略的过程来进行研究。运营战略的内容是指用来界定公司作用、目标和活动的特定决策和行为，而运营战略的过程是指用来制定这些特定的“内容”决策的方式。

由此可以认为，运营战略是指在企业经营战略的总体框架下，以企业各种资源要素和内外部环境为基础，通过运营活动来支持和完成企业的各项目标，以达到最大限度地利用企业资源的长期竞争战略。

运营战略的内容包括4个部分：运营使命、运营目标、运营能力及运营策略，如图3-2所示。

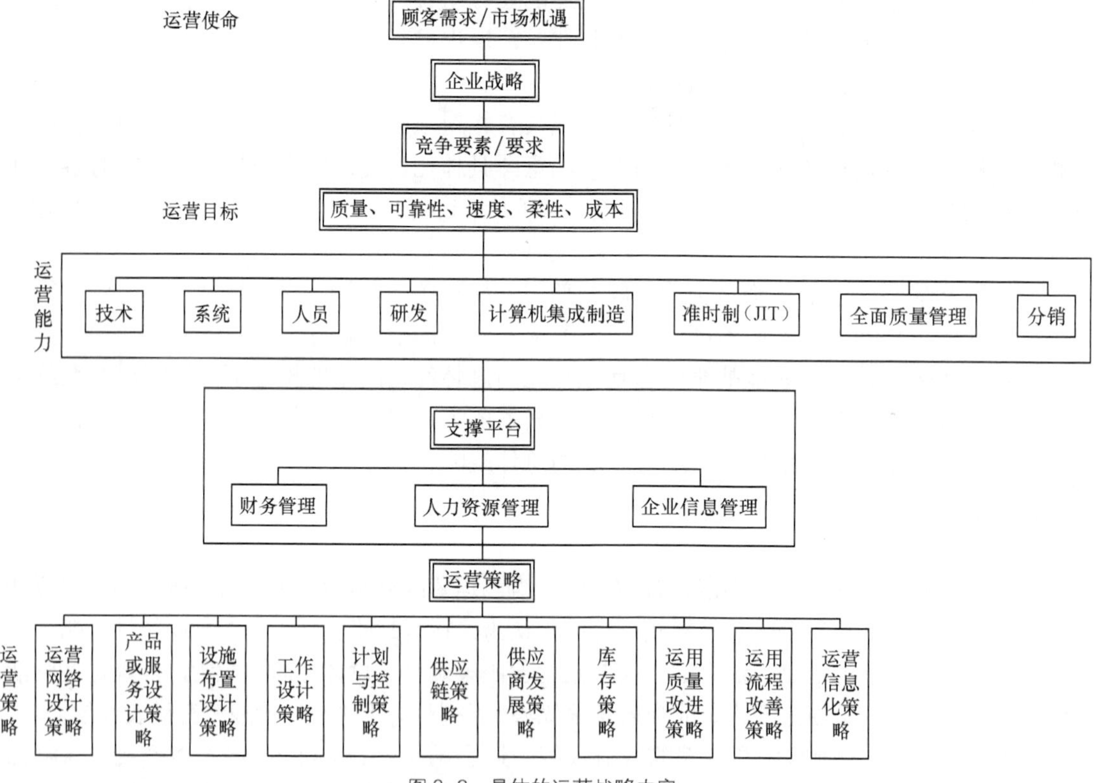

图3-2 具体的运营战略内容

（1）运营使命。运营使命是指竞争要素与企业战略对运营系统的要求。每种运营都应该有一个与经营战略相关系的使命，而且与其他运营内容相关联。例如，如果把产品领先性作为经营战略，运营使命的重点就应该放在新产品引进和产品对市场需求变化的柔性上，其他相关的运营内容就要配合实现该使命。因此，运营使命源自经营单元所选择的特定经营战略。

（2）运营目标。质量、速度、柔性和成本是运营目标的 4 个要素，运营目标来源于运营使命，而且以定量和可测量的期限重申了使命。目标应该有一个比较长期的战略所支持。

（3）运营能力。运营能力可以成为企业的核心竞争力，企业从中获得重要的竞争优势。运营战略的制定和实施，必须明确企业的运营能力，尤其是企业的核心能力。核心能力是企业独有的对竞争要素的获取能力，是企业在竞争中与竞争对手取得差异的能力。

运营能力取决于运营资源与运营过程。运营资源包括系统的技术资源、系统资源（机器、设备自动化系统与运营信息系统）、人力资源等。运营过程是由产品制造或服务提供过程中各种活动所组成的。

（4）运营策略。如何实现运营目标，贯彻运营战略，这就需要相应的运营策略。各个运营策略及运营策略与其他功能的策略之间需要相互配合，共同构成统一的整体。

运营战略作为企业整体战略体系中的一项职能战略，它主要解决在运营管理职能领域内如何支持和配合企业在市场中获得竞争优势。运营战略一般分为两大类：一类是结构性战略，包括设施选址、运营能力、纵向集成和流程选择等长期的战略决策问题；另一类是基础性战略，包括劳动力的数量和技能水平、产品的质量问题、生产计划和控制以及企业的组织结构等时间跨度相对较短的决策问题。

3．服务业中的运营战略

服务业中的运营战略是一个系统工程，完整的服务运营战略至少包括以下 7 个方面的内容。

（1）确定服务方针和目标。服务方针包括服务目的、服务项目、竞争地位或自我定位、服务水平、价值观、公共责任、对本组织的期望等内容。它是组织的服务宗旨和方向，以及量化的指标，告诉员工应该把什么奉为信条，并由此来制定更加详细的服务方案。

（2）树立服务理念。思想是行动的先导，只有员工理解了顾客服务的巨大价值，并将它内化为自己的价值观和行为取向，他们才会积极投入为顾客服务当中。在树立企业的服务理念时，应充分与员工进行交流沟通，同时作为企业的领导者应在执行过程中身先士卒，从而坚定所有员工的信心。

（3）确定顾客服务需求。确定顾客服务需求时应注意：准确了解顾客需要什么样的服务，包括购买过程中的服务、使用过程中的服务以及咨询服务等；同时还应了解顾客对企业现在的服务有什么不满。进行顾客需求调查时可以采用的方式有问卷调查、电话访问、组织顾客座谈、从企业内部了解等。调查方式各有利弊，在实际操作过程中可以根据实际情况互相结合使用。

（4）服务设计与实施。主要包括服务产品设计、服务系统设计等。

（5）服务人员的管理。对服务人员的管理，应秉承服务理念的要求，严格挑选，经常培训，合理激励，培养员工的服务精神。这里强调的是，一定要塑造良好的服务文化，在组织内部首先推行内部营销，善待内部顾客，降低员工的流动率。只有内部顾客满意，才能激励他们更好地为外部顾客服务。

（6）服务质量的管理。服务质量管理包括服务标准的设立、服务内容的制定、服务结果的反馈、服务质量的评估等内容，这是服务战略中非常关键的环节。

（7）实现顾客满意与顾客忠诚。顾客满意既是顾客服务的起点，也是其最终目的；而顾客忠诚是随着顾客满意程度不断增强而在一定时间内形成的一种宝贵资源。

在一般企业中，运营管理的基本问题都是类似的，只是管理的对象不同。随着竞争阶段的不同，服务型企业的服务内容也随之发生着变化，如表 3-1 所示。

表 3-1 不同竞争阶段的服务内容

竞争阶段	阶段 1 坐等服务	阶段 2 上门服务	阶段 3 优势服务	阶段 4 世界级服务
主要特点	顾客不得已光顾，运营只是一种反应	顾客被动接受，运营平庸，没有激情	顾客根据声誉选择企业，企业自行优化运营系统	不仅满足顾客需求，而且提供竞争对手能力以外的服务
服务质量	处于次要地位	部分满足顾客需要	超过顾客需要	提供顾客期望值
新技术应用	只在危及企业生存时才采用	只在可以减少成本时才采用	当承诺提供服务质量时才采用	被认为是超过竞争者的根源
员工管理	消极约束	按工作需要约束	允许双向选择	培养创新精神
现场管理	监督控制工人	控制工序	倾听顾客意见	引导工人改进工作

与制造业相比，服务产出的特点决定了服务运营过程和管理过程有很大的不同，这些不同点大概可以概括如下。

（1）以顾客为中心的运营组织。从运营的基本组织方式上说，服务业是以人为中心的组织运营。由于运营过程往往是人对人的，需求有很大的不确定性，难以预先制定周密的计划；在服务过程中，即使是预先规范好的服务程序，仍然会由于服务人员的随机性和顾客的随机性而产生不同的结果。因此，运营活动的组织主要是以人为中心来考虑的。

（2）服务管理的集成性。服务的过程性要求组织把各项职能协调，才能为顾客创造价值，使顾客满意。在绝大多数服务组织中，运营职能和销售职能分离是不存在的，服务提供者与顾客也不会分离，服务第一线的员工通常是同时担当运营、销售两种职能。实现集成服务管理的各项职能时，需要各部门共同努力，相互理解和沟通。

（3）衡量与评价产出的复杂化。数量指标对很多服务业组织来说，并不能成为很重要的指标，因此质量与效果更为重要。而服务质量难以描述或定义，也就更难以精确评价。另外，许多服务组织具有多元化的目标，所以对服务组织来说，即便在投入相同的情况下，也不能简单地通过收入、成本等数据来评价它的绩效，以“人”为中心的运营性质使服务过程所造成的结果隐形化、复杂化。

（4）产品的无形性。在制造有形产品的企业中，企业可以通过专利的方式对产品加以保护。而在服务业中，概念、方法、流程等无形因素发挥着重要的作用，实物形态的东西比较少，因此服务组织很少能利用专利保护自己，要提高竞争力，必须要从无形因素着手；同时，由于服务本身的无形性，顾客对服务组织的形象、品牌更为重视，服务型企业对品牌建设更要投入一定精力。

3.1.2 电信企业的运营战略

随着电信市场竞争的日益激烈，电信企业日常的运营活动就成了企业竞争优势的重要来源。运营战略更是关系着企业的存亡，把握市场的需求制定出正确的运营战略，是每个电信企业孜孜以求的目标。

1. 电信企业运营战略的内容

电信企业运营战略是指对内部要素、外部环境以及运营系统等因素进行分析与判断后，来确定包括业务发展战略、竞争策略、运营能力发展策略和运营组织方式 4 个方面的内容。

（1）业务发展战略。电信企业的业务发展战略是指对各种不同的电信业务和服务采取的开发、选择、整顿、改良、淘汰、组合等策略。随着通信技术的飞速发展，各种各样的电信新业务层出不穷。多元化的经营既给电信企业带来了机遇，同时也带来了挑战。一方面，各种新业务为企业提供了更多的发展盈利机会，多种业务的共享也有可能降低每项业务的运营成本；另一方面，多元化的经营，也存在着其他竞争者进入的可能性，业务之间难以协调的可能性，这些都增加了企业的风险。

（2）竞争策略。业务战略考虑的是企业应该提供怎么样的业务和服务，而竞争策略考虑的是如何在运营领域中进行竞争。电信企业竞争策略的立足点是建立和保持企业独特的竞争力。所谓竞争力，就是企业提供满足市场需求的服务，创造附加价值，保持良好盈利率的能力。保持竞争力的关键在于发挥竞争优势。麦肯锡公司曾经从 27 家最成功的企业中找出一些共同特点，其中最关键的两条：一是抓住竞争优势，二是坚持企业强项。竞争优势可以是企业的任何活动，包括从设备采购、内部运营、市场营销、人力资管理源等一系列的环节。电信企业需要根据自己所处的环境和所提供的业务、运营组织方式和运营能力等确定自身的竞争策略，明确自身的竞争重点。

（3）运营能力发展策略。运营能力发展策略主要包含两方面的内容，一方面是根据企业日常运营过程中运营能力的不均衡性特点，合理安排运营能力，同时保持各个生产环节作业能力的协调性，消除能力瓶颈环节，保证企业健康地运行：另一方面是根据企业的发展需求，对企业运营能力的发展进行统筹规划，制定和评估企业运营能力发展的各种方案，确定各阶段运营能力发展的目标和措施。

（4）运营组织方式。当运营战略决定了提供何种业务，并确定了竞争策略之后，还必须决定的是选择运营组织方式。运营组织方式就是指以什么样的基本形式来组织运营资源，提供相应的业务服务。

① 确定运营网络结构组织形式。对于电信业务来说，提供的业务如果需要通信网络的支撑，那么需要明确相应网络的组织结构形式，如网络的服务范围、网络的分级管理方式等。而对智能网业务，需要确定是建立重叠网络还是综合网络，或者对某些升级换代性的网络确定是建设成原通信网络的混合网络还是重叠网络等。

② 确立运营组织流程和机构的职责。首先明确运营组织的一般流程和业务服务流程，然后确定该业务服务与已有服务流程和服务业务之间的关系，明确提供各项运营业务的部门和人员组织原则。如对某一种业务是需要设立单独运营的部门，还是依靠已有部门机构管理业务。而在确立机构的职责时，要明确机构的运营方式，还是与已有机构的配合关系等。

③ 运营能力发展和资源获取战略。对发展业务的运营能力进行规划，确定不同时期提供合理的业务数量，同时明确资源的获取战略，如技术是购买还是自己开发，所需人力是招聘还是利用已有人员，所需资金是自筹还是借贷，设备采购的采购原则等。

④ 面向客户的服务方式。主要是指如何向客户提供服务，例如，是通过相关的服务营销

渠道还是直接通过营销提供，是客户主动申请还是实行捆绑服务，以及服务对象的定位策略，广告促销的总体策略等。

2．电信企业运营战略的分类

（1）运营竞争战略。运营战略的重要任务之一就是确定企业在生产运营领域的竞争重点，保持在这一领域的竞争优势。关于电信企业的竞争战略，从运营的角度看，在生产运营领域的竞争重点主要包括价格、服务质量、业务多样化、技术创新以及网络规模等。

（2）运营能力平衡发展策略。电信企业的运营能力是指能为用户获得良好通信效用的“提供电路”、“传递个人信息”的数量。从生产力三要素（劳动者、劳动对象、劳动资料）的角度考察，电信企业的运营能力就是具有通信技术的人员、通信设备、通信网络和资金等几方面的综合能力。企业运营能力在一定时期内保持相对稳定，但不是永远不变，客观上有随着运营技术条件发展而变化的潜在动因。运营能力平衡战略是指运营过程中要经常注意保持各工序间的比例。在扩大企业的运营能力时，必须同时考虑所有生产环节的生产能力的增加。要解决运营中运营能力的不均衡性，有以下几种办法：增加瓶颈环节的运营能力，可以通过诸如加班、添加关键环节设备或与外部企业订立购买合同等措施来增加运营能力；同部门之间共享相同的生产设备等。

（3）业务整合战略。电信业务整合战略就是根据电信企业的经验目标，对业务组合的广度、深度进行调整优化的策略。业务组合的广度是指不同类别业务种类的数量；业务组合的深度是指同一类别的具有类似功能但在档次、款式等方面不同的业务。业务投放市场后，随着时间的推移，其成本、赢利和销售、市场占有率、竞争力等都在不断变化，企业必须根据这些变化的情况，选择适当的时机，对自身的业务组合进行整合。业务整合策略包括扩大业务组合、缩减业务组合、业务延伸等。

3.1.3 电信企业运营战略的制定和实施

如何实现运营目标，贯彻运营战略，电信企业管理者和战略制定者需要关注许多具体的决策问题，如适应外部环境、技术决策、产品质量决策等，这就需要相应的运营战略。

1．电信企业运营战略的影响因素

电信企业运营战略是电信企业运营管理的基本内容之一，它的影响因素包括了外部环境因素和企业内部因素两个方面。

（1）外部环境因素

所谓企业外部环境是指对企业绩效起着潜在影响的外部机构或力量，包括宏观经济形势、政府政策、上下游市场、人口环境、社会文化以及技术发展等。企业面临的诸多环境力量并不是固定不变的，而是经常处于变动之中，并且许多变动往往又由于它所具有的突然性而形成强大的冲击波。环境的变化，或者给企业带来可以利用的市场机会，或者给企业带来一定的威胁。电信企业制定运营战略必须把握诸多环境因素的变化，善于从中发现并抓住有利的机会，避开或减轻不利的威胁。综合来说，可以分为以下 4 类。

① 政府经济政策。国内外宏观经济形势和政府产业政策济的景气与否影响着不同客户的购买力，决定了市场容量的大小。市场规模（指现实与潜在的需求的规模）大小，归根到底取决于购买力的大小。企业应当密切注视由于社会购买力的变化所带来的机会或威胁。社

会购买力是一系列经济因素的函数。社会购买力的大小取决于国民经济的发展水平以及由此决定的国民平均收入水平、经济发展速度、通货膨胀、居民储蓄量、消费者信用（如分期付款）和消费模式的变化等因素。经济发展水平高，可支配收入高，社会购买力就强。通货膨胀意味着货币贬值，物价上涨，货币购买力下降必然影响购买力。消费模式的变化也是需要注意的因素，根据恩格尔定律，一个家庭的收入越少，总支出中用来购买食物的比例就越大；随着家庭收入增加，用于购买食物的支出占总支出的比例下降，而用于其他方面的支出，如通信消费，就有可能会增加。政府的政策，对受着各种管制的电信行业来说，是可以影响行业生存发展的重要因素。通过促进各种通信法律法规的制定，能够规范行业行为、维护市场秩序、保护竞争、保护消费者、保护企业合法利益。

② 上下游市场。电信企业固定资产投入大、更新快，在设备的引进上受着国内外制造商的制约，而在销售渠道上又存在着众多不同的代理商、分销商，与上下游进行交易时的议价能力便制约着运营决策。如20世纪80年代早期，由于我国在程控交换技术上相对落后，使得国外商开价奇高，很多企业便使用了纵横式交换机，这跟当时的情况是相符合的。随着技术的发展，特别是大量国产设备的成功开发，使得程控交换机的价格迅速降低，使用程控机就成最好的选择了。另外，供应商的售后服务、新技术开发、及时交货等方面的能力也是制定运营战略时要考虑的因素。

无论是通信能力的规划，还是人员的配备，业务的选择都应该以用户市场需求为出发，立足于市场。电信企业必须改变一贯的贪大求全求新的计划经济做法，把握市场变化，以市场作为决策的主要依据。运营战略的制定，既要直接考虑市场的需求，还应考虑市场的变化，以便及时对生产能力、业务组合、新技术开发项目等进行调整。

③ 技术发展。制定运营战略时，需要考虑技术的发展及趋势，以及对通信生产和市场需求的影响，要留有余地，尽量避免不必要的无效投入。例如，早年某些地区在光纤通信即将获得发展的情况下，还大力发展铜轴电缆，给以后造成了不小的负担。技术进步既能为企业提供发展机会，也能给企业带来威胁。制定运营战略的一项重要内容就是进行技术选择。因此，除了从一般意义上分析技术进步对企业可能产生的影响，更要具体研究技术选择的标准。

具体来说技术进步对企业运营的影响有：对业务的影响，业务生命周期是否有明显缩短的趋势；对生产方式、生产工艺、业务组织方式本身的影响，未来电信企业运营组织应该能适应快速发展的通信技术；对企业领导结构及人员素质提出更高的要求，甚至全新的观念等。

④ 竞争对手。垄断专营权的取消和新的运营商的出现，使得竞争加剧。在制定自身发展战略时，还要考虑竞争对手的战略，他们的技术能力、网络规模、业务种类、用户数量和经验特权等，以此来调整企业自身的运营系统，以求得在相互竞争中的优势。

（2）企业内部因素

① 企业战略和各部门职能战略。运营战略是否成功，关键看它是否支持企业战略，是否有利于企业目标的实现。企业战略关心的是：企业应发展什么，使之具有特色能力，并能够发展成为企业的竞争优势。企业采用不同的战略时，运营战略也会有很大差异。例如，当采用成本领先战略时，运营系统就强调标准化、集中化以降低成本，但系统的灵活性就不高，也不便于开发个性化的服务。当采用差异化战略时，生产系统的技术创新、品牌推广、质量管理等方面能力增强，灵活性高，但却增加了运营的成本。在企业整体经营目标之下，企业的不同职能部门分别建立自己的职能战略和自己力图达到的目标。因此包括运营战略在内的

各个职能级战略的制定，都要受企业整体经营目标的影响。

② 生产成本。除了原材料成本和工资支出以外，生产成本还受规模经济、经验曲线、设备新旧等因素的影响。电信企业具有全程全网的特征，它的规模经济性十分明显。网络覆盖范围大，用户使用业务时的灵活性大，用户数量就大，各种设备人员的利用率高，平均成本低，又进一步增强了企业的成本优势；所谓经验曲线是指某项业务随着累计业务提供量的增加，内部运营经验积累，使平均成本有降低的趋势；设备新旧情况也是影响成本的因素之一，新设备运行良好，相应的维护成本就比旧设备低。

③ 业务（产品）的生命周期。业务生命周期是指从业务投放市场，到它不适应市场而退出的整个过程，包括投入期、成长期、成熟期和衰退期 4 个阶段。不同的生命周期，在竞争焦点、运营过程和运营工艺、设备等基本特征方面各不相同，对运营系统的要求也不同。

④ 专有技术和专营优势。电信行业涉及国家主权和安全，往往会得到政府的经营特许，从企业自身的角度来说，这也可看作是一项优势，如 AT&T 在 21 世纪初就凭借政府特许发展成为电信行业的龙头。当然，在今天全球化的竞争年代，电信企业不能总是满足于政策保护下的安逸，必须增强自身的竞争能力，才能获得不断的发展。

⑤ 其他内部资源能力。其他内部资源能力如生产设施设备的先进性和灵活性，生产能力扩充、质量控制、设备安装等方面的技能，纵向整合程度，人力资源和财务实力等对电信企业的运营战略的制定具有影响。

2. 电信企业运营战略的制定

电信企业运营战略的制定一般按照以下步骤进行。

（1）了解并梳理企业的使命、愿景及核心价值，并把它们作为战略制定的指导原则；对用户的业务需求调查分析，包括对业务的服务质量、数量要求，业务的价格定位等。

（2）分析企业将来的外部环境变化，包括政策、客户、竞争态势等，同时对企业的内部资源和能力进行分析和评估，揭示企业的核心竞争力，从而评估企业的能力是否足以应付不断增强的竞争压力。

（3）在战略分析的基础上确立企业未来的战略目标及定位。根据前面两步的分析，通过对企业的资源要素和各种内外活动的分析，选择在所经营业务领域内的竞争重点。确定业务功能指标的不同优先级。例如，一项业务有成本、品牌、质量 3 项竞争重点，如果对业务的需求主要来自低端用户，需求量大，企业的竞争战略应该是低资费策略，那么 3 项的优先级依次是成本、品牌、质量。

（4）在战略目标的指导下制定实现战略目标的战略方案和关键举措。需要注意的是不同的业务竞争优势对系统的要求是不同的。成本优先的业务，它的运营系统一般业务量大，规范化、标准化程度高，而生产的灵活性和快速响应能力低，难以为用户提供个性化的服务。而质量优先的业务的运营系统就可能会提高运营成本。

（5）为了确保战略的落地，将战略举措细化为一系列的工作项目或行动计划。该阶段主要是选择系统的组织结构、运营成本、创新能力、快速响应能力、生产能力弹性和继承性等。

（6）对战略的实施进行评估和监控以确保战略的顺利实施，并最终形成战略规划及管理循环。企业外部市场与内部要素的不断变化，要求企业平衡好结构化因素与非结构化因素，这样才能保持住企业竞争力。结构化要素有生产技术、运营设施、运营能力和生产运营一体化。非结构化要素有生产运营人员、生产运营计划、生产运营质量和库存。对这两方面的要素进行调整后，便可进入运营战略的实施阶段。

3. 电信企业运营战略的实施

与其他战略实施一样，运营战略的实施也需要制定行动计划，分派决策责任并建立协调和控制机制，以保证工作的顺利完成。无论战略计划制定得多么完善有效，如果不能恰当地实施仍不会获得成功。战略的实施又称为战略的落地，即企业在能力与资源的基础上，把企业的内部能力与资源转化为现实的战略竞争力，避免战略与运营系统的脱节。

新的运营战略的实施往往意味着企业的变革，可能会有各种各样的阻力，因此必须要有与之相应的组织结构，管理层的支持和员工队伍的配合。

电信企业运营战略实施的途径概括起来主要有以下两方面。

（1）领导与员工合作。在企业运营活动的诸多要素中，员工是起决定性作用的。企业高层管理者的数量与质量是企业发展的核心竞争力之一，其承担责任的能力和意愿决定了企业发展的速度和质量。电信市场随着通信技术变化迅速，任何个人或小范围的团队总不能完全把握。为了发挥集体智慧，企业领导以及其他层次的管理人员，可以在倾听广大员工意见的基础上，对战略问题进行充分讨论，形成较为一致的意见，制定出战略，再进一步落实和贯彻战略，使每位员工都能在战略制定及实施的过程中做出各自的贡献。

（2）企业文化。企业文化是制度性约定的系统做事原则，以及基于整体工作目标的价值立场，是企业核心竞争力的来源。由于电信企业属于知识型组织，企业员工有较好的素质，受过较好的教育，领导应考虑如何动员全体员工都参与战略实施活动，不断向企业全体成员灌输企业战略思想，建立共同的价值观和行为准则，使所有成员在共同的文化基础上参与战略的实施活动。需要注意的是，企业文化一旦形成自己的特色，就很难接受外界的新生事物。

3.2 电信运营企业的内部资源管理

资源管理是企业战略调整的手段，也是企业运营管理的日常工作。具体说来内部资源管理就是通过对内部资源的优化配置，达到有进有退、有取有舍，最终获得整体的优化。

3.2.1 企业内部资源的定义

资源是指由企业拥有和控制并使得企业能够在市场中运营的资产。资源提供了建立竞争力的基础，企业的资源一般由内部资源和外部资源组成。内部资源就是指那些企业控制并拥有所有权和使用权的经营资源。企业的内部资源具有有限性和特定性的特征。一定程度上，企业所拥有的内部资源的数量和质量决定了企业的竞争优势。企业的内部资源主要包括如下 5 种。

（1）实物资源。一般企业的实物资源包括企业的工厂、机械设备以及保持与顾客和供应商联系的设施等，在电信运营企业中，实物资源不仅仅包括机器设备和生产能力，还包括这些实物资源的自然状况，如寿命、状态和位置等。

（2）制度资源。一个企业中的制度建设很大程度上体现在企业文化的水平上，企业文化凝聚了企业的价值观和发展观，对企业的发展，尤其是对企业的技术创新具有重要的意义。

电信运营企业属于知识密集型企业，是新技术的倡导者和实施者，电信企业更要重视自己的制度建设，尽量发挥制度资源的作用。

（3）人力资源。人力资源的有效开发和管理是生产、发展和经济增长的重要因素。电信运营企业的人力资源是指企业中不同技能的人员数目及能力，如有经验的员工、掌握特殊技能的员工、被激励起来的员工等。

（4）资金资源。资金资源主要包括货币的来源和使用。如资金的获得、现金的管理，对债权人和债务人的控制，与货币供应者的关系，企业的信用等级等。

（5）品牌资源。品牌资源是指企业的产品或服务在消费者和供应商之间得到的认可度。如果品牌在顾客中享有可靠和产品质量高的声誉，对企业产品或服务的销售与供应渠道的整合都有很大的帮助。中国电信业经过几十年的发展，早已在国民经济中已占有举足轻重的位置。中国电信运营企业的品牌与该行业规模、价值总量等密切相关，所以电信运营企业的品牌资源还是很丰富。

3.2.2 企业内部资源管理

内部资源管理又被称为内部资源整合，即企业根据自身的发展战略和市场需求对相关的内部资源进行重新配置，以期望最大可能地适应市场的变化，突显企业的核心竞争力。要寻找到企业内部资源配置与客户需求的最佳结合点，只有通过合理的组织结构安排和管理与协调价值链等方式来实现。

（1）合理的组织结构安排。企业的战略依靠有效的组织结构才能实现，企业的资源只有合理地分配到每个组织单位中，才能实现资源效用最大化，同时合理的组织结构还能帮助企业节约资源消耗。在组织结构的安排中，建立有效的垂直控制系统和水平控制系统对内部资源的合理安排有极大的作用。通过垂直控制系统，管理人员对所管下属及其所使用的企业内部资源负责，达到物尽其用的目标。垂直控制系统可分为高耸型和扁平型两种。

（2）管理与协调价值链。企业的价值链代表了企业为获得最终产出而组织企业资源的能力。分析企业的价值链，可以将企业成本分解为各种各样的功能性成本，使管理者评估价值链组成的合理性，理解并识别资源的类别、强弱等，从而找出持续竞争优势的源泉。针对价值链的特点，企业内部资源管理就是检查每个价值创造活动中的成本与绩效，并寻求改进。管理与协调价值链的步骤为：识别价值链中的差别资源；评估价值链组成的合理性；重组价值链，取得协同效应。

3.2.3 电信企业内部资源管理

电信企业内部资源管理是一个以使用客户需求为导向的不断演进的整合过程，通过组织和协调，把企业内部彼此相关但却彼此分离，既参与共同的使命又拥有独立经济利益的内部资源整合成一个系统，取得整体效益。

电信企业应努力提升内部资源管理，主要是优化企业内部资源的整体结构，使得物流、资金流、工作流和信息流“四流合一”。这对于用传统经营方式来运营的电信企业来讲是很难实现的，必须借助 ERP 手段来整合企业内部资源，通过对企业组织架构、管理模式、业务流程等方面改革，建立内部各经济单位友好合作关系来实现良好竞争优势。

ERP 即企业资源计划，是指建立在信息技术基础上，以系统化的管理思想，为企业决策层及员工提供决策运行手段的管理平台。ERP 是整合了企业管理理念、业务流程、基础数据、人力、物力、计算机硬件和软件于一体的企业资源管理系统。基于 ERP 的内部资源管理对电信企业来说，是一场重大的变革，它的内涵体现在 3 个方面。

（1）以 ERP 系统建设为契机，按照高效、精简、专业的原则，面向作业整合组织结构，强化过程监控和成本控制，消除资源浪费，发挥资源的最大效益。

（2）结合 ERP 的管理模式和电信行业的特点，面对顾客资源，对核心业务进行整合、重组和优化，提高运营效率，降低运营成本，增强企业的盈利能力。

（3）整合现有的软、硬件资源建成各种信息流通用的管理平台，消除"信息孤岛"，实现信息共享，优化企业的决策能力。

3.3 电信价值链分析与管理

现代企业间的竞争不再是发生在企业与企业之间，而是发生在企业各自的价值链之间。只有对企业的价值链进行科学、有效地管理，企业才能获得真正的竞争优势。随着信息技术、通信技术、计算机网络技术的高速发展，电信企业的价值活动由传统的简单价值链逐步向复杂价值网络演化。

3.3.1 价值链理论

20 世纪 80 年代，由美国哈佛商学院波特教授提出的"价值链分析法"（如图 3-3 所示），把企业内外价值增加的活动分为基本活动和支持性活动。基本活动涉及企业生产、销售、进料后勤、发货后勤、售后服务。支持性活动包括采购、研究与开发、人力资源管理、企业基础设施等。这些互不相同但又相互关联的生产经营活动，构成了一个创造价值的动态过程，即价值链。不同的企业参与的价值活动中，并不是每个环节都创造价值，实际上只有某些特定的价值活动才真正创造价值，这些真正创造价值的经营活动，就是价值链上的"战略环节"。企业要保持的竞争优势，实际上就是企业在价值链的某些特定战略环节上的优势。运用价值链的分析方法来确定核心竞争力，就要求企业密切关注组织的资源状态，要求企业特别关注和培养在价值链的关键环节上获得重要的核心竞争力，以形成和巩固企业在行业内的竞争优势。企业的优势既可以来源于价值活动所涉及的市场范围的调整，也可以来源于企业间协调或合用价值链所带来的最优化效益。

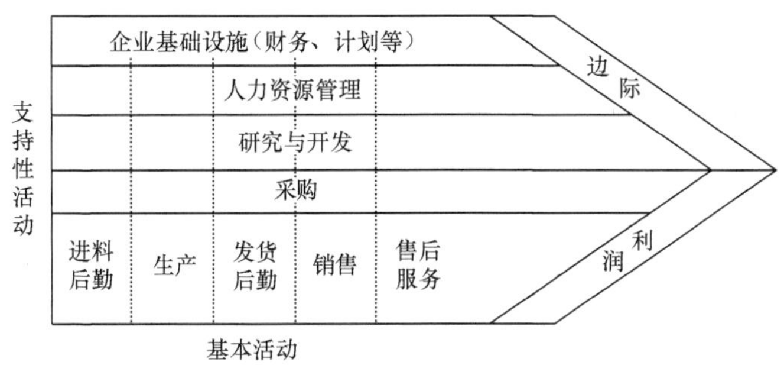

图 3-3 价值链分析法

波特价值链分析模型揭示，企业与企业的竞争，不只是某个环节的竞争，而是整个价值链的竞争，而整个价值链的综合竞争力决定企业的竞争力。用波特的话来说，“消费者心目中的价值由一连串企业内部物质与技术上的具体活动与利润所构成，当你和其他企业竞争时，其实是内部多项活动在进行竞争，而不是某一项活动的竞争。”

3.3.2 价值链的定义

价值链是指由于一系列的分工而存在，产品或服务在到达最终用户前，先后经过一系列的加工增值环节，成链条状的价值增值过程。价值链是由一系列的价值增值环节组成的。每个中间价值增值环节输入前一个环节的价值产品，输出增值的新产品。

价值链包括不同的层次，如超产业价值链、产业价值链、企业价值链甚至某一业务的价值链。超产业价值链是描述在社会经济中由于不同的产业分工而形成的连续价值增值过程，如采掘业、加工业、纺织业和服装业等的超产业价值链；产业价值链描述是在产业内部分工合作的基础上，实现产品和服务连续增值的过程，如通信制造业和电信服务业的价值链；企业价值链是描述企业内部在可以划分不同经济利益单位的基础上，企业生产的产品或服务经历的一系列的内部分工环节，并实现价值增值的过程。显然，业务价值链则是描述某一项业务的价值增值过程，是以业务分工为基础的。这些不同层次的价值链存在以下关系：产业价值链是超产业价值链的一部分，企业价值链是产业价值链的一部分，而企业价值链又可能包括多条业务价值链。

除企业的内部价值链以外，价值链还可以分为横向价值链和纵向价值链。横向价值链主要反映同类产品在不同的生产者之间的价值运动过程，要充分考虑企业目前和潜在的竞争对手，争取获得竞争优势。简单来讲就是对一个产业内部的各个企业之间的相互作用进行分析。横向价值链分析主要包括决策、预算和分析 3 个方面，企业要面临现实和潜在的竞争者，就不得不为了获得竞争优势而形成产品差异，努力降低成本。纵向价值链是指将企业作为一个整体考虑，从最基本的原材料投入到最终用户产品形成之间的所有价值形成和转移环节所构成的一种连锁链条。具体说来，就是将企业看作是整个行业价值生产的一个环节，与上游和下游存在紧密的相互依存关系。纵向价值链可以将企业、供应商和顾客都分别视作一个整体，它们之间通过上述的各种联系构成一种链条关系，这种链条关系可以向上延伸至最初原材料的最初生产者（或供应者），也可以向下延伸到达最终产品的最终用户。

3.3.3 价值链的特点

价值链具有一些重要的特点，了解这些特点是进行价值链分析研究的基础。主要特点如下。

（1）分工与合作是价值链形成的基础。如果没有分工，就无法细分相应的各个价值增值环节，也就没有价值链的存在；合作是价值链中各个价值增值环节得以“链接”和连续的必要条件。一个产业价值链的存在，是以产业内部的分工和合作为前提的；同样的，一个新的产业价值链的出现必然是因为出现了新的分工合作，如在原有价值链中的分工细化，或由于价值内容的变化带来新的一系列的价值分工等。合理的分工与合作是价值链发挥价值增值效率的重要因素，企业在参与价值链增值的过程中，首先需要确定哪些价值环节是自己应该做的，哪些可以由企业外部的分工实现。

（2）价值链具有增值性的特点。我们可以看到，增值性是正常价值链的一个主要特征。后面的价值增值环节是在前面的价值产品的基础上，进一步面向新的客户，生产出新的价值产品。但是这并不意味着前面环节投入的价值量在后面都能够实现，如果价值瓶颈存在，价值链有一部分投入的价值将会损失掉，无法实现增值。价值链各个环节的分工之所以存在，是基于这样一点：即专业化的分工带来工作效率的增加，从而使得总的价值增值流量得到扩大。价值链的增值效率高低受到许多方面因素的影响，如作业能力、产品传递效率等的影响。

（3）价值链实质上也是一条循环链。从政治经济学的观点看，价值增值实现的过程是一个不断循环的过程。因此，价值链不仅具有连续性的特点，就内在而言，也具有循环性的特点。认识价值链的循环性这一特点，对于参与价值链的、持续经营的企业具有重要的意义，因为企业长期价值的最大实现比短期价值的实现有更重要的意义。如果一条价值链无法实现有效的循环，那么这条产业价值链在不久的将来会面临“死亡”的境地。

（4）价值链最后实现的价值增值是由最终用户需求的价值总量决定的。价值链中的价值投入受最终用户需求的价值总量约束，这也决定着价值投入在多大程度上能够得到实现。参与价值链的各个价值主体都应该充分认识到这样一点，以避免盲目扩大投资和生产。

3.3.4　电信价值链的演化

可以看出，与其他产业价值链相比，电信服务产业价值链具有一个显著的特点，即是一个以“信息”产品为对象的价值增值链，换句话说就是一个信息增值链。随着电信技术和电信市场的快速发展，电信企业原有的话音业务增长有限，而数据业务增长迅速，给电信服务的内涵带来了新的变化，伴随着电信企业的服务定位面临新的转变，新的电信价值网络在逐渐形成中。随着一批电信品牌的聚拢作用，以电信企业为核心的电信价值网络逐步壮大。

从横向价值链角度考虑，电信运营企业之间既有竞争，又有合作，如图 3-4 所示。横向价值链是将企业放在一组互相平行的、地位相等的企业之间来考察企业之间关系的链条。同处于电信行业内的企业关系，首先表现为竞争关系，对同行业中的电信企业来说，竞争对手提供的服务可替代性强，企业只有提供通过提供独特的、无法被替代的服务才能在激烈的竞争中胜出；其次是合作关系，各电信企业的比较优势不同，强强联合或取长补短，才能更有效的配置资源。

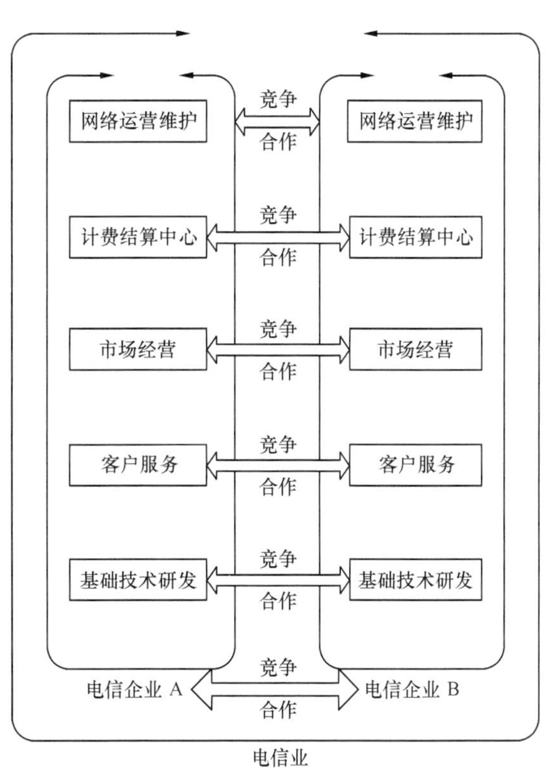

图 3-4　电信业的横向价值链

从纵向价值链角度考虑，要用动态的眼光看待电信业的发展，如图 3-5 所示。纵向价值链是将企业作为一个整体，从最基本的原材料投入到最终用户产品形成之间的所有价值形成和转移环节所构成的一种链条。事实上，价值链始终处于不断变革中，不断有新的成员参与进来，也不断有成员被淘汰，它是一种动态的整合过程。十几年前，电信市场雪崩式发展时，电信设备制造商在某种程度上处于价值链的主导地位；在现阶段，电信价值链向复杂网络演化，电信运营商承担着为整个电信服务业提供基础网络接入，处于价值网络的核心。所以，不能静止地看待价值链，电信业内的企业要建立与上下游企业合作，实现整个价值网络的竞争优势。

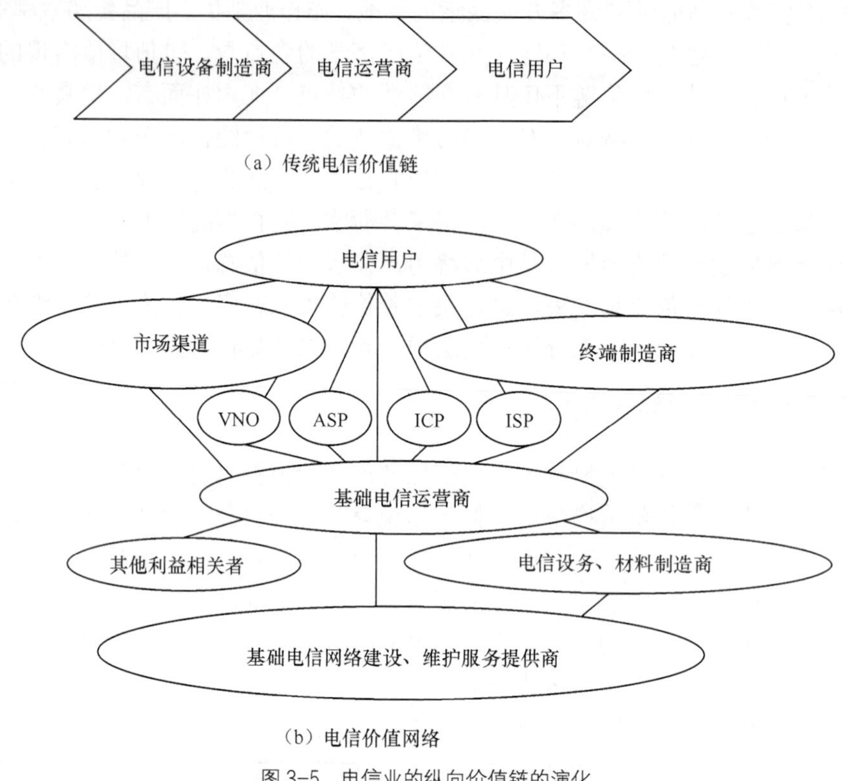

图 3-5　电信业的纵向价值链的演化

3.4　电信运营企业的技术与研发管理

电信运营企业属于技术依赖型企业，高投入与高风险是高技术型企业研发的主要特征。如何科学有效地进行技术与研发管理，是电信企业运营管理的重要内容之一。本节重点讲述电信技术与研发管理涉及的研发管理和设备管理。

3.4.1　技术与研发管理概述

技术是人类为实现社会需要而创造和发展起来的手段、方法和技能的总和，技术的基本属性是知识性。新技术的出现，不仅涉及技术发明，而且涉及生产、制造、市场销售等企业活动，这就要求企业对技术加以足够的重视。技术管理是指企业对本企业涉及的技术进行计划、组织和控制的一系列活动。技术管理是现代企业为了保持市场竞争力而采取的一项有效措施。技术管理的主要内容包括技术战略、技术能力开发、新技术的决策与开发、技术的组织等。

研究与开发是企业所关心的重要问题，有它自身存在和发展的规律。研发对企业的生命具有重要的造血功能，是企业活力的重要来源。随着技术的不断发展和市场的迅速变化，任何企业在进行研发活动时若不结合自身实际条件，及时地适应技术的发展和变化，迅速抓住瞬息万变的市场机遇，则企业很难发展壮大，甚至难以继续生存。

企业的研发主要包括两大内容：新产品或新业务的开发和新技术的开发。由于企业研发关系到企业未来生存发展，那么新产品或新业务的开发就成为运营战略和竞争策略的核心。

对于制造业来说，研发的主要目的是为保持长期的竞争优势而不断创造出能够带来高额利润的新产品。也就是说，企业的产品战略应从“制造产品”向“创造产品”转变。随着市场变化的日益频繁，产品的市场生命也日益缩短，产品开发是企业经营的基本特征，成为制造型企业一切经营计划的出发点。

对于服务业来说，研发的主要目的是为保持长期竞争优势而不断开发与完善新业务，以求能够带来更多增加值。灵敏地去发现和创造市场，提供各种新业务，从而更好地满足市场多方面的需求。业务开发将成为企业能否成功的决定性因素。

新产品或新业务的开发在企业中的重要地位也就决定了新技术。技术是企业经营的基本要素之一，技术具有将企业所拥有的资源转化为产品或服务的功能。新产品（业务）的竞争力除了产品（业务）本身的功能、性能特性，还需要有优异的质量和合理的价格来保证，而前者与生产工艺技术有着密切的关系。技术的机能会随着时间和环境的变化而减弱，在技术进步日新月异的今天，技术的寿命与产品的市场生命周期一样，正在日益缩短。因此，企业需要不断地研发新技术，取代老化了的技术。

3.4.2 技术与研发管理的类型

通常，将技术与研发分为以下几类：基础研究、应用研究和技术开发研究。

（1）基础研究。基础研究又可以分为纯基础研究和应用基础研究。纯基础研究以探索新的自然规律、创造学术性新知识为使命，与特定的应用、用途无关。因此，主要在学术机构或国家性的研究院所中进行。应用基础研究是指特定的应用、用途所需的新知识或新规律而运用基础研究的方法所进行的研究。一般来说，企业中所进行的研究大多属于此类。

（2）应用研究。应用研究是指为探讨如何将在基础研究中所得到的自然科学上的新知识、新规律应用于产业而进行的研究，即运用通过基础研究所获得的知识，为创造新产品、新方法、新技术、新材料的技术基础而进行的研究。故也称为产业化研究。

（3）技术开发研究。技术开发研究指利用基础研究和应用研究的结果，为创造新产品、新方法、新技术、新材料或改变现有产品、方法、技术而进行的研究。这种研究具有明确的生产目的，也就是在应用研究阶段，还并没有具体的产品意识，只有到了技术开发研究阶段，才开始与具体的新产品、新技术联系起来。因此也有人把技术开发研究称为企业化研究。表 3-2 列举了 3 种不同研发的区别。

表 3-2　基础研究、应用研究与技术开发研究的对比

类型	基 础 研 究	应 用 研 究	技术开发研究
目的	寻求真理，扩展知识	探索新知识应用的可能性	将研究成果应用于生产实践
性质	探求发现新事物、新规律	发明新事物	完成新产品、新工艺、使之实用化、商品化
内容	发现新事物、新现象	探索基础研究应用的可能性	运营基础研究，应用研究所从事产品设计、产品试制
成果	论文	论文或专利	专利设计书、图纸、样品
成功率	低	较高	高
经费	较少	费用较大、控制松	费用大，控制严

续表

类型	基础研究	应用研究	技术开发研究
人员	基础扎实、钻研和探索能力强	创造能力强、应用能力强的发明家	知识和经验丰富、动手能力强的技术专家
管理原则	尊重科学家意见，支持个人成果，采用同行评议	尊重集团意见，支持研究组织，在适当时候做出评价	尊重和支持团体合作
计划	自由度大，没有严格的指标和期限	弹性，有战略方向，期限较长	硬性，有明显目标，期限较短

3.4.3 电信运营企业中的研发管理

研发管理就是在研发体系结构设计的基础之上，借助信息平台对研发进行的团队建设、流程设计、绩效管理、风险管理、成本管理、项目管理和知识管理等活动。而电信企业的研发管理主要从研发的组织、成本控制、人员以及信息等方面去进行。电信企业中研发的基本决策问题主要包括研发领域的选择、研发模式的选择、研发投资规模和费用范围的确定以及研发的评价这 4 个方面。

1．电信运营企业研发领域

一般来说，电信运营企业的研发对象有两种：新技术或者新业务。无论是新技术还是新业务，都必须具有先进性或独创性。电信新业务是指计算机、Internet 与通信技术逐步融合，所产生的众多业务。电信网通过与计算机网的融合实现了增值：一方面电信网通过与计算机的互连提高了使用效率，延伸了网络的效用与功能；另一方面由于计算机具有存储信息、加工信息等功能，增加了电信网的使用价值。随着电信网的增值，电信运营企业推出的一系列业务就被称为增值业务。

为了确定能够为企业带来最大收益，赢得市场并提高企业竞争力，电信运营企业一般会对研发的事业领域进行选择。由于领域选择是对新业务推出、新技术应用的一种定位，存在一定的选择风险性。从目前的电信企业来看，按照现有技术和现有市场向新事业领域探索研发的途径可以分为 4 种类型：在现行电信业领域里，依靠现有的技术，开发多种业务，以扩大现有市场；向现有市场推出用新技术开发的新业务；利用现有技术的业务打入新市场；用新技术开发新业务，并加入新市场。

2．电信运营企业研发模式

根据企业不同的战略选择，一般企业的研发模式可以分为封闭式研发和开放式研发。电信企业研发模式的选择要根据开发内容、企业自身开发能力及可利用资源的情况来定。电信企业的研发模式还可以分为主体模式和动力模式。

（1）主体模式。国外很多行业领导型企业都拥有雄厚的人才、物力资源，建立自己的研究开发机构，因而以其为主体进行研究开发工作，他们都把研发机构当作是具有决定性意义的战略武器。特别是涉及该企业特殊产品与技术的研究开发，多以自身力量进行，可以防止技术机密泄露。主体模式主要有 4 种情况：制造企业和运营企业一体化的技术开发，如 AT&T 的 BELL 实验室和西屋电器，我国的邮电部；运营企业附属强大的非独立性常设研发机构，如NTT、中国电信、中国移动；运营企业和设备企业建立合作机构或联盟关系进行合作，如终端联盟；运营企业主导业务开发，制造企业主导技术开发，彼此通过市场机制互动合作。

（2）动力模式。随着许多产品和服务向市场推广的速度越来越快，某项特定技术的生命周期变得更短，主体式的封闭研发模式受到了挑战，动力模式研发成了提高研发效率的有效途径之一。电信企业动力模式研发主要有两种动力：技术推力和市场拉力。

技术推力指从最初的科学探索出发开发新业务，以供给的变化带动需求的变化。技术推动型业务往往能使企业在市场上获得“一鸣惊人”的成功，许多电信企业就是靠新技术取得成功的，香港电信公司投资的IPTV就成了该公司主要收入来源。

市场拉力是通过市场调查，来了解市场需求什么样的新业务，然后对它在技术、价格、功能等方面进行研究，最后通过该业务市场化的销售额来决定是否开发。当技术趋于稳定，市场就开始分化，这时市场的导向作用就非常重要。那些能够满足不同期望和层次的电信企业就能大大地发展，如中国移动根据不同顾客群体的需要，创立了神州行、全球通和动感地带3个品牌，最大额度地拓宽了市场。

3. 电信运营企业研发规模

电信运营企业研发规模是指电信运营企业投入研发活动中的资源的数量或与企业总资源的比率。研发资源主要是指研究费用和研究人员。而投资水平则用研发费用占企业总销售额的百分比来作为计量指标。电信企业进行研发活动，不可能无限制地投入资源，必须从企业整体经营的角度和运营战略的角度分配资源。以下是4种决定研发费用的常用方法。

（1）定率法。根据电信企业实际采用的指标（如业务收入、业务总量、利润、投资额等）中研发费用所占的一定比率来决定。在电信企业中一般以业务总量或业务收入为主为准。

（2）定额法。即以固定金额决定研发费用的方法。这种方法有利于维持研发的稳定性，但反过来也容易被一次所决定的范围所束缚，使研发缺乏灵活性。因此，即使采用这种方法也应根据企业的发展而增加研发费用。尤其在电信发展迅速，更需要大量的投资。同时，为了保证研究计划的切实执行，还应考虑通货膨胀的因素而补齐实际减少的部分。

（3）比较法。即调查竞争企业的研发投资，在此基础上制定本企业能与其对抗的研发费用的方法，此方法又被称为“竞争者对抗法”。在这种方法中，一般使用同行业其他企业的平均值，或领先企业及有直接竞争关系的企业的实际数值或比率。但要注意，这种方法是以掌握竞争对手研发规模为前提的，其实，由于企业可以采取各种方法来使用研发费用，单从表面上并不一定能了解竞争对手的实际研发规模。因此，有必要根据竞争对手的研究机构的规模、研究人员、所公布的专利件数等加以验证。

（4）经济评价法。这种方法对每个研发项目进行经济型评价，将它们综合起来，预测研发可能带来的全部收益，以此来决定研发的全部费用。

4. 电信运营企业研发评价

电信企业中研发的评价不仅仅要考虑以上几方面的复杂性，它的评价标准也难以量化。比如，许多电信新业务的提供是以往各种研究和技术积累的结果，难以用精确的数字来表示各种研究与技术的贡献程度。因此，对电信企业研发的评价，首先要明确评价标准。一般可以从表3-3所示的几个方面来进行具体的考虑。

表 3-3　　电信企业研发的评价标准

标准类别	具体内容
技术评价标准	成功的可能性，可靠性，操作性能，结构，技术的前向和后向联系
生产评价标准	服务的规范性，服务设施的有效利用
财务评价标准	研究和生产成本，潜在的发展，与研发相关的投入资本和经济效益等
市场评价标准	业务的独特性和新颖性，资费、质量、功能、预期的市场规模、市场竞争力等
管理评价标准	业务周期，对企业经营目标的贡献度，所需人才、设备等其他资源在整个研发战略计划的平衡性等

按照电信运营企业研发的阶段顺序，评价可分为以下 3 种。

（1）研发开始前的评价。研发前的评价即对研发做出预测，估计研发出的成果会对企业带来多大的技术成果和经济效益，以此为依据来决定投入研发的资金、人力等资源。这种提前评价是企业或项目团队为了获得相关部门的支持而做的技术预测和市场预测，电信企业中每个研发项目都包括此预测。

（2）研发过程中的评价。该评价是指项目进行到一定的程度，或是按照项目实施前的约定计划所作的中间评价。该阶段的评价非常重要，原因有二：一是项目实施的初级阶段具有许多不确定的因素，这给后期工作带来了隐患，通过中间评价可以及时修正原来不符合实际的决策内容；二是一般的项目在各个阶段都有备用方案，通过过程中的评价，可以淘汰一些方案，以缩短研究时间，提高成功概率。

（3）研发结束时的评价。电信企业投资并完成一个项目、一项技术等时，还要进行评价看它是否达到了预期的效果：技术进步或业务扩大。只有研究结果为企业带来了贡献，才算一项研发的结束。研发结束时的评价内容包括项目完成情况、费用使用情况、目标实现程度等。

3.4.4　电信运营企业中的设备选用与评价

电信企业的一切生产活动都是通过通信设备来进行的。对设备进行科学管理，对提高企业的生产能力，保证服务质量，降低成本及保证安全生产，都有密切的关系。

在电信企业中，设备选用是企业面对的第 1 个选择。电信企业是一个高投资型企业，选定一项技术后需要投入大量的人力、财力等，这就要求在进行技术选择的时候要进行充分的评估，以免出现技术落伍或技术生命周期较短的局面。电信企业选择设备的基本原则是：技术上先进、经济上合理、生产上适用。

（1）技术上先进是指设备的性能好、精度高、安全性高、自动化程度高且运行可靠。

（2）经济上合理是指有利于降低成本，设备寿命费用少，使用寿命长，投资效益高。

（3）生产上适用是指设备的性能和规格，能够适应生产的需要和企业的技术水平。

设备评价的主要方法是通过几种方案的对比、分析，选择最佳的方案，选用经济性最好的设备。具体的方法有以下两种。

（1）投资回收期法。投资回收期法就是通过比较设备投资回收期的长短来选择最优设备的方法。在其他条件相同的情况下，选择投资回收期最短的设备为最佳设备。这种方法称为静态分析法，也称静态投资回收期法。

计算公式如下：

$$T = \frac{K}{P_r}$$

式中，K——设备的投资额（万元）；

P_r——设备投入使用后年节约额（万元/年）；

T——投资回收期（年）。

【例 3-1】某企业为满足日益增长的市场需求，准备购置一批新设备，现有 3 种设备可供选择，各种设备的投资额和投入使用后年平均节约额如下：

设备 / 投资额和年均节约额	设备 A	设备 B	设备 C
投资额（万元）	24	25	27
投入使用后年平均节约额（万元/年）	4	2.5	3

问选择哪种设备能使得投资回收期最短？

解：根据公式 $T = \frac{K}{P_r}$

设备 A：$T = 24/4 = 6$(年)

设备 B：$T = 25/2.5 = 10$(年)

设备 C：$T = 27/3 = 9$(年)

根据计算结果，设备 A 的投资回收期最短，为 6 年，故选择设备 A。

这种方法没有考虑货币的时间价值，比较简单。

（2）费用换算法。费用换算法就是通过对设备投资费用及维持费用，按一定的利率换算比较费用支出额的多少，而选择费用少的为最佳设备的方法，有现值法和年费法两种。

① 现值法

这种方法是计算设备最初投资费用和寿命周期全部维持费用，再考虑利息因素，计算设备寿命周期费用，全部总费用最少的，就是最佳设备。

计算公式如下：

$$\text{寿命周期总费用} = \text{设备最初投资费用} + \text{每年维持费用} \times \text{现值系数}$$

其中，现值系数=$\frac{(1+i)^n - 1}{i(1+i)^n}$

i——资金年利率；

n——设备的寿命期。

【例 3-2】比较这两台设备，它们的各种费用支出如下：

设备 / 项目	设备 A	设备 B
购置安装费	80 万元	100 万元
设备寿命期	10 年	10 年
资金年利率	6%	6%
每年维持费	5 万元	4 万元

$$现值系数=\frac{(1+0.06)^{10}-1}{0.06\times(1+0.06)^{10}}=7.36$$

$$设备A的寿命周期总费用=80+7.36\times5=116.8(万元)$$

$$设备B的寿命周期总费用=100+7.36\times4=129.44(万元)$$

设备 A 的寿命周期总费用比设备 B 少，故选择设备 A。

② 年费用法

年费用法首先把购置设备的最初投资费用，依据设备的寿命期，按年利率计算，换算成相当于每年费用的支出，然后加上平均每年的维持费，得到不同设备的年总费用，选择总费用最少的最佳设备。

计算公式如下：

$$年总费用=(设备最初投资费用\times投资回收系数)+每年维持费用$$

其中，$投资回收系数=\dfrac{i(1+i)^n}{(1+i)^n-1}$

i——资金年利率；

n——设备的寿命期。

【例 3-3】以例 3-2 所举数据计算：

$$投资回收系数=\frac{0.06\times(1+0.06)^{10}}{(1+0.06)^{10}-1}=0.135\,87$$

$$设备A的每年总费用=80\times0.13587+5=15.869\,6（万元）$$

$$设备B的每年总费用=100\times0.13587+4=17.587\,0（万元）$$

设备 A 比设备 B 的费用低，故选择设备 A。

3.5 电信运营企业的项目管理

项目是指在一定资源约束条件下，为创造独特的产品或服务而进行的一次性努力，它不同于重复进行的生产作业管理，因此，项目管理方法也不同于其他管理。通过本节的学习，可以掌握电信项目管理的基本概念，电信项目的进度管理、成本管理、质量管理和风险管理。

3.5.1 电信项目管理概述

1. 项目

项目管理是组织经营战略执行的重要组成部分，国际上一般把项目定义为一种临时的、创造唯一产品和服务的任务。在企业中，项目与企业的运营既有联系又有区别：两者包含的内容基本重叠，都是企业有限的内部资源、需要计划和控制等；但企业的运营是持续的，是重复不断的，而项目则是一次性的或者阶段性的，完成某项目是为了下一个项目做准备，项目的结束是以达到项目目的为标准的。项目的特点如下。

（1）有限性：有明确的资源限制，不能超出项目预算。

（2）目标性：任何一个项目都有自己的明确目标，它又分为成果性目标和约束性目标。

（3）一次性：项目是单一的，通常是为了完成一个新任务才组织项目。

（4）协作性：项目是由多个部分组成，跨越多个组织，需要多方协作才能完成。

（5）创造性：由于项目是一次性的，以前没有完全相同的项目存在，这样就没有或很少经验或资料供参考。从这个意义上说，项目是创新的产物。

电信企业中的项目可以分为两类：直接项目和间接项目。直接项目是为了提高企业的通信水平，改善网络的承载能力而进行的电信项目，如升级通信网络、铺设新的线路、研发新的服务系统等；而间接项目指并不直接作用于提高电信水平或改善通信能力的项目，如新建办公大楼、提供员工休息区等。电信企业中，区别于其他企业的项目主要是直接项目，因为电信企业的直接项目一般具有投资大、风险高、技术先进、运营维护复杂等特点。

2．项目的生命周期

一般来说，电信企业的项目生命周期包括项目需求调研、项目实施、项目计划、项目执行与控制、项目验收这几个过程，如图3-6所示。

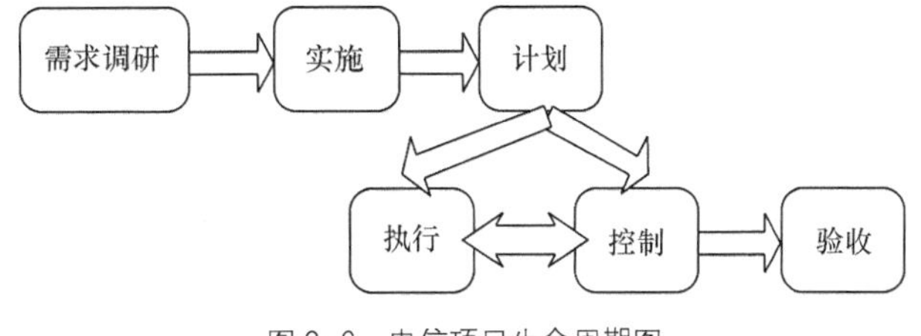

图3-6　电信项目生命周期图

（1）项目需求调研。即开发人员与需求单位或人员交谈，实地考察，以得到所需项目的特征。在此基础上，分析项目的可行性。

（2）项目实施。主要是进行项目立项、确定项目组织与负责人和进行项目可行性研究。

（3）项目计划。从各种备选行动方案中选择最好的方案，对项目的目标、资源、组织管理方法等做出规划和安排。

（4）项目执行与控制。项目执行与控制实际是两个同时进行、互相依存的过程，前者是协调人员与其他资源以实施计划，后者是通过监视和测量执行进展，确定与计划存在的偏差以及时采取措施纠正或调整，确保项目目标实现。

（5）项目验收。项目正式接收并有序地结束。工作包括如帮助项目产品转移，培训操作人员等。

3．电信项目管理

所谓项目管理，就是项目的管理者，在有限的资源约束下，运用系统的观点、方法和理论，对项目涉及的全部工作进行有效地管理。即从项目的投资决策开始到项目结束的全过程进行计划、组织、指挥、协调、控制和评价，以实现项目的目标。

按照传统的做法，当企业设定了一个项目后，参与这个项目的至少会有好几个部门，包括财务部门、市场部门、行政部门等，而不同部门在运营项目过程中不可避免地会产生摩擦，须进行协调，而这些无疑会增加项目的成本，影响项目实施的效率。而项目管理的做法则不同。不同职能部门的成员因为某一个项目而组成团队，项目经理则是项目团队的领导者，他们所肩负的责任就是领导他的团队准时、优质地完成全部工作，在不超出预算的情况下实现项目目标。项目管理者不仅仅是项目执行者，他参与项目的需求确定、项目选择、计划直至收尾的全过程，并在时间、成本、质量、风险、合同、采购、人力资源等各个方面对项目进行全方位的管理，因此项目管理可以帮助企业处理需要跨领域解决的复杂问题，并实现更高的运营效率。

4. 项目质量、成本与进度的关系

电信项目管理中，时间、质量和成本是项目管理3个最重要的目标。任何一个项目组应力求以最低的成本、最短的工作时间完成质量最高的项目，这样才能使得企业的效益最大化。但在实际项目管理中，这3个目标经常会存在相互制约的关系，要提高质量就可能增加成本，要缩短工期又可能提高成本。项目管理就是要处理好三者的关系，使之处于最佳状态，三者关系如图3-7所示。

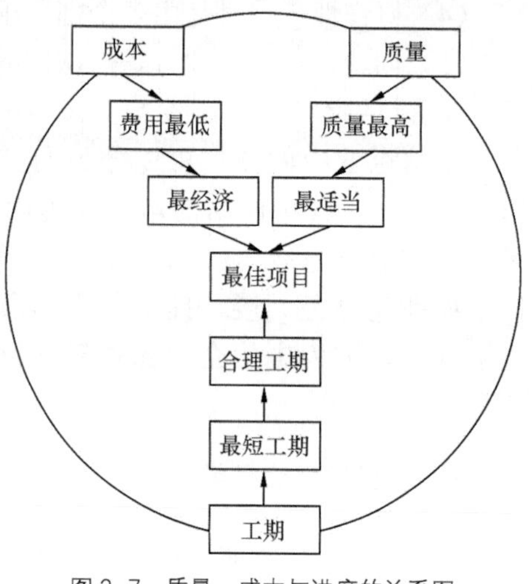

图3-7 质量、成本与进度的关系图

3.5.2 电信项目进度管理

项目进度管理是指在项目实施过程中，对各阶段的进展程度和项目最终完成的期限所进行的管理。项目进度管理是项目计划和项目管理中最重要的内容之一。目的是保证项目能在满足其时间约束条件的前提下实现总体目标。项目进度管理的内容有项目进度计划的制定和项目进度计划的实施。

1. 项目进度计划的制定

项目进度的制定是指在项目实施之前，先制定出一个切实可行的、科学的进度计划，然后再按照计划逐步实施。制定项目进度计划的步骤有：搜集信息资料、进行项目结构分解、项目活动时间估算、项目进度计划编制等。

为保证项目进度计划的科学性和合理性，在编制项目进度计划前，必须搜集真实、可信的信息资料，以作为编制进度计划的依据。这些信息资料包括项目背景、项目实施条件、项目实施单位，以及人员的数量和技术水平、项目实施各个阶段的定额规定等。

项目分解结构是指根据项目进度计划的种类、项目完成阶段的分工、项目进度控制精度的要求，及完成项目单位的组织形式等情况，将整个项目分解成一系列相互关联的基本活动，这些基本活动在进度计划中通常被称为工作。

项目活动时间估算是指在项目分解完毕后，根据每个基本活动工作量的大小，投入资源的多少，及完成该基本活动的条件限制等因素，估算出完成每个基本活动所需的时间。

项目进度计划编制就是在前面工作的基础上，根据项目各项工作完成的先后顺序要求和组织方式等条件，通过分析计算，将项目完成的时间、各项工作的先后顺序、期限等要素用图表形式表示出来，这些图表即为项目进度计划。

2. 项目进度计划的实施

项目进度计划的实施是指在项目进度计划制定后，严格按照计划开展项目活动，以确保

项目进度计划总目标实现的过程。在项目进度计划实施过程中，必须经常检查项目的实际进展情况，并与项目进度计划进行比较。在进行项目进度控制的时候，必须树立一种思想：计划不变是相对的，变化是绝对的；平衡是相对的，不平衡是绝对的。因此要按照实际情况，在不影响进度计划的总目标的前提下，对进度计划及时地进行修改、调整，而不能完全拘泥于原进度计划的完全实施。

经常用做制定项目进度计划的方法有以下几种。

（1）关键日期表法。这是最简单的一种进度计划表，它只列出项目中一些关键活动的起止时间，如表 3-4 所示。

表 3-4　　关键日期表

重 要 活 动	1 月 16 号	2 月 21 号	4 月 30 号	8 月 1 号
服务定义完成	•			
主干网络线路调试开始		•		
各分公司网络线路调试开始			•	
网络互连测试开始				•
……				

（2）甘特图法，也叫做线条图法。它是以线条表示每项活动的起止时间。由于甘特图法具有简单、直观的特点，是项目中经常使用的工具。但甘特图的缺点是各项活动可能存在的逻辑关系没有反映出来，无法反映项目周期中的关键活动所在。

甘特图有两种表现形式，一种是示意图，如图 3-8 所示。另一种依靠项目管理软件自动生成的。

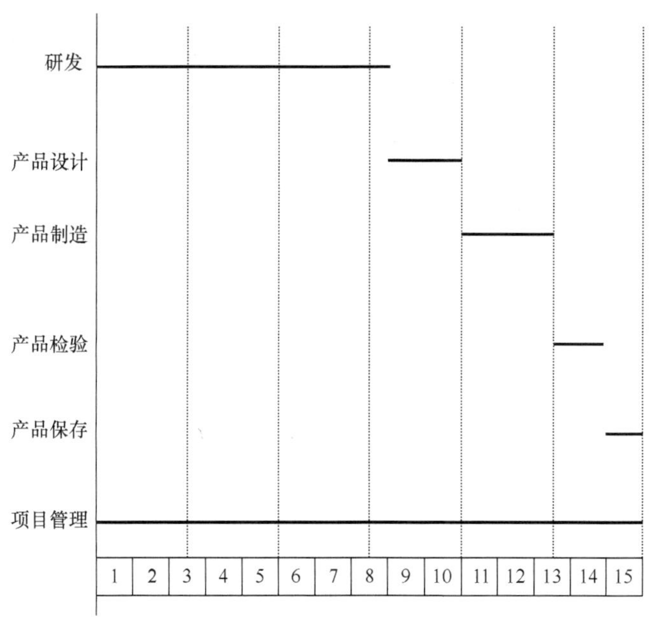

图 3-8　甘特图

图 3-8 是某项目的进度示意图。图形的左边列出项目的活动，右边以横道线代表活动的工期，下面是项目进度的时间单位，横道线的左端是活动开始的日期，右端是结束的日期。

（3）关键路径法和计划评审技术。这两种方法基本原理非常相同，都是采用网络图来表达项目中各项活动的进度和它们之间的相互关系，并在此基础上进行网络分析，计算网络时间因素，确定关键活动和关键路线，利用时差优化网络求得最短周期。

箭线图法网络图是由事件、活动和线路组成。事件是指某一工序的开始或完成，在网络图中一般以“○”表示，也称为节点；活动是指一道工序，在网络中以“→”表示，也称为箭线；线路是指从网络始点事件开始，顺着箭头方向，到网络终点事件为止。下面我们就以一个例子来说明关键路径法的使用情况。

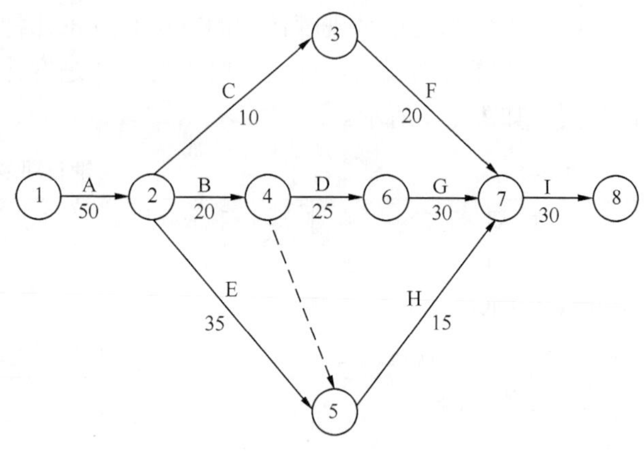

图 3-9　关键路线图

某一项产品需要通过 9 道工序才能完成，画出网络图如图 3-9 所示。

图 3-9 中可以看到，A 完成后，B、C、E 可以开始，B 完成后 D 可以开始，D 完成后 G 可以开始，C 完成 F 可以开始，B、E 完成 H 可以开始，F、G、H 完成后 I 可以开始。

第 1 条路线：1→2→3→7→8；所需时间：A + C + F + I = 50 + 10 + 20 + 30 = 110（小时）；

第 2 条路线：1→2→4→6→7→8；所需时间：A + B + D + G + I = 50 + 20 + 25 + 30 + 30 = 155（小时）；

第 3 条路线：1→2→4→5→7→8；所需时间：A + B + H + I = 50 + 20 + 15 + 30 = 115（小时）；

第 4 条路线：1→2→5→7→8；所需时间：A + E + H + I = 50 + 35 + 15 + 30 = 130（小时）。

可见，第 2 条路线所需时间最长，这条路线就是关键路线。

由于电信运营企业的项目往往是由许多个子项目组合而成的，各个子项目进度可能进度相差较大，所以总项目进度受到各个子项目的影响，这就要求电信企业在计划项目的时候要努力消除子项目的瓶颈，保证项目总目标的实现。

3.5.3　电信项目成本管理

项目成本管理是指为保障项目实际发生的成本不超过项目预算而开展的管理活动。项目成本的主要内容包括项目资源计划、项目成本估计、项目成本预算、项目成本控制 4 个方面，如图 3-10 所示。

1．项目资源计划

项目资源计划是指通过分析和识别，确定出项目需要投入资源的时间、资源的种类、资源的数量等，达到项目的目标的一种项目管理活动。具体的工作是要编制一份该项目所需的各种资源的清单和资源的使用计划。

2．项目成本估计

项目成本估计是项目成本管理的基础，一般来说，由于项目成本估计的对象不会仅是一种方案，这就需要采用工具或方法来进行优化选择。常用于项目成本估计的方法有如下 4 种。

（1）类比估计法。类比估计法通常是与原有的类似已执行项目进行类比以估计当期项目的费用，通常当项目的详细资料难以得到时，这是一种估计项目总费用的行之有效的方法，类比估计法是专家判断的一种形式。类比估计法通常比其他技术和方法花费要少一些，但是准确性也较低，当先前的项目与原有的项目不仅在形式上而且在实质上相同时（或者对所进行的项目进行预估计时）类比估计法将更为可靠和实用。

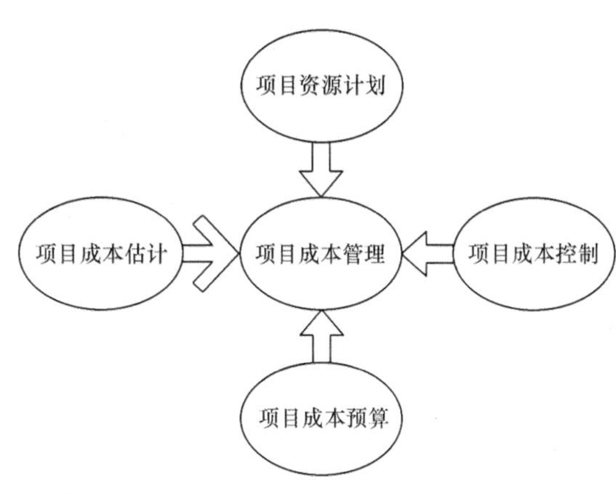

图 3-10　项目成本的内涵

（2）参数模型法。参数模型法通常是将项目的特征参数作为预测项目费用数学模型的基本参数，模型可能是简单的（如电信企业的计费系统），也可能是复杂的（如电信企业业务支持系统的模型通常就需要许多独立的因素加以描述）。无论费用模型还是模型参数其形式是各种各样的，如果模型是依赖于历史信息、模型参数容易数量化，而且模型应用仅是项目范围的大小，则它通常是可靠的。

（3）从下向上的估计法。这种技术通常首先估计各个独立工作的费用，然后再汇总从下往上估计出整个项目的总费用，如图 3-11 所示。

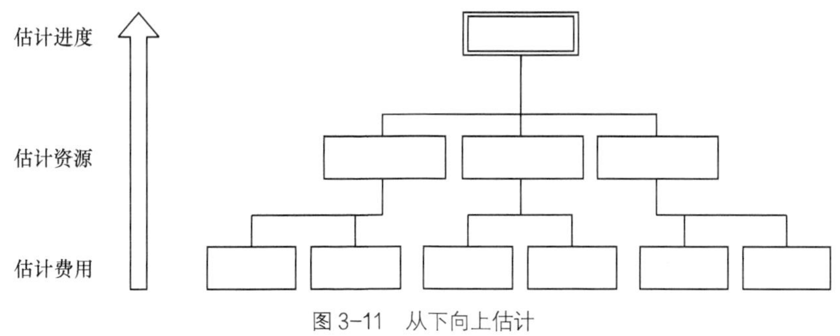

图 3-11　从下向上估计

（4）从上往下的估计法。此方法与上一个方法相反，是从上往下逐步估计的，如图 3-12 所示。

3. 项目成本预算

项目成本预算就是指根据项目的成本估计，为项目的各项活动或工作单元分配和确定费用预算指标，并科学、合理地制定整个项目的总预算。它包括两个因素：一个是项目成本总预算的高低，另一个是从项目起点到项目终点的项目成本的分配。

为此可以编制项目成本预算计划，实际上主要是做 3 件事。

（1）确定项目总的预算。

（2）确定项目各项活动的预算。

（3）确定项目各项活动预算的投入时间。

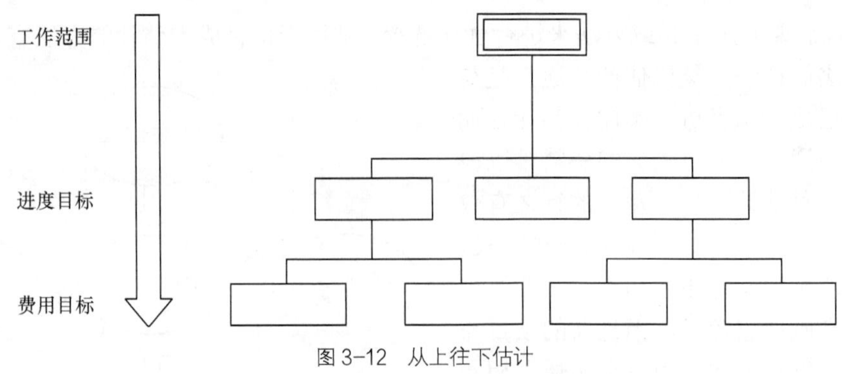

图 3-12 从上往下估计

4．项目成本控制

项目成本控制是在项目的实施过程中，努力将项目的实际成本费用控制在项目的成本预算范围之内，并且随着项目的进展，还要根据项目成本的实际发生情况，不断预测项目成本的发展变化趋势，随时修订原先的项目成本估算，以便合理分配费用，并使实际成本费用不超出项目的总预算。

3.5.4 电信项目质量管理

项目质量管理指企业从项目开始的到终止，针对质量方面进行的一系列检查和控制活动。项目质量管理的主要目标是为了确保项目按照设计者规定的要求满意的完成，包括保证项目能满足原先规定的各项要求所需要的过程，即总体管理功能中决定质量方针、目标与责任的所有活动，并通过诸如质量规划、质量保证、质量控制、质量改进等手段在质量体系内加以实施。

1．质量规划

质量规划是确定项目应当采取哪些质量标准以及如何达到。质量规划是其他质量管理活动的基础，事先不规划，在项目的实施中依靠检查和督促来保证项目质量是不可靠的。在制定质量规划的过程中，应以以下事项为依据。

（1）质量方针：即明确组织关于质量问题的所有打算和努力方向。

（2）范围说明：范围说明规定了项目的质量目标。

（3）成果说明：就是对范围说明书中的项目进一步阐明，包括可能出现的问题。

（4）标准和规范：判断哪些质量标准与本项目相关，并决定应如何达到这些质量标准。

2．质量保证

项目的质量保证是由质量保证部门提供给项目管理组织以及实施组织或者提供给顾客的活动。定期评估项目总体绩效，建立项目能达到相关质量标准的信心。它的主要内容如图 3-13 所示。

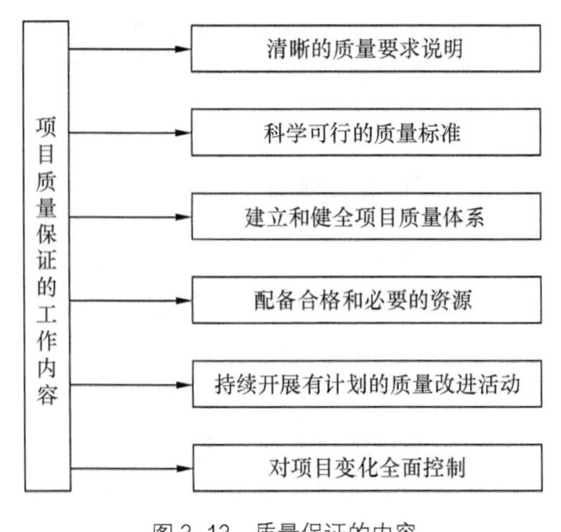

图 3-13 质量保证的内容

3．质量控制

质量控制主要是监督项目的实施结果，将项目的结果与事先制定的质量标准进行比较，找出存在的差距，并分析形成这一差距的原因，质量控制同样贯穿于项目实施的全过程。这项工作的主要内容包括项目质量实际情况的度量，项目质量实际与项目质量标准的比较，项目质量误差与问题的确认，项目质量问题的原因分析和采取纠偏措施去消除项目质量差距与问题的一系列活动。质量控制的依据、工具和结果如表3-5所示。

表3-5　　质量控制的依据、工具和结果

质量控制	内容
质量控制依据	① 工作结果（包括过程结果和产品结果） ② 质量管理计划 ③ 操作定义（以专业术语说明某事物是什么及其在质量控制过程中是如何测量的） ④ 检查表（用于核实一系列要求的步骤是否已近实施的结构化工具）
质量控制工具	① 检查（包括为确定的结果是否符合需求所采取的诸如测量、检查和测试等活动） ② 7种控制工具（统计分析法、数据分层法、散布图、帕累托图、因果分析图、直方图和控制图） ③ 统计抽样（涉及选取收益总体的一部分进行检查） ④ 趋势分析（涉及根据历史结果，利用数学等技术预测未来的成果，常用于监控等）
质量控制结果	① 产品或服务的质量得到提高 ② 做出验收决定 ③ 对不符合要求的项目或工作包反工 ④ 得到完成的检查表 ⑤ 根据顾客的要求，对项目进行调整等

4．质量改进

质量改进包括达到以下目的的各种行动：增加项目有效性和效率以提高项目投资者的利益。在大多数情况下，质量改进将要求改变不正确的行动以及克服这种不正确行动的过程。

上述过程不仅彼此交互作用，而且还与其他知识领域的过程交互作用。根据项目需要，每个过程可能涉及一个或多个个人或者集体所付出的努力。一般说来，每个过程在每个项目阶段至少出现一次。

3.5.5　电信项目风险管理

项目风险管理是指对项目风险从识别到分析乃至采取应对措施等一系列过程，它包括将积极因素所产生的影响最大化和使消极因素产生的影响最小化两方面内容。项目风险管理主要包括风险识别、风险分析、风险对策和风险控制。

1．风险识别

风险识别指对企业所面临的及潜在的风险加以判断、归类和鉴定性质的过程。主要依据包括项目可交付物的描述、项目计划及历史资料3方面。风险识别不是一次性行为，而应有规律的穿整个项目中。具体的风险识别内容如下。

（1）识别有哪些潜在的风险。

（2）识别引起风险的主要因素。

（3）识别风险可能引起的后果。

2. 风险分析

项目风险分析方法有定性和定量两大类，各类的具体分析方法如表 3-6 所示。

表 3-6　项目风险分析方法分类

分析方法分类	具体分析方法
定性分析	主观评分法 层次分析法
定量分析	决策树法 风险后果矩阵

3. 风险对策

风险对策是指对机会的跟踪进度和对危机的对策。常用的风险控制方法有如下 4 种。

（1）风险应对审计。风险设计员检查和记录规避、转移、缓解风险等应对措施的有效性，以及风险承担的有效性。风险应对审计应贯穿整个项目周期。

（2）定期项目风险审核。通过定期的项目风险审核，确定风险值和优先次序的变化，同时进行定量和定性分析。

（3）风险数据库分析。通过在长期的风险管理过程中收集大量的数据形成知识库，提供风险管理人员借鉴分析。

（4）偏差分析。比较项目执行中成本、进度、质量、技术等实际实现值与原计划要求之间的偏差，当偏差达到一定程度时，可能暗示某种风险已经触发。

4. 风险控制

风险控制包括在整个项目过程中根据项目风险管理计划和项目实际发生的风险与变化所开展的项目风险控制活动。它的具体步骤如图 3-14 所示。

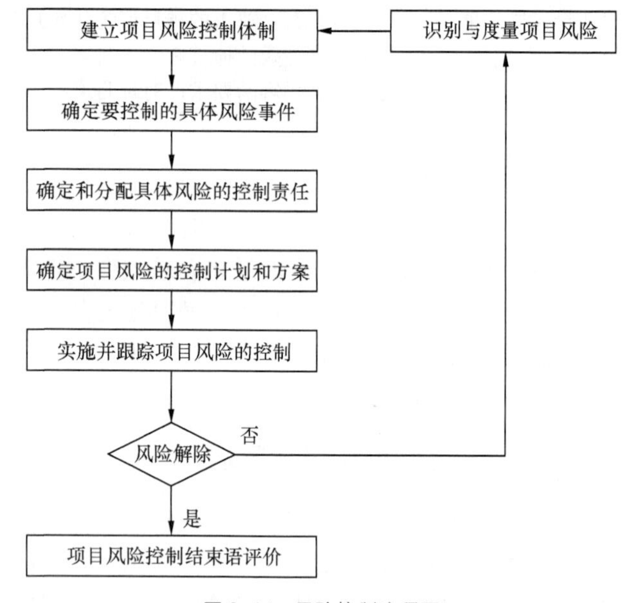

图 3-14　风险控制流程图

3.6 电信运营企业的质量管理

在激烈的市场竞争中，任何组织必须视质量为生命，以持续的质量改进作为永恒的目标，电信运营企业也不例外。本节首先回顾一下质量管理的发展历程，然后对质量的概念、质量管理的体系等作基本介绍；最后针对电信运营企业的实际情况，重点讲述电信网的质量管理，有关电信服务质量的内容将在 17 章中讲述。

3.6.1　质量管理概述

1. 质量管理的发展历程

质量管理是随着生产的发展和科学技术的进步而逐渐形成和发展起来的。通常认为质量管理的发展大致经历了质量检验阶段、统计质量控制阶段、全面质量管理阶段 3 个阶段。

20 世纪以前，产品质量主要依靠操作者本人的技艺水平和经验来保证，属于“操作者的质量管理”。20 世纪初，由于“操作者的质量管理”容易造成质量标准的不一致和工作效率的低下，因而不能适应生产力的发展。以泰勒为代表的科学管理理论的产生，促使产品的质量检验从加工制造中分离出来，质量管理的职能由操作者转移给工长，这时是“工长的质量管理”。随着企业生产规模的扩大和产品复杂程度的提高，产品有了技术标准，各种检验工具和检验技术也随之发展，大多数企业开始设置检验部门，有的直属于厂长领导，这时是“检验员的质量管理”。这一阶段的质量管理都属于事后检验的质量管理方式。

“事后检验”存在的不足，促使人们进行研究。1924 年，美国贝尔电话研究所的统计学家休哈特博士提出“预防缺陷”的概念，并提出统计质量控制方法的实施方案，成为运用数理统计理论解决质量问题的先驱，但当时并未被普遍接受。以数理统计理论为基础的统计质量控制的推广应用始自第二次世界大战。由于事后检验无法控制武器弹药的质量，美国国防部决定把数理统计法用于质量管理，并由标准协会制定有关数理统计方法应用于质量管理方面的规划，成立了专门委员会，并于 1941—1942 年先后公布一批美国战时的质量管理标准。

20 世纪 50 年代起，尤其是 60 年代以后，生产力迅速发展和科学技术日新月异，人们对产品的质量及可靠性的要求，对品种和服务质量的要求越来越高，特别是由于服务业的迅速发展，更进一步引发了关于服务质量及服务质量管理的新问题。所有这些，都为传统的质量管理理论和方法提出了挑战。人们逐渐认识到，产品质量的形成不仅与生产过程有关，而且还与所涉及的其他许多过程、环节和因素有关。在这种社会历史背景和经济发展形势的推动下，美国通用电气公司的费根鲍姆和著名质量管理专家朱兰于 20 世纪 60 年代初提出全面质量管理的科学概念和理论。他们提出，全面质量管理是“为了能够在最经济的水平上、并考虑到充分满足顾客要求的条件下进行生产和提供服务，并把企业各部门在研制质量、维持质量和提高质量方面的活动构成为一体的一种有效体系”。

随着国际贸易的迅速扩大，产品和资本的流动日趋国际化，相伴而产生的是国际产品质量保证和产品责任问题。1973 年在海牙国际司法会议上通过了《关于产品责任适用法律公约》，之后，欧洲理事会在丹麦斯特拉斯堡缔结了《关于造成人身伤害与死亡的产品责任欧洲公约》，同时，旨在消除非关税壁垒，经缔约国谈判通过的《技术标准守则》对商品质量检测合格评定、技术法规等方面作了详尽的规定。由于许多国家和地方性组织相继发布了一系列质量管理和质量保证标准，制定质量管理国际标准已成为一项迫切的需要。20 世纪 80 年代世界标准化组织（ISO）正式发布了 ISO9000 系列标准。该标准总结了各先进国家的管理经验，发布后引起世界各国的关注并予以贯彻，适应了国际贸易发展需要，满足了质量方面对国际标准化的需求。

20 世纪 90 年代国际上掀起了六西格玛管理的高潮。六西格玛是一项以数据为基础，追求几乎完美的质量管理方法。六西格玛是指通过设计、监督每一道生产工序和业务流程，以最少的投入和损耗赢得最大的客户满意度，从而提高企业的利润。六西格玛意味着每一百万个机会中只有 3.4 个错误或故障。六西格玛的管理方法重点是将所有的工作作为一种流程，采用量化的方法分析流程中影响质量的因素，找出最关键的因素加以改进从而达到更高的客户满意度。

从管理学角度出发，质量管理是指挥和控制组织与质量有关的相互协调的活动。质量管理的中心任务是建立、实施和保持一个有效的质量管理体系并持续改进它的有效性。

2．质量和质量管理的定义

质量是指“一组固有特性满足要求的程度”。世界著名质量管理专家朱兰从用户的角度出发，曾把质量的定义概括为产品的“适用性”，另一位质量管理专家克劳斯比则从生产者的角度出发，把质量概括为产品符合规定要求的程度。国际标准化组织在 ISO8402—1986 将质量定义为：“反映产品或服务满足明确或隐含需要能力的特征和特性的总和”。根据 ISO8402—1994 的定义，质量管理是指“确定质量方针、目标和职责，并通过质量体系中的质量策划、质量控制、质量保证和质量改进来使其实现的所有管理职能的全部活动”。

产品（服务）的质量好坏和高低是根据产品（服务）所具备的质量特征性能能否满足人们的需要及其满足的程度来衡量的。一般在电信企业，服务质量就是指提供通信服务的质量，信息传递具有很强的时限性、保密性、真实性、可靠性。

3．质量体系

为了实现质量方针、目标，提高质量管理的有效性，应建立与健全质量体系。质量体系是指“为实施质量管理的组织机构、职责、程序、过程和资源”（ISO8402—1994）。在质量体系中，相关要素都是相互关联的，不应把单个要素从体系中割裂出来进行管理，而应对系统中每个要素以及要素间的组合和相互作用进行连续的控制。

在现代企业管理中，ISO9000 族标准是广泛采用的质量管理体系。1997 年成立的通信卓越品质协会（QUEST），借鉴 ISO9000 标准开发了电信行业的标准化质量体系——TL9000 质量体系，它的具体目的是为电信业产品和服务的设计、开发、生产、交付、安装和维护确定质量体系要求。TL9000 质量体系致力于减少电信业每年低质量的产品和降低人为损失的成本。现在有近 100 家世界电信制造商和运营商参与了该标准的制定工作。

4．质量管理的方法

下面介绍的两种常用的质量管理方法，即因果图法和 PDCA 循环。

（1）因果图法。因果图法又称为鱼骨图法。鱼骨图法借助于图解清楚而详细地识别、探察以及发现所有涉及质量问题的原因，以便为解决这些问题制定出相应的措施和方法。

鱼骨图法在质量管理方面的使用步骤如下。

① 查找要解决的质量问题，把问题写在鱼骨头上。

② 召集员工共同讨论问题出现的可能原因，尽可能多地找出问题，把相同的问题分组，在鱼骨上标出。

③ 根据不同问题征求大家的意见，总结出正确的原因。

④ 拿出任何一个问题，研究为什么会产生这样的问题？针对问题的答案再问为什么？这样至少深入5个层次（连续问5个问题）。

⑤ 当深入到第5个层次后，认为无法继续进行时，列出这些问题的原因，而后列出至少20个解决方法。

下面以一电信运营企业A为例，运用鱼骨图法来分析电信设备服务质量不理想的问题，如图3-15所示。

图3-15中的"鱼头"表示需要解决的问题，即A企业的设备服务质量不够理想。根据现场调查，可以把产生质量问题的原因分为5大类：机械、员工、环境、方法和材料。在每一类中包含若干造成这些原因的可能因素，如员工全面质量观念差、对新设备性能不熟悉、不节约材料等。将5类原因及相关因素分别以鱼骨分布态势展开，形成鱼骨分析图。下一步的工作是找出产生问题的主要原因，为此可以根据现场调查的数据，计算出每种原因或相关因素在产生问题过程中所占的比重，以百分数表示。例如，通过计算发现，"设备操作工全面质量观念差"，在产生问题的过程中所占比重为35%，"操作方法不规范"为25%，"设备维护不够"为18%，三者在产生问题过程中共占78%的比重，可以被认为是导致A企业设备服务质量不够理想的主要原因。针对这3大因素提出解决方案，就可以解决整个问题的78%。

（2）PDCA循环。戴明博士最早提出了PDCA循环的概念，因此又称它为"戴明循环"。PDCA循环是能使任何一项活动有效进行的一种符合逻辑的工作程序，在质量管理中得到了广泛的应用。P、D、C、A这4个英文字母所代表的意义如下。

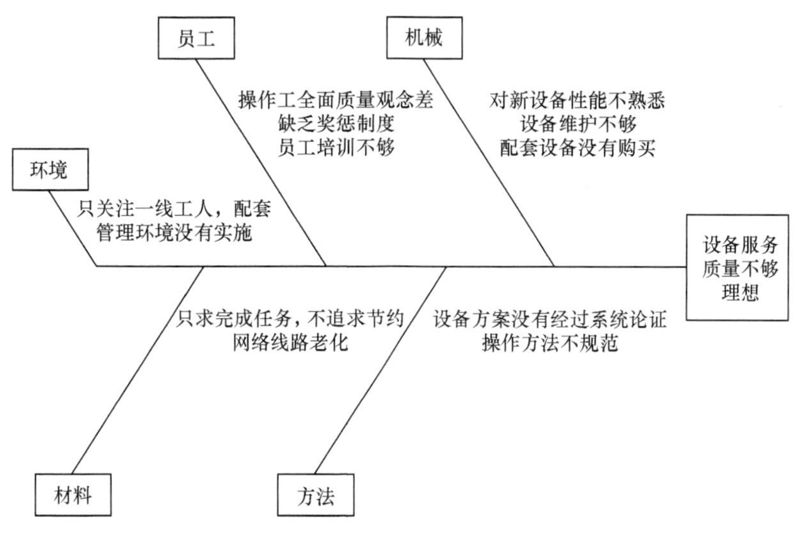

图3-15 鱼骨图法在电信企业中的应用

P（Plan）——计划。包括方针和目标的确定以及活动计划的制定。

D（Do）——执行。执行就是具体运营，实现计划中的内容。

C（Check）——检查。就是要总结执行计划的结果，分清哪些正确，哪些错误，明确效果，找出问题。

A（Action）——行动。对总结检查的结构进行处理，成功的经验加以肯定，并予以标准化，或制定作业指导书，便于以后工作是遵循；对失败的教训也要总结，以免重复出现；对于没有解决的问题，应提给下一个 PDCA 循环中去解决。

PDCA 循环有以下 4 个明显特点。

① 周而复始。PDCA 循环的 4 个过程不是运行一次就完结，而是周而复始地进行。一个循环结束了，解决一部分问题，可能还有问题没有解决，或者又出现了新的问题，再进行下一个 PDCA 循环，依次类推，如图 3-16 所示。

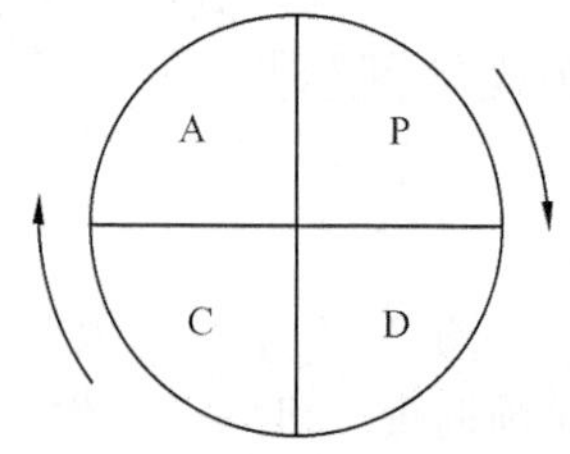

图 3-16 循环推进的 PDCA

② 大环带小环。如图 3-17 所示，一个企业或组织的整体运行体系与其内部各子体系的关系，是大环带动小环的有机逻辑组合体。

③ 阶梯式上升。PDCA 循环不是停留在一个水平上的循环，不断解决问题的过程就是水平逐步上升的过程，如图 3-18 所示。

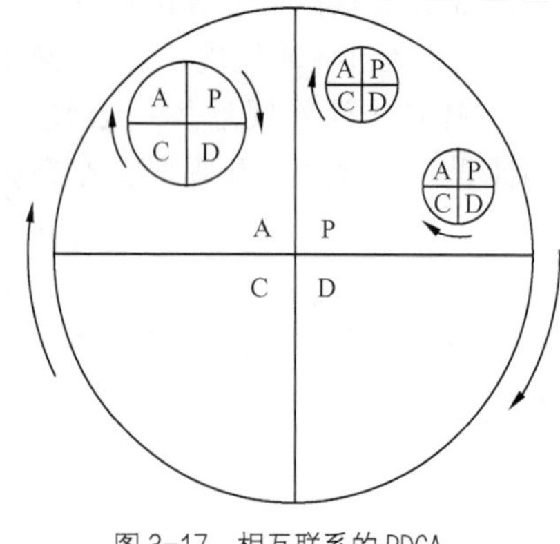

图 3-17 相互联系的 PDCA

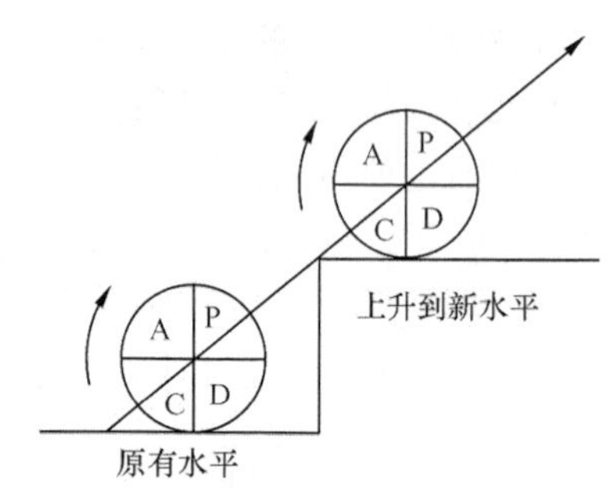

图 3-18 逐步上升的 PDCA

④ 统计的工具。PDCA 循环应用了科学的统计观念和处理方法。作为推动工作、发现问题和解决问题的有效工具，典型的模式被称为“4 个阶段”、“8 个步骤”。4 个阶段就是 P、D、C、A；8 个步骤如下。

- 分析现状，发现问题。
- 分析质量问题中各种影响因素。
- 分析影响质量问题的主要原因。
- 针对主要原因，采取解决的措施。
- 执行，按措施计划的要求去做。
- 检查，把执行结果与要求达到的目标进行对比。
- 标准化，把成功的经验总结出来，制度相应的标准。
- 把没有解决或新出现的问题转入下一个 PDCA 循环中去解决。

3.6.2 电信网质量概述

对于任何一个通信系统，能否快速、可靠、有效地传递信息，决定了它能否提供高质量的服务。为了提高电信网的质量并充分发挥电信网的作用，人们提出了衡量电信网质量的 3 个方面，即传输质量、接续质量、稳定质量。

（1）传输质量。传输质量反映通信的清晰度，不同的通信业务中以不同的指标来反映传输质量。

对于语音业务来说，传输质量可以通过响度、清晰度、重复度、满意度、可懂度、困难度、平均意见得分等参数来表达，这些参数的目的就是度量通话双方声音的优劣程度。

对非语音业务而言，传输质量也可以通过测量一些信号参数规定的指标来衡量。例如，数据业务的传输质量主要用误比特率和时延来衡量。

$$误比特（字符、码组）率=\frac{接收出现差错的比特（字符、码组）}{总的发送比特（字符、码组）数}$$

此外，电信网的传输质量还要求信号传输的透明性与传输质量的一致性。信号传输的透明性是指在规定业务范围内的信息都可以在网内传输，对用户不加任何限制。传输质量的一致性是指网内任何两个用户通信时，应具备相同的或相仿的传输质量，而与用户之间的距离无关。

（2）接续质量。接续质量反映电信业务建立持续过程的良好程度，它要求接通的任意性和快速性，即网内的任一用户能够快速地接通网内的其他任一用户。衡量接续质量的主要指标包括呼损、接续时延和接通率 3 项。

① 呼损。用户发起呼叫时，如在交换机中未能选到一条空闲链路（时隙），或在电路群中未能占用一条空闲电路，从而未能建立接续完成通话，这种状态称为呼叫损失，简称呼损。

② 接续时延。在电话网中完成一次局内或局间通话接续过程中，交换机进行接续和传送相关信令所引起的时延称为全程接续时延，它包括拨号前时延、交换机连通时延及信令传递时延等。

对数据通信而言，由于采用存储转发交换设备，因此它的接续时延很小（几百毫秒），但存在排队等待时延，例如，分组数据交换网的排队时延平均值为 500ms。

③ 接通率。在电话网中假设用户在忙时发生的话务量最近似于平稳状态，则网中完成通话的试呼次数与总试呼次数的百分比称为接通率，也称为有效率。接通率是从运行维护角度衡量接续质量的指标。根据网络类型，可分为市话网接通率、长途网接通率和国际电路接通率。

（3）稳定质量。电信网是现代社会的神经系统，可靠性不高的网络经常会出现故障甚至中断通信，这样的网络是无法使用的，因此必须充分注意提高网络的可靠性。但是绝对可靠的网络是不存在的。所谓可靠是指在概率意义上，使平均故障间隔时间（两个相邻故障间时间的平均值）达到要求。可靠性必须与经济合理性结合起来，提高可靠性往往需要增加投资，但造价太高又不太现实，因此应根据实际需要在可靠性与经济性之间取得折中和平衡。

3.6.3 电信网的可靠性

电信网在现代社会中的地位越来越重要，电信网的可靠性就成了电信运营企业和用户十分关注的问题。可靠性的一般定义是，产品在规定条件下和规定时间内完成规定功能的能力。常用来测度可靠性的指标包括失效率、可靠度、平均失效间隔时间、平均修复时间、可用度等。下面介绍电信网可靠性的测度、可靠度的计算以及电信网可靠性的影响因素。

1. 电信网可靠性的测度

电信网可靠性是进行电信网络规划设计与性能评价的重要指标。电信网的可靠性一般包括网络的生存性、抗毁性及有效性等多个方面，涉及网络通信设备、拓扑结构、通信协议等多方面因素。

（1）电信网的生存性。网络在部件（节点和链路）随机失效情况下的可靠性称为电信网的生存性，即指网络在规定的条件下、规定的时间内，在部件随机失效的情况下完成规定功能的能力。其中规定的条件通常指给定的使用环境、网络拓扑结构、业务负荷、外来攻击或干扰等；规定的时间通常是电信网络的使用周期；而规定的功能则是指用户要求的各种指标，如服务质量、保密质量等，度量指标通常用可靠度来描述。网络的生存性由连通概率表示，即反映网络的连通性，是电信网最基本的一个特性。

（2）电信网的抗毁性。电信网的抗毁性是指电信网络的拓扑结构在遭到外来攻击或人为破坏的情况下，网络的生存或重组能力，它指出了破坏一个电信网的困难程度。电信网的抗毁性与网络部件的可靠性无关，主要反映了网络拓扑结构的可靠性。研究此类可靠性的指标有连通度、黏聚度等。

（3）电信网的有效性。电信网的有效性是一种基于业务性能的可靠性测度，它指出了电信网在网络部件失效条件下满足通信业务性能要求的程度。这种测度比前面两种测度更有意义。因为在失效状态下，用户更为关心业务的性能情况，如呼损和时延等。网络的有效性由于考虑了部件失效引起的业务性能下降问题，使电信网可靠性的测度更面向通信、面向用户，更具有直观性。

2. 电信网可靠度的计算

对于一个串联系统，如图 3-19 所示，若每条链路的可靠度为 r，则任意两端局间的可靠度为：

$$R(t) = r^n \text{（}n\text{ 为链路数）}$$

对于并联系统，如图 3-20 所示，若每条链路的可靠度为 r，则任意两端局间的可靠度为：

$$R(t) = 1-(1-r_1)(1-r_2)$$

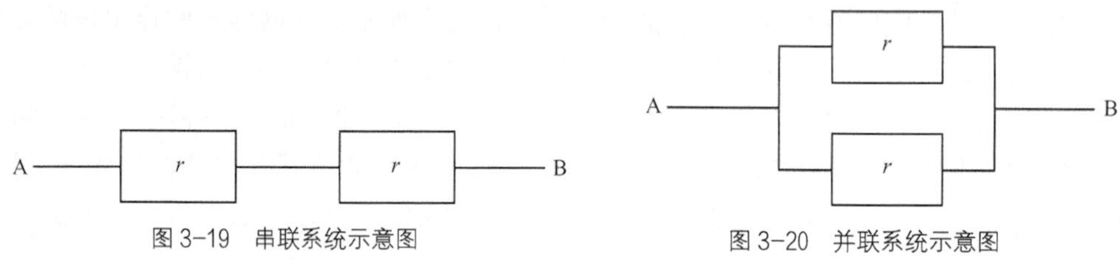

图 3-19 串联系统示意图　　图 3-20 并联系统示意图

3. 电信网可靠性的影响因素

影响电信网可靠性的因素可以分为外部因素和内部因素。外部因素是指通信设备和网络所依存的环境条件，如设备的工作条件等可控因素和影响通信设备和网络正常运行的外部不可控因素。内部因素指设备可靠性、网络工程设计、网络的组织和维护管理等。外部因素通过内部因素起作用，内部因素受技术发展的影响很大。新技术的采用提高了设备和系统的可靠度，提高了网络组织的有效性和维护管理能力，另一方面，网上设备种类的增多给网络的运行和管理带来一定难度。

3.6.4　电信网的过负荷和拥塞

1．网络过负荷

网络过负荷是指流入网络的业务量稍微大于设计业务量，使网络进入低性能（无效呼叫增多、时延增大等）状态，但完成的话务量仍能随着呼入话务量的增加而略微增加的现象。发生过负荷的原因很多，主要有网络故障、自然灾害、重大节日等。一般来说，随着电信网络过负荷的逐步加重，拥塞现象就会出现。发生过负荷的网络状态为“电路限制型”，即由于接续电路不足而受限。

2．网络拥塞

网络拥塞的本质是对资源“需求”大大高于“供给”。当话务量严重超过设计值时，由于交换系统（特别是公用设备）严重过负荷造成接续时延增加，大量接不通的无效试呼发生，真正能完成的有效呼叫下降，并且较多地占用对端设备而使过负荷向邻区邻局扩散，这种现象随着过负荷时间的延长而变得日益严重，服务等级急剧下降，这种状态称为拥塞。此时的网络状态称为“交换限制型”，这种限制主要是由于交换机内部处理能力不足引起的。对某些集中控制式的程控交换机，甚至引起系统中断，而导致所有通话终止。典型的网络过负荷和拥塞对接通次数的影响如图 3-21 所示。

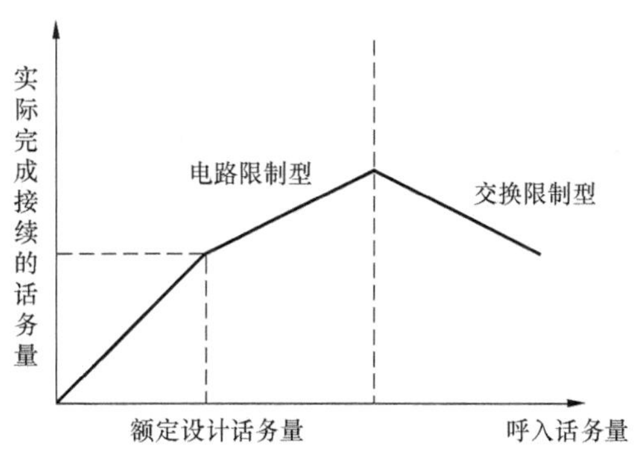

图 3-21　网络拥塞与网络质量

3．网络拥塞的扩散

当网络发生拥塞时，若不加以处理，拥塞将很快地向全网扩散。拥塞扩散的主要原因有以下几点：用户的不断再试呼，使得大量无效呼叫增加，占用更多的处理时间；由于过负荷形成过多的迂回路由，大量的回路资源被占有作为不成功的呼叫，有效利用率就下降了；交换设备及中继线占用的连锁反应。

在图 3-22 中，A、B、C 表示 3 个交换局。假设 C 处于拥塞状态，此时若 A 呼叫 C，在 B 处呼叫记发器内存储了拨号号码，并且占用了 C（每个呼叫平均占用 3～4 毫秒）。由于 C 已处于拥塞，所以不能送回确认信号，B 就不能解脱记发器，使 B 也处于拥塞状态。C 影响 B，B 也影响 A。这样就造成了拥塞的扩散，拥塞的程度还和信令种类有关。

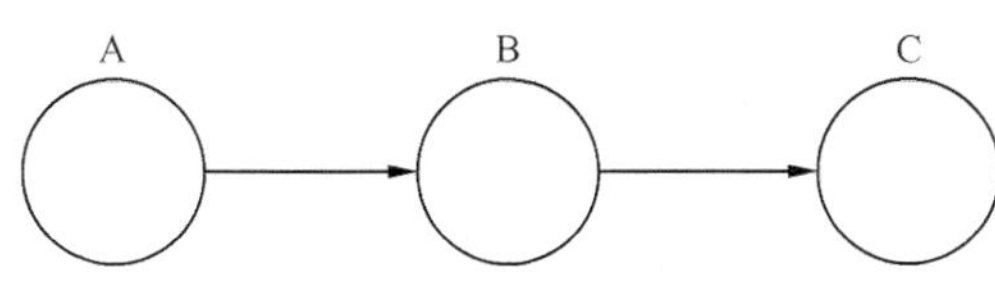

图 3-22　3 个交换局网络拥塞扩散示意图

本章小结

本章主要讲述了与电信运营管理相关的基础内容。

运营战略是指在企业经营战略的总体框架下，以企业各种资源要素和内外部环境为基础，通过运营活动来支持和完成企业的各项目标，以达到最大限度地利用企业资源的长期竞争战略。运营战略一般分为结构性战略和基础性战略。电信企业运营战略是指对内部要素、外部环境以及运营系统等因素进行分析与判断后，来确定包括业务发展战略、竞争策略、运营能力发展策略和运营组织方式等方面的内容。

内部资源管理是企业根据自身的发展战略和市场需求对相关的内部资源进行重新配置，以期最大可能地适应市场的变化，突显企业的核心竞争力。电信企业内部资源整合是一个以使用客户需求为导向的不断演进的整合过程，通过组织和协调，把企业内部彼此相关但却彼此分离，既参与共同的使命又拥有独立经济利益的内部资源整合成一个系统，取得整体效益。电信企业应努力提升内部资源管理，主要是优化企业内部资源的整体结构，使得物流、资金流、工作流和信息流“四流合一”。

波特的价值链理论把企业活动分为基本活动和支持性活动。基本活动包括企业生产、销售、进料后勤、发货后勤、售后服务。支持性活动包括采购、研究与开发、人力资源管理、企业基础设施等。这些互不相同但又相互关联的生产经营活动，构成了一个创造价值的动态过程，即价值链。价值链的主要特点有：分工与合作是价值链形成的基础；价值链具有增值性的特点；价值链实质上也是一条循环链；价值链最后实现的价值增值是由最终用户需求的价值总量决定的。与其他产业价值链相比，电信服务价值链是一个信息增值链。随着电信技术和电信市场的快速发展，以电信企业为核心的电信价值网络逐步形成。

电信运营企业的研发对象有两种：新技术或者新业务。研发的途径可以分为 4 种类型：在现行电信业领域里，依靠现有的技术，开发多种业务，以扩大现有市场；向现有市场推出用新技术开发的新业务；利用现有技术的业务打入新市场；用新技术开发新业务，并加入新市场。根据开发内容、企业自身开发能力及可利用资源的情况，电信企业的研发模式还可以分为主体模式和动力模式。电信企业选择设备的基本原则是：技术上先进、经济上合理、生产上适用。设备评价的具体方法有投资回收期法、费用换算法等。

电信企业的项目生命周期包括项目需求调研与项目可行性分析、项目实施、项目计划、项目执行与控制、项目验收这几个过程。电信项目管理包括进度管理、成本管理、质量管理和风险管理。

质量是反映产品或服务满足明确或隐含需要能力的特征和特性的总和。质量管理是指确定质量方针、目标和职责，并通过质量体系中的质量策划、质量控制、质量保证和质量改进来使其实现的所有管理职能的全部活动。衡量电信网质量的 3 个方面包括传输质量、接续质量、稳定质量。电信网的可靠性一般包括网络的生存性、抗毁性及有效性等。网络过负荷是指流入网络的业务量稍微大于设计业务量，使网络进入低性能状态，但完成的话务量仍能随着呼入话务量的增加而略微增加的现象。当话务量严重超过设计值时，由于交换系统（特别是公用设备）严重过负荷造成接续时延增加，大量接不通的无效试呼发生，真正能完成的有效呼叫下降，并且较多地占用对端设备而使过负荷向邻区邻局扩散，这种现象随着过负荷时间的延长而变得日益严重，服务等级急剧下降，这种状态称为拥塞。

思考与练习题

3-1　谈谈你对运营战略的理解。

3-2 试比较服务运营战略在不同竞争阶段的异同。

3-3 电信企业运营战略有哪些内容？

3-4 根据电信运营战略理论，谈谈3G牌照发放后，电信运营商的战略会有哪些变化？

3-5 企业内部资源有哪些？

3-6 什么叫价值链？电信价值链的特点有哪些？

3-7 实施ERP对电信企业有哪些意义？

3-8 项目的生命周期有哪几部分组成？

3-9 简述如何使用鱼骨图法来改进服务质量。

3-10 电信网质量有哪几个方面？

3-11 电信网的可靠性包含哪几个方面？

3-12 什么是过负荷？什么是网络拥塞？

3-13 某电信运营商在选择设备时，有A、B两种方案可供选择。

A方案：投资90万元，年维护费3.5万元，设备折旧率为5%，年收入为15.5万元；

B方案：投资60万元，年维护费3万元，设备折旧率为5%，年收入为10万元；

试用投资回收期法比较那种方案最优。

案例讨论

业务的融合与增值

"我们看到全世界的电信公司在宽带化之后都在购买媒体。"

——中国宽带产业基金（CBC）董事长田溯宁

"中国移动如果不创新，不进入Google的地盘，迟早会被对方干掉的。"

——中国移动董事长王建宙

中国移动总裁王建宙表示，中国移动可以学习苹果，提供平台，内容商可以利用平台销售自己的产品与服务。

中国移动已经清楚地认识到，自己在传统优势市场遭受传统运营商和替代技术双向夹击，面临收入分流危险；在潜在收入增长市场又面临着Internet企业、内容服务提供商等新型竞争者的威胁。

特别是在运营商的角色中，自身对内容的生产、集成、掌控能力差，很难获得内容溢价，已经被移动视为是自身面临的三大威胁之一，另外两大威胁，包括Google这样的企业在网络接入上的扩张，以及传统运营商与即时通信、VOIP等替代技术的冲击。

据了解，除了中国移动入股凤凰卫视、与中广卫星CMMB的合作之外，中国联通也与北京电视台进行了内容合作，中国电信与上海文广集团内容资源的合作，这些内容一方面可以为IPTV等业务服务，另外还可以为手机电视业务储备内容。

讨论题：

1．试分析各电信运营商对于价值活动的管理有何特色？讨论电信价值链的演化路径。

2．你认为电信运营商下一步该如何进行业务整合？

第 2 部分

电信网络组织

提升网络效率

电信业在现代社会中占有举足轻重的地位，电信业的发展可以加速信息流动，缩短空间距离，提高社会经济运行效率。电信网络是电信运营企业拥有的特殊资源，近年来，电信技术发展迅速，电信网络不断进行升级换代，电信业的内外部环境发生着巨大的变化。电信业发展的新形势影响电信网络的建设与发展，电信运营企业在进行网络组织时必然面临许多新的问题。通过对电信网络的合理组织和管理，电信运营企业可以有效利用企业的网络资源，最大程度地提升网络的运营效率。本部分在介绍现代通信网规划、电信网络组织与管理、电信网络运行维护管理等内容的基础上，从电信网的监管和电信全球竞争的角度分别阐述电信网的互联互通以及电信网络的国际化运营。

第 4 章 电信网规划基础

【引例】未来网络规划中的多网协同

中国移动通信集团设计院副院长张同须认为，未来的移动通信网络和过去的 2G 网络在规划上的不同主要表现在：今后的移动通信网除了提供大量的话音业务之外，还要提供众多的数据业务。因此，今后的网络规划和优化面临的挑战主要是来自多业务的挑战，多媒体终端用户的挑战，IP 化、扁平化的网络结构的挑战，以及新技术的引入、城市环境的变化等新的挑战。

网络规划和优化考虑的主要指标有：综合优化和建网的成本低、覆盖情况好、容量大、业务服务质量优。除了这 4 个核心指标之外，网络的升级性、兼容性以及较强的竞争力也是需要考虑的因素。

网络的规划和优化不能只考虑 3G 或者是其他网络，还要考虑到现有网络的状况，双网的协同是非常重要的。除了两个乃至多个网络并存之外，更主要的是现有网络和未来网络在资源上的共享。

21 世纪是电信技术蓬勃发展的时代，电信技术和计算机技术的发展和相互融合，拓宽了信息的传递和应用范围，使得人们在广域范围内随时随地获取和交换信息成为可能，尤其是随着网络化时代的到来，人们对信息的需求与日俱增，在给传统电信网络带来巨大冲击的同时，也为电信业的发展提供了新的机遇。本章主要介绍电信网的技术基础、电信网络规划、常用的预测方法以及电信网络优化与经济分析。

4.1 电信网概述

4.1.1 电信网的概念与分类

1．电信系统的概念

电信（Telecommunication）是指利用有线、无线的电磁系统或者光电系统，传送、发射或者接收语音、文字、数据、图像以及其他任何形式信息的活动。

电信系统（Telecommunication System）是传递信息的设施整体。它由电信网络和设备终端组成。其中，电信网络是电信系统的公用设施；用户终端是电信系统中与电信业务有关的用户设备。最简单的电信系统如图 4-1 所示，这是一个点-点单向通信系统，它的基本组成包括信源、发送设备、信道、噪声源、接收设备及信宿 6 个部分。

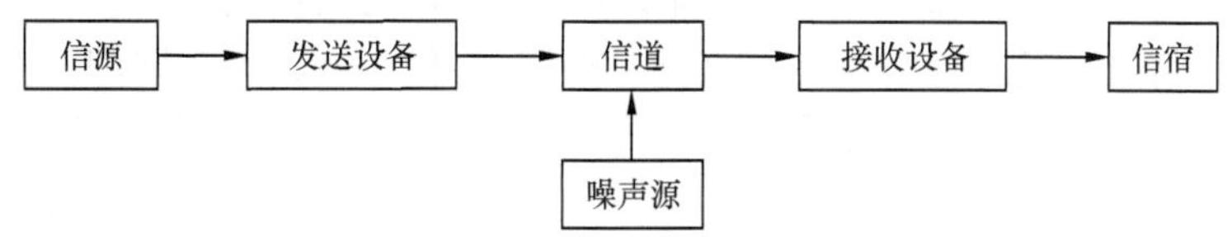

图 4-1 点-点单向电信系统

信源产生各种信息。发送设备的作用是将信源发出的信息变换成适合在信道中传输的信号。信道是信号的传输媒介。接收设备的作用是将从信道上接收的信号变换成信息接收者可以接收的信息。信宿是信息的接收者。噪声源是系统内各种干扰影响的等效结果。

2. 电信网的概念

电信网是由一定数量的节点（包括终端设备和交换设备）和连接节点的传输链路相互有机地组合在一起，以实现两个和多个规定点间信息传递的通信体系。

一个完整的电信网由硬件和软件组成。传统电信网的硬件主要包括 3 大类设备：终端设备、传输设备和交换设备。

（1）终端设备。一般安装在用户端，提高由用户实现接入协议所必需的功能设备。最常见的终端设备有电话机、手机、计算机、视频终端等。

（2）传输设备。将电信号从一个地点传送到另一个地点的设备。它构成电信网中的传输链路，包括传输线路和各种发送/接收设备。例如光端机、光缆等。

（3）交换设备。实现一个终端（用户）和它所要求的另一个或多个终端（用户）之间的接续，或非连接传输链路的设备和系统，是构成电信网中节点的主要设备。例如，程控交换机等。

电信网的组成除了以上的硬件外，为了保证网络能正常运行还应有相应的软件，即一整套的网络技术和对网络的组织管理技术，包括网络拓扑结构、网内信令、协议和接口，以及网络的技术体制、标准等。各种电信网还有不同的网络组织管理方法，它们是电信网能够实现电信服务和运行支撑的重要条件。

3. 电信网的分层结构

随着电信技术发展与用户需求日益多样化，电信网络类型及所提供的业务种类不断增加和更新，形成了复杂的电信网络体系。从网络纵向分层的观点来看，可根据不同的功能将网络分解成多个功能层，OSI 参考模型中采用了 7 个层次的体系结构，如图 4-2 所示。

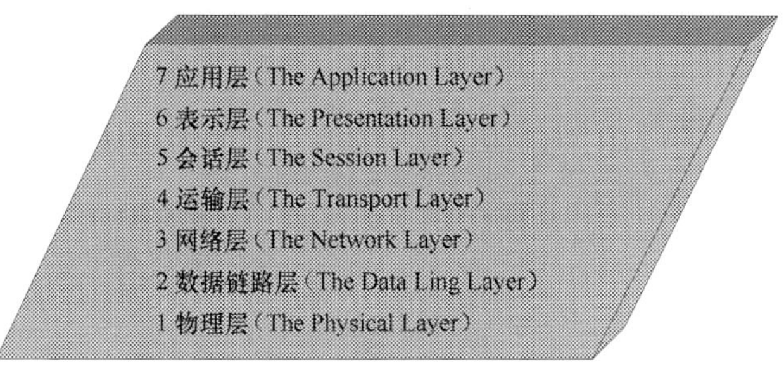

图 4-2 OSI 参考模型

把 OSI 参考模型简化来看，从垂直结构上按照功能可以把电信网分成应用层、业务层和传送层，如图 4-3 所示。在这一结构体系中，应用层提供各种信息应用；业务层为各种业务网；传送层是支持业务网的传送手段和基础设施；此外还有支撑网，提供保证电信网有效正常运行的各种控制和管理能力，传统的电信支撑网包括信令网、同步网和电信管理网。

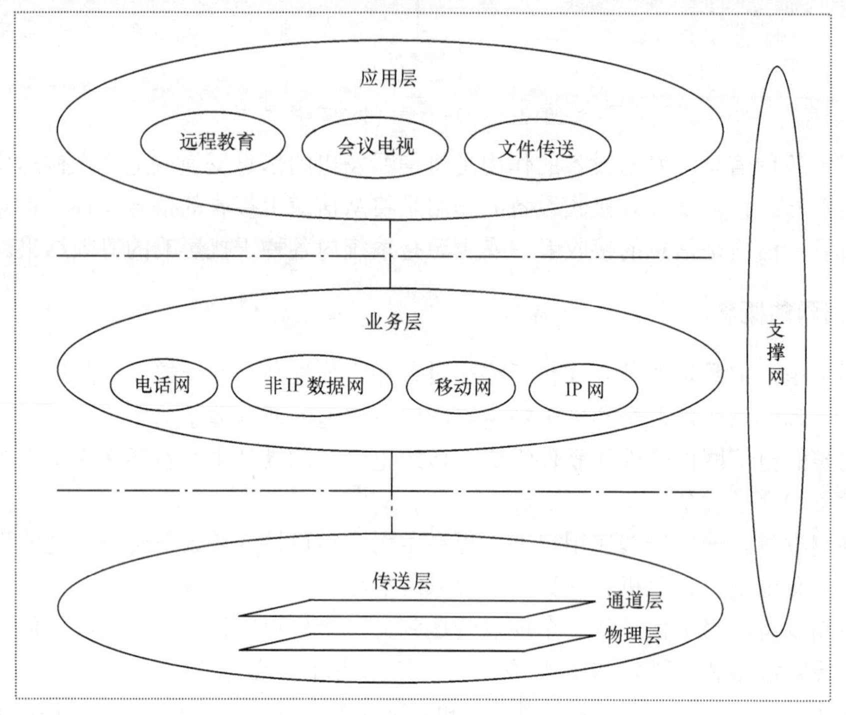

图 4-3　垂直观点的网络结构

另外，还可以从水平的角度对电信网加以描述，基于用户接入网络实际的物理连接进行划分，可分为用户驻地网、接入网和核心网，如图 4-4 所示。

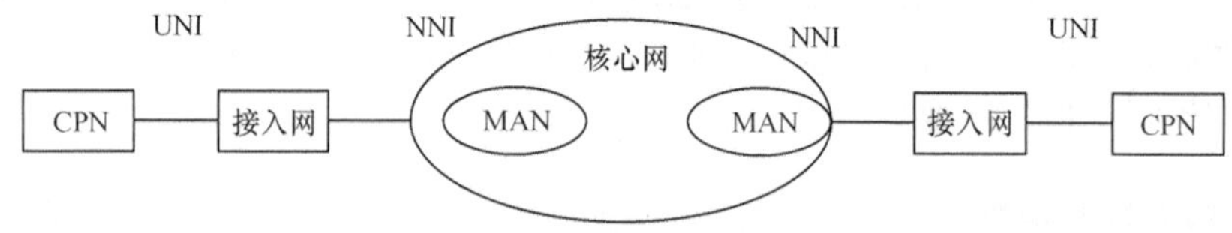

图 4-4　水平观点的网络结构

图 4-4 中，CPN 为用户驻地网，指用户终端到用户网络接口（UNI）之间所包含的机线设备，属于用户自己的网络。CPN 可以大至公司、企业和大学校园，由局域网的所有设备组成，也可以小至普通居民住宅，仅由一部话机和一对双绞线组成。

核心网包含了交换网和传输网的功能，在实际网络中一般分为省际干线（即一级干线）、省内干线（即二级干线）和局间中继网（即城域网）。

UNI 和 NNI 分别为用户网络接口和网络节点接口。

接入网则位于核心网和用户驻地网之间，包含了连接两者的所有设备与线路，传统的接入网即为电话网的用户环路，一般分为馈线段、配线段和引入线，而新的接入网概念主要完成交叉连接、复用和传输功能，一般不包括交换功能。

4．电信网的分类

电信网是一个复杂的体系，表征电信网的特点很多，可以从不同的角度以不同的方式将电信网划分为各种类型。按照服务对象的不同，电信网可以分为公用通信网和专用通信网；按照信号形式的不同，电信网可以分为模拟通信网和数字通信网；按照用户是否可移动，电信网可以分为固定通信网和移动通信网；按照承载业务的不同，电信网可以分为电话网、电报网、数据通信网、传真通信网和图像通信网等；按照主要传输介质不同，电信网可以分为电缆通信网、光缆通信网、微波通信网、卫星通信网等；按照服务地域的不同，电信网可以分为国际通信网、长途通信网、本地通信网等；按照交换方式不同，电信网可以分为电路交换网、分组交换网、报文交换网等；按照网络拓扑结构的不同，电信网可以分为网形网、星形网、环形网、复合网等。

4.1.2 电信网的结构

1. 基本结构形式

电信网的基本结构形式是最简单、最规则且具有明显特点的网络拓扑结构，目前主要有 3 种形式。

（1）网形网。网形网（点点相连制）中任何两个通信点之间都相互直接连通，不需要经其他点（局）转接，如图 4-5（a）所示。如果网内有 N 个节点，就需要 $N(N-1)/2$ 条传输链路。当节点数增加时，传输链路数会迅速增加，网络结构的冗余度较大，信息传递迅速，稳定性较好，但线路利用率不高，经济性较差。因此，网形网是一种通信节点数较少，而且相互间有足够的通信量的情况下比较适用的网络结构。

（2）星形网。星形网又称辐射制，是在地区中心设置一个中心通信点，网内（地区内）其他各通信点都与中心通信点由直达线路通信，而各通信点之间的通信都经中心通信点转接，如图 4-5（b）所示。对于网内有 N 个节点的星形网，需要 N-1 条传输链路。与网形网相比，星形网的传输链路少，线路利用率高，但它的可靠性较差。因为中心节点一旦出现故障会造成全网瘫痪，某些情况下相邻两个非中心点通信经过中心通信点的线路距离反而增长。因此，星形网适用于通信点分布比较分散，距离远，互相之间业务量不大，而且大部分通信都来往于中心通信点的情况。

（3）环形网。环形网是由 3 个以上通信点用闭合环路形式组成的通信网，如图 4-5（c）所示。环形网中，任一通信点除了与邻近的两点间有直达线路通信外，与其他不邻近的通信点之间的传递均需经过转接。采用环形网形式建网时，所需要的链路数等于通信节点数。环形网的优点是在同样节点数情况下，所需线路较网状网少，可靠性相对星形网来说较高，任何两点间的线路发生阻断时，仍可通过迂回实现。但这种形式由于转接次数多而影响通信速度。

2. 电信网的非基本结构形式

利用电信网的基本结构形式，可以构成非基本结构的拓扑结构。目前常用的非基本结构形式有以下两种。

（1）复合网。复合网（辐射汇接制）是以星形网为基础，在通信量较大的地区间构成网形网，图 4-5（d）就是一个二级复合网。复合网吸取了星形网和网形网的优点，比较经济合理而且有一定的可靠性，是目前构成长途通信网的最基本的形式。

复合网在大多数情况下各局之间没有直达线路，需要经过一次或更多的转接，转接过多会影响通信质量。在实际运用时，要根据具体情况和发展趋势来考虑复合网的级数。如长途

电话网由过去的回级网络向二级网络演变

（2）格形网。格形网又称栅格形网，如图 4-5（e）所示，它可由复合网结构演化而成，也可由网形网退化（取消若干链）而成。格形网是复合网向网形网发展的中间状态，视发展的完备程度和集中性逐步减少，分散性渐次增强。

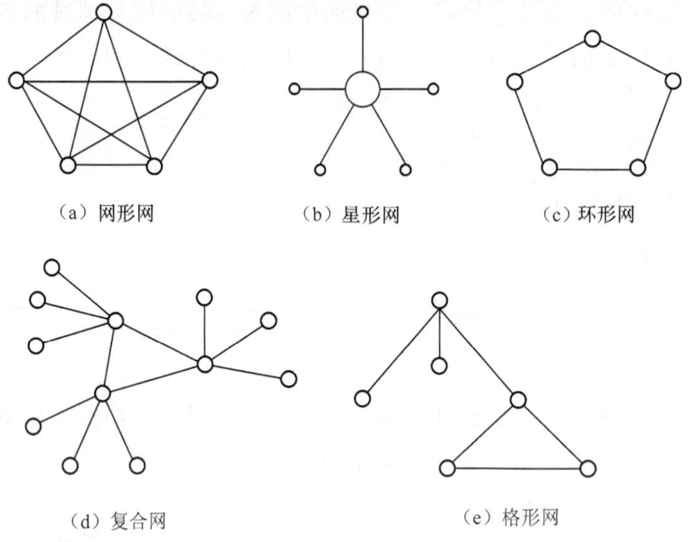

图 4-5　电信网的拓扑结构

3．分级网与无级网

根据网络结构与路由组织的不同，电信网可以有分级网和无级网两种形式。

（1）分级网。在分级网中，网络节点间存在等级划分，设置端局和各级汇接中心，每一个汇接中心负责一定区域的通信流量，网络的拓扑结构一般为逐级辐射的星形网或复合网。

分级网中的路由也要划分等级，路由选择有其严格的规则，分级网是为尽量集中业务量，提高全网传输系统利用率所采用的结构形式。传统的电话网就为典型的分级网。在传统的电话网中，交换中心分为初级、二级等若干等级；电路分为基干电路、低呼损直达电路、高效直达电路等；路由分为发话区路由和受话区路由，发话区路由选择方向自下而上，受话区路由自上而下。图 4-6 所示为 A 处的初级交换中心到 B 处的收端局的路由选择顺序 1，2，3，4，5，6。首先应选择直达路由 1，其次是 B 处上一级初级交换中心转接的与迂回路由 2，最后是基干路由 6，它的基本选路原则是使通信的转接次数最少。

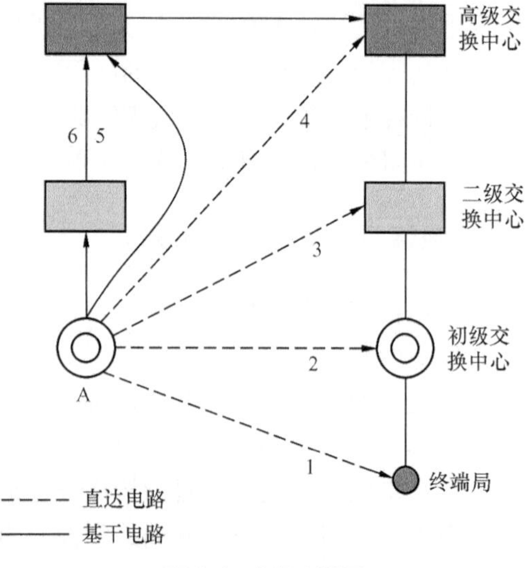

图 4-6　分级电话网

分级网的网络组织简单，但灵活性较差，无法根据业务量的变化调整路由选择，网络故障的适应能力差，不便于带宽共享。

（2）无级网。无级网打破了交换中心分上下级的网络组织原则，各交换中心完全平等，任何两个交换中心之间均可以组成发话-受话对，采用按收信地址和路由表规定选择出局局向。无级网对应的拓扑结构一般分为所有节点基本同级的格形网。

在无级网中路由也没有明确的等级划分，路由选择顺序没有严格的规定，它的路由选择方案可以采取静态的固定选路，也可以采用随时间或状态变化的动态选路。

4.1.3 电信网的技术基础

1. 传送网技术

传送网是一个由许多单元组成的庞大的网络，完成将信息从一个点传递到另一个点的功能。从物理实现角度看，传送网技术包括传输介质、传输系统和传输节点设备技术。

传输介质是传递信号的通道，提供两地之间的传输通路。分为有线传输和无线传输。

传输系统包括发送/接收设备和传输复用设备。发送/接收设备主要有收/发信机、光端机等。为在一定传输介质中传输多路信息，需要有传输复用设备将多路信息进行复用与解复用。复用方式主要分为频分复用、时分复用、码分复用和空分复用。

传输节点设备包括配线架、电分插复用器（ADM）、数字交叉连接器（DXC）、光分插复用器（OADM）、光交叉连接器（OXC）等。

目前，实际采用的主要传送网技术有同步数字体系（SDH）和 DWDM 光传送网。

另外，不同类型的业务节点可以使用同一个公共的用户接入网，实现由业务点到用户驻地网的信息传送，因此可将接入网视为传送网的一个组成部分。接入设备包括 ADSL、PON、无线接入设备等。

2. 业务网技术

业务网是向用户提供诸如电话、电报、传真、数据、图像等各种电信业务的网络。在传送网上安装不同类型的节点设备，就形成了不同类型的业务网。业务节点设备主要包括各种交换机（电路交换、X.25、以太网、帧中继、ATM 等交换机）、路由器和数字交叉连接设备（DXC）等。其中交换设备是构成业务网的核心要素，它的基本功能是完成接入交换节点链路的汇集、转接接续和分配，实现一个用户和它所要求的另一个或多个终端用户之间的路由选择的连接。交换设备的交换方式有电路交换（如 PSTN）和分组交换（如报文交换、FR、ATM 等）两种方式。DXC 既可作为通信网的节点设备，也可作为 DDN 和各种非拨号专用网的业务节点设备。业务网的基本技术要素包括网络结构、编号计划、计费方式、路由选择、流量控制等。

3. 应用层技术

现代通信系统的最终目的是为用户提供他们所需的各类通信业务，应用层业务就是直接面向用户的。应用层业务主要包括模拟与数字视音频业务（如电话业务、IP 电话业务、广播电视业务、智能网业务等），数据通信业务（如网络商务、电子邮件等），多媒体通信业务（如交互型业务）等。

不同的业务应用，一般通过不同的终端设备提供给用户，目前电信业务的常用终端设备包括如下 5 种。

（1）音频通信终端，被广泛应用于 PSTN 的普通模拟电话机、磁卡电话机、IC 卡电话机、录音电话机，也包括 ISDN 的数字电话机，以及用于移动通信的无线手机。

（2）图形图像通信终端，如传真机把纸介质记录的信息，通过光电扫描方法变为电信号，经公共电话交换网络传输后，在接收端以硬复制的方式得到与发端相似的纸介质信息。

（3）视频通信终端，如各种多媒体计算机使用的摄像头、视频监视器、计算机显示器等。

（4）数据通信终端，如调制解调器、ISDN 终端设备、机顶盒、可视电话等。

（5）移动通信终端，如 3G 手机、无线上网卡等。

4．支撑网技术

支撑网是保障业务网正常运行，增强网络功能，提供全网服务质量，以满足用户要求的网络。支撑网主要传送相应的控制、检测信号。支撑网包括信令网、同步网和电信管理网。

信令网的功能是实现网络节点间（包括交换局、网络管理中心等）信令的传输和转接。同步网的功能是实现在数字交换局之间、数字交换局和传输设备之间的同步信息的传递。电信管理网是搜集、处理、传送所存储的有关电信网维护、操作和管理信息的支撑网，是为提高全网质量和充分利用网络设备而设置的。它能够实时或近实时地监视电信网络的运行，及时地采取控制措施，以达到在任何情况下，最大限度地使用网络中一切可利用的设备，使尽可能多的通信业务得以实现。七号信令网的具体内容将在第 5 章介绍。

同步网的作用是使数字网中所有节点设备的时钟频率和相位都控制在预定的容许范围内，使通过网内各节点设备的数字流实现正确、有效地传送与交换。同步网的基本功能，是将同步信息准确地从基准时钟传送给网内各同步节点，从而调节网中的同步节点时钟和基准时钟，使之保持一致。同步网中的节点设备为通信楼的综合定时供给系统（BITS）。它接收上级节点的基准同步定时信息，同时向下级时钟发送同步定时信息，并为所在通信楼的设备提供同步定时信息。目前，各国公网中交换、传输节点时钟的同步方式主要有主从同步方式、互同步方式、准同步方式（独立时钟方式）、主从同步和准同步相结合的混合方式。我国数字同步网采用分布式多基准钟的分区四级主从同步方式。

现代电信网具有大规模、高性能和分散化的特点。如果没有先进的运营支持系统是难以进行有效的管理的。对此，国际电信联盟电信标准化部门（ITU-T）提出了具有标准协议，接口和体系结构的管理网络——电信管理网（TMN）。电信管理网的相关知识将在第 19 章介绍。

4.1.4 电信技术的发展趋势

从全球电信业的发展战略来看，通信技术的发展已经脱离纯技术驱动的模式，正在走向技术与业务相结合、互动的新模式。目前，电信技术的发展趋势可以概括为“六化”：数字化、综合化、融合化、宽带化、智能化和个人化。网络应用将加速向 IP 汇聚，接入技术的宽带化、IP 化和无线化成为必然。

1．三网融合

信息技术和通信技术迅猛发展，信息的交流和传输的方法已经超出了人们以往单纯所指的以电话为主体的电信通信。数据和计算机通信网络的迅速崛起，广播电视正在向交互式方向发展，电信网、计算机网和广播电视网之间的“三网融合”已成为大势所趋。

电信网覆盖面广、管理严格、组织严密、经验丰富，有长期积累的大型网络设计运营和管理经验，最接近普通用户。另外，电信网在提供全球性业务方面具备优势。传统电信网以电话网为主体，采用电路交换形式，实时的电话业务最佳，业务质量高且有保证。

以 Internet 为主体的计算机网的特点是网络结构简单，采用分组交换形式，适合传送数据业务。Internet 所采用的 TCP / IP 是可为 3 大网共同接受的通信协议，Internet 发展速度快、业务成本低，基于该网的业务具有长足的发展潜力，包括实时性话音业务在内的各种通信业务都可以在 Internet 上来提供。

有线电视网覆盖面广、普及率高，它的主要优势在于较高的接入带宽，在视频服务市场、数据服务市场、电路出租业务等几个方面，将具备良好的商业前景。利用有线电视网络设施资源和低廉的价格可以提高信息传输的效率，开拓网络传输的途径，推动信息网络的普及。

技术的发展提出了三网融合的要求，同时也为之创造了条件，三网融合并不只是 3 种通信网络的简单互连或资源共享，而是要在高层业务应用的融合，表现为技术上相互吸收并逐渐趋向一致，业务上相互渗透和交叉，网络层上实现互连互通，应用层上使用统一的通信协议，最终实现面向用户的自由、透明而无缝的信息网络。

2．下一代网络

20 世纪 90 年代所提出的下一代网络（Next Generation Network，NGN）的概念，反映了三网融合的发展方向。下一代网络（NGN），泛指一个不同于目前的网络，采用新技术提供先进业务的网络。NGN 是一个以 IP 为核心同时可以支持话音、数据和多媒体业务的融合网络，它具有传统电话网的普遍性和可靠性、Internet 的灵活性、以太网的运作简单性、ATM 的低时延、光网络的带宽、蜂窝网的移动性和有线电视网的丰富内容。

NGN 具有以下特点：开放分布式网络结构；高速分组化的核心网；独立的网络控制层；网络互通和网络设备网关化；多样化接入方式。NGN 将传统交换机的功能模块分离成为独立的网络部件，各个部件可以按相应的功能划分各自独立发展，部件间的协议接口基于相应的标准，它的体系架构如图 4-7 所示。

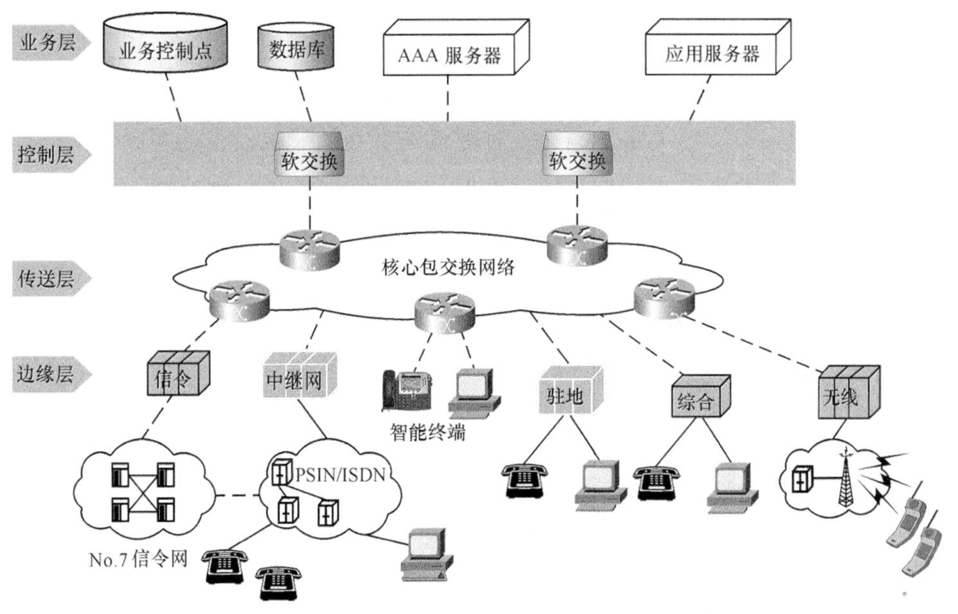

图 4-7　NGN 的体系结构

实现 NGN 的关键技术是软交换技术、高速路由/交换技术、大容量光传送技术和宽带接入技术，其中软交换技术是 NGN 的核心技术。NGN 的技术标准研究正在继续进行中，各国的电信运营商都对它非常关注，而在 NGN 的实际发展中，一个重要概念是演进。演进就是在现有网络基础上的一种逐步完成的变化。运营商从国家通信基础设施建设的角度考虑，建设更先进的网络具有重要的意义，而作为一个独立的企业，投入产出比就成为不得不考虑的问题。让现有的已经投入数千亿资金建设的网络发挥最大的效能，给大众提供需要的业务，同时赢得利润，是最为理性的企业行为。不过分追求技术上的先进性，由技术导向转变为市场导向，是各国运营商在 NGN 的发展建设方面所遵循的一项重要原则。

4.2 电信网规划基础

4.2.1 电信网规划的概念和特点

1. 电信网规划的定义

一般来说，规划是指对某种事业在未来一段时间内的发展方向、发展目标及主要发展步骤的估计和决定。根据原 CCITT《通信网规划手册》对电信规划的定义，电信网规划是为了满足预期的需求和提供可以接受的服务等级，在恰当的地方、恰当的时间以恰当的费用提供恰当的设备。也就是说，电信规划就是在时间、空间、目标、步骤、设备和费用 6 个方面，对未来做出一个合理的安排和估计。

广义的规划工作包括制定规划、执行规划和检查规划的全过程。狭义规划指的是制定规划的过程。在本书中所讨论的规划，主要是指狭义规划。

2. 电信网规划的分类

原 CCITT《通信网规划手册》中将规划分为如下 4 类。

（1）战略规划（Strategic Planning）：给出网络要遵循的基本结构准则。

（2）实施规划（Implementation Planning）：给出实现投资目的的特定途径。

（3）发展规划（Development Planning）：处理那些为适应目标所需要的装备的数量问题。

（4）技术规划（Technical Planning）：处理那些为了保证所需的服务质量满意地运行而采用的选择和安装设备方法。它对整个网络都是通用的，并保证未来网络的灵活性和兼容性，具体来说，技术规划可包括路由规划、编号规划、计费规划、传输规划等。

按照规划的不同时间跨度，有长期规划、中期规划和短期规划。

按照业务种类的不同可分为城域网规划、电话网规划、移动网规划、数据网规划、智能网规划等。

按照规划的方法和所使用指标的不同，可以分为定量规划与定性规划。定量规划要给出各规划期末时应达到的指标，包括相对静态的指标，如网络拓扑、设备规模、用户数量、设备投资等；也包括动态的指标，如话务量、动态带宽需求、可用性等。定性规划主要针对发展趋势、技术走向、网络演变、生命周期、经济效益、社会效果及一些深层次问题进行分析，这些问题难以量化，但与定量规划相比，定性规划涉及面更广，综合层面更高，对编制人员要求的知识面更宽，因此规划的难度也更大。

3. 电信网规划的特点

电信网规划的特点如下。

（1）适度超前性。电信网是社会发展的基础，它必须适应社会发展的需要，为了满足这一要求，电信网的规划应适度超前于社会的经济发展，即规划中的增长速度与新业务开发等方面应适度超前。

（2）整体性。电信网要求网络互连互通，因此电信网规划不仅必须遵循统一的技术规定，还应做到不同地区间、不同装备间的协调发展。

（3）业务互相替代性。各种业务有相互替代作用，尤其是新业务的开发往往会引起某些业务量的转移，因此各种业务间也应协调开展。

（4）发展转移性。随着科学技术的发展，电信在不断发展数量的同时，必须不断地更新技术，这不仅是开发新业务的需要，而且也是适应电信网的每个发展阶段中容量、结构演化所需物质条件的需要。

（5）总体经济性。电信网要有良好的发展，必须兼顾社会效益和经济效益，因此规划时要进行方案比较及经济效益估算，以得到技术与经济的综合优化，特别是对老技术的改造过渡，更需要选择合适的方案与时机。

4.2.2 电信网规划的步骤及内容

1. 电信网规划的任务和步骤

电信网规划的基本任务可概括为以下 3 点。

（1）根据国民经济和社会发展战略，研究制定电信发展的方向、目标、发展速度和重大比例关系。

（2）探索电信发展的规律和趋势。

（3）提出规划期内有关的重大建设项目和技术经济分析，研究规划的实施方案以及相应的对策和措施。

为了实现上述任务，电信网规划一般要遵循以下 5 个步骤。

（1）对电信网的现状进行调查研究。

（2）确定规划目标，规划目标应包括满足社会需求目标、技术发展目标、保证社会经济发展的目标等。

（3）对电信网的用户（业务量）、技术等发展动向、趋势和前景进行科学的预测。

（4）对电信网络发展的规划，这也是电信发展规划的核心所在。针对不同的网络，有不同的规划方法和优化模型。在这一阶段中可大量采用定量分析和优化分析技术，还可采用计算机辅助优化的方式进行，同时要注意定量分析和定性分析相结合。

（5）对规划进行技术经济分析，在提出规划方案后，应对网络规划的多方案进行比较和经济评价，通过分析，可以对规划是否成功做出衡量，也可对投资的可能性、经济性做出评价。

2. 电信网规划的内容体系

在进行电信网规划时，针对不同的网络有不同的规划目标和规划方法。由此就形成了电信网的规划体系，按照电信网的构成和种类，电信网的规划体系大致如图 4-8 所示。

另外，由于电信网具有层次性，在规划时还可按照长途网和本地网分别进行规划。从规划内容来看，各类电信网规划的主要内容由以下 3 部分组成。

（1）预测：包括用户发展预测、话务量预测、流量预测等。

（2）网络优化：对网络资源进行配置，不同类型的网络有不同的网络优化方法。

（3）经济分析：计算投资、投资回收期、内部收益率等指标，通过现金流量分析、盈亏平衡分析等方法，确定规划方案的经济可行性。

具体到电信规划文本，典型的电信规划文本主要包含以下基本内容。

（1）概述现状与存在的问题。

（2）规划目标和水平。

（3）业务预测。

（4）业务规划和网络规划。

（5）建设项目安排与分步实施规划。

（6）投资估算和财务评价。

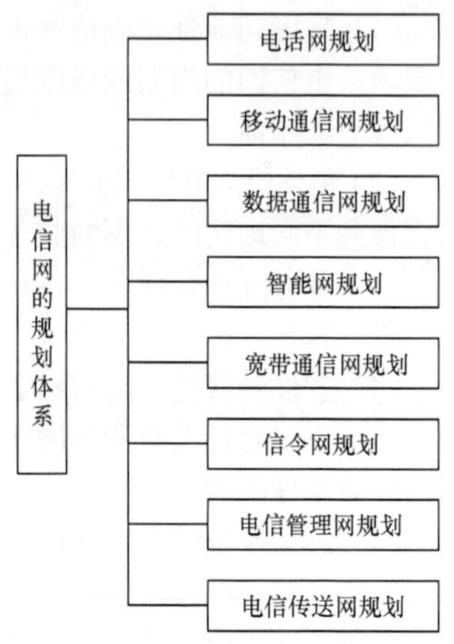

图 4-8 电信网的规划体系

就规划的具体内容和方法而言，不同网络的规划方法各不相同。图 4-9 所示为本地电话网规划的主要内容，图 4-10 所示为移动通信网的规划的主要内容。

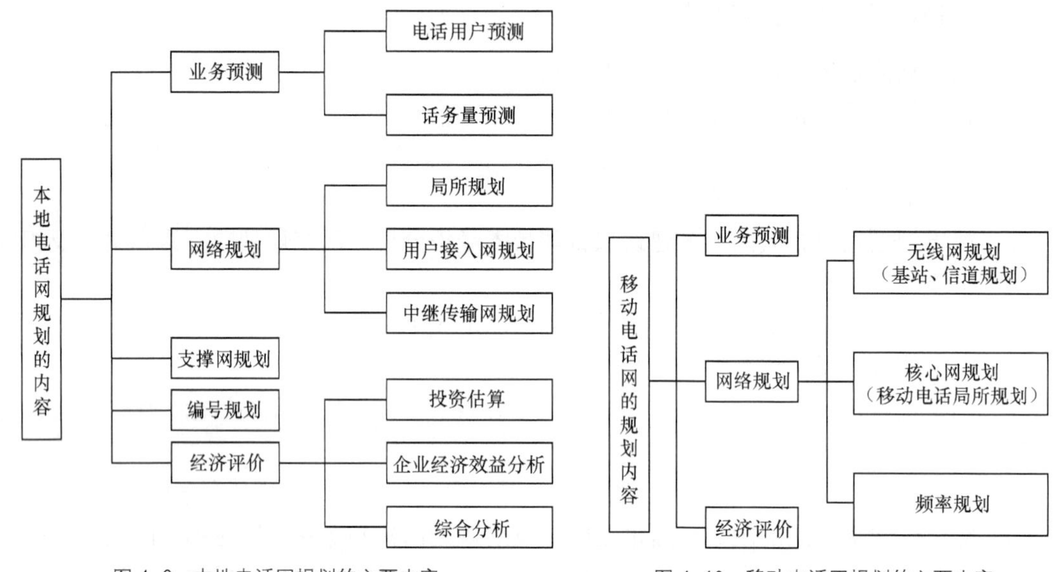

图 4-9 本地电话网规划的主要内容　　图 4-10 移动电话网规划的主要内容

4.2.3 电信业务量的表示

电信业务量表示需要传递的电信信息数量，它是核算设备、生产人员和组织生产的主要依据。在统计上，不同的电信业务可以用不同的单位进行计量，如电话业务可以统计电信业务用户数以及总通话时长等指标，Internet 业务可以统计用户数及流量。在核算时，往往用占线小时为单位。占线小时是指一定间隔时间内占用设备的时间，占线小时或占线分钟，也可以用小时呼、百秒呼来表示。

1. 电信业务量的计算

假定某一设备或一组电路在某间隔时间 T 内（1 天或 1 小时）有 C 份信息到来，每一份

电信信息占用电路或设备的平均时间是$\overline{t_0}$，则

$$Y = C \cdot \overline{t_0}$$

Y 就是在 T 时间内信息占用设备的总时间，也就是 T 时间内的电信业务量，如果 T 为单位时间（1 小时，或 1 分钟），$\overline{t_0}$ 的单位与 T 相同，则电信业务量的单位也写成厄朗。电信业务量还可以结合用户数来进行计算，例如：

$$市话业务量 Y = N \cdot C \cdot \overline{t_0}$$

式中，N——用户数；

C——一定间隔时间平均每一用户的呼叫次数；

$\overline{t_0}$—— 每次呼叫平均占用电路时间。

【例 4-1】 南京—上海电路方向在 T 时间内有 30 次长途电话，每次通话电路平均占用电路时间是 10 分钟（1/6 小时），则长途电话业务量 $Y = 30 \times 1/6 = 5$（占线小时），即在 T 时间间隔内，电信信息对该组电路的总占用时间是 5 占线小时。

如果 Y 为 1 小时内所形成的电信业务量（厄朗数），则 Y 在数量上等于平均在时间$\overline{t_0}$内出现的电信信息次数，也等于平均所需要的电路数。

【例 4-2】 南京—上海电路方向在 1 小时内形成的长途电话业务量是 5 占线小时，$\overline{t_0} = 10$ 分钟，则在 10 分钟内出现的长途电话平均次数为 5，平均需要的长途电路数也为 5 条，它的证明过程如下：

$Y = 5$ 占线小时，$\overline{t_0} = 10$ 分钟 = 1/6 小时

则 1 小时内长途电话通话次数为 $C = Y / \overline{t_0} = \dfrac{5}{1/6} = 30$

则 10 分钟内出现的长途电话平均次数为 $30 \times 1/6 = 5$ 次

由于每次通话平均占用时长为 10 分钟，则一条电路平均在 1 小时内可以进行 6 次通话，那么要完成 1 小时 30 次通话，则平均需要 5 条电路。

2. 电信业务量的不均匀性

电信服务所传递的信息是用户根据实际需要而随时提出的，因而电信的业务量表现出了显著的不均匀性。这种电信业务量的不均匀性不仅表现在一年内每个月，也表现在一周内的每一天，甚至表现在一天内的每小时中。这种不均匀性是有规律可寻的，掌握这些规律便于合理组织生产，提高设备利用率和劳动生产率。对于这种不均匀性，可以使用以下指标来进行表示。

（1）月不均匀性。一年内的每月的业务量不均匀性以月不均匀系数来衡量。

$$月不均匀系数 H_{Yi} = \frac{i月业务量}{月平均业务量}$$

$$繁忙月不均匀系数 H_{YM} = \frac{繁忙月业务量}{月平均业务量}$$

（2）日不均匀性。一周内每日的业务量不均匀性以日不均匀系数来衡量。

$$日不均匀系数 H_{Ri} = \frac{i日业务量}{日平均业务量}$$

$$繁忙日不均匀系数 H_{RM} = \frac{繁忙日业务量}{日平均业务量}$$

（3）昼夜每小时的不均匀性。电信业务量在昼夜 24 小时内的不均匀性表现最为明显，繁忙时段的业务量与清闲时段的业务量可相差 10 倍之多，一般表现为上午和下午两个高峰。昼夜每小时的不均匀性以小时集中系数来表示。

$$\text{小时集中系数}K_{Si}=\frac{i\text{小时业务量}}{\text{全日业务量}}$$

$$\text{繁忙小时集中系数}K_{SM}=\frac{\text{繁忙小时业务量}}{\text{全日业务量}}$$

通常，我们可以根据电信业务量的发展的历史数据，测算各个衡量电信业务量不均匀性的指标，来找出这种业务量不均匀分布的规律，以指导电信生产组织，如电话业务的繁忙月不均匀系数一般取 1.15～1.3，繁忙日不均匀系数一般取 1.2 左右，繁忙小时集中系数为 0.15～0.2。

由于电信服务在人们生产生活中的重要性，电信服务必须要最大限度地满足人们的通信要求，在业务量最高的最繁忙小时仍然要能够满足需求，因此在核算电信设备（包括电路）的时候，它的主要依据是最繁忙小时业务量。最繁忙小时业务量就是考虑了月不均匀性、日不均匀性、昼夜每小时不均匀性的最繁忙的小时业务量，也就是通常所指的繁忙小时业务量。在对全年的业务量进行预测估计的基础上，可以根据下式来预测繁忙小时的业务量：

$$C_{SM}=\frac{C\cdot H_{YM}\cdot H_{RM}\cdot K_{SM}}{365}$$

式中，C_{SM}——时段的繁忙小时业务量；

C——预测年度的全年电信业务量；

H_{YM}、H_{RM}、K_{SM}——分别为繁忙月不均匀系数、繁忙日不均匀系数和繁忙小时集中系数。

在需要生产人员介入的电信业务生产中，安排生产人员时，一般的做法是根据电信业务量的大小随时间的分布情况，把全天分为繁忙时段、一般时段和清闲时段。各时段的繁忙小时业务量是核算生产人员的主要依据。在网络的管理和控制自动化程度较高的时候，由于不需要过多的人员介入，因此不需要对忙闲时段的人员变化做过多的控制。

在实际工作中，也常使用忙月集中系数和忙日集中系数来反映月、日的业务量的不均匀性，计算公式如下：

$$\text{忙月集中系数}R_m=\frac{\text{忙月业务量}}{\text{全年业务量}}$$

$$\text{忙日集中系数}R_d=\frac{\text{忙日业务量}}{\text{全年业务量}}$$

如果使用这两个指标，则繁忙小时业务量的可以按照下式进行计算：

$$C_{SM}=C\cdot R_m\cdot R_d\cdot K_{SM}$$

式中，C——预测年度的全年电信业务量；

R_m、R_d、K_{SM}——分别为忙月集中系数、忙日集中系数和繁忙小时集中系数。

在已知月平均电信业务量的条件下，也可以忽略电信业务量的月不均匀性，繁忙小时业务量的计算公式简化为：

$$C_{SM}=C_m\cdot R_d\cdot K_{SM}$$

式中，C_m——平均每月的电信业务量；

R_d、K_{SM}——分别为忙日集中系数和繁忙小时集中系数。

4.3 常用的预测方法

4.3.1 预测的概念

1. 预测的概念与基本方法

预测就是根据事物过去、现在的发展情况和某些规律性，以及新出现的各种可能性，对事物未来的发展趋势进行科学的预知和推测。

根据研究任务的不同，预测可以有以下3种分类。

（1）按预测的时间长短不同，可将预测分为长期预测、中期预测、短期预测和近期预测。

（2）按预测方法的不同，可分为定性预测和定量预测。

（3）按预测的时态不同，可分为静态预测和动态预测。

预测有以下3种基本途径。

（1）因果分析：即通过研究事物的形成原因来预测事物未来发展变化的必然结果。

（2）类比分析：根据某一事物的发展状况，预测与之类似的事物的未来发展，如在进行某城市长话预测时，可以参考国外其他同类城市的情况进行比较。

（3）统计分析：通过一系列数学方法，对事物的过去的数据资料的分析，揭示历史数据背后的必然规律性。

2. 预测的程序

预测的程序随着预测的目的和采用的方法而异，一般程序如图4-11所示。

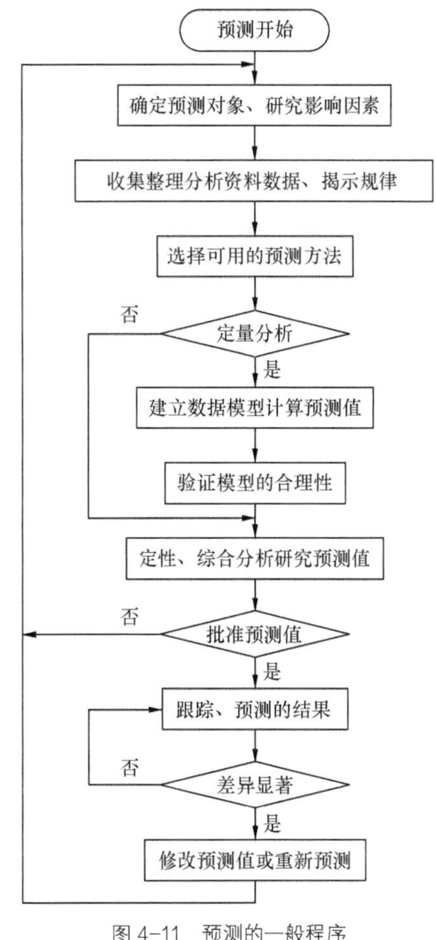

图4-11 预测的一般程序

4.3.2 电信网规划中预测的内容

电信网规划中所要进行的预测范围很广，包括与电信发展相关的人口与经济环境预测和电信业务与网络发展预测。相关的人口经济指标的预测可以参考国家统计部门的预测值，而电信业务预测是电信网规划中的主要内容。

电信业务预测包括对电信业务种类的预测和电信业务量的预测，显然业务种类预测为定性预测，而业务量预测则为定量预测，业务量的预测值是进行网络配置与优化的依据。电信业务量的预测包括宏观预测和微观预测。宏观预测涉及的内容包括对规划地区每一种电信业务总的普及率的预测，设备总容量的预测，业务总量和业务流量流向的预测，传输带宽的预测等。微观预测涉及的内容包括用户密度图预测，小区或分区预测，分类用户预测，不同层次用户的预测等。

电信业务预测在整个规划中占着很重要的地位。如果预测不合理、不准确，那么整个规划都将是虚假和徒劳的。业务预测是整个规划的定量数据和定性发展的基础和依据，业务预测的准确程度将直接影响规划的实用性。因此，在进行预测的时候不仅要考虑到已有数据的分析，更要注意到电信技术、电信业务发展的新形势以及相应环境包括服务对象、技术环境、业务环境、市场环境和资金环境的变化情况。

4.3.3 主要预测方法

预测的方法有很多，比较常用而且实施较为简单的方法有直观预测法、时间序列分析和相关回归分析，此外还有灰色预测方法、系统动力学预测法和模糊预测法等较为复杂的方法，需要计算机辅助建立预测模型。在此主要介绍前 3 种方法。

1．直观预测法

直观预测法又称专家预测法，主要通过熟悉情况的有关人员或专家的直观判断进行预测。这种方法简单、易掌握、适用性较强，特别是在历史数据资料不足时可以采用，如对电信新业务的预测。直观预测法的局限之处在于预测者的知识和经验决定了预测结果的正确性。

直观预测法常用的方法有专家会议法、特尔裴法和综合判断法。

（1）专家会议法。邀请有关方面的专家若干人，通过会议形式，对某个新产品本身的情况及其市场前景进行评估和预测，这种预测方法称为专家会议法。为使会议开得有成效，事先要做一些调查研究，向专家们提供必要的背景材料，明确预测的目标。会上展开充分讨论，相互交流，使意见逐步集中。

专家会议法有助于交换意见，相互启发、集思广益，可以很好地弥补个人预测的缺陷。但专家会议法也有以下缺陷：①参加会议的人数不是很多（一般不超过 10 人），代表性不充分；②会议会造成一种压力，专家发表个人意见时易受心理因素的影响，屈服于权威及大多数人的意见，忽略少数人的意见；③由于一些专家出于自尊心的影响，明知自己的意见不正确，也不愿当众修正，坚持错误意见，最后形成无休止争论的局面。

由于存在以上各种弊病，专家会议法常常不能达到集思广益，取长补短的预期目的。需要设计一种既能保留专家会议的优点而又能克服其缺点的新方法，这就是特尔裴法。

（2）特尔裴法（Delphi Method）。特尔裴法为美国兰德公司首创，目前在国际上被广泛采用。这种方法可以看成是一种特殊的专家会议法，基本做法如下。

① 邀请一批有关专家，但并非请他们参加会议，而是请他们出面回答问题，而且专家之间彼此处于匿名状态。

② 邀请 3～5 名专家组成所谓仲裁小组，负责编制和整理问卷，并准备一份关于需要解决什么问题以及所用方法具有什么特点的说明材料，说明材料要详略适中（为了使专家意见有较好的一致性）。

③ 征集专家意见的过程是进行若干轮问卷的反馈。

首先，仲裁小组将问卷连同说明材料寄给每一位专家，请他们就所咨询的问题作出第 1 次书面分析和判断，并按规定时间将答卷寄回。

然后，仲裁小组从答卷中归纳出几种不同判断，加上不带倾向性的客观的文字说明，再以书面形式寄发给各专家，请他们比较自己与别人不同意见后修改上一次的意见，作出另一次分析判断，并寄回。

以后不断重复，直到专家们的意见稳定不变时为止。在一般情形下，专家们对第 1 次判断修改两次后不再修改。注意，特尔裴法的目标是专家们意见稳定而不是一致，一旦意见稳定，反馈便告终止。

特尔裴法的特点是匿名性和反馈性，这相当于专家们在彼此不知对方是何人的条件下对问题展开讨论。匿名性使“权威”意见不再形成压力，面对面开会所造成的压力自动消失，自尊心也不会受到伤害，因而创造出一种使每个人都能畅所欲言的良好气氛，有利于得出正确结论。此外，这种方法对专家人数没有限制，少则数 10 人，多则可达一二百人，专家小组的代表性有充分保证。

特尔裴法是作为一种长期预测技术而出现的，在实际运用时，常常可运用于多种场合，如收集无法精确获得当前和过去的数据资料，使得其他数学模型无能为力时，特尔裴法就能充分发挥专家们的经验进行预测。

（3）综合判断法。综合判断法是特尔裴法的一种派生形式，也称为概率估算法。在请每个专家提出预测结果时，还要请他们给出 3 个预测值：最高估计值（a_i）；最低估计值（b_i）和最可能估计值（c_i）。然后，根据以下公式分别求出每个专家预测结果的平均值 x_i。

$$x_i = (a_i + 4c_i + b_i)/6$$

再根据所请各位专家的实际工作经验、意见的权威性等分别给出各位专家的权数 w_i。再将各人的预测结果的平均量进行加权处理，求得预测结果 x，即

$$x = \frac{\sum x_i w_i}{\sum w_i}$$

2．时间序列分析

时间序列是按时间顺序的一组数字序列。时间序列分析就是利用这组数列，应用数理统计方法加以处理，以预测未来事物的发展。它的基本步骤是：根据统计数据值的变化趋势和分析预测对象发展的规律，选择拟合曲线模型，然后根据统计数据计算相关参数，得到以时间为变量的预测曲线方程，即可得到特定时间的预测值。

另外，在整理数据的时候要注意对异常数值进行分析。例如，有个别年度增长率很高或过低，应对这些数据进一步进行调查，以便决定取舍或修正，否则这些异常数值会严重影响预测的准确度。

在电信网规划预测中，常用趋势外推法进行近期或中期预测，趋势外推法的曲线方程有线性方程、指数方程、幂函数方程、二次曲线方程等。长期来看，电信业务量呈饱和型曲线（S 曲线），因此在进行远期预测时可以采用龚珀兹和逻辑曲线方程或是多段曲线来近似模拟 S 曲线。下面以趋势外推法的线性方程为例，说明参数的计算方法。

趋势外推法的基本原理是假定未来发展趋势和过去发展趋势一致，因此比较适合于近期预测。在选择方程时，若相邻两期的增长量基本相等，则属于线性增长，可以考虑采用线性方程预测，若增长量越来越大，则可以考虑采用其他的曲线方程。

$$\text{线性方程：} y_t = a + bt$$

式中，y_t—— t 年的业务量；

a，b ——常数。

上述各方程中参数的计算方法如下：

应用线性方程进行预测时，根据最小二乘法可得到参数 a，b 的值，计算方法如下：

$$b=\frac{\sum ty_t-n\bar{t}\bar{y}_t}{\sum t^2-n(\bar{t})^2}，\quad a=\bar{y}_t-b\bar{t}$$

其中，$\bar{y}_t=\dfrac{\sum y_t}{n}$，$\bar{t}=\dfrac{\sum t}{n}$，$n$ 为时间序列数据的组数。

3．相关回归分析

回归分析是确定两种或两种以上变数间相互依赖的定量关系的一种统计分析方法，运用十分广泛。回归分析按照涉及的自变量的多少，可分为一元回归分析和多元回归分析；按照自变量和因变量之间的关系类型，可分为线性回归分析和非线性回归分析。如果在回归分析中，只包括一个自变量和一个因变量，且二者的关系可用一条直线近似表示，这种回归分析称为一元线性回归分析。如果回归分析中包括两个或两个以上的自变量，且因变量和自变量之间是线性关系，则称为多元线性回归分析。

例如，根据调查统计分析，长话业务量的增长与工业总产量有关，且接近于线性相关，则可建立一元线性回归方程：$y=a+bx$。

参数的计算公式如下：

$$b=\frac{\sum x_iy_i-n\bar{x}_i\bar{y}_i}{\sqrt{\left[\sum x_i^2-n(\bar{x}_i)^2\right]\left[\sum y_i^2-n(\bar{y}_i)^2\right]}}，\quad a=\bar{y}_i-b\bar{x}_i$$

其中，$\bar{y}_i=\dfrac{\sum y_i}{n}$，$\bar{x}_i=\dfrac{\sum x_i}{n}$，$n$ 为数据组数。

在使用一元线性回归方程进行预测时，还应计算相关系数，计算公式如下：

$$r=\frac{\sum x_iy_i-n\bar{x}_i\bar{y}_i}{\sqrt{\left\{\left[\sum x_i^2-n(\bar{x}_i)^2\right]\right\}\left[\sum y_i^2-n(\bar{y}_i)^2\right]}}$$

只有在相关系数的绝对值接近于 1 的时候，即表明两组数据确实存在较强的线性相关关系时，使用相关回归分析进行预测的结果才是可信的。

4.3.4 预测结果的审定

电信网规划中，不同的指标其重要性是不同的，因此，应对那些重要的指标进行重点的预测工作。

（1）主线普及率（包括固定电话主线普及率、移动电话普及率）可作为规划预测的基础预测量，进行直接预测。

（2）有数据基础的直接预测的业务量，原则上应同时运用两种或两种以上的方法进行预测。

（3）在预测时，最好能够给出低方案和高方案两套预测结果。

（4）每个地区的主要预测结果必须与经济水平相接近的同级别地区进行横向比较，以确定它的合理性和可信度。

（5）间接的或派生指标的预测，关键是选择合理的比例系数，并参照其他同级别地区的数据。

（6）贯彻定量预测和定性预测相结合的原则，充分考虑专家的经验性建议。

4.4 电信网络优化与经济评价

4.4.1 电信网络优化

电信网络优化即对电信网络资源进行合理配置，不同类型的网络有不同的网络优化方法。进行电信网的优化，首先要规定好一系列的约束条件和目标函数，而优化就是要在全面满足所有约束条件的前提下，使所有的目标函数达到极值。

如果约束条件和目标函数不同，就会产生不同的优化方案，即存在不同含义上的优化。显然，优化的目标要求越高，所规定的约束条件和目标函数的个数也就越多，在数学上要求的模型结构就越困难，网络优化的难度就越大。

当前电信网络优化应用最广泛的约束和目标是：在满足业务流量流向和服务等级要求的约束前提下，网络优化的主要目标函数是使全网建设费用达到极小或者使用全网期望效益达到极大；反过来，也可以在一定的费用条件下，达到质量最优的目的要求。当然还可以加入其他条件，如随着网络的日渐庞大，还应加入有关可靠性和安全性等方面的约束条件。

对于一种电信网络的优化可以概况为如下 3 个主要方面的问题。

（1）网络的拓扑结构问题（Topology Design Allocation，TDA）。

（2）网络的链路容量分配问题（Capacity Allocation，CA）。

（3）网络的流量分配问题（Flow Allocation，FA）。

此外，还有对上述问题的综合优化，综合优化问题非常复杂，常常无法求得最优解，一般只能采用启发式和分步协调的算法。

从广义上说，优化是一个含义很宽的概念，网络的优化不仅涉及技术，也与经济和社会的许多因素有密切关系。在规划时，应该在可能的范围内，全面综合定量和定性的分析考虑之后，才最终确定出可行方案。在技术、历史和社会条件允许的情况下，应优先选择那些考虑得层面更宽，技术含量更高，意义更为深远，经济效益和社会效果更好的优化方案。

4.4.2 电信网规划的经济评价

在对电信网规划方案的评价中，它的核心内容是经济效果的评价。为了保证规划内容的科学性和正确性，需要研究经济效果评价的指标和方法。

经济效果评价的指标有很多，它们从不同角度反映规划方案的经济性。这些指标通常分为 3 大类：第 1 类是以时间作为计量单位的时间型指标，如投资回收期、贷款偿还期等；第 2 类是以货币单位计量的价值型指标，如净现值、费用现值等；第 3 类是反映资源利用效率的效率型指标，如投资利润率、内部收益率等。

在进行电信网规划方案的经济评价时，首先应进行投资估算和业务收入、业务支出的测算，然后在此基础上进行规划方案的企业经济效果分析。企业经济效果分析通过盈亏分析、现金流量分析、经济指标计算和敏感性分析进行。通过分析，计算出内部收益率、投资回收期、投资利润率等指标，同时考虑到规划期内各种可能出现的不确定因素的影响，在评价时还应进行敏感性分析，把握不确定性因素中对规划方案经济效果影响程度较大的因素（敏感性因素），对投资总额、业务收入和业务支出分别作增减变动，从而了解规划方案的经济风险性。具体的评价方法为技术经济学研究的主要内容，此处不进行详细的介绍。

在对规划方案进行经济评价的基础上，还要对它的社会效益进行综合的评价。

本章小结

本章对电信网规划的相关内容进行了讨论。首先，介绍了有关电信网的概念与分类、电信网的结构，以及电信网的技术基础和发展趋势；其次，对电信网规划的概念、特点，规划的步骤和内容进行了阐述，说明了电信业务量的表示方法；接着，介绍了电信网规划中常用的预测方法；最后，对电信网络优化的内容和电信网规划的经济评价分别进行了阐释。

思考与练习题

4-1 什么是电信？什么是电信网？

4-2 电信网的 3 种基本结构形式有哪几种？它们各自有哪些优缺点？

4-3 电信网规划的主要步骤和内容是什么？

4-4 电信网规划中常用的预测方法有哪些？

4-5 电信网规划中网络优化和经济评价的基本内容是什么？

4-6 某局某年长话业务量按月统计如下：

月　份	1 月	2 月	3 月	4 月	5 月	6 月
业务量（次）	5 300	5 600	5 200	4 900	5 000	5 500
月　份	7 月	8 月	9 月	10 月	11 月	12 月
业务量（次）	5 800	4 800	6 100	6 500	5 100	5 400

试计算繁忙月不均匀系数 H_{YM}，如果繁忙日不均匀系数 $H_{RM}= 1.2$，繁忙小时集中系数 $K_{SM} = 20\%$，试求繁忙小时业务量。

4-7 某地区市话用户数为 20 万户，据调查，平均每个用户每月市内电话通话次数为 15 次，平均每次通话时长为 3 分钟，若繁忙月不均匀系数为 1.1，繁忙日集中系数为 0.05，繁忙时集中系数为 0.15，则该地区最繁忙小时的市话业务量是多少厄朗？

4-8 某电信局在编制长途通信网规划时，需预测 2010 年的长话去话量，为了能使预测值比较准确，准备采用 3 种方法来预测。现已收集到一些相关数据，试用这些数据来预测 2010 年的长话去话量。

（1）该局聘请了甲、乙、丙、3 位专家，对该县 2010 年的长话去话量进行了估计，估计值如下表所示，并确定甲的权数为 3，乙和丙的权数为 1。

	最高	最低	最可能
甲	226	220	223
乙	231	215	220
丙	240	226	236

（2）该局收集到若干年的长话量和农业总产值的历史和预测资料如下，使用线性回归方程 $Y = a + bt$ ， $Y = a + bx$ 预测。

年份（年）	2000	2001	2002	2003	2004	2005	2010
长话量（万分）	115	126	135	141	153	167	—
农业总产值	42.1	43.2	44.5	45.8	46.1		

案例讨论

2008 奥运通信保障

2008 年 8 月 8 日晚八点，北京万众瞩目。随着我国著名体操运动员李宁手持火炬点燃北京奥运会主体育场鸟巢上空的圣火，亿万中国人百年奥运梦想终于得以实现。在奥运开幕式短短三个小时之内，在国家体育场及奥林匹克中心区域，移动通信的网络通话峰值达到每小时 110 065 次，超过上届奥运 1.9 倍。在整个奥运会期间，无线电频率申请有 9 000 多份，来访的国内外游客数以百万计，据统计，用户满意度达到 99%，特别满意比率超过 91%。如此高的满意度和各电信运营商的共同努力是分不开的。

为了保障奥运通信，中国移动组织了奥运历史上规模最大的通信服务团队，拥有超过 16 万名客户经理、4 万个服务厅、1 万名热线服务人员，现场共投入 27 个网点服务，累计提供咨询服务 22 033 次，业务办理共 15 579 次，主动服务共 22 705 次。基于 Wi-Fi 网络，摄影记者可在场馆区域将照片实时、高速地传输给媒体工作间的图片编辑，并发往世界各地，极大的方便了奥运赛事的报道。奥运手机报每天的读者超过 1 200 万。

奥运期间中国网通共有 2.3 万人直接参与了通信服务和保障工作，香港、洛杉矶、旧金山、纽约、东京、伦敦和法兰克福等国际节点均有专人值守。中国网通还组织了 51.4 万人次巡检光缆，累计巡视光缆长度约 755.2 万线程公里。中国联通也有近千人的专业队伍，为奥运会残奥会通信保障提供专业化的服务。场馆、新闻中心以及媒体村部署着数千个奥运宽带端口，为五大通信社累计传送照片 400 余万张。

与东京奥运会的卫星传输、亚特兰大奥运会的 Internet、悉尼奥运会的移动通信、雅典奥运会的移动数据业务相比，北京奥运会的手机电视展示了现代中国通信的亮点。据中国移动的统计，奥运期间共有超过 100 万人用手机欣赏精彩奥运视频，节目点击次数近 700 万次，累计播放时长逾 30 万小时。CMMB 作为由我国自主研发的移动多媒体广播行业标准，广科院在奥运村、绿色家园媒体村、汇园公寓媒体村、主新闻中心、北京国际新闻中心和国际广播中心分别设立了 6 个 CMMB 体验点，以实现“随时随地看奥运”的目标。

讨论题：

试从案例中提到的某一电信网络或电信业务的视角，结合本章所学知识谈谈电信网规划的主要内容和步骤。

第 5 章 电信网络组织与管理

【引例】电报的发明

1832 年秋天，美国人莫尔斯去法国旅行。故事发生在他乘“萨利号”邮客轮从法国返回美国的途中。

轮船在海上要航行多日，海上的生活非常枯燥乏味，旅客们常坐在一起，借闲聊打发时光，餐厅也就成了人们聚会的好地方。

这一天用餐之后，人们聊天的聊天，打牌的打牌，莫尔斯津津有味地在听一个名叫杰克逊的人讲他的欧洲之行。杰克逊到巴黎参加过一个电学讨论会，为了与大家共同消磨时光，他从包里取出一件新鲜的玩意儿，摆弄给大家看。只见杰克逊把几只铁钉放在桌上，然后取出一只绕了绝缘铜丝的马蹄形铁块。当他把铜丝接通电池时，桌上的铁钉竟然像着了魔似地全被吸到了铁块上。杰克逊把电断开，铁钉都掉了下来，再通电，铁钉又被吸住了……

回到船舱之后，莫尔斯反复地回想着杰克逊的小实验，他想，如果将电流截止片刻发出火花作为一种信号，电流接通而没有火花作为另一种信号，电流接通时间加长又作为一种信号，这 3 种信号组合起来，就可以代表全部的字母和数字，文字就可以通过电流在电线中传到远处了。

经过几年的琢磨，1837 年，莫尔斯设计出了著名且简单的电码，称为莫尔斯电码，它是利用“点”、“划”和“间隔”（时间长短不一的电脉冲信号）的不同组合来表示字母、数字、标点和符号。

1844 年 5 月 24 日，在华盛顿国会大厦联邦最高法院会议厅里，一批科学家和政府官员聚精会神地注视着莫尔斯，只见他亲手操纵着电报机，随着一连串的“点”、“划”信号的发出，远在 64km 外的巴尔的摩城收到由“嘀”、“嗒”声组成的世界上第 1 份电报。这份电报只有一句话：“上帝创造了何等的奇迹。”

1837 年，电报的发明开启了人类电通信的时代。1876 年，美国人亚历山大·贝尔发明了电话。迄今为止，遍布全球的公众电话交换网仍是规模最大的通信网络。随着通信技术的发展，电信网的种类越来越多，电信网提供的电信业务越来越丰富，与此同时，技术和组网也越来越复杂。本章将介绍几种较为普遍的电信网络的组织与管理。

5.1　电话通信网的组织与管理

5.1.1　电话网

电话网，即 PSTN（Public Switching Telephone Network），是一种历史最悠久、电信业务量最大、服务面最广的电信专业网，主要是为用户提供电话业务。它是电信网的基本形式和基础。从服务范围来说，电话网包括本地电话网、长途电话网和国际电话网。

电话网采用电路交换方式，由发送与接收话音信号的用户终端设备（如电话机）、交换设备（如程控交换机）、连接用户终端和交换设备的线路（用户线）和交换设备之间的线路（中继线）组成。

1．电话网的等级结构

电话网的等级结构的形成原因主要和地理条件、行政区划以及电话业务流量的空间分布有关。在不同级别的地域中心，通过设立汇接中心局，将区域内的电话业务量汇集起来，可以提高通信资源的利用率，降低网络建设、维护和运营成本。

根据 ITU-T 的有关建议，交换局最多分为 5 个等级，由高到低依次为一级交换中心（C1 局）、二级交换中心（C2 局）、三级交换中心（C3 局）、四级交换中心（C4 局）和端局（C5 局），如图 5-1 所示。其中，由端局组成的本地电话网可以设立本地汇接局（Tm）以汇集或疏通本地话务。低等级的交换局与管辖它的高等级的交换局相连，形成多级辐射汇接网，最高级的交换局则采用直接互连，组成网状网。所以等级结构的电话网一般是复合网，电话网采用这种结构可以将各区域的话务流量逐级汇集，达到既保证通信质量又充分利用电路的目的。

一级交换中心（C1 局）负责疏通该服务区的长途话务，包括长途来话、长途去话和转话话务。每个 C1 局都有与该服务区所有 C2 局以及与其他 C1 局直接相连的电路。C1 局主要分布在大区中心。

二级交换中心（C2 局）负责疏通省级内的长途话务，包括长途来话、长途去话和转话话务。每个 C2 局均与省内的 C3 局直接连接。C2 局主要分布在省级中心。

三级交换中心（C3 局）的职能与 C2 局基本类似，所不同的是服务区的大小。C3 局以行政地区为单位，分布在地区中心（地级市）。

四级交换中心（C4 局），即县级交换中心，是长途自动交换网的长途终端局，负责疏通该交换中心服务区的长途终端话务。C4 级中心电路群连接到它所从属的 C3 级中心。

Tm 局用来汇接服务区内的本地话务，分为市话汇接局、市郊汇接局、郊区汇接局、农话汇接局。

随着社会经济的发展，电话网的机构在不断地发生着变化。过去实行的五级制电话网正逐渐向三级网演变。其中，长途网由省间长途网和省内长途网二级组成，C3 局以下的电话网以扩大的本地网形式取代原有的网络结构，如图 5-2 所示。

根据各长途交换中心在网路中的地位和所汇接的话务类型不同，长途电话二级网将国内长途中心分为 2 个等级，其中汇接全省转接（含终端）长途话务的交换中心为省级交换中心用 DC1 表示，汇接本地网长途终端话务的交换中心用 DC2 表示。可见，原 C1 级和 C2 级交换中心演变为 DC1，原 C3 级和 C4 级交换中心演变为 DC2。省间长途网的这种演变，可以更好地利用长途资源，提高电话接通率和网络可靠性。

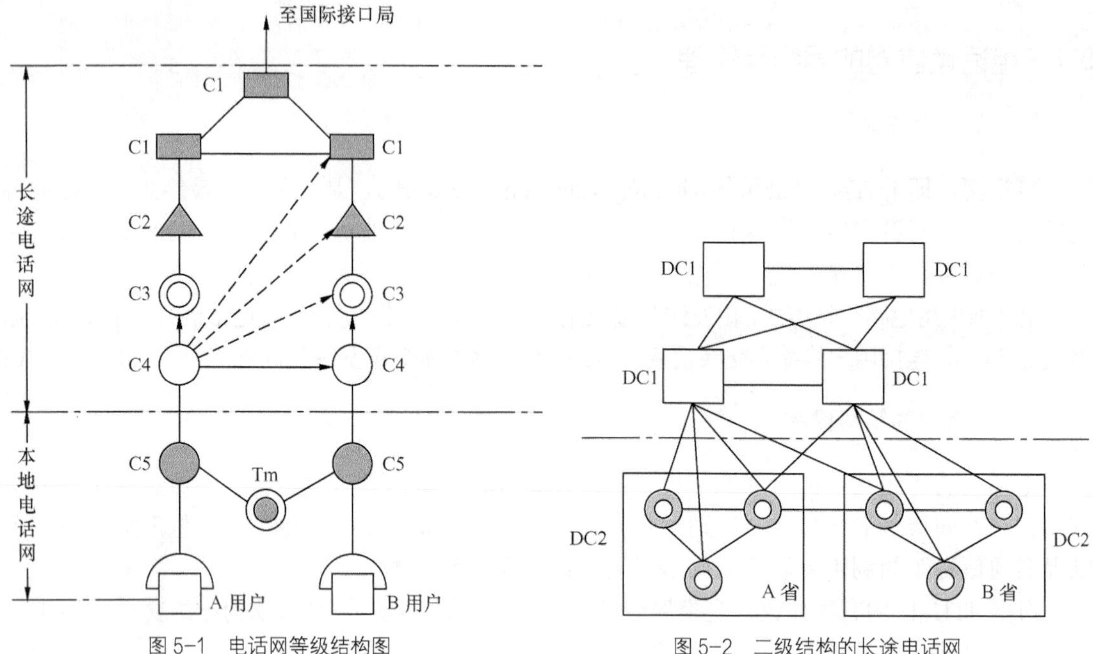

图 5-1 电话网等级结构图

图 5-2 二级结构的长途电话网

本地电话网是相对于全国长途电话网而言的局部地区电话网，是指在一个长途编号区内，由端局（或端局和汇接局）、局内中继线、长市中继线、用户线和终端设备组成的网络，如图 5-3 所示。网内所有用户实行统一号码长度的自动拨号。一个长途编号区就是一个本地电话网的服务范围。本地电话网不包括长途电话局，但在本地电话网地理服务区域内一般要设立长途电话局，用以疏通该地区电话网至网外的长途电话业务量。

国际电话网是各国（或各地区）的国际交换中心（ISC）和若干个国际转接中心（ITC）所组成的电话网。国际交换中心完成国际电路的相互接续，国际转接中心则连接国际电话网和国内电话网，也称国际出入口局（国际接口局）。边境局仅限于连通一个或少数相邻国家（或地区）间的国际通信。如图 5-4 所示，国际电话网通常由三级交换中心组成，分别是 CT1、CT2、CT3，其中 CT1、CT2 是 ISC，CT3 是 ITC。CT1 之间基本上构成网形网，然后逐级辐射。

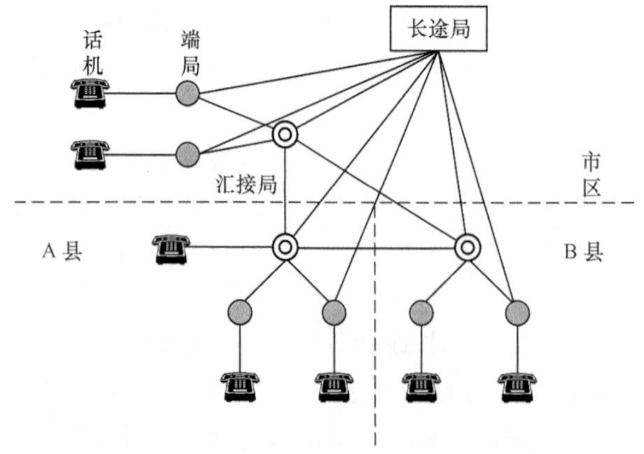

图 5-3 扩大的本地网示意图

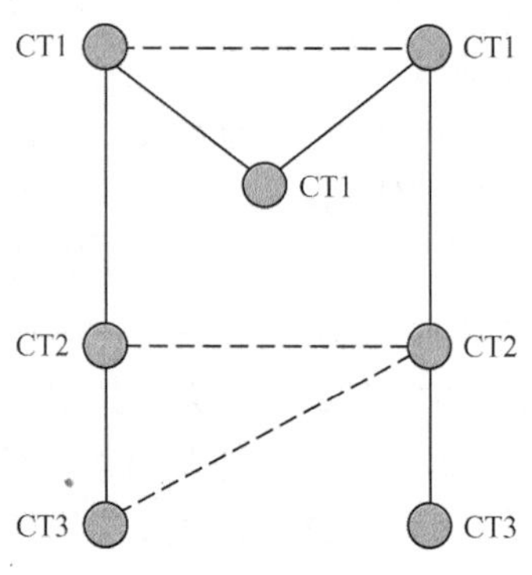

图 5-4 国际电话网的结构

2．电话网的路由选择

路由是源节点和目的节点间的一组不同路径。在特定的选路规则控制下，呼叫可以选择这些路径中的任意一条。路径是由连接源交换节点和目的交换节点的一系列链路组成。链路是两个交换节点间的一条直接电路或电路群。

在等级制结构中，根据路由选择规则以及链路上所设计的呼损要求，将电路分为基干电路、低呼损直达电路和高效直达电路。

（1）基干电路：是构成电话网基本结构的电路。为了保证全网的接续质量，呼损率≤1%，且话务量不允许溢出到其他电路上。根据分级制的局级位置规定而设置，不考虑局间通信数量的多少。

（2）低呼损直达电路：任意两个交换中心之间的直达路由，呼损率≤1%，且话务量不允许溢出到其他电路上。低呼损直达路由根据两局间话务量大小设置。

（3）高效直达电路：任意两个交换中心之间的直达路由，呼损率＞1%，话务量允许溢出到其他电路。该路由是根据两局间的通信量和电路成本综合考虑设置的。

路由选择也称选路，是一个交换中心呼叫另一个交换中心时在多少个可传递信息的途径中进行选择，直到选到了目标局，路由选择才算结束。

通常在长途网中，先选高效直达路由，当高效直达路由忙时，再选迂回路由。选择顺序是“自远而近”，首先在被叫端“自下而上”选择，即先选靠近终端局的下级局，后选上级局；然后在主叫端“自上而下”选择，即先选远离发端局的上级局，后选下级局；最后选择最终路由，最终路由可以是实际的最终路由，也可以是基干路由。

在本地网中，通常首先选直达路由，其次选汇接次数少的路由，最后选汇接次数多的路由。

长途网中，电路串接段数一般不得大于3段；本地网中，端局间连续中继段数一般不得大于3段；不同运营商本地网互通时，端局间连续中继段数一般不得大于5段。

3．电话网的编号计划

编号计划是指本地网、国内长途网、国际长途网、特种业务以及一些新业务等各种呼叫所规定的号码编排和规程。自动电话网中的编号计划是使自动电话网正常运行的一个重要规程，交换设备应能适应上述各项业务接续的编号需求。

（1）本地电话网中用户号码的组成。根据本地网的定义，同一长途编号区范围的用户均属同一个本地网。在同一个本地网内，它的号码长度要根据本地电话网的长远规划容量来确定。

本地电话网的一个用户号码由两部分组成：局号和用户号。局号可以是1位（用P表示），2位（用PQ表示），3位（用PQR表示）和4位（用PQRS表示）；用户号为4位（用ABCD表示），因此本地电话网的号码长度最长为8位。

（2）长途电话用户编号方法。长途电话包括国内长途电话和国际长途电话，国内长途电话号码的组成为“国内长途字冠+长途区号+本地网用户号”，国际长途电话号码的组成为“国际长途字冠+国家号码+长途区号+本地网用户号”。

国内长途字冠是拨国内长途电话的标志，在全自动情况下用“0”代表，在半自动连接的情况下用“17”代表。长途区号是被叫用户所在本地网的区域号码，一般采用固定的号码系统，即全国划分为若干个长途编号区，每个长途编号区都编上固定的号码。

国际长途呼叫除拨上述国内长途号码之外，还要增拨国际长途字冠和国家号码。全自动国际长途字冠为“00”，国家号码为 1～3 位，如中国的国家码为 86。

以上长途区号、国家号码都采用不等位编号方式。

4．电路配置

（1）高效直达电路的经济计算。在长途电话网中，高效直达电路群的配置应符合经济性的原则。一般情况下，直达电路费用低于迂回电路费用之和。但如果转接电路上的话务量集中，利用率高，在同样负荷情况下所需要的电路更少。因此配备高效直达电路群也更经济合理。

从排队论可知，对于呼叫损失系统，它的呼损率与负荷量和电路数的关系可用厄朗公式表示：

$$p=\frac{y^n/n!}{\sum_{r=0}^{n}y^r/r!}$$

式中，p——呼损率；

y——负荷量（厄朗）；

n——电路数。

呼损率代表服务质量，即呼叫到达时，遭到阻塞以至发生呼叫损失的概率。负荷量即忙时呼叫需占用电路的时间，以厄朗为单位。

根据上式可以得出结论：在同样呼损率的情况下，负荷量越大则所需要的电路数越多。但电路数的增多是非线性的，因此，在不同负荷量情况下，平均每条电路的负荷量不等，也就是说电路的利用率不一样。总的负荷量越大，需要的电路数越多，电路群越多，则电路的平均利用率越高。

当一定的负荷量到达电路群时，若接续是按照一定的顺序进行，各条电路所负担的负荷量是不等的，第 1 条最忙，第 2 条次之，逐渐减少。直达电路数配备越多，则最末一条电路的利用率越下降，迂回电路群越大则电路平均利用率越高，因此我们可以找到一条经济合理的分割点来配备直达电路数。

设最末一条直达电路（第 n 条）所传送的负荷量为 LTC，平均每条直达电路所需费用为 k_H，则直达电路单位负荷量所需费用为 k_H/LTC；每条迂回电路所需费用为 k_A，每增加一条迂回电路，电路群所增加的负荷量为 ATC，则该电路传送单位负荷量所需要的费用为 k_A/ATC。

为了使直达电路费用不超过迂回电路费用，需使 $k_H/LTC\leqslant k_A/ATC$。

在临界情况下，$k_H/LTC=k_A/ATC$。

令 $\varepsilon=k_H/k_A$，于是有 $LTC=\varepsilon ATC$

式中，ε 为费用比。

若 ATC 不变则输入负荷越大，费用比 ε 越小，则需要配备越多的直达电路才是经济的。

$$LTC=y\left[p(n,y)-p(n+1,y)\right]=\varepsilon ATC$$

式中，y——输入负荷量；

$p(n,y)$——n 条电路负荷量为 y 的呼损率；

$p(n+1,y)$——$n+1$ 条电路负荷量为 y 的呼损率。

通过上式可以求出配备多少条（n 的值）高效直达电路才是经济的。ATC 的值视迂回电路群的大小而定，一般取 0.7～0.84。由于计算较为复杂，因此在实际中通常可以通过查图或表来得出结果。图 5-5 所示为在不同电路数情况下，输入负荷量 y 与最末一条负荷量 LTC 之间的曲线。

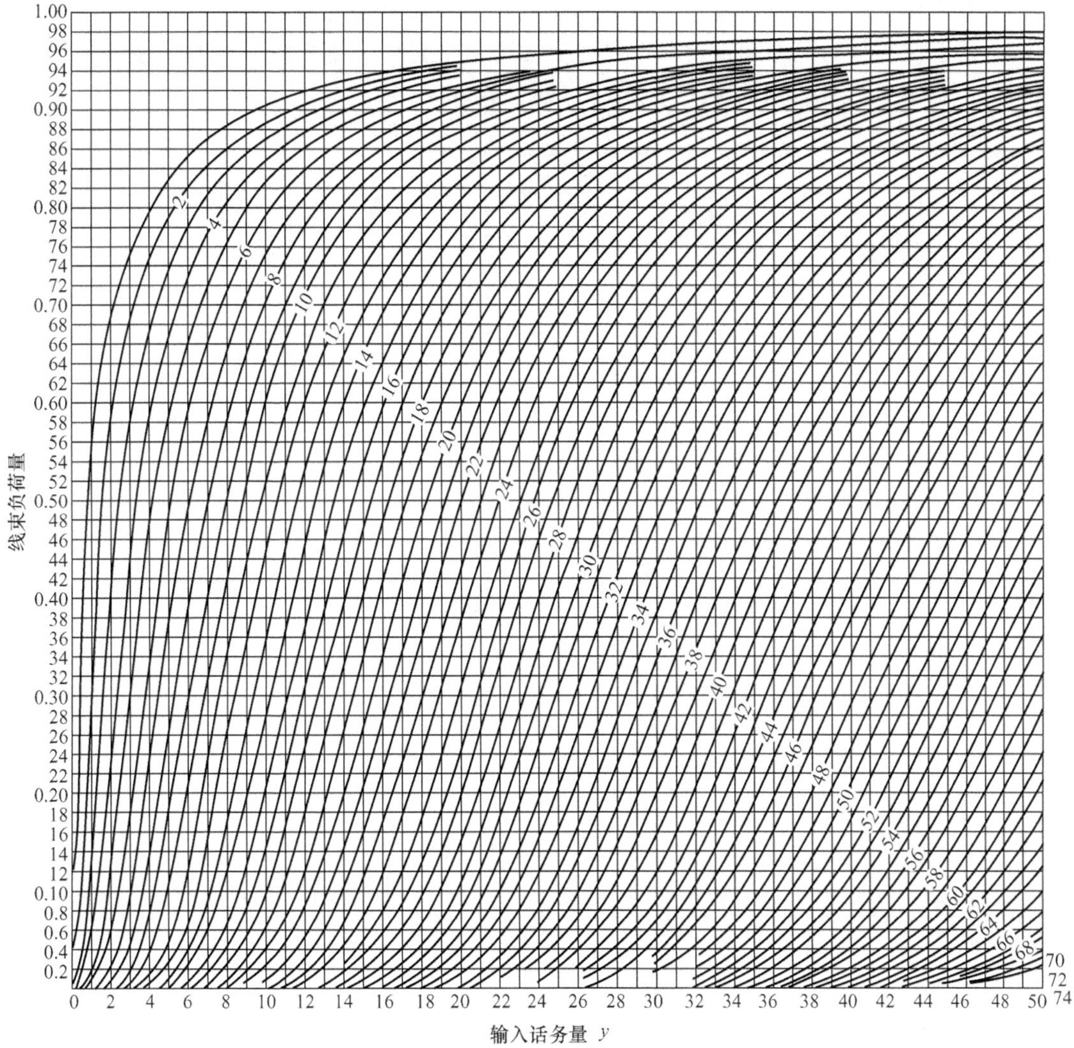

图 5-5 第 n 条电路承担负荷量

【**例 5-1**】已知两局之间负荷量 $y=30$ 厄朗，直达电路与迂回电路的费用比 $\varepsilon=0.65$，$ATC=0.8$，试求两局之间配备多少条直达电路较合适？

$$LTC=\varepsilon ATC=0.65\times0.8=0.52\text{ 厄朗}$$

查图 5-5，$y=30$ 与 $LTC=0.52$ 的交点位于第 32 条电路处，于是选定 n=32 条较为经济合理。

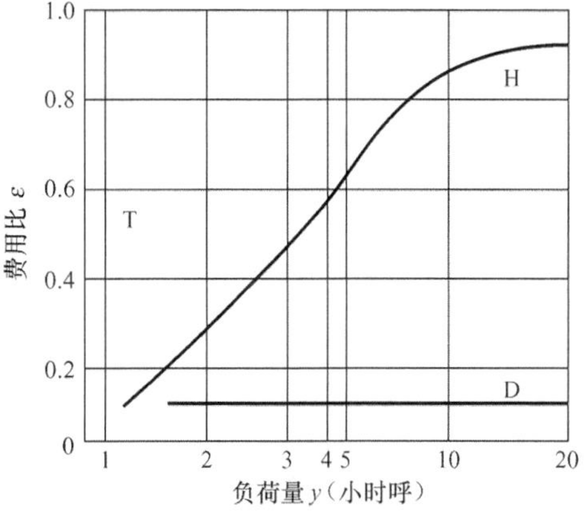

图 5-6 负荷量和费用比的曲线

两局之间电路的建立有 3 种可能：①全部经转接；②部分经高效直达电路，部分经转接；③全部建立直达电路。这取决于负荷量 y 和费用比 ε。根据原 CCITT 的建议，图 5-6 所示为采用上述 3 种方式的范围。

图 5-6 中，T 区表示全部经过转接；H 区

表示部分经直达电路，部分转接；D 区表示全部建立高效直达电路。

（2）基于业务量的电路配置计算。自动电话属于明显损失制系统，当电路被占用时，呼叫被损失，需重新呼叫，计算电路可采用厄朗公式。

$$p=\frac{y^n/n!}{\sum_{r=0}^{n} y^r/r!}$$

式中，p——呼损率；

y——负荷量（厄朗）；

n——电路数。

自动长途电话网电路数与质量要求与呼损的大小有关。在同样的业务量的情况下，要求的呼损越小，需要的电路数越多，反之亦然。长途电话网中，基干电路和低呼损直达电路的呼损标准不超过 1%，高效直达电路的呼损标准可以是 7%～10%。

利用厄朗公式进行电路数计算时，可以按照呼损标准直接查自动电话电路计算表得到结果。如基干电路和低呼损直达电路计算表如表 5-1 所示。

表 5-1　　自动电话电路计算表（基干电路和低呼损直达电路）

单位：厄朗　　P=1%

十＼个	0	1	2	3	4	5	6	7	8	9
0	-	0.01	0.15	0.46	0.87	1.36	1.91	2.50	3.13	3.78
1	4.46	5.16	5.88	6.61	7.35	8.11	8.88	9.65	10.44	11.23
2	12.03	12.84	13.65	14.47	15.26	16.13	16.96	17.80	18.64	19.49
3	20.34	21.19	22.05	22.91	23.77	24.64	25.51	26.38	27.25	28.13
4	29.01	29.89	30.77	31.66	32.54	33.43	34.32	35.22	36.11	37.00
5	37.90	38.80	39.70	40.60	41.50	42.41	43.31	44.22	45.13	46.03
6	46.95	47.86	48.77	49.69	50.60	51.52	52.44	53.35	54.27	55.19
7	56.11	57.03	57.96	58.88	59.80	60.73	61.65	62.58	63.51	64.43
8	65.36	66.29	67.22	68.15	69.08	70.02	70.95	71.88	72.81	73.75
9	74.68	75.62	76.56	77.49	78.43	79.37	80.31	81.24	82.18	83.12
10	84.06									

【例 5-2】某电路方向经调查长途电话业务量 $y=60$ 占线小时，求应建立的基干电路数。

查表 5-1，$n=74$ 条时，电路可承担的业务量是 59.80 占线小时；$n=75$ 条时，电路可承担的业务量是 60.75 占线小时，因此应取定 n=75 条电路。

5. 转接系数的计算

（1）流量与交换量。转接系数与转接次数是衡量长途电话网的结构合理性的重要指标。转接系数反映电话网中每次通话平均需转接的次数，而最大转接次数是网中一次通话最多需经多少次转接。当转接系数和最大转接次数较高时，意味着网络中转接较多。转接过多时信息传递速度就会下降，通信服务质量将会受到影响，经济效果也差。因此，在组织网络时，要将转接系数及最多转接次数控制在一个合理的范围内。

要计算转接系数和最大转接次数，首先要了解电信网中流量和交换量的概念。

流量是指电信网中两局（地区）间的通信数量，与网络结构、经转路由和转接次数无关。它可分为去流量和来流量，用流量矩阵来表示。流量矩阵反映网中各节点（局）之间的通信数量。它是由这两个节点的用户相互之间的通信需求所决定的。

交换量所反映的是两局之间实际传递的通信数量，它和经转路由、经转次数和网的结构有关。

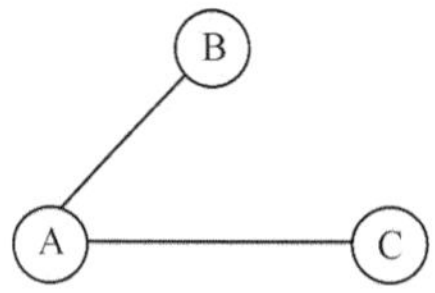

图 5-7　网络结构图

【例 5-3】某电信网中有 3 个节点，网络结构图如图 5-7 所示，流量矩阵如表 5-2 所示。流量矩阵中的数值表明了该网络中 A、B、C 这 3 点之间的通信流量，求全网总流量。

各局去流量之和 $\sum y_i = y_A + y_B + y_C = 90 + 75 + 60 = 225$

各局来流量之和 $\sum q_j = q_A + q_B + q_C = 85 + 70 + 70 = 225$

该网的总流量为 225。

表 5-2　　**流量矩阵**

	A	B	C	y_i
A	—	50	40	90
B	45	—	30	75
C	40	20	—	60
q_j	85	70	70	225

在计算交换量时，必须注意到，由于 BC 之间没有直接相连的线路，因此 BC 之间的流量无法直接形成 B、C 两点之间的交换量，而需要通过 A 点转接来完成通信。因此，BC 之间的流量形成了 AB 和 AC 之间的交换量。

AB 之间的交换量为 50 + 45 + 30 + 20 = 145。

AC 之间的交换量为 40 + 40 + 30 + 20 = 130。

这时该网的总交换量为 130 +145 = 275。

可以看出由于转接的存在，总交换量并不等于总流量，而是大于总流量。它们的差别就是转接的总量。只有在网中不存在转接的时候，也就是说网络结构为网形网（点点相连）的情况下，总交换量才等于总流量。

（2）转接系数的计算。

$$\text{转接系数} = \frac{\text{转接总量}}{\text{总流量}} = \frac{（\text{总交换量} - \text{总流量}）}{\text{总流量}}$$

对于结构简单的网络，可以很容易地分析哪些流量需要转接，因此可直接运用上面的公式计算出转接系数。但是对于节点数和链路数较多的复杂网络，直接计算总交换量将变得非常困难，而且容易出现漏算和重复计算的错误。因此，对于复杂网络采用矩阵的方法计算转接系数。

假设网络中总流量为 N，不需要转接的流量为 H_0，需要经过一次转接的流量为 H_1，经过两次转接的流量为 H_2，依此类推，经过 n 次转接的流量为 H_n。若最大转接次数为 m，则 $N = \sum_{n=0}^{m} H_n$ 。

根据例 5-3 可以推导出，不需要经过转接的流量 H_0 在网络中将形成 H_0 的交换量，经

过一次转接的流量 H_1，将形成 $2H_1$ 的交换量。经过两次转接的流量 H_2，将形成 $3H_2$ 的交换量，以此类推，经过 n 次转接的流量，将形成（$n+1$）H_n 的交换量。因此全网总交换量 K 为：

$$K = \sum_{n=0}^{m}(n+1)H_n$$

转接系数的公式如下：

$$转接系数 = \frac{转接总量}{总流量} = \frac{（总交换量-总流量）}{总流量} = \frac{[\sum_{n=0}^{m}(n+1)H_n]}{N} = \frac{\sum_{n=1}^{m}nH_n}{N}$$

若经过一次转接的流量比重为 C_1，二次转接的流量比重为 C_2，等等，以此类推，则转接系数如下：

$$Q = \frac{\sum_{n=1}^{m}nH_n}{N} = \sum_{n=1}^{m}nC_n$$

其中，$C_n = \frac{H_n}{N}$

利用这一公式来计算转接系数时，可直接计算转接总量，而不需要算出交换量。当网络较为复杂时，采用上式计算较为简单，并且可以根据上式结合流量矩阵来计算，便于编写程序，通过计算机对复杂的网络进行分析。

在进行计算时，首先要使用网络矩阵，它是通过表示网络中各节点间的邻接关系来描述一个网络结构的矩阵，也叫做邻接矩阵，一般用 $\boldsymbol{A}$ 来表示。

$\boldsymbol{A}$ 为一个 0、1 矩阵，即矩阵中的元素 α_{ij} 只为 0 或 1，α_{ij} 的取值规则如下。

$$a_{ij} = \begin{cases} 1, i \rightarrow j有链路时 \\ 0, i \rightarrow j无链路时, 或i = j时 \end{cases}$$

网络矩阵 $\boldsymbol{A}$ 仅表示节点的邻接关系，矩阵$(\boldsymbol{A}+\boldsymbol{I})$则表示不经过转接的情况下，网络各节点间的可达性（每个节点都与其自身之间是可达的），其中 $\boldsymbol{I}$ 为单位矩阵，而$(\boldsymbol{A}+\boldsymbol{I})^n$ 则可表示允许最多经过$(n-1)$次转接的情况下，网络各点的可达性。当$(\boldsymbol{A}+\boldsymbol{I})^m$ 为全 1 矩阵时，表明最多经过$(m-1)$次转接，全网任何两点之间都可通达，这时最大转接次数就为$(s-1)$。

令 $\boldsymbol{G}_n$ 代表转接 n 次的矩阵，在 $\boldsymbol{G}_n$ 中的元素 g_{nij} 若为 1，则表示 $i \rightarrow j$ 需要经过 n 次转接。$\boldsymbol{G}_n$ 可以用以下公式计算。

$$\boldsymbol{G}_1 = (\boldsymbol{A}+\boldsymbol{I})^2 - (\boldsymbol{A}+\boldsymbol{I}), \quad \boldsymbol{G}_2 = (\boldsymbol{A}+\boldsymbol{I})^3 - (\boldsymbol{A}+\boldsymbol{I})^2, \quad \ldots, \quad \boldsymbol{G}_n = (\boldsymbol{A}+\boldsymbol{I})^{n+1} - (\boldsymbol{A}+\boldsymbol{I})^n$$

在计算出 $\boldsymbol{G}_n$ 后，可以结合流量矩阵，分别计算出 H_1、H_2，直至 H_m，然后利用公式 $Q = \frac{\sum_{n=1}^{m}nH_n}{N} = \sum_{n=1}^{m}nC_n$ 计算出转接系数。

【例 5-4】某网络结构如图 5-8 所示，流量矩阵为 $\boldsymbol{W}$。计算该网的转接系数及最大转接次数。

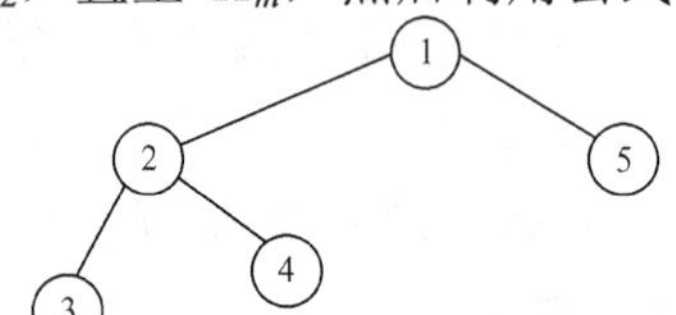

图 5-8　网络结构图

$$W=\begin{bmatrix}0&30&14&24&48\\25&0&32&35&23\\10&32&0&11&8\\24&31&10&0&16\\40&18&6&15&0\end{bmatrix}$$

分析：当$(\boldsymbol{A}+\boldsymbol{I})^m$为全 1 矩阵时，最大转接次数就为$(s-1)$。因此，最大转接次数可通过计算$(\boldsymbol{A}+\boldsymbol{I})^n$来求得。对于图 5-8 所示的网络结构图，网络矩阵为：

$$\boldsymbol{A}=\begin{bmatrix}0&1&0&0&1\\1&0&1&1&0\\0&1&0&0&0\\0&1&0&0&0\\1&0&0&0&0\end{bmatrix}\qquad \boldsymbol{A}+\boldsymbol{I}=\begin{bmatrix}1&1&0&0&1\\1&1&1&1&0\\0&1&1&0&0\\0&1&0&1&0\\1&0&0&0&1\end{bmatrix}$$

$$(\boldsymbol{A}+\boldsymbol{I})^2=\begin{bmatrix}1&1&0&0&1\\1&1&1&1&0\\0&1&1&0&0\\0&1&0&1&0\\1&0&0&0&1\end{bmatrix}\times\begin{bmatrix}1&1&0&0&1\\1&1&1&1&0\\0&1&1&0&0\\0&1&0&1&0\\1&0&0&0&1\end{bmatrix}=\begin{bmatrix}1&1&1&1&1\\1&1&1&1&1\\1&1&1&1&0\\1&1&1&1&0\\1&1&0&0&1\end{bmatrix}$$

$$(\boldsymbol{A}+\boldsymbol{I})^3=\begin{bmatrix}1&1&1&1&1\\1&1&1&1&1\\1&1&1&1&0\\1&1&1&1&0\\1&1&0&0&1\end{bmatrix}\times\begin{bmatrix}1&1&1&1&1\\1&1&1&1&1\\1&1&1&1&0\\1&1&1&1&0\\1&1&0&0&1\end{bmatrix}=\begin{bmatrix}1&1&1&1&1\\1&1&1&1&1\\1&1&1&1&1\\1&1&1&1&1\\1&1&1&1&1\end{bmatrix}$$

$(\boldsymbol{A}+\boldsymbol{I})^3$为全 1 矩阵，故最大转接次数为 2。

$$\boldsymbol{G}_1=(\boldsymbol{A}+\boldsymbol{I})^3-(\boldsymbol{A}+\boldsymbol{I})=\begin{bmatrix}0&0&1&1&0\\0&0&0&0&1\\1&0&0&1&0\\1&0&1&0&0\\0&1&0&0&0\end{bmatrix}$$

$$\boldsymbol{G}_2=(\boldsymbol{A}+\boldsymbol{I})^3-(\boldsymbol{A}+\boldsymbol{I})^2=\begin{bmatrix}0&0&0&0&0\\0&0&0&0&0\\0&0&0&0&1\\0&0&1&1&0\\0&1&0&0&0\end{bmatrix}$$

$$\boldsymbol{G}_1\cdot\boldsymbol{W}=\begin{bmatrix}0&0&1&1&0\\0&0&0&0&1\\1&0&0&1&0\\1&0&1&0&0\\0&1&0&0&0\end{bmatrix}\cdot\begin{bmatrix}0&30&14&24&48\\25&0&32&35&23\\10&32&0&11&8\\24&31&10&0&16\\40&18&6&15&0\end{bmatrix}=\begin{bmatrix}0&0&14&24&0\\0&0&0&0&23\\10&0&0&11&0\\24&0&10&0&0\\0&18&0&0&0\end{bmatrix}$$

$$\boldsymbol{G}_2 \cdot \boldsymbol{W} = \begin{bmatrix} 0 & 0 & 0 & 0 & 0 \\ 0 & 0 & 0 & 0 & 0 \\ 0 & 0 & 0 & 0 & 1 \\ 0 & 0 & 0 & 0 & 1 \\ 0 & 0 & 1 & 1 & 0 \end{bmatrix} \cdot \begin{bmatrix} 0 & 30 & 14 & 24 & 48 \\ 25 & 0 & 32 & 35 & 23 \\ 10 & 32 & 0 & 11 & 8 \\ 24 & 31 & 10 & 0 & 16 \\ 40 & 18 & 6 & 15 & 0 \end{bmatrix} = \begin{bmatrix} 0 & 0 & 0 & 0 & 0 \\ 0 & 0 & 0 & 0 & 0 \\ 0 & 0 & 0 & 0 & 8 \\ 0 & 0 & 0 & 0 & 16 \\ 0 & 0 & 6 & 15 & 0 \end{bmatrix}$$

总流量 $\boldsymbol{N}$=25 + 10 + 24 + 40 + 30 + 32 + 31 + 18 + 14 + 32 + 10 + 6 + 24 + 35 + 11 + 15 + 48 +23 + 8 + 16 = 452

经过一次转接的流量即为 $\boldsymbol{G}_1 \cdot \boldsymbol{W}$ 矩阵中各元素之和。

$$H_1 = 10 + 24 + 18 + 14 + 10 + 24 + 11 + 13 = 134$$

经过二次转接的流量即为 $\boldsymbol{G}_2 \cdot \boldsymbol{W}$ 矩阵中各元素之和。

$$H_2 = 6 + 15 + 8 + 16 = 45$$

最后，转接系数为 $Q = \dfrac{(134 + 2 \times 45)}{452} = 0.496$

下面对最大转接次数和转接系数的计算步骤进行一下总结。

在已知网络图（或者网络矩阵 $\boldsymbol{A}$）和流量矩阵的情况下，最大转接次数和转接系数可按以下步骤进行计算。

① 依次计算 $(\boldsymbol{A}+\boldsymbol{I})^n$（$n$=1，2，3，…），直到得到 $(\boldsymbol{A}+\boldsymbol{I})^s$ 为全 1 矩阵，则最大转接次数就为(s−1)。在此步骤中，应首先确定该网络图为连通图，即网络中各点之间都可以相互通达。

② 按照公式 $\boldsymbol{G}_n = (\boldsymbol{A}+\boldsymbol{I})^{n+1} - (\boldsymbol{A}+\boldsymbol{I})^n$，计算 $\boldsymbol{G}_n$。

③ 计算 $\boldsymbol{G}_{\mathrm{n}} \cdot \boldsymbol{W}$ 。

④ 计算总流量 N，以及经过各次转接的流量数 H_n。

⑤ 根据公式 $Q = \dfrac{\sum_{n=1}^{m} nH_n}{N} = \sum_{n=1}^{m} nC_n$，计算转接次数。

5.1.2 No.7 信令网

1. No.7 信令网的组成

信令是指通信网中的控制指令，它是控制交换机动作的信号和语言，而完成这些控制过程的控制信号的产生、发送、接收的硬件及操作程序的全体就是信令系统。它由专用设备或专用装置产生与接收，通过信息传输通道传递。No.7 信令是一种公共信道信令，它采用时分复用方式，在一条高速数据链路上传送一群话路的信令。No.7 信令网是通过公共的数字信令信道传递具有指令性的信息，以实现同一业务网内不同节点之间、不同业务网之间以及业务网与用户之间的正常沟通和协调运行。信令系统是通信网的重要组成部分，是通信网的神经系统。

No.7 信令网由信令点（SP）、信令转接点（STP）和信令链路（SL）组成，三者的功能如下。

信令点是信令消息的源点和目的地点，可以是具有 No.7 信令功能的各种交换局，如电话交换局、ISDN 交换局、移动交换局和智能网的业务交换节点 SSP，也可以是各种特殊服务中心，如网管中心、维护中心、智能网的业务控制中心（SCP）等。

信令转接点具有转接信令的功能，它是可将一条信令链路上的信令消息转发至另一条信令链路上去的信令转接中心。在信令网中，信令转接点可以是只具有信令消息转接功能的信令转接点，称为独立信令转接点；也可以是具有用户部分功能和信令点功能的信令转接点，称为综合信令转接点。独立的信令转接点是一种高度可靠的分组交换机，是 No.7 信令网中的信令汇接点，它容量大、易于维护管理、可靠性高，但组网较复杂。综合的信令转接点容量较小，可靠性不高，但传输系统利用率高，设备价格较低。

信令链路是信令网中连接信令点和信令转接点的最基本部件。

2. No.7 信令系统的工作方式

在使用 No.7 信令传送局间话路群信令时，根据话音通路和信令链路的关系，可用直联工作方式和准直联工作方式两种。

直联工作方式是两个相邻信令点之间的信令消息通过一段直达的公共信道信令链路传送，而且该链路是专为连接这两个交换局的话路群服务的，因此，信令链路和话路群都终接于两个交换局，如图 5-9（a）所示。

准直联工作方式是两交换局之间的信令消息是通过两段或两段以上串接的公共信道信令链路来传送，并且只允许通过预定的路由和信令转接点（STP），如图 5-9（b）所示。

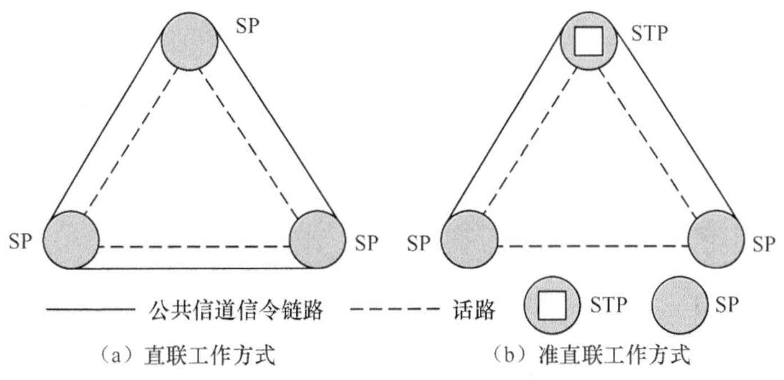

图 5-9 直联和准直联工作方式示意图

在实际的 No.7 信令网中，通常采用直联和准直联相结合的工作方式。这与通信网的结构及经济性有关。

3. 我国 No.7 信令网的结构

我国 No.7 信令网采用三级结构，在长途四级网演变为长途三级网后，信令网等级保持不变。

第 1 级为高级信令转接点（HSTP），负责转接它所汇接的第 2 级低级信令转接点（LSTP）和第 3 级信令点（SP）的信令消息。HSTP 采用独立型信令转接点设备。

第 2 级为低级信令转接点（LSTP），负责转接它所汇接的第 3 级（SP）的信令消息，LSTP 可以采用独立式信令转接点设备，也可以采用与交换局合设在一起的综合式信令转接点设备。

第 3 级为信令点（SP），是信令网传递各种信令消息的源点或宿点，由各种交换局和特种服务中心，如业务控制点（SCP）、网管中心（NMC）等组成。

与电话话务网相对应，我国信令网的网络组织由跨城市的长途信令网和大、中城市的本地信令网组成。信令网中信令节点的连接方式是：HSTP 间采用 A、B 平面连接方式，A 或 B 平面内部各个 HSTP 用网状相连，A 和 B 平面间成对的 HSTP 相连。LSTP 通过信令链至少要连接至 A、B 平面一对成对的 HSTP，并且信令链路组间采用负荷分担方式工作。SP 至少连至两个 STP（LSTP 或 HSTP），若连至 HSTP 时，应分别固定地连至 A、B 平面内成对的 HSTP，SP 至两个 HSTP 或两个 LSTP 的信令链路组间采用负荷分担工作方式工作。我国的 No.7 信令网结构和网络组织如图 5-10 所示。

信令网中涉及多种信令链路：A 链路为 SP 至所属 LSTP 的信令链路；B 链路为不同 STP 配对间的信令链路；C 链路为同一 STP 配对间的信令链路；D 为 LSTP 至 HSTP 间的信令链路；E 链路为 SP 至非本区 LSTP 间的信令链路；F 链路为 SP 至 SP 间的信令链路。

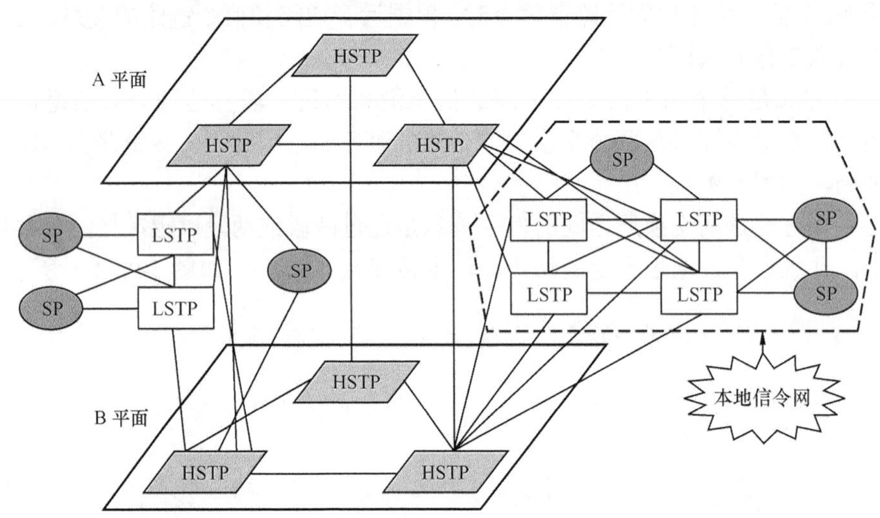

图 5-10　我国的 No.7 信令网结构和网络组织示意图

5.1.3　智能网

1. 智能网的概念与特点

（1）智能网的概念。智能网是在原有网络基础上，为快速、方便、经济、灵活地生成和实现各种电信新业务而建立的附加网络结构。从本质上讲，智能网就是通过网络的各功能部件，把交换功能和业务提供功能分开，以实行集中的业务控制的一种新型业务网络。

（2）智能网的特点。

① 有效的利用现有网络资源。

② 业务控制与交换机分离。

③ 网络功能模块化。

④ 实现了标准通信。

⑤ 灵活地把网络功能分配在不同的网络节点上。

⑥ 可多方参与业务生成。

⑦ 智能网标准具有兼容性。

⑧ 业务的提供与网络发展无关。

⑨ 业务直接提供给用户。

2. 智能网的概念模型

ITU-T 定义了智能网的概念模型，用来设计和描述智能网的体系结构，它可以帮助我们更好地理解智能网。智能网概念模型如图 5-11 所示。

根据不同的抽象层次，智能网概念模型分为 4 个平面：业务平面、全局功能平面、分布功能平面、物理平面。

（1）业务平面。业务平面（SP）从业务使用者的角度来描述智能业务，只说明智能业务所具有的业务属性，而与业务的具体实现无关。

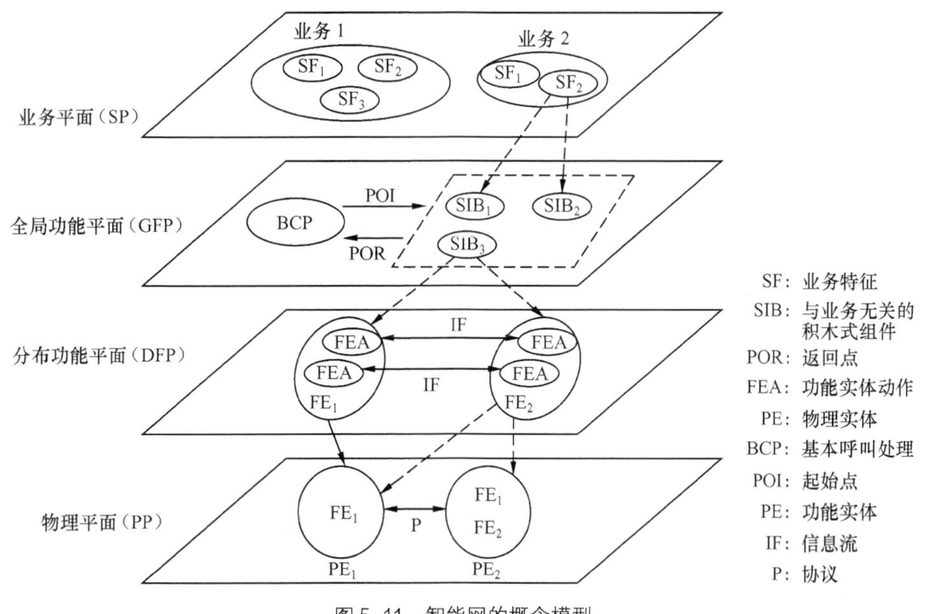

图 5-11　智能网的概念模型

业务是指在基本电话业务的基础上增加一些特殊的功能，而形成了一些有特色的电话业务。业务特征（SF）是用户使用业务时所能够感受的业务单元。每一个业务由业务特征组成，一种业务可具有一种或几种业务特征。

ITU-T 在 1992 年提出了智能网第 1 阶段（INCS-1）建议，定义了 25 种基本业务、38 种业务特征；INCS-2 中又增加了网间业务和多用户业务；INCS-3 中提供更多的关于宽带和未来移动通信方面的智能网业务。

（2）全局功能平面。全局功能平面（GFP）反映了智能网所具有的总的功能，它位于业务平面和分布功能平面之间，是由业务平面中的业务特征而来，继而成为分布功能平面中实现相应功能实体的依据。GFP 包括基本呼叫处理（BCP）、独立于业务的积木式组件（SIB）以及 BCP 和 SIB 之间的起始点（POI）和返回点（POR）。INCS-1 中定义了 14 个 SIB 以实现 38 种业务特征。

（3）分布功能平面。分布功能平面（DFP）描述了每个 SIB 的功能是如何完成的。每个 SIB 包含 3 种元素：功能实体动作（FEA）、功能实体（FE）、功能实体之间的信息流（IF）。其中，每个功能实体包括若干个功能实体动作。

（4）物理平面。物理平面（PP）是面向实现的，它包括了各种物理实体和这些实体之间的定义，描述了如何将 DFP 上的功能实体映射到该平面的物理实体上。

物理平面是由物理实体组成的。在配置这些物理实体时应满足以下基本要求：在同一个物理实体中，可以具有一个或多个功能实体；一个功能实体不能分散在两个物理实体中，即一个物理实体仅能转换在一个物理实体中；每个物理实体应提供标准接口。

物理平面包含的物理实体有：业务交换点（SSP）、业务控制点（SCP）、业务数据点（SDP）、智能外设（IP）、附件（AD）、业务节点（SN）、业务交换和控制点（SSCP）、业务管理点（SMP）、业务生成环境点（SCEP）、业务管理接入点（SMAP）等。

3．智能网支持的业务

ITU-T 对 INCS-1 阶段提出了 25 种目标业务，包括缩位拨号，记账卡呼叫，自动更换计账单，呼叫分配，呼叫前转、重选呼叫路由，完成对忙用户的呼叫，会议呼叫，信用卡呼叫，按目的码选择路由，跟我转移，被叫集中付费，恶意呼叫识别，大众呼叫，发端去话筛选，附加费率，遇忙/无应答可选的呼叫前转，分摊计费，电话投票，终端呼叫筛选，通用接入号码，通用个人通信，按用户的规定选路，虚拟专用网等。

5.2 数据通信网的组织与管理

5.2.1 数据通信网概述

1．数据通信

数据通信是依照一定的协议，利用数据传输技术在两个终端之间传递数据信息的一种通信方式。数据通信的特点体现在以下 7 个方面。

（1）数据通信是人与计算机或者计算机与计算机之间的通信，通信过程可能没有人的直接参与，为了保证通信的顺利进行，必须采用严格统一的传输控制规程（通信协议）。

（2）数据通信的传输速率很高，单位时间传递的信息量很大。例如，一条 PCM 数字语音信道以 48kbit/s 速率传输数据，每分钟即可传输 360000 个字符，相当于 150 页文件。

（3）数据通信要求达到很低的误码率，在通信过程中，由于采用各种差错控制技术，误码率往往可以达到 10^{-7}～10^{-9} 量级。而话音通信及电视业务可以接受的误码率仅为 10^{-4}。

（4）数据通信每次呼叫平均持续时间很短。据统计，大约 25%的数据呼叫持续时间在 1s 以下，5s 以下的约占 50%，50s 以下的约占 90%，而电话通话的平均时间为 5 分钟。另外，数据通信的呼叫建立时间也很短，通常小于 1.5s，而电话可达 15s。

（5）突发性数据多。突发性的概念可以用数据传输峰值的时间与平均值的比值来表示。由于通信时带宽需求变化比较大，所以形成峰值时间与均值时间数据传输的差异性较大。

（6）按需分配带宽。所谓带宽是指每秒能够传送信息所占用传输容量的大小。按需分配带宽是指网络能够根据用户通信业务量的大小提供网络的资源，目的是有效利用网络资源。

（7）数据通信的“终端用户”可以是各种各样的计算机终端设备，它们在通信速率、编码格式、同步方式和通信协议等方面可能有很大的差异。为了能够实现它们之间的互通，数据通信网应当提供足够灵活的接口，满足多种终端的入网要求。

典型的数据通信系统是由数据终端设备、数据电路和计算机系统 3 部分组成，如图 5-12 所示。

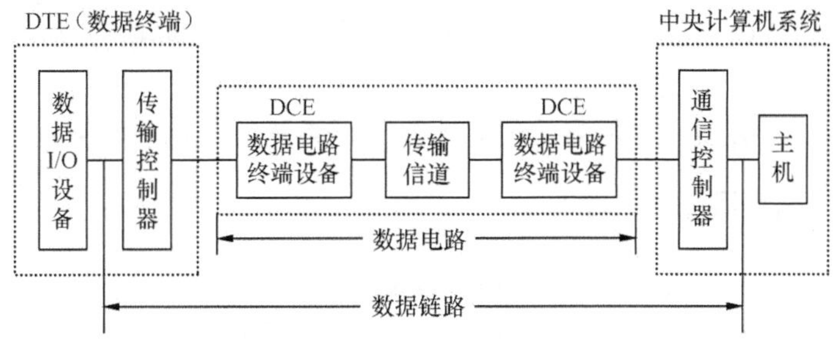

图 5-12 数据通信系统的基本构成

2. 数据通信网的概念与分类

数据通信网（Data Communication Network，DCN）是以传输数据为主，实现计算机之间，以及数据终端与计算机之间的信息传递的通信网络。它可以进行数据交换和远程信息处理，交换方式普遍采用存储转发的分组交换方式。

按照网络拓扑结构划分，数据通信网可以分为网形网、星形网、环形网、格形网和复合网等。骨干网一般采用网形网或者格形网，本地网一般采用星形网。

按照传输技术及网络业务分类，数据通信网可分为交换网和广播网。数据交换网由交换节点和通信链路构成，用户之间的通信要经过交换设备，根据采用不同的交换方式和组网技术，数据交换网又可分为电路交换网、分组交换网和帧中继网，另外还有采用数字交叉连接设备的数字数据网（DDN）。而数据广播网中，每个数据站的收发信机共享同一个传输信道，从任一数据站发出的信号可被其他所有数据站接收，没有中间交换节点。通过不同的媒体访问控制方式，可形成不同类型的广播式通信网。

按照传输距离和覆盖范围的不同，可分为局域网、城域网和广域网。局域网的传输距离一般在几千米以内，速率在 10Mbit/s 以上，数据传输一般采用共享介质的访问方式。城域网传输距离一般在 50～100km 以内，传输速率比局域网还高，以光纤为传输介质，能提供高达 45150Mbit/s 的速率，能支持数据、语音和图像的综合业务，通常覆盖整个城区和城郊。广域网覆盖范围通常为几十到几千千米，Internet 就是广域网。除覆盖范围不同以外，这 3 种网络的设备、组网技术和控制方式也有很大的不同，各自适用于不同的通信需求。

3. 数据通信网络组织应考虑的因素

（1）拓扑结构。考虑到数据吞吐能力，用户线长度、投资、数据平均传输时延等的要求，一般实际网络都采用分级网络。骨干网节点采用网形连接的全连接网，省内网和市内网则一般采用树形或星形连接。

（2）可靠性。在配置节点机、链路和中继线时应考虑足够的备用容量，以提高可靠性和满足业务将来的发展。

（3）连通性。在一个网络图中，如果每两个节点之间都至少有一条通路，则称该图为连通图。若网络图的某条链路出现故障，则可能网络的连通性受到影响。一个好的网络应保证在某一条或几条链路出现故障时仍能保持连通。因此网络的连通性和可靠性有着直接的关系，可利用图论中的相邻矩阵计算网络的连通性。

（4）流量分析。流量分析包括分析网络中所有连接点之间信息流的类型和数量。信息流量可以按平均值进行计算，但是必须要考虑到信息流的高峰期大于平均值。

（5）中继线容量的分配。中继线容量的大小影响到网络的吞吐能力、时延和经济性指标。要想确定中继线容量，必须已知网络的信息流量、网络拓扑结构和网络路由选择方案。

5.2.2 分组交换网

分组交换网（Packet Switching Network，PSN）是按照OSI提出的网络体系结构构架，采用X.25协议标准，由物理层、数据链路层和分组层构成的数据通信网。分组交换网的核心技术是分组交换，即采用“信息分组，存储转发”的方式，把报文分割成若干个较短的、规格化的分组进行交换和传输，分组进入交换机后在主存中停留很短的时间，进行排队和处理，一旦确定了输出路由，就很快传输到下一个交换机和用户终端。

1．分组交换网的构成

分组交换网由分组交换机、网络管理中心、远程集中器、用户终端设备和线路传输设备所组成。

分组交换机是分组交换网的枢纽，提供交换虚电路和永久虚电路业务，完成信息交换业务，实现X.25和X.75建议的各项功能，并提供路由选择、流量控制、维护管理、运行管理、差错检查等功能。

网络管理中心是执行网络管理与控制任务的机构，对网络资源进行动态监督、组织和控制，以充分利用网络资源，更高效地满足网络服务的需要。

远程集中器（RCU）将多路异步低速数据终端送来的数据集中后，通过一条中继电路送往交换机，以提高电路利用率。

分组装拆设备（PAD）是将来自异步终端（非分组终端）的字符信息去掉起止比特后接入分组交换网，达到资源共享。

用户终端设备包括分组型终端（PT）和非分组型终端（NPT）。分组型终端是具有X.25协议接口，能直接接入分组交换数据网的数据通信终端设备，也叫X.25终端。它可通过一条物理线路与网络连接，并可建立多条虚电路，同时与网上的多个用户进行对话。对于那些执行非X.25协议的终端和无规程的终端统称为非分组型终端。它们必须经过分组装拆设备（PAD）进行协议转换，变成X.25的标准协议才能连到交换机端口。通过分组交换网络，分组终端之间、非分组终端之间、分组终端与非分组终端之间都能互相通信。

数据传输设备（包括线路）是构成分组数据交换网的主要组成部分之一。它是实现各交换机之间以及终端至交换机的数据信号传输。目前，中继传输线路有PCM数字信道、数字数据传输，也有利用ATM连接及其卫星通道。用户线路一般有数字数据电路或市话模拟线。

2．分组交换方式

分组交换是将用户传送的数据拆分成多个一定长度的数据段，在每个数据段的前面加一个标题（头文件）后组成一个一个的数据包（也称为分组）。分组交换有两种工作方式，即数据报方式和虚电路方式。

数据报方式是将由用户报文拆分的每一个数据分组独立处理，每个节点交换机根据分组的目的地址为每个分组选择路由，同一个报文的分组可以分别沿着不同的路径通过网络送往同一个目的节点（收端）。由于每个分组是独立寻址的，走的路径可能不同，网络延时就可能不同，使得它们到达目的节点的顺序与发送时的顺序不尽相同。因此，在网络终端需要按分组编号重新排序，然后，再去掉分组头重组，恢复完整的报文。

虚电路方式是在通信双方传送数据之前发起呼叫，网络为这次呼叫建立一条逻辑电路。然后，用户在这条逻辑电路上发送分组，通信结束后，拆除电路。与数据报方式不同的是虚电路方式是网络节点在呼叫建立期间为数据的传送一次性选择路由，不需要针对每个分组选择路由；且同一篇报文的分组沿着同一条逻辑电路传输，分组到达目的节点的顺序与发送时的顺序相同，网络终端不需要按分组编号重新排序。因此，虚电路方式的延时较小。另外，虚电路方式虽然也有类似电路交换的建立电路、通信和拆除电路 3 个过程，但与电路交换不同的是虚电路方式建立的是逻辑电路，实际电路则可以有若干条不同的逻辑电路，即资源共享，网络资源利用率较高。

3. 分组交换网的特点

（1）线路利用率高。分组交换以逻辑共享的形式进行信道的多路复用，实现资源共享，可在一条物理线路上提供多条逻辑信道，极大地提高线路的利用率，使传输费用明显下降。

（2）不同种类的终端可以相互通信。分组网以 X.25 等协议向用户提供标准接口，数据以分组为单位在网络内存储转发，使不同速率终端、不同协议的设备经网络提供的协议变换功能后实现相互通信。

（3）信息传输可靠性高。在网络中每个分组进行传输时，在节点交换机之间采用差错校验与重发的功能，因而在网中传送的误码率大大降低。而且在网内发生故障时，网络中的路由机制会使分组自动地选择一条新的路由避开故障点，不会造成通信中断。

（4）分组交换网的经济性好，在分组交换网内传输、交换的是一个个被规范化了的分组可以简化交换处理，降低网内设备的费用。此外，由于进行分组多路通信，可大大提高多路通信的利用率，并且在中继线上以高速传递信息，而且只在有用户信息的情况下使，因而降低了通信电路的使用费用。

（5）计费与传输距离无关。网络计费按时长、信息量计费，与传输距离无关，特别适合那些非实时性，而通信量不大的用户。

5.2.3 数字数据网

数字数据网（Digital Data Network，DDN）是利用数字信道传输数据信号的数据传输网。它的主要作用是向用户提供永久性和半永久性连接的数字数据传输信道，既可用于计算机之间的通信，也可用于传送数字化传真、数字语音、数字图像信号或其他数字化信号。永久性连接的数字数据传输信道是指用户间建立固定连接，传输速率不变的独占带宽电路。半永久性连接的数字数据传输信道对用户来说是非交换性的。

1. 数字数据网构成

数字数据网一般是由本地传输系统、复用交叉系统、局间传输系统、网同步系统、网络管理系统组成，结构如图 5-13 所示。

本地传输系统由用户设备和用户环路组成；复用交叉系统对数字电路进行半固定交叉连接和子速率的复用；局间传输系统是节点之间的数字传输信道以及各节点与数字信道的连接

方式；网同步系统的作用是使数字网中各数字设备内的时钟源相互同步；网络管理系统在网络管理中心（NMC）中设置，通过NMC可以方便地进行网络结构和业务的配置，实时地监视网络运行情况，进行网络信息、网络节点告警、线路利用情况等的收集和统计。

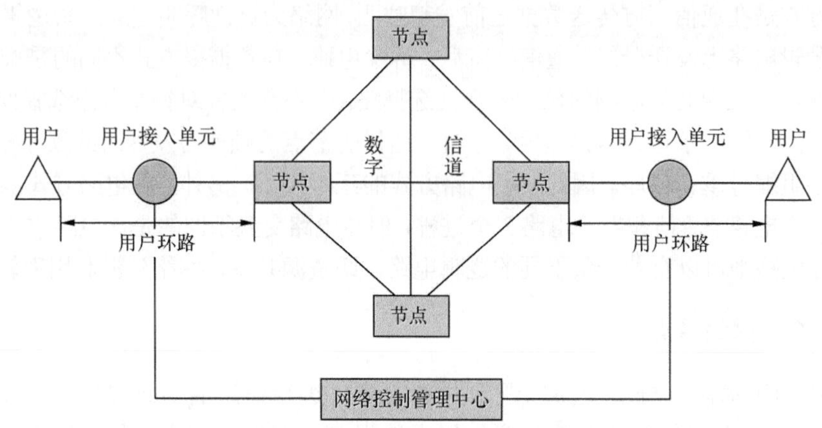

图 5-13 DDN 组成结构框图

2．数字数据网特点

数字数据网的特点如下。

（1）传输速率高。在 DDN 内的数字交叉连接复用设备能提供 2Mbit/s 或 $N\times 64$bit/s（≤2Mbit/s）速率的数字传输信道。不具备交换功能，通过数字交叉连接设备提供固定或半永久信道。

（2）传输质量较高。数字中继大量采用光纤传输系统，用户之间使用专有连接，网络时延小。

（3）全透明网，协议简单。采用交叉连接技术和时分复用技术，由智能化程度较高的用户端设备来完成协议的转换、检错纠错功能，面向各类数据用户，可以支持数据、语音、图像传输等多种业务。

（4）电路可靠性高。采用路由迂回和备用方式，使电路安全可靠。

（5）网络运行管理简便。采用网管对网络业务进行调度监控，同时能够迅速生成新业务。

3．数字数据网的应用

由于 DDN 是一个全透明网络，能提供多种业务来满足各类用户的需求，主要业务如下。

（1）为分组交换网、公用计算机互连网等提供中继电路。

（2）可提供点—点、一点对多点的业务，适用于金融证券公司、科研教育系统、政府部门租用 DDN 专线组建自己的专用网。

（3）提供帧中继业务，扩大了 DDN 的业务范围。用户通过一条物理电话线可同时配置多条虚连接。

（4）提供语音、G3 传真、图像、智能用户电报等通信。

（5）提供虚拟专用网业务。大的集团用户可以租用多个方向、较多数量的电路，通过自己的网络管理工作站自己进行管理，分配电路带宽资源，组成虚拟专用网。

5.2.4　帧中继网

1．帧中继网的概念和特点

帧中继（Frame Relay，FR）技术是在OSI第2层上用简化的方法传送和交换数据单元的一种网络技术。帧中继网（Frame Relay Network，FRN）以帧为单位进行数据传输和交换，由帧中继节点和传输线路构成。

帧中继仅完成OSI物理层和数据链路层核心层的功能，将流量控制、检查纠错等留给智能终端去完成，大大简化了节点机之间协议；同时，帧中继采用虚电路技术，能充分利用网络资源，因而帧中继具有吞吐量高、时延低、适合突发性业务等特点。

帧中继提供的逻辑连接可以分为永久虚电路（PVC）和交换虚电路（SVC）。永久虚电路是指在帧中继终端之间建立永久的虚电路连接，以建立永久虚电路为基础传送数据业务。交换虚电路是指在两个帧中继终端之间通过呼叫建立的虚电路，在建立了的交换虚电路上传送数据业务，当传送完毕以后，终端通过呼叫清除操作来拆除该虚电路。

2．帧中继网络与其他网络的互通

（1）帧中继与帧交换之间的互通。当帧中继与帧交换之间进行业务互通时，对接入该承载业务的终端或对提供该承载业务的网络而言应该是透明的。

（2）帧中继和PSPDN互通。目前，帧中继产品主要是围绕X.25分组的网络环境的需要来设计的，目的是X.25用户提供效益更高、性能更优越的接入能力和传输能力，而并不是为了淘汰现有的X.25分组基础设施和技术。

（3）帧中继网络与ISDN之间的互通。帧中继网络的功能是提供帧中继方式的数据传输业务，而ISDN可以提供电路交换以及分组交换的数据传送服务。这两种网路的功能不同，必须由互通功能来保证它们之间的互连。

（4）帧中继网络与宽带ISDN之间的互通。ATM是ITU-T为宽带ISDN制定的标准，ATM宽带网将成为国际通信基础设施的一部分，帧中继是与ATM相辅相成的，是用户接入ATM网的最佳机制。

（5）帧中继网间互连。帧中继网间互连通常是指不同国家的帧中继网络或者一个国家的多个帧中继网络之间的相互连接和通信，也包括各帧中继节点之间的互连。

3．帧中继网的应用

帧中继主要应用在广域网（WAN）中，支持多种数据型业务，如局域网（LAN）互连、计算机辅助设计（CAD）和计算机辅助制造（CAM）、文件传送、图像查询业务、图像监视等。帧中继既可作为公用网络的接口，也可作为专用网络的接口。专用网络接口的典型的实现方式为所有的数据设备安装带有专用网络的接口的T1多路选择器，而其他如语音传输、电话会议等应用则需要安装非帧中继的接口。在这两类网络中，连接用户设备和网络装置的电缆可以使用不同速率传输数据。

帧中继的常用应用简介如下。

（1）局域网的互连。由于帧中继具有支持不同数据速率的能力，所以非常适用于处理局

域网-局域网的突发数据流量。传统的局域网互连，每增加一条端-端线路，就要在用户的路由器上增加一个端口。基于只要帧中继的局域网互连，只要局域网内每个用户至网络间有一条带宽足够的线路，则既不要增加物理线路也不需要占用物理端口，就可增加端-端线路，而不至对用户性能产生影响。

（2）语音传输。帧中继不仅适用于对时延不敏感的局域网的应用，还可以进行对时延要求较高的语音应用。

（3）文件传偷。帧中继即可保证用户所需的带宽，又有较满意的传输时延，非常适合大流量文件的传输。

（4）数据块交互型通信。帧中继可为高分辨率可视图文、CAD/CAM 等需要传送高分辨率图形数据的用户提供高吞吐量、低时延的数据传送业务。

（5）虚拟专用网。帧中继可为大用户提供虚拟专用网业务，即利用帧中继网的部分网络资源（如节点、用户端口等）构成一个相对独立的逻辑分区，接入这个分区的用户共享分区内的网络资源，他们之间的交互作用（如数据传输、信令传送等）相对独立于整个帧中继之外，分区内设置相对独立的网管机构，形成一个虚拟专用网。

5.2.5 ATM 网

1．ATM 基本概念

异步转移模式（Asynchronous Transfer Mode，ATM）作为 B-ISDN 的核心技术，以其强大的业务综合能力和灵活的信息处理功能，在宽带通信网中得到广泛运用。

传统的通信网中，传输、复用和交换这 3 个部分统称为“转移模式”（又称传递方式、转移方式）。转移模式分为同步转移模式（STM）和异步转移模式（ATM）。

同步转移模式的特征是采用时分复用，各路信号在复用、传输及交换中都按一定的时间间隔周期性地出现，对各路信号的识别是根据所在的位置（或固定的时隙）来确定的。异步转移模式采用的是统计时分复用，各路信号不再分配固定的时隙，而是根据信道占用的情况，灵活地插入复用。因此各路信号不是按照一定的时间间隔周期性地出现。为了识别和区分各路信号，则要对每路信号的每个时隙单元加上标志。

由此可定义，ATM 是异步转移模式，它采用了固定长度的信元的概念，综合了传输、复用、交换技术，向用户提供高速带宽，使用户可以在一个网上传送综合业务。在这一模式中，信息被组织成固定长度的信息单元（信元），信元由信息段和作为标志的信头构成，每个用户信息的各个信元被非周期性地复用到信息流中，进行传输和交换。ATM 的优点表现在以下方面。

（1）ATM 可以在用户之间共享带宽，按需分配带宽。

（2）ATM 可以提供多业务。

（3）ATM 是目前唯一具有 QoS 特性的技术。

（4）ATM 具有可延展性，扩容方便。

（5）ATM 不仅是公用网采用的技术，还可用于专用网和 LAN。

2．ATM 交换

在 ATM 网中，ATM 交换机占据核心位置，ATM 交换技术是一种融合了电路交换方式和分组交换方式的优点而形成的新型交换技术。ATM交换简化了分组交换中许多通信规程，采用类似于电路交换的呼叫连接控制方式建立起虚电路，并用硬件对信元进行交换处理。

ATM交换的特点为：固定长度的信元中继，信头简化，面向连接，异步时分交换。

ATM交换机按功能和用途可分为两类：接入交换机和节点交换机。

接入交换机又称为专用ATM交换机，它的主要特点是交换容量小，用户功能强。它集中了宽带网络终端B-NT1、B-NT2及宽带终端适配器B-TA的全部或部分功能。

节点交换机就是公用ATM交换机，主要特点是交换容量大，具有标准速率的（155Mbit/s或622Mbit/s）的信元形式用户终端接口，并有强大的NNI功能支持。ATM交换机从功能角度划分一般由信元交换、控制和定时3个单元组成，如图5-14所示。

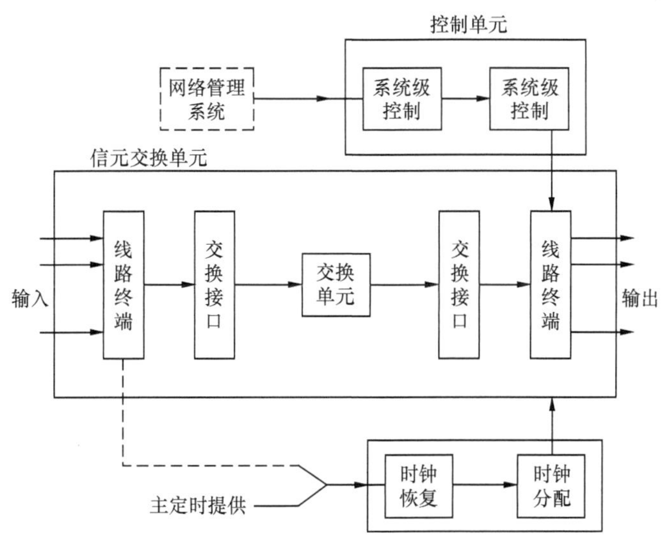

图5-14 ATM交换机的功能结构

ATM交换结构具有信头变换、选路和排队这3项基本功能。

根据交换单元中缓冲器设置的位置，ATM交换的缓冲排队方式分为输入缓冲排队方式、输出缓冲排队方式、中央缓冲排队方式。

5.2.6 Internet

1. Internet概述

因特网（Internet）是全世界最大的计算机网络。它起源于美国，它的前身ARPANET（Advanced Research Projects Administration Network）是美国国防部高级研究计划管理局于1969年建立的一个军用网络。1983年TCP/IP成为APRANET上标准的通信协议，这标志着真正意义的Internet出现了。

Internet是由众多的计算机网络互连组成，主要采用TCP/IP，采用分组交换技术，由众多路由器通过电信传输网连接而成的一个世界性范围的信息资源网。它集现代通信技术和现代计算机技术于一体，是计算机之间进行国际信息交流和实现资源共享的良好手段。Internet将分布于世界各地的各种各样的物理网络连接起来，构成一个整体，而不论这些网络类型的异同、规模的大小和地理位置的差异，因此Internet是一个网络的网络（a network of network）。

Internet是基于TCP/IP来实现网间通信的。TCP/IP不仅包含IP和TCP，还包括许多与之相关的协议和应用程序。如，TELENT（远程登录）主要用来与远程主机建立仿真终端；FTP（文件传输协议）用来进行远程文件传输；SNMP（简单网络管理协议）；SMTP（简单邮件传输协议）主要用来传输电子邮件；HTTP（超文本传输协议），DNS（域名系统）用于IP地址的文字表现形式；RPS（远程过程调试用来与远程主机建立仿真终端）；NFS（网络文件系统）；XDR（外部数据表示）；UDP（用户数据报协议）可以代替TCP，与IP和其他协议共同使用。利用UDP传输数据时不必使用报头，也不处理丢失、出错、失序等意外情况，适合传输较短的信息等。

TCP/IP所采用的通信方式是分组交换方式。数据在传输时分成若干段，每个数据段称为一个分组。TCP/IP的基本传输单位是数据报，可以把数据看成是一封长信，分装在几个信封中邮寄出去。

Internet采用一种唯一、通用的地址格式，为Internet中的每一个网络和几乎每一台主机都分配了一个地址，其地址类型有IP地址和域名地址两种。

IP地址是Internet主机的一种数字型标识，用二进制表示。它由两部分构成，一部分是网络标识，另一部分是主机标识。目前的IP版本IPv4规定，每个IP地址长32位，在读和写IP地址时，将32位分为4个字节，每个字节转换成十进制，字节之间用“.”来分隔。每组十进制数代表8位二进制数，取值范围为0～255，其中，0和255这两个地址在Internet中有特殊用途（用于广播），因此实际上每组数字的真正取值范围为1～254。IP地址按节点计算机所在的网络规模的大小分为A、B、C 3类，如图5-15所示。A类地址分配给规模特别大的网络，B类地址分配给一般规模的大型网络，C类地址分配给小型网络，如大量的局域网和校园网。

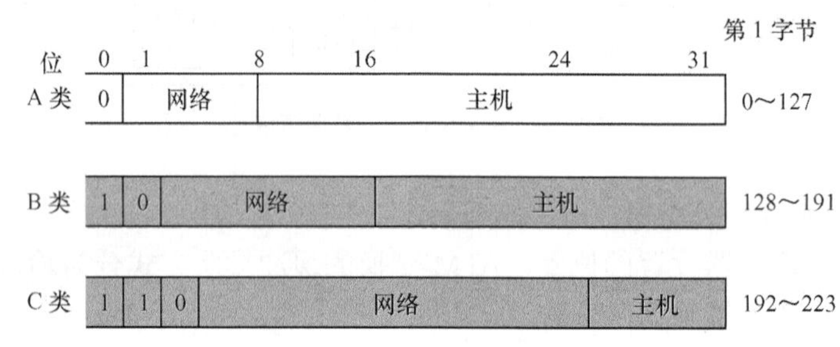

图5-15 3类IP地址

域名地址：由于IP地址是数字型的，不便记忆，于是人们又研究出了另一套字符型的地址方案。目前所使用的域名是一种层次型命名法，对网络上的每台计算机赋予一个直观的唯一性标识名，结构如下（一般$2 \leqslant n \leqslant 5$）：

第n级子域名．……．第2级子域名．第1级子域名

域名可以以一个字母或数字开头和结尾，并且中间的字符只能是字母、数字和连字符，字符长度必须小于255个。第1级子域名一般是一种标准化的标号，代表建立网络的部门、机构或网络所隶属的国家、地区等含义，常见的一级域名有COM（商业组织），EDU（教育机构），GOV（政府部门），MIL（军事部门），NET（网络管理部门），ORG（非盈利性组织），INT（国际组织）。另外国家代码采用国际通用两字符编码，如CN（中国），CA（加拿大），UK（英国）等。

2. Internet 的典型构成

Internet 是由一些典型设备组成的，处于用户端的设备包括计算机、调制解调器（Modem）、局域网设备、路由器等；局端的设备包括网络接入服务器、认证服务器、域名系统、各种应用服务器、骨干路由器等。当然，实际的局端设备还有很多，如计费和网管设备等。在用户端和局端之间还有用户线路、数字线路、中继线路等传输线路，如图 5-16 所示。

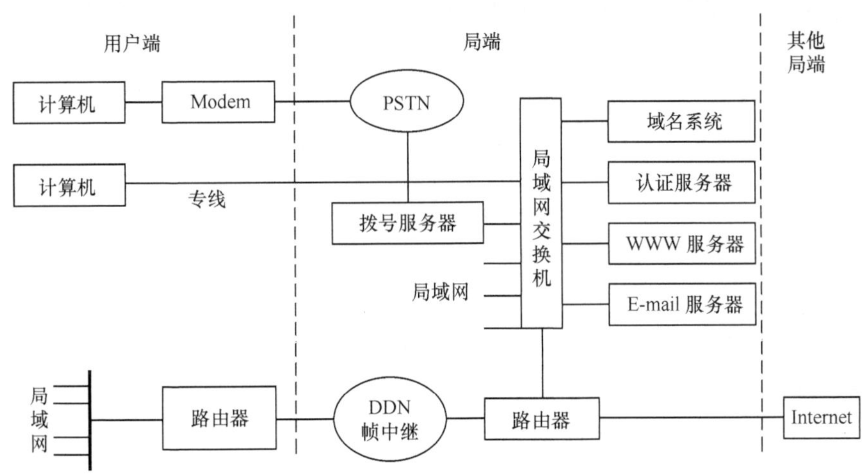

图 5-16　Internet 的构成

计算机是用户端的重要设备，其中包括操作系统和应用软件。

Modem 是完成调制和解调（数/模和模/数转换）的设备，即把计算机产生的数字信号转换成电话线上传输的模拟信号以及逆向变换。对于专线用户，它们的计算机是连接在局域网中的，局域网通过代理服务器和路由器连接到局端。

局端设备中，最先接收到信号的是网络接入服务器（Network Access Server，NAS）。接入服务器可以简单地理解成是 Modem 加 PC，它主要是完成用户信号的接入和调制解调。

认证服务器（Radius Server，RS）是完成对接入用户身份认证的设备，完成认证、授权、计费工作。在用户的用户名和密码被 NAS 接收后，首先要得到认证，被确认为合法用户，然后授权系统会根据认证的结果给予用户相应的访问权限和必要的资源（如 IP 地址）。计费系统会在用户上网期间计算用户的各种费用。

域名系统（Domain Name System，DNS）是将域名翻译成 IP 中的 IP 地址的设备。

路由器（Router）是网络互连设备，主要任务是对网络传输数据进行分组和数据包的路由选择，最初的 Internet 基本都是用路由器来组网的。

用户端和局端之间的连接线路又可以分为模拟线路和数字线路两种，在拨号用户的调制解调器和网络接入服务器之间是传统的电话网 PSTN 的模拟线路；而专线用户上网的线路基本上是数字线路，如 DDN、帧中继等。

3. Internet 的发展

过去的 10 年，是 Internet 高速发展的 10 年，也是 Internet 技术突飞猛进的 10 年。从“尽力而为”的 IP 传送机制到 MPLS 等电信级网络技术的崛起，从 56kbit/s 调制解调器到 ADSL 的规模商用，从“WWW+E-mail”到层出不穷的新应用，Internet 的技术面貌发生了翻天覆地的变化。其中最为突出的特点是：基础平台在走向宽带化的同时，网络智能水平不断提高；应用技术则趋于多元化、个性化，为各种业务的开展提供了广阔的空间。然而目前的 Internet 存在着以下问题。

（1）地址资源存在枯竭的可能。目前 Internet 使用的 IPv4 协议，地址分配方式上不灵活，造成地址资源紧张。

（2）网络安全问题。黑客、病毒、盗窃、欺诈等对网络的侵害，以及形形色色的网络犯罪，都构成对 Internet 安全的威协，尤其是随着网上证券交易、网上电子商务的发展，Internet 的安全保证更成为非常重要的问题。

（3）网络运营商的成本与用户使用费用的问题。Internet 业务在网络中占用大量带宽，因而发展 Internet 业务需要大量投资，如何寻求合理的计费模式，既能为用户提供价格低廉的服务，又能使运营商获得收益，是保证 Internet 继续发展的重要因素。

（4）网络滥用行为已经是全球化的一个趋势。现在已形成国际垃圾邮件发送者组织，由垃圾邮件的制造者、订单采集者、他的合伙人一起通过这种方式将垃圾邮件发送给世界各地，规避各国已经制订的反垃圾邮件法律。

针对以上问题，新的协议和技术正在研究之中。例如，新的 IPv6 协议可以有效地解决地址资源紧张问题，并有助于提高业务质量，支持新的业务。宽带接入技术和宽带骨干网技术 IP over ATM、IP over SDH、IP over DWDM 等可以突破带宽的瓶颈，而安全协议、密码技术、数字签名、数据加密、防火墙、安全管理等技术的发展，将会给用户提供更安全的应用业务。Internet 运营的商业模式也随着各国 Internet 业务的快速发展，正在研究和探索之中。可以肯定的是，IP 网络必将是下一代电信网的基础，以更高的质量提供各种服务。Internet 与移动通信的结合，将开辟未来个人宽带多媒体通信的新篇章。

5.3 移动通信网的组织与管理

5.3.1 移动通信网概述

1.移动通信的概念和特点

移动通信是指通信的一方或双方可以在移动中进行的通信，即至少有一方具有可移动性。移动通信是传统固定电话的延伸，随着移动通信技术的发展，通信不再局限于语音通话，还包括数据、图像等多媒体信息业务。

由于允许在移动状态（甚至很快速度、很大范围）下通信，因此与固定通信相比，移动通信具有以下特点。

（1）电波传输条件复杂。由于采用无线传输方式，电波会随着传输距离的增加而衰减；不同的地形、地物对信号产生不同的影响；信号可能经过多点反射，会从多条路径达到接收点，产生多径效应（电平衰落和时延扩展）；当用户的通信终端快速移动时，还存在多普勒效应，影响信号的接收。因此要求移动通信系统具有较强的抗衰落、抗干扰和调整控制能力。

（2）噪声和干扰严重。通信质量不仅与通信设备有关，还与外部噪声强弱有关。移动台在通信时不仅受到各种工业噪声和天然电噪声的干扰，同时还受到移动用户之间的互调干扰、邻道干扰、同频干扰等。为确保通信质量，除选择抗干扰性强的调制方式外，设备还必须留有足够抗噪声的储备。

（3）有限的频率资源。考虑到无线的覆盖、系统的容量和用户设备的实现等问题，移动通信系统可以利用的频谱资源非常有限。而随着移动通信的发展，通信容量不断提高，所以，必须研究和开发各种新技术，采取各种新措施，提高频谱的利用率，合理地分配和管理频率资源。

（4）用户终端设备（移动台）要求高。用户终端设备除了技术含量很高外，对于手持机还要求体积小、重量轻、防震动、省电、操作简单、携带方便；对于车载台还应保证在高低温变化等恶劣环境下也能正常工作。

（5）要求有效的管理和控制。由于系统中用户终端可移动，为了确保与指定的用户进行通信，移动通信系统必须具备很强的管理和控制功能，如用户的位置登记和定位、呼叫链路的建立和拆除、信道的分配和管理、越区切换和漫游的控制、鉴权和保密措施、计费管理等。

移动通信系统由移动终端、基站和移动网络组成，移动终端可以在任何移动通信系统覆盖的地方，通过基站接入到网络，此网络可以与其他网络实现互连。当然，网络部分与一般的通信网一样，也需要由交换设备、传输设备和线路通过一定的方式相互连接而成。

2．移动通信的主要技术

移动通信综合了无线通信、交换、信令、传输、数字信号处理等众多领域的技术，主要相关技术如下。

（1）多址调制技术：使众多的用户公用公共的通信信道。可以采用频率、时间或代码分隔的多址连接方式，即频分多址（FDMA）、时分多址（TDMA）和码分多址（CDMA）。

（2）频率重用和指配技术。主要是做好蜂窝小区频率规划，以提高频率利用率和减少同频干扰。

（3）空间信号接收技术。空间信号接收技术包括分集接收、自适应均衡、差错控制等技术。其中，天线分集接收是将两路接收信号进行解码，并逐比特选取较好的信号。均衡则指对波形形成特性的失真进行校正。

（4）信源编码和信道编码技术。研究传送效率高、纠错能力强、控制开销小的高性能编码方法。

（5）移动交换技术。研究以数字程控交换为基础，具有移动呼叫处理、漫游管理、自动频道切换、网间互连等功能的移动交换机。

（6）信令技术。研究适应于给定移动通信系统业务需要的网络各个接口的信令协议和实现方式，包括不同移动网间互连及移动网和固定通信网互连的信令。

（7）数字移动通信技术。数字化是移动通信的发展方向和研究热点，它有利于向未来综合业务通信网的演化。

3．移动通信系统的主要类型

（1）蜂窝陆地移动通信系统。这种系统是基于“蜂窝”的概念建立的移动通信系统，将一个大的服务区域划分成几个小区，称为“Cell”，每一个小区使用低功率的发射机，为小区内的用户服务。通过把服务区域划分为小区，使得两个小区相隔较长距离的情况下，可以再使用相同的频率，而不会产生严重干扰。但由于用户可以移动，一个用户不一定固定在一个小区中完成一次通话，为了解决这一问题，引入了切换的概念，即用户与某个小区的连接转移到与另一个小区的连接。通过划分小区、建立基站、可完成切换控制，蜂窝移动通信系统可以覆盖无限大的范围，为公众用户提供通信服务。

（2）集群调度移动通信系统。集群调度移动通信系统属于专用移动通信系统，主要实现某行业内部调度和指挥的通信。简单的调度通信系统可由若干移动台组成，其中一个移动台充当调度台，由它用广播方式向所有其他的移动台发送信息，进行指挥和控制，这种调度系统的通信是单向的（调度台到移动台）。为了增加系统的功能，人们采用了很多技术措施，建立了具有双向通信能力的专用系统。

（3）无绳电话系统。无绳电话最初是应有线电话用户的需求而诞生的，初期主要应用于家庭。这种无绳电话系统十分简单，只有一个与有线电话用户线相连接的基站和随身携带的手机，基站与手机之间利用无线电沟通。但是，无绳电话很快得到商业应用，并由室内走向室外。这种公用系统由移动终端和基站组成。基站通过用户线与公用电话网的交换机相连接而进入本地电话交换系统。通常在办公楼、居民楼群之间、火车站、机场、繁华街道、商业中心及交通要道设立基站，形成一种微蜂窝或微微蜂窝网，无绳电话用户只要看到这种基站的标志，就可以使用手机呼叫。这就是所谓的公用无绳电话。

（4）无线电寻呼系统。无线电寻呼系统是一种单向（下行）通信系统，既可以做公用也可以做专用，仅规模大小有差异而已。专用寻呼系统由用户交换机、寻呼控制中心、发射台及寻呼接收机组成。公用寻呼系统是由与公用电话网相连接的无线寻呼控制中心、寻呼发射台及寻呼接收机组成。现在由于蜂窝系统的发展，无线寻呼已退出市场。

（5）卫星移动通信系统。卫星移动通信系统是利用卫星实现移动通信的系统。主要包括以手持机为移动终端的非同步卫星移动通信系统和以手持机为中心的卫星移动通信系统。由于卫星比地面的无线基站高得多，所以卫星上面的无线收发信机的覆盖范围很大，尤其是可以覆盖海上、空中和地形复杂的地区。但也由于移动通信系统的费用较高，因此用户的发展受到限制。

5.3.2 移动通信网的组网技术

1．频谱使用

（1）频率的管理。频率是人类共有的一种特殊资源，与其他资源相比，它有一些特殊性质。例如，无线电频率资源不是消耗性的，用户只是在某一空间和时间内“占用”，用完之后依然存在，不使用或使用不当都是浪费。频率可以划分为不同的频段，对各频段可以通过技术手段提高它的利用率，另外还可以从时间和空间上对频率实现再用，因此可以从时间、空间和频率 3 方面实现频率的有效利用。

频率是一种稀缺资源，在移动通信的发展中起到决定性的作用，因此频率的分配和使用需要在全球范围内制定统一的规则。

国际上，由国际电信联盟（ITU）召开世界无线电行政大会，制定无线电规则，它包括各种无线电系统的定义、国际频率分配表和使用频率的原则、频率的分配和登记、抗干扰的措施、移动业务以及无线电业务的分类等。国际频率分配表按照大区域和业务种类给定。各国以国际频率分配表为基础，根据本国的情况，制定本国频率分配表和无线电规则。

目前，大容量的移动通信系统主要使用 900MHz（1800MHz）和 800MHz 频段。

（2）频率的有效利用。频率的有效利用可以从频率、时间和空间 3 个方面来实现。

① 频率域。在频率域提高频率的利用率主要包括两个方面的技术：信道的窄带化和多址

接入技术。

应用窄带化技术减小信道间隔后，就可以在有限的频段内设置更多的信道，从而提高频率的利用率。

在无线通信系统中以信道来区分通信对象，一个信道只容纳一个用户进行通话，许多同时通话的用户，可以共享无线媒体，而采用某种方式可以区分不同的用户，这就是多址接入方式。目前可采用的多址方式有频分多址、时分多址和码分多址以及它们的组合。当以传输信号的载波频率不同来区分信道建立多址接入时，称为频分多址（FDMA）；当以传输信号存在的时间不同来区分信道建立多址接入时，称为时分多址（TDMA）；当以传输信号的码型不同来区分信道建立多址接入时，称为码分多址（CDMA）。

② 空间域。在某一地区（空间）使用了某一频率之后，只要能控制电波辐射的方向和功率，在相隔一定距离的另一地区可以重复使用这一频率，这就是所谓的频率“再用”，蜂窝移动通信网就是根据这一概念组成的。在频率再用的情况下，使用相同频率的若干电台之间会相互干扰，因此必须使同频工作电台之间保持足够的距离。在空间域进行频率再用时，组网中必须严格掌握好网络的空间结构和各基站的信道配置，在扩大容量的同时，保证良好的通信质量。

③ 时间域。在移动通信网络中，如果给各个用户固定地分配信道，将会造成资源的巨大浪费，因为一个用户不可能所有的时间都在通话，大部分时间中，信道都是空闲的。但如果一个信道由若干个用户所共用，那么频率资源的利用率就可以提高。计算表明，若多个信道同时供大量用户共用，频率的利用率还可以进一步提高，这就是多信道共用技术。在信道数一定的条件下，用户数越多则频率利用率越高，但同时呼损率也会随之升高，如何在信道数、用户数、呼损率和频率利用率之间取得平衡，是移动网络优化的重要问题。

2．移动通信网的制式

公众移动通信网的服务区域覆盖方式可分为大区制和小区制，如图5-17和图5-18所示，这两种方式可支持的网络容量及管理控制方式有很多不同。

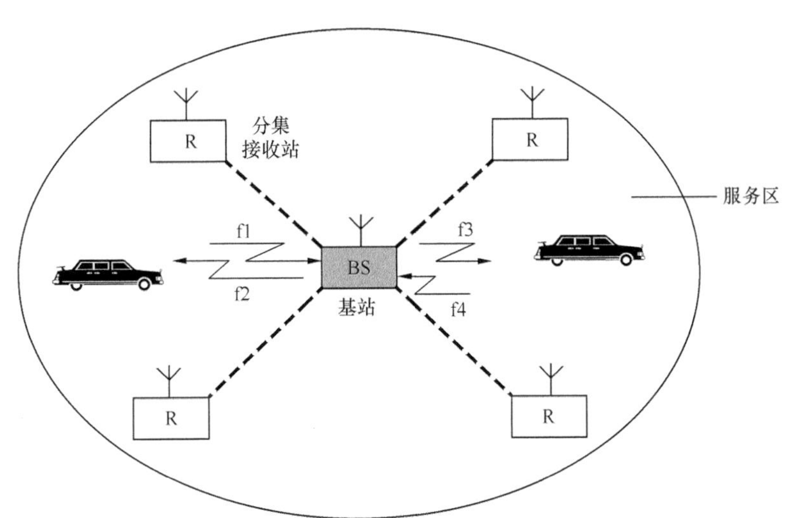

图5-17 大区制移动通信系统示意图

（1）大区制。大区制是指在一个服务区域（如一个城市）内只设有一个基站，并由它负责移动通信的联络和控制。大区制的特点如下。

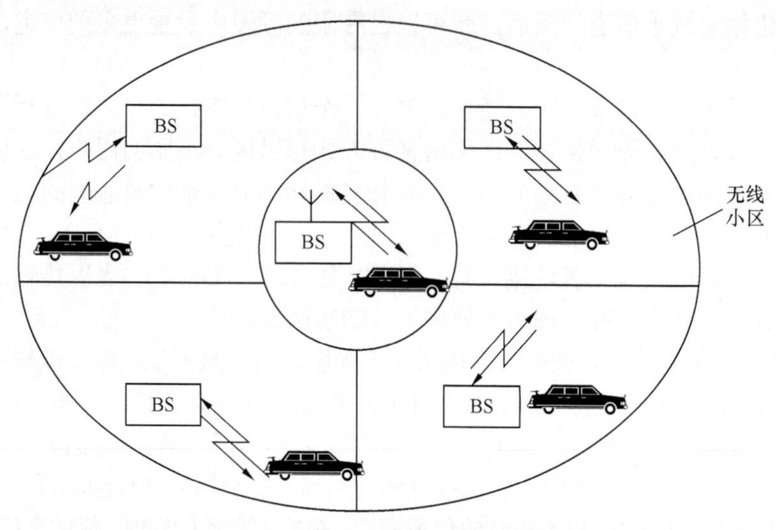

图 5-18 小区制移动通信系统示意图

① 通常为了扩大服务区域范围，大区制基站的天线架设得都很高，发射机输出功率也较大（一般在 200W 左右），覆盖半径为 30～50km。

② 为了避免移动台间的相互干扰，在服务区内的所有频道（一个频道包含收、发一对频率）的频率都不能重复，否则将会产生严重的相互串扰。因此大区制下频率的利用率不高，通信的容量受到了限制。

③ 由于移动台的电池容量限制，移动台发射机的功率一般较小，当移动台距离基站较远时，移动台可以收到基站发来的信号（即下行信号），而基站却收不到移动台发出的信号（即上行信号），也就是说大区制存在着上行和下行通信不平衡的问题。为了解决这一问题，可以在适当地区设置若干个分集接收站，以保证在服务区域内的双向通信质量。

④ 大区制的优点是控制方式简单、投资少、见效快，在用户较少的地域或移动通信处于发展初期的地区，这种体制目前仍得到广泛的运用。但是，从长远来看，随着用户数的增长，要满足大容量的通信需求，就必须采用小区制。

（2）小区制。小区制就是把整个服务区域划分为若干个小区，每个小区分别设置一个基地站，负责本区移动通信的联络和控制。同时可在移动业务交换中心的统一控制下，实现小区之间移动用户通信的切换转接。小区制的主要特点如下。

① 小区制服务区域较小，因此基站的发射功率较小，一般为 5～10W，由于基站功率减小，小区相互间的干扰减少了。

② 小区制可采用空间域的同频率再用，不同小区之间间隔较远，同时基站功率又较小，使用相同频率也不会出现干扰。显然，空间域频率再用使得小区制中频率资源利用率得到了显著的提高，因而容量大，解决了信道数和用户数之间的矛盾。

③ 无线小区的范围还可以根据实际用户数的多少灵活确定，当系统容量增加时，网络原有的信道数已经无法满足用户的需要，此时可以将基站划分成扇形小区，或缩小基站半径增加基站，即进行小区分裂。因此小区制很好地适应了用户数的增长，大容量的移动通信网都是采用小区制制式。

④ 小区制的缺点是，由于无线小区的划分，移动台在通话的过程中，会频繁地出现从一

个小区转入另一个小区的情况，因此移动台需要经常地更换工作频道，这种转换称为切换。无线小区的范围越小，通话中切换的次数就越多，因此对交换与控制功能的要求就提高了。再加上基站数量增加，建网的投入随之增加。但由于服务的用户数更多，平均用户成本应随着用户数的增加而下降。

如果每个基站均采用全向天线，则每个无线小区覆盖的面积是个圆形。为了无缝地覆盖整个服务区，邻接小区之间就会有很多场强交叠区。在考虑了交叠之后，实际上每个小区的有效覆盖区是一个多边形。在服务区面积一定的情况下，正六边形小区所需的基站数量最少，也最经济，由于正六边形网络形同蜂窝，这样就形成蜂窝移动通信网。

蜂窝移动通信网通常是先由若干邻接的无线小区组成一个无线区群，再由若干无线区群构成整个服务区。为了防止同频干扰，每个区群中的小区不能使用相同频率，只有在不同的无线区群中，才可以使用相同的频率。

5.3.3 数字蜂窝移动通信网

GSM（Global System for Mobile Communication，全球移动通信）网，是第 2 代移动通信网。它在频率利用率、数据业务和漫游性方面都大大优于移动通信第 1 代网络。

1. 数字蜂窝移动通信系统的组成

GSM 数字蜂窝通信系统主要由移动台、基站子系统和网络子系统组成，如图 5-19 所示。

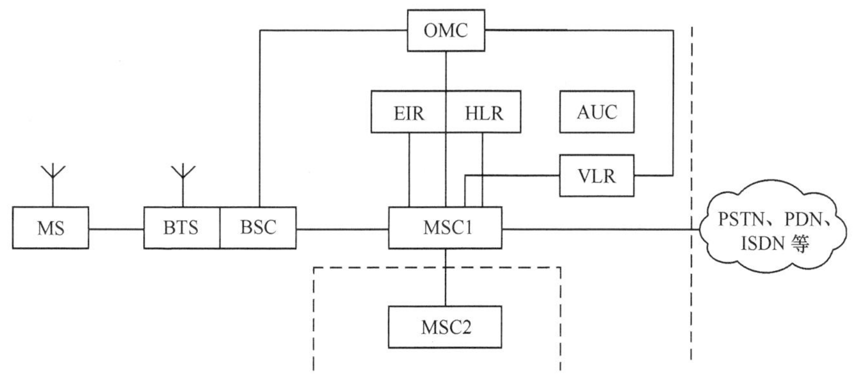

图 5-19 数字蜂窝移动通信系统构成

（1）移动台（MS）。MS 是公用蜂窝移动通信网中用户使用的设备，MS 的类型有车载台、便携台和手持台。MS 的一个重要组成部分是用户识别模块（SIM），它以单独的卡形式出现，MS 上只配有读卡装置。SIM 的功能简单，包括两部分：一是信息存储功能，包含所有与用户有关的信息；二是安全保密功能，SIM 卡中存储鉴权和加密信息，不但能使网络防止未经授权的用户进行欺骗性接入，而且能保护用户通信秘密。

（2）基站子系统（BSS）。BSS 包括蜂窝移动通信系统中无线通信部分所有的地面基础设施，它通过无线接口直接与 MS 相连，负责无线发送、接收和无线资源管理。BSS 与网络子系统的交换机相连，处理与交换业务中心的接口信令，完成移动用户之间和移动用户与固定用户之间的通信连接，传送系统信号和用户信息等。因此，BSS 可以视作移动台与交换机之间的桥梁。BSS 可分为无线基站（BTS）和基站控制器（BSC）两大部分。BTS 是通过无线接口与移动台一侧相连的基站收/发信机，主要负责无线传输；BSC 在另一侧与交换机相连，负责控制和管理。一个 BSC 可以根据话务量需要控制数十个 BTS。

（3）网络子系统（NSS）。NSS 具有系统交换功能和数据库功能，是整个蜂窝移动通信系统的控制和交换中心，负责所有与移动用户有关的呼叫接续处理、移动性管理、用户设备及保密管理等功能，并提供移动通信系统与其他网络之间的连接。NSS 中各功能实体之间、NSS 与 BSS 之间采用 No.7 信令协议，通过移动通信网的 No.7 信令网进行相互通信。NSS 包括移动业务交换中心（MSC）、访问位置寄存器（VLR）、归属位置寄存器（HLR）、设备识别寄存器（EIR）、鉴权认证中心（AUC）和操作维护中心（OMC）。

2．蜂窝移动通信网的主要业务

蜂窝移动通信系统是一种多业务系统，能提供许多种不同类型的业务，包括基本业务和补充业务。根据基本业务在网络中接入的位置又可以分为用户终端业务和承载业务，在用户终端业务和承载业务基础上，可以附加提供补充业务。

（1）用户终端业务。用户终端业务分为话音业务和低速数据业务两大类。

① 话音业务。用户可以通过蜂窝移动通信网与其他移动电话用户或固定电话用户进行双向的话音通信，包括正常呼叫和紧急呼叫。紧急呼叫是一种特殊业务，它允许移动电话用户使用简便的手续连接到就近的紧急业务中心，此业务优于其他业务。在移动台中没有插入 SIM 卡或者处于锁定状态时，也可以通过按键接通紧急服务中心。另外，还可以提供语音信箱业务，当用户在无法接听来话的时候，如无电关机、在盲区或在通话中，可以将来电转移至语音信箱。

② 低速数据业务。主要有移动短消息业务、三类传真、用户电报等业务。其中，移动短消息业务是目前最主要的移动数据业务。

短消息业务（SMS）也称为短信业务，用户可以通过手机上的按键和显示屏收发短信。按照业务量需求设立若干短信中心，当用户发出短信时，短信首先被送往主叫用户的归属短信中心，短信中心根据被叫用户号码，通过 MSC 向其归属的 HLR 请求路由信息，然后由 MSC 格局路由信息将短信通过信令网直接发往被叫所在地的 MSC，最后由 MSC 通过基站将信息发送给被叫用户。按通信方式，短消息又分为点-点短消息和小区广播短消息。

短信业务技术成熟，成本低廉，并为开发各种增值业务创造了条件。主要缺点是实时性比较差，反应较慢，业务量集中时可能出现短信无法及时发送和业务失败的情况。短信的主要应用包括个人联络、金融短信服务（如股票价格、信用卡消费信息等通知）、Internet 相关通知（如 E-mail 通知）服务、信息点播（如交通状况、新闻订阅、天气预报、娱乐信息）等。

（2）承载业务。承载业务即通信网络为用户提供的信息传送的能力。由于受到无线接口等多方面的限制，2G 网络的数据传输速率较低，往往采取占有多个业务信道捆绑的方式，提升传输速率来传送高速数据，为提供多媒体通信创造条件。

（3）补充业务。作为对基本业务功能的扩展，补充业务主要包括呼叫限制业务、呼叫转移业务、呼叫完成业务、号码识别业务、多方通话业务、闭合用户群业务、计费提示业务等。

3．移动智能网及其业务

移动智能网是能在移动通信网上快速、方便、经济、有效地生成和实现智能业务的体系结构。从 20 世纪 90 年代开始，关于移动网与智能网的综合一直是世界各国电信界研究和讨论的热点。第三代移动通信的一个重要特征就是智能网技术在移动网中的应用，可以更方便地支持个人号码识别、数据种类识别、权限种类识别、业务认定、路由选择、信令传输、定位、计费等功能，为全球个人通信业务的应用和发展铺平了道路。

移动网与智能网的互连是移动智能网技术发展的关键。第二代移动通信采用的技术有GSM、CDMA 等多种制式，因此不同的组织或公司针对这些技术提出了不同的移动网与智能网互连的方案，主要有 ETSI（欧洲电信标准化组织）提出的 CAMEL（Customized Application for Mobile Network Enhanced Logic）方案和美国电信工业联盟（TIA）提出的 WIN（Wireless Intelligent Network）。我国的移动智能网基本是按照 CAMEL 发展来的。CAMEL 为移动通信网增加了新的功能实体，包括 SCP、IP、SCE、SMP 等，它的主要作用与固定智能网相同。同时在功能实体之间增加了新的通信协议，另外原有功能实体的功能也有所增强。

移动智能业务有预付费业务、移动 VPN、通用接入号码业务等。

预付费业务（Pre-paid Service）的基本概念是在呼叫建立时，基于 PPS 用户的账户决定接收或拒绝呼叫。在通话过程中实时计费并减小 PPS 用户预付的金额，余额不足时予以拆线。与固定网的 200 业务、300 业务相比，PPS 业务具有拨号简单的优点。用户使用 PPS 呼叫同传统的后付费呼叫完全一样，并不需要像使用 200 业务、300 业务那样，每次呼叫都需要拨入账号、密码等。PPS 业务可以分为长期预付费业务和一次性付费业务。

移动 VPN 业务是一种利用公用电信网的资源来为某个企业、团体建立一个逻辑的专业网，建立一个用户群内能方便联系的网络。在移动网站提供 VPN 业务给向移动用户提供类似于固定网专用网络的业务，允许 VPN 用户拥有自己的编号计划，用户仅仅拨打较短号码就可以互相通话。VPN 业务主要业务功能有网内呼叫、网外呼叫、记账呼叫、呼叫话务员坐席等。

通用接入号码业务（UAN）类似于固定网中的 800 业务，即对该业务用户的呼叫由被叫支付通话费用，主要特征为：唯一号码、遇忙/无应答呼叫前转、按时间/发话地点选择目的地、同时呼叫某一目的的次数限制。该业务可以用于急救系统，公司企业也可以通过该业务提供客户咨询。

5.3.4　第三代移动通信系统

1．3G 的概念和特点

3G，全称为 3rd Generation。早在 1985 年 ITU-T 就提出了第三代移动通信系统的概念，最初命名为 FPLMTS（未来公共陆地移动通信系统），后来考虑到该系统将于 2000 年左右进入商用市场，故于 1996 年正式更名为 IMT-2000（International Mobile Telecommunication-2000）。IMT-2000 系统需要具有下述 3 个特征。

（1）全球化。IMT-2000 是一个全球性的系统，各个地区多种系统组成一个 IMT-2000 家族，各个系统在设计上具有高度的互通性，使用共同的频段和全球统一标准，能提供全球无缝漫游。

（2）综合化。能够提供多种业务，特别能够支持多媒体业务和因特网（Internet）业务，并有能力容纳新型的业务。

（3）个人化。用户使用全球唯一的个人号码，系统能提供足够的容量、高保密性、高服务质量。

第三代移动通信系统的目标是能提供多种类型、高质量的多媒体业务；能实现全球无缝覆盖，具有全球漫游能力；与固定网络的各种业务相互兼容，具有高服务质量；与全球范围内使用的小型便携式终端在任何时候任何地点进行任何种类的通信。为了实现上述目标，对第三代无线传输技术提出了支持高速多媒体业务（高速移动环境至少 144kbit/s，室外步行环境至少 384kbit/s，室内环境至少 2Mbit/s）、按需分配传输带宽、上下行链路不对称传输等要求。

2．3G 的应用

第二代移动通信系统的主要特性是提供数字化的话音业务及低速数据业务，而第三代系统则以提供移动环境下的多媒体业务和宽带数据业务为主。对高速率数据与多媒体业务的需求是推动第三代移动通信系统发展的主要动力。第二代移动通信系统主要支持语音业务，仅能提供一般的低速数据业务，速率为 9.6～14.4kbit/s。改进后的第二代系统能够支持几十千比特每秒的数据业务。而第三代移动通信系统能够支持 2Mbit/s 以上的速率。

第三代移动通信系统能够支持大量的不同业务，并可方便地吸引新的业务。各种不同的业务分别具有不同的业务特性，从语音到动态视频需要占用不同的带宽、不同的信息传送速率。另外，对于不同的通信业务其性能要求也是不同的，如语音、视频需要具有较好的实时性和连续性，而电子邮件、网上下载等对时延并不是很敏感，但要求具有较高的数据可靠性。由此可见，对不同业务的实时性和服务质量的要求差别很大。同时，大量数据业务，如浏览网页、下载音乐等，还需要上、下行不对称的传输。所有这些，第三代移动通信系统给予了很好的支持。3G 的核心应用包括宽带上网、视频通话、手机电视、无线搜索、手机音乐、手机购物、手机网游等业务。

3．3G 标准及其进展

第一代移动通信系统采用频分多址（FDMA）的模拟调制方式，这种系统的主要缺点是频谱利用率低，信令干扰话音业务。第二代移动通信系统主要采用时分多址（TDMA）的数字调制方式，提高了系统容量，并采用独立信道传送信令，使系统性能大大改善，但 TDMA 的系统容量仍然有限，越区切换性能仍不完善，因此改进的第二代移动通信系统采用码分多址（CDMA）的技术。第三代移动通信系统的技术基础是码分多址技术，CDMA 系统以频率规划简单、系统容量大、频率复用系数高、抗多径能力强、通信质量好、软容量、软切换等特点显示出巨大的发展潜力。国际电信联盟（ITU）目前确定的 3G 标准主要有 W-CDMA、CDMA2000、TD-SCDMA 以及 WiMAX 这 4 大主流无线接口标准，由于时间推出不一，各国政府支持的标准也不同，因此，这几种技术在全球的发展前景也有所不同。

（1）W-CDMA。1998 年 1 月在 ETSI 会议上决定将 W-CDMA 作为 IMT-2000 的建议提出。W-CDMA 的支持者主要是以 GSM 系统为主的欧洲厂商，日本公司也或多或少参与其中，包括爱立信、阿尔卡特、诺基亚、朗讯、北电，以及 NTT、富士通、夏普等厂商。该标准提出了 GSM（2G）—GPRS—EDGE—WCDMA（3G）的演进策略。由于全球商用规模较大，因此 W-CDMA 具有先天的市场优势。

（2）CDMA2000。CDMA2000 是由美国高通公司为主导提出，摩托罗拉、Lucent 和后来加入的韩国三星成为该标准的主导者。基于 CDMA（IS-95）技术发展而来的宽带 CDMA 技术，是从窄频 CDMA One 数字标准衍生出来的，可以从原有的 IS-95 结构直接升级到 3G，建设成本低廉。该标准提出了从 CDMA IS-95（2G）—CDMA2000 1x—CDMA2000 3x（3G）的演进策略。CDMA2000 1x 被称为 2.5 代移动通信技术。

（3）TD-SCDMA。该标准是由我国独立制定的 3G 标准。1999 年 6 月 29 日，中国原邮电部电信科学技术研究院（大唐电信）正式向 ITU 提出，在 1999 年 11 月被 ITU 采纳。该标准融合了智能无线、同步 CDMA、软件无线电等技术，在频谱利用率、对业务支持具有灵活性、频率灵活性、成本等方面的独特优势。另外，由于中国的庞大市场规模，该标准受到各大主要电信设备厂商的重视。该标准提出不经过 2.5 代移动通信技术的中间环节，直接向 3G 过渡，适用于 GSM 系统向 3G 升级。

（4）WiMAX。WiMAX 的全名是微波接入的全球互通（Worldwide Interoperability for Microwave Access），又称为 802.16 无线城域网，是一种为企业和家庭用户提供最后一公里接入的宽带无线解决方案。2007 年 10 月，国际电信联盟在日内瓦举行的无线通信全体会议上，经过多数国家投票通过，WiMAX 正式被批准成为继 W-CDMA、CDMA2000 和 TD-SCDMA 之后的第 4 个全球 3G 标准。

2009 年 1 月 7 日 14：30，工业和信息化部为中国移动、中国电信和中国联通发放 3 张第三代移动通信（3G）牌照，标志着我国正式进入 3G 时代。其中，批准中国移动增加基于 TD-SCDMA 技术制式的 3G 牌照，中国电信增加基于 CDMA2000 技术制式的 3G 牌照，中国联通增加了基于 W-CDMA 技术制式的 3G 牌照。

3G 牌照发放后，将形成一条包括 3G 网络建设、终端设备制造、运营服务、信息服务在内的通信产业链，对扩大内需、刺激经济产生重要作用。对于运营商来说，3G 牌照发放意味着新一轮市场角逐的开始；对于设备商来说，意味着 3 年至少 2800 亿元的投资大蛋糕摆在了面前；而对于用户来说，3G 意味着手机上网带宽提升，业务更为丰富，资费更为低廉。2005 年，ITU 提出 4G（IMT-Advanced）的概念，预计在 2015 年投入商用，未来的移动通信将带给人们高速、多媒体的业务体验。

本章小结

本章主要介绍了电话通信网、数据通信网、移动通信网的组织与管理。公用电话交换网是目前覆盖范围最广、规模最大的电信业务网，该网络采用电路交换方式，节点设备采用数字程控交换机，网络结构从四级长途网和一级本地网组成的五级网络逐步演变成两级长途网和一级本地网。目前较为常用的数据通信网有分组交换网、数字数据网、帧中继网和 ATM 网以及 Internet。当前，移动通信业务正在以惊人的速度发展，为人们随时随地便捷交流提供了平台，本章还介绍了数字蜂窝移动通信网和第三代移动通信系统。

思考与练习题

5-1 什么是电话网？我国长途电话网如何分级？各级汇接中心的功能是什么？

5-2 简述 No.7 信令网的组成和工作方式。

5-3 什么是智能网？智能网的特点有哪些？智能网支持的业务有哪些？

5-4 数据通信网组织时要考虑的因素有哪些？

5-5 什么是分组交换网？它的构成、特点有哪些？

5-6 什么是数字数据网？它的构成、特点有哪些？

5-7 简述帧中继网的概念、特点及其应用。

5-8 简述 ATM 网的概念及优点。

5-9 简述 IPv4 的地址结构，说明目前 Internet 发展中存在的问题。

5-10 什么是移动通信？移动通信的特点有哪些？

5-11 第三代移动通信与第一代、第二代移动通信相比有哪些优越性？第三代移动通信的技术标准有哪些？第三代移动通信可以提供哪些业务？

5-12 某电信网有 A、B、C 3 个局，B 为汇接局，现预测出 $y_{AC}=40\text{Erl}$，AC 电路费用成本为 1 万元，AB 电路费用成本为 1.2 万元，BC 电路成本为 0.8 万元，$ATC=0.8$，试求设多少直达电路较为经济？

5-13 某长途电话网有 A、B、C、D、E 5 个交换中心，它的网络图和忙时流量矩阵（单位：次）如下，求最大转接次数和转接系数。

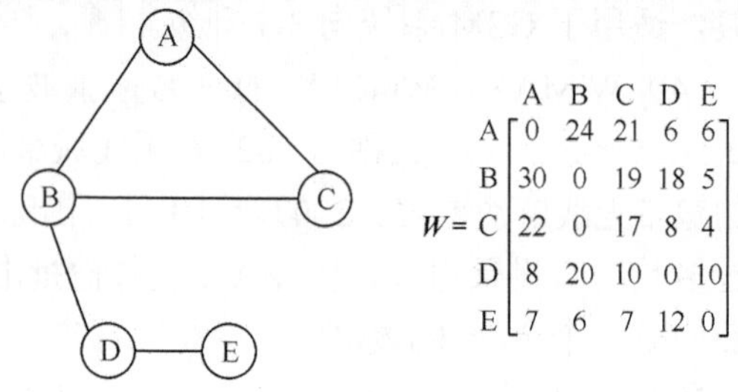

$$W=\begin{array}{c} \\ A \\ B \\ C \\ D \\ E \end{array}\begin{array}{c} \begin{array}{ccccc} A & B & C & D & E \end{array} \\ \begin{bmatrix} 0 & 24 & 21 & 6 & 6 \\ 30 & 0 & 19 & 18 & 5 \\ 22 & 0 & 17 & 8 & 4 \\ 8 & 20 & 10 & 0 & 10 \\ 7 & 6 & 7 & 12 & 0 \end{bmatrix} \end{array}$$

案例讨论

从世界电信日的主题看电信网络变迁

1969 年 5 月 17 日，国际电信联盟第 24 届行政理事会正式通过决议，决定把国际电信联盟的成立日——5 月 17 日定为“世界电信日”，并要求各会员国从 1969 年起，在每年 5 月 17 日开展纪念动。

历届世界电信日的主题为：

1969 年，第 1 届世界电信日的主题为“电联的作用及其活动”；

1970 年，第 2 届世界电信日的主题为“电信与培训”；

1971 年，第 3 届世界电信日的主题为“太空与电信”；

1972 年，第 4 届世界电信日的主题为“世界电信网”；

1973 年，第 5 届世界电信日的主题为“国际合作”；

1974 年，第 6 届世界电信日的主题为“电信与运输”；

1975 年，第 7 届世界电信日的主题为“电信与气象”；

1976 年，第 8 届世界电信日的主题为“电信与信息”；

1977 年，第 9 届世界电信日的主题为“电信与发展”；

1978 年，第 10 届世界电信日的主题为“无线电通信”；

1979 年，第 11 届世界电信日的主题为“电信为人类服务”；

1980 年，第 12 届世界电信日的主题为“农村电信”；

1981 年，第 13 届世界电信日的主题为“电信与卫生”；

1982 年，第 14 届世界电信日的主题为“国际合作”；

1983 年，第 15 届世界电信日的主题为“一个世界、一个网路”；

1984 年，第 16 届世界电信日的主题为“电信：广阔的视野”；

1985 年，第 17 届世界电信日的主题为“电信有利于发展”；

1986 年，第 18 届世界电信日的主题为“前进中的伙伴”；

1987 年，第 19 届世界电信日的主题为“电信为各国服务”；

1988 年，第 20 届世界电信日的主题为“电子时代的技术知识传播”；

1989 年，第 21 届世界电信日的主题为“国际合作”；
1990 年，第 22 届世界电信日的主题为“电信与工业发展”；
1991 年，第 23 届世界电信日的主题为“电信与人类的安全”；
1992 年，第 24 届世界电信日的主题为“电信与空间：新天地”；
1993 年，第 25 届世界电信日的主题为“电信和人类发展”；
1994 年，第 26 届世界电信日的主题为“电信与文化”；
1995 年，第 27 届世界电信日的主题为“电信与环境”；
1996 年，第 28 届世界电信日的主题为“电信与体育”；
1997 年，第 29 届世界电信日的主题为“电信与人道主义援助”；
1998 年，第 30 届世界电信日的主题为“电信贸易”；
1999 年，第 31 届世界电信日的主题为“电子商务”；
2000 年，第 32 届世界电信日的主题为“移动通信”；
2001 年，第 33 届世界电信日的主题为“Internet：挑战、机遇与前景”；
2002 年，第 34 届世界电信日的主题为“帮助人们跨越数字鸿沟”；
2003 年，第 35 届世界电信日的主题为“帮助全人类沟通信息”；
2004 年，第 36 届世界电信日的主题为“通信技术：实现可持续发展的途径”；
2005 年，第 37 届世界电信日的主题为“行动起来：创建公平的信息社会”；
2006 年，第 38 届世界电信日的主题为“让全球网络更安全”；
2007 年，第 39 届世界电信日的主题为“携手青年:ICT 产业的机会”；
2008 年，第 40 届世界电信日的主题为“信息通信技术惠及残疾人”；
2009 年，第 41 届世界电信日的主题为“保护未成年人网络安全”。

1865 年，来自 20 个国家的代表在巴黎举行国际电信联盟成立大会，一位创始人致辞道，“我们在此召开的会议是一次真正意义上的和平大会”，这是因为通信手段“为遍布世界各地的人们提供了一个快捷且永不中断的沟通渠道”。人们可以借助通信手段，交流思想观点，从而“减少误解，而误解往往是战争的起因”。人类历史记载了人类生活、工作和娱乐方面所发生的根本变化，其中许多变化归功于通信技术方面的革命。

据金字塔研究公司的报告，2002—2007 年，世界电信市场以年平均 6%的速度稳步增长，2007 年全球电信总收入从 2002 年底的约 1 万亿美元上升到 1.3 万亿美元。Insight Research 的研究结果指出，2004—2009 年期间全球电信业务收入的复合年增长率为 8%，2009 年全球电信收入将从 2004 年的 1.2 万亿增长到 1.8 万亿美元。21 世纪电子信息产业将继续成为世界经济的增长点。

从全球来看，21 世纪电信业的 3 大发展趋势表现为 3 个超过，即“移动超过固定”、“数据超过话音”、“发展中国家市场超过发达国家市场”。在我们从电话通信时代走向信息时代的这一历史性变化过程中，除了信息网络化以外，电信业还将沿着多媒体化、普及化、多样化、个性化和全球化的战略方向发展。电信网络在迈向下一代的进程中，呈现出 IP 化、光纤化、无线化和智能化的技术发展趋势。

讨论题：

试从案例给出的线索讨论电信网络如何改变人类的生活方式？并谈谈电信业务和电信网络的发展趋势。

第6章 电信网络运行维护管理

【引例】河北网通某市公司盘活网络资源

随着电信体制改革的深入和电信资费的调整，电信基本建设资金日益紧张。河北网通某市公司在保证资源能力的情况下，压缩建设投资，盘活网络资源，强化效益管理，不仅锻炼出一支过硬的技术人员队伍，而且提高了公司的运营效益。

原 AXE10 型长途程控交换机自新长途交换机正式投产使用以来，就一直作为折旧完毕的废旧设备停用至今。虽然这台交换机的容量和性能技术指标已经不能满足开办新业务的需要，但如果改造成市话汇接局，对于节省建设维护资金、提高现有网络运行维护水平是极有价值的。经过集中论证，该公司顺利完成了交换机“搬家”工程，技术人员逐条拆除近两千余条铜缆接口，拆除原长途交换数据 73728 条，重新制作市话汇接局数据 18432 条，将一台已报废的旧交换机改头换面，改造成了具有 8610 中继线功能的市话汇接局，仅此一项节约设备资金 300 多万元。

生产设备是生产力的重要组成部分和基本要素之一，是企业从事生产经营的重要工具和手段，是企业生存和发展的重要物质财富，也是社会生产力发展水平的物质标志。对于电信企业来说，一切生产活动都是通过通信设备来进行的，通信设备是企业实现通信过程的物质基础。电信网络运行维护管理是指对通信设备全过程的管理，即对通信设备的选择评价、维护管理、更新改造和报废处理的管理活动。本章将重点讲述电信设备的使用和维护、更新改造以及综合管理等内容。

6.1 电信网设备的使用

对于电信企业来说，对设备进行科学管理，对提高企业的生产能力，保证通信质量，降低成本以及保证安全生产，都有密切的关系。众所周知，设备的通信能力、性能和可靠性是保证通信质量的重要条件。设备的维修、折旧、更新等费用是构成产品成本的重要因素。因此，搞好设备管理是提高通信质量和改善电信企业经营成果的重要环节。设备管理的具体任务包括如下 4 点。

（1）搞好设备的投资规划。

（2）保证机器设备始终处于良好的技术状态。

（3）做好现有设备的挖潜、革新、改造。

（4）保证引进的设备正常运转。

正确使用设备是设备管理的一个重要环节。设备的效率、精度、寿命等，在很大程度上与操作者对设备的正确使用有关。正确、合理地使用设备，可以在节省费用的条件下发挥设备的效率。

设备的合理使用包括两方面的含义：一是制止设备使用中的蛮干、滥用，因为这会造成设备的过度磨损，影响产品质量，带来严重事故；二是要防止设备的闲置不用，因为这会使设备投资不能及时回收，承担无形磨损和负担必须支出的税费等，以及维护保养费。

提高设备使用效益的措施包括如下4点。

（1）针对设备不同特点和要求，制定一套科学的规章制度，包括安全操作规程，定期检查、维护规程等。

（2）为各类设备配备合格的操作人员，实行操作证使用设备制度，对于精密的、复杂的、关键的和国外引进设备，应指定具有相应技术的技术工人去操作，并固定操作人员。

（3）为各类设备合理安排生产任务，要根据各种设备的性能、结构和技术经济特点，恰当地安排生产任务和设备负荷，避免大机小用、精机粗用，以及超速超负荷运转。根据产品的特点和工艺过程，合理地配齐各种类型的设备，保证各种主要设备，辅助设备和动力、运输、起重设备具有适当的比例，并使它们有机地结合起来，在性能上、生产率上相互协调，才能合理地使用设备。同时，对工艺技术及时调整以适应产品品种、结构和数量的变化。为设备创造良好的工作条件，是保证设备正常运转、延长使用，保证安全生产的重要条件。

（4）对设备安装必要的防护安全装置，配备必要的测量控制和保险装置。复杂精密设备对温湿度、防尘防震要求严格，使用中要保证这些要求。这是保证设备的精度，使其正常运转的前提条件。

6.2　电信网设备的磨损

设备在使用或闲置过程中会逐渐发生磨损。磨损有两种形式，即有形磨损和无形磨损。

6.2.1　设备的有形磨损

设备在运转过程中，零部件间发生摩擦、振动和疲劳等现象，致使零部件磨损，这种磨损称为第1种有形磨损，也称正常磨损。设备在运转或闲置时由于受自然力磨损、腐蚀、保管不善或人为因素而引起的磨损，这种磨损称为第2种有形磨损，也称意外磨损。

1．设备的磨损规律

设备的磨损规律是指正常有形磨损的规律。设备在运转、使用过程中的正常磨损过程，一般如图6-1所示。它大致可以分为3个阶段。

第1个阶段称为初期磨损阶段。在这一阶段，主要由于相对运动的零件表面的微观几何形状在受力情况下的迅速磨损而发生的，也可能由于零件接触表面的形状不同，机器设备运转后产生磨损，这阶段的磨损速度很快，但期间较短。

第2阶段称为正常磨损阶段。在这个阶段，零件的磨损随着时间匀速增加，磨损缓慢。

这个时期设备处于最佳技术状态，设备的生产率、产品质量最有保证。

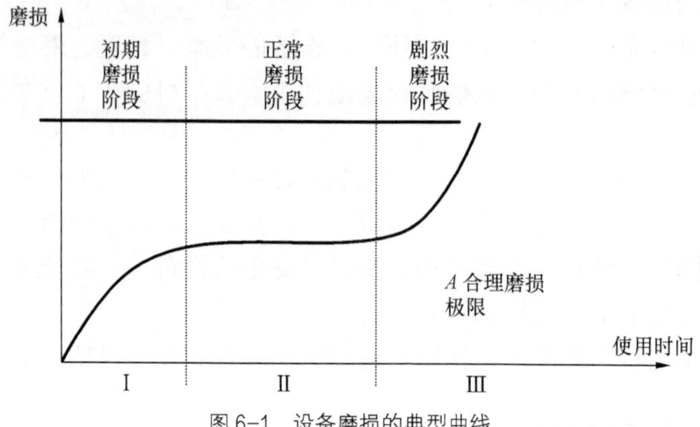

图 6-1 设备磨损的典型曲线

第 3 阶段是剧烈磨损阶段。在这个阶段，因零件磨损超过一定限度，破坏了正常配合关系，使得零件磨损急剧增加，设备的性能和质量迅速下降。所以一般是不允许设备的零件使用到这个阶段的。当零件到正常磨损阶段的后期，进入急剧磨损阶段之前（如图 6-1 中的 *A* 点）就应修复或更换。

图 6-2 表示强化磨损曲线，该曲线在二、三两个阶段没有明显的转折点，磨损速度加快，在初期磨损后，没有明显的正常磨损阶段，就进入剧烈磨损阶段，也就是说，正常磨损阶段的期限大大缩短，这就导致设备提前损坏。造成这种情况的主要原因是对设备使用不当和维修不及时。

图 6-3 表示延缓磨损曲线，磨损速度减慢，第 2 阶段期限显著延长，也就是说设备的寿命延长了。出现这种情况主要是对设备使用合理和加强维护。

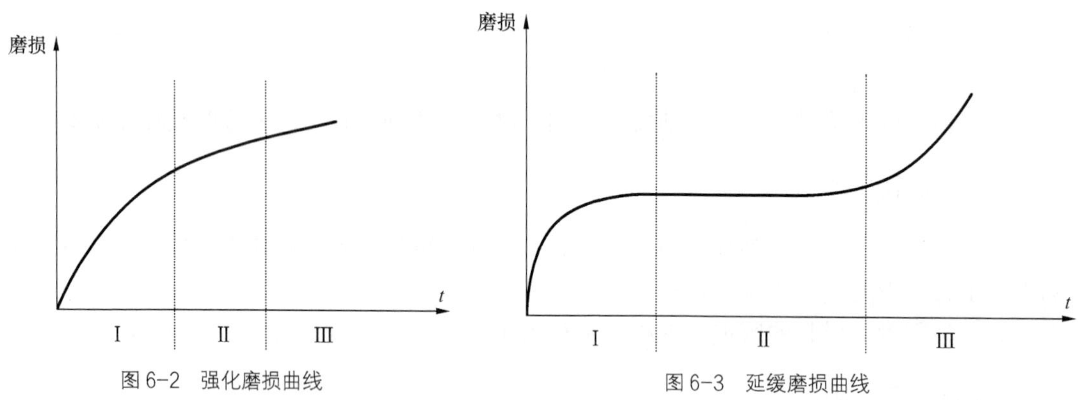

图 6-2 强化磨损曲线

图 6-3 延缓磨损曲线

由以上的磨损规律可知：

（1）在设备使用过程中，零件总是有磨损的，磨损到一定程度，就会降低生产效率和产品质量。

（2）如果设备使用合理，同时加强维护，就可以延长设备的正常使用阶段的期限，从而减少设备的故障，有利于保证通信质量，延长设备的寿命。

（3）加强设备的日常检查和定期检查，在未达合理磨损极限之前就进行修理，防止过度磨损而造成损坏，对障碍起到一定的预防作用。

（4）设备的磨损可以通过实验或统计分析的方法，计算出在正常情况下的磨损率和使用期限，便于采取措施，有计划地进行维修。

2．有形磨损的度量

设备的有形磨损程度可以用下式计算：

$$A=\frac{R}{K}$$

式中，A——设备有形磨损程度；

R——修复全部磨损零件所用费用；

K——该设备再生产的价值。

从经济角度分析，设备有形磨损的指标，不应超过 $A=1$ 的极限。

6.2.2 设备的无形磨损

1．无形磨损的形成

设备的无形磨损也叫精神磨损，无形磨损一般有两种：第 1 种无形磨损，是由于制造部门的劳动生产率提高，它的再生产费用相应降低，从而使原有的同种机器发生贬值。它意味着垫支资本的贬值，一般不影响机器设备的经济效用和使用期限，只是在大修理费用超过降低了的新机器设备的购置价格时，才需更新。第 2 种无形磨损，是由于新的、具有更高生产能力和经济效率的技术设备的出现和推广，使原有机器设备的经济效能降低而发生的损失。它意味着拥有旧技术设备的企业的竞争能力和市场地位的削弱，与新技术设备相比，继续在生产中使用旧技术设备，则非常不利。因此，迫使企业不断以新技术装备来更换旧技术装备。目前国际上的“快速折旧”就是采取提高折旧率，缩短设备使用年限的方法来弥补机器设备的无形磨损。

在确定机器设备的使用年限时，不仅要根据设备在物理上最大可能的使用年限，还要同时考虑设备无形磨损的因素。

2．无形磨损的度量

衡量设备的无形磨损常常采用价值指标。计算公式如下：

$$A_e=\frac{K-K_e}{K}=1-\frac{K_e}{K}$$

式中，A_e——设备无形磨损程度；

K——设备的原始价值；

K_e——考虑无形磨损时设备再生产价值。

$$K_e=K_n\left[\frac{g_0}{g_n}\right]\times a\left[\frac{C_0}{C_n}\right]\times B$$

式中，K_n——新设备的价值；

g_0——旧设备的年生产率；

g_n——新设备的年生产率；

C_0——使用旧设备对单位产品的消耗费用；

C_n——使用新设备对单位产品的消耗费用；

a——劳动生产率提高指数 $0<a<1$；

B——费用降低指数 $0<B<1$。

当 $g_0 = g_n$，$C_0 = C_n$ 时，$K_e = K_n$ 表示发生第 1 种无形磨损（设备的使用价值并未降低）。当 $g_n > g_0$，$C_n = C_0$；$g_n = g_0$，$C_n < C_0$；$g_n > g_0$，$C_n < C_0$，均表示发生第 2 种无形磨损。

6.2.3 设备磨损的补偿

设备磨损的形式不同，补偿的方式也不一样，设备有形磨损的局部补偿是修理，设备的无形磨损的局部补偿是改造。无形磨损和有形磨损的完全补偿是更新。设备的磨损经过补偿，才能保持良好的技术状态。

所谓设备改造，是指应用现代的技术成就和先进经验，适应生产的需要，改变现有设备的结构，给旧设备装上新部件、新装置，以改善现有设备的技术性能，使之达到或局部达到新设备的水平。它是克服现有设备技术状态陈旧，消除第 2 种无形磨损的重要方法之一。

6.3 电信网设备的故障与维修

设备故障是随着设备使用而经常发生的自然现象。设备故障的定义是：系统、机器或零部件丧失了它规定的性能。设备在使用过程中发生这样或那样的故障，从而影响通信的正常进行，我们如果能够掌握故障出现的规律，采取相应的措施，则可以减少或消灭故障的出现。

6.3.1 设备使用过程中的故障规律

所谓设备的故障规律，就是设备从投入使用直到报废为止的设备寿命周期内故障的发展变化规律。

一台新设备从投产到大修或报废，它的故障发生是有一定规律的。根据大量实验研究可知，设备的故障率在设备整个使用期间是按“浴盆曲线”分布的，如图 6-4 所示。

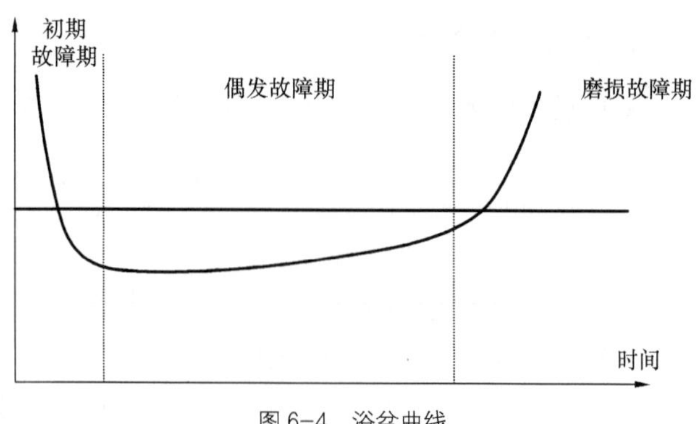

图 6-4 浴盆曲线

从曲线中可以看出，故障率有 3 个不同时期。

第 1 阶段叫初期故障期，这个阶段的故障率较高，发生故障的原因一般是由于设备设计上的疏忽、制造质量欠佳和操作不习惯引起的。但这样的故障随着使用的继续而逐渐减少，因此故障率也随着时间的增加而减少。

第 2 阶段叫做偶发故障期（稳定阶段），在这个阶段内设备已进入正常运转阶段，故障率较低，基本上为一常数，一般情况下大部分故障属于维护不好和操作失误而引起的偶发故障。

偶发故障期一般要延续相当长的时间，也是设备的有效寿命。

第 3 阶段叫做损耗故障期（磨损阶段），在此阶段设备的某些零件已经老化，因而故障率剧增，若能事先知道或能事先预测到劣化开始时间，在这个时间开始之前进行更换，就可以把故障率降下来，延长设备的有效寿命。

针对设备不同故障的特点，在设备管理中应采取不同的对策。在初期故障中，其故障是设计和制造中的缺陷引起的，减少故障的主要对策，是设备在使用前进行严格的实验运转，按规定标准验收，并针对出现的问题进行修理。在偶发故障期，其故障是运转操作中错误所致，主要对策是执行正确的操作，进行预防维护。在磨损故障期，其故障是由于零部件已达寿命所引起，主要对策是加强检修和更换零部件。因此，对于电信设备的维护，要从验收环节抓起，在设备运行使用中，严格遵守相应的维护规程，从而降低故障率，延长设备寿命，向管理要效益。

6.3.2　设备的维修

设备的维修就是设备的维护保养和修理。设备维修的基本任务是：保证设备和电路运行正常；迅速准确地排除障碍；保持设备和电路的电器特性、机械特性符合标准；保证设备完整、清洁、良好，延长使用年限；合理调整设备配置，提高设备利用率；在保证通信质量的前提下，节约器材和维护费用。

1．设备的维护保养

设备的维护保养是指为了及时处理设备在运行过程中，由于技术状态发生变化而引起的大量常见的问题，而随时改善设备的技术状况，以保证设备正常运行，延长它的使用寿命的一项经常性工作。按工作量大小、难易程度，通常可以分为日常保养、一级保养、二极保养、三级保养等 4 个类别。

2．设备的修理

设备的修理是通过修复或更换已严重受损、腐蚀的零部件，而使设备的技术性能和功效得到完全或部分恢复。设备的合理使用与维护可以减缓磨损速度和程度。按工作量大小及重要性，可分为小修理、中修理、大修理。

小修理是对设备进行局部调整与校正，如对易损件进行更换或修复，排除故障、调整零件间隙和相对位置。工作量一般占大修理工作量的 20%左右。

中修理是要修理设备的主要零、部件和基准件，更换或修复部分不能使用至下次修理时间的零、部件。要求修理后，能恢复一定的性能和效率。工作量占大修理工作量的 50%左右。

大修理是对设备进行全面修理，它需将设备全部解体，修复所有主要的零、部件，更换全部已磨损而不能用到下一次修理的零、部件，全面恢复设备原有的技术性能、工作精度和功效。

在设备的修理制度中，修理周期是指相邻两次大修之间的时间间隔（对于新购置设备，指从开始使用到第 1 次大修之间的时间）。修理间隔期是指两次修理（不论是大修、中修或小修）之间的时间间隔。修理周期结构是指在一个修理周期内，大、中、小修的次数和排列顺序，有时还包括定期检查。

在对设备进行修理时应遵循以下原则：维护和修理并存，重在预防；生产和修理并重，修理先行；以专业修理为主，专群结合。

6.3.3 设备的维修类型

设备的维修包括事后维修、计划维修、预防维修、生产维修和改善维修 5 种维修类型。

1．事后维修

事后维修就是等到设备坏了或发生了故障后再进行修理，也叫随坏维修。它包含两方面的内容：一是非重点设备实行故障发生后的维修；二是对事先无法预测的突发故障的修理。

事后维修有许多缺点，因为设备坏了再修必然已造成故障，影响通信。由于事先不能确定设备究竟什么时候发生故障，缺乏计划和准备，这种事后维修对质量不能充分保证，故一般不能作为电信主要设备的维修方式。用户终端设备往往采用事后维修。

2．计划维修

（1）定期检查。它要求建立严格的检查制度和检查计划，根据检查的情况、设备精度指数，以及有关修理资料，编制修理计划，确定修理日期和内容。

（2）日常维护。日常维护的工作内容比较简单，主要在设备表面进行。

（3）定期修理。即根据设备的使用情况，参考有关机件磨损程度资料，规定设备修理的计划日期和大致的修理内容及工作量。

（4）周期维修。周期维修是对各种设备的故障规律进行分析，制定出修理周期，在设备使用过程中，按照周期编制计划，对设备进行测试、修理。

（5）计划保修。即有计划地进行设备保养和大修。大修时拆卸全部设备，修理基准零件，更换与修复磨损的零件及部件，恢复机器设备应有的精度、性能和生产效率。

3．预防维修

预防维修就是在设备使用过程中经常进行监视和检查，一旦可能发生故障时，立即进行修理，防止事故发生。它一般是指对重点设备，以及一般设备中的重点部位进行的预防性维修活动。预防维修工作可安排在夜间或业务清闲的时间进行，避免占用忙时的设备和电路。

预防维修也叫事前维修。它包括受控维修、预知维修和维修预防。

（1）受控维修。受控维修是按设备质量规律进行维护，就是根据质量的不均匀性，按照机械设备故障概率的分布情况，利用控制图来观察通信质量是否处于受控状态，当它们处于受控状态不进行维护，而当控制图告警时，采取有效措施，进行检修、调整，这种根据设备各自的质量规律进行修理的方法既保证了质量又减少了维护工作量。

（2）预知维修。它是设备基于监测技术的一种设备维修方式。用仪表在设备运行中连续监测，可以早期发现即将发生的故障，只对损坏零件进行更换，费用少。

（3）维修预防。维修预防指的是在进行新设备设计、制造时，就考虑到提高设备的可靠性、维修性和经济性。

4．生产维修

生产维修指事后与预防维修相结合的维修方式。即对重点设备进行预防维修，与对一般设备实行事后维修。目的是在节约维修费用的前提下，保证生产需要。

5．改善维修

改善维修是在设备修理时，同时进行设备的改装、改造。目的是提高设备的性能、效率、精度、节能等。

6.4 设备的改造与更新

6.4.1 设备的改造

所谓设备改造，是指应用现代化科学技术成就，根据生产发展的需要，改变原有设备的结构，或对旧设备增添新部件、新装置，改善原有设备的技术性能和使用指标，使局部或全部达到现代化新设备的水平。改造的优点是周期短、费用省、见效快，能够获得比较好的技术经济效益。

设备改造的内容包括：①提高设备的自动化程度，实现数控化、联动化；②提高设备功率、速度、刚度，扩大、改善设备的工艺性能；③将通用设备改装成高效、专用设备；④提高设备零部件的可靠性、维修性；⑤改装设备监控装置；⑥改进安全、保护装置及环境污染系统；⑦降低设备原材料及能源消耗。

设备改造的方案，必须经过初步设计和技术经济评价，通过多种方案对比分析，选择确定最佳方案。设备改造既要考虑设备的技术性、适用性，又要考虑它的经济性。一般最普通、最典型的设备改造，不是改造役龄最长或役龄最短的设备，而是役龄适中的设备；不是从根本上改变原有设备的结构，而是在原有基础上改革或增加某些机构，改善设备的技术性能。

6.4.2 设备的更新

1．设备的更新

主要是指企业用新的、效率更高的设备去更换已经陈旧的不能继续使用，或虽然可继续使用，但在技术上不能保证产品质量，在经济上极不合理的设备。企业为了提高设备的现代化水平，适应生产发展的需要，保证生产的顺利进行，就必须重视设备的更新工作。

2．设备的最佳更新周期

更新设备要注意经济效益，分析设备的寿命周期，以确定企业设备最佳更新周期。

（1）设备的寿命。现代设备的寿命，不仅要考虑自然寿命，而且要考虑设备的技术寿命和经济寿命。设备的自然寿命，是指设备的物质寿命（或叫使用寿命），即从设备投入使用到报废止所经历的时间。设备的技术寿命，是指设备投入使用后，由于不断出现在技术上更先进合理的同类设备，使自然寿命未结束就被淘汰所经历的时间。随着科学技术发展的速度越来越快，设备的技术寿命趋向越来越短。设备的经济寿命，是指在设备的自然寿命后期，由于设备老化，必须支付较多的修费用来维持设备的寿命，花费过多的维修费用可能得不偿失，因而考虑需要更新。这种据使用费用来决定的设备寿命，叫设备的经济寿命。它是设备的使用寿命，在此使用寿命内平均每年的使用成本最低，经济寿命一般说就是设备的最佳更新周期。

（2）设备的最佳更新周期。最佳更新周期的分析主要有 3 种方法。

① 最小年平均成本法。取折旧费和经营费最小年份作为最优更新周期。计算公式如下：

$$\overline{C_n}=\frac{C_{0n}+(K+E_n)}{n}$$

式中，$\overline{C_n}$——更新年限为 n 年时年平均成本；

n——更新年限 $n=1，2，3，\cdots，n$；

C_{0n}——更新年限为 n 年时的经营费用总和；

K——设备的购置费用；

E_n——第 n 年的设备残值。

计算不同更新年限的年平均成本，选择其最小值，则该年限就是最佳更新周期。

【例 6-1】某电信企业购买某设备，此设备投资为 120 万元，设备的使用资料如表 6-1 所示。

表 6-1　　设备的使用资料　　（单位：万元）

使用年限	1	2	3	4	5	6	7
每年费用	20	24	28	36	46	56	68
年末残值	60	30	15	7.5	4	2	2

确定此设备的最佳更新周期。

根据上述资料，计算每年成本费用。表 6-2 中第（2）栏每年经营费用累计是表 6-1 中每年费用的累计值。如表 6-1 中使用第 1 年时每年费用为 20 万元，使用第 2 年每年费用为 24 万元，则在表 6-2 中使用 2 年经营累计费用为 20 + 24 = 44 万元。表 6-2 中第（3）栏折旧费由投资 120 万元减去当年残值所得。由第（5）栏可知，平均每年成本最低为 54 元，因此经济寿命为 5 年，于第 5 年末更新为宜。

这种方法未考虑货币的时间价值，如用现值法换算更为精确。

表 6-2　　每年成本费用　　（单位：万元）

使用年限/年 n （1）	1	2	3	4	5	6	7
每年经营费用累计 C_{0n} （2）	20	44	72	108	154	210	278
折旧费投资成本 （3）	60	90	105	112.5	116	118	118
总成本 （4）=（2）+（3）	80	134	177	220.5	270	328	396
平均每年成本 $\overline{C_n}$ （5）=（4）/（1）	80	67	59	55.124	54	54.666	56.572

② 综合费用法。设备综合费用主要是指折旧费用和经营费用两大部分。每年折旧费随使用年限的增加而递减，而经营费用随使用年限的增加而增加。选择综合费用最小值的年限为最佳更新周期。

计算公式如下：

$$C_n=C_{2n}+C_{0n}$$

式中，C_n——第 n 年的综合费用；

C_{2n}——第 n 年的折旧费用；

C_{0n}——第 n 年的年经营费用。

【例 6-2】 如例 6-1 中，设备每年的综合费用、折旧费用、年经营费用如表 6-3 所示。

表 6-3　设备的年综合费用、年折旧费用和年经营费用　（单位：万元）

使用年限/年 (1)	1	2	3	4	5	6	7
C_{0n} (2)	20	24	28	36	46	56	68
C_{2n} (3)	60	30	15	7.5	3.5	2	0
C_n (4)=(3)+(2)	80	54	43	43.5	49.5	58	68

表 6-3 中第（3）栏每年折旧费是由 120 万减去当年残值再减去前几年的折旧费所得。如第 2 年的 $C_{2n} = 120 - 30 - 60 = 30$（万元）；又如第 3 年的 $C_{2n} = 120 - 15 - 60 - 30 = 15$（万元）。

由表 6-3 看出，第 3 年的综合费用最小，因此经济寿命为 3 年，于第 3 年末更新为宜。

如果经营费用随使用年限 n 按指数增加，则 $C_{0n} = C_0(1+i)^{n-1}$，其中 C_0 是基年的经营费用，i 是经营费用增长率；如果经营费用随使用年限 n 等额增加，则 $C_{0n} = C_0 + a \times n$，其中 a 是经营费用等额增加量。

③ 劣化值法。随着设备使用时间的延长而增加的使用费用称为使用费用的劣化值。如果使用费用劣化值的增长和使用时间的延长是线性关系，则设备的年平均费用计算公式如下：

$$\overline{C_n} = \frac{K}{n} + \frac{1}{2}\lambda \times n$$

式中，$\overline{C_n}$——设备使用 n 年时的平均费用；

n——设备使用年限；

K——设备原始价值；

λ——设备年使用费用劣化值（元/年）可根据同类设备实际统计记录分析确定。

对上式求导，并令 $\frac{\mathrm{d}\overline{C_n}}{\mathrm{d}n} = 0$，可得 $n_{0pt} = \sqrt{\frac{2K}{\lambda}}$

式中，n_{0pt}——设备的最佳更新周期。

【例 6-3】 某设备的原始价值 $K = 80$（万元），若 $\lambda = 1.6$（万元/年）。

则 $n_{0pt} = \sqrt{\frac{2 \times 80}{1.6}} = 10$（年）

该设备的最佳更新周期为 10 年。

6.4.3 设备改造与更新的选择

当设备改造与更新在技术上、资金上、货源保证以及政策上都可行时，还须从维修的角度进一步分析，以便进行比较、选择。

（1）搜集相关资料，包括改造费、大修费、停产损失、新设备购置费，新旧设备生产效率、单位产品成本等。

（2）计算有关费用的数值，判断改造方案是否可行。

$$R + K_m + S_e < K_x \times a \times \beta + S_a$$

式中，K_m——设备改造费；

R——与改造同时进行的修理费；

S_e——改造时的停产损失；

K_x——新设备购置费；

a——生产效率系数（改造后设备生产效率/新设备生产效率）；

β——修理间隔系数；

S_a——未折旧完的费用损失。

（3）当上式成立时，说明设备改造方案可以考虑，则继续进行单位产品的生产成本比较。

$$C_m < C_x \text{或} \frac{C_x}{C_m} > 1$$

式中，C_m——改造后设备单位产品生产成本；

C_x——新设备单位产品生产成本。

如果改造与更新的单位产品变动成本相同，可只比较单位产品固定成本。

（4）选择确定方案。如果上式成立，应取设备改造方案；否则，应取更新方案。

6.5 电信网设备的综合管理

对于传统的设备管理，设备管理工作主要集中在设备的使用和维修上面，很少注意到对设备全过程的管理，并且把设备规划、设计、制造、使用、维修严格分开，造成了信息反馈困难，不能有效为生产服务。同时传统的设备管理在设备的技术、经济、管理三者关系方面，侧重于技术管理，忽视经济管理和组织管理。

设备综合管理本质上是对设备运动全过程的管理。设备运动存在两种形态：一是设备的物质运动形态，包括设备从研究、设计、制造或从选购进厂、验收、投入生产领域开始，经使用、维修、更新直至报废退出生产领域的过程；二是设备的价值运动形态，包括设备的最初投资、维持费用、折旧、收益以及更改资金的筹集运用等。前者的管理称为设备的技术管理，后者的管理称为设备的经济管理，这两种管理的有效结合，便构成了一个有机的设备管理体系。

6.5.1 设备综合管理的内容

设备综合管理的内容如下。

（1）研究设备的寿命周期费用，使它最经济。最经济也就是使设备的寿命周期费用最小，输出最大，综合效益最高。

设备寿命周期费用，是设备在整个寿命期的总费用。包括研究、设计、制造、安装调试、使用、维修直到报废为止所发生的费用总和。这个费用总和分为原始费（设置费）和使用费（维修费）两大部分。原始费对自制设备来说，包括研究、设计、制造费；对外购设备来说，包括设备价格、运费、安装调试费。使用费主要是能源消耗费、操作人员工资、维修费、保险及税金等。设备整个寿命的总费用曲线如图 6-5 所示。

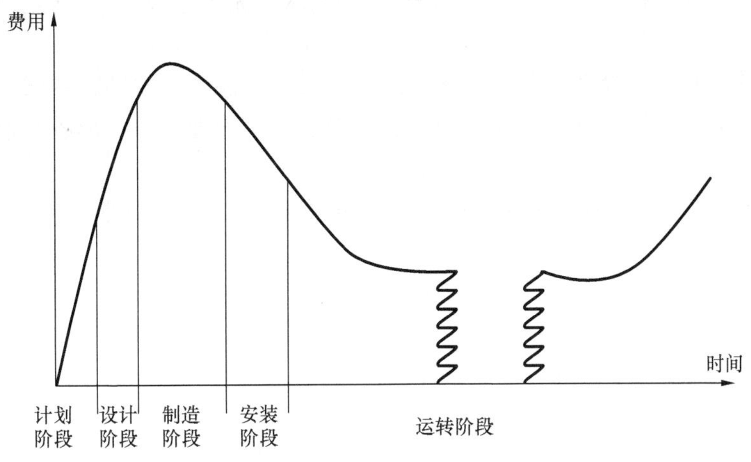

图 6-5 设备整个寿命的总费用曲线

设备的寿命周期输出包括高效率的产量（P）、符合标准的质量（Q）、低的生产成本（C）、保证合同规定的交货期（D）、生产过程中设备和人身的安全（S）、设备操作者饱满的劳动情绪及环境卫生（M）等 6 个方面。

设备寿命周期费用与寿命周期输出的关系可用公式示意如下：

设备的综合效益=设备的输出/设备的输入= (PQCDSM) /设备的寿命周期费用

上式可以看出，设备的输出量越大、而输入量越小，设备的综合效益越高。其中 QCDSM 是产量 P 的保证条件，产量 P 要达到 QCDSM 所预计的各项规定。

（2）实行设备的全过程管理。运用系统论从设备的研究、设计、制造、安装、调试、使用、维修、改造、更新、直至报废的全过程进行管理。充分调动各环节职能部门的积极性，正确处理由于分工不同所形成的要求、利益的矛盾，依靠各专业科学技术和管理知识，有效地解决使用现代化设备所带来的一系列新问题。

（3）设备综合管理研究。在技术方面，不仅要考虑设备本身的性能，还要把各种专业技术综合起来研究。在经济方面要研究设备的制造费用、维修保养费用、运行费用、折旧费用等。在管理方面，要研究与设备相应的组织、人员和管理方法。

（4）把可靠性、可维修性设计作为重要目标。可靠性就是无故障，可维修性就是容易维修保养。在现代生产活动中，由于设备突发故障导致停产、产品质量下降、维修保养费用大幅度增加等，都会使企业承受严重损失，所以在设备设计阶段就要重视使用时的可靠性和可维修性，以减少或消除故障。

设备的可靠性，可用设备从投入生产到出现故障这中间的可能工作时间来表示，这段可能工作时间越长，可靠性越好。设备的维修可用排除故障所需要的维修保养时间来表示，这段时间越短，维修性越好。可靠性、维修性设计，是为了提高设备的可利用率，其计算公式如下。

$$A = \frac{T_v}{T_v + T_d}$$

式中，A——设备可利用率；

T_v——可能工作时间；

T_d——维修保养时间。

设备利用最理想的状况是 $T_v \to \infty$，$T_d \to 0$，即要求“无维修设计”，这是设备综合管理追求的目标。

（5）实施设备的全员管理。凡和设备的规划、设计、制造、安装、调试、使用、维护、改造、更新，甚至报废处理有关的部门和人员都参加设备管理工作，形成专管与群管相结合的管理网络。

（6）进一步加强维修工作。要采用比较完整的维修方式，包括日常维修（日常检查、定期检查和清扫、调整、润滑、更换、整理等活动），事后维修（适用于一般设备），预防维修（适用于重点设备或重点部位），生产维修（事后维修与预防维修相结合），改善维修（在修理的同时，对设备进行改造与改装），维修预防（在设计、制造阶段就考虑提高设备的可靠性、维修性和经济性）。对重点设备实行重点维修，同时重视维修记录及其分析。

（7）建立一套设计、使用及费用的信息反馈系统。一般来说，包括两种信息反馈：企业内反馈和企业外反馈。企业内反馈是指改善修理；企业外反馈是指把设备的使用情况和使用过程中发现的缺陷，及时反映给制造设备的企业，以便从设计、制造等方面加以改进。

6.5.2 设备综合管理的任务

设备综合管理的基本任务就是对设备实行全面管理，以达到设备的寿命周期费用最少，而综合效率最高的目的。

（1）根据技术上先进、经济上合理、生产上可行的原则，考虑各种产品的特点，科学合理地选购和配置设备。为了能够合理地选购设备，要及时掌握国内外技术发展的现状、动向以及各种电信设备在应用新技术方面的成就，为企业提供优良的技术装备。

（2）保证电信设备始终处于良好的技术状态。选购的设备在投入使用时，要按照设备的性能、用途和效率等要求，制定完整的操作规程以求合理使用；同时，要根据设备的寿命周期和生产状况，确定采用何种维护保养制度及方式，并制定检修计划，以求减少磨损，恢复精度，延长寿命周期，保证设备处于良好状态。

（3）做好对现有设备的改造更新工作。这是为了不断提高电信企业现代化水平，使产品和服务在国内外市场具有竞争能力。

本章小结

电信设备和工业企业的生产设备一样，是企业实现通信过程的物质基础。对设备进行科学管理，对提高企业的生产能力，保证通信质量，降低成本以及保证安全生产，都有密切的关系。本章讲述了电信网设备的使用、电信网设备的故障与修理、电信网设备的改造与更新、电信网设备的综合管理等方面内容，并介绍了设备使用过程中的故障规律和维护保养的类型，以及电信设备最佳更新周期的分析方法。

思考与练习题

6-1　如何对电信设备进行合理使用？

6-2 简述设备磨损的形式及补偿方式。

6-3 “浴盆曲线”反映了什么规律？根据此规律如何确定对策？

6-4 设备的维修包括哪些类型？

6-5 什么是设备更新？最佳更新周期的确定方法有哪些？

6-6 设备综合管理的本质是什么？设备在运动全过程中有哪两种运动形态？

6-7 简述设备综合管理的内容和任务。

6-8 某电信运营商购进设备价值 32 万元，使用年经费及年末残值如下表，用最小年平均成本法分析最佳更新周期为第几年末。

（单位：万元）

使用年数	1	2	3	4	5	6	7	8	9
每年费用	3.2	3.6	4.4	5.6	6.8	8.4	12	16	20
年末残值	16	8	4	2	1	0.5	0.25	0.08	0.04

案例讨论

江苏电信某市公司对于通信网络末梢运行维护管理的举措

通信网络末梢的运行维护管理是构建电信服务体系的核心内容，直接关系到整体服务水平和用户对电信服务的感知，江苏电信某市公司视其为“生命线工程”，对于包括接入层网络和客户内部网络在内的通信网络末梢的运行维护和管理，从以下几个方面加强了管理。

第一，建立通信网络末梢维护的管理体系。该公司在现行营维经理由前端管理的基础上，明确后端负责营维经理的技术管理和支撑保障。第二，加强通信网络末梢维护人员的技能培训，按维护人员的技能和服务水平划分不同等级提供服务。第三，明确通信网络末梢运行维护部门和人员的绩效考核办法，对维护质量的考核设置权重和等级，加强大客户专线和宽带专线等重点用户线的维护。第四，加强装维工作质量的现场管理和日常监督。第五，完善网络运行维护综合调度流程，强化网络运行质量和运维成本的深度分析。第六，推进“光进铜退”的同时做好网络末梢维护和整治的基础资料管理工作，为企业长期可持续发展奠定基础。

讨论题：

1．加强通信网络末梢的运行维护管理有何重要意义？

2．结合本章内容，讨论该运营商在电信网络运行维护管理中的成功之处。

第7章 电信网的互连互通

【引例】互连不畅之"痛"

对于国内1.22亿宽带用户来说，很少有人能绕开南方A运营商与北方B运营商之间的互连互通问题。2005年3月，青岛某软件公司的刘先生为了方便联系业务，在青岛、广州、中山、澳门各放置了1台100兆带宽的服务器，其中北方城市青岛的服务器放在B运营商的平台上，其余3个南方城市的服务器放在A运营商的平台。同样受两家运营商互连互通困扰的还有某公司的冯先生，2004年5月，他发现两运营商之间"磕磕绊绊"，B运营商的宽带用户访问设置在A运营商服务器的网站连接速度大概只有4kbit/s左右，网络繁忙时连接超时的现象时有发生。

电信网间互连管理，是伴随着电信企业破除垄断，引入竞争而出现的重要课题。电信运营业是典型的网络型产业，其明显的外部经济性和规模经济性特点，决定了要建立有效的电信市场竞争格局，实现可持续发展目标，就必须实现电信网间互连。而为了保证电信网络的完整和技术规范的统一，保证电信网间互连各方的经济效益公平、合理，保证为遍布各地的人们提供一个快捷且永不间断的沟通渠道，就必须进行网间互连管理。

电信网间互连不但是电信业能否健康、持续、稳定发展的基础，更是电信业能否引领中国走向信息化社会、消除数字鸿沟、走向更加进步的未来的重大问题。因此，电信网间互连是电信监管工作的一个非常重要的核心问题。而电信网间互连所涉及的复杂的技术、经济和法律等诸多问题，以及互连各方不同的利益取向，使得电信网间互连管理这项工作尤显挑战性和重要性。本章主要介绍电信管制、网间互连协议、网间互连结算和网间互连质量指标等内容。

7.1 电信管制概述

7.1.1 电信管制的概念

政府管制在基础部门的发展过程中一直起到了重要的作用。日本学者植草益在《微观管制经济学》中将政府管制（Regulation，国内有的学者译为"规制"）定义为：社会公共机构按照一定的规则对社会经济主体的活动进行限制的行为。政府管制是指在以市场机制为基础的经济体制下，以校正和改善市场机制内在问题为目的，政府干预经济主体（特别是企业）活动的行为。特别在难以形成竞争的产业中，政府要通过一定的政策与措施，建立起一种类似于竞争机制的激励机制，以指导垄断性产业的经济决策。

根据政府管制的定义，所谓电信管制（Telecommunication Regulation）就是由社会监管机构（通常是各级政府或独立的监管机构）按照一定的规则，通过实施政策、法规、指令等手段，对电信行业、电信企业、电信市场实施监管、干预和限制的行为。20 世纪 60 年代以前，世界上所有国家的电信业都经过了长期的垄断经营，在垄断体制下，政府必须要通过管制控制垄断企业的利润，确保其按照公共利益要求提供服务。20 世纪 90 年代以后，电信产业在全世界范围内发生了巨大的变化，电信市场由垄断走向竞争，鼓励竞争和放松电信管制的浪潮席卷全球。

7.1.2　电信管制的目标

不同的国家尽管监管措施各不相同，但管制的目标大致类似，以下是为世界各国广泛接受的电信管制目标。

（1）促进基础电信业务的普遍服务。

（2）加强市场竞争，从而提高电信业务的效率；提高电信业务的质量；改善电信业务的技术；依照效率原则确定业务价格。

（3）在不存在市场竞争或市场竞争无法有效进行的情况下，防止出现市场权力滥用，进行不正当竞争的行为。

（4）为促进投资和发展电信网络创造有利环境。

（5）通过建立透明的监管和许可证制度，提高公众对电信市场的信心。

（6）保护消费者权益，包括通信自由和通信秘密。

（7）通过有效的网间互连协议，提高所有电信用户的互连性。

（8）优化使用公共稀缺资源，包括无线电频率、号码等。

7.1.3　有效管制的原则

有效的管制原则应满足透明度、客观性、专业性、高效性和独立性的要求。虽然全世界的电信市场仍然处于变化之中，但大多数国家的基本发展方向大致相同，各国有效管制原则也趋于类似。以下是监管机构实施有效管制的基本原则。

（1）监管独立原则。监管机构应当避免存在偏见，或是受到利益集团驱使，影响监管的公信力。

（2）竞争保障原则。竞争市场应当尽量减少管制，管制的程度应当同市场发展的程度，特别是竞争发展的程度相适应，随着竞争的发展逐步放松管制。为了确保形成有效竞争，在市场开放的初期必须有一个具有决断力的政府管制和干预体系，在市场竞争逐步得以建立的阶段，管制的对象往往集中于主导运营商，防止主导运营商滥用市场权利，以保证新的运营商得以生存。

（3）协调和借鉴国际管制标准。电信市场正日趋国际化和地区化，对于那些希望能保持本国电信市场竞争力的监管机构来说，应当密切注意国际电信管制的发展趋势，从而能够较早地采取先进的管制措施促进本国市场竞争和效率。电信管制在每个国家都是一个非常复杂的过程，在大多数情况下，一些已经在某些市场证实有效的经济和技术管制措施也能在类似的国家发挥作用。

（4）根据原则进行管制。监管机构可以建立行业所应遵守的原则，而不必花费大量的时间来制定实施细则。在管制原则的确定过程中，也应当采取透明的方式；在决定是否采纳管制原则的过程中，应向大众提供评论机会。这样做通常都能提高决定的质量，同时增加管制程序的可信度。

（5）建立高效监管体系。同其他监管机构分享经验是提高效率的有效方法。另外，监管机构的运作可以借助信息手段来提高效率。

7.1.4 电信管制的主要内容

政府对于私营电信运营商的管制最早出现在19世纪末的美国和加拿大。然而在大多数国家，20世纪的大部分时间里电信网络仍由政府运营。随着许多国家电信产业变革的实施，世界各国电信监管机构的数目有了很大的增加，据国际电信联盟的数据显示，在1990年有12个国家建立了独立于运营商之外的电信监管机构。2007年，全球专业性电信监管机构达到148个，并且这个数目仍在增加。

电信管制的主要任务就是要处理电信业中一些不能依靠市场机制解决的问题，这些问题就构成了电信管制的主要内容。根据WTO巴拉圭回合达成的基础电信协议（BTA），电信监管和管制放松包括如下6点。

（1）竞争保障（Competitive Safeguards）。

（2）互连互通（Interconnection）。

（3）普遍服务（Universal Servile）。

（4）许可证标准（licensing Criteria）。

（5）监管独立（Regulatery independence）。

（6）资源分配（Resource allocation）。

7.2 电信网间互连管制

7.2.1 网间互连的定义

电信网间互连包含了两层含义：一是网间互连，二是业务互通。网间互连的目的在于实现业务互通。所谓的网间互连是指电信网之间的物理连接，业务互通是指电信业务互通。对于电信网间互连，国际上有着不同但相近的定义。

国际电信联盟（ITU）对电信网间互连的定义是：电信业务经营者把他们的设备、网络、业务连接起来，使用户能够呼叫其他电信业务经营者的用户，使用其他电信业务经营者的业务。

世界贸易组织（WTO）对电信网间互连的定义是：电信业务经营者提供公用电信传输网络或业务的连接，目的是允许一个电信业务经营者的用户能与另一个电信业务经营者的用户通信和享用另一个电信业务经营者提供的业务。

亚太经合组织（APEC）对电信网间互连的定义是：网络间有效的通信连接，以使某一运营商的用户能与另一运营商的用户进行通信或使用另一运营商提供的服务。

欧洲委员会于2000年7月提出的接入和网间互连指导性文件认为："网间互连"是在公共网络运营商之间实施的一种特定的接入权，是指同一个或者不同企业所使用的公共电信网络的物理和逻辑连接，以使一个企业的用户能够与同一企业或其他企业的用户进行通信交流，或者能够获得由其他企业提供的业务。

我国《公用电信网间互连管理规定》（中华人民共和国信息产业部2001年第9号令）对电信网间互连的定义是：建立电信网间的有效通信连接，以使一个电信业务经营者的用户能够与另一个电信业务经营者的用户进行通信或者能够使用另一个电信业务经营者的各种电信业务。

根据以上定义，电信网间互连问题涉及不同类型网络之间、不同服务地域范围的网络之间、不同电信运营商网络之间的互连。

7.2.2 网间互连管制的原则

对于电信业的可持续性发展来说，网间互连是一个极其重要的因素。虽然互连互通对各方均有好处，但是，这种好处对于电信市场的后进者和占据主导地位的先进入者而言，则差异颇大。同时，由于主导电信业务经营者拥有较大的市场份额，控制着必要的基础设施，从而对其他电信业务经营者进入电信市场构成实质性影响。因此，制定一定的管制原则，对网间互连进行监管显得尤为重要。

1. 网间互连管制遵循的原则

（1）适当监管原则。发达国家产业管制政策中的一项基本原则就是“能够依靠市场自我调解或解决的问题，政府绝对不干预”。因此，在历史上有一段时期，对互连互通是否需要政府“事先干预”存在过争论。

“事先干预”模式，是指政府监管机构针对某些类型的电信运营商（如主导运营商）规定一些强制性互连互通的义务。“事后干预”模式，是指任何类型电信运营商之间的网络互连互通首先由互连双方通过谈判解决，若谈判失败，则由政府监管机构予以调解或裁决。

“事先干预”模式，一直为北美国家电信政策制定者和监管机构所采用。美国和加拿大分别在20世纪80年代和90年代，颁布了一系列与主导运营商互连互通有关的详尽规则，涵盖了互连互通费用、技术条件等诸多方面。由于“事先干预”模式比“事后干预”模式，更好地解决了互连互通问题，保证了互连互通的时效性和有效性，因此，美国在网络元素非捆绑服务方面也处于领先地位，从而提升了市场层面的竞争程度，新技术和新业务不断涌现。

（2）诚实信用原则。我国《电信条例》第17条第2款规定“主导的电信业务经营者不得拒绝其他电信业务经营者和专用网运营单位提出的互连互通要求”，第19条规定“公用电信网之间、公用电信网与专用电信网之间的网间互连，由网间互连双方按照国务院信息产业主管部门的网间互连管理规定进行互连协商，并订立网间互连协议”。

国外通常将“诚实信用”规定为电信运营商（特别是主导运营商）进行互连互通协议谈判的基本责任。例如，美国1996电信法第251条第（c）（1）项就做出规定，并且在第252条第（b）（5）项列举了某些构成违背该诚实信用原则的行为，如互连互通谈判的当事方拒绝参加谈判，或者拒绝州电信监管机构（如州公用事业委员会）以裁决人的身份履行其职责，或者未能继续进行谈判等。

为了保障互连互通的顺利执行，主导运营商应当向其他提出互连互通要求的电信运营商提供其网络设施的技术资料与信息，否则，将会被认为是违反了诚实信用的原则。

（3）强化主导运营商网间互连义务。若将强制性网间互连的义务扩展至所有运营商，不考虑运营商的大与小，将会出现“过分管制”（Over-regulation）的问题。只有占据市场主导地位的运营商，才有能力“摆脱竞争的束缚”，按照非市场化的方式处理互连互通问题。非主导运营商一般很难收取超额网间互连费用，或者为网间互连设置歧视性条件。随着市场竞争的发展，对网间互连的管制应当逐渐减少，其中对曾经是主导运营商的网间互连管制也可能会“因势而变”，但是，在市场竞争真正演变为完全有效竞争之前，适当的非对称管制制度，对市场公平竞争是必需的。

（4）透明性原则。无论是多边国际协定或区域性国际协定，还是各国电信法律和管制规则，都将网间互连的透明性要求，作为互连互通的一项基本原则。

网间互连合同的透明性，是抑制主导运营商实施不公平竞争措施的有效手段。如果互连互通合同得以公开，监管机构就很容易发现主导运营商不利于竞争的行为，并及时采取补救措施。许多国家的政府电信监管机构都要求主导运营商公开“参考互连合同要约文件”（RIO）或者“标准互连互通合同”。为了保证透明性的要求，有些国家的电信监管机构还要求将互连互通合同向政府机构进行备案，并由政府机构予以公开。

（5）非歧视性原则。即平等接入，主要是指在包括技术标准、互连费用和通信质量等方面，主导电信企业有义务为归属自己和不归属自己的相同性质网络提供同等的服务。

避免歧视性行为是大多数网间互连政策的中心目标之一。在网间互连协议中实施歧视性行为有几种形式，其中的一种形式是主导运营商在与几个不同的新的竞争者实施网间互连的过程中进行歧视，如某个运营商可能获得比另一个运营商更优惠的条款。在网间互连协议公开的情况下，这种歧视通常是比较容易发现的。

其他形式的歧视行为通常比较难以辨认，某些形式的歧视性行为会对竞争造成致命的负面影响。这种歧视行为包括向互连方提供相对于主导运营商本身的业务来说不充分的网络容量，网络拥塞是一种致命的妨碍竞争壁垒。有时监管机构必须通过干预来保证在网络接入和传输设施的配置上不存在歧视性的行为。

（6）网间互连费用的收取应以成本为基础。WTO 基础电信协议的参考文件以及欧盟网间互连指导性文件所制定的网间互连原则，都要求网间互连费用的收取应当以成本为导向。

如果没有以成本为基础来制定网间互连费用的标准，现存的主导运营商就会对来源于新竞争者网络的呼叫提供的终接业务收取高额的费用。这将阻碍市场进入和竞争的发展，并且使竞争者的用户最终不得不支付这些高额费用。主导运营商还可以利用收取的高额费用来补偿其竞争中的其他损失，从而可以在某些领域采取掠夺性价格，将竞争者逐出市场。因此，成本导向是确定网间互连费用的基本原则，而且这种成本应当是一种高效的成本，主导运营商因其自身效率低下而产生的成本不得转嫁给与其互连的运营商。

2．我国《电信条例》规定的互连互通原则

（1）技术可行原则。在竞争环境下，不同电信业务经营者的网络之间要实现互连互通，必须解决一系列的技术问题，包括互连点的设置，互连技术方案等，这就要求在任何技术上可行的连接点都应当允许实现网间互连，但是对于任何非标准情况的网间互连提出要求的电信业务经营者应当支付因此产生的额外成本。

① 互连点的设置

A．互连点的数量和地理位置。新的电信业务经营者与主导的电信业务经营者的网络要实现互连互通，首先要确定两个网络相连接的互连点。互连点的数量和地理位置对新的电信

业务经营者的互连成本有很大影响，而且互连点的选取除了要考虑新的电信业务经营者的互连成本外，还要充分利用已有的网络资源，发挥总体效益，保持互连点的长期稳定。

B．互连点在主导的电信业务经营者的网络结构中的位置。我国电话网的网络结构一般是分等级的，新的电信业务经营者的互连点在何处接入以及如何接入对服务质量影响很大，而且在某种程度上会影响支付的成本。

② 互连技术方案

新的电信业务经营者的网络与主导的电信业务经营者的网络互连，还必须实现在互连点两侧的交换机设置、拨号方式、路由组织、中继容量，以及信令、计费、同步、传输质量等技术上的兼容，对技术规范达成一致，以保证网间互连互通的实现和网间通信质量。

因此，网间互连要遵循技术可行的原则，以保证互连点的合理选取和互连互通的有效实现。

（2）经济合理原则。互连费用是两家电信业务经营者的网络由于互连互通所发生的费用，它在新的电信业务经营者的各项支出中占有很大比重。互连费用的标准关系到双方的投资和经营策略，尤其是对新的电信业务经营者的生存和发展产生很大影响，往往是互连双方争议的重点和焦点问题，也直接影响到互连进程。因此，必须按照经济合理、保证双方的经济利益的原则处理互连互通的费用问题，以保证互连的顺利实施和市场竞争有效地开展。

（3）公平公正原则。电信网间互连的公平公正原则主要体现在两个方面：一是主导的电信业务经营者要公平、公正地对待自己的用户和新的电信业务经营者的用户，以及公平、公正地对待其他任何一个电信业务经营者；二是电信主管部门要公平、公正地处理电信业务经营者之间的互连争议问题。

（4）相互配合原则。电信网间互连是一个十分复杂的过程。新的电信业务经营者的网络要与主导电信业务经营者或其他电信业务经营者的网络实现互连互通，要经历新的电信业务经营者提出互连要求，双方进行互连协商并就有关问题订立互连协议，进行工程建设，确定费用分摊，确定互连时限，进行互连测试，进行互连后的网络管理、计费与结算等过程，是一个复杂的系统工程，因此互连双方必须认真合作，相互配合。

7.2.3 网间互连费用结算

网间通话费结算和互连费用分摊问题是网间互连协议中的一个重要商业条款。这一问题直接关系到各方的利益，往往是争议的焦点所在。合理的结算和分摊标准能够为所有电信业务经营者创造公平竞争的环境，并促进更加有效的网间互连工作的展开。

目前我国制定网间结算的标准是以资费为基础，结算标准的制定参考现行资费标准和资费结构。广义的互连费用主要包括以下5方面内容。

（1）连接费：专门补偿为提供互连而发生的直接成本，主要指交换机及配套设施，一般为一次性费用。

（2）接续费：指为完成新兴电信业务经营者的呼叫而收取的费用，一般按呼叫时长计费，并和互连点（POI）位置相关。

（3）电路费：新兴电信业务经营者向主导电信业务经营者租用电路的费用。

（4）辅助服务费：指的是和通话接续无关的辅助服务的费用，如提供紧急呼叫业务、查号、话务员辅助、号码翻译、主叫号码显示等方面的费用。

（5）接入亏损补偿费（AOC）：对市话业务亏损的补偿，或普遍服务补偿费（USF）等。

目前在我国，互连费用主要包括电路费和接续费。在本地网范围内，固定用户通过网间互连点过网呼叫其他电信业务经营者网内挂设的业务台，每次通话的结算时长以分钟为单位，不足一分钟按一分钟计算；在本地网范围内，移动用户呼叫固定用户，以及通过网间互连点过网呼叫其他电信业务经营者网内挂设的业务台，每次通话的结算时长以分钟为单位，不足一分钟按一分钟计算；国内长途电话呼叫、国际及港澳台电话呼叫，每次通话的结算时长以6 秒钟为单位，不足 6 秒钟按 6 秒钟计算；电信业务经营者间按双方签订的互连协议中商定的结算周期和结算地点进行网间互连结算。

7.3 电信运营商网间互连协议的内容

网间互连协议是一个包含着技术、经济、法律等方面的内容庞杂的综合性协议。不同的网间互连协议内容会有很大的不同，这在很大程度上取决于相应的管制体系，如果管制体系对网间互连条款作出了细致的规定，那么网间互连协议就比较简短。其他情况下，网间互连协议的内容必须是更加全面的，因此它是一个具有法律效力的文件，要从互连涉及的各个方面对互连双方的行为进行规范。

我国《公用电信网间互连管理规定》第 24 条明确指出：互连协议的主要内容包括签订协议的依据、互连工程进度时间表、互通的方式、互连技术方案（包括互连点的设置、互连点两侧的设备设置、拨号方式、路由组织、中继容量、信令、计费、同步、传输质量等）、与互连有关的网络功能及通信设施的提供、与互连有关的设备配置、互连费用的分摊、互连后的网络管理（包括互连双方维护范围、网间通信质量相互通报制度、网间通信障碍处理制度、网间通信重大障碍报告制度、网间通信应急方案等）、服务等级要求、网间结算、违约责任等。互连协议不得含有歧视性内容和损害第三方利益的内容。

典型的网间互连协议应具备如下内容。

（1）总体情况说明：包括网间互连的背景概述和主要用语的定义。

（2）网间互连的范围和目的：说明 Internet 的性质，网间互连协议的目的以及网间互连结构。

（3）网间互连点以及网间互连设施：确定网间互连点的位置，对于特定网间互连点的设施位置，以及设施的标准规则要求。

（4）网络和设施的变化：规定相互通知网络变化和容量预测的要求，以便进行网络的规划和发展，对各方有关在网间互连设施的购买和提供方面的权利和义务做出规定。

（5）流量测算以及路由选择：确定负责流量测算的责任划分，确定路由选择规则。

（6）设施共享和共置：对于共享设施的范围、容量、获取程序和费用作出规定，对于共置设备，确定可以获得的空间的程序，共置空间的价格或成本计算方法，确保共置设备准入和安全的程序等。

（7）收费问题：确定网间互连费用范围、水平、收费程序、支付条款，并对业务争议和调解程序作出规定。

（8）服务质量/性能和问题报告：规定服务质量标准、测试维护责任、问题报告制度、系统保护与安全措施。

（9）信息交换及处理：规定运营商之间进行信息交换与处理内容、方式以及各自的权限。

（10）平等接入和客户转移：规定依据平等接入方法采取的程序，对于转移客户的认证报告、处理客户争议的程序。

（11）辅助业务：规定运营商提供协助的业务种类以及其他辅助业务。

（12）协议终止：规定协议终止必须满足的限制性条件以及协议终止的程序。

（13）其他：免责条件、适用法律、监管机构批准、协议期限、修改程序等。

本章小结

电信网间互连的产生，主要是源于电信市场引入竞争机制。为了保证电信网络的完整和技术规范的统一，保证电信网间互连各方的经济利益公平、合理，就需要进行网间互连管制。本章讲述了电信管制的概念、目标、原则和主要内容，介绍了网间互连的定义，网间管制的原则和运营商网间互连协议的主要内容。

思考与练习题

7-1 什么是电信管制？简述电信管制的原则和主要内容。

7-2 什么是网间互连？简述网间互连的原则。

7-3 简述电信运营商网间互连协议的主要内容。

案例讨论

恶性竞争害了用户

自2003年7月起，河南省某县400多个使用过A运营商XXX电话业务的用户家里开始陆续出现电话无音现象。经调查，原来是该县B运营商故意将电话线掐断。经用户交涉，一些电话逐渐被开通，但被开通电话的用户接到B运营商的“忠告”：不能再用A运营商XXX电话业务，如果再用，还会断线，连正常的电话都不能打。而用户已经预付了A运营商长话费用，想退掉预付的费用，却又遭到A运营商的拒绝。

A运营商的XXX电话业务是国家批准该运营商在固定电话上开展的一项长途业务。作为扶持政策，国家给予其一定的价格优势。而该县A运营商为了鼓励用户开通这项业务，又在原来的优惠基础上推出了“打二送一”的措施，抢走了B运营商的大量话务量，成为此次阻断事件的导火线。

电信竞争本应给用户带来更大实惠，但在这起阻断互连互通的事件中，用户成了最大的受害者。

讨论题：

试分析案例中两家运营商的教训，并结合本章内容，讨论监管机构如何通过网间互连管制对此类恶性竞争实施监管、干预和限制。

第8章 电信网络的国际化运营

【引例】法国电信的全球化战略

1998年，欧洲电信市场全面开放，经过数年渐进的改革，法国电信完成了从电话公司向综合信息通信公司的转变，成为提供有线、无线和Internet相融合的综合通信服务的运营商。但是，由于法国人口增长速度缓慢，电信市场容量过于狭小，只有通过向国外发展才能使该公司在全球电信市场上扮演一个重量级的角色。

首先，法国电信回购由德国电信所持有的Global One股权，为全球化运营打下良好基础。在此之前，Global One公司由法国电信与德国电信、Sprint组成，在全球65个以上的国家设有1400个通信节点，拥有超过3万的企业客户，为企业提供综合通信服务。

接着，继收购英国Orange、意大利Infostrada之后，法国电信以三十五亿美元从国际航空信息通信机构（SITA）手中购得美国Equant公司54%的股票，同时，Global One（法国电信的全资子公司）被Equant收购，成为其旗下一员。Equant公司投资了大量海底光电缆，法国电信通过与Equant联手，拥有连接全球各地的主干网络，这是该公司在核心业务领域的一次重大扩张，进一步加强其国际电信公司的地位。

在欧洲和北美市场，法国电信和阿尔及利亚电信部、西班牙电话公司和意大利电信合作建设了连接非洲（阿尔及利亚）和欧洲（西班牙）的海底光缆，其中法国电信的投资占25%；法国电信与德国电信、意大利电气公司合作建立了Wind公司，在意大利提供电信业务；在荷兰建立了Casent公司；在丹麦获得无线经营许可证；在挪威、西班牙、瑞士开通了本地和无线业务等。

在亚洲和拉美市场，法国电信购买了Level3公司新建的连接中国香港和日本北亚海底光缆容量；法国电信的移动通信子公司Orange在泰国推出移动通信服务；法国电信占有科特迪瓦国内电信市场的51%；持有塞内加尔电信33%的股份；拥有阿根廷电信16.4%的股份；在巴西提供增值业务、用户小交换机及电路出租等业务；在委内瑞拉投资15亿美元，占CANTV25.9%的股份，提供基本业务和移动业务。

一方面，世界经济一体化和全球经济贸易日趋活跃，极大地带动了国际电信业务的总体需求和迅速增长，从而促使国际电信业务市场总体规模的不断扩展。另一方面，信息技术日趋月异的发展和相互间的融合渗透，在很大程度上推动了全球电信市场需求的不断丰富，扩大了全球电信运营市场总规模。随着我国电信业的改革，破除垄断、引入竞争后，国内电信企业取得较快发展，在经营体制和管理机制方面取得重大突破，基本上具备了实施跨国资本运营的条件。因此，在参与全球竞争，拓展海外市场的过程中，我国电信企业应当做好充分的准备，制定详实周密的国际化战略，采取适当的经营模式，选择合适的战略合作伙伴，防范和化解国际化经营的各种风险。本章将介绍电信全球化背景，然后介绍我国电信企业国际化运营现状，最后介绍我国电信运营企业实施国际化经营战略的措施。

8.1　电信全球化背景

20 世纪 80 年代以来，随着全球市场开放和信息产业革命而出现的经济全球化浪潮成为支配世界发展的新趋势，其本质是市场经济体制的全球化。全球市场逐步开放，导致商品、信息、技术及生产要素跨境流动的不断增加，各国经济之间的相互依赖日益加深，市场配置资源的基础性作用从国家内部扩展延伸到全球，从而形成了经济的全球化。

8.1.1　全球化的表现

OECD 认为，“经济全球化可以被看作一个过程，在这个过程中，经济、市场、技术与通信形式都越来越具有全球特征，民族性和地方性都在减少。全球化是一个以科学技术发展为动力，以发达国家为主导、以跨国公司的全球运作为载体而进行的一场世界范围内的产业结构调整，主要表现在以下 3 个方面。

1．生产、市场、资金的全球化，跨国公司成为主导力量

跨国公司是经济全球化产生的必然载体。企业是经济的细胞，企业健康决定着一个国家或地区经济的健康，企业的体制决定了一个国家或地区的经济体制，企业的运作模式决定了一个国家或地区的经济发展趋势。正是因为跨国公司在全世界进行跨国的生产、跨国的销售、跨国的投资，才形成了经济的全球化、生产的全球化。

2．科技发展、信息传播的全球化，信息科学技术迅猛发展

科学技术是全球化得以产生和发展的巨大动力。科学技术的迅猛发展为跨国公司的全球运作提供了真正的物质基础。信息通信技术缩短了沟通的距离，缩小了地理间隔，为跨国经营提供了必需条件。

3．全球化范围内产业结构调整与变动

全球范围产业结构调整与变动是全球化的经济结构基础。产业结构发展向服务产业转变。另外，过去传统产业结构调整局限于一个国家内部，而现在，一些发达资本主义国家在全球范围内进行产业结构调整，把要淘汰的产业或产业环节转移到其他国家，给发展中国家带来风险和不利因素。

8.1.2　全球化与信息产业革命

人类每次生产关系的重大飞跃都是以科技革命为标志的。这次生产关系变化的代表便是第四次科技革命——信息产业革命。

第一次科技革命产生于 17 世纪英国的地理大发现，在 18 世纪成为现实生产力，19 世纪在美国形成最大规模的超级产业。第二次科技革命酝酿于 19 世纪末 20 世纪初，人类突破机

械的自然观，发现了微观粒子运动的规律，形成了电力、航空、钢铁、汽车等超级产业。第三次科技革命从第二次世界大战以后开始，形成新的超级产业群。

第四次科技革命是20世纪90年代以美国普及计算机和Internet为代表的信息产业革命，以计算机、Internet和生态技术、基因技术为开端的新科技革命，代表的是21世纪“信息和智能社会”。

目前正在酝酿第五次科技革命，即以纳米科技为代表的科学技术，这次革命也是建立在信息通信技术基础之上的，因此，可以说是第四次科技革命的延伸。

8.1.3 全球信息社会

随着全球化及信息科学技术的发展，未来社会将进入信息社会。2003 年 12 月全球 175 个国家和地区的代表在日内瓦举行的信息社会世界峰会上，通过了有关建立未来信息社会的《原则宣言》和《行动计划》，将信息通信定义为未来社会发展的基础，一致认识到信息通信技术将对人类生活和经济活动带来前所未有的冲击和变革，全球应协调一致，以保证人人都能享受到信息通信技术所带来的成果和益处。

《原则宣言》和《行动计划》指出，应确保人人从信息通信技术所带来的机遇中获益，确立了未来信息社会的 11 条重要原则，改善信息通信基础设施的接入和技术的获取，加大信息和知识的获取；开展能力建设；增强信息通信技术使用方面的信心与安全性；在所有层面创建有利环境；开发和拓宽信息通信技术的应用；促进和尊重文化多样性；承认媒体的作用；解决信息社会中的道德问题；并鼓励国际和区域性合作等。

8.1.4 电信全球化

按照 WTO 电信基础业务协议，各签字国都要向国外放开其本国电信市场，世界通信市场开放已成必然趋势。发达国家电信企业凭借强大的资金技术实力，加大向发展中国家渗透力度，向发展中国家推行与本国政策标准相一致的电信政策，以加快全球电信市场一体化进程。电信全球化是各国电信企业之间竞争与合作的结果。

1. 电信全球化的表现

（1）电信网络的全球化。电信网络是电信发展的基础。电信行业具有“全程全网”的特点，电信网络的全球一体化是电信业发展的必然趋势，尤其是以 Internet 为代表的信息技术的迅猛发展和普及，对全球电信业的发展走向产生了深远的影响。电信网络的全球化主要通过国际电信标准组织制定全球统一标准来实现的。在这种大背景下必然要求各国开放电信市场，以形成全球化的、开放的通信大格局，提供全球化的跨国电信服务。

（2）电信业务的全球化。电信技术的发展以及电信管制的放松使得电信业务范围逐步突破了以国家为界的地域限制，向全球范围内发展，电信业务结构中的国际电信业务所占的比重越来越大。电信市场的渗透主要通过电信公司来进行，跨国电信公司的目标就是成为全球范围内的大型电信集团，业务范围遍及全球。

（3）电信企业的全球化。WTO 相关基础电信协议要求签字国必须以“合理，透明、客观、公正”的原则开放本国电信业务，保证电信业务的所有供应者都能公平接入和利用公共电信网与业务网。这样，电信就由过去一直被认为是“自然垄断”的产业跃变为竞争行业。政府管制逐渐放宽，竞争机制得以引入。竞争的全球化意味着本国电信要承受外国竞争的压力，要参与外国跨国公司竞争。

（4）战略联盟成为跨国电信公司的重要形式。跨国公司是经济全球化的载体，是争夺全球市场的主要力量。为了占领全球市场，全球性电信公司纷纷举起并购重组的大旗，国际电信业的并购重组具有明显的市场扩张和资本输出特性，且以跨国垄断为目的，经过一系列的并购重组，全球性电信公司的业务规模急剧扩大。

2．电信全球化背景下的电信政策相关问题

随着电信全球化的深入发展，电信企业与用户、供货商以及投资者间的关系将由过去的国内或区域性市场发展到更为复杂的国际性架构，各国的电信政策将面临全球化挑战。

（1）跨国企业投资是目前亟待解决的问题。尽管世界各国已就自由贸易议题进行国际协商，但在全球电信服务投资方面的讨论还不够深入。

（2）国内电信运营商与跨国运营商的电信服务并存的问题。在全球化环境下，跨国竞争越来越激烈，跨国电信运营商越来越多，这势必形成跨国电信运营商与本国电信运营商争抢市场的问题。本国政府应制定相应政策，一方面保护本国电信运营商的利益，另一方面又不违背全球化的大趋势。

（3）全球化环境下普遍服务的问题。在自由贸易以及竞争的全球化环境下，如何使跨国电信运营商遵守所在国的普遍服务义务，将国内的普遍服务机制扩展至国际范围，这也是各国电信管制机构必须考虑的实际问题。

3．电信全球化促使监管体系从垄断向竞争变化

从世界范围来看，电信业的垄断时代一直持续到 20 世纪 80 年代，几乎所有国家的电信业都经历过垄断时期。电信业的垄断源于其始发时期，重要标志是独家垄断经营体制。独家垄断是指市场上不存在竞争，只有一个电信服务提供商的市场结构。电信业的独家垄断与各国政治、经济体制无关，发达资本主义市场的电信业也持续了几十乃至上百年的国家垄断或企业垄断经营模式。例如，日本从 1890 年开始电话运营时就采用了国家垄断经营的体制。在电信业垄断经营阶段，各国主要采取国有化或严格管制政策来应对电信业自然垄断特性。欧洲和大多数发展中国家主要采取国有化措施，而美国则以管制为主。

20 世纪 90 年代以来，技术进步、多样化需求和竞争的相互促进，通信网与计算机网、有线电视网三网融合成为信息业发展的大趋势。新技术触发了“无国界”的 Internet、电子商务、移动通信业务的迅速增长。电信成本不断下降，电信市场中需要管制的、具有规模经济性的产品比重不断下降，原有垄断者对市场的支配力不断下降，电信市场的门槛也不断地降低。同时，全球性业务的增长和国内逐渐趋于饱和的传统业务市场促使经营者急切希望对现有的管制框架进行改革，打破业务领域和国界的限制。为适应电信市场的变化，同时为了提高本国企业的国际竞争力，为本国企业进军国际电信市场创造法律和政策条件，主要发达国家掀起了第二次电信改革的浪潮。这次电信改革是以进一步放松电信进入管制为核心，旨在全面推进竞争，创造全球统一大市场。1996 年 2 月，美国推出新《电信法》开始放松管制的电信改革。

在电信市场开放过程中，各国政府对电信市场采取了较严格的管制，包括市场准入、普遍服务、资费、互连互通、交叉补贴、电信资源和投资（外资）的管制等，几乎涉及电信企业经营的各个主要方面。由于管制在时间上的时滞性以及政府对市场信息的不完备性，甚至出现管制俘虏现象，完

全可能会导致效率的缺失，使管制的预期效益无法完全实现。因此，西方国家在实施市场管制的过程中，始终贯彻了逐步放松管制以及最小管制的思想，使管制所带来的效率缺失降低到最小。

各国电信业在全球市场体系的竞争，本质上是各国电信市场有效性的竞争，而政府监管体制的有效性与电信市场的有效性是相辅相成的。从近年来全球电信管制机构的变化看，综合性的独立监管机构是各国改革的大势所趋。在电信全球化的背景下，监管机构需要履行加入 WTO 时关于电信产业开放的承诺，逐步开放电信市场；按照 WTO 规则的要求加强对电信市场的监管；增强规则的透明度；非歧视地对待投资者和经营者。通过完善互连互通规则，抓好服务质量监管，健全市场准入机制，合理配置和有效利用电信资源，促进国内市场向有效竞争态势转变。

8.2 我国电信运营企业国际化运营现状

我国电信业在“引进来”，尤其是在引进外资方面已取得很大成绩。随着我国电信业的改革，破除垄断、引入竞争后，国内电信企业成长迅速，在经营体制和管理机制方面积累了一定的经验，基本上具备了“走出去”实施国际化运营的条件。2006 年，随着中国移动率先启动其海外战略，相继收购中国香港运营商华润万众电话有限公司以及巴基斯坦电信，中国电信运营商向全球输出服务的历史也随之逐步打开局面。目前我国电信运营企业国际化运营的现状具体表现在以下 6 个方面。

1. 海外上市为国内电信企业实施跨国资本运营提供了平台

中国移动、中国联通和中国电信实现海外上市后，依靠海外资本市场，为资本运营提供了平台。

首先，海外上市扩大了企业的知名度，增加了企业在对外交往中的筹码，使国内企业在海外市场的资本运营更加便利；其次，通过海外上市，电信企业与国内外投资银行等中介机构建立了良好的合作关系，扩大了资本运营的信息渠道，为国内电信企业实施海外资本运营提供了更多机会；最后，海外上市使运营商的管理体制和运营机制发生深刻变革，逐渐摆脱了国有企业的一些体制束缚，更加符合国际运作模式，有利于企业的后续融合，提高了资本运营成功的可能性。

2. 规模优势初显

尽管从用户质量以及运营效率而言，中国移动、中国联通与沃达丰、西班牙电信等跨国运营商有一定的差距。但是近 10 年来，随着电信的发展中国电信服务业亦形成了自己的规模优势。根据全球电信机构 GSMA（www.gsmaworld.com）的评估，中国移动用户 2007 年达到 3 亿 4 900 万，超过了全球电信业老大沃达丰（用户 2 亿），排在了第 1 位；而中国联通也以 1 亿 5 700 万用户，紧随沃达丰之后，排在了第 3 位。

3. 积极参与全业务运营适应产业融合转型

伴随着新一轮电信企业重组轮廓渐清，电信、IT、传媒领域边界的日益模糊，中国电信业的网络正向移动业务和固定业务的融合，传统电信、IT、传媒业务的融合演进。电信运营商、设备厂商、增值内容提供者、Internet 公司、传媒巨头，在数据、语音、视频和无线应用不断融合的大潮中，将提供三网融合的全业务解决方案。

2006 年，中国移动提出由“移动通信专家”向“移动信息专家”转型，同年 6 月以 12.78 亿港元收购凤凰卫视 19.9%股权，此后推出 PC、手机等多终端无缝互动的“飞信”，大举推广手机报，并获得 Internet 广告资质，正式进军移动广告市场。通过并购整合业务链和产品链，以适应产业融合转型，成为导致近年来全球产业风云变幻的重要原因。在中国，以移动、电信、联通等运营商的信息化转型为龙头，整个通信产业正决然转身，沿着三网融合的道路前行。

4．自身实力的增强是实施国际化运营的基础

与国际电信业的萧条相比，近来国内电信企业的实力不断增强。图 8-1 所示是国内电信企业 2002 年 EBITDA 率与国外电信企业的比较。

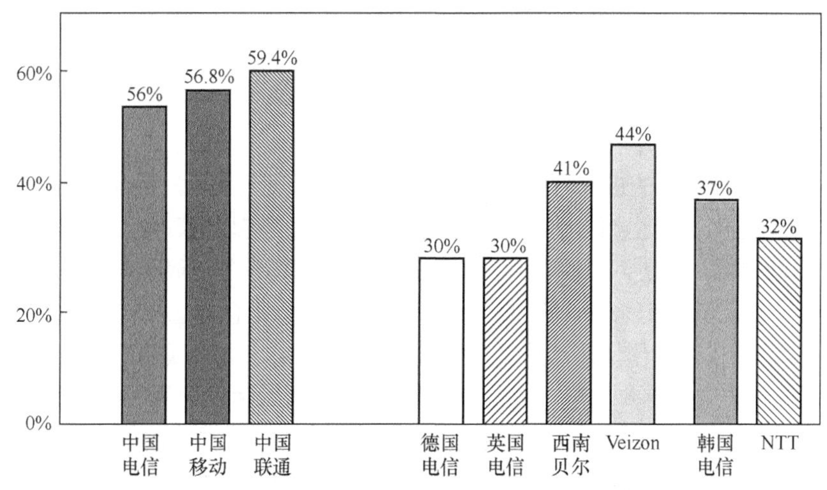

图 8-1　2002 年国内外电信企业 EBITDA 率的比较

通过比较可见，国内电信企业的盈利能力远远高出部分国外公司。其次，打破垄断后经过激烈的市场竞争，国内电信企业的经营管理、成本控制和市场营销能力都不断提高，服务质量也得到很大改善。最后，通过与国外企业开展各种形式的合作，国内电信企业逐渐建立起适应国际标准的运营模式。以上 3 个方面从不同的角度说明了国内电信企业整体实力的不断增强，为实施国际化运营提供了保证。

5．全球经济低迷为国内电信企业国际化运营提供了机会

当前，全球经济仍然处于低迷之中，许多著名的国际电信企业陷于经营困境，破产事件时有发生，这为国内电信企业实施国际化运营带来了不可多得的机会。一方面，由于经营不善，且市场前景不被看好，目标公司的股价屡创历史最低线；另一方面，其他企业迫于自身的经营压力，往往很少考虑大规模的购并，使国内企业的资本运营面临较少的竞争对手，客观上会降低资本运营成本。

6．跨国资本运营的初步尝试为国内电信企业积累了经验

近来，国内电信企业频频尝试跨国资本运营，继中国网通成功收购亚洲环球电讯后，中国电信也与英国电信和德国电信等欧洲电信运营商达成初步协议，收购他们位于欧洲大西洋沿岸的部分海底光缆，中国移动则未停止过与国际电信巨头沃达丰合作的步伐。国内运营商

频频尝试跨国资本运营，显示了国内电信企业对未来市场的信心，通过这种尝试，运营商可以积累经验，有利于跨国资本运营的成功实施。

8.3 我国电信运营企业实施国际化经营战略

在参与全球竞争，拓展海外市场的过程中，我国电信企业应当做好充分的准备，制定详实周密的国际化战略，采取适当的经营模式，选择合适的战略合作伙伴，防范和化解国际化经营的各种风险。

（1）要制定科学的海外拓展战略。海外拓展战略是企业拓展海外市场的总体谋划，包括海外拓展的指导思想、战略目标、战略步骤、战略措施等。

（2）要尽快完善公司法人治理结构，培育核心竞争优势，提高国际竞争力。国际竞争说到底还是实力的竞争，企业国际化阶段理论认为：企业只有先经营好本国市场，然后再扩展到临近市场，最后再扩展的世界市场上去。

（3）选择海外拓展有利的进入时机。从经营的角度看，进入太早，目标国（区）法律法规不健全，管理机制不完善，交通、能源等基础设施不到位，电信市场国际化时机不成熟，则导致运营成本过高，风险过大；但进入太晚，目标国（区）电信市场竞争已经非常充分，竞争对手都已经站住了脚，进入壁垒建立起来后，再进去就很不容易。信息是企业选择海外拓展时机的关键。

（4）选择合适的战略合作伙伴。从 20 世纪 80 年代以来，战略联盟已经成为企业获取竞争优势、实现快速成长的一种重要战略，也是跨国公司进入新兴国际市场最为广泛使用的成长方式。我国电信企业海外拓展也不例外。在决定何时开拓海外市场之后，战略合作伙伴的选择成为海外经营成败的主要因素之一。可以作为战略合作伙伴的对象很多。例如，跨国电信运营商、国内外制造商、国内其他运营商、目标国（区）的电信公司、有实力的金融公司等。但总的原则是有助于实现我国电信企业的海外拓展目标，在增加收益的同时减少风险，还要充分利用宝贵资源。

具体来说，我国运营商要在全球化进程中把握机会，一方面需要在 WTO 的框架要求下，发展好国内市场；另一方面要顺应经济全球化发展的潮流，敢于走出去，以攻为守，开拓国际市场，创造出自己的品牌。下面几点是我国运营商在实施国际化战略中需要借鉴的。

8.3.1 实施国际化战略的运营模式

国际化运营模式是一个动态的组合，许多因素会影响国际化运营模式的制定与实施。电信运营商可采取的国际化运营模式主要有以下 3 种。

1. 虚拟运营商模式

目前，各国对移动虚拟网络运营商（MVNO）没有准确的定义，根据其对网络运营商（MVNO）依赖程度的不同可分为 3 种。

（1）仅租借网络容量，自己采用独立计费系统和用户管理系统提供业务，是比较高级的转售或者业务提供者。他们把注意力集中在提供特色业务上，定位往往是特殊用户群。这种模式对没有通信网络运营经验的其他行业加入者来说比较适用。

（2）采用自己的计费系统和用户管理系统，拥有业务平台。因为 MVNO 需要一个智能平台来提供自己的增值业务，而无需依赖 MNO。

（3）仅租借需要使用无线频率的设备，即基站系统，其他全部由自己的网络资源提供。这种模式对运营商来说主动性最大，开发增值业务的能力也强。因此，有电信运营经验的企业希望通过这种方式进入 MVNO。

一般来说，潜在的 MVNO 会根据自有资源情况、资金投入预算及需要提供的业务来确定它所采用的运作模式。

2．直接投资模式

该模式指企业到目标国投资创立一个新企业，包括两种形式，即合资经营与独资经营。前者指企业与目标国联合投资、共同分享股权和管理权；后者指企业到目标国投资建立独资企业，主要做法是在当地收购一个现成的企业或投资建立一个新企业。

3．跨国购并模式

跨国购并即通过购并来控制东道国的一家企业，有 4 种方式：①现金购买资产，即购并企业使用现金购买国外目标企业的资产，进而实现控制；②现金购买股票，即购并企业使用现金对国外企业的股票进行购买，达到控股地位，进而实现控制；③股票换取资产，即购并企业通过在国外上市，发行自己的股票，并以此交换目标企业的资产，进而实现控制；④股票换取股票，即购并企业通过在国外上市，直接向目标企业的股东发行股票，交换目标企业的大部分股票，进而实现控制。

8.3.2　实施国际化战略的影响因素

1．政府开放程度

指一国的贸易投资自由化程度。目标国政府不同的市场开放政策和发展战略会对运营商产生直接影响，因为进入一个新市场所需要的资源有一些属于国内（如劳力、进入国内市场的途径等），而部分资源则在一定程度上受到目标国（区）限制。

2．市场化程度

指通过价格机制取得供需平衡。这既包括市场基础设施的建立和完善，也包括制度性市场规则和运行性市场规则的实施，以及各种经济主体行为的规范。目标国市场化程度的高低会对运营商的投资方式和经营策略产生直接影响。

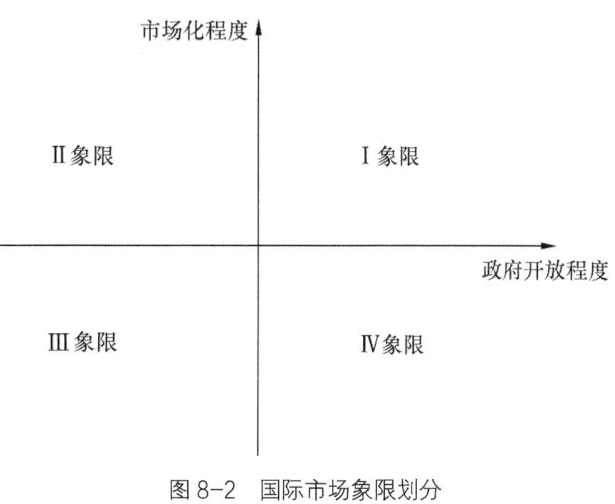

图 8-2　国际市场象限划分

以政府开放程度为横坐标，市场化程度为纵坐标，划分出 4 个象限，进而将国家划分为 4 种类型，如图 8-2 所示。

Ⅰ象限：此象限的国家政府开放程度高，市场成熟，国外运营商可以较自由地在其中运营，这种跨越国界的自由便于国际资源的整合，使得国际运营商有时比国内运营商更具有竞争力。

II 象限：此象限的国家市场比较成熟。政府给本国和与本国有良好关系的运营商提供各种国内国际资源，促使它们进行以出口为导向的发展；同时政府还限制进口和国内的外商投资，以进一步保护本国运营商。

III 象限：此象限的国家对电信市场开放程度有较严格的限制且它们的市场化水平多处在由不成熟向成熟的转变阶段，由此可能产生一系列瓶颈，比如市场不平等，缺乏技术、资金支持，或是在政策限制下获利极低等。

IV 象限：这个象限的国家电信市场开放较早，但由于配套措施存在缺陷，因此市场化程度并不高。

各个象限的典型国家分布如图 8-3 所示。

图 8-3 不同象限的典型国家

I 象限：较典型的有英国、德国、西班牙、荷兰等欧洲一些老牌资本主义国家，还有亚洲的澳大利亚、新西兰等。澳大利亚的电信市场开放走的是英国路线：从完全垄断到有限竞争，再到双垄断，最后是完全开放。我国电信运营商在进入这个象限国家的市场时，可以像沃达丰一样，采用子公司的形式。如果条件允许，可以创立自己全新的子公司；若资源或实力有限，则可以并购目标国原有的运营商。

II 象限：较典型的是韩国和日本。运营商比较合理的进入方式是获得目标国国内主要运营商的股份，这样可以绕过目标国政策的限制，顺利进入市场。目标国市场化程度高，各类体制和市场运作程序规范，若原运营商经营业绩好，可以让其在原有轨道上继续经营，不做太大变动。

III 象限：较典型的是非洲一些发展中国家、部分东盟国家及中国。电信运营商进入这类国家的方式仍然是参股。因为这类国家对电信市场开放有较严的限制，国外运营商几乎不能独立运营，因此，参股几乎是唯一的途径。

新加坡电信在 2001 年底，购买了印度尼西亚 Telconsel 电信公司 22.28%的股份，加上 2002 年中期再度获得 Telkon12.72%的股份，在 Telconsel 的总股份达到 35%；新加坡电信持 ATS，泰国第一大电信集团 21%的股份。我国电信运营商可以参考新加坡电信所采取的方式，在这个象限里采用参股目标国运营商的方式开拓市场。

IV 象限：比较典型的是印度、菲律宾等国。可以采取与目标国电信运营商合作（或联盟）投资成立一家新的合资公司的方式进入目标国。在政府开放程度较高的国家里，成立新的合资公司成为可能；但由于市场不够规范，若贸然在环境陌生的目标国成立子公司，又有较大的风险。因此可以选择成立新合资公司，既有一定的监督公司运营的权利，又能和熟悉的本土运营商合作，避免风险。

如 SKT 在 2001 年与 LG 电子、东亚 Ele.com 合作，投资在新加坡设立 SLD Telecom。新加坡电信与印度电信运营商巴帝集团成立一家合资公司，经营印度国内的长途电话业务；与比利时政府、SBC 通信、丹麦电信共同拥有比利时第一大电信运营商 Begacon；与中国台湾远东集团共同组建了新世界电信，提供语音和数据服务；而 GlobeTelecom（菲律宾的综合电信服务提供商）股东就是 Ayala 集团和新加坡电信。我国电信运营商可以吸取 SKT，新加坡电信等的经验，在这个象限里和目标国的主要电信运营商合作成立新的合资公司，开拓目标国市场。

综上所述，我国电信运营商在实施国际化战略选择运营模式时，在政府开放程度高、市场化程度高的国家，可以成立自己的子公司；在政府开放程度低、市场化程度高的国家，以及政府开放程度低、市场化程度也低的国家，通过参股目标国原有的大电信公司进入；在政府开放程度高、市场化程度低的国家，可以考虑和目标国原有的大电信公司合资成立一家新的电信公司。

8.3.3 实施国际化运营的基本原则

我国电信运营企业要实行国际化运营，必须坚持以下原则。

（1）有所为有所不为。我国运营商的国际化之路是逐渐演进的，国际化经营必须提前考虑国际汇率市场的风险变动、资本市场的融资能力、本身现金流的保证及海外市场的最佳进入时机。

（2）充分的网络运营准备。国际化拓展之前必须准备好海外经营所需要的网络，并合理确定投资额度及租、买、建比例，做好网络之间的互连互通。

（3）选择最佳的合作伙伴。选择最佳的合作伙伴，如跨国通信公司、国内设备制造商、目标国通信运营商。应加强对目标国市场的预测，合理确定进入业务的市场定价、渠道建设和服务保证。在开拓市场时，选择最佳的合作伙伴，看清合作后的发展趋势，是至关重要的。比如 DoCoMo 选择 AT&T 就是想抢占新一代移动通信技术市场，发展 3G，使 W-CDMA 成为事实上的全球标准。但随着 AT&T 无线股票的暴跌，DoCoMo 在 AT&T 的投资失利。还有它在与荷兰 KPN 移动联手时，由于 KPN 总公司 2001 年上半年负债 230 亿欧元，已公开表示将出售 50 亿欧元资产，就打乱了 DoCoMo 进军欧洲的计划，使其不得不将欧洲据点从荷兰搬迁到伦敦。这些都是合作伙伴选择不当的表现。

（4）选择最佳的运营模式。根据不同发展阶段选择最佳运营模式，如战略联盟、办事机构、合资、独资子公司等。

（5）关注国际化人才储备。寻找熟悉国际市场运作规律和目标国法律环境的本国人才，认同和接受公司文化、并熟悉电信运营的当地人才，能够进行国际协调和文化整合的跨国人才。

本章小结

本章讨论了电信全球化背景和我国电信运营企业实施国际化运营的战略。我国电信运营企业的国际化经营还处在早期的探索阶段，各主导运营商应好好把握经济全球化的有利时机，培育自己的核心竞争力，在不断吸取国外知名电信运营商跨国经营经验的基础上，选择适宜的途径和策略，使自己在国际竞争中立于不败之地。

思考与练习题

8-1 简述全球化和电信全球化的表现。

8-2 电信运营企业可以采取的国际化运营模式有哪几种？

8-3 实施国际化战略的影响因素有哪些？

8-4 我国电信运营企业要实施国际化运营，必须坚持哪些原则？

案例讨论

NTT DoCoMo 的海外发展战略

1992 年 7 月，NTT DoCoMo 从其母公司 NTT 分离出来；1994 年，NTT DoCoMo 开始在日本本土提供 2G 语音业务；1999 年 2 月推出 i-mode 业务；2001 年 10 月采用 W-CDMA 标准构建 3G 商用网络。2004 年 6 月 DoCoMo 推出了基于包月制的服务，2004 年 7 月正式推出了基于手机的信用卡钱包业务。DoCoMo 的业务架构包括音乐下载，游戏，视频，邮件等等，以及基于生活支持的服务包括手机信用卡、手机电视、电子钱包、地图、导航、优惠券等业务。NTT DoCoMo 占领了将近 50%的日本 3G 市场份额。当战略资源在日本本土积累到一定程度的时候，DoCoMo 的发展必然是拓展海外市场，其基本途径主要有并购和战略联盟。

初期，NTT DoCoMo 对和记黄埔、荷兰 KPN 以及美国 AT &T Wireless 公司进行投资，拥有上述公司部分股权。然而，面对复杂的竞争环境、各国不同的管制政策、移动市场的快速发展和变化，这种方式充满了风险和不确定性。随着 AT &T Wireless 公司被 Cingular 无线公司收购，NTT DoCoMo 退出与和黄的合资公司 3UK，NTT DoCoMo 第一阶段的国际化战略基本失败。

随后，NTT DoCoMo 对其全球化战略进行调整，希望通过与国外电信企业建立跨国战略联盟来推广“i-mode”业务模式，从而实现公司迈向世界的梦想。2005 年 1 月与新加坡 StarHub 合作推出“i-mode”。2005 年 10 月 1 日英国的 O2 推出 i-mode 业务。2005 年 9 月 15 日俄罗斯的 Mobite Tele Systems（MTS）开始向莫斯科和圣彼得堡的用户提供 i-mode 门户业务。目前 i-mode 在日本有 4500 万用户，在欧洲有 500 万用户。DoCoMo 的研发机构分布在全球的四个地区，其总部设在日本的硅谷基地，北京、德国、美国有三个研究所，分别承担了下一代 IP Internet，下一代移动网络架构和业务架构以及下一代无线传输中的研究性工作。

讨论题：

试分析案例中 NTT DoCoMo 的成败之处，并结合本章内容，讨论我国电信运营企业采用什么样的策略进入国外市场。

第 3 部分

电信业务管理

创新业务模式

创新是提升企业核心竞争力的重要途径。近年来，中国电信业的发展经历了重大的变革，电信市场由垄断走向竞争，电信业走向全球化，电信技术发展迅速，电信新业务层出不穷，电信网络不断升级换代。面对激烈的竞争，电信运营企业以价格战抢占有限市场的传统竞争方式，正转变为通过业务创新拓展新的市场，通过不断开发新业务引领消费、不断推出新业务吸引用户，培育新的业务增长点，拓宽整个产业的发展之路。因此，电信运营商必须从战略上重视业务创新。本部分首先介绍电信业务设计和创新的方法，然后介绍电信业务流程再造、电信运营企业的业务支撑系统、电信业务供应链管理，最后还介绍虚拟电信运营商的经营管理以及电信全业务运营的相关内容。

第 9 章 电信业务设计

【引例】黑莓风暴

1999 年，加拿大 RIM 公司的黑莓业务凭借基于 Internet 的全球商业邮件功能，爬上了高端手持商务通讯工具的巅峰，形成了一种以数据应用为主的全球漫游通信工具，而其代价仅仅是购买一款黑莓手机。尽管全球目前仅有数百万人在使用黑莓手机，而且三分之二的用户都集中在北美，但其中 95%都是商业精英，华尔街和硅谷几乎人手一台。准确的目标定位，差异化的应用模式，让黑莓在短短三年内为 RIM 公司积累了大量资本。以至于黑莓品牌的母公司 RIM 在纳斯达克上市之后短短三年时间股价疯长了 100 倍。

类似于黑莓模式，中国联通开发了红莓业务（redberry），其基于联通彩 e 技术平台，支持文字、彩图、音频流、视频流等多种文件格式，可以发送和接收包含 5000 字的正文邮件和 100KB 的附件。红莓业务首先打开了中国的移动邮件市场。

黑莓的成功是全世界有目共睹的，黑莓品牌也已经成就了巨大的价值。而黑莓的成功归根结底就一句话“一招鲜、吃遍天”，就是将邮件功能放在了手机上，这一招使黑莓获得了成功。但是后来者，如微软、Visto、沃达丰都尝试挑战黑莓，都收效甚微，这充分说明了在当今电信市场上，业务创新设计的重要性。本章主要讲述电信业务及其定价策略，电信业务运营模式，介绍电信业务创新的理论和方法。

9.1 电信业务概述

9.1.1 电信业务的概念及分类

电信业务是电信部门利用电信通信系统，按用户的需求为用户传递信息，提供各类电信服务项目的总称。电信业务种类繁多，可以从不同的角度进行分类。

1．按信息感官分类

按信息感官分类，电信业务可以分为话音业务和非话业务两大类。话音业务是传递最终为人的听觉器官所接收的话音信息的业务，除此以外的业务都称为非话业务。

2. 按信息媒介或信息载体分类

按信息媒介分，电信业务可分为话音、数据、图文、视频和多媒体业务。话音业务是以人的讲话声音为信息媒介的业务；数据业务是以由计算机进行运算和处理的数据为信息媒介的业务；图文业务是以人们可以阅读的文字和图表为信息媒介的业务；视频业务是以人们可以直接观看的活动图像为信息媒介的业务；多媒体业务是至少同时包含两种类型信息媒介的业务，如可视电话同时包含了视频和话音，即为一种多媒体业务。

3. 按业务是否增值分类

按是否增值可把业务分为基础电信业务和增值电信业务。基础电信业务是指提供公共网络基础设施、公共数据传送和基本话音通信服务的业务；增值电信业务是指在基础网络设施上增加必要的设备，能够对信息进行加工、处理，为用户提供额外信息或信息重组，从而增加信息的使用价值的业务。

4. 按用户活动状态分类

按用户在通信时的活动状态分，电信业务可分为固定业务和移动业务两大类。顾名思义，固定业务是指通信时用户基本不移动，即用户终端不能移往他处的业务；移动业务则是指通信双方至少有一方处于移动状态。移动业务按照用户和用户终端所在载体的地理位置不同又可分为陆地移动业务、海上移动业务和航空移动业务。

5. 按网络执行功能分类

按网络执行的功能可把电信业务分为承载业务和用户终端业务。承载业务是指在用户与网路接口之间向用户提供、运送基本比特的低层功能的业务；而用户终端业务是指不仅提供信息传递的低层功能，而且还提供包括用户终端功能在内的完整的通信业务。此外，用户在利用上述两种业务进行通信时，还要求网络提供额外的服务性能，这种额外的服务性能称为补充业务。补充业务不能单独提供给用户，它必须依附于基本业务一起提供。

6. 按所需带宽分类

按 ITU-T 的定义，需要一次群（1.544Mbit/s 或 2.048Mbit/s）以上速率的基本传输信道的业务称为宽带业务，低于这个速率的为窄带业务。

7. 按通信目的分类

按通信目的分，电信业务可分为 3 大类：第 1 类是以人与人之间的通信联络为目的的业务，如电话、电报、电子邮件、会议电视等都属于这一类；第 2 类是以获得信息为目的的业务，如可视图文；第 3 是以获取信息处理为目的的业务，如电子银行等。

9.1.2 我国电信业务的分类

我国于 2000 年 9 月颁布了《中华人民共和国电信条例》，并相应规定了我国电信业务分类目录。为适应电信业务发展，2003 年 3 月 21 日，信息产业部《关于重新调整<电信业务分类目录>的通告》明确规定了我国目前对电信业务的分类标准，并于同年 4 月 1 日起施行。如表 9-1 所示。

表 9-1　　　　　　　　　　　　我国电信业务分类

类　别		电 信 业 务	
基础电信业务	第 1 类基础电信业务	固定通信业务	固定网本地电话业务 固定网国内长途电话业务 固定网国际长途电话业务 IP 电话业务 国际通信设备服务业务
		蜂窝移动通信业务	900/1800MHzGSM 第二代数字蜂窝移动通信业务 800MHzCDMA 第二代数字蜂窝移动通信业务 第三代数字蜂窝移动通信业务
		第 1 类卫星通信业务	卫星移动通信业务 卫星国际专线业务
		第 1 类数据通信业务	Internet 数据传送业务 国际数据通信业务 公众电报和用户电报业务
	第 2 类基础电信业务	集群通信业务	模拟集群通信业务 数字集群通信业务
		无线寻呼业务	
		第 2 类卫星通信业务	卫星转发器出租出售业务 国内甚小口径终端地球站（VSAT）
		第 2 类数据通信业务	固定网国内数据传送业务 无线数据传送业务
		网络接入业务	无线接入业务 用户驻地网业务
		国内通信设施服务业	建设并出租、出售国内通信设施的业务
		网络托管业务	
增值电信业务	第 1 类增值电信业务	在线数据处理与交易业务	交易处理业务 电子数据交换业务 网络/电子设备数据处理业务
		国内多方通信业务	国内多方电话服务业务 国内可视电话会议服务业务 国内 Internet 会议电视及图像服务业务
		国内 Internet 虚拟专用网业务	
		Internet 数据中心业务	
	第 2 类增值电信业务	存储转发类业务	语音信箱 X.400 电子邮件 传真存储转发
		呼叫中心业务	呼叫中心服务 呼叫中心系统 话务员座席的出租服务
		Internet 接入服务业务	
		信息服务业务	

9.2 电信业务价格

电信业务作为一种商品或服务在市场上进行交易，首先必须具有一定的价格。由于电信业务的无形性、全程全网等特性，使得电信业务价格有着区别于其他商品的很多特性。这也要求我们在为电信业务定价时要遵循一定的规律，采取合适的策略。

9.2.1 电信业务价格的概念

1．电信业务价格构成

价格构成是指构成价格的要素及其在价格中所占的比重。产品的价格由 3 个部分组成，物质消耗支出、劳动报酬支出、盈利。在货币形态上，商品价格构成要素有 4 个，即生产成本、流通费用、利润和税金。用公式表示如下：

价格 = 生产成本 + 流通费用 + 利润 + 税金

2．电信业务价格的影响因素

电信业务自身的特点决定了电信业务价格受到多方面因素的影响，主要包括以下 5 个方面：

（1）成本因素。电信行业是资金密集型行业，所有业务的提供都有赖于网络技术的支持，那么网络的建设、维护费用都会成为电信业务的成本。电信企业的成本因素主要包括网络扩展成本、技术进步成本、制度变革成本等。

（2）政策因素。国家总是在市场中起着宏观调控的作用，通过各种规定调节产品的价格。尤其是对于电信行业普遍服务的要求，对其价格规制一直都存在。电信业务定价时，必须要符合政府的政策和法律法规，服从行业条例和法规。

（3）供求因素。电信业务在销售过程中同样受到供求规律的影响，当供给或者需求发生变化时，价格都要发生相应的变化，才能适应市场的要求。

（4）竞争因素。目前电信企业所面临的竞争格局构成了对业务价格的影响因素。2008 年新一轮重组后的电信企业经营范围全面放开，获得 3G 运营牌照的 3 大运营商都将实现全业务经营，而长远来看，国外运营商或者资本的入侵也是必然的，这些都将使电信业的竞争更加复杂化和多元化。

（5）消费者心理因素。电信业务不同于很多有形产品，质量的判断只能取决于消费者的期望同实际所感知的服务水平的对比，这种对比包括了业务提供过程中，企业为用户提供的通信质量、业务套餐的搭配、营业厅以及呼叫中心工作人员的服务态度及质量等。所以电信业务在定价时必须十分清楚业务的品牌、服务及客户喜好，才能使价格符合消费者预期。

9.2.2 电信业务定价的方法

1．电信业务定价的目标

由于受到资源的约束，企业规模和企业所采用的管理方法的差异，电信企业可能从不同的角度选择自己的定价目标，而同一电信企业在不同时期、不同市场条件下也可能有不同的定价目标，电信企业应根据自身的性质和特点，权衡各种定价目标的利弊而加以取舍。

（1）以利润为电信企业的定价目标。利润是电信企业从事经营活动的主要目标，也是电信企业生存和发展的源泉。获取最满意的利润是市场经济中电信企业从事经营活动的最高展望，因此，利润最大化是作为电信企业的长期定价目标。

（2）以扩大市场占有率为目的定价目标。市场占有率是电信企业经营状况和产品竞争能力的综合反映，事实也证明，市场占有率越高，电信企业对市场的控制能力就越强，它的盈利率就越高，所以某些电信企业制定尽可能低的价格来追求市场占有率的领先地位。

（3）以实现销售增长率为定价目标。以实现销售增长率为定价目标，是指电信企业以巩固和提高市场占有率，维持或扩大市场销量为制定商品价格的基础。一般情况下，销售增长率的提高与市场占有率的扩大是一致的。

（4）以实现预期投资收益率为定价目标。以实现预期投资收益率为定价目标，是指电信企业以获取投资收益为定价基点，加上总成本和合理的利润作为商品销售价格。在产品成本费用不变的情况下，电信产品价格的高低取决于电信企业所确定的投资报酬率。

（5）以对付竞争对手为定价目标。大多数电信企业对于竞争对手的价格非常敏感，在分析电信产品竞争能力和企业所处的市场竞争位置后，以对付竞争对手作为电信企业的定价目标，通过定价进行价格竞争。

（6）以维护企业形象为定价目标。良好的企业形象是电信企业无形的资源与财富，为了维护企业的良好形象，电信企业在定价时必须考虑电信企业产品的价格水平是否同企业形象相一致，要避免同政府、中间商、顾客的严重摩擦，利用价格来维护企业及其产品在市场上的声望。

（7）以维持企业生存为定价目标。以维持企业生存为定价目标通常是电信企业处于不利的环境之中采用的一种定价目标。电信企业由于经营不善或其他原因，造成产品销售不畅，资金周转不灵时，为了避免倒闭，企业往往采用大幅度折扣的手段，实施“边际贡献定价法”，价格以变动成本为基准，只要售价高于变动成本，有边际贡献即可售出。

2. 电信业务定价的原则

为保证定价决策有效开展，取得明显成效，在定价决策过程中一般应遵循以下 5 个原则：

（1）科学性原则。电信业务定价要建立在明确定价目标，全面把握市场需求、用户消费行为、竞争价格动态、成本核算和业务发展及国家资费政策等基础上，以应用经济学、市场营销学、财务管理学、企业经营发展战略等为指导，充分运用现代统计等分析方法，使定价决策既满足用户需求又能增强竞争力、促进业务健康发展，实现科学定价。

（2）动态性原则。影响电信业务价格的市场需求、技术、用户规模、竞争、成本等因素是不断变化的，定价者要不断根据市场环境的变化，不断调整和优化定价，使之与环境变化相适应。

（3）有效性原则。有效性原则又称为可操作性原则。定价决策的有效性最主要表现在要按照国家资费管理政策灵活掌握，细分市场。电信业务定价决策要合理有效利用价格杠杆作用，要根据用户价格感知，制定适宜的价格，有效实施定价策略。这就要求定价者在业务发展的不同时期，采取不同的资费政策，同时采取灵活多样的资费政策。

（4）目的性原则。电信业务定价决策不是为定价而定价，它是电信业发展战略的重要载体，和电信业发展战略一致的。如企业推出了新业务，需要尽快占领市场，需要采取渗透性的定价策略，可能需要以收益损失为代价。但无论以何种方法定价，都应该设法提高资源的配置效率，同时确保企业内部效率。

（5）系统性原则。用户购买电信产品，购买的是产品的使用价值，电信企业若能改善服务、提高用户方便性、为用户提供超值服务，产品定价完全可以高于竞争对手，同样取得用户的信任，达到较好的市场效果。因此，企业定价决策要在考虑诸多因素基础上，同时做好服务、渠道、广告、品牌等相关工作。

3．电信业务定价的方法

电信产品的定价与成本、市场需求以及竞争环境密切相关，电信业务常见的定价方法可归纳为如下3类。

（1）成本导向定价方法

① 成本加成定价方法。成本加成定价方法是应用最普遍的一种定价方法。原理是产品成本加上一定比例的预期利润定价，计算公式如下：

$$P = C(1 + r)$$

式中，P —— 单位产品价格；

C —— 单位产品的平均成本；

r —— 预期利润率。

该方法的优点是计算方便，但是却完全从生产者角度出发，没有考虑到消费者的利益。

② 收支平衡定价法。收支平衡定价法是利用盈亏平衡点的原理来定价，是企业产品可承受的最低价格。公式如下：

$$P = \frac{F}{Q} + V$$

式中，P —— 单位产品价格；

F —— 固定成本；

V —— 单位变动成本；

Q —— 总产量。

③ 边际贡献法。边际贡献法是基于产品的变动成本的定价方法，其公式如下：

$$P = V + C_m$$

式中，P —— 单位产品价格；

V —— 单位变动成本；

C_m —— 边际利润。

这种定价方法一般用于无法盈利但放弃生产的沉没成本巨大的产品，只是为了弥补部分固定成本，当价格低于单位变动成本时就停止生产。

（2）需求导向的定价方法

① 理解定价法。理解定价法的基本思路是，认为价格的决定因素是买方对产品价值的理解。这种定价方法，不考虑生产的成本，完全由消费者出发。只有当所定价格与消费者认识符合时，才能达到企业利润最大化的目的，高于理解价值，产品将滞销，反之，企业单位产品利润降低。所以产品定价之前，必须首先估计产品的性能、用途、外观、质量以及营销组合等因素的影响下消费者对产品的理解价值。

② 差别定价法。差别定价方法是指同一种产品在特定的条件下按不同的价格销售。这种特殊的条件可以是不同的地理区域、不同的时间段、不同的消费力、不同的消费群体等，但是必须

要有一个预先的消费者细分，且能够分隔这些市场，保证产品在这些市场之间不能自由流动。

③ 比较定价法。比较定价法是根据产品需求弹性的研究与市场调查来决定价格的方法。

（3）竞争导向的定价方法

该方法主要是针对后进入特定市场、处于竞争位置的企业，可以通过研究竞争对手的既定价格、生产条件、服务状况等，以竞争对手的价格为基础，确定自己产品的价格。主要有竞争参照定价法、随行就市定价法、招投标定价法和拍卖定价法。

9.2.3 电信业务价格策略

1. 电信新业务定价的策略

（1）撇脂定价策略。撇脂本意是在鲜奶中撇取乳酪（Skim the Cream from Milk），含有提取精华之意。用在市场定价上，含义是当一种商品刚刚导入市场的时候，尤其是它的消费对象是高收入群体时，就将产品的价格定得比较高，以便在产品生命周期的初期就赚取最大的利润。电信新业务由于率先推出，可以奇货自居，采取这一策略。

（2）渗透定价策略。它是一种与撇脂定价策略相反的策略，把产品的价格定得很低，借以排除竞争对手，迅速地进占市场，容易遭到公众的反对。

（3）让价策略。折扣或让价策略，这是一种通过变通办法给购买者以优惠并鼓励购买者积极购买和如期支付货款的价格策略。

（4）综合定价策略。经营者根据市场竞争中的位置，采取综合定价办法，即有的产品价高有的产品价低，或者把产品销售的有关因素都包括进去，以利于产品推销和开拓市场。

（5）心理定价策略。它是一种为满足各种类型消费者心理的价格策略。人们在购买商品时具有多种不同的心理，有人出于实用性，有人出于好奇心，有人出于自尊心，有人显示富贵。针对这些心理定价，会对顾客的购买产生强烈的刺激作用。

2. 资费选择策略

（1）线性资费。就是提供业务而收取的费用与用户的使用量成线性关系，包括定额资费和从量资费两种情况。定额资费是指无论通话量的多少，都按固定的标准收取统一的费用，通常所说的包月制就是定额资费的一种。从量资费是指按消费量计算，通话费随通话量的多少而增减。

（2）二部资费。二部资费（Two-part Pricing）是非形性资费的一种，是指分两部分收费，它根据成本分为固定成本和边际成本两部分，将价格分为反映基础设施投入的固定成本以及其他流量不敏感部分的成本和反映单位（流量敏感）成本，也就是每提供一个产品或服务的边际费用。这种资费模式在世界电信业内实行得最为广泛和长久，一般表现为“月租费+通话费”的形式，月租费反映固定成本以及其他流量不敏感成本，计次或计时费用反映按照实际通信量计付的可变成本。

3. 差别资费策略

企业可根据不同顾客、不同时间、不同地点而制定不同的资费水平。

（1）高峰负荷资费。如果考虑电信业务价格的多样性，同一业务在不同时间消费，它的价格又不一样。如分时段价格是根据用户进行通信时所处时间段的不同，对相同单位的通信时间分别收取不同的资费，如按白天、傍晚、夜间（或按工作日、周末、节假日）进行区分，制定相应的价格方案。若以 $p=(p_1, p_2, p_3)$ 分别代表白天、傍晚、午夜的价格，$t=(t_1, t_2, t_3)$ 表示3个时间段的通信时间向量，则分时段资费的函数表示形式为：

$$P = P_i + \sum_{i=}^{3} p_i t_i$$

（2）按距离差别收费。电信业务的传输是通过覆盖全球的电信网来实现的，电信网的建设和维护费用通常与距离成正比。因此，考虑到距离对成本的影响，电信运营企业的传统业务往往根据不同的通信距离收取不同的电信资费。

4．促销定价策略

促销定价策略是指电信企业为了达到促销目的，对产品暂定低价，或暂以不同的方式向顾客让利的一种价格策略。例如，招徕定价（降低价格）、特殊事件特殊定价、还本销售定价等。

5．电信业务组合定价策略

组合定价策略是指通过对影响电信业务使用的各种因素进行系统的调研、分析，制定出能够促进电信业务使用量及其收入增加的各种促销组合方案，即捆绑销售方案，再针对具体方案综合运用话务量赠送、新产品优惠或赠送、实物奖励、数量折扣等措施。组合定价法的基础是被组合在一起的各种因素具有互补效应或协同效应，常见的电信业务组合定价策略有以下5种。

（1）业务组合定价法，即定价时按照不同客户的需求特点分别将不同的电信业务组合起来。例如，1990年AT&T成功推出了Universal卡，这是一种可兼做信用卡的长途电话优惠卡。

（2）客户组合定价法，即将具有密切亲情关系和工作关系的客户组合起来，对其话务量实行不同方式的优惠。例如，1991年美国MCI公司推出的Friends & Family营销组合方案，目前中国电信推出的“我的e家”，中国联通（原中国网通固网业务）推出的“亲情1+”。

（3）时间组合定价法，即按照不同客户的需求特点而分别将白天与夜晚、工作日与周末及节日、网络流量的峰谷与低谷等因素组合起来，实行不同的价格标准或促销措施。

（4）关系组合定价法，即利用各级电信公司与当地的银行、证券、税务等单位互为大客户的关系，以及与政府、学校、医院、开发区等单位的业务关系制定相互捆绑的业务组合定价方案。例如，中国移动与中国民航联合实施的客户积分计划；一些电信公司联合教委推进校校通工程建设，实行装宽带、优惠选购网校课件等促销措施，成批发展教师、学生宽带用户；电信企业联合证券公司推出证券开户送宽带、证券大户送宽带的促销措施，成批发展股民用户；电信企业联合政府各部门、金融部门等行业性大客户实行个性化的促销措施，成批扩大用户群。

（5）电信产品与非电信产品的组合定价法。电信产品与非电信产品组合定价及营销刚刚起步，有着良好的市场前景和潜力。例如，吃“麦当劳套餐，送免费上网时间”就是虚拟运营商跨行业捆绑的一次可贵尝试。英国的虚拟电信运营商维珍集团通过该策略的成功实施，既做到了经营范围广泛（交通、零售、金融服务、旅游、移动通信等），同时又保持品牌内涵专一（乐趣、创新、服务品质和物超所值）。

9.3 电信业务创新

9.3.1 电信市场的特点

所谓市场，从一般意义上讲，就是指商品交易关系的总和，主要包括买方和卖方之间的关系，同时也包括由买卖关系引发出来的卖方与卖方之间的关系以及买方与买方之间的关系。市场营销学中的市场三要素是指人口、购买力和购买欲望。由此，我们把市场定义为，为了满足某种特定的需求和欲望而购买或准备购买某种特定商品的消费者群体。电信市场为服务市场，它既有市场的一般属性，又有自身的特点，下面分别讲述电信市场和我国电信市场竞争的特点。

1. 电信市场的特点

（1）规模经济性。电信市场的一个显著特征就是规模经济性。对于运营商来说，一是必须建立庞大的通信网络，才能满足顾客相互通信的目的；二是基础用户群体越大，用户之间的通信越多，对潜在消费者的吸引力也越强；三是固定成本大于可变成本，企业在电信基础通信设施上的投资比例较大。

（2）范围经济性。追加新业务的联合成本低于单独生产该产品的成本。电信业务的运行，必须建立在完善的网络基础设施的基础上，如果没有通信网络，电信服务就无法实现。该基础网络设施还可以为新业务提供服务。因此，新业务推向市场的联合成本便低于同种业务作为单独开发时的成本。

（3）外部经济性。邮电通信是社会发展的基础设施，它的发展对社会和国民经济的发展、科技水平的提高产生巨大的作用。服务网络和通信线路的规划、建设，社会、经济信息的快速传递，为其他产业、部门的发展提供基本的信息流通保障。电信企业发展速度的快慢、电信产品消费能力的强弱、电信服务的市场范围大小，都将影响到整个地区国民经济水平的提高。

（4）普遍服务的公益性。所谓普遍服务，是指对任何人都要提供无地域、质量、资费歧视且能够负担得起的电信业务。“普遍服务”这一术语最早由美国 AT&T 总裁威尔先生在 1907 年年度报告中提出，他的原话为“一种政策，一种体制，普遍服务”。1934 年，美国首先将这一政策纳入法律条文，在《电信法》中明确规定：“电信经营者要以充足的设施和合理的资费，尽可能地为所有国民提供迅速而高效的有线和无线通信业务。”随着通信技术的发展和信息对于社会经济生活的作用日益显著，普遍服务的内容也在不断变革。除传统的固定电话等基本业务以外，发达国家将移动电话的普及率、Internet 的接入等也作为普遍服务的内容，并将一些多媒体业务，如远程医疗、远程图书馆、远程教学等均划归普遍服务的范围。可见电信服务对于整个社会的重要意义，它是整个社会发展进步不可缺少的一项特殊基础。

（5）电信国家主权的政治性。“国家主权”是指一个国家固有的处理其国内国际事务而不受他国干预或限制的最高权力。传统的电信国家主权包括 3 个基本含义：①运营上的主权；②技术上的主权；③在国际组织和国际会议中主张国家利益。尽管随着各国电信运营业的对外开放，传统的电信国家主权概念受到冲击，各国在制定电信政策以及处理贸易纠纷方面的国家主权日益受到超国家的机构的主导。然而，不可否认，电信业是国民经济的基础性产业和战略性产业，对国民经济的发展、国家经济安全以及国家主权的维护具有十分重要的意义。

（6）全程全网性。电信运营企业具有全程全网、联合作业的特点，因此在电信业务经营过程中，必须牢固地树立全局观念和全网观念，一切从全局和全网的利益出发，只有把全网经营好了，才能保证企业取得良好的运营效果。

（7）电信市场的多元性。电信市场的各类业务涉足多种类型的市场，具有多种市场的特点。电信业务具有服务市场的属性；电信网络元素销售具有产业市场的属性；电信信息服务则具有技术市场的属性，而总的来说各项业务营销都具有消费品市场的属性。另外电信市场服务对象也体现了多元性。市场的多元化也体现了电信市场的复杂性。

2．我国电信市场竞争的特点

（1）同质化竞争为主。我国电信市场竞争的同质化，主要表现在：服务对象同质化，都是面对电信整体市场；电信业务及其技术手段的同质化；竞争手段同质化，目前价格战仍旧是电信市场竞争中的主要竞争手段。

（2）价格竞争激烈。电信业务市场以同质竞争为主，各电信运营商的营销重点是以资费下降的方式，争夺市场份额，特别是争夺低端用户市场，主要集中在价格战上。在电信业务领域，由于技术和业务实现的同质性，价格竞争被电信运营企业视为一种快速抢占市场份额的有效手段。

（3）存在不正当竞争。尽管经历了市场竞争的洗礼，各电信运营商已经开始反思并寻求提高核心竞争能力的途径，然而目前电信市场竞争仍夹杂着一些不正当竞争现象，表现为：在广告宣传上，内容虚假或含有诋毁竞争对手的内容；在业务推广上，采用不正当手段挖走竞争对手的用户；在互连互通上，人为设置技术障碍；在通信建设上，阻挠竞争对手的工程；在通信资费上，大打违规的价格战。

（4）品牌竞争趋势明显。目前电信运营商在品牌战略方面，还是以资费要素为主要的表现形式。在这种情况下，品牌不会产生溢价，反而成了价格竞争的精美包装。未来电信市场的品牌竞争，就是要通过建立强势品牌，提高企业竞争力，摆脱价格战影子，让通信品牌给企业带来品牌溢价。

9.3.2 电信市场调查

现代企业的经营管理，最主要的是要符合市场的需求和变化，这就离不开有效的市场调查，通过市场调查掌握及时有效的市场信息。

1．市场调查的主要内容

（1）外部环境调查。包括对政治环境、经济环境、社会文化环境、科技环境的调查。

（2）市场需求调查。包括现实的和潜在的电信业务量调查。在调查中，要了解与本企业有关的市场需求量及其影响因素，特别要重点进行购买力、购买动机和潜在需求调查。

（3）竞争对手调查。竞争对手调查主要是调查市场上有哪些同类产品和同类企业。这些企业产品的市场分布和市场占有率，这些企业的现实生产力、潜在生产能力及发展趋势，还要注意潜在的竞争对手。

（4）企业经营执行情况调查。本企业经营执行情况调查的内容，包括调查本企业的市场占有率，客户情况调查，销售渠道调查，本企业产品在质量、品种、包装规格及价格上处于优势还是劣势，本企业产品处于哪个阶段，新技术新产品的发展情况等，以便客观评价本企业在市场中所处的地位。

2．市场调查的主要类型

市场调查主要有 3 种类型：典型市场调查、普遍市场调查和抽样市场调查。

（1）典型市场调查：典型市场调查是通过对一些典型单位的调查，来了解市场某一方面的问题。此种方法适用于专业化生产比较强、能比较准确地掌握供应面、产品供应也比较稳定的企业。

（2）普遍市场调查：普遍市场调查是对同一问题的所有因素进行调查。此类调查工作量大，占用人力多、时间长，但收集的资料全面、细致、精确，可信程度高。

（3）抽样市场调查：这种调查是从了解的整体中，抽出一个或几个作为样本，通过对样本的调查，推断出总体情况。抽样调查可采取随机抽样、机械抽样、分类抽样等方法进行。

3．市场调查的步骤

市场调查可以分为3个阶段，8个步骤，如图9-1所示。

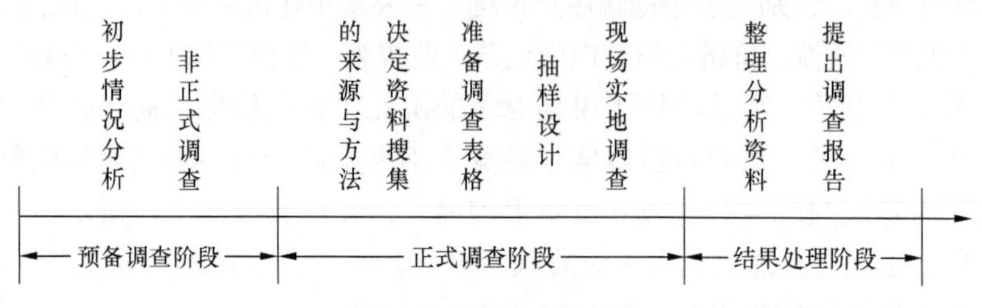

图9-1 市场调查的步骤

（1）预备调查阶段。这个阶段的主要目的是弄清和确定问题之所在以及调查范围，包括了初步情况分析和非正式调查两个步骤。

（2）正式调查阶段。该阶段的主要工作是搜集资料，包括决定资料搜集的来源与方法、准备调查表格、抽样设计、现场实地调查4个步骤。

（3）结果处理阶段。该阶段是全部调查工作的完成阶段，研究人员要归纳资料，阐释调查结论。这个阶段包括了整理分析资料和提出调查报告两个步骤。

4．市场调查的方法

市场调查的方法一般分为询问法、观察法、实验法和专题讨论。

（1）询问法：是直接从被访者那里系统地收集信息。询问法有当面询问、座谈集体询问、信函询问、电话询问等，这些方法可以单独使用，也可以综合使用。

（2）观察法：是通过观察要调查的对象而收集到最新资料。观察法可分为到生产现场观察、到销售现场观察、到使用现场观察和到家庭现场观察等。观察法还可分为直接观察和间接观察等。

（3）实验法：是向市场投放部分产品进行试销，并观察消费者的反映，了解产品质量、品种、花色、规格是否对路，价格是否合理。实验法还可以细分为包装实验法、价格实验法、广告实验法等。

（4）专题讨论：是邀请有代表性的6～10人，在一个有经验的主持人的引导下，讨论一种产品、一项服务、一个组织或其他营销话题，将讨论意见集中后形成调查结果。

9.3.3 电信经营决策

电信经营决策贯穿于整个电信企业经营管理的始终，是电信企业管理的核心和基础。从纵向看，包括计划、组织、人员调配、领导与指挥和控制等工作；从横向看，在执行上述每项经营管理工作中，都存在如何作出各项工作的合理决策问题。因此，电信经营决策是电信企业经营管理中的核心职能。

1．经营决策的内容和分类

电信企业经营决策涉及经营活动诸多方面，它的内容十分广泛。在中长期战略方面，有新业务开发、套餐更新的确定、业务规模的确定、新技术开发选择等；在电信企业销售管理方面，有市场需求变化和销售数量的确定、销售和服务网点的合理设计、销售费用的合理使用、价格的确定；在电信企业财务管理方面，盈亏临界点的合理选择、成本构成的优化选择等。

电信企业经营决策可以有多种分类方法，下面简单列举两种。

（1）按企业经营决策的任务来划分

① 战略性决策是指电信企业为适应环境发展变化，在重大经营方针上所作出的决策，特点是执行周期较长，涉及范围较广。

② 管理性决策：是指电信企业为执行战略性决策，在管理和组织工作中合理选择和使用人力、物力、财力等方面的决策。

③ 业务性决策：是指电信企业为提高业务效率以及更好地执行管理决策，在日常作业中所实行的具体决策。

在现实企业中，这 3 种决策是互为交叉的，但因决策的层次、决策的性质和职能不同，各自的比重有所不同。

（2）按企业经营决策的方法来划分

① 定性决策：包括动机诱导决策方法，主观决策等方法。

② 定量决策：包括确定型决策、风险型决策、非确定型决策等方法。

2．经营决策的一般程序

电信经营决策的一般程序如图 9-2 所示，包括信息收集和沟通，确定目标，拟定各种可行方案，进行方案优劣评价，做出最后的决定，编制计划和预算，执行决定，反馈评价。

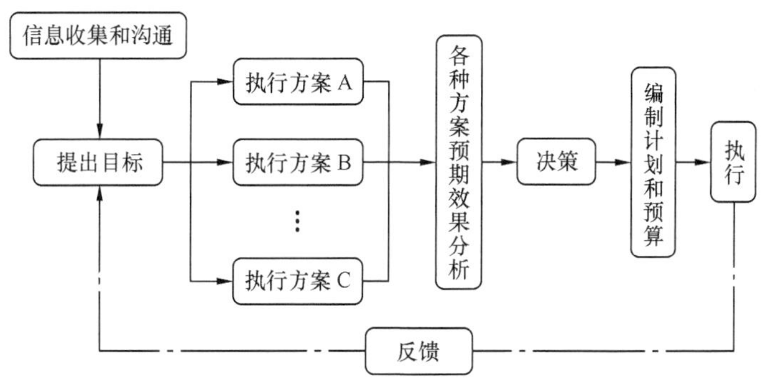

图 9-2　经营决策流程图

3．电信经营决策方法

（1）确定性决策。确定性决策是指决策的客观条件是肯定、明确的，每一种可选方案的后果也只有一种，因此决策的准则就是直接选择有最佳效果的方案。常用的确定性决策方法有量本利分析法、线性规划法、微分法、排队法等。

量本利分析法也称盈亏平衡分析法，是企业经营决策常用的工具。它根据产品销售量、成本、利润的关系，建立参数模型，分析决策方案对企业盈亏的影响。基本原理是边际分析理论，是把企业的生产总成本分为固定成本和变动成本，观察产品销售单价与单位变动成本的差额，若前者大于后者，便存在“边际贡献”。当边际贡献与固定成本相等时，恰好盈亏平衡。这时每增加一个单位的产品，就会增加一个单位的边际贡献利润。进行量本利分析法的主要问题是找出盈亏平衡点。

如图 9-3 所示，以 Y 轴表示收入，以 X 轴表示产量，绘成直角坐标图。将销售收入线、固定成本线、变动成本线标到坐标图里，只要单位产品售价大于单位变动成本，则销售收入线与总成本线必能相交于某一点，这就是盈亏平衡点。

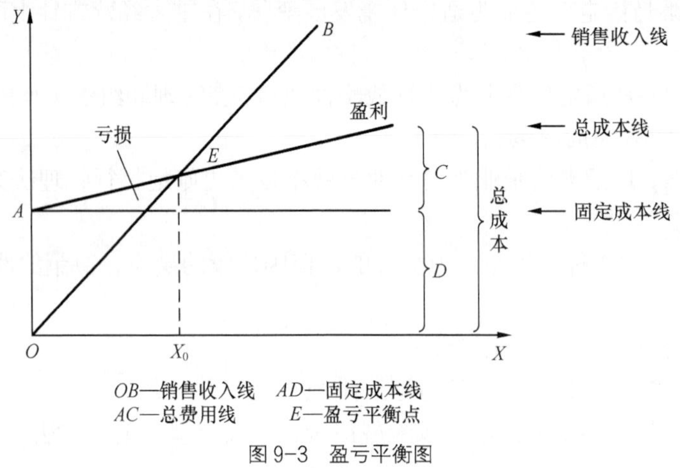

图 9-3 盈亏平衡图

由图 9-3 可知，当销售量低于 X_0 时，企业处于亏损状态；当销售量大于 X_0 时，企业才有盈利。

销售量计算公式为：

$$X_0 = \frac{C_1}{P - C_2}$$

式中，C_1—— 固定成本；

C_2—— 单位可变成本；

P—— 销售单价；

X_0—— 盈亏平衡时的销售量。

销售额计算公式为：

$$S_0 = \frac{C_1}{1 - C_2 / P}$$

式中，S_0——盈亏平衡时的销售额。

【例 9-1】某电信企业提供某项电信业务需要固定资产投资共计 30 万元，该项业务每线的可变成本为 30 元，每线售价 45 元。该业务盈亏平衡时的销售量为：

$$X_0 = \frac{300\,000}{45 - 30} = 20\,000\text{（线）}$$

盈亏平衡时的销售额为：

$$S_0 = \frac{300\,000}{1 - 30/45} = 900\,000\text{（元）}$$

（2）非确定型决策。非确定性决策是指当每一种可供选择的方案的后果存在非决策人所能控制的两种以上的自然状态，而且各种自然状态出现的概率无法预测。

常用的非确定型决策方法有小中取大法、大中取大法、乐观系数法、后悔值大中取小法。

① 小中取大法（悲观准则）。各个可供选择的方案在不同的自然状态下，有不同的收益性，其中必有一个最小收益值。将各种方案的最小收益值进行比较，以其中最大的一方案为最满意方案。

【例 9-2】某电信局要在 3 种业务中选择发展一种业务，每种产品都可能出现高需求、中需求、低需求的情况。在不同销售情况下，3 种业务损益表如表 9-2 所示。

表 9-2　　业务损益表

自然状态 / 方案	高　需　求	中　需　求	低　需　求	最低收益值	最大收益值
业务一	600	200	−160	−160	600*
业务二	400	250	0	0	400
业务三	300	150	80	80*	300

由于业务三的最小收益值最大，所以按照小中取大法，选择业务三为最佳方案。

② 大中取大法（乐观准则）。该方法与小中取大法正好相反，着眼于各方案的最大收益值，取其中最大的方案为满意方案。使用这种方法，上例中的最佳方案应该是业务一。

③ 乐观系数法（折衷准则）。为了提高决策的准确程度，减少风险，可以使用乐观系数法。具体方法是：根据市场预测资料和以往的经验，确定一个乐观系数α，作为主观系数。用α乘各方案的最大收益值，用$(1-\alpha)$乘方案的最小收益值，两者之和称为乐观期望值，以其中最大的一个方案作为满意方案。

在上例中，设$\alpha = 0.7$，计算结果如下。

业务一：$600 \times 0.7 + (-160) \times (1-0.7) = 372$

业务二：$400 \times 0.7 = 280$

业务三：$300 \times 0.7 + 80 \times (1-0.7) = 234$

根据计算结果，最佳方案为业务一。若$\alpha = 0.4$，则

业务一：$600 \times 0.4 + (-160) \times (1-0.4) = 144$

业务二：$400 \times 0.4 = 160$

业务三：$300 \times 0.4 + 80 \times (1-0.4) = 168$

此时业务三为最佳方案。可见，乐观系数这个主观概率的大小，对于折衷准则的方案确定是至关重要的。

④ 后悔值大中取小法（最大后悔值最小化准则）。当某一自然状态出现时，必然有一方案的收益值最大。如果恰好是采用了此方案，就不会后悔；如果采用了别的方案，就会后悔。按这种思想，求出每个方案在每种状态下的后悔值，找出其中最大的后悔值，再将各方案的最大后悔值相比，其中最大后悔值最小的方案，可选为最佳方案。比如，出现高需求时，发展业务一方案受益最大，则此时选业务一的后悔值就是 0，而选择业务二方案的后悔值为 200；同理，选择发展业务三的后悔值为 300。各种情况下的后悔值如表 9-3 所示。

表 9-3 最大后悔值最小化准则计算表

后悔值 状态 方案	高需求	中需求	低需求	最大后悔值
业务一	0	50	240	240
业务二	200	0	80	200*
业务三	300	100	0	300

从表 9-3 得知，业务二的最大后悔值小于其他方案，所以业务二为最佳选择。

（3）风险型决策。风险型决策也称随机型决策，是指每一种可供选择的方案的后果存在着非决策人所能控制的两种以上的自然状态。未来将出现哪种自然状态，决策人不能肯定，但出现的概率却能预测出来。

风险型决策的常用方法是决策树。决策树是以图的方式分别计算各个方案在不同自然状态下的损益值。然后计算它们的综合损益值，通过对比，选优决策。构成决策树的要素有 4 个。①决策点。用方块表示，表明决策的起点和归宿。②方案枝。由决策点引出的若干直线，每条线代表一个方案，并由它连接自然状态点。③自然状态点。用圆圈表示，表明各种自然状态所能获得的综合损益值。④概率枝。由自然状态点引出的若干直线，每条线代表一种自然状态，并标明它的概率，如图 9-4 所示。

应用决策树进行风险型决策的步骤如下。

① 由左至右绘制树形图。先确定几个可供选择的行动方案，以及每个方案实施中会遇到的几种自然状态点，引出概率枝，然后将每一自然状态发生的概率和损益值标明在图上。

② 由右至左计算各方案的综合损益值。各自然状态下的损益值与它的概率分别相乘，然后求和，即得出方案的综合损益值，注明于该方案的自然状态点。

③ 优选方案。将各方案的综合损益值进行比较，其中最大的为满意方案。

【例 9-3】某市话工程公司从事铺设管道的工程，施工人员要决定下月是否开工。如果开工后天气不好，可按期完工并获利 6 万元，如果开工后遇到坏天气，则将造成损失 1.5 万元。假如不开工，不论天气好坏都要付出窝工损失费 4 000 元。根据过去的统计资料，下月天气好的概率是 0.3，天气坏的概率是 0.7。请分析后决策是否开工？

解：根据已知条件列出损益表如表 9-4 所示。

表 9-4 损益表

自然状态	自然状态出现的概率	各方案的损益（元）	
		开工	不开工
天气好	0.3	60 000	−4 000
天气坏	0.7	−15 000	−4 000

画树形图如图 9-5 所示。

计算损益期望值：点②$0.3 \times 60\,000 + 0.7 \times (-15\,000) = 7\,500$

点③$0.3 \times (-4\,000) + 0.7 \times (-4\,000) = -4\,000$

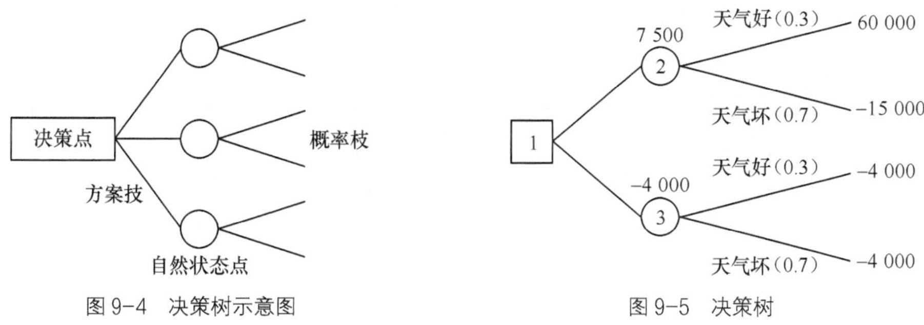

图 9-4 决策树示意图

图 9-5 决策树

比较点②与点③的损益期望值，显然点②的期望值大于点③的期望值，因此选择开工方案。

9.3.4 电信业务创新方法

1. 电信业务创新的定义与分类

电信业务创新是指开发和设计某一种电信企业目前没有的产品，或是将已有的核心业务重新组合，能够满足客户的不同电信需求的创新。在电信业务日益多样化，电信市场竞争日益激烈化的今天，业务创新也越来越多样化，但业务创新的范畴基本不会改变，下面介绍业务创新的基本分类。

（1）根据新业务的创新程度分类

① 根本性创新，也称为突破性创新，是指电信运营商开发原来电信市场中没有的新业务。这种电信业务创新通常源于技术的变革。

② 业务优化，也称为功能性创新，是指对现有的电信业务功能进行改善，这种方式的特点是电信运营企业为适应市场需求的变化，对现有业务的功能进行分析后加以改善或丰富。

③ 业务扩展，也称为业务组合创新，是指以电信业务组合进行创新，是一种常用的业务创新模式。这种创新成本小，时间短，有时还会取得较高的附加值。例如，中国电信电话呼叫中心 10000 号，就是将电信系统原有的 114 查号台、112 故障台、180 客户投诉受理台等客服系统组合到一个整体内，为电信用户提供号码查询、故障申报、客户投诉、业务咨询以及业务受理等多种服务，使客户服务集中化，提高了服务质量，降低了业务系统运作费用，优化了全局管理，产生了众多的综合效益。

（2）根据电信业务创新的内容分类

① 技术创新。电信行业是一个技术依赖型的行业，所有的业务无论经过多少的包装，它的本质还是信息通信技术，所以技术创新是电信业务创新最根本的途径。

② 服务创新。电信行业从本质上而言是一个服务行业，它所提供的业务都是以服务的形式出现，所以服务的创新也是业务创新的重要方面。

③ 品牌创新。在注重消费者感受的时代，品牌已经成为影响消费者感受的重要因素，品牌竞争也已经是电信市场的主要竞争。因此，品牌创新也成为了业务创新的重要内容。

2. 电信业务创新的必要性

（1）电信运营企业自身发展的需要。在过去的 10 年中，我国电信行业经历了两次大的重组，在激烈的震荡之中，中国电信业还是保持着一定的增长势头。但是，我们必须看到电信行业的

ARPU 值在这 10 年中一直持续的下降，尤其是固网业务特别明显，而移动通信业务的 ARPU 值在近3年中也出现了下滑，宽带业务的ARPU值虽然小有提升，但却无法改变电信企业总体ARPU值下降的趋势。导致这些现象的主要原因是，市场竞争的加剧使得价格战愈演愈烈，增量用户相当程度为低端用户，基于 IP 技术的替代品的出现迫使电信业务价格大幅下调。面对如此的市场情况，电信运营商必然要进行业务创新，找到新的利润增长点，提升企业核心竞争能力。

（2）电信用户的迫切需求。随着通信技术的发展，电信用户对电信业务创新提出了更高、更迫切的需求。现在的电信用户已不再满足于传统的语音通信业务，而是期待电信运营企业可以提供更为丰富的信息类业务、娱乐类业务及 Internet 业务，尤其是移动数据业务的创新，如移动视频、整曲音乐下载、移动社区、移动搜索等，以满足消费者的差异化需求。

3．电信业务创新的原则

德鲁克教授曾经提出了 6 条创新的原则，分别是分析创新机会的来源，了解消费者的需求和期望，有效创新必须简单、集中，开始时不把摊子铺得太大，努力成为标准的制定者，专注地工作。对于电信业务创新，要遵循以下原则。

（1）立足用户的原则。近几年，随着我国居民消费能力的不断提高及信息化建设进程的不断加快，人们对电信业务也提出了越来越多元化、个性化的要求。同时，由于电信行业内部竞争的加剧，电信运营企业必须实施差异化服务，让用户得到更多实惠、更多便利，从而吸纳更多用户并提高用户忠诚度。为提高业务收入、适应市场竞争的需要，电信运营企业必须不断开发新业务，满足更多消费者的需求。

（2）系统性的原则。传统的单一的语音业务，只需要设备供应商与电信运营商两个环节就可以实现。而在信息时代，由制造商、运营商、内容提供商、系统集成商等多个环节构成了电信运营企业的复杂网络环境。因此，只有整个产业价值网络上的主体进行合作，业务创新才能顺利进行，才可能产生真正符合用户需求的能营利的业务。

（3）适用性的原则。对于电信运营企业来说，业务创新仍然要考虑投资回收期，而不是花大价钱去建造技术超前的电信基础设施。因此，电信业务创新要具有适用性，不宜过分超前。

4．电信业务创新的方法

正确认识市场，把握市场是电信新业务设计的基础。电信新业务开发设计主要可以分为以下 7 个步骤。

（1）市场需求分析。对市场需求进行分析就是通过市场调查来了解市场需要什么样的新业务，关键在于市场细分。市场由购买者组成，而购买者之间总有或多或少的差别。他们会有不同的欲望、不同的资源、不同的地理位置、不同的购买态度以及不同的购买习惯等。因此每个购买者实际上形成一个单独的市场，需要按照地理、人口、心理和行为等变量进行细分。在进行市场细分之后，企业可以根据需要对各类细分市场进行评估，以决定设立几个以及设立哪些目标市场。

（2）业务构思。电信业务创新的构思是一种创造性的思维活动，首先根据得到的各种信息，提出初步设想的线索；然后根据市场需求及其发展趋势，提出具体的业务创新方案。一个好的创新业务必须同时具备两个条件：一是构思要有创造性，这样的电信业务才具有生命力；二是构思要在技术上和经济上具有可行性。业务创新的构思方法有以下 5 种。

① 业务特性列表法。这种方法就是把现有业务的主要特性列成一览表，内容包括业务的

功能、形式、包装、资费、支撑技术系统以及使用的方便性、可靠性、兼容性等。引导人们从各自不同的观点、不同的角度来观察这些特性，按照各自的想法和要求逐一修改这些特性，直到找到新的特性组合为止。业务特性列表法的优点是将创新者的注意力集中在特定的范围内，缺点是在一定程度上抑制了人们丰富的想象力。

② 业务缺陷分析法。这是通过分析现有业务的缺陷进行创新的方法，包括对现有业务在用户使用过程中出现的缺陷加以改进，开发升级换代的业务满足消费者更高的需求。例如，要使 IP 电话的服务质量得到改进，就要在现有的基础上对 IP 网络进一步改进和完善。

③ 业务问题收集法。这种业务创新方法通过给消费者提供问题表，收集被提问者对问题的叙述，然后将资料综合起来做出摘要，成为创新小组最后进行创造性开发讨论的题目。这种方法能够启迪消费者的智慧，集思广益，将多方建议集中起来提出形式简明的解决问题的方案，且目标集中、明确，容易解决问题。它适用于对存在单一问题的业务进行创新。这种方法的不足之处主要在于特别依赖总协调者的综合能力。

④ 业务联想法。是从现有业务出发，联想与之功能相近的业务，从而提出创新业务的构思方法。例如，从传统的可视电话联想到 3G 可视电话。业务联想可以跳出狭窄的思维空间，将思维从一点向多点延伸。

⑤ 头脑风暴法。是一种群体相互激励的业务创新构思方法。通过有组织的座谈可以激发出更大的想象力和创造力，基本形式是小组座谈、自由讨论。

（3）业务概念的形成。针对选定的最佳方案，形成业务概念。这一过程的步骤首先是收集辅助信息，以获得有关市场特征、竞争状况等更多的信息；找出潜在的竞争对手；通过对行业专家及用户的访谈来评估对业务新构思的态度和建议。一般通过回答谁使用该电信新业务、该电信新业务获得的主要利益是什么、使用环境如何等 3 个问题，即可形成业务概念。并对这一概念进行商业测试，进一步考察实现的可能性。

（4）业务特征描述。如果业务整体概念通过了商业性测试，研究开发部门就可以把这种业务整体概念转变成业务特征。这一阶段是业务开发的关键阶段，即从理论研究向生产实践转换的阶段。只有通过业务特征设计才能使业务构思变成业务实体属性，才能真实判断业务在技术上和商业上的可行性。在业务特征设计中，主要从目标人群；业务功能及稳定性；使用方法及对终端的要求；付费方式；业务限制；业务的覆盖范围；服务平台；业务维护；用户管理等方面进行考虑。用户可以通过业务特征更清楚地了解新业务，并及时对新业务提出意见和建议，以提高新业务的成功率及客户满意度。

（5）业务研发。业务研发过程即通过技术手段实现业务特征的过程。它可以在旧业务基础上提供新的服务内容，不仅合理利用企业现有资源，而且缩短了产品生命周期；也可以结合新技术开发新的业务。既有业务与新业务是传承与发展的关系，是连续和渐进的过程，只有正确处理两者之间的关系，才能保持电信运营企业发展的连续性。

（6）新业务执行的绩效评估。为了更好地检验和指导新业务设计，应当在它的设计过程中进行相应的执行绩效管理，对取得的阶段性成果作全面的分析和评价。执行绩效评价可以在设计过程的任何时点上，通过对业务设计执行过程、效益变化，及其对业务设计目标、结果和效益可能产生何种影响所进行的全面系统的分析，及时反馈信息，发现问题、分析原因、提出对策。

（7）业务推广。新业务设计的目的是推广使用，以实现它的经济效益。如何让新的业务被广大的用户所认识，进而使用需要企业制定合理有效的营销计划。

在电信业务的创新设计流程中，用户不再是新业务的被动接受者，而是参与整个业务设计的过程，特别是在市场需求分析阶段及使用过程中，会对新业务进行评价，还会产生改进的愿望和要求。对于电信运营企业来说，必须不断将创新的理念融入产品设计中，对服务内容和服务模式进行创新，从而为客户提供实用、便利、丰富的业务服务，让客户获得更好的体验。

9.4 电信业务运营模式

在全球电信业高速发展的今天，国内电信业经历新一轮融合、重组之后，三家电信运营商均获得了包括 3G 运营牌照在内的电信全业务运营许可，如何在激烈的市场竞争中胜出，创新业务模式是十分重要的手段。

9.4.1 电信业务运营模式的概念

运营模式，简单来说就是经营方法。它是指企业如何将自己所有的人力、物力、财力等资源有效组合，从而使企业价值不断增长以达到盈利的目的。

运营模式具备以下两个特征：①运营模式是一个整体的、系统的概念，而不仅仅是一个单一的组成因素；②运营模式的组成部分之间有着内在的联系，这个内在联系把各组成部分有机地关联起来，使它们互相支持，共同作用，形成一个良性的循环。

电信业务运营模式，是指电信运营企业经营相关电信业务的方法，即企业通过与环境的互动关系，有效整合资源，从而创造价值以获得核心竞争能力。具体地说，电信业务运营模式反映了运营商、设备制造商、终端提供商、ISP/ICP、ASP 等产业链的各个环节在整个产业生态环境中的位置、互相的关系，各方责权利的分配方式等。

从全局的角度看，电信业务运营模式是一项能够盈利的电信业务所涉及的流程，是客户、供应商、渠道、资源和能力的总体构造；从局部的角度看，电信业务运营模式是企业为公司、客户、合作伙伴创造价值的来源，是企业通过在价值链中定位来获利，为了盈利所形成的企业组织结构及其合作伙伴网络。

根据以上定义，我们可以将电信业务运营模式细分为产业链模式、收入分配模式和渠道模式，如图 9-6 所示。

图 9-6 电信业务运营模式构成

（1）产业链模式。产业链模式指的是企业处在什么产业链之中，在产业链中处于何种地位，以及企业根据自身的资源条件和发展战略所具有的定位。

（2）盈利模式。盈利模式指的是企业从哪里获得收入，收入的几种形式，这些收入以何种形式和比例在产业链中分配，以及企业对这种分配的控制程度。

（3）渠道模式。渠道模式指的是企业如何向客户传递业务和价值。

9.4.2 电信业务运营模式创新

1. 电信业务运营模式创新的意义

当前竞争形势下，电信运营企业实施业务运营模式创新有着重要的意义，具体表现为以下 5 个方面。

（1）实施电信业务运营模式创新，有助于企业业绩的增长。使企业盘活已有的网络资产，发现价值增长的新天地，开启利润的新源泉，更好地服务于电信客户，打造领先的业务体系，改变当前的收入结构，更好地把握市场机遇，实现收入和利润的持续增长。

（2）实施电信业务运营模式创新，有助于增强企业的竞争力。电信运营商通过业务模式创新得以跳出同质化竞争和价格战的困境，变价格竞争、单一产品竞争为业务的运营模式竞争。

（3）实施电信业务运营模式创新，有助于企业品牌的建立。“不求为我所有、但求为我所用”的心态与做法有利于借助并吸纳外部资源，加速企业竞争优势积累的速度。

（4）实施电信业务运营模式创新，有助于企业成功转型。使电信运营商从基础电信服务的提供者转变为社会信息化平台的构建者、综合信息服务提供商。

（5）实施电信业务运营模式创新，有助于企业经营模式的转变。电信产业链整合与盈利模式、营销模式创新的历程是电信产业从传统的大规模生产向大规模定制的生产方式进行探索和实践的过程，是从粗放式经营向集约化经营进行转变的过程。

2．电信业务运营模式创新的途径

电信运营企业的业务运营模式创新，主要从以下 3 个方面着手。

（1）产业链模式设计

① 产业链中企业位置的确定。电信运营企业定位为行业主导者，产业链中其他环节为合作者。电信运营企业要基于企业核心能力开展产业链内外的战略协同运作，必须系统思考在完整的价值创造活动中，哪些是电信运营企业的专长，哪些是产业链上其他成员的专长，以此为基础确定自身的角色定位，改变处处主导产业链的做法，发挥它的控制与协调产业链并存的职能。电信运营企业应将工作重点集中在用户需求分析、建立和健全合作机制、协调沟通、规范市场等方面。

② 产业链整合模式选择。“虚拟一体化模式”或“虚拟一体化＋内部一体化模式”是电信运营企业经常利用的整合策略。2006 年以前，利用定制终端和资金支持整合产业资源是国内外电信运营企业整合产业链最常用的策略，如 NTT DoCoMo 对终端厂商和 SKT 对内容提供商的支持。2006 年以后，用资本手段直接整合产业资源则是国内外电信运营企业普遍采用的整合策略。

（2）盈利模式设计

① 收入来源设计。当前电信运营商的收入来源主要分为两大部分，一是语音收入，二是增值业务收入。其中，语音业务收入约占 80%以上的比例，由于新增用户放缓及替代品的影响，语音业务收入逐步下滑。增值业务收入约占总收入的 20%，但是其中 80%是短信业务收入，结构单一。因此，电信运营企业要重视与产业链的其他环节合作，开发更多的增值业务。未来增值业务必将成为运营商新的利润增长点。

② 收入分配设计。电信运营企业要想与合作各方维持相对稳定的合作关系，必须确定一个透明合理的利益分享模式，保证合作各方的收益。即要在运营商确定战略定位的基础上，搭建共赢的合作机制，使所有合作成员都能获取合理收益，发挥它的积极性和创新能力，促进合作成员的持续发展与业务创新。“移动梦网”成功的关键就在于中国移动与 ISP/ICP 之间确立了透明合理的收益分成比例，有效调动了各成员的积极性。

NTT DoCoMo 首创的收入分成模式成为整个产业链繁荣互动的重要动力，这种分成模式还可以针对收入分成的比例和分成的对象进行创新。以中国移动为例，最初中国移动与 SP 收入分成方式具体为 15:85。而现在，还增设了三七分和五五分两种，分成比例的提升与其向 SP 提供的服务挂钩。目前，中国移动的新分成方案有 3 个细分项。

A. 中国移动只提供计费和支付服务，售后服务、技术支持和市场推广全部由 SP 自行处理，这种情况下中国移动只能分取 SP 收入中的 15%，剩余的 85%归服务供应商。

B. 中国移动在计费和支付外，还提供技术支持和售后的客户服务，则将从 SP 收入中分取 30%。

C. 中国移动在上述 3 类服务外，还帮助 SP 进行市场推广，因此从 SP 收入中分取 50%。

（3）渠道模式设计

目前，我国电信运营企业的销售渠道主要还是依靠传统的与客户进行直接交流的方式，网上营业厅的建设将是销售渠道的一个重要创新。网上营业厅的可控性较强，同时结合电信产品非实体的特征，以最少的耗费和最快的速度完成交易。网上营业厅构建了从运营商到终端客户的直接渠道，提供 24 小时的全天候服务，从而最小化客户选购电信业务的时间和体力、精神等成本，大幅降低了整体顾客成本。

3. 电信业务运营模式创新的典型案例

案例一：日本 DoCoMo 公司的 I-mode 模式

I-mode（其中 I 代表 information）是由日本电报电话公司（NTT）移动通信公司 DoCoMo 公司于 1999 年推出的手机上网业务。I-mode 的收费分为基本费、资料使用费和增值服务费用。基本费只要 300 日元（合 25 元人民币）；资料服务费是每传送一个 128B 的封包，收取 0.3 日元（合 2 分人民币）；增值服务如账户查询、餐厅指南等每次收取 10 ~ 40 日元，传送 E-mail 则按照字数每 50 字收取 0.9 ~ 1.5 日元。

I-mode 业务之所以能取得成功，关键在于它创造了合作共赢的商业模式，即代内容提供商（SP）收取信息费，与 SP 进行利润分成，分成比例一般是 9：91，也就是信息费中的 9%将作为手续费归 DoCoMo 所有。合理的收费模式使 SP 获得了一定的收入，激励 SP 不断提供完善和新颖的内容，促进了信息源的发展，也降低了 SP 的运营风险。传统 Internet 信息的使用是免费的，而 I-mode 首创了移动 Internet 信息使用收费的模式。

I-mode 商业模式使整个供应链实现了良性循环：对 Internet 服务收费，并且用户完全可以承受；将收取的信息费与内容提供商进行利润分成，促进了信息源的发展；除了通过招投标活动以公平竞争的方式选出适合的系统设备制造商外，还积极与系统设备制造商（如 NEC）建立资本与技术的战略合作关系。I-mode 商业模式解决了制约移动互连业务发展的瓶颈问题和相关供应链的薄弱环节——手机终端与内容，I-mode 商业模式不仅为 DoCoMo 创造了价值，还为内容提供者、终端制造商带来了巨大的经济利益，最终形成了多家共赢的局面。

案例二：韩国 SK 电讯的 NATE 模式

2001 年 10 月韩国 SK 电讯在用户需求的基础上，联合 SP 开发并推出了融合有线与无线网络服务的品牌——NATE，NATE 是一种个性化服务，用户可以随时、随地利用多种终端通过无线或者有线方式实现对 Internet 的无缝连接。

在 SK 电讯的无线互连品牌 NATE 下，有 400 多家 SP 开发了 6 000 多项无线互连服务内容，为移动电话用户提供了精彩的信息。到 2002 年 5 月，即推出后半年多的时间内，NATE 用户达到了 659.8 万。NATE 的成功，使得 SK 电讯在提升了市场占有率的同时，还增加了

ARPU 值。目前，SK 电讯话音 ARPU 以 18%的速度增长，无线 Internet ARPU 值获得了 102%的增长。韩国移动数据业务取得成功的关键，不是技术，也不是丰富的业务内容，而是通过建立良性循环的供应链而架构的成功商业模式。

SK 规定信息使用费由 SP 自己决定，SK 收取信息使用费的 10%作为代理费。同时 SK 还定期对那些具有高访问量的或开发出独特内容的优秀 SP 进行奖励。SK 在基本的 1∶9 分成的基础上，还推出了一系列针对 SP 的奖励和培育措施，使韩国移动数据业务的发展进入良性循环，并在移动互连产业上越走越宽。

案例三：英国电信的 BT Yahoo! Broadband 模式

2003 年 9 月 2 日，BT 和 Yahoo!正式向宽带客户提供联合品牌的 BT Yahoo! Broadband 的业务，BT 主要提供接入、计费和客户服务，Yahoo!主要提供搜索、内容和其他在线服务。该服务的订购费为￡29.99/月，比 BT 提供的单纯宽带接入费￡26.99/月增加了￡3。根据双方协议，Yahoo!将分享订购该业务的 BT 宽带用户的订购费，而 BT 分享该联合品牌（网站）中 Yahoo!的广告、电子商务和付费内容的收入。2003 年 10 月 29 日，Yahoo!收购 BT 旗下的内容品牌 Dot Music 和 Games Domain，与 Yahoo!的品牌 Launch 进行整合，向 BT Yahoo! Broadband 成员提供服务。目前，BT 和 Yahoo!的合作仍在加强，例如，双方在 2004 年中期推出了基于即时通信（IM）的语音业务。这种模式的内涵是：电信运营商主要负责网络平台，由专业的 Internet 公司提供增值业务，两者结成战略联盟，捆绑了接入和内容等服务，以联合品牌的形式向客户提供。

BT 认为，作为电信运营商，它的优势在接入和平台，在内容应用方面则不擅长，因此，希望在上述领域寻找一个强有力的合作伙伴，而 Yahoo!则是一个理想的选择。BT 和 Yahoo!合作的这种模式不免使人联想起 IT 业界著名的微软和英特尔的战略联盟（称为 Wintel），前者是操作系统和应用软件领域的巨无霸，后者是做处理器领域的领头羊。在两者奠定各自市场霸主地位之前，苹果公司占据了个人电脑市场的主要份额，而 IBM 则垄断了服务器市场。苹果和 IBM 都生产高度完整的产品，既有硬件平台，又有在该平台上运行的软件。但是，最终的结果是 Wintel 凭借更高的产品性价比（特别是低廉的价格）战胜了苹果和 IBM。

本章小结

本章对电信业务设计的相关内容进行了讨论，首先，介绍了电信业务的概念与分类；其次，对电信业务价格的概念，定价的方法和价格策略进行了阐述；接着，介绍了电信业务创新的方法；最后，对电信业务运营模式及其创新途径进行了阐释。

思考与练习题

9-1 什么是电信业务？

9-2 说明电信业务定价的原则、目标、方法及其影响因素。

9-3 什么是线性资费？什么是二部资费？

9-4 说明电信市场的特点，电信市场调查的主要内容。

9-5　说明电信业务创新的类别和电信业务创新的方法。

9-6　什么是运营模式？说明电信业务运营模式创新的基本途径。

9-7　某电信局市话扩容，拟定了 3 个方案，实施时可能会遇到 4 种自然状态。不同自然状态下，各方案的损益情况如下。

自然状态 方案	A	B	C	D
方案一	40	20	12	−5
方案二	55	35	13	−15
方案三	25	15	10	5

请分别用小中取大法、大中取大法、乐观系数法和后悔值大中取小法找出最优方案。

案例讨论

iPhone 的运营模式创新

2007 年，苹果公司推出的 iPhone 在全球范围内引起了极大的关注。其在美国市场开始销售后的 30 个小时里就售出 27 万部。7 月，其总销量达到 22 万部，名列美国市场智能手机销售榜榜首。苹果最近宣布，在美国上市仅 74 天就售出了 100 万部 iPhone 手机。

除了技术上的领先，iPhone 在运营模式上的创新，更引起了业内人士的关注。众所周知，客户是电信产业链的核心环节，运营商处于主导地位，电信运营商将与客户之间的互动关系视为自己的特权，把手机制造商和软件提供商排除在外，在美国有主导运营商的"围墙花园"学说，大多数欧洲运营商也是如此，我国有学者将其喻为"藩王心态"。然而，苹果公司改变了这一局面：首先，在 iPhone 终端产品的定义上（包括预装软件和服务）由苹果公司决定，这样就摆脱了运营商的束缚；其次，在零售渠道上，iPhone 只在 AT&T 和苹果公司的营业厅及网站上销售；第三，iPhone 上有苹果公司的 LOGO，手机的激活由苹果公司网站完成；第四，iPhone 用户的音乐业务由苹果公司的 iTunes 平台提供，网络浏览器采用苹果公司的 Safari 浏览器，不采用运营商的上网、铃音软件等业务软件。第五，在美国，苹果公司选定 AT&T 作为其独家运营商，每增加一位使用 iPhone 的新入网用户，AT&T 就要付给苹果公司 3 美元；而每增加一位使用 iPhone 的转网用户，AT&T 则要付给苹果公司 11 美元。另外，苹果公司还与 AT&T 分享 iPhone 用户的增值服务收入，其独家代理商必须将所售 iPhone 手机 10%的增值服务收入返还给苹果公司。

讨论题：

利用本章学习的知识，试分析 iPhone 运营模式创新的主要实现途径。

第10章 电信业务流程再造

【引例】重庆电信 BPR 项目成效显著

根据中国电信集团公司实施业务流程重组战略的统一部署，2003 年 11 月 8 日重庆电信正式启动 BPR 项目，经过调研诊断、流程设计、试点、流程实施和评估改进 5 个阶段，形成了由 9 大流程组成的重庆电信流程体系。

重庆电信 BPR 项目实施的阶段性成效主要体现在 5 个方面：一是 2004 年企业预算目标全面实现；二是经营能力明显提高，客户满意度均有大幅提升；三是以客户响应提速为标志的服务质量有明显改善；四是以优化资源配置为重点的管理控制水平有较大程度提高，网络资源利用率和准确率进一步改善，人力资源结构更加合理，组织架构更加扁平化；五是以观念转变为切入点的新型企业文化已初步形成。

在竞争激烈的市场环境下，电信运营企业不仅要靠规模取胜，更重要的是靠速度和质量赢得市场，这在很大程度上依赖机制和流程的科学和合理。本章主要讲述业务流程再造的概念以及电信企业成功实施业务流程再造的方法。

10.1 业务流程再造概述

10.1.1 流程的定义

在《朗文当代英语词典》中对流程的解释是：①一系列相关的内在联系的活动或事件产生的持续的、渐变的、人类难以控制的结果。②一系列相关的人类活动或操作，有意识地产生一种特定的结果。不同的学者从不同的角度对流程也给出了自己的定义。Hammer 认为，流程是把一个或多个输入转化为对顾客有用的输出的活动。Davenport 则将流程定义为跨越时间和地点的有序的工作活动，有始点和终点，有明确的输入和输出，是一系列结构化的可测量的活动的集合。Johanson 认为，流程是把输入转化为输出的一系列相关活动的结合，它增加输入的价值，并创造出对接受者更为有用、有效的输出。

综合起来，流程实质上就是工作的做法或工作的结构，或是事物发展的逻辑状态，它包含了事物进行的始末以及事物发展变化的经过，既可以是事物发展的时间变化顺序，也可以是事物变化的空间过程，它是为了完成某一目标而进行的一系列逻辑相关活动的有序集合。

业务流程是指一组共同为顾客创造价值而又相互关联的活动。

10.1.2 BPR 的概念及内涵

1990 年，美国教授 Hammer 在《哈佛商业评论》上发表的 *Reengineering Work：Don't Automate，Obliterate* 一文中首次提出业务流程再造的概念。1993 年，Hammer 与 Champy 合著的 *Reengineering the Corporation-a Manifesto for Business Revolution*（《公司再造——企业革命的宣言书》）一书掀起了世界性的 BPR 研究与实践的浪潮。书中指出，“业务流程重组就是对企业的业务流程进行根本性的再思考和彻底性的再设计，从而获得可以用诸如成本、质量、服务、速度等方面的业绩来衡量的戏剧性成就，使得企业能最大限度地适应以顾客（Customer）、竞争（Competition）、变化（Change）为特征的现代企业经营环境。”

该定义中包含着 4 个关键词：根本性、彻底性、戏剧性和流程。

根本性是指 BPR 要对与企业流程相关的经营问题进行根本性反思。BPR 不是简单的考虑如何把现有的事做得更好，而是决定企业应该和必须做什么以及怎样去做，这就是从根本上重新思考。

彻底性是指 BPR 不是对流程进行肤浅的调整修补，而是摈弃既定流程以及其与之相关的旧式思维模式和组织管理体制，按实际需要进行深入彻底的改造，重新设计和实现流程。

戏剧性是指 BPR 的目标是要取得绩效的突飞猛进，而不是小幅的提升。不是缓和的，渐进式的改善，而是大幅度的跳跃，渐进式的变革只需要精细微调旧系统，而业绩上的巨大飞跃则需要以新的系统取代旧的系统。

流程是 BPR 中的核心关键词。Hammer 指出，要从流程最终所要达到的目标出发，对传统流程进行再造，才能得到绩效的戏剧性改善。

10.2 电信运营企业实施 BPR 的动因

10.2.1 电信企业实施 BPR 的必要性

在国家破除电信垄断、市场主体多元化、竞争日趋激烈的情况下，电信企业传统的管理思想和模式、企业的组织架构、业务流程、资源的配置方式等都严重地滞后于加快市场开发和改善服务工作的需要，许多电信企业在市场竞争中都不同程度地感受到了被动竞争带来的压力。

1. 电信企业外部环境变化

随着社会的不断进步和发展，电信企业所处的运营环境发生了根本性的变化，电信市场由卖方市场转变为买方市场，电信企业不仅面临着来自国内同行之间的竞争，而且还面临着外国电信公司的合作与挑战，所以电信企业必须通过业务流程重组提高企业的核心竞争力。此外，信息时代的到来使得客户、市场越来越变化莫测，谁能快速进行市场信息收集和整合，谁就能在市场竞争中处于主动地位，而流程重组恰恰能加快信息收集和整合的速度。

2. 企业改革的客观需求

尽管经过几次改革和重组，电信企业有许多好的经验值得借鉴，但仍存在一些问题。例如，企业组织机构设置科层化现象严重，企业的经营决策权的高度集中与灵活的市场销售的矛盾，传统业务流程的片段性和集成性并存。以职能为中心的业务流程明显落后于时代发展的要求。因此，需要推进电信企业管理改革，再造业务流程，形成组织运行高效、资源配置合理、业务流程顺畅、学习和创新能力较强的企业组织。

3．电信市场和服务的快速反应的要求

在电信市场竞争的环境下，企业不仅要靠规模取胜，更重要的是靠速度赢得市场。通过业务流程再造，对业务流程进行根本性的重新设计和思考，重建企业业务价值链，以市场和客户为中心，从而加快市场和服务的反应速度，提高服务质量和客户满意度。

10.2.2 电信企业实施 BPR 的意义

传统电信企业在认识上反应迟钝，在行动上缓慢，普通员工对经营和服务的关注程度远远低于经营者，企业的规模实力并没有有效地转化为竞争实力。因此，我国的电信运营企业实施 BPR 具有以下 4 个方面的意义。

1．提高电信企业的运营效率

通过业务流程再造，彻底改变企业的组织体系结构，以经营工作为中心，将企业的管理职能机构改变为企业的运营管理机构，使企业的组织结构扁平化，直接面向市场和客户。

2．增强电信企业的核心竞争力

由于业务流程的再造是以客户为中心和目标，这极大地增强了电信运营企业的核心竞争力。企业之间的竞争实质上是企业业务流程的竞争，谁能够为客户提供最快捷、最方便的服务，谁就会在激烈的市场竞争中取胜。

3．使客户成为企业的核心

传统的业务流程是以企业管理为核心的，企业的最高领导者是管理的核心，业务流程的起点和归宿都是管理，甚至客户的利益有时也要服从管理的需要，存在着许多方便管理而不方便客户的问题，再造后的业务流程，以客户为起点和归宿，企业的一切经营活动围绕客户来运行。

4．提高企业的运营管理水平

在业务流程再造的过程中，企业的组织结构由垂直的直线型变为扁平型，一切与客户服务和市场竞争不相关联的内容和环节将被缩减甚至取消。只有这样企业组织机构的运行效率才能大幅度提高，运行成本才能大幅度降低，企业的竞争实力才会大大增强。

10.3 成功实施 BPR 的方法

10.3.1 BPR 实施的原则

为保障业务流程再造的成功实施，需要遵循以下基本原则。

1．以流程为中心的原则

业务流程再造的根本目标就是把企业由过去的以职能部门和分工为中心转变为以流程为中心。企业必须识别和命名它的流程，并重新设计企业的业务流程体系，认真实施流程管理。以流程为中心意味着企业形态更具有弹性，流程直接面对客户需求，随市场变化而变化。

2. 团队管理的原则

团队管理是由组织所担负的任务决定的，BPR 的实施强调团队作为组织活动的基础单位，而不是以个人的专业活动为基础。团队由跨部门、多专业人员组成，并要创造跨越职能边界的横向信息共享与合作，创造一种文化氛围和价值观，指导员工关注流程的最终结果。

3. 顾客导向的原则

作为提供服务产品的电信运营企业，企业任何流程的设计和实施都必须以为顾客提供价值为标准。尽管现实生活中的企业目标是多元化的，但是满足顾客的需求始终是企业首要目标之一，企业的一切经营活动都围绕客户为中心运行，以顾客为起点和归宿。

10.3.2 BPR 实施的阶段方法

在指导企业实施 BPR 方面，Davenport 和 Johansson（1993）等人阐述了关于再造的方法论以及实施方法；Mark 和 Richard（1993）指出，对于建立团队来进行 BPR 的企业，需要计划和共同的“远见卓识”，即方法论，以作为实施 BPR 的路线图（roadmap）；Grover（1995）等则提出了实施流程再造生命周期体系框架。国内学者梅绍祖与美国学者 James（2004）通过对 25 种 BPR 方法的分析，归纳出 BPR 的 6 阶段，如图 10-1 所示。

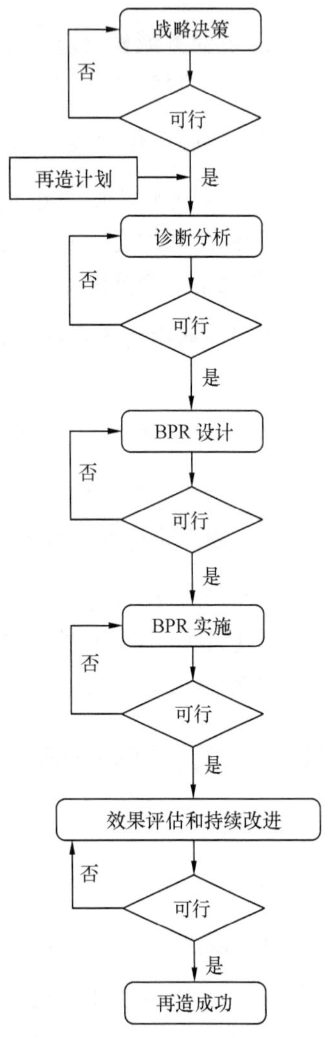

图 10-1 BPR 实施的阶段方法

1. 战略决策

（1）树立愿景。流程再造要顺利推进，应该在发起之初，在企业自上而下，进行思想动员，统一企业员工的思想认识，增强员工承受力，特别是对将来组织调整有所心理准备，认同企业再造后的新愿景，为再造的顺利进行营造氛围。

（2）获取高级管理层的支持。成功的业务流程再造项目从一开始就应该得到高级管理层的支持，因为高级管理层的支持对于项目团队获得企业全体人员的支持是十分有利的，而员工的支持是业务流程再造成功的保证。

（3）选择核心流程。企业进行业务流程再造，并不是对企业的全部流程进行再造，而是要选择一些核心流程进行再造。在确定再造流程时，企业应该选择那些绩效低下、对企业最重要和容易落实执行的流程作为再造对象。

2. 计划制定

（1）组建再造团队。工作团队的整体水平将决定业务流程再造行动的成败，因此企业要想成功地进行业务流程再造，就必须组建好再造工作团队。工作团队至少由 5 个方面人员组成：高级管理人员、筹划指导委员会、流程设计者、小组领导人和工作小组。

（2）编制再造计划任务。再造团队成立后，就应该通过对企业的诊断后找出关键的核心流程，并进行翔实的分析和诊断，有计划地制定出各个阶段的再造任务，大致地估算出项目的资源需求、预算、历程以及各个阶段要达到的目标。

确定评估标准和再造目标。根据国家或行业的有关标准并结合本企业的实际经营情况，设立明确的流程再造的总体目标。

3．分析诊断现有流程

（1）问卷调查法。问卷调查法是调查者运用统一设计的问卷向被选取的调查对象了解情况或征询意见的调查方法。问卷一般由卷首语、问题与回答方式、编码和其他资料4个部分组成。问卷调查的一般程序是：设计调查问卷，选择调查对象，分发问卷，回收和审查问卷，然后再对问卷调查结果进行统计分析和理论研究。

（2）流程图法。流程图法是将所有组成流程的要素以一种图形化的方式表示出来。

（3）观察法。观察法是调查人员在调查现场对调查对象的情况直接进行观察和写实，获取所需信息的一种调查方法。观察法的优点是调查较为客观，真实性高，受调查人员偏见影响小，可以实际地记录下所有流程作业动作和其花费的时间。

4．BPR设计

在BPR设计中，通常采用头脑风暴法、标杆管理法、关键路径法等方法和手段。

（1）头脑风暴法。头脑风暴法是美国创造学家Osborn于1953年正式发表的一种激发创造性思维的方法。该方法要有一个好的会议主持人，创造一个自由且目的明确的讨论氛围，才能真正地激发出众人的创造力，达到创新设计的目的。

（2）标杆管理法。标杆管理法又称基准管理法，就是在生产成本、周期时间、营销成本、价格等领域中，找出明确的衡量标准或项目（标杆企业），然后将公司在这些项目的表现与标杆进行比较，找出差距，弄清楚标杆企业的流程，在此基础上，进行公司流程的优化设计。

（3）关键路径法。关键路径法是通过寻找出流程中的关键路径，将关键路径上的非增值部分和非关键工作从关键路径上移走，减少关键流程作业的工作量，达到缩短流程的关键路径的作用。

在业务流程优化中，可以考虑采用以下策略：组合、合并同类工作；删除不必要、不增值的流程环节；按自然状况进行流程优化，避免过于僵化死板的规定；发扬团队精神和团队组织协调工作；加强信息技术在BPR中的运用。

5．流程再造实施

流程再造的实施主要包括3个方面：①通过职责调整、业务单元的重新设计、岗位的转换、改进工作质量等优化现有的管理工作；②通过新技术的应用，改变原有的不合理或者有缺陷的信息系统，使改造后的信息系统能和新的流程相适应；③组织重建、生产、财务、营销、采购流程重建、人员精简、组建团队、工作交替以及培训等。

6．效果评估和持续改进

进行了业务流程再造后，需要对流程再造效果的好坏进行评估及后续的改进，以保持并不断改进已恢复活力的企业流程。

（1）效果评估。对流程再造效果进行评价往往采用流程的有效性、高效性以及流程的适应性等指标。所谓有效性，是指流程对于顾客需求满意度的贡献水平，只有在流程的产出能够有效提高顾客的满意度的情况下，它才是具有有效性的。所谓高效性，是指流程的运营成本要使企业在市场上获得满意的利润水平，没有高效性的有效性是毫无意义的。而流程的适应性是指流程对于内外环境具有自我调节的能力。

（2）持续改进。流程再造并不是一劳永逸的，而是一个循环往复，逐级递进的过程。所有的变革完成以后，要认识到短期和小范围的变革并不能满足发展的需要，应该坚持不断地改进，以促成整个组织的改变。因此在市场环境多变的条件下，企业应该坚持不断地改进企业流程，以提高企业的竞争能力。

10.3.3 电信企业成功实施 BPR 的保障

1．实施电信业务流程再造应注意的问题

电信企业流程再造主要是围绕电信业务流程的重建来进行的。流程重建是指对企业的现有流程进行调研分析、诊断、再设计，然后重新构建新流程的过程。在电信业务流程再造过程中应注意以下 6 个问题。

（1）确立明确的、可以衡量的重组目标。

（2）整个流程再造过程采取“自上而下”和“自下而上”相结合的策略，以自上而下为主。

（3）将各地分散的资源视为一体，注重整体流程最优的系统思想。

（4）分阶段实施的策略。

（5）关注业务流程重组过程中人的因素。

（6）使决策点位于工作执行的地方，在业务流程中建立控制程序。

2．电信企业成功实施 BPR 的保障

（1）坚持以企业目标为导向。在传统以职能为中心的管理方式下，劳动分工导致了各部门具有特定的职能，而企业流程重组打破了各个职能部门之间的界限。随着市场竞争的加剧，电信企业要实现自身的发展和经营目标，需要通过业务流程重组提升运营效率，为电信用户提供方便快捷的服务，获得更多拓宽市场的机会。

（2）争取高层领导的参与和支持。由于业务流程重组是一项跨部门的工程，是改变电信企业模式和人的思维方式的变革，必然对每一位员工的工作产生较大影响。特别是在重组中常常伴随着权力和利益的再分配，会引起员工尤其是企业中层管理者直接或间接的抵制，因此，如果缺少高层管理者的明确支持，重组则很难运作和推行。

（3）给执行人员以决策权力。在整个重组的机制作用下，让每一位执行者在工作中都有对企业的决策与管理权，这样既可消除企业信息在传导中的延时和误差，同时对执行者也具有极大的激励作用。

（4）建立畅通的交流渠道。交流渠道不畅有可能引起企业内部员工思想的波动，形成变革的阻力。在企业内部通过各种媒体建立畅通的交流渠道，深入宣传重组的目的意义以及重组的方式方法，取得企业全体人员的理解和支持。

（5）专业咨询公司参与业务流程再造。专业咨询公司由于具备各类综合人才和丰富的再造实践经验，能够协助缺乏再造经验的电信企业在设计、测试、执行等各个阶段内实施再造；

另外，专业咨询人员不受企业内部人际关系和政策的制约，因此方便与企业领导、员工、客户之间相互沟通。

（6）循序渐进，逐步推进流程重组。通常，企业由多种业务部门相互交错而成，一次性重组可能会超出企业的承受能力。因此，应该选择那些可能获得阶段性收益和对实现企业战略目标具有重要影响的关键环节作为重组对象，使企业早日看到重组后的成果，营造一种积极、乐观、勇于参与的良好氛围，促进重组在企业中的应用与推广。当然在新流程全面投入运行之前，需要做可行性实验从而保障流程重组工作的平稳推进。

本章小结

本章首先介绍了流程和业务流程再造的概念；其次讲述了电信运营企业实施 BPR 的动因；最后介绍了 BPR 实施的原则、阶段方法和成功实施 BPR 的保障，强调了电信企业要进行业务流程重组就必须要重视流程重组过程中目标的导向、人员的协作、变革速度的控制、沟通渠道的畅通以及专业公司的参与。

思考与练习题

10-1 什么是流程？什么是流程再造？

10-2 试说明电信企业实施 BPR 的意义。

10-3 什么是标杆管理法？

10-4 简要介绍 BPR 的 6 个阶段方法，以及各阶段的主要工作。

10-5 在电信业务流程再造过程中应注意哪些问题？如何保障电信企业成功实施 BPR？

案例讨论

某电信公司客户管理流程重组

1. 现状

某电信公司原为事业单位，所有业务为垄断经营，管理工作重点放在网络维护上，因而在市场经营方面显得比较粗放，营销方式单一。2003 年，该公司对市场客户进行了细分，将客户划分为大客户、商业客户、公众客户，其中大客户、商业客户均指单位用户，大客户是指使用多种通信业务、业务量大、电信使用费高、跨区域联网，成为竞争对手争夺对象以及具有发展潜力的客户群体，包括各级党政军部门，全国、省集团客户或月综合电信支出超过 3 000 元以上的客户，以及指定的战略客户。商业客户的目标群体主要是中小企业、事业单位。公众客户是指普通个人用户。

在客户细分的基础上该公司进行了市场营销渠道建设，并建立起大客户、商业客户、公众客户等营销渠道，主要营销方式为大客户经理、商业客户经理以及社区经理的上门营销、营业厅对公众用户的集中营销、10 000 客户服务热线的电话营销等方式。

2. 存在的主要问题

（1）业务经营模式单一，客户经理没有议价权限，须层层审批，导致市场反应速度慢。

（2）没有建立客户信息档案，无法通过对客户信息的有效分析和挖掘，指导产品的定制和营销计划的制订。

（3）原客户管理流程中对具体服务的内容和形式没有统一标准，各所属单位以不同的形式开展营销活动，给用户一种比较混乱的感觉。

3. 客户管理流程重组

通过进一步细化客户群细分，建立客户信息平台，引入先进的营销理念，采取有效的营销方法和措施支撑客户营销工作的开展。

（1）根据不同客户群开展有针对性的营销服务。完善客户群细分，并分别采取个性化、专业化和标准化服务，提高客户满意度和营销效率。例如：大客户和商业客户通过上门走访服务方式，及时收集客户信息，针对客户需求提出整体解决方案，有效提高了客户满意度和市场竞争能力。

（2）建立大客户一站式服务机制，大客户经理为用户提供全业务的现场受理，提高了市场反应速度。

（3）进一步缩短客户服务流程，增设客户响应中心。前端受理后，通过业务受理平台转到客户响应中心，客户响应中心下发资源调配单，交各区域营维中心社区经理组织施工，提高业务处理速度。

（4）实行内部客户制。前端与后端签订 SLA 协议，后端以前端为客户，更好地支撑前端的发展。

（5）建立客户档案信息，通过数据挖掘，定期对市场发展做出分析和预测，为市场拓展和后端运营提供相应信息，为不同类型用户提供个性化、专业化和标准化的服务方案提供依据。

讨论题：

1．电信公司进行客户管理流程重组的意义有哪些？

2．试用 BPR 实施的阶段方法说明该公司客户管理流程重组的实施过程。如何保障 BPR 的成功实施？

第 11 章 电信业务支撑系统

【引例】BSS 系统支撑电信运营企业精确营销

2006 年，江苏省镇江市电信公司上线运行近一年的电信业务支持（BSS）系统，凭借“业务界面直观清晰、客户资料一目了然”的优势支撑精确化营销，使电话预付费套餐、宽带套餐和全家福套餐销售成功率成倍提高，进而促使窗口营业人员由简单的业务受理员转变为为客户“量体裁衣”的销售顾问。

作为江苏电信首家上线运行 BSS 系统的分公司，镇江电信 BSS 系统运行以来，极大地支撑了公司的市场细分、精确营销和企业服务水平的提升。BSS 系统将码号、线路、设备、地址等资源整合到一个平台，便于对资源的精确管理。BSS 系统可以方便、快捷地满足客户的个性化需求，以“全家福”业务为例，用户资料在统一界面一目了然，业务销售成功率大幅提高。从工单的后台流转上来看，以前手工处理的工单要经过配线、配号、配端口、程控、测量再到渠道安装，每天定时处理两次，如今 BSS 系统实现自动流转，工单流转上述环节仅需一小时。

电信业务支撑系统是直接面向客户的业务运营管理平台，提供与电信业务有关的配置、保障与计费管理。从系统功能实现上，业务支撑系统包括计费、营业、账务、缴费及客户服务等操作性功能和对各种经营信息的统计分析、数据挖掘、决策支持等分析型功能。本章主要介绍电信综合营业系统、计费与账务系统、客户关系管理系统以及电信客户的信用管理。

11.1 电信综合营业系统

电信综合营业系统是电信运营企业的一个营业综合管理信息系统，即针对各项电信业务，提供一个统一规范的综合业务受理界面，满足营业受理、营业收费、优惠管理、查询管理、销售管理、资源管理、投诉建议处理等功能。综合营业以综合为原则，给客户提供统一的服务，包括一台清，一单清，捆绑销售等。主要内容如图 11-1 所示。

综合营业主要包括客户基本资料管理、订单管理、营业收费、工单调度、系统管理等，与统一客户资料密切关联。

（1）营业受理。由于现在电信运营商业务多样性，使得营业受理也开始复杂化，具体包括以下内容：业务新装，申请和变更附加业务，增值业务和承载业务，客户改名/过户，账户的合并与拆分管理，更改客户信息，更改资费组合方案，换号，停/开机，退网拆户，挂失/补发，换机/换卡，出租业务，包月制业务的服务费续缴等。

（2）营业收费。营业收费功能主要是实现对营业受理的各项目的费用进行计算，收银、打印发票、回执，也可以将这些费用纳入月账单。基本功能包括支持多种收费方式，支持异地跨区收费，支持部分销账，能够向用户提供客户化账单，提供多种业务的单一发票的合打功能，供发票重打和相应的控制功能。

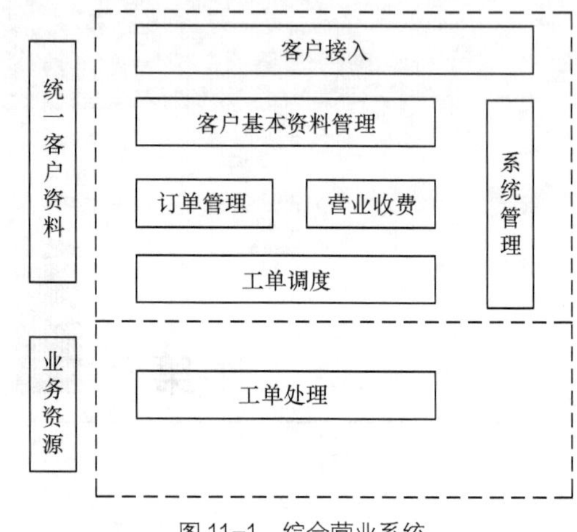

图 11-1 综合营业系统

（3）销售管理。对销售网络进行管理，支持联网代销和人工代销。主要包括代理商管理、直销管理以及服务代理商管理。代理商管理功能包括代理商资料、培训、佣金、资源、考评以及远程受理的管理。对于服务代理商主要是记录销售状况，进行账务管理。

（4）资源管理。资源管理包括对终端设备、零配件、业务卡、业务号码以及票证等的管理。

（5）综合统计分析。综合统计分析提供日、周、月、季、年及不定期等 6 种形式的信息分析，并以直方图、饼图和曲线图等方式显示。直方图便于考核各类量值，饼图侧重考核各点比例，曲线图侧重考核各点波动情况。

由于综合营业系统具有面向用户，直接体现和保证内部业务流程的特点，因此综合营业系统建设的总体要求和普通大型企业级应用系统或者普通企业门户网站建设的总体要求有着显著区别，电信综合营业系统更加强调可靠性、合理性、开放性。

11.2 电信计费与账务系统

电信计费与账务系统是电信运营企业开展经营活动的核心系统之一，也是贯穿整个电信发展的主线。该系统的安全、有效的运行，不仅直接关系到电信运营企业的效益与发展，也体现了电信运营企业对广大电信用户服务水平的高低，因此计费账务系统在电信业务支撑系统中占有重要的地位。计费与账务系统主要有以下功能。

1. 综合计费

（1）数据采集及格式转换。计费系统有两大数据源：一是话单数据，这是动态数据源；二是用户资料和各种配置参数，这是静态数据源。它将不同交换机提供的不同周期、不同格式的话单，以一定时间间隔获得，并进行格式标准化处理，以形成语法上正确的标准化数据源，达到计费后续步骤所需的格式要求。

（2）计费预处理。分拣预处理对保障整个计费账务系统正确、高效进行起着举足轻重的作用。采集到的数据经常会存在各种问题，如果直接进行计费，势必造成费用错误，且效率极低；经过预处理后，各种内容非法的情况都进行了相应的标记和处理，这样既保证了计费的正确性，也提高了计费的效率。

（3）计费处理。计费处理功能实现对标准格式的计费原始数据，按照资费标准进行集中计价和部分优惠处理，形成计费清单数据和费用数据，同时为业务量报表统计做好数据准备。

（4）参数管理。数据源中的静态数据，除了用户资料，很重要的一部分就是静态参数。其中资费标准和计费规则是计费账务系统的基础数据。

（5）审核校验。审核是对每个处理流程的输入数据资料进行合法性检查。校验是对每个处理流程的输出数据资料进行合法性检查。

2．综合账务

（1）合账处理。合账处理负责将清单费用表中的费用明细与用户资料数据结合，形成用户账单数据，并按照一定格式要求进行合并，形成账务记录放入账目表中，用于收取。

（2）优惠处理。优惠处理是电信运营商推出的各种优惠政策的支撑体系，实现将优惠规则贯彻落实在计费账务处理过程中，满足电信运营商开拓电信市场、发展业务的需要。

（3）调账处理。调账处理是对出账发生的各种错误或异常进行处理，分离错误数据，消除错误数据的影响。

（4）账单管理。账务处理后生成按账号合并的各业务明细账，经过缴费数据预处理后形成打印在用户账单上的费用数据。

另外还有销账管理、欠费和呆账管理功能。

3．统计分析

在指定的统计周期内，在计费账务数据处理过程中，将形成各种统计要素存储于数据库中。统计分析人员根据相关要求，依照统计要素的逻辑关系，组合提取相关数据并编制各种统计、分析报表。

4．综合查询

综合查询功能提供计费账务系统各个生产处理环节（如数据采集、计费管理、账务管理等）的信息查询和日志查询。支持话费查询、话单查询和客户信息查询，同时为每个用户设立查询密码，保证其费用和电信业务信息的保密性和安全性。

计费账务系统是一个分布于广域网环境，长期不间断运行的实时信息处理系统，它需要高效率的处理性能、高度可靠的安全策略、灵活方便的系统配置。因此，系统对主机平台、网络平台、数据库平台以及应用软件系统的先进性、稳定性、安全性、规范性、开放性、易用性和可扩展性等多方面都有很高的要求。

11.3 电信客户关系管理系统

客户关系管理（CRM）能够帮助电信运营企业分析鉴别客户、吸引潜在客户，并最大程度地留住有价值的客户。通过客户关系管理，电信运营企业可以为客户实施更多、更有效的个性化的客户关怀，并通过缩短销售周期，降低运营成本，改进客户价值，建立稳固的客户忠诚度，增加企业的销售收入，获得更多的销售机会，从而提高企业运营的效率，帮助企业在竞争激烈的市场竞争中占据有利的地位。作为软件系统，电信运营企业的 CRM 系统一般应具备以下 5 个基本功能模块。

1．市场营销管理

市场营销管理（Marketing Management）模块帮助市场专家对客户和市场信息进行全面的分析，从而对市场进行细分，产生高质量的市场策划活动，指导销售队伍更有效的工作。它可以针对用户的年龄、性别、习惯、爱好甚至收入情况来促销不同的产品，同时对通过不同途径（如展销会、网上留言等）搜集来的信息进行分析，筛选出一批潜在客户进行进一步的联系，从而进入售前阶段。

市场管理模块为销售、服务和呼叫中心提供关键性的信息，如产品信息、报价信息、企业宣传资料等都将在市场营销管理模块提供。呼叫中心的智能化呼叫脚本的制作也在市场营销管理模块编制。市场营销管理模块通过数据分析工具，帮助市场人员识别、选择和产生目标客户列表。市场营销管理系统能和其他的应用模块相集成，确保新的市场活动自动地发布给合适的销售、服务人员手里，使活动得到快速的执行。

2．销售管理

销售管理（Sales Management）模块主要管理商业机遇（Opportunity）、客户账号（Account）以及销售渠道等方面。该模块把企业的所有销售环节有机地组合起来，使它产品化，使得销售活动流程更为科学化、合理化，从而提高销售活动的效益。这样就能在企业销售部门之间，以及销售与市场之间建立一条以客户为引导的流畅工作流程，缩短了企业的销售周期，销售人员将有更多的时间去与客户进行面对面的销售活动。

销售管理模块能确保每一个销售代表（包括移动和固定销售代表）能及时地获得企业当前的最新信息，包括企业的最新动态、客户信息、账号信息、产品和价格信息以及同行业竞争对手的信息等信息。这样销售代表在同客户面对面的交流中将更有效，成功率将更高。

3．服务管理

服务管理（Service Management）模块可以使客户服务代表能够有效地提高服务效率，增强服务能力，从而更加容易捕捉和跟踪服务中出现的问题，迅速准确地根据客户需求分解调研、销售扩展、销售提升各个步骤中的问题，增长每一个客户在企业中的生命周期。服务专家通过分解客户服务的需求并向客户建议其他的产品和服务，来增强和完善每一个专门的客户解决方案。

服务管理模块可以采用不同的方式来与客户进行交流（包括 Internet、电子邮件、传真、电话）。通过与呼叫中心的持久连接，及与包括第三方服务提供商、商业伙伴和客户在内的 Internet 客户的间断性连接，服务管理模块全面支持客户服务专家在机构扩展方面进行全方位的运作。

4．现场服务管理

现场服务提供移动的销售和服务解决方案，允许企业有效地管理销售领域内务个方面。现场服务管理可预防维护计划、中断/安排服务事件，返回物料许可，高级区域互换，确保客户问题在第 1 次在线访问就得到解决所需的工具、零件、技能和相关的信息等。

现场服务管理（Field Service Management）模块提供服务请求管理、服务活动管理、账号管理、智能分配及发送、组件使用、主要清单等解决方案。现场服务管理模块支持多种渠道，包括移动现场服务专家使用掌上或膝上型电脑装置，连接呼叫中心的话务员，确保可以根据服务级别许可应用合适的资源来解决这个问题。在话务员迅速解决了客户的服务咨询后，他们还可以扩展销售或提升销售其他附加的产品和服务，增加客户的收入和潜在的营利。

5．呼叫中心管理

呼叫中心管理（Call Center Management）模块通过将销售管理模块与服务管理模块的功能集成为一个单独的应用，使一般的业务代表能够向客户提供实时的销售和服务支持。通常业务代表处理客户、账户、产品、历史定单、当前机会、突出的应用、服务记录、服务级别许可。业务代表能够动态地推荐产品和服务，或者他们可以遵循基于智能脚本的工作流来解决服务咨询，进而向客户提供其他产品和服务。

CRM 是国内电信运营商由粗放式经营模式向集约化经营模式转变的必经之路，它的实施是一个漫长的过程，最终将涉及企业的人员、流程及技术等要素的综合转变，尤其是人员的因素，如经营观念、服务意识的转变，这些都是成功实施 CRM 的关键因素。

11.4 电信企业的信用管理

【案例】美国直接电视公司信用管理的失误

美国通用汽车旗下的子公司直接电视公司，自 1998 年开始推销卫星电视产品。为了迅速打开市场，直接电视公司决定通过消费信用的方式来进行促销，并将整个信用管理业务委托给通用电气资本公司来管理。

1998 年 2 月，直接电视公司开始在美国大型电器连锁店推销卫星电视服务。此前，美国消费者主要通过 CATV 接收电视节目。消费者若想购买卫星电视服务，首先要购买卫星天线，才能再按月付费接收信号。起初，卫星天线的价格定在 2000 美元，而 CATV 的安装费却只有 40 美元。之后不久，直接电视公司就发现销售进度十分缓慢，购买卫星电视的消费者大多数是住在远离城镇的郊区，因为那些地方还没有 CATV 电视服务。1998 年 5 月，直接电视公司决定启用新的上门推销计划，任何申请信用购买卫星天线和服务的消费者，直接电视公司都给予其信用。于是，迅速打开局面，销售量大幅度提高。可是随之而来，通用资本公司的数据显示，很多消费者的付款都没了下文。1998 年 8 月，直接电视被迫停止了上门推销活动。到 11 月，统计的数字表明，直接电视的商业损失已经达到了 1 亿美元。因为这个商业损失来得太快太大，直接电视公司拒绝支付通用资本的 4 000 万美元的服务费。

11.4.1 信用管理概述

1．信用管理

狭义的信用管理为欠费管理，是指对应收账款的回收工作。广义的信用管理是围绕客户生命周期的整个过程而开展的、与企业经营运作同步的一系列战略和管理方法流程。它是指企业通过制定信用管理政策，指导和协调内部各部门的业务活动，对客户信息进行收集和评估，对信用额度的授予、债权保障、应收账款回收等各交易环节进行全面监督，以保障应收账款及时回收的管理。

信用管理的目标是降低信用风险，减少欠费和坏账。企业信用管理的最终目的是通过信用管理工作，约束和指导企业在经营运作各方面对信用风险等相关因素的防范，通过建立科学的管理方法和体系，从各个环节监控和降低信用风险，保障企业利益的实现，在力求达到企业销售最大化的同时，将信用风险降至最低，提高盈利水平，增强企业的竞争力。

按照企业在市场竞争中所处的角色和地位，不同性质的企业信用风险的产生不同。资金支付方在信用管理中处于主动角色，资金的接收方则为被动角色。同一个企业即可能给其他企业带来信用风险，同时，也面临自身企业的信用风险问题。因此，信用管理的根本内容，就是企业从客户关系的建立开始，到最终的账款回收，整体流程中对信用风险的控制。

2. 信用管理政策

信用管理政策（Credit Policy）是指在特定的市场竞争环境下，企业在应收账款、利润与一定的信用风险中达成平衡，确定几方面的共同通过作用目标，由企业信用管理部门制定的，指导企业经营运作中信用风险的防范等级和信用管理制度的指导政策。信用管理政策的目标一方面是科学地将企业的信用风险降到最低，同时允许适当的信用风险，增加潜在的收入和利润。信用管理政策涉及到以下 3 方面的内容。

（1）信用管理风险的等级。涉及企业信用管理的等级和深度、信用标准、信用额度和折扣等信用制度的建立，是企业首先需要明确的信用风险与利润获取之间的平衡点。

（2）客户信用度的评价方法和控制措施。信用管理政策在客户征信、受信、追踪调整等流程中的指标选择、方法制定和资源保障等各项客户信用度的评价方法和控制措施。

（3）信用管理方法和流程。将信用管理政策转化为具体的信用管理方法和流程的指导意见，围绕客户生命周期内企业经营运作的工作开展，确定如何将信用管理的战略目标具体转化为各环节、各阶段、各项资源投入的信用管理方法和流程的指导意见，并制定出适当的考核指标，来监督和指导信用管理政策的落实。

11.4.2 电信企业的信用管理

电信运营商的信用管理是伴随客户生命周期的一系列管理活动，从最初的营销方案的设定、客户申请和信用的审批，到客户的使用和客户服务、计费出账，再到最后的收款，信用管理是和用户生命周期所相关的事前、事中、事后的一系列管理措施。它涉及人、流程、技术、考核等多方面的综合因素。信用管理正是企业在这两方面横向能力和纵向能力的整合，如图 11-2 所示。

电信企业信用管理的基本框架，主要概括为 5 大方面的内容。

（1）战略层面。信用管理在战略层面上所关注的不仅仅是欠费回收和坏账的问题，它还涉及企业经营运作层面的客户信息的整合、业务支撑能力的提升、市场营销方向的制定和机构能力保障等各方面。根据企业发展战略，制定信用管理具体的政策及相应的组织结构，制定实现战略的各阶段经营目标，下达关键绩效考核指标（KPI）、来保障经营目标和战略的完成。信用管理战略的制定涵盖信用管理的组织机构、政策策略以及流程、技术等各个环节。

制定战略的另一个重要方面就是企业对信用管理理念的培养。确定信用理念之后，信用管理团队应该在考虑利益相关各方意见的情况下，根据信用理念的指导，创建信用管理制度和相应流程。

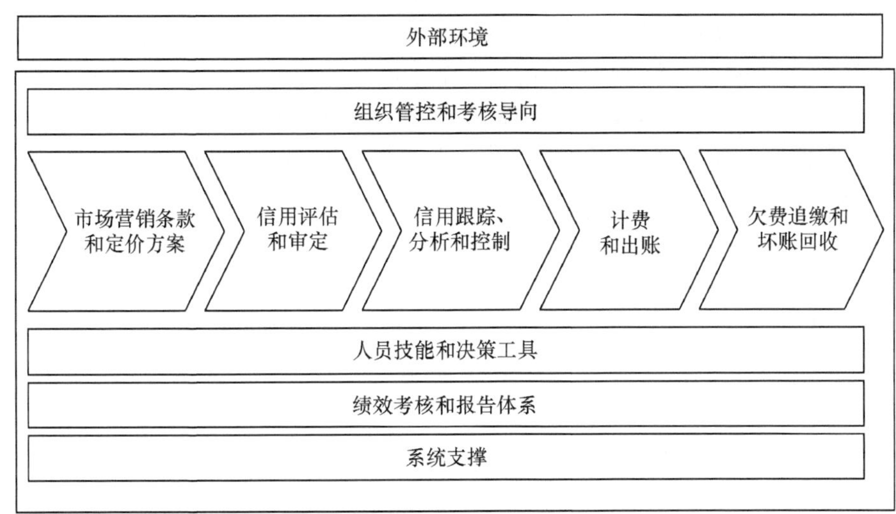

图 11-2 电信企业信用管理框架总图

（2）职能机构。信用管理职能的实现是通过信用管理职能部门，根据公司的信用管理战略作为指导，调动相关部门的配合来共同实现。信用管理职能机构可以作为单独的部门设立，也可以设定虚拟团队，但所组成的人员应该涉及到信用管理流程相关的各个方面，包括市场类的客户服务、市场营销推广、计费等。信用管理实施的过程中，信用管理职能部门起到监督和指导作用。

信用管理方面人员能力的保障涉及到两个方面：电信运营企业内部的人员组织及外部信用管理机构的协助（如征信和催欠）。在企业内部，信用管理是伴随客户生命周期而展开的，在客户生命周期中，涉及的各个部门和人员对信用管理的认同和工作的开展都影响到信用管理实施的效果。因此，需要制定对在各个环节中涉及的各部门制定相应的指导策略和方针，通过 KPI 考核体系的约束和指引，更好的提高人员的素质和水平。在企业外部，引进现有的征信机构、欠费催缴公司，通过专业化的分析工具和手段，减少现有人员的投入，获取更高价值的产出。

（3）流程和方法。信用管理流程的制定是在运营商的信用管理战略和策略的指导下展开的，涉及到运营商的内部横向、纵向管理流程，以及与客户的沟通流程，同时根据多层级流程制定相应的信用管理手段和方法。具体的流程方法包括营销方案阶段制定的流程及内容和制定方法、客户消费行为过程中的监控流程和方法、出账/账款回收的流程和方法、欠费催缴过程中的流程和方法等。每一组成部分都有各自细分的流程和方法，流程要具有系统性，即横向流程和纵向流程的统一。

（4）技术手段。技术手段是信用管理能力的支撑工具，为电信运营企业各系统（如实时的计费系统、营销系统、客服系统等）的整合和提升建立统一的接口，保障数据的一致、准确和及时。并基于系统提供单个客户消费行为数据及客户信息资料的分析，进行客户信用评分；基于客户单个的信用评分，结合客户的属性，对客户进行进一步的分群，为营销方案的制定提供依据；基于企业月度、季度、年度的整体信用管理情况的分析（如欠费情况、应收账款回收情况），为信用管理的策略和流程方法提供依据。

（5）考核指标。考核指标的设定是信用管理考核导向的具体量化方式。考核体系能够指导和监督企业各部门具体的经营运作，最终实现企业的战略目标。在信用管理各环节监控点设定相应的考核指标，如对催欠人员各阶段的催欠工作制定回款率，市场营销人员制定营销方案的评估指标等，可以指导企业各部门在各个阶段环节的工作方向。考核指标设置的科学性将直接影响到企业的经营方向以及各种管理理念和措施是否能够有效的实施。信用管理考核体制，要结合信用管理战略目标以及信用管理政策，在平衡其他企业经营目标的基础上，选取信用管理的考核指标。信用管理考核指标不是仅针对信用管理小组设定的，它应该是围绕整个信用管理周期，在各个阶段、针对各相关部门人员的绩效考核设置的。

目前，电信企业大多是为了完成坏账率考核指标而进行临时性、应急式的分析和评定。而客户信用管理的核心是对客户进行信用分析和信用等级评定，通过对客户的所有相关财务及非财务信息进行整理、分析，得出客户的偿债水平和能力，该项工作应成为电信企业的日常工作。

为电信客户建立一个完整的数据库，是客户信用管理的基础。该数据库作为对客户查询和信用分析的主要信息来源，可以包括客户诚信数据库、客户信用记录数据库、坏账数据库（黑名单）等内容。通过分析和评定，动态地、适时或定期地反映客户信用状态和走势。以用户入网为起点，做好用户的信用控制。规范入网手续，杜绝利用假资料恶意入网；区别对待新老客户，奖励老客户，对老客户可采取评定信用等级的方法，巩固大用户，刺激中小用户，努力控制不良用户，减少恶意欠费用户。针对已发生的欠费，严格欠款追缴制度。加强对电信用户的法律知识宣传，联合有关单位共同打击恶意欠费行为。通过这样一些事前防范、事中强化管理和事后的有力救济，从而将信用管理的各项措施和制度贯通于整个用户的消费过程和合同过程。

本章小结

电信业务支撑系统是直接面向客户的业务运营管理平台，提供与电信业务提供有关的配置、保障与计费管理。本章介绍了电信综合营业系统、计费与账务系统、客户关系管理系统以及电信客户的信用管理。电信综合营业系统是电信运营企业的一个营业综合管理信息系统，即针对各项电信业务，提供一个统一规范的综合业务受理界面，满足营业受理、营业收费、优惠管理、查询管理、销售管理、资源管理、投诉建议处理等功能。计费与账务系统包括综合计费、综合账务、统计分析、综合查询等功能。客户关系管理系统包括市场营销管理、销售管理、服务管理、现场服务管理、呼叫中心管理等功能模块。

狭义的信用管理为欠费管理，是指企业通过制定信用管理政策，指导和协调内部各部门的业务活动，对客户信息进行收集和评估，对信用额度的授予、债权保障、应收账款回收等各交易环节进行全面监督，以保障应收账款及时回收的管理。电信企业必须从战略层面、职能机构、流程和方法、技术手段、考核指标等 5 个方面强化信用管理。

思考与练习题

11-1 什么是电信业务支撑系统？

11-2 简述电信综合营业系统的主要功能。

11-3 简述电信计费与账务系统的主要功能。

11-4 简述电信客户关系管理系统的功能模块及其主要功能。

11-5 什么是信用管理？信用管理的目标是什么？

11-6 信用管理政策涉及哪些方面？

11-7 简述电信企业信用管理的基本框架。

案例讨论

武汉电信信用管理的成功经验

2003年以前，武汉电信用户欠费问题较为突出，成为困扰企业发展的一大难题。通过分析原因发现，国际一流的信用管理公司采用的信用管理模式为3+1，即前期、中期、后期信用管理加组织管理；而武汉电信采用的则只有前期信用管理，其中用户坏账类型中属于信用管理中期失控的占22.7%、后期失控的占68.2%，也就是说，坏账完全属于管理失控，建立前、中、后的全程信用管理模式成为当务之急。借鉴国外的先进管理经验，武汉电信制订了三个方面的信用管理制度。

前期控制——客户资信管理制度。通过信用调查等流程，推行实施了资金回收预算报告、信用调查、信用申报、债务确认、月欠费报告、资金回收分析报告等一系列措施，建立起目标客户资料库，并根据实时的风险报告和催欠效果评价对目标客户资料库进行更新，从而进一步规范了客户信息资料管理和对客户信用的掌握分析，使管理工作从经验型管理向分析型管理转变。

中期控制——收账业务管理制度。制订了电话提醒流程、电话催欠流程、市话与数据非话的欠费管理规定、大客户服务及历史欠费管理模式等。根据不同的信用等级和风险等级实施不同的收账策略，同时引入风险意识和预算控制模式，强化对用户欠费的宏观控制。基于网龄、业务和消费积累等客户价值，制订终身享受优惠开办或试用新业务、赠送话务量等“营销型信用政策”，提高客户边际收益，引导客户成为忠实客户。

后期控制——建立风险报告和主管、经理诊断制度；建立实时的催欠效果评价和危机控制制度。制订客户信用风险申报及诊断处理流程，对高风险和疑难欠费实施分级管理；遇到客户风险时，采取风险预警和时时、层层上报制。

实施新的信用管理制度以后，武汉电信月均欠费由10万元下降至0.86万元，月均资金回收率达99.97%，将近十万用户的坏账率降至0.03%，远低于世界一流信用管理公司0.5%的坏账率。

讨论题：

利用本章学习的知识，试分析武汉电信成功实施信用管理的主要途径。

第 12 章 电信业务供应链管理

【引例】英国电信的供应商准入管理

作为世界级老牌电信运营商，英国电信（以下简称BT）对战略合作伙伴设定了极高的门槛，并对其进行严格的认定。BT选择合作伙伴的指导思想以合作共赢为主，追求整个生命周期内的价值创造和整体成本最优；选择方式上采取长期认证，侧重考察供应商的长期发展能力，致力于发展长期的合作关系；激励手段包括投资规模、稳定的长期供货合同、参与企业运营等。

BT 将设备供应商分成四个层次：供应商、重要供应商、战略供应商以及战略合作伙伴，对于每一层次的供应商都有相应指标进行衡量。BT对于供应商的认证指标有七类：T（技术）、Q（质量）、R（响应）、D（交货）、C（成本）、E（环境）、S（社会），每大类下再设立不同的指标。通过建立相应的供应商准入制度和对每一类供应商的准入认证指标体系，可以有效降低采购部门的采购和交易成本，规避供应商的信任危机，有利于实现“效率最优，性价比最高”的目标。

一直以来，我国电信运营企业的采购部门与供应商之间都是价格驱动机制在起主导作用。采购部门关注的重点是如何同供应商进行商业交易活动，它们重视交易价格，并从中选择价格最低的作为合作者。从短期来看，这种竞争关系有利于获得价格和成本方面的优势，但从长期来看，一些供应商为了获得采购订单，会降低产品质量或后续的服务质量以压缩成本，这样的做法严重损害了采购部门的利益，导致实际交易成本增加。本章主要讲述供应链管理的基本概念、电信业务外包以及电信业务供应链绩效评价体系。

12.1 供应链管理概述

12.1.1 供应链的概念

1．供应链的定义

供应链（Supply Chain）这一名词最早出现在20世纪80年代。最初，供应链仅被视为企业内部的一个物流过程，它所涉及的主要是物料采购、库存、生产和分销诸部门的职能协调问题，最终目的是为了优化企业内部的业务流程，降低物流成本从而提高经营效率。

之后，人们对供应链的认识从企业内部扩展到企业之间将供应商纳入供应链的范畴，把供应链的概念与采购、供应管理相关联，用来表示与供应商之间的关系。例如，《英汉物流管理大辞典》中定义，供应链是产品从生产者到消费者的整个流通过程，供应链亦称销售链，如果较强调客户则称需求链。

其后，发展起来的供应链管理概念注意了与其他企业的联系，注意了供应链企业的外部环境，并将用户、消费者纳入供应链的范围。Handfield&Niches（1998）认为，“供应链包括了从原材料阶段一直到最终产品送到最终顾客手中与物品流动以及伴随的信息流动有关的所有活动。”Stevens（1999）认为，“通过增值过程和分销渠道控制从供应商的供应商到用户的流就是供应链，它开始于供应的源点结束于消费的终点。”

最近，供应链的概念更加注重围绕核心企业的网链关系，对供应链的认识从线性的“单链”转向非线性的“网链”。Harrison（1999）将供应链定义为“是执行采购原材料，将它们转换为中间产品和成品，并且将成品销售到用户的功能网链。”马士华（2000）认为，“供应链是围绕核心企业，通过对信息流、物流、资金流的控制，从采购原材料开始，制成中间产品以及最终产品，最后由销售网络把产品送到消费者手中的将供应商、制造商、分销商、零售商直到最终用户连成一个整体的功能网链结构。”

根据美国供应链协会（SCC）的定义，供应链涵盖了从供应商到消费者，即从生产到成品交货的各种努力。2001 年我国发布的物流术语国家标准中，对供应链的定义是“生产及流通过程中，涉及将产品和服务提供给最终用户活动的上游与下游企业所形成的网链结构”。

由此可以定义，供应链是在生产及流通过程中，涉及将产品和服务提供给最终用户活动的上游与下游企业所形成的网链结构。

2. 供应链的结构

供应链包括众多的成员，各个成员交织而成的网链结构是现代供应链的基本结构形态。马士华教授的供应链结构模型给出了以企业为主体、以一个企业为核心企业的供应链网链结构。这一模型具有一定的普遍适用性，概括了一般供应链的网链结构，如图 12-1 所示。

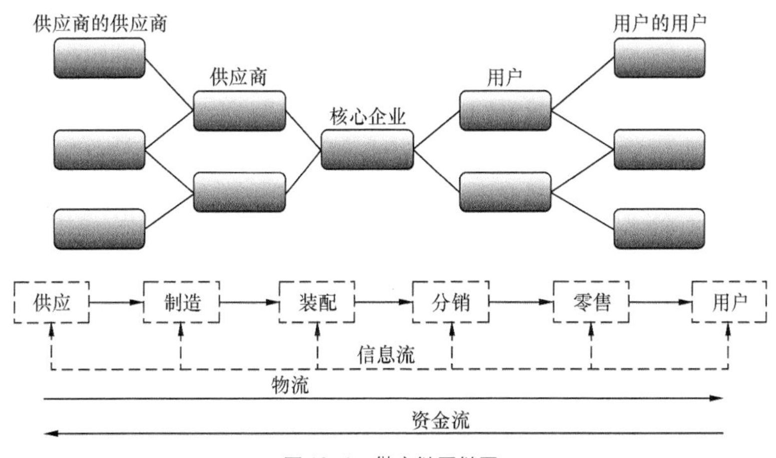

图 12-1 供应链网链图

3. 电信供应链

电信业在信息社会中处于基础设施地位，与自来水、煤气、电力等行业一样，是一个网络性产业。区别于一般商品制造业，电信业向社会提供的主要是服务而不是商品，即电信业还具有服务贸易性。因此，在服务项目的外部表现形态上，电信业与传统制造业存在诸多差异。

（1）产品的形态不同。制造业的产品是可见的、有形的；电信业的产品一般是不可见的、无形的。

（2）生产过程不同。制造业产品的制造与消费过程是分离的，制造过程可以是间断的；电信业产品的制造过程和消费过程是合一的，制造过程必须是连续的，并且这一过程何时开始何时结束完全由用户决定。

（3）消费方式不同。制造业的产品售出后，双方的买卖关系结束，与客户的联系是售后服务。而电信运营业售出端口后，用户的消费过程刚刚开始，存在二次消费的过程。在这个过程中，用户何时消费、消费什么、消费多少，除了与用户自身因素有关外，还受运营商（或服务商）所提供业务的引导。

电信业供应链的拓扑结构图如图 12-2 所示。电信供应链具有以下 5 个突出特点。

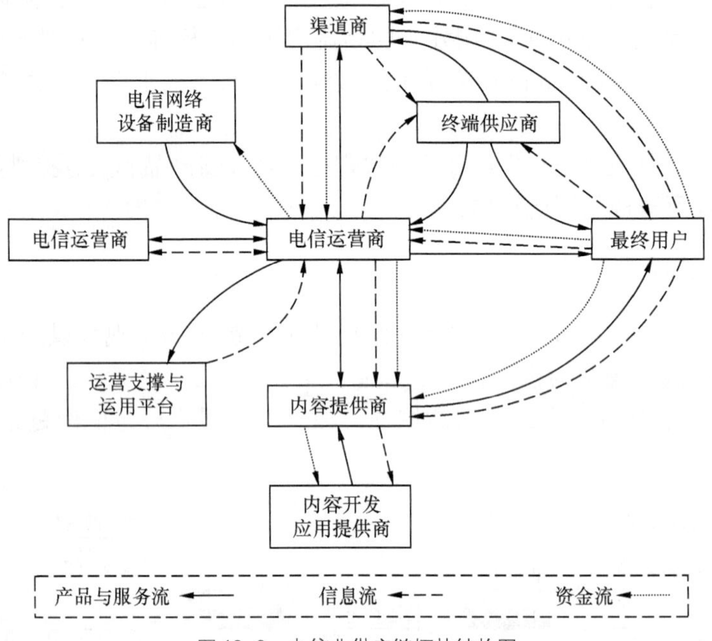

图 12-2 电信业供应链拓扑结构图

（1）主体复杂化。由于社会分工更加明确，传统模式下运营商和电信设备制造商的职能被分化，网络设备商、运营支撑与应用平台商、终端设备商及渠道商的地位逐渐显现，而增值业务的产生使得内容服务提供商、内容开发或应用提供商成为供应链中新的生力军。

（2）结构复杂化。竞争在打破垄断的同时，也对供应链生产结构产生了重要的影响，运营商之间的互连互通成为重要的生产环节，也产生了复杂的产品流、资金流和信息流。

（3）运营商为核心。运营商作为中心节点，承担着更多的组织和管理功能，并且掌握着业务运营模式的主动权及绝大部分的利益分配权。运营商获得的收入用于购买设备、系统/

平台或分成，甚至用于对终端的定制包销，于是影响着这部分子供应链的运营与发展。运营商通过对其他主体提供的产品进行组织和集成，再向用户提供服务。

（4）用户信息流的重要作用。以用户为中心的买方市场在新的模式下发展起来。为了保证参与生产的各方按用户需求组织生产和开发市场，用户信息在这种模式下的供应链链条中活跃起来，并成为供应链组织的决定性信息。

（5）资金流多向分配和多阶段分配。用户消费支付的资金流的流向和分配也相对复杂。根据业务和服务特点的不同，可能付给运营商、终端商，也可能支付给渠道商，甚至是内容提供商。这些资金还会再次分配，通过运营商流向电信网络设备制造商、运营支撑与应用平台商、内容服务商及提供互连的其他电信运营商等，还通过内容提供商分配给内容开发或用户提供商等。

12.1.2 供应链管理

1. 供应链管理的定义

供应链是供应链管理（SCM）的客体，对供应链不同范围、不同角度的认识决定了不同的供应链管理的认识范围和角度，大致可以分为以下4类。

（1）供应链管理作为一种管理理念和哲学。Houlihan（1988）认为供应链管理是一个统一的过程，强调战略决策，是一种新系统方法整合而不是接口连接。Dornier（1998）认为供应链管理本质就是在追求企业合作的效率，以较少的产品前置时间与营运成本的最佳，来获取企业营运的竞争优势。Fisher（1997）等认为应围绕市场产品需求设计供应链，以满足用户需求为目标。马丁（2006）对供应链管理的定义认为，供应链管理是从供应链整体出发，管理上游供应商和下游客户，以更低的成本传递给客户更多的价值。马士华（2006）认为供应链管理的核心思想是“系统”思维观和“流”思维观，对供应链中的一切活动的优化要以整体最优目标，对各个环节的运作管理要实现小河流水般的顺畅。

（2）供应链管理是一种具体性的管理方法体系，体现了管理的职能包括计划、控制、协调、决策。伊文斯（Evens）认为，供应链管理是通过前馈的信息流和反馈的物料流及信息流，将供应商、制造商、分销商、零售商、直到最终用户连成一个整体的管理模式。1986年，美国物流管理委员会（Councilof Logistics Management，CLM）将供应链管理定义为在企业组织之外的包括消费者和供应商在内的物流活动。1998年，CLM对供应链管理的概念进行了重新定位，认为供应链管理不仅包括物流，还包括对物品、服务、信息进行从起始点到消费点的计划、实施、控制，以满足最终用户需求的全部过程。赵先德（1999）认为，供应链管理就是对整个供应链进行管理，即对供应商、制造商、运输商、分销商、客户和最终消费者之间的物流和信息流进行计划、协调和控制等。

（3）供应链管理作为一种流程管理。Lalonde（1997）明确提出了供应链管理的流程思想，认为供应链管理所管理的是伙伴关系、信息和物料流的流程，该流程超出了企业的边界。马士华（2005）在研究分析的基础上认为，供应链管理就是使供应链运作达到最优化，以最少的成本令供应链从采购开始，到满足最终顾客的所有过程，包括工作流、实物流、资金流和信息流等均高效率地操作，把合适的产品以合理的价格，及时准确地送到消费者手上。

（4）供应链管理作为一种关系管理。Harland（1996）将供应链管理描述为对商业活动和关系的管理：组织内部，直接的供应商，供应链中一级和二级供应商与顾客，整个供应链。陈功玉（2003）认为，如何建立企业之间的战略合作伙伴关系并建立一种长期有效的运行机制，被称之为“供应链管理”。

目前国际上普遍比较认同的定义是美国物流管理协会（2005）发布的供应链管理最新定义，供应链管理包括了对涉及采购、外包、转化等过程的全部计划和管理活动和全部物流管理活动。更重要的是，它也包括了与渠道伙伴之间的协调和协作，涉及供应商、中间商、第三方服务供应商和客户。从本质上说，供应链管理是企业内部和企业之间的供给和需求管理的集成。

2．供应链管理的基本原则

供应链管理的目标为：降低成本、提高收入、快速反应，合作共赢和信息共享。根据美国安德森（Andersen）咨询公司关于供应链管理的相关理论，供应链管理的基本原则有 7 条。

（1）根据客户所需要的服务特性来划分客户群，并制定有利可图的服务体系。传统意义上的市场划分是根据企业的自身状况，而供应链管理的客户划分强调客户的需求，针对细分群体体系，将服务体系转化为现实的利润。

（2）根据客户需求和企业可获利情况，设计企业的后勤物流网络，保证其经济性和灵活性。

（3）及时掌握市场的需求信息，调整供应链的需求计划。通过销售和运营计划及时检测整个供应链运作，及时发出需求变化的早期警报，并据此安排和调整计划。

（4）控制时间延迟，使产品多样化的最终构成尽量接近客户，并通过供应链实现快速响应。

（5）与供应商建立双赢的合作策略。迫使供应商压价是一种短期策略，与供应商建立长期的合作共赢关系才是供应链管理的目标。

（6）在整个供应链领域建立信息系统，提高产品、服务和信息流的可见度。

（7）建立整个供应链的绩效考核准则，来衡量为最终客户服务的成败。供应链的绩效考评准则要建立在整个供应链上，而不仅仅是个别企业的鼓励标准。

12.1.3 供应链战略

1．供应链战略管理的产生

在 20 世纪 70 年代，供应链管理还被称作“分销”集中于企业内部的仓储和运输的整合优化。从 20 世纪 80 年代起，供应链管理的重心转移到整个供应链中流程和成本结构的再造，并在这一时期取得了相当大的成果。有数字表明，从 1982—1990 年，北美的供应链成本，包括成品运输仓储、订单处理、客户服务、行政管理和存货成本等，降低了将近 1/3。自 20 世纪 90 年代起，供应链管理的重心开始从降低成本转向提高客户服务水平，促进销售收入的增长和盈利能力的提高。随着管理重心的转移，20 世纪 90 年代北美供应链成本水平基本没有大的改变，与此对应，业务增长这一过去只是被视为企业内产品开发、销售和营销部门的责任，如今却也成为供应链管理的目标。人们逐渐感到，要想进一步发挥供应链管理的潜在作用，应该将供应链管理作为企业全局性的、战略性的问题来思考。

2．供应链管理战略的含义

一般来说，供应链管理战略是一个企业特别是核心企业在供应链管理最重大问题上的选择取舍。一个企业是供应链上的一环，如果它拥有这个供应链上最稀缺的资源，那么它就是这个供应链上的核心企业。对一个企业特别是核心企业来说，制定、实施正确的供应链管理战略具有必要性。

首先，供应链中生存着许多不同类型的成员，他们目标和利益是有差异的，甚至是相互冲突的，如何有效地集成这些成员是一个难题；其次，供应链是一个动态的系统，随时间而不断地变化，不仅顾客需求和供应商能力会随时间而变化，而且供应链成员之间的关系也会随时间而变化。因此，要充分发挥供应链的作用，就应制定和实施供应链管理战略，提升整个供应链的竞争力，实现双赢甚至多赢。

3．供应链管理战略的主要内容

（1）竞争战略。随着信息技术（Information Technology, IT）的发展，企业面临的竞争是全球范围的市场竞争。供应链管理必须建立一个具有快速反应能力和以客户需求为基础的系统，充分体现信息技术在供应链各环节中的作用，提高供应链的效率，从而降低整个供应链的物资储备、产品库存等方面的成本，满足客户的各种需求。

核心竞争力是企业赢得竞争的基础和关键。核心竞争力是在组织内部经过整合的知识和技能，是企业在经营过程中形成的不易被竞争对手仿效的，能带来超额利润的独特能力。对供应链管理来说，加强企业（特别是核心企业）的核心竞争力的培养尤为重要。要培养企业的核心竞争力，就要集中企业资源从事某一领域的专业化经营，在这一过程中逐步形成自己在经营管理、技术、产品、销售、服务等诸多方面与同行的差异。在发展自己与他人上述诸多方面的差异中，就可能逐步形成自己独特的可以提高消费者特殊效用的技术、方式、方法等，而这些有可能构成今后企业核心竞争力的要素。

（2）协调战略。协调战略包括关系协调战略、利益协调战略和信息协调战略。

① 关系协调战略。它的目的是建立互信互利的伙伴关系。为了建立这种关系，供应链上各企业在合作的不同阶段，应采取必要的措施实现彼此关系的协调。在最初合作阶段，要增进互惠互利的基础；在合作过程中，要妥善解决各种冲突，尤其要发挥核心企业在解决冲突中的重要作用；在深化合作阶段，要增强相互认同。

② 利益协调战略。供应链上的企业是利益共同创造和合理分配，但企业间也存在着利益冲突。供应链管理中的协调，以供应链整体价值的创造和合理分配为核心，构建供应链的利益共同体。实施这一战略，要以效率优先兼顾公平为原则。

③ 信息协调战略。信息技术不仅改变着企业内部的业务流程和组织管理流程，而且改变着企业间的联系。通过建立基于供应链管理的信息共享系统，使供应链上的企业及时做出或调整他们的生产经营策略，实现供应链上企业现有资源的高效整合、优化配置，实现价值最大化。

（3）供应链文化战略。供应链文化战略是指供应链企业在长期交往中逐渐形成的共同信念，它包括价值观、经营哲学、道德准则、管理制度、员工心态，以及由此表现出来的企业共同的风范和精神。它所倡导的信任与合作精神、商业理念和行为规范，是供应链运行机制的文化基础。如果供应链没有一个共同的文化基础，各节点企业的文化便会互相冲突和抵触，从而影响供应链管理的效果。因此，必须对供应链中各节点企业的文化进行系统整合，增强它们之间的亲和度，以便有效地消除供应链中各种文化的摩擦，以及由此导致的系统内耗。

4. 供应链管理战略的实施

供应链管理战略就是要从企业长远发展的高度考虑供应链管理事关全局的核心问题的重大规划，包括战略目标的制定、运作方式的选择、战略实施与控制、绩效评价等。

由于一个完整的供应链各个成员之间关系复杂，各成员间目标和利益既相同又矛盾，实施供应链管理必须要有系统的整体观念。因此，确立合理的战略和目标是实施供应链管理的第一步。企业必须将业务目标同现有能力及业绩进行比较，发现现有供应链的显著弱点，经过改善，迅速提高企业的竞争力。除此之外，企业还应该同关键客户和供应商一起探讨，评估全球化、新技术和竞争局势，建立供应链管理战略目标。通过供应链管理战略，提供更加精确和及时的信息，进行更全面的数据分析，更加完整地评价各种可供选择的方案，提高新产品引入市场的频率，减少浪费并提供降价的可能，改进质量和产品设计。

通常，实施供应链管理的战略就是将供应链中的企业结成联盟或伙伴关系，往往通过以下途径实现：在一条供应链上的两个或多个企业达成长期共识——在物流流程高度一体化和同步化的原则下开展彼此业务；企业致力发展高标准的信任与合作关系，目的是把买卖关系改变为合作的团队型企业；实施物流一体化活动，一般包括即时敏感的需求与销售数据、库存数据、货运状况等数据的共享；确定供应链中成员的利益共享机制，使各层次成员企业的服务改善和成本降低。

在实施供应链战略中，对贸易伙伴的选择是从长期、稳定的原则出发，只精选少数企业建立相对固定的贸易伙伴关系。选择稳定贸易伙伴的原则是：考虑质量保证体系，保证进货质量良好，供货时可以实行免检制度；合作企业的财务稳定性也是重要因素之一。当然，规模较大的、经营管理水平较高的、竞争力强的企业容易被对方选为合作伙伴，这就促进了强强联合的发展。为了进行协调，通常有一个企业在建立和指导供应链的活动中起主导作用。一般来说，零售业处于掌握市场动态的最前沿，有利于成为供应链体系中的龙头企业，如美国的零售业巨头沃尔玛公司在它所处的供应链体系中经常理所当然地扮演这个角色。但是，由于供应链成员的主权独立性，强者对弱者的发号施令必须建立在互利互惠的原则基础上，使得每个成员都在本身利益的驱使下心甘情愿地和其他成员配合一致。

12.2 电信业务外包

【案例】外包带给普洛赛洛的成功

汉堡王首席市场官拉塞·克莱恩认为，“在做出明智的外包决定时，必须谨慎、客观，要高瞻远瞩地从战略层面考虑，大量外包并不合适。”事实上，很少企业会把大部分的部门工作外包出去，而英国电信负责监管公司非主流业务 Azure 方案运行的普洛赛洛却是这样做的。

普洛赛洛 2001 年初正式加入英国电信。Azure 方案是英国电信开发的应用系统来处理复杂的收入管理、客户识别和客户作假问题，公司希望此项技术能带来丰厚的利润。公司与普洛赛洛签定为期两年的合同，任命他为 Azure 方案的销售和营销总监。为扩大产品范畴和实施新业务的总体营销战略，普洛赛洛需要更多、更及时的帮助，安德逊·巴厘 b2b 技术营销咨询公司提供了一支精明能干、有战略眼光的团队。

安德逊·巴厘为Azure构筑的网站就像是一个私人数字俱乐部。公司还发起了一场定向的电邮活动并组织讲座项目宣传公共和私人的品牌活动。但是该技术营销咨询公司并没有完全进入英国电信业务的所有领域。普洛赛洛没有把有关客户关系的项目交给他们，也没有让安德逊·巴厘咨询公司参与市场调研或制定长期战略，而是由英国电信自己的员工承担这些工作。

Azure的推出深受市场欢迎。2001年7月16日推出Azure的当天，英国电信在英国的股价猛涨。2002年年初，安德逊·巴厘一年期合同结束时，英国电信又把合同期延长了6个月；2002年4月，Azure的收入达到了1 000万美元；2003年4月，英国电信将Azure卖给个人投资者时，该项目已经开始盈利了。

Azure成功的因素有很多，普洛赛洛认为选择安德逊·巴厘咨询公司是其中重要的原因之一。而安德逊也感慨这种机会非常难得。他说："在欧洲市场，人们普遍不愿在营销领域接受帮助，因为他们认为这就意味着公司内部管理团队的失败。"

12.2.1 外包的定义

外包（outsourcing）英文直译为"外部寻源"。美国外包协会给外包下的定义是：外包是指通过合约把公司的非核心业务、无增值收入的生产活动包给外部的"专家"。

业务外包是指企业将一些非核心的、次要的或辅助性的功能或业务外包给外部专业服务机构，利用它们的专长和优势来提高整体效率和竞争力，利用外部资源来完成组织自身的再设计和发展，而自身仅专注于具有核心竞争力的功能和业务。

外包根据供应商的地理分布状况划分为境内外包和离岸外包。境内外包是指外包商与其外包供应商来自同一个国家，因而外包工作在国内完成。离岸外包则指外包商与其供应商来自不同国家，外包工作跨国完成。由于劳动力成本的差异，外包商通常来自劳动力成本较高的国家，如美国、西欧和日本，外包供应商则来自劳动力成本较低的国家。境内外包更强调核心业务战略、技术和专门知识、从固定成本转移至可变成本、规模经济、重价值增值甚于成本减少；离岸外包则主要强调成本节省、技术熟练的劳动力的可用性，利用较低的生产成本来抵消较高的交易成本。

外包的范围按工作性质可分为"蓝领外包"和"白领外包"。"蓝领外包"指产品制造过程外包。"白领外包"亦称"服务外包"，指技术开发与支持其他服务活动的外包。其中技术开发与支持的外包一般采用一次性项目合同的方式寻求第三方专业公司的服务，称为"合同外包"；其他服务活动的外包多通过签定长期合同的方式交由专业外包提供商进行，称为"职能外包"。

12.2.2 电信业务外包的动因

我国传统的电信运营企业是高度垂直一体化的公司，采用"大而全"的经营模式，这种经营方式，受制于企业内部资源的限制，不能适应迅速变化的消费需求，难以抓住市场机会。电信企业在核心竞争力的基础上引入外包，将某些管理职能虚拟化，充分利用外在资源，减少组织环节，压缩管理层次和职能机构，建立起一种紧凑、富有弹性的，灵活、快速应变的扁平化管理组织，对迅速改变或者无法预见的消费者需求和市场机遇做出快速反应，以获取竞争优势。电信运营商实施业务外包的动因有以下3个方面。

（1）电信业务外包是电信运营商应对新竞争形势的一种战略性选择。近年来，随着国内电信格局的重组和移动通信的高速发展，如何降低成本，提升核心竞争力，成为运营商面临的重要课题。通过业务外包，运营商能够有效的利用外部资源，将精力集中到核心业务开发上。

（2）电信业务外包是应对激烈竞争的需要。随着重组的完成，3 大运营商都展开全业务运营，电信行业的竞争日益激烈，企业的反应速度成为重要的核心能力和竞争优势的源泉。研究表明，企业规模与企业组织的官僚性之间有很大的相关性和必然性，因而，要提高企业的反应速度，在时间上赢得竞争优势，就必须尽可能地精简自己企业的规模，确保企业业务的顺利开展，外包是满足这些要求的一个重要途径。

（3）电信业务外包是向电信客户传递更高价值的需要。国外电信运营企业外包开展较早，外包的领域已比较广泛而且深入，从财务到销售，直至最近的网络运营。NYNEX 公司于 1996 年与美国 3 大长途电话公司的 Spring 签署合同，将交换机、光纤网和计费系统外包给后者。Spring 公司将自己公司的应收账款收费业务外包给著名的邓百氏公司，取得非常好的效果。AT&T 无线、Verizon 等企业在自己的发射塔和网络上已经投入了巨资，现在正将某些能力外包给一些专业生产商，这些专业生产商向多个公司提供自己的关键资产服务，而这种专业化的服务会带给电信客户更高的价值。

12.2.3 电信业务外包的管理

根据当前电信运营企业推行业务外包的实际情况，可对电信业务外包的内涵表述如下：电信业务外包是指企业将日常经营管理中的部分业务或工作，委托给企业以外的专业服务公司、其他经济组织或个人具体实施，并支付报酬的经营管理方式。目前各电信运营企业外包的电信业务主要有网络维护、电话的装移机、营业厅的业务受理、信息采编等。

国际上的电信运营企业（如 BT）的外包服务提供商是惠普，沃达丰英国和沃达丰西班牙的外包服务提供商是 Atos Origin，丹麦 TDC 的外包服务提供商是 CSC 等。爱立信则认为，电信运营商只须保留对网络资产的所有权，并负责制定战略发展方向，而不必再配备专门的人力、物力费心于网络的维护与管理，并已经与荷兰、波兰、印度、孟加拉等国的运营商签署了合同。国内的华为、中兴等公司也向电信运营商提供不同程度的外包服务，一些省市的移动运营商还将手机短信息服务外包给润讯等公司。电信运营商通过在原有的主营业务和增值业务领域引入外包合作伙伴，共同创建企业的价值链，更好地服务快速变化的市场，为电信用户提供更优质的服务。

在对电信业务外包的管理中，电信企业内部需要建立必要的评价体系，以便对外包供应链的作用作出正确评价。国际上一般采用面向聚焦的方法对外包供应链进行绩效考核，这种聚焦又可分为职能聚焦、流程聚焦、企业聚焦和跨企业合作聚焦等多种方法，对外包供应链的绩效考核可用下列关系式表达：

$$B\text{（外包供应链绩效）}=f\text{（成本、流程、利润、服务）}$$

式中，电信业务外包供应链的绩效是成本、流程、利润和服务的函数。如果用 C 表示成本，用 P 表示流程，引入外包服务后绩效好则 P 的时间减少、C 降低；用 R 表示利润，用 S 表示服务，引入外包服务后绩效好则 R 增加、S 提升，由此外包供应链绩效进一步表达为：

$$B=\frac{(R+S)}{(C+P)}$$

从式中可看出，外包供应链绩效取决于是否降低运行成本，减少内部流程周转时间以及是否提升电信运营企业的利润和服务水平。

12.3 供应链绩效评价

在供应链管理体系中，为了确保供应链能够健康、可持续的发展，建立科学、全面的供应链绩效评价体系已经成为一个迫切需要解决的问题。

12.3.1 供应链绩效评价的指标体系

所谓绩效评价（Performance Assessment），即运用数量统计和运筹学等方法，采用特定的指标体系，对照统一的评价标准，按照一定的程序，通过定量、定性分析，对特定主体在一定的期间内作出的效益和成绩，作出客观、公正和准确的综合评判。供应链绩效评价是围绕供应链的目标，对供应链整体、各环节（尤其是核心企业）运营状况以及各环节之间的运营关系等进行的事前、事中和事后分析评价。

供应链的绩效评价，从着眼点来看，服务于供应链的目标；从客体来看，包括供应链整体及各组成成员；从空间来看，涉及内部绩效、外部绩效和供应链综合绩效；从内容来看，涉及反映运营状况和运营关系的各种指标；从时间来看，包括事前、事中和事后的评价。对供应链的运行绩效作出评价，目的是通过绩效评价而获得对整个供应链的运行效果的了解，为供应链的存在、组建、运行和撤销的决策提供必要的依据，并找出供应链运作方面的不足，及时采取措施予以纠正。

一个完整的供应链是从最初供应商开始直至最终客户为止的链条，反映整个供应链运营绩效的评估指标主要以下 9 个。

1. 产销率指标

该指标反应的是供应链在一定时间内的产销经营状况，以时间为单位。该指标反映供应链的资源有效利用程度，产销率越接近 1，说明资源利用程度越高，同时说明供应链成品库存率越小。

$$产销率=\frac{一定时间内已销售出去的产品数量}{一定时间内生产的产品数量}$$

2. 平均产销绝对偏差指标

平均产销绝对偏差是指在一定时间内，所有节点企业已生产产品数量与其已销售产品数量之差的绝对值之和的平均值。反映一定时间内供应链总体库存水平，该值越大说明供应链库存量越大，库存费用越高。

$$平均产销绝对偏差=\frac{\sum_{i=1}^{n}|P_i-S_i|}{n}$$

式中，n——供应链节点企业个数；

P_i——第 i 个节点企业在一定时间内生产的产品数量；

S_i——第 i 个节点企业在一定时间内已生产的产品中销售出去的数量。

3．产需率指标

该指标是指在一点时间内，节点企业以生产产品数量与其上层节点企业（或客户）对该产品的需求量的比值。具体分为以下两个指标。

（1）供应链节点企业产需率。该指标反映供应链上、下层企业的供需关系，产需率越接近 1，说明上、下层企业的供需关系协调，准时交货率高；反之，说明上、下层企业准时交货率低，企业综合管理水平低。

$$供应链节点企业产需率=\frac{一定时间内节点企业已生产的产品数量}{一定时间内上层节点企业对该产品的需求数量}$$

（2）供应链核心企业产需率。该指标反映供应链整体生产能力和快速响应市场能力。若指标数值大于或等于 1，说明供应链整体生产能力较强，能快速响应市场，具有市场竞争能力；反之，若指标数值小于 1，说明供应链生产能力不足，不能快速响应市场。

$$供应链节点企业产需率=\frac{一定时间内核心企业已生产的产品数量}{一定时间内客户对该产品的需求数量}$$

4．供应链产品产出循环期

当供应链节点企业生产的产品为单一品种时，供应链产品产出循环期是指产品的生产节拍；当供应链节点企业生产的产品品种较多时，供应链产品产出循环期是指混流生产线上同一种产品的产出间隔。具体分为以下两个指标。

（1）供应链节点企业的零部件产出循环期。该指标反映节点企业的库存水平及对上层企业的响应程度，循环期越短，说明企业对上层企业需求的快速响应性越好。

（2）供应链核心企业产品产出循环期。该指标反映整个供应链在制品库存水平和成品库存水平，同时也反映整个供应链对市场或客户需求的快速响应能力。核心企业的产出循环期决定着各节点企业的产出循环期。该循环期越短说明整个供应链的快速响应市场和客户需求的能力越强，市场竞争力越好。

5．新产品开发率

该指标反映新产品创新的能力，指标值越大，说明产品供应链的创新能力和快速响应市场的能力越强，供应链活力越好。

$$新产品开发率=\frac{在研新产品数+储备新产品数+已投产新产品数}{现有产品数}$$

6．专业技术拥有比例

该指标反映供应链的核心竞争能力。指标越大，说明供应链整体技术水平越高，核心竞争能力越强，产品不易被竞争对手模仿。

$$专业技术拥有比例=\frac{供应链企业群体专业技术拥有量}{全行业专业技术拥有量}$$

7．供应链产品质量指标

供应链产品质量指标反映了供应链各节点企业生产的产品或者零部件的质量状况。主要包括产品合格率、产品报废率、产品退货率、产品破损率等指标。

（1）产品合格率

$$产品合格率=\sum_{j-1}^{n}\left(IP_j\times 第j种产品的合格率\right)$$

$$产品差异对合格率的影响系数IP_j=\frac{第j种产品的价值}{产品价值总汇}，\quad \sum_{j=1}^{n}IP_j=1$$

$$第j种产品的合格率=\frac{第j种产品合格单位}{第j种产品总单位}$$

（2）产品报废率

$$产品报废率=1-产品合格率$$

（3）产品退货率

$$产品退货率=\frac{退货产品价值}{产品订货总价值}$$

（4）产品破损率

$$产品的破损率=\frac{发生破损的产品总价值}{产品总价值}$$

8．供应链总运营成本指标

该指标包括供应链各节点企业之间的通信费用、库存费用、运输费用等。

9．供应链核心企业产品成本指标

根据核心企业产品在市场上的价格确定该产品的目标成本，再向上游企业追溯，确定各个节点企业的材料和配件的目标成本。当目标成本比市场价格小时，企业才能获利。

12.3.2　供应链绩效评价方法

绩效评价经历了从单一财务评价到多维综合评价的发展过程。从传统单一的、静态的财务绩效评价发展到平衡记分卡方法、关键指标方法、作业成本法、基于运营参考模型的方法等，绩效评价的方法在不断完善。下面介绍 3 种常用的绩效评价方法。

1．关键绩效评价指标法

关键绩效评价指标（Key Performance Indicator，KPI）是通过对流程的输入端、输出端的关键参数进行设置、取样、计算、分析，进而衡量流程绩效的一种目标式量化管理指标，是把组织的战略目标分解为可操作的工作目标的工具，是常用的一种绩效管理方法。

KPI 方法常用于企业内部绩效管理，通过分解的指标，使部门主管明确部门的主要责任，并以此为基础，明确部门人员的业绩衡量指标。对于供应链的绩效评价，关键绩效评价指标法同样是基于供应链的总体目标分解进行绩效评价和管理。

2．平衡记分卡

由卡普兰（Robert.S.Kaplan）和诺顿（David.R.Norton）共同开发的“平衡记分卡”的绩

效评价模型，满足了管理现代复杂企业时需要多方面考虑绩效的要求，克服了传统绩效评价方法单纯利用财务指标来进行绩效评价的局限，在传统的财务指标的基础上，还兼顾了其他4个重要方面的绩效反映，即客户角度、内部流程角度、学习与发展角度、财务角度。

记分卡中的“平衡”是指在4个方面保持平衡：长期目标与短期目标之间；外部计量（股东和客户）和关键内部计量（内部流程/学习和成长）之间；结果和结果的执行动因之间；客观性测量和主观性测量之间。

平衡记分卡的模型如图12-3所示。

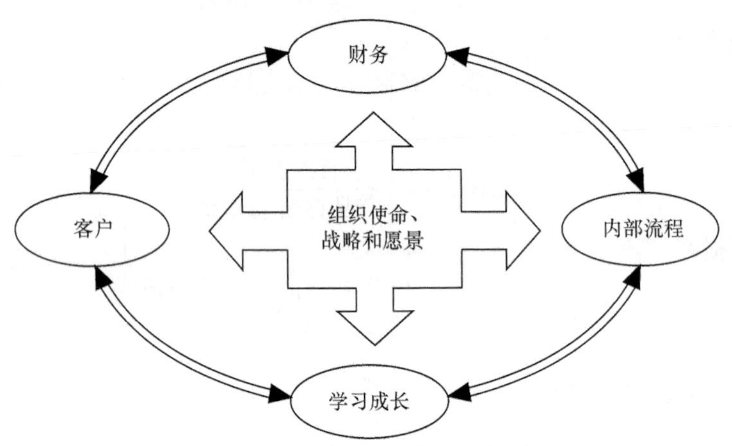

图12-3 平衡记分卡基本模型

（1）客户角度。为创造出使客户满意的产品和服务，平衡记分卡在客户角度提出了4种绩效属性：市场份额、客户保有率、客户获得率和客户满意度等。

（2）内部流程角度。这是平衡记分卡突破传统绩效评价的显著特征之一。平衡记分卡从满足投资者和客户需要的角度出发，从价值链上针对内部的业务流程进行分析，提出了4种绩效属性：质量导向的评价、基于时间的评价、柔性导向的评价和成本指标的评价。

（3）学习与成长角度。平衡记分卡实施的目的和特点之一就是避免短期行为，注重分析满足需求的能力和现有能力的差距。相关指标包括新产品开发循环期、新产品销售比率、流程改造效率等。

（4）财务角度。组织各个方面的改善只是实现目标的手段，而不是目标本身。平衡记分卡将财务方面作为所有目标评价的焦点，如果说每项评价方法是综合绩效评价制度这条纽带的一部分，那么因果链上的结果还是归于“提高财务绩效”。

3．层次分析法

层次分析法（Analytic Hierarehy Proeess，AHP）是美国著名运筹学家Saaty于20世纪70年代提出的，是一种将定量分析和定性分析结合的决策分析方法，可以处理多目标、多准则、多因素、多层次的复杂问题。

层次分析法解决问题的基本思路是：将需要分析的问题层次化，根据问题的性质和要达到的总目标，将问题分解为不同的组成因素，并按因素间的相互关联影响以及隶属关系，将因素按不同层次聚集组合，形成一个多层次的分析结构模型，并最终把系统分析归结为最低层相对于最高层（总目标）的相对重要性权值的确定或相对优劣次序的排序问题。

12.3.3　电信业务供应链绩效评价

用平衡计分卡的思想对电信业务供应链进行绩效评价，主要分为以下 3 个层次。

1. 结果层

结果层指标包含财务绩效和客户导向绩效两个大类。

（1）财务绩效是以评价经营现状和评估财务发展潜力为目标，是供应链运作的最终目的。电信业务收入和用户数表征了电信运营企业经营现状，用户数增长率表征了企业的发展潜力。

（2）客户导向绩效是以评价电信业务水平为目标，是服务行业市场竞争力所在。其中服务质量来自于供应方，向用户传递服务感知，而价格则直接反映服务的价值。电信市场是一个“推”式供应链，供应方对市场需求发挥着巨大的引导和推动作用；而服务的无形性又使得客户在接受服务中的感知成为了服务产品价值的决定因素。衡量电信业务的关键评价指标是服务满足需求的程度、业务质量、内容质量、客户服务质量、终端质量、应急保障和故障恢复等。

2. 运作层

流程运作角度的绩效是以评价各个主体在供应链运作中的协调程度和效率为目标，是供应链保持良好运作并实现供应链运作结果层绩效的保证。

（1）供应链柔性。电信市场需求变化快、技术更新也快，因此供应链的柔性至关重要。由职能分析这一指标进一步分解为供应商业务柔性（生产线柔性）、网管和支撑柔性（网络和服务接入能力、计费结算能力）、网络容量柔性（网络升级维护柔性），前两者保证了对技术更新换代的适应性，保证了网络对新技术、新业务、新产品的支持，后者保证了对用户数、业务量的波动的适应性，保证了业务质量。

（2）供应链投入。电信业务供应链是一个资金密集型的依靠投资拉动的供应链，也是一个市场竞争激烈、营销服务投入巨大的供应链。因此，供应链投入按照主体职能分解为网络设备和平台提供商投入、网络和业务建设维护投入、技术和新产品开发投入、营销推广投入和客户服务投入等关键指标。

（3）产能利用率。供应链上消耗比较大的就是供应商的供应和网络能力，因此产能利用率分解为供应商产能利用率、网络业务能力利用率和网络容量利用率 3 个关键指标。

3. 支持层

服务创新和成长是支撑电信业务供应链运作的两个基本条件，又由于电信投资巨大、因此资源管理能力是整个供应链良好运作的支持能力之一。支持层的指标包括服务创新能力、资源管理能力和成长空间等。

本章小结

供应链是在生产及流通过程中，涉及将产品和服务提供给最终用户活动的上游与下游企业所形成的网链结构。供应链管理是企业内部和企业之间的供给和需求管理的集成。供应链管理一般以降低成本、提高收入，快速反应，合作共赢，信息共享为目标。电信供应链由于商品的形态、生产过程、消费方式的不同，具有自己的特征。

业务外包是指企业将一些非核心的、次要的或辅助性的功能或业务外包给外部专业服务机构，利用它们的专长和优势来提高整体效率和竞争力，利用外部资源来完成组织自身的再设计和发展，而自身仅专注于具有核心竞争力的功能和业务。电信业务外包是最近几年电信业的一个发展趋势。主要的绩效管理评价方法包括关键绩效评价法、平衡计分卡法、层次分析法等。基于平衡计分卡的思想对电信业务供应链进行绩效评价，主要分为结果层、运作层和支持层 3 个层次，以及多个二级指标。

思考与练习题

12-1 什么是供应链？什么是供应链管理？供应链管理的目标是什么？

12-2 电信供应链的特点有哪些？

12-3 什么是业务外包？电信企业实施业务外包的动因是什么？

12-4 简述供应链绩效评价的主要指标和方法。

案例讨论

Orange 在英国的业务外包

Orange 公司把它在英国的移动网络运营业务外包给诺基亚西门子通信。依照合同规定，诺基亚西门子通信在今后五年内负责 Orange 在英国的 2G/3G 移动网络的管理、规划、扩容和优化工作，并提供维护服务。该交易使 Orange 提高运营效率，同时为其 1 590 万英国移动用户提供更优质的服务和更广的覆盖范围。

为提供一线的维护服务，诺基亚西门子通信与一家英国分包商签订一揽子协议。作为移动网络运营业务外包的一部分，Orange UK 公司将抽调出近 470 名员工，其中约 230 名员工加入诺基亚西门子通信，其余人员则转至一线维护分包商。OrangeUK 公司 IT 与网络部门副总裁 Pete Marsden 表示："诺基亚西门子通信在管理大型多技术网络方面拥有可靠的专业技术，此次两家公司的合作将带来双赢的结果，并惠及各相关方。作为全球电信行业公认的领先厂商，诺基亚西门子通信将为我们调出的员工提供坚实的职业发展之路。"

Orange 将继续拥有其网络并对网络进行战略规划。诺基亚西门子通信主要接手 Orange 的网络运营业务，包括该公司的 2G/3G 网络规划和优化、备件管理及提供交钥匙网络部署服务。诺基亚西门子通信服务部负责人 Rajeev Suri 表示："本合同基于我们与法国电信（France Telecom）的长期合作关系，进一步加强了 Orange UK 与诺基亚西门子通信之间的密切合作。它重申了代维服务为客户带来的价值——帮助他们提高业务运营效率，集中精力为最终用户提供更优质的服务。特别是，它进一步巩固了我们在代维服务领域的领先地位，使我们能够借助不断增长的客户群和产品组合为员工提供大量机遇。"

讨论题：

结合本章内容，试分析 Orange UK 实施业务外包的主要动因。

第 13 章 虚拟电信运营商的经营与管理

【引例】家乐福与中华电信合推 MVNO 业务

2008 年 10 月 30 日，全球零售业巨头法国家乐福公司宣布，与中国台湾最大的电信运营商中华电信合作，将利用中华电信良好的通信品质与家乐福的全球 MVNO（移动虚拟运营商）技术，正式进军电信领域。MVNO 是通过基础移动运营商（MNO）的网络为自己的用户提供移动业务的运营商。这项业务在西欧和北美地区的发展速度较快，目前在亚太地区市场规模较小。

家乐福推出的 MVNO 业务有预付卡与月付型两种套餐，并将电信业务与零售业务进行捆绑。用户若同时申办 MVNO 业务和家乐福的“好康卡”，则有双向回扣的优惠：购物累积的好康卡点数可冲抵网内通话分钟数；家乐福电信账单金额也可累积成“好康卡”点数，以冲抵消费购物。家乐福电信负责人表示，家乐福进入电信领域，希望能提升客户忠诚度，增加相关营业收入与提升公司创新形象，未来还会提供超市商品折扣促销等信息。

随着社会化分工越来越细，当企业虽有生产、营销、设计、财务等组织，却没有执行好这些组织的功能时，就需要留住企业有竞争力的功能，把自己不擅长的、实力不够或没有优势的其他部分分化出去，由社会上专门的企业来经营，这就是虚拟经营。显然，虚拟经营有利于企业在竞争中最大限度地利用有限的资源，集中精力和特长，并有效利用社会资源，加速自身发展。同样，电信行业也有虚拟经营。当电信产业发展到一定阶段时，就需要生产服务专业化，处在价值链条上不同位置的企业，扮演不同的角色，并获取不同的利润。只有更多关注最重要的环节，而将其他环节交给合作伙伴，才能使基础电信运营企业的利益最大化。本章主要讲述虚拟电信运营商的概念、运营模式、发展现状和发展策略。

13.1 虚拟电信运营商

13.1.1 虚拟电信运营商的定义和分类

1. 虚拟电信运营商的定义

截止到目前，国际上对虚拟电信运营商（Virtual Network Operator，VNO）仍没有一个权威的定义，一般是指本身没有电信网络资源，通过租用基础电信运营商的电信基础设施，对电信服务进行深度加工，以自己的品牌提供服务的新型电信运营商。

虚拟电信运营商与基础电信运营商的最大区别在于，自身不拥有骨干和核心网络资源，需要通过租用电信运营商的基础设施，建立自己的虚拟网络来进行运营服务。并且，虚拟运营商以自己的品牌向最终用户提供电信增值服务。因此，虚拟运营商本质上有别于增值服务商和电信服务代理商。

2．虚拟电信运营商的分类

VNO 在自有设施方面的投资程度，决定了他们所能够提供的不同业务组合，及其所能收取的资费水平。据此可以将 VNO 分成如下 4 类。

（1）捆绑业务提供商。捆绑业务提供商（Tied Service Provider，TSP）使用合作基础电信运营商的品牌，代理基础电信运营商发展用户，转售或零售从基础电信运营商批发来的业务，以批发价格购买端-端的服务，包括月租费和业务时长。由于 TSP 严重依赖基础电信运营商的网络服务和营销支持，所以在业务提供方面的自由度很小。采取这种商业模式的运营商较多，如 BT Wireless，VNO dafone Group 等。

（2）独立业务提供商。独立业务提供商也从基础电信运营商批发用户月租费和业务时长，但他们并不局限于与某一家基础电信运营商合作，并且有可能以自己的品牌提供业务，而不是应用提供底层网络服务的基础电信运营商的品牌，他们通常在较大程度上依赖于基础电信运营商的网络能力，但也可以通过运营自己的计费系统形成差异化。在很多欧洲国家，这类独立业务提供商比较活跃，如德国的 Debitel、Mobilcom、Talkline 等。

（3）间接接入服务运营商。欧洲 VNO 市场上，间接接入服务运营商（Indirect Access Operator，IAO）的发展比较缓慢。他们向移动客户提供语音呼叫业务（用户必须首先拨打 IAO 的接入码），不转售月租费，不向基础电信运营商购买端-端的服务，而是投资建设自己的网络基础设施（如交换机），以使其能提供增值业务，并自主决定呼叫的路由。这使他们在提供业务时具有较大的灵活性，并且节约成本。

（4）移动虚拟网络运营商。移动虚拟网络运营商（Mobile Virtual Network Operator，MVNO）要利用基础电信运营商的网络提供接入服务，并为此付费。MVNO 对客户的控制程度较大，因而能向最终用户提供范围广阔的业务。MVNO 的类型也是多种多样，一些 MVNO 严重依赖基础电信运营商的网络设施，而另一些则主要依赖自己的基础设施。大多数 MVNO 将会拥有自己的计费平台。所有的 MVNO 都向客户提供具有自己品牌的 SIM 卡。而在其他 3 种类型的 VNO 情况下，运营商拥有 SIM 卡的品牌。因此，与其他类型的 VNO 相比，MVNO 具有较大的品牌价值。

13.1.2 虚拟电信运营商产生的原因

虚拟电信运营商产生的原因主要有以下 4 个方面。

1．电信业规模经济的要求

电信业具有规模经济的特点。由于电信业的固定成本远大于变动成本，电信用户越多，每个用户所分摊的共用成本才越少，只有当用户数量达到相当大的规模，网上的通信量也达到相当大时，电信公司在每个用户的收入才可能大于每个用户的平均成本，电信公司才会有效益。因此，规模经济要求电信公司尽可能地多发展用户，不断提高通信量。有效利用社会各种销售渠道扩大销售，无疑是电信规模经济的客观要求。

2. 社会分工的要求

在市场经济条件下，任何一个企业都很难跨越一个行业的整个产业链。企业应专注于自己擅长的领域，将不擅长的部分交给合作伙伴。因此，通过与虚拟电信运营商的合作，强强联合，实现优势互补。此外，还能够起到节约投资，增强核心业务的作用。

3. 提高服务水平的要求

通过与虚拟电信运营商的合作，利用其与消费者良好的关系和对消费者需求的深刻认识，可以开发出更合适的产品和服务，更广泛地接触用户。同时，利用虚拟电信运营商强大的服务体系和专业化的服务水平，可以有效地改善电信服务水平。

4. 降低开发成本和降低运营风险的要求

用户的需求是多样性的，网络运营商不可能完全满足用户的所有需求。冒然开拓每一个用户市场必将导致成本过高和面临经营风险，与熟悉用户市场的企业合作，可以降低成本和经营风险。

毫无疑问，电信虚拟运营的产生，必将对整个电信业产生深远的影响。首先，虚拟电信运营商的出现将大大地提升整个电信的服务质量、服务水平以至服务价值。其次，虚拟电信运营商的出现将进一步繁荣电信市场，并开辟新的电信服务领域。例如，鸿联 95 的互动 TV，就是一项基于电信网与传统电视网的一项综合应用技术。通过该项技术，人们可以利用电话、手机等媒介与电视交流互动，随意选取自己喜爱的节目，得到想要的信息，通过电视实现一系列的商务应用。再次，随着虚拟运营商的诞生，还将出现基础运营商与基础运营商、基础运营商与虚拟运营商、虚拟运营商与虚拟运营商共存互补及多重竞争的局面。

13.2 虚拟电信运营商的运营模式

13.2.1 虚拟电信运营商的产业链

1. 虚拟电信运营商的产业链模式

虚拟电信运营商（VNO）的产业链模式，如图 13-1 所示。可以看出，为了更好地完成 VNO 的角色，VNO 必须与多方面进行紧密合作。

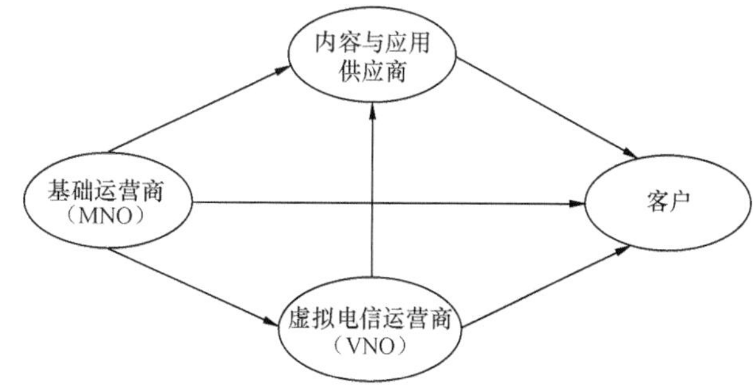

图 13-1 虚拟电信运营商的产业链模式

就像华为、大唐等公司是基础电信运营商的设备供应商一样，基础电信运营商是虚拟电信运营商的供应商，因为虚拟电信运营商的网络是从基础电信运营商处租用或购买来的。从这一供应关系可以看出，基础电信运营商采取什么样的战略将直接影响到虚拟电信运营商。同样，虚拟电信运营商作为基础电信运营商的内容和服务提供商，将有力地帮助基础电信运营商提高竞争力。

从虚拟电信运营的发展过程来看，尽管基础电信运营商需要虚拟电信运营商提供的业务和服务支持，但是只有在充分竞争的通信市场环境中，处于劣势地位的运营商才有可能将自己的带宽或部分网络设施出租给虚拟运营商。经过多年的发展，一些有实力的虚拟电信运营企业，在与运营商的合作中，已经积累了一定的技术、电信资源和客户。许多基础电信运营商，在激烈的竞争中，已经看到这一宝贵的资源可以为己所用，并纷纷向它们靠拢，希望借虚拟电信运营企业这一平台，在市场竞争中获得更多市场份额和机会。

2. 虚拟电信运营商市场的进入者

VNO 市场的进入者主要有 4 种类型的企业，包括内容提供商、网络运营商、Internet 服务提供商、非电信行业企业，它们进入 VNO 市场的驱动力各不相同。

内容提供商包括传媒与娱乐企业，他们将移动终端看作是提供业务的新渠道；Internet 服务提供商（ISP）和无线 Internet 服务提供商（WISP）从移动 Internet 接入流量中获得收入。非电信行业企业进入移动市场的原因很多：为了充分利用现有的品牌和客户基础，为了实现交叉销售的机会，为了利用广阔的市场，为了延伸现有产品/服务的范围等。例如，大型零售商 Tesco、Sainsbury's 等看好移动服务市场的收入前景，希望通过移动终端来销售其现有的产品。汽车制造商，如 General Motors、BMW 等，将移动通信业务成为他们现有产品线上的一个延伸，他们将无线技术应用在其核心产品（汽车）上，不仅改善人们在坐汽车时的通信状况，而且可以增强汽车与车主、修理厂、交通控制系统的通信能力。网络运营商在向海外扩展业务时，通常会采取 VNO 的运营模式。例如，T-Mobile International 以 VNO 的方式进入意大利市场。

13.2.2 各国对移动虚拟运营商的管制政策

对于移动虚拟运营商，各国监管部门的做法可以分为 4 种类型。

（1）为了提高频谱利用效率，促进竞争，强制移动网络运营商（MNO）开放网络。

典型国家：中国香港。由于中国香港的人口密度高，频谱资源紧张。中国香港 2G 运营商有 11 家，3G 只有 4 张 MNO 牌照，电信管理局规定 3G MNO 必须出租网络容量给 VNO、业务转售商或内容/应用提供商。

（2）为了打破市场垄断，要求 MNO 向 VNO 开放网络（通常是对主导 MNO 提出要求）。

典型国家：韩国、挪威、瑞典、瑞士。韩国市场上有 3 家运营商：SKT、KTF、LGT，SKT 处于绝对垄断的地位。为了打破垄断，韩国政府鼓励发展 VNO。

（3）采取中间路线，支持 VNO 发展，由 MNO 与 VNO 自行协商并达成合作协议。

典型国家和地区：德国、意大利、西班牙、爱尔兰、芬兰，以及中国台湾，以中国台湾为例，由于有的运营商只有 2G 牌照，有的只有 3G 牌照，所以运营商之间以 VNO 方式进行合作、开展业务。

（4）没有管制要求，放任自流。

大多数国家采取这种政策，如英国、荷兰、法国、澳大利亚、希腊、比利时、冰岛、卢森堡、日本、美国等。

13.3 虚拟电信运营商的风险规避策略

由于虚拟电信运营商本身没有电信网络资源，而是通过租用基础电信运营商的电信基础设施给最终用户提供增值的电信服务，因此，对于虚拟电信运营商来说，经营风险主要来自政策风险和赖以生存的基础电信运营商的网络资源和市场策略的风险。

（1）虚拟电信运营商的发展离不开国家政策的支持。面对产业政策调整可能引起的政策风险，虚拟电信运营商应当以谨慎的态度，灵活地调整自身的发展战略和竞争策略，提高业务的柔性，合理规避经营中的政策风险。

（2）对于基础电信运营商可能带来的网络资源和市场策略的风险，在运营初期就要具备足够的思想准备，制定充分的防范措施。当前，我国电信行业正处于高速增长阶段，基础电信运营商不需要虚拟电信运营商即可获得足够的市场份额和利润。主导电信运营商将虚拟电信运营商视为竞争者，拒绝与他们开展合作；而尽管非主导电信运营商对虚拟电信运营商持欢迎态度，但他们缺少有分量的话语权，缺少基础电信运营商的支持，虚拟电信运营商便成为无源之水，无本之木。虚拟电信运营商应当正确理解电信市场的竞争态势，对于基础电信运营商的网络资源风险做好完善的预案。另外，在市场策略上尽量避免与基础电信运营商展开同质竞争。

13.4　虚拟电信运营商的成功案例

目前世界各国的虚拟电信运营商数目繁多，但是真正被公认为成功的却寥寥可数，下面介绍两个成功案例。

13.4.1　国外成功案例——英国维珍移动

在虚拟电信运营领域，最成功和最具代表性的企业是英国的维珍移动（Virgin Mobile）。2001 年 4 月，维珍移动被英国权威杂志 Mobile Choice 评为“2000 年最佳网络运营商”。而维珍移动并不拥有任何移动通信的基础设施，维珍移动使用的是 One2One 公司的网络。由此看来，对消费者来说，重要的是他们所感受到的服务，而不是服务后面所采用的网络和技术。

Virgin 集团成立于 1970 年，从邮寄唱片开始发展到现在，经营范围涉及交通、零售、金融服务、旅游等领域。1998 年，Virgin 集团与德国电信的英国子公司 One2One 合作，各出资 1.5 亿美元成立合资公司，开始了其虚拟运营商生涯。维珍进入电信市场之后，利用其自身市场影响力，快速与电信运营商、终端供应商、软件及内容提供商建立起合作伙伴关系，根据市场需求来开发出自己的产品，并根据客户的需求将这些产品实行捆绑打包，最终形成了有 Virgin 品牌特色的产品和服务。

在产品上，Virgin 集团通过详细的市场调研，将用户分为 4 大类：体育爱好者、文艺爱好者、旅行者、家居者。根据不同用户群的不同需求分别提供标准服务、特别服务、其他服务。标准服务包括免费留言信箱、短消息、来电显示、来电等候、传真及数据、无线上网、MP3 下载播放、电话热线以及服务质量保证等。特别服务则是用户定制的服务，包括通过短消息给特定群体传送即时新闻、体育比赛、文娱项目的相关信息、无线电广播、基于地理位置的信息、交通信息、手机购物等。其他服务通过建立广泛的合作，向用户提供手机保险、汽车路上修理应急服务、预付费卡月度明细账单和长达 3 个星期的语音留言保存以及国际漫游等服务。

销售渠道上，Virgin 在世界各地拥有 200 多家公司，25000 名员工和巨大的客户群，为它从事虚拟网络运营打下良好的基础。

市场营销经验上，Virgin 在交通、零售、财经、旅游等领域的巨大成功积累了丰富的市场营销经验和优秀的员工队伍。

品牌及影响力上，Virgin 作为世界最知名的品牌之一，深受用户的喜爱，具有较高的品牌忠诚度。

维珍移动之所以取得成功，既得益于与 One2one 之间紧密的合作，更重要的，是维珍移动注重资源整合和服务创新。“这不仅仅是一部移动电话”这是维珍的服务理念，一旦成为维珍的用户，就可以通过手机享受到诸如购物、旅游、订票与客房预定等多种服务。在维珍手机上预定维珍太阳和维珍假期，所提供的旅游服务可以享受 10%的优惠，通过手机还可以购买和租借维珍唱片零售店的录像带和 DVD。从某种意义上说，维珍的手机已不仅仅是一个通信工具，而是维珍整合各种服务的一个终端。

据了解，维珍的全部投资都用在了客户服务上，因此它的核心竞争力就集中在对客户的研究和服务的不断改进上。如今，维珍在美国与 Sprint PCS 合作，在新加坡与新加坡电信合作，在英国以外的地方复制自己的这种商业模式，参与全球电信市场的竞争。

13.4.2 中国成功案例——润迅通信（中国香港）有限公司

与维珍相比，虚拟电信运营在中国出现较晚。在 2000 年 9 月《电信条例》颁布之前，国内已经有不少企业认识到电信虚拟运营领域所蕴含的无限商机，并纷纷介入其中，比较典型的有润迅和鸿联九五。下面我们以润迅通信为例，介绍中国 VNO 的发展状况。

1. 战略定位

润迅通信（中国香港）有限公司（以下简称润迅）于 1990 年成立，是一家以中国香港为基地、在中国香港及新加坡交易所上市的电信企业，它的多元化业务遍及中国内地及中国香港、东南亚、北美。目前该公司的核心业务是网络通信、分销与连锁销售以及综合信息服务。

润迅具有 10 多年的电信市场运营经验和资源优势，包括为广东移动的 10 万用户提供移动服务以及跨地域（内地和香港）寻呼和移动服务的经验；具有强大销售网络和优质服务能力。客户群定位于利基市场（Niche Market），例如，为穿梭于内地和香港之间的用户或非电信的企业用户提供量身定做的专用通信服务。

润迅的战略定位是依托国内外主要电信公司的骨干网络，广结业务联盟，不断进行业务组合与产品创新，成为以中国市场为主的虚拟电信网络运营商和移动增值服务供应商。

2. 业务开展情况

（1）网络通信业务

① 移动通信。润迅于 1996 年与广东省移动签订了 GSM 终端代理协议，目前业务涉及移动电话服务、数据中心、Internet 服务等。润迅以租赁、代理、分销、转售等多种形式在通信业务的中间环节建立虚拟网络，从而成为网络运营商与用户联系的纽带，并通过对网络基本元素和基本服务的二次开发，为客户提供多元化的增值服务。

② Internet 接入服务

Internet 接入服务是润迅通信的主营业务之一。它与各大 ISP 合作，不断引入 Internet 接入的新概念，推出多种类型的上网卡，旨在为用户提供更多的选择及全方位的服务。

③ 长途电话业务。国际长途电话转售和批发是润迅目前最重要的收入来源。润迅以租

赁、代理、分销、转售等多种业务形式大力拓展长途电话业务，为用户提供长途电话、IP 电话、联通 193 代理等业务。

④ 网络运维业务。润迅对外承接网络工程规划、设计、施工及维护等业务。它的网络资源包括覆盖全国大部分地区的传呼发射系统、连接全国省会城市的卫星通信系统、覆盖珠江三角洲并联网中国香港的集群调度网等。

（2）综合信息业务

润迅综合信息服务是在无线寻呼网络的基础上，应用新技术向用户提供的无线移动信息服务。通过与骨干网运营商的合作，润迅以多种信息终端产品支撑，形成跨网络、跨平台的商业应用方案。

① 移动增值业务。润迅的移动增值业务主要有润迅波波 Q、短信邮局、短信邮差等。

② 新业务。基于信息平台的移动信息增值服务，润迅可为用户提供不限终端的贴身信息服务，并为证券、银行、保险等行业客户提供移动信息增值服务方案，主要有传统金融业务、宝典业务、短信合作业务、无线 Internet。

（3）分销与连锁销售

① 概念连锁。润迅概念连锁是建立一个连锁网络平台。该平台是可提供多元化的通信产品、售后服务、维修服务的零售网络；又是电子商务的配送、结算和售后服务网络；还是通信产品的批发网络润迅概念连锁创建于 1998 年，现已发展为拥有超过 800 间店面覆盖华南、华东和中国香港的通信终端产品和服务的专卖连锁销售机构，并在上海和广州各建立了多家手机维修工厂。

② 电话商务中心。润迅电话商务中心已在北京、上海、广州、深圳、中国香港等地建立联网呼叫中心系统，并将业务发展定位于电信服务供货商和外包呼叫中心服务商，为国内外企业提供客户服务热线外包、电话销售、市场调研、Internet 在线服务。目前润讯已成为国内最大的中国移动 1860 客服中心外包服务供应商。

③ 虚拟移动网络新产品。润迅获得中国香港 VNO 牌照后，首先向电讯盈科的联营公司 CSL 租用 2G 移动通信网络，拓展跨地区移动通信服务。润迅采用移动通信与国际长途电话结合的形式，为频繁往来于内地和香港的用户推出一系列产品，其中的“飞线漫游”服务是用户通过特定平台将本地号码转接至中国移动或中国联通的号码，便可享有便宜近半的漫游通话费。

（4）与爱立信合作

润迅与爱立信于 2002 年 1 月签订了合作备忘录，以开展中国香港的虚拟网络业务。根据合同，爱立信为润迅提供虚拟网络解决方案、系统整合服务、网络设计和策划，还将提供操作和保养方面的服务、技术及商业方面的支持，以协助润迅顺利开展广泛优质的移动通信服务。润迅利用现有系统及网关推行虚拟网络营运计划，为中国香港用户提供多元化的服务，包括移动电话服务、增值服务、短信、跨域电信服务、信息及娱乐、无线 Internet、WAP、无线数据数据、移动商贸、GPRS 以及将来的 3G 无线多媒体通信服务。

本章小结

虚拟电信运营商是指本身没有电信网络资源，通过租用基础电信运营商的电信基础设施，对电信服务进行深度加工，以自己的品牌提供服务的新型电信运营商。虚拟电信运营商与基础电信运营商的最大区别在于，自身不拥有骨干和核心网络资源，需要通过租用电信运营商的基础设施，建立自己的虚拟网络来进行运营服务。并且，虚拟电信运营商以自己的品牌向最终用户提供电信增值服务。因此，虚拟电信运营商本质上有别于增值服务商和电信服务代理商。由于虚拟电信运营商的网络是从基础电信运营商处租用或购买来的，因此基础电信运营商采取什么样的战略将直接影响到虚拟电信运营商。VNO 市场的进入者主要有 4 种类型的企业，包括内容提供商、网络运营商、Internet 服务提供商、非电信行业企业，它们进入 VNO 市场的驱动力各不相同。对于虚拟电信运营商来说，经营风险主要来自政策风险和赖以生存的基础电信运营商的网络资源和市场策略的风险，因此在经营管理过程中要具备足够的思想准备，进行防范和合理的规避。

思考与练习题

13-1　什么是虚拟电信运营商？分为哪几类？

13-2　简述虚拟电信运营商产生的原因。

13-3　简述虚拟电信运营商的产业链模式。

13-4　简述虚拟电信运营商的风险规避策略。

案例讨论

鸿联九五的竞争战略

鸿联九五信息产业股份有限公司 1999 年注册成立于北京中关村，注册资本 6 000 万元，总资产 2.8 亿元，原主要股东是邮电国际旅游集团，2001 年正式加盟中信集团旗下。鸿联九五公司拥有信息产业部颁发的多项电信增值服务许可证，并相继在广东、北京、上海、天津等 70 多个城市设立分支机构。

作为原邮电部所属的企业之一，鸿联九五在开展增值电信服务方面有天时地利的优势。由于较早进入电信市场，与同行业其他企业相比，已建成了有相当规模的增值电信业务网络并拥有丰富的运营经验。鸿联九五的核心竞争力是覆盖全国的多种增值电信网络平台，这个网络平台可以自用也可与一般中小企业共享，从而聚集众多的中小企业合作伙伴。

鸿联九五加盟中信，一是利用中信资金雄厚这一优势，通过增资扩股增强自身实力，继续扩大虚拟电信网络的规模，提升网络平台的处理能力；二是使鸿联九五的网络资源与中信原有光纤网络资源互补，实现数据图像语音传输联网；三是借助中信集团在全国的产业资源和品牌，通过上市融资来继续扩大产业规模，进一步改变公司机制。

作为虚拟电信运营商，在增值电信业务领域，鸿联九五由于要租用基础电信运营商的资源，所以运营成本可能不如基础电信运营商具有优势。在市场方面，如果只提供单一类别的服务，容易受到全业务提供者捆绑销售的威胁。因此，鸿联九五实行的是以差异化为主的战略，同时尽量保持成本上的优势，为不同的细分客户群提供个性化的服务。

讨论题：

结合本章内容，试分析鸿联九五公司作为虚拟电信运营商所面临的风险有哪些，该公司是如何规避经营风险的？

第14章 电信全业务运营

【引例】AT&T 的全业务运营

AT&T 是美国历史上最具传奇色彩的电信运营商，经历了从垄断到拆分再到重新融合的过程。作为美国最大的全业务电信运营商，AT&T 的运营范围涵盖本地、长话、无线、Internet、有线电视等。

AT&T 在美国电信市场上曾长期处于绝对统治地位，几乎垄断了美国的州内、州际和国际电话业务。1984 年，AT&T 受反垄断法制裁被一分为八，除 AT&T 外又产生了 7 家小贝尔。为了恢复昔日的霸业，AT&T 不断兼并收购，将经营范围扩展到多个领域，从业务、资费、品牌和网络诸多方面开展全业务运营，实施了一系列举措。

作为全业务运营商，AT&T 发挥固网和移动网络优势，不断创新业务，为客户提供一站式、综合性服务，有效提升客户价值，增强客户忠诚度和满意度，促进公司的持续成长。AT&T 的固话业务在美国电信市场占绝对主导地位，通过大幅降低通信资费，提供多样化的资费套餐，有效减缓固话衰退的趋势。此外，AT&T 还针对有线电视、Internet 和无线业务等提供丰富的资费套餐。在两次大规模的收购后，原 BSC 和南方贝尔的固话业务，以及 Cingular 的移动业务，都被统一到了“AT&T”的新品牌之下。同时，AT&T 选择了“AT&T+业务名称”作为业务品牌。此外，各种套餐的设计也都冠以“AT&T+套餐名称”的方式，如 AT&T U-verse 电视套餐、AT&T Unity 社区无线套餐等。通过统一品牌，AT&T 不仅节省了大量的广告开支，还快速提升了客户对企业的认可度，推动公司整体业绩的增长。近几年，AT&T 不断加大对 IP 网络的投资力度，加快 IP 服务的交付速度，为全球各大跨国公司的运营及应用提供全业务通信服务。

通过 AT&T 的发展历程可知，在全业务经营时代，正确的战略是让运营商脱颖而出的必要手段，只有制定了适合公司的战略方针与措施，才能在激烈的竞争中立于不败之地。本章将回顾我国电信市场的演变，借鉴国外电信运营商全业务运营策略的成功经验，阐述我国电信运营商重组后实施全业务运营战略的措施。

14.1 我国电信市场发展与竞争格局的演变

14.1.1 我国电信改革历程回顾

我国电信业的改革可以追溯到20世纪90年代。1994年之前，邮电部是行业内唯一的运营主体和管理主体。1994年，随着中国联通公司、中国吉通公司成立，中国电信市场第1次引入竞争。1998年底，邮电部撤销，信息产业部成立，标志着电信业政企分开。竞争促使电信服务改善、资费下调，消费者受益。然而，政企不分和强弱势过分悬殊，电信业仍未形成有效竞争。1998年移动通信市场份额如图14-1所示。而对于固定电话业务，中国电信总局则占有绝对的市场份额。1999年，移动业务、寻呼业务从中国电信剥离，同年中国网通成立；2000年，中国电信集团和中国移动集团正式挂牌，电信的寻呼业务成建制并入联通，2000年底，中国铁路通信公司成立；2001年底，中国卫星通信公司成立，如图14-2所示。

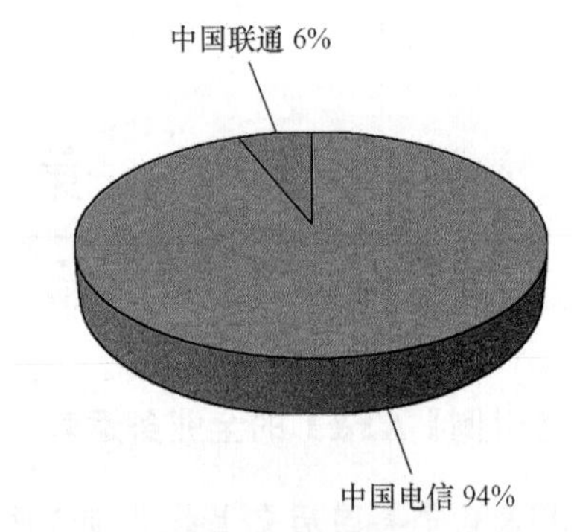

图14-1 1998年中国移动通信市场份额图
（数据来源：邮电部1998年邮电事业发展统计公报）

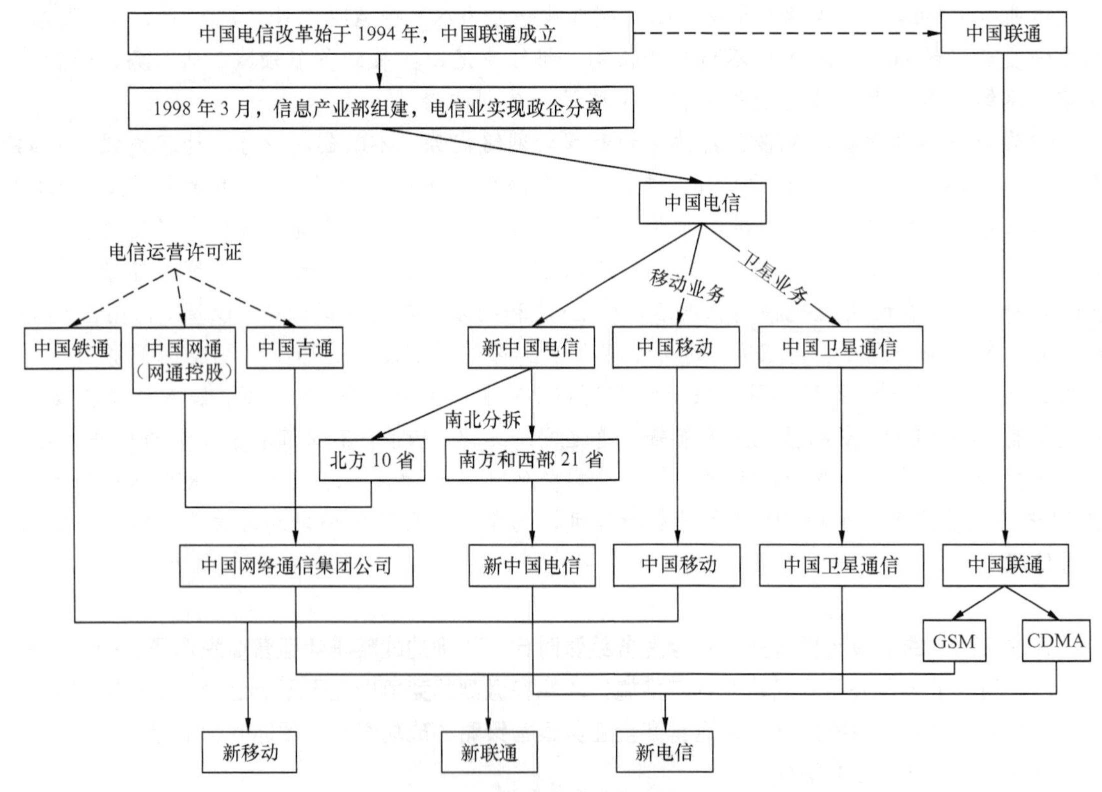

图14-2 中国电信改革历程图

2002年，以打破固定电话领域的垄断为重点，已经被剥离了移动等业务的“中国电信”又被实施南北分拆，2002年5月新的中国电信和中国网通挂牌。华北地区（北京、天津、河北、山西、内蒙古）、东北地区（辽宁、吉林、黑龙江）和河南、山东共 10 个省（自治区、直辖市）的电信公司归属中国电信北方部分（和网通控股公司、吉通公司共同组建为新中国网通）；其余归属中国电信南方部分（新中国电信）。这次改革形成“5+1”的格局，在一定程度上打破了垄断。如表 14-1 所示，在电信业各个业务领域，形成 2 家以上公司相互竞争的格局，多家运营商群雄并起的局面基本确立。然而，由于移动业务对固网业务的替代效应，拥有移动电话运营牌照的电信运营商市场份额逐年显著提高，企业发展差距逐步扩大，竞争架构严重失衡。2007 年电信市场份额如图 14-3 所示。

表 14-1　　2006 年各电信运营商业务经营牌照一览表

	中国电信	中国网通	中国移动	中国联通	中国铁通	中国卫通
本地电话	√	√		√	√	
长途电话	√	√	√	√	√	
移动电话			√	√		
Internet	√	√	√	√	√	√
IP 电话	√	√	√	√	√	
卫星通信						√

（资料来源：作者整理）

近年来，全球范围内移动通信发展迅速，电信市场竞争日益加剧，行业发展面临着新的机遇和挑战。为形成相对均衡的电信竞争格局，增强自主创新能力，提升电信企业的竞争能力，促进行业协调健康发展，2008 年国务院对电信业进行了新一轮改革和重组，并于 2009 年 1 月正式下发了 3 张 3G 运营牌照。这次电信重组，形成了 3 家具有全业务经营牌照的运营商，重组情况如表 14-2 所示。2008 年电信市场份额如图 14-4 所示。

表 14-2　　2008 年电信重组方案表

	组　　成	业务牌照
新移动	中国移动+中国铁通	全业务（TD-SCDMA）
新电信	中国电信+中国卫通部分业务＋ 中国联通 C 网	全业务（CDMA2000）
新联通	中国联通 G 网+中国网通	全业务（W-CDMA）

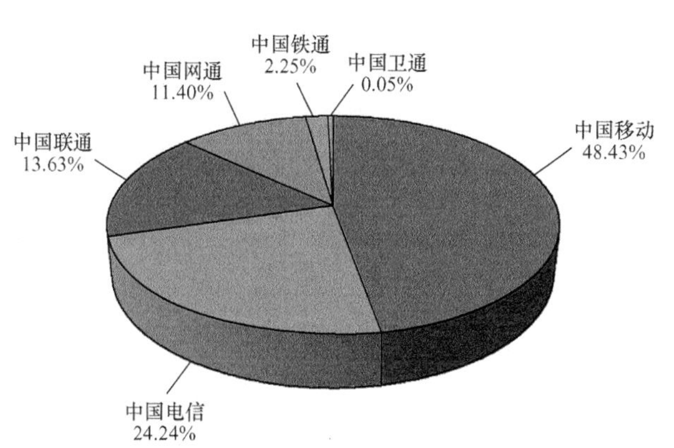

图 14-3　2007 年我国电信市场份额
（资料来源：各运营商财务年报数据）

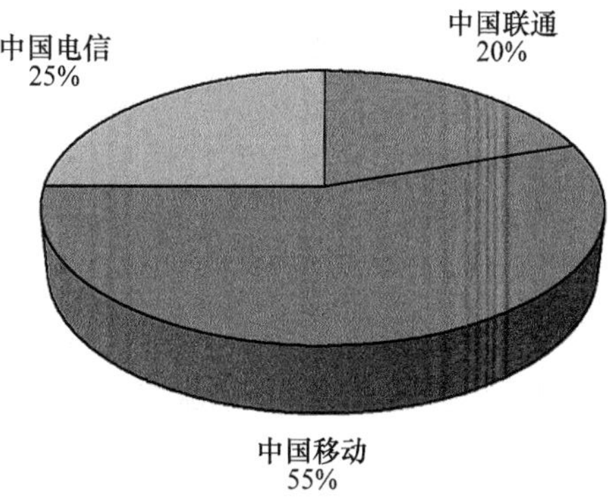

图 14-4　2008 年我国电信市场份额
（资料来源：各运营商财务年报数据）

14.1.2 电信产业的融合发展

1．固网与移动的网络融合

在 20 世纪末，固网通信几乎垄断电信业务收入的 90%以上份额，移动通信因为高昂的终端持有成本和数十倍于固话的资费水平成为极少数人独享的奢侈消费品，移动通信的高准入门槛高度抑制了市场需求和业务发展，固网通信成为广大普通消费者的主要通信方式。

随着电信技术发展日新月异和通信接入方式的多元化，移动通信网络和终端成本逐年大幅下降，移动资费水平日益接近甚至更低于固话的资费水平，移动通信替代固定通信成为必然，并且有加速替代的趋势。

固网与移动的关系既是相互替代关系，又是相互补充，固网与移动网络的融合（FMC）成为电信产业发展的必然趋势。从 FMC 的实现过程来看，分为 4 个阶段：业务捆绑、业务融合、终端融合和网络融合。

（1）业务捆绑：运营商通过一个账单实现多业务捆绑，为用户提供整体资费折扣。从客户黏着度和吸引力角度，通过与客户签署长期的业务套餐合同等提高客户转网成本，通过移动、固话、宽带等组合套餐提供更为优惠的业务融合。

（2）业务融合：通过固定和移动网络为用户提供一些共同的业务，如综合 VPN、语音信箱、统一邮箱等，统一的业务平台可以使用户更加便捷地享受各种业务。

（3）终端融合：通过终端融合，可为用户提供固定和移动网络的无缝接入，实现同一终端同时支持固定和移动业务，从而降低新增业务成本。

（4）网络融合：通过统一的 IP 传输网络和统一的业务建立与控制平台 IMS，实现固定和移动的网络融合，为用户提供无处不在的业务体验。传输层和接入层分离，使无论何种终端、何种接入方式都可以共享同一承载网络，充分利用网络资源，降低网络的复杂性。

2．电信产业属性发生根本性改变

电信产业属性逐步从基于网络管道的通信服务逐步向基于 ICT 业务的信息服务和基于社会文化的公共网络服务等方向渗透和转型。

我国正处于工业化加速发展的重要阶段。十七大提出了以信息化推动工业化的国家战略，推进信息化与传统工业改造相融合，实现产业结构优化升级，促进工业由大变强，是当前和今后一个时期的重要任务。在国民经济体系中，信息通信是渗透和促进各产业、部门、企业发展的要素资源，无论从信息技术和通信技术的变革，或是网络融合与升级，还是信息通信服务方式和模式的演变都将不同程度地改变各产业发展的技术环境和经营件。以信息化推动工业化的战略，客观上要求运营商向通信信息服务转型。

随着未来的信息技术与通信技术的融合，传统电信产业在国民经济的先导作用和支柱产业的地位将逐步退出历史舞台，这客观上促进电信产业属性的根本性转变。未来电信产业的发展完全依赖于新技术、新业务和新服务的发展，传统的电信业务将面临向基于公共网络的通信服务转型。

3．整合产业链，建立新营利模式

随着技术进步、信息网络化、移动通信技术在全球的迅速普及，未来通信网络将是分层次的多级服务平台，电信运营商要根据不同用户群体的实际需求提供有针对性的一揽子解决

方案和网络平台。因此，电信运营商需要与网络设备商、终端设备商、应用服务及软件提供商、内容服务商、增值业务提供商等结成战略联盟，达到相互之间在技术、资金、信息上的共享，客观上促进产业价值链的整合。

电信服务的实现过程，由过去传统电信公司以独享网络资源优势垄断和控制市场需求的类型和方向，逐步演变为运营商为了获得竞争优势，主动、积极地利用日新月异的技术手段以满足客户需求。客户需求的定制化，以及技术手段的多样化和复杂化，在客观上要求电信运营商集成设备商、终端厂商、内容提供商以及软件开发商等多方力量，以合作共赢的模式提供服务。在此情况下，运营商与内容提供商、设备及终端厂商、软件提供商等产业链上下游间的关系，由过去以运营商为主导演变成以客户需求为主导的合作共赢关系。

14.2 国外电信运营商全业务运营经验

国外电信运营商的全业务运营主要涉及组织变革策略、品牌策略、业务融合策略、资费策略以及网络融合策略。

14.2.1 组织变革策略

钱得勒在《看得见的手——美国企业管理革命》中指出“目标决定企业战略，战略决定组织结构”。电信全业务运营不同于传统的电信运营，运营商必定要调整它的发展战略以及相应的组织结构，这是企业战略成功实施的关键保障。

1. 以客户为中心的矩阵式组织结构

法国电信的目标是要成为欧洲电信服务提供商的标杆。法国电信的组织结构主要由 Operating Management、Business Segments 和 Group Functions 3 个模块构成。

按照地理片区构成的 Operating Management，为包括法国、英国、西班牙等不同的国家和地区，以及全球性的企业商业用户服务。作为面向客户的第一线，是整个矩阵结构的输入端和输出端。它的主要任务是整理用户行为，并按照当地市场需求实施战略调整。

Business Segments 的主要功能是按照用户的实际需求，部署集团战略的实施。将固定、移动、Internet 及基于各种平台的内容整合成融合业务，不断推动集团的技术创新和战略调整。为了增强这种推动力，法国电信在旗下组建了 Healthcare 部门，专门负责新业务的开发与执行，以支持集团战略的实施。

此外，在个人、家庭市场逐渐饱和的背景下，企业用户的重要性和发展空间日益显露。因此，原来由 Operating Management 负责的企业用户，按照规模被细分为大型全球企业和中小型企业，而 Business Segments 则在支持原有的个人业务、家庭业务之外，被赋予了管理中小企业通信服务的新使命。

Group Functions 则负责集团整体战略的制定和各种资源的协调，包括内部网络、运营、信息体系对接、人力资源等。通常情况下，该模块负责制定集团整体的运营策略，集中管理影响战略方向的各种集团功能，以协同的资源降低各类成本，实现整个集团的健康发展。

Operating Management 在获取用户需求后，由 Business Segments 推出相对应的解决方案，同时 Group Functions 根据用户需求的变化，及时调整集团战略，最后再由 Operating Management 反馈结果给用户，从而完成高效和精准的客户服务。

2．依据业务类型构建的水平式组织结构

德国电信的目标是要成为 Connected Life and Work 的全球领导者，并制定了 Focus、Fix 和 Grow 的集团战略，主要通过“提高在本国内的竞争力，利用移动通信发展国际市场，促成移动 Internet 接入和 Web 2.0 发展，大力发展以网络为中心的 ICT 服务”4 个措施来实现。

基于上述集团战略，德国电信根据它的业务类型来构建组织结构。旗下主要有 Group Headquarters & Shared Services、T-Mobile Europe、T-Mobile USA、Broadband / Fixed Network（T-Home）和 Business Customers（T-System）5 个分部。

德国电信的移动业务由 T-Mobile 来执行，针对欧洲和美国两大市场，T-Mobile 也相应拆分为 Europe 和 USA 两个子公司分别运营。在固定业务逐年走低的大环境下，德国电信将原来负责固定业务的 T-Com 和负责宽带业务的 T-Online，合并组成了全新的 T-Home，负责面向个人用户和家庭用户的固定及宽带业务。商业用户则由 T-System 来负责。德国电信同样按照规模对企业用户市场进行了细分，T-System Enterprise 主要服务大型集团用户，T-System Business 主要服务中、小型企业用户。Group Headquarters & Shared Services 主要负责跨业务领域的战略管理及其他集团业务。

由于 T-Mobile 在德国本国、欧洲及海外市场的主导地位，德国电信并没有依靠业务融合，当前阶段仍以移动、宽带、Internet 及 ICT 为核心，以业务类型来划分职能，使得各个职能部门能够专注于自身目标的发展，从而促进集团的整体进步。

3．依据市场成熟度构建组织结构

沃达丰的战略目标主要为：①在欧洲市场实现营收增长和成本降低；②促进在新兴市场的高速发展；③以创新的技术和业务实现用户全面的沟通需求。依据这 3 方面的企业战略，沃达丰进行组织结构调整，成立了大欧洲区和以中欧、中东、亚太区为主的 EMAPA，两大组织部门。

在大欧洲区部门下，集中了沃达丰的主要成熟市场，旨在利用移动话音和信息服务增加设备使用率和业务营收，并尽量降低成本基数。在以中欧、中东、亚太区为主体的 EMAPA 部门下，集中了沃达丰开拓的新兴市场。沃达丰通过收购当地运营商股份提高市场份额，并提供产品、服务等，不断在新兴市场创造价值，从而配合集团实现全球扩张。

作为老牌的移动运营商，沃达丰根据它在全球市场的竞争力和相应份额，构建了以市场成熟度为划分依据的组织结构。这种构建方式，能够根据不同的竞争环境和市场情况，及时调整针对本地市场的业务发展方向，以最优的资源配置保持最大的竞争力。例如，DSL 的发展仅限于大欧洲区，在移动市场趋于饱和的情况下，开辟新的业务市场；而在新兴市场则是以收购、辅助运营的方式直接获取收益。

14.2.2 独特的品牌策略

国外电信运营商的全业务运营品牌策略主要有 3 种：统一的品牌策略、以企业名称为核心的品牌策略和以产品为导向的品牌策略。

1．统一的品牌策略

法国电信 2005 年 6 月推出为期 3 年的品牌转型战略——NExT 计划，该计划把集团在全球的移动、宽带、融合服务和商业服务品牌统一为 Orange。法国电信整合品牌的原因主要有

两点：一方面，顺应电信业务融合的趋势，增强整体的品牌竞争力；另一方面，配合转型，简化品牌结构，为跨国用户提供统一的服务。

统一的品牌必将大幅提高品牌价值，对于运营商自身影响力的扩大极有帮助。对于不同类型的业务都有需求的商业客户，如果有一个相对简单统一的服务品牌，将能够提高服务的使用效率。

2．以企业名称为核心的品牌策略

处于西欧电信市场的英国电信，面临众多同类业务的激烈竞争。在此背景下，英国电信选择了以“BT+业务名称”的方式作为业务品牌，如BT Total Broadband、BT Vision、BT Fusion、BT Business Broadband等。这类品牌对于企业和业务的宣传直接明了，有很高的用户感知度。但是，该类品牌不利于用户细分后的延伸业务宣传和服务。

3．以产品为导向的品牌策略

韩国电信（KT）在韩国的竞争对手相对西欧市场少得多。KT作为老牌的运营商，在国内的知名度也相当大。因此，KT的品牌策略更偏重以产品为中心，并以新颖、风格多样的Logo设计，配合各项产品在市场的推广。例如，宽带产品以Megapass为品牌，无线Internet则用Nespot来宣传，ann作为家庭固话的品牌涵盖新、老业务功能。

KT这种品牌策略比较符合东方人含蓄却追求新颖的需求，以绚丽的设计，吸引用户的眼球，提升品牌在用户心中的地位。但是，全业务运营带来的新业务数量繁多，不利于用户的记忆和感知。

14.2.3 创新的业务融合策略

在全业务运营背景下，除了传统的固网和移动业务之外，融合业务成为重点发展方向。融合业务主要有：固定移动捆绑业务、FMC（Fixed-Mobile Convergence）业务、FMS（Fixed-Mobile Substitution）业务。法国电信、德国电信、意大利电信等欧洲老牌全业务运营商，虽然推出了各种融合业务，但是这些融合业务还暂时停留在业务捆绑、终端融合、接入层和计费层融合的阶段，并未发展到整网融合。它们的发展重点也集中在高速宽带网的建设、IPTV、移动Internet接入等方面。

1．固定移动捆绑业务

固定移动捆绑业务主要应用于全业务运营初期，以市场机制为主导，根据用户的使用和消费习惯，将固定话音业务、宽带接入业务和移动业务相互组合捆绑在一起，用户购买时可以给予折扣，从而让更多的用户接受融合。在统一的业务创建、传送平台、统一的接入网络和核心网络还未建立的时期，这种业务形态能够最有效地帮助运营商减少用户流失，增加业务收入，同时吸引新用户加盟。

法国电信于2004年就推出了Business Everywhere业务。该业务通过PSTN、ADSL、Wi-Fi、GPRS、EDGE、3G等接入网络，为商业、企业用户提供随时随地登录各自办公网络的服务。据法国电信2007年度的财务报表，2007年底该业务的用户数量达到57.1万户，同比增长17%；业务运营收入达到19.64亿欧元，同比增长了2个百分点。

德国电信2006年推出Telekom-Vorteil业务，为同时购买T-Home（电话＋宽带）和T-Mobile产品的用户提供折扣，每个月可节省50～150欧元。德国电信2006年年报指出，该业务推动

了DSL用户的增长。截至2006年底，DSL用户数为1 030万户，2007年增至1 250万户，在德国国内处于领先地位。

2．FMC业务

FMC业务主要由具备良好固定网络基础（主要指固定宽带）的全业务运营商来推动。这类业务通过使用固定宽带网关，配以Wi-Fi/GSM或Wi-Fi/UMTS终端来实现。在Wi-Fi覆盖范围内，终端的通信资费按照固定网络的标准收取；超出Wi-Fi覆盖范围发起的呼叫，则按照移动资费标准执行。

由于FMC业务基于固定宽带网络的VoIP，可以提供低价的通信服务；另外，提供可自由切换网络的双模终端，满足用户的移动业务需求。FMC业务的推行，一方面降低了“移动替代”对固定语音业务的冲击，另一方面也增强了运营商的竞争力，巩固了自身的优势。FMC业务的缺点是业务效果受网关及终端的影响。

法国电信于2006年10月推出的Unik业务就属于FMC业务。Unik业务以Livebox作为家庭网关，提供Wi-Fi覆盖，用Wi-Fi/GSM双模手机作为终端，利用UMA技术实现话音在GSM网络和Wi-Fi网络的无缝切换。注册用户支付统一费用后，可以无限制拨打法国国内的固定电话及Orange的移动电话；商业用户则可以无限制拨打国际固定电话。Livebox除了提供Unik业务功能外，还可以连接可视电话、游戏机、电视机顶盒、VoIP座机等多媒体设备，并作为宽带网关，以一个终端、一个号码、一个电话簿为用户提供真正的融合服务。法国电信公布的资料显示，截至2007年3季度末，Unik终端的销售量超过46.8万户部，签约用户数超过20万户。同时，Unik用户的ARPU值比普通家庭用户提高了10%，而且将近15%的Unik用户是Orange的新入网用户。

2007年6月，德国电信的移动部门T-Mobile在美国市场推出了基于UMA技术的融合业务HotSpot@Home，支持GSM/Wi-Fi双模手机在两种网络间的无缝切换。德国电信2007年年报指出，在该业务的推动下，T-Mobile USA的用户数量在2007年底达到2 870万户，净增370万户，创造了历史增幅的新高，并将ARPU保持在50美元以上。HotSpot@Home业务的成功主要基于两个原因。①T-Mobile USA并不限制用户选择固定宽带运营商，只要具备符合带宽需求的宽带网络，该业务都能通过家庭网关实现终端的VoIP通话；②T-Mobile USA也将该项融合业务，作为普通移动业务的增值服务。该业务有效地将德国电信的ARPU，维持在较高的水平。

3．FMS业务

FMS业务主要由传统移动运营商或移动业务发展比较好的全业务运营商主导推出。该业务当前的实现主要依靠基站的定位技术，对于用户终端在限定范围内的通话收取低廉的费用，以达到降低用户离网率和稳定ARPU值的目的。用户无需额外购买新设备，不会引起价格敏感用户的抵触情绪。

2006年初，德国电信在国内推出了T-Mobile@Home业务。注册用户可以在指定地点及半径两千米的范围内，以固定电话费率进行通话。每个注册用户可以绑定5部手机，绑定的手机之间的通话全部免费。另外，注册用户的SIM卡还会绑定一个固定电话号码，在指定的区域内，手机可以免费接听/拨打该号码的来电。同样，T-Mobile也只把该项业务作为移动业务的一种增值服务，用户每月只需支付4.95欧元。德国电信2006年年底公布的年报显示，在不到一年的时间里，T-Mobile@Home就拥有了超过100万的注册用户，占T-Mobile德国国内总用户数的 4%。而受允许捆绑 5 部终端政策的刺激，T-Mobile 移动用户数量的增幅也超过了 12%。该项业务有效保持了移动用户稳定增长的势头。截至 2007 年底，T-Mobile 在德国国内的用户数达到 3 600 万户，比 2005 年末增加了 650 万户，增幅达 22%。

14.2.4　合理的资费策略

在全业务运营时期，随着业务种类的增多，运营商面对的竞争对手也日益增加，降低资费显然不利于利润的增长。因此，业务的发展前景很大程度上取决于能否制定出合理的资费策略。全球各运营商资费策略制定的依据主要包括业务生命周期、运营商市场竞争地位和用户细分等内容。

1．撇脂定价法

撇脂定价法通常是以牺牲销量来获得较高的毛利。因此，只有在价格敏感度低的细分市场上，才会采用这一策略。主导电信运营商的成长期业务可以采用撇脂定价法。英国电信面向高端企业用户，于 2006 年下半年推出 BT Business Phoneline & Broadband 捆绑业务。英国电信采用撇脂定价策略，捆绑业务的销售价格与两个单项业务销售价格之和相当，唯一的优惠是免去了宽带安装费用。在该业务的带动下，2007 年，英国电信从商业用户那里获得的运营运收入超过 25 亿英镑，同比上升了 7 个百分点。

2．渗透定价法

渗透定价法通常以牺牲高毛利以期获得高销量。渗透价格并非绝对便宜的价格，而是相对于消费者的感知价值来讲，是偏低的价格。作为市场挑战者的电信运营商的导入期业务可以采用渗透定价法来获取用户。eAccess 的移动子公司 EMOBILE 在推出 HSDPA 数据业务时就运用了渗透定价法，将 HSDPA 业务与 eAccess 的 ADSL 固定宽带业务进行捆绑，以每月 5 980 日元的价格推向市场，远低于日本 3G 数据市场同期的价格（14 000 日元），也低于基于 PHS 的数据业务价格（12 915 日元）。EMOBILE 的低价策略卓有成效，据其 2007 年底公布的运营数据，在执行该资费策略仅仅 3 个月之内，EMOBILE 就获得注册用户 12.2 万户。

3．适中定价法

适中定价法则是介于上述两者之间的定价策略，通常运用在具备竞争力的产品上。在某些细分市场中以平均价格，配合差异化的服务或功能，实现销售量与毛利的均衡。作为市场挑战者的电信运营商的导入期业务也可以采用多样化的适中定价法，同样能获得用户的增长。英国电信在推行 IPTV 业务 BT Vision 时，将 IPTV 与固定宽带进行捆绑销售，它的价格与 Sky 的 IPTV 业务资费标准相当，但是 BT Vision 的用户却可以享受到最佳的宽带 Internet 接入服务。英国电信 2007 年年报显示，经过一年的发展，BT Vision 的用户数量以每季度 100%的速度增长，到 2007 年底已经突破了 15 万。

4．差异化定价法

英国电信作为移动市场的挑战者，在推行固定移动融合业务 BT Fusion 时，运用了差异化定价策略。BT Fusion 业务每月月租 35 英镑，包含 400min 免费通话，处于英国移动市场的平均价格水平。但 BT Fusion 与其他同类业务的差异，在于用户在 Wi-Fi 覆盖范围内的通话，可以享受每 4min 按 1min 计费的优惠，并免除前 3 个月的月租费。英国电信是 Vodafone

的 MVNO。在这样一个移动业务并不占优势的情况下，依赖上述定价策略的刺激，2007 年英国电信的移动业务收入达到 2.57 亿英镑，在用户数下降的同时，运营收入却增加了 19%。

5. 多样化定价法

低价、多样化定价是主导电信运营商推行成熟业务的主要策略。英国电信的固话业务在英国占绝对主导地位，除了大幅降低通信资费之外，提供多样化的资费套餐和增值服务，也是减缓固话衰退的有效措施。在资费套餐中，固定电话的通话费用低至每小时 0.045 英镑，甚至免费，同时提供拨打移动电话的费率折扣、固话短消息、亲情号码的增值业务。截至 2007 年底，英国电信的传统固话业务收入为 95.39 亿英镑，比 2006 年下降了 3%，相对 2006 年比 2005 年下降 4%的比率有所缓和。

6. 低资费加创新

法国电信 Orange UK 于 2006 年，开始在英国推出 Home Max + Broadband 业务，以市场挑战者的身份介入成熟电信业务，低资费加创新成为资费策略的首选。Orange UK 将该业务的资费价格，定得比英国电信的“固话＋宽带”组合业务资费还低，并利用 Livebox 提供 VoIP 电话功能。法国电信 2007 的年报显示，这种资费策略使 Orange UK 签约用户贡献的运营收入达到 560 万英镑，比 2006 年增长了 13%。

14.2.5 网络融合策略

由于电信业务的技术依赖性和网络依赖性，网络的规划和建设是电信运营企业战略的重要组成部分。为实现全业务运营，运营商设定的网络规划目标都是全面融合，然而因各自的历史、现状、竞争环境及战略实施的差别，网络演进轨迹也有所不同。

1. 业务融合与网络融合齐头并进

法国电信由于较早制定了面向全球的 NExT 融合战略，无论是在组织结构的调整、市场的拓展还是网络演进上，都树立了以融合为目标的方针。在 NExT 战略的引导下，法国电信从 2004 年就开始了 4 个阶段的网络演进。

法国电信首先进行以固定、移动、Internet 业务简单捆绑为核心的 IT Glue 融合。该融合阶段并未对原有的固定、移动网络进行改造，只在数据处理过程中，将用户的信息进行整合，提供用户名下的唯一账单。随后，在业务平台融合的阶段中，法国电信实现了交互式的固网、移动网和 Internet 业务平台互连，成功提供统一的服务接口给不同的用户。在第 3 阶段，法国电信利用多业务接入设备和共享接入的方式，实现了固网、Internet 和移动网的无缝连接，保证了面向家庭和企业用户的 Unik 业务的顺利推出。最后，法国电信将实现核心网的融合，建设基于 NGN/IMS 的综合 IT 网络，以达到全业务融合的最终目标。

法国电信的终极网络构想是依靠家庭接入网关、千兆以太汇聚网、IP/MPLS 骨干网、统一的控制层和业务平台，构建一个可以实现所有业务的 IT & Network 融合的网络平台。

2. 固定、移动网络独立建设

NTT 集团的目标是要建立一个 ALL IP 的下一代融合网络。由于固定、移动及 Internet 业务由不同的独立子公司运营，因此，NTT 集团的网络建设相对于融合的业务层面来说是独立的，并没有像法国电信那样实现业务融合同步的网络融合。

NTT 的下一代融合网络构建计划分 3 个阶段来完成。第 1 阶段，从 2006 年 12 月起开始进行实地试验，着手建设 NGN 光传输系统，在现有 IP 网络中部署中继节点，开展新业务测试。第 2 阶段，引进边缘节点和业务控制功能，建设用户接入网络，提供服务控制功能，部署 IMS，并开始下一代应用服务的全面开发。第 3 阶段，在 NTT DoCoMo 引入超级 3G 的同时，实现与移动网络的无缝整合。

3．依赖固网建设移动网络

日本固网运营商 eAccess 于 2007 年成立移动子公司 EMOBILE，它的移动网络依赖于 eAccess 的骨干网和传输网而建，将 Node B 与移动网络的交换中心相连。在接入侧，则租用 NTT 的光纤资源，利用 DSL 服务连接 Node B 和 RNC。这种建设策略大大节省了投资成本和建设时间，保证了移动业务的顺利提供，为将来的融合网络奠定基础。

14.3 我国电信运营商全业务运营策略

经过新一轮重组后的中国电信市场竞争格局，形成了新中国电信、新中国移动、新中国联通三足鼎立的全业务竞争局面。各运营商由于发展战略和发展历程的不同，在实施全业务运营时所采取的措施各不相同。

14.3.1 中国电信

1．优势和劣势分析

作为一个老牌的固网运营商，中国电信在南方 21 省拥有绝对领先的宽带资源和网络基础设施。基于中国南方市场发达的经济基础，中国电信现有客户群体庞大，运营经验丰富，运行维护能力强，业务创新能力和产业链整合力具有传统优势，网络资源齐备、业务种类多、业务捆绑和新业务发展能力强，宽带业务和 IPTV 业务、视频监控、号码百事通业务等固网优势业务绑定移动终端后，可成为全业务运营阶段的蓝海级业务。在重组中，中国电信吸收了原中国联通的 CDMA 网络。然而，中国电信的移动运营经验欠缺、公司承担社会责任较重，公司组织结构复杂，市场反应速度较慢。

2．发展策略

在全业务运营环境下，中国电信针对不同的业务可采取不同的策略。

（1）语音业务：针对业务量小或移动替代明显的地区，采用包月制逐步替代二部制收费模式，刺激用户的固话业务需求，提高固话在不发达地区以及中小企业的话务量，防止业务进一步下滑。收购 CDMA 网络后，通过固话与移动语音业务捆绑方式，推出一系列家庭套餐，如绑定家用固定电话、移动用户语音套餐以及同时绑定家用宽带以及 IPTV 等业务，通过交叉补贴提高传统业务使用量、通过整体优惠的套餐增加客户的黏度。

（2）数据业务：发挥中国电信固网宽带以及 CDMA 数据传输优势，打造数据业务的高端品牌。与中国移动相比，中国电信在骨干网和传输网络建设具有相对优势，最后一千米的固定宽带接入网络具有绝对垄断优势，基于 Wi-Fi 的网络建设无论接入带宽还是网络建设成本具有很强的比较优势，再充分利用 CDMA 数据传输速率明显高于中国移动的 GPRS 和 EDGE 的网络优势，通过 Wi-Fi 与 CDMA 网络的组合布网和网络资源的优化配置，打造国内的无线数据传输的高端品牌。

（3）融合业务：基于固网与移动的融合业务的领先战略是中国电信制胜的关键。中国电信在新业务的领先优势将基于固网与移动网络的融合，如针对集团客户的综合 VPN 业务、移动号码百事通业务、全球眼业务、以及基于 IPTV 的手机视频业务等，这些融合的新业务与中国移动现有的增值业务相比具有独特的优势。

14.3.2 中国移动

1．优势和劣势分析

中国移动拥有全球规模最大的移动网络和移动客户群体，具有丰富的移动网络运营经验和强大的用户管理系统，公司业务品牌多、品牌影响力强，拥有大部分移动业务的高端客户，综合竞争实力绝对领先。重组后，中国移动尽管拥有全业务牌照（TD-SCDMA）并吸收了中国铁通的固网资源，但是在固定宽带资源以及 Internet 骨干网资源方面，较中国电信（中国南方 21 省）和新中国联通（中国北方 10 省）具有明显劣势；另外，业务相对单一（仅限于移动业务），基于全业务的新业务发展空间受到抑制。

2．发展策略

在全业务运营环境下，新中国移动可从提高客户转网壁垒、打造移动增值业务的高端品牌、渗透移动 Internet 核心领域等方面采取相应策略。

（1）移动语音业务：尽管新中国移动目前在移动通信网络规模和用户规模上占有绝对优势，但是在未来的电信运营商全业务运营竞争阶段，这种优势地位将受到来自多方面的挑战，因此及早着手通过业务优惠套餐与客户签订长期服务合同，提高中高端客户转网的成本，提高客户转网壁垒，防止客户流失。

（2）移动增值业务：新中国移动拥有全球最大移动用户规模和网络容量，移动通信业务运营经验丰富，移动用户消费行为的数据采集和运营支撑系统具有绝对的优势，在新业务发展与创新方面有领先优势，在移动增值业务发展及盈利模式创新方面比新中国电信和新中国联通更加成熟，因此应着力打造移动增值业务的高端品牌，提高移动高端客户的黏着度。

（3）移动 Internet 业务：移动 Internet 业务的关键是对上游内容的控制和获取，新中国移动可以考虑凭借强大的现金流以资本控股方式快速切入移动 Internet 和新领域，巩固和构筑核心竞争优势。通过营造新的三网融合的产业价值链，将现有移动信息化业务与固网业务、有线电视信息业务相关联，推出以移动宽带新技术领先的解决方案，丰富与优化移动支付、导航、浏览、搜索、移动社区、即时消息、数字家庭等移动 Internet 业务，引导用户对移动 Internet 业务的消费习惯。

14.3.3 中国联通

1．优势和劣势分析

新中国联通在原中国网通（电信北方 10 省）和原中国联通 G 网的基础上进行融合，拥有了固网、Wi-Fi、GSM/W-CDMA 等电信全业务运营牌照，它的移动宽带 W-CDMA 的技术成熟度和产业链规模及完善程度比新中国电信的 CDMA2000 和新中国移动的 TD-SCDMA 具有优势，作为北方 10 省的老牌固网运营商，新中国联通在北方（含北京）拥有绝对领先的宽带资源和网络基础设施，加之相对丰富的移动通信运营经验，新中国联通在北方 10 省的电信市场竞争中占有绝对优势。然而，新中国联通在融合重组过程中不同企业文化的碰撞，以及现有移动客户资源为面向中低端消费群体等问题是未来全业务运营中需要重点关注的。

2．发展策略

在北方 10 省，新中国联通可以采取与新中国电信（南方 21 省）相类似的业务竞争策略。在全国范围内特别是南方 21 省，由于新中国联通整体的市场份额相对弱势，竞争策略主要以跟随者策略为主，规避自身的规模弱势，寻求运营模式创新，引入新战略伙伴从而迅速提升核心竞争能力，并借助 WCDMA 成熟产业模式，及半启动 3G 领先战略。

本章小结

本章首先回顾了我国电信业的改革历程，并讲述了我国电信市场竞争格局现状，接着阐述了电信产业的发展趋势；其次介绍了国外运营商在业务、品牌、资费、网络和组织等方面进行全业务经营的策略；最后在分析了新 3 大运营商的优劣势后，指出它们在全业务经营中可采取的战略措施。

思考与练习题

14-1　简述我国电信市场发展与竞争格局的演变历程。

14-2　国外电信运营商有哪些全业务运营经验值得我们学习？

14-3　试分析融合重组后的我国 3 大电信运营商全业务运营策略。

案例讨论

法国电信的全业务运营

法国电信是法国最大的全业务电信运营商，也是欧洲第三大运营商。法国电信拥有全球最大的 3G 网络，在 19 个国家有 6 330 万户用户，雇员 26.3 万户人。通过实施全业务运营，法国电信近年来的财务状况得到明显改善。2008 年，IP 电话用户超过 2 000 万户（30%的移动用户使用定制设备），固定宽带用户超过 1 200 万户（Livebox 800 万户），移动宽带用户超过 1 200 万户（“BusinessEverywhere” 100 万户）。ICT 收入超过 20 亿欧元，内容应用收入超过 4 亿欧元，集团总收入的 5%～10%来自于融合产品，移动收入占比超过 30%。

（1）实施业务捆绑策略

① 综合通信服务

包括 Livebox、FamilyTalk、HomeZone、Unik 和 Livecom 等。

Livebox 业务将 ADSL 调制解调器、以太网、Wi-Fi 以及蓝牙的接口整合在一起，包括网络浏览、ADSL 电视、IP 电话、视频电话以及网络游戏等服务，捆绑了无线宽带接入、VoIP、邮件等。

FamilyTalk 是面向家庭语音通信的“1PSTN+3 移动电话”捆绑服务，家庭内签约用户可实现无限时通话。

HomeZone 将固定网络、移动网络和 DSL 宽带网络集成在家庭网关，提供融合服务。

Unik 业务将 Livebox 作为家庭网关，把 Wi-Fi/GSM 双模手机作为终端，用户支付套餐费用后，可以无限制拨打国内固定电话以及 Orange 的移动电话，商业用户则可无限制拨打国际固定电话。Livebox 除了提供 Unik 业务功能外，还能作为宽带网关连接可视电话、游戏机、电视机顶盒、VoIP 座机等设备，以一个终端、一个号码、一个电话簿为用户提供真正的融合服务。

Livecom 是一项个人通信业务，融合语音、视频、SMS、MMS、电子邮件，可在各种终端（如固定电话、计算机、2G/3G 手机以及可视电话）上实现。

② 娱乐信息服务

一种是图片转存服务 Phototransfer，用户可将存储在手机上的图片通过 Livebox 发送到图片博客上；另一种是音乐转存服务 LiveMusic，通过 Wi-Fi 连接 Liivebox，用户可将电脑上的音乐发送到高保真音响设备或家庭影院。

③ 日常生活服务（Orangeindaily life）

LiveZoom 使用户能用手机或电脑远程监控家庭情况； Homecare 使用户能同亲友保持联系并接入社会和医疗单位的服务； Mobivisit 为用户提供景点和饭店等的精确定位信息。

● 企业服务

BusinessEverywhere 通过 PSTN、ADSL、Wi-Fi、GPRS、EDGE、3G 等接入网络，为商业和企业用户提供随时随地登录各自办公网络的服务。

BusinessVPN 提供给用户端-端的网络连接，为客户架构 VPN 专用网。

BusinessTalk&Telephony: 面向商业或企业用户，特别是跨国企业客户，提供语音、图像、多方会议等业务。

BusinessTogether: 将电子邮件、短信、传真、话音、文档等各种通信方式捆绑，通过统一的用户界面接入，提供集消息、实时通信、文档和应用共享的融合办公业务。

BusinessAcceleration 为客户提供网络应用性能分析，可使客户网络效率从 40%～50%提高到 80%～90%。

（2）简化品牌打造统一客服界面

2006 年 6 月，OrangeBusinessService 正式成为法国电信集团旗下企业服务的统一品牌，它集成了法国电信的全球运营能力、Orange 的品牌优势和移动通信实力以及 Equant 的全球网络覆盖优势。此外，法国电信还为用户提供统一的客户服务门户网站，从而简化用户操作流程，提升客户体验价值。该客户服务平台可以通过电脑、手机等多终端方式接入。

（3）整合部门实现内部协调

法国电信将业务部门和技术支持部门整合为企业通信业务部、家庭通信业务部、个人通信业务部、法国销售和业务部及国际业务部等 5 个业务部门，以及网络、运营商和 IT 部、技术和创新部、资源采购部、TOP 计划部和内容聚合部等 5 个技术支持部门。新机构从组织上保证了业务转型到宽带、移动通信、企业用户等增长前景较好的领域的需要，在用户细分的基础上，充分考虑了地域因素，其技术、产品和服务比以往更加体现以客户为中心的经营理念。

讨论题：

通过法国电信全业务运营的经验，我们可以从中学到什么？

第 4 部分

电信服务管理

持续改进服务

加入 WTO 后，我国电信运营企业正面临国际、国内全方位的竞争。由于客户的选择范围扩大，期望值不断提高，电信运营商必须从以生产运营为主的运营方式转变为以客户服务为主的运营方式；电信市场的竞争焦点将从以价格竞争为主发展到以非价格竞争为主，将更为强调提供以客户为中心的完善的客户服务。本部分在介绍电信服务相关知识的基础上，阐述电信服务设计与电信服务运营管理。其中，电信服务运营管理是电信服务管理中非常重要的组成部分，重点介绍与电信企业密切相关的电信客户关系管理、电信客户服务管理、电信服务接触管理、电信服务需求与产能管理、电信服务中排队问题管理和电信服务的 SLA 模式。

第15章 电信服务概述

【引例】全业务时代电信服务的反思

近日，北京老人朱某状告北京移动一案得到裁定，结果是维持原判，驳回上诉。2006年7月，朱老以充值卡限有效期、余额作废等规定"违法"为由，一纸诉状将北京移动告上了法庭。2007年12月，东城区法院以"原告相关主张不属于民事案件受案范围"为由驳回朱某起诉。当前国内电信运营商主要从大众消费者的利益出发拓展业务，这难免形成业务的单一化，忽略了小部分用户的利益，也造成了对潜在市场开发的忽视。而国外运营商如韩国SK电信公司和德国电信，他们的针对性业务不但提高了市场机会的识别度，最大限度地满足了用户差异化的消费需求，也实现了业务创新，赢得了市场。

电信服务问题已成为公众关注的热点和用户投诉的焦点，"不对等协议"、"移动短信陷阱"和"话费有效期"等是目前电信消费者反响最强烈的问题。2009年，山东移动垃圾短信事件的曝光更是让消费者咋舌，对运营商的信心一时间跌至谷底。

服务无处不在，我们可以在社会的不同活动中看到服务的踪迹。现在，市场竞争越来越激烈，消费者的购买能力不断提高，产品质量和价格不再是决定消费者购买的关键因素。破除垄断、引入竞争的中国电信市场已经从卖方市场转向买方市场，快速发展的用户群、多样化的业务以及经营竞争环境对电信运营企业的服务质量提出了更高、更新的要求。电信服务管理也成为电信企业管理的重要组成部分。

15.1 电信服务

与有形产品相比，服务有着不同的特点。为了对服务进行有效管理，可从战略角度对服务进行定义和分类，进而采取相应的措施。下面介绍服务的定义、特征和分类，以及电信服务的概念和特征。

15.1.1 服务的定义

1. 从产出的角度定义服务

无论是产品还是服务，都是企业在投入人力、物料、设备、技术、信息等各种资源后，经过若干变换步骤，最后成为产出的过程。但是最后的产出形态分两种：有形产品和无形服务。

通常人们都会认为制造业产出有形产品，服务业产出无形服务，但实际上，无论是制造业还是服务业，提供的产出都是“有形服务+无形服务”（或“可触+不可触”）的混合体，只不过各自所占的比例不同（如图 15-1 所示）。但是对于顾客来讲，无论其买的是有形产品还是无形服务，其目的都不仅是为了得到产品本身，而是为了获得某种效用或者收益。

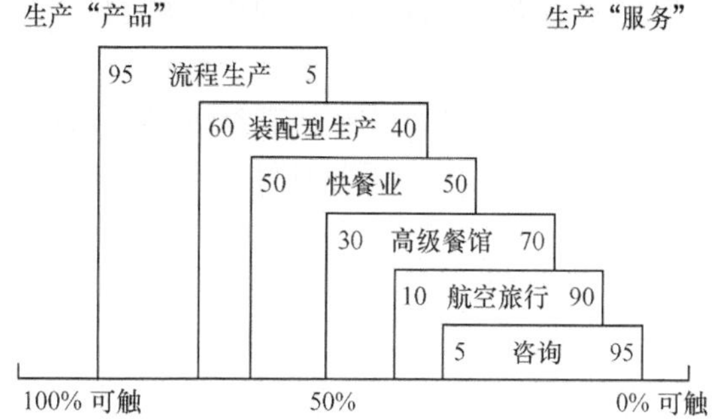

图 15-1 “服务+物品”（可触+不可触）的混合体

因此，从产出的角度出发，Haywood-Farmer，John 和 Nollet，Jean（1991）把服务定义为：服务是顾客通过相关设施和服务载体所得到的显性和隐性收益的完整组合。

2. 从服务的性状角度定义服务

Fitzsimmons 和 Sullivan（1994）认为服务是“可触和不可触两部分产品构成的组合”。如图 15-1 所示，任何产业或组织的产出都是“可触+不可触”的混合体，这里强调：实际上服务也都是“可触+不可触”的混合体。例如，航空服务离不开飞机场、飞机等“可触”产品的支持。

3. 从变换过程的角度定义服务

从变换过程的角度来看，服务是满足顾客需要的过程。Dorothy I.Riddle（1986）和 Leonard L.Berry（1984）认为：服务与普通产品的最大区别，在于它主要是一个活动、一种过程。制造业的产出是生产制造过程结束后的产物，是明确可得的有形物品，而服务是从了解顾客的需要到采取行动去满足其需要，并最终赢得顾客满意的一个完整过程，而且过程本身包含顾客。顾客需要身处服务系统之中，参与到服务过程中去，有些服务甚至直接作用于顾客的身体。

4. 从其他角度定义服务

1960 年，美国市场营销学会（AMA）最先为服务下定义为：“用于出售或者随同产品连在一起进行出售的活动、利益或者满足感。”这一定义在此后的很多年里一直被人们广泛采用。但与此同时，其他学者也从不同的角度提出了自己定义：

1974 年，斯坦通（Santon）指出：“服务是一种特殊的无形活动。它向顾客或者工业用户提供所需的满足感，它与其他产品销售和其他服务并无必然联系。”

1983 年，莱特南（Lehtinen）则认为：“服务是与某个中介人或者机器设备相互作用并为消费者提供满足的一种或者一系列活动。”

1990 年，格鲁诺斯（Gronroos）为服务下定义：“服务是以无形的方式，在顾客与服务人员、有形资源、产品或者服务系统之间发生的，可以解决顾客问题的一种或者一系列行为。”

1993 年，艾德里安·佩恩（Adrian·Payne）将服务定义为：“服务是一种涉及某些无形性因素的活动，它包括与顾客或者他们拥有财产的相互活动，它不会造成所有权的更换。条件可能发生变化，服务产出可能或者不可能与服务产品紧密相联。”

而当代著名市场营销学专家，美国西北大学教授菲利浦·科特勒为服务下定义为："一项服务是一方能够向另一方提供的任何一项活动或者利益，这本质上是无形的，并且不产生对任何东西的所有权问题，它的生产可能与实际产品有关，也可能无关。"

AMA 在 1960 年定义基础上，又对服务的定义作了补充完善："服务可被区分界定，主要为不可感知，却可使欲望获得满足的活动，而这种活动并不需要与其他产品或者服务的出售联系在一起。生产服务时可能会或者不会需要利用实物，而且即使需要借助某些实物协助生产服务，这些实物的所有权将不涉及转移问题。"这一定义大大丰富了原有定义的内容，使人们更为清楚的认识到服务同商品的区别之所在。

在 ISO9000 系列标准中，对服务所作的定义为："服务是为满足顾客的需要，在同顾客的接触中，供方的活动和供方活动的结果"。这个定义所指出的是，服务既是一种活动，也是一种结果。

15.1.2 服务的特征和分类

1. 服务的特征

与制造业所产出的物质形态的产品相比，服务作为一种产出有一些十分鲜明的特点。这些特点可概括如下。

（1）服务的无形性、不可触性。服务的无形性、不可触性是服务作为产出与有形产品的最本质、最重要的区别。当然，如上所述，许多服务的一部分是可触的，如服务设施和所提供的物品。但是，从顾客的角度来说，其购买服务的目的是要得到一种解决问题的工具，得到一种功能，而不是物品本身，这一点对于制造业来说实际上也同样。服务的无形性使得它不像有形产品那样容易描述和定义，也无法储存，无法用专利来保护，从而带来了服务管理中的一系列独特性。

（2）生产与消费的不可分性。对于制造业来说，产品生产与产品使用是在两个不同时间段、不同地点发生的，生产系统与顾客相隔离，因此，产品质量可在"出厂前把关"；产品可预先生产出来以满足日后的需求，从而调节需求与生产能力之间的不平衡性；可区分生产与销售的不同职能等。而许多服务，只能在顾客到达的同时才开始"生产"，生产的同时顾客也就消费掉了。一项服务的不可触性越强，生产和消费越同时发生。服务的这种特性使得服务质量不可能预先"把关"，使得服务能力（设施能力、人员能力等）计划必须能够对应顾客到达的波动性，使得服务的"生产"与"销售"无法区分。

（3）服务的不可储存性。由于一项服务的消费与它的"生产"同时发生，因而服务通常无法储存。由于服务不可储存，服务能力的设定就非常重要。服务能力的大小、服务设施的位置对于服务企业的获利能力有至关重要的影响。如果服务能力不足，会带来机会损失；而服务能力过大，会白白支出许多固定成本。

（4）服务的多变性。服务的多变性表现在 4 个方面。①服务不是一个单一整体，而是相关服务要素的集合。服务的某一部分不好，顾客就会认为整个服务不好。同一种核心服务，它的周边服务不同，也会形成不同的服务特色。②服务者具有多样性。服务往往是人对人的，服务者不可能训练成像机器人那样只有标准动作而没有变化。从顾客的角度来说，如果他两次受到不同的服务，或看到另一个人受到比他好的服务都会留下坏印象。③顾客的多样性。即使是同一种服务规范，不同顾客的不同个性也会导致不同的服务结果。④服务的同一组成部分在不同情况下，对不同顾客的重要性可能不同。

（5）顾客参与服务过程。在制造业，工厂与产品的使用者、消费者完全隔离，而在服务业，“顾客就在你的工厂中”。在很多服务过程中，顾客从始至终是参与其中的，这种参与有两种形式：主动参与和被动参与。也可能带来两种结果：促进服务的进行和妨碍服务的进行。

顾客的知识、经验、动机等都会直接影响服务系统的效果。例如，超市和折扣商店的普及表明，顾客在零售过程中愿意扮演主动的角色；病人治疗记录的准确性在很大程度上影响医生的诊断和治疗效果；教学效果很大程度上取决于学生自身的努力和参与。

2. 服务的分类

对服务进行分类，有助于提炼出那些看似不同的服务所共有的特征，有助于了解它们在服务管理中的应用。

（1）基于服务活动性质的分类。按照服务的对象以及服务有形程度，可将服务分成 4 种类型：①作用于顾客的有形活动，如客运和私人护理；②作用于顾客财产的有形活动，如洗衣和门卫服务；③作用于顾客思想的无形活动，如娱乐；④作用于顾客财产的无形活动，如金融服务。如图 15-2 所示。

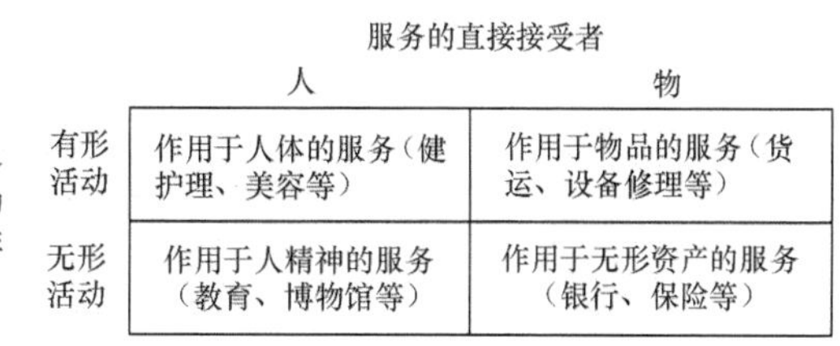

图 15-2 服务行为性质与服务分类

（2）基于顾客关系的服务分类。根据顾客是否与企业建立正式的会员关系，以及服务传递的持续性，把服务分成 4 种类型，如图 15-3 所示。服务企业有机会与顾客建立长期的关系，因为顾客直接与服务提供者进行交互行为，而且经常是人际交互。相反，制造企业通常由于使用了由经销商、批发商或分销渠道而与最终消费者相隔离。

服务企业与顾客之间关系的类型

服务传递的性质		“会员”关系	非正式关系
	持续传递	保险、银行	广播电台、公共高速公路
	间断传递	月票	邮政服务

图 15-3 顾客关系与服务分类

对服务组织来说，了解顾客是一个重要的竞争优势。拥有一个包括顾客姓名、地址和服务要求的数据库，使得确立目标市场和给予每个顾客特别的关注有了依据。顾客从会员资格中受益，因为年固定费用方便，并且他们知道自己作为重要客人时不时地会得到些额外的好处。

（3）基于定制和判断的服务分类。由于服务的生产与消费同时进行，顾客常常是过程的参与者，因此，存在定制服务来满足顾客需求的机会。如图 15-4 所示，定制可沿着两个方面进行：允许定制的服务的特性，或服务人员凭自己的判断调整服务。

客户化（服务定制）的程度

员工的自主性		高	低
	高	专业服务 外科 美容 出租车服务	教育（大课） 大学餐饮服务 预防性健康计划
	低	电话服务 宾馆服务 家庭餐馆 零售银行服务	公共交通 器具的常规维修 电影院 快餐店

图 15-4 基于定制和判断的服务分类

（4）基于供需性质的服务分类。服务能力的时效性对服务管理者提出了挑战，因为他们无法为未来的销售而生产和储存服务。根据需求和供给的波动程度，可以将服务分成 4 类，如图 15-5 所示。

（5）基于服务传递方式的服务分类。服务传递方式可以从地理因素和与顾客交互作用的程度两个方面进行分析，如图 15-6 所示。在多场所服务中，保证服务的质量和一致性非常重要。随着电信技术的发展，远距离交易变得越来越普遍，因为它们给顾客提供了方便和高效的服务传递。例如，个人计算机和调制解调器的使用使得企业可以将它们的服务定制化，同时也降低了顾客与服务人员面对面交流的数量。

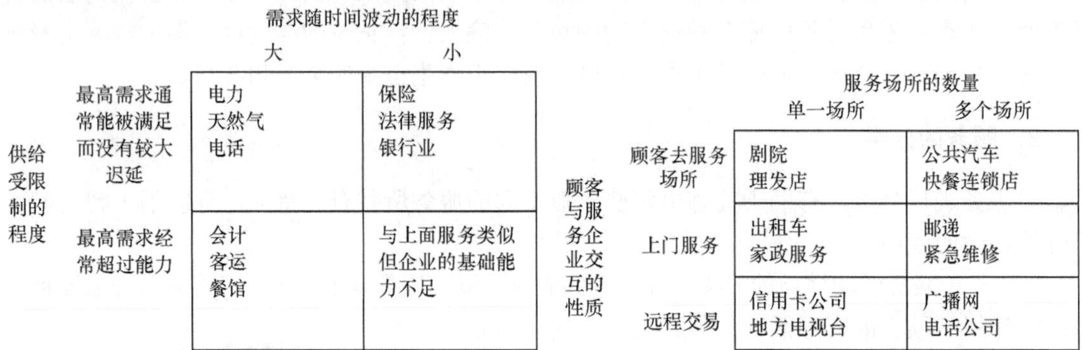

图 15-5　基于供需性质的服务分类

图 15-6　基于服务场所和交互性质的服务分类

15.1.3　电信服务的概念与特征

1．电信服务的定义

电信服务是指电信运营商通过电信基础设施，为客户提供实时信息（声音、数据、图像等）传递的活动。

国际电联（ITU）对电信服务给出了如下定义。

（1）电信服务是为了满足客户对特定服务的需求所提供的经营管理。

（2）电信服务是为了让使用者实现其申请的服务，以互相补充、互相合作的形式提供服务。

（3）电信服务是通过电信服务商为用户提供的信息类服务。用户是个人或者组织，但无论是个人还是组织都必须为电信服务付费。

2．电信服务的特征

电信服务的本质是为客户提供最适合客户消费水平，并与其他方式相比有竞争力，有规模经济效益的人际交流和信息交换的服务形式。在整个电信服务的过程中，既有通过通信网络传递信息的基本服务，也有借助于基本服务而延伸出来的增值服务，还有为客户提供通信业务组合与解决方案的咨询、设计，与其他行业联合推出的客户俱乐部计划等附加服务。

（1）电信服务的无形性。无形性是服务产品的基本特点之一，这也是电信产品的基本属性之一。对于电信客户来说，电信运营商所提供的话音通信、数据通信等通信产品也是无形的，客户并不能通过视觉、触觉等手段直观感知通信产品。电信客户对电信服务的感知主要通过品牌、信息渠道、包装、价格和服务承诺等通信产品的间接表现形式来感知电信产品，因此作为电信运营商来讲，主要通过从以上 4 个方面来强化电信产品的客户认知度。

（2）电信服务的不可分性。电信服务的不可分性表现为任何的电信服务的发生，必然离不开电信客户的参与。一般而言，电信运营商只有在客户通过电信网络传递信息的过程中，才能得到电信服务的收益。因此，电信服务产品必须盯住客户的需要，这就要求电信运营商在推出电信产品时要考虑到电信产品的使用方法要尽量符合电信客户的使用习惯和生活习惯，电信产品对客户通信终端的要求要尽量与客户的现有终端相吻合，电信产品应尽量地考虑和满足客户心理期望等。

（3）电信服务的易变性。电信服务的易变性主要反映在两个方面：一个方面是电信网络所提供的信息传输质量的不稳定，对通信网的管理不规范所带来的通信质量的不稳定；另一个方面是指在给客户提供电信服务的过程中，在销售服务环节产生的服务差异和不一致。服务的易变性一方面给电信运营商实现向客户提供标准一致的优质服务的目标提出了挑战，另一方面在现阶段运营商网络质量日益趋同的形势下，为运营商创造与其他运营商在服务上的差异性，实施差异化战略创造了有利条件。

（4）电信服务的不可储存性。服务的不可储存性在电信业表现为电信网络容量在一定时间内不变，呈现出电信服务能力的刚性。而客户的通信消费量在时间上分布并不均匀，在一定的时间周期内，电信消费量的变化是非常大的。这种电信网络容量的刚性与客户需求的柔性之间的矛盾，是电信业存在的突出矛盾。

（5）电信服务的全程全网性。电信业的一个显著特点是全程全网的特点，对于电信客户来讲，一方面是因为他们活动范围大、活动频繁，在许多不同的地区都有通信的需求，另一方面很多电信客户是跨区域的集团客户，对他们的服务需要两个或两个以上处于不同地区的电信服务主体共同完成。

15.2 电信服务管理

15.2.1 服务包的定义

服务包（Service Package）是指在某种环境下提供的一系列产品和服务的组合。服务包的构成要素如表 15-1 所示。

（1）显性服务要素：能够直接由感官察觉的基本或本质特性（如按时出发、饭菜质量）。显性服务是服务的主体、固有特征，服务的主要基本内容。

（2）隐性服务要素：顾客只能模糊感觉到的心理利益或非本质特性（如光线很好的停车场的安全性、贷款办公室的保密性）。显性服务是服务的从属、补充特征，服务的非定量性因素。

（3）物品要素：服务对象要购买、使用消费的物品和服务对象提供的物品（修理品等）。

（4）环境要素：提供服务的支持性设施和设备，存在于服务提供地点的物质形态的资源。

表 15-1　　服务包的构成要素

行　业	环 境 要 素	物 品 要 素	显性服务要素	隐性服务要素
餐饮业	餐馆、烹饪设备、装修、布置、氛围	食品、饮料、餐具、包装物	充饥、解渴	整洁、明快、卫生、可口、快捷、方便
酒店业	酒店及相关设施	提供给顾客的日用品、食物、卧具等	休息、住宿	安全感、愉悦感、舒适感、服务态度等
航空业	机场设施、飞机	为旅客提供的食物、用具等	到达目的地	准时、安全、快捷、舒适、服务态度等
零售业	店铺、货架、布置、氛围	商品、购物车等	购买所需商品	便利、优惠、服务态度、结账速度等

顾客会在接受服务的过程中感知这 4 种特性，并对该服务产生评价。不同的顾客对服务包的要素有不同的期望，但是对于同一个行业来说，对各个要素的期望有相同之处，都有评价各自服务包的标准。

15.2.2 电信服务管理的内涵

电信服务管理以服务质量管理为中心目标，具体包括：研究顾客如何通过服务感知形成感知价值及其变化规律；研究电信运营企业如何具备提供感知质量和感知价值的能力；研究如何通过管理和控制实现预期服务质量；建立恰当的模式，实现多方共赢。

电信服务是一种产品，它可以被开发、制造、销售和消费，但是它与物质产品相比，有着许多重要的差别，电信服务管理意味着管理重点的转移。主要包括如下 4 点。

（1）从基于电信产品的效用向电信企业与客户关系中的总效用的转变。

（2）从电信企业与顾客的短期交易向电信企业与顾客之间的长期关系转变。

（3）从电信核心产品质量或产出的技术质量向持续的客户关系中的全面客户感知质量的转变。

（4）从把电信产品技术质量的生产作为组织关键过程向把开发和管理全面效用和全面质量管理作为关键过程的转变。

15.2.3 电信服务管理的特征

电信服务管理的特性决定了它与传统生产管理有很大的不同之处，表现在以下 5 点。

（1）全面性。电信服务管理是一种一般管理视角，应该用来指导所有电信管理领域的决策，而不仅仅是为某个职能，如电信客户服务提供管理原则。.

（2）系统性。电信服务管理是一种综合管理方法，强调电信企业内部跨职能合作的重要性，而不是强调专业化和劳动分工。

（3）客户导向性。电信服务管理是电信企业的客户驱动或电信市场驱动的，而不是电信企业内部效率标准驱动。

（4）质量管理导向性。电信服务质量管理是电信服务管理的内在组成部分，而不是一个孤立的问题。

（5）员工管理导向性。电信企业员工的内部开发和强化他们对企业目标和战略的投入是实现战略目标的先决条件。

15.3 电信服务战略

服务战略是指企业通过重新审视服务，综合企业内外部资源和因素致力于提高服务质量而获得客户的满意和忠诚，从而在市场竞争中获得优势的长远规划。电信服务战略是指电信企业以顾客满意为宗旨，提供一系列的电信服务以及各种服务性因素来加强企业与顾客之间的关系，使服务资源与变化的环境相匹配，实现企业长远发展的动态体系，从而在市场竞争中获得有利地位。

15.3.1 电信服务战略的内容

服务战略是一个系统工程，它需要管理者和员工不仅从思想观念上作出转变，还要求企业要有条不紊地安排各项工作。如图 15-7 所示，完整的电信服务战略至少包括 6 个方面的内容：①树立电信服务理念；②确定顾客服务需求；③电信服务设计与实施；④电信服务人员的管理；⑤电信服务质量的管理；⑥实现顾客满意与忠诚。

这 6 个方面构成了完整的电信服务战略的实施体系，是一个分析、计划、组织和控制的管理过程。

图 15-7 电信服务战略

（1）树立电信服务理念。实施电信服务战略首要的、关键的一步就是要使电信企业所有员工树立服务理念。服务理念对于服务战略的实施成功与否有根本作用。然而，这一步却是管理者最容易忽略的部分。思想是行动的先导，只有员工理解了顾客服务的巨大价值，他们才会积极投入为顾客的服务。

（2）确定顾客服务需求。要想提供给顾客优质的服务，必然要准确了解顾客需要什么样的服务，以及顾客对企业现在的服务有什么不满。否则，盲目的传递顾客服务，一方面会传递一些多余的服务，浪费企业的资源，另一方面顾客需要的一些服务却不能满足。

顾客需求的服务大致可分为 3 类：购买过程中的服务、使用过程中的服务和一些咨询服务等。具体来说包括以下几个方面：信息与咨询、操作演示和操作、情感性需要、定货、账单处理与付款、交货期和地点、售后服务以及一些超越这些范围之外的服务需求。

企业了解顾客需求的方式有很多，如问卷调查、电话访问、组织顾客座谈。还有一种方法是，从企业内部了解，由于服务于顾客的员工直接和顾客接触，因而他们深知顾客的服务需求和抱怨，能提出一些建设性的意见。

（3）电信服务设计与实施。电信服务设计除了电信服务流程、性质及内容上的设计之外，还包括电信服务产品设计，有关顾客服务的人员组织、机构安排以及基础设施的安排等。

（4）电信服务人员的管理。对于顾客来说，服务员工是公司的化身。如果员工工作认真负责，那么顾客会认为整个公司都具备这种对顾客负责的态度。相反，如果服务员工工作疏忽，不负责任，顾客会认为公司的生产和管理活动也是这样。

服务人员的管理包括许多方面。主要有：对服务人员的严格挑选，对服务人员的不断培训，对服务人员的激励等。由于服务是一种情绪劳动式的辛苦工作，而且过程复杂，很多东西需要长时间才能把握，因而企业一定要厚待员工，降低员工的人事流动率，激励他们更好地为顾客服务。

（5）电信服务质量的管理。服务结果的好坏，最终取决于顾客的评价，即服务质量的高低。只有通过服务质量的有效管理，企业才能知道提供的顾客服务是否符合顾客的服务需求以及与竞争对手相比是否处于优势地位，才能评估服务人员对服务工作负责和投入程度。

电信服务质量管理的内容包括服务标准的设立，服务内容的制定，服务结果的反馈，以及服务质量的评估等各项内容。

（6）实现顾客满意与忠诚。顾客满意既是顾客服务的起点，也是其最终目的，因而研究顾客满意对于如何实施服务战略具有很强的指导意义。顾客忠诚，即顾客与企业及其产品之间形成一定的忠诚关系，是随着顾客满意程度不断增强而在一定时间内形成的一种宝贵资源。

15.3.2 电信服务战略的要求

电信企业要将服务战略定位好，应该做好以下 4 点。

（1）将服务战略和企业的营销战略结合起来。电信企业在制定营销战略时，要充分考虑服务在价值链上的作用。企业参与行业竞争，究竟靠什么来获胜，是产品领先、技术领先、成本领先，还是服务领先。小型企业、中型企业和大型企业在考虑服务定位时有差异。企业的产品结构、渠道状况、市场布局、人员结构、管理水平也影响着服务定位。

不管制定如何的服务战略，能要遵守以下原则：在制定营销战略时要考虑服务战略，在服务战略定位时也要考虑营销战略，最好是能将营销战略与服务策略有机结合起来。

（2）在客户细分的基础上制定服务战略。制定服务战略时，要充分考虑客户细分情况。因为客户的服务需求是有差异的，服务是需要成本的，客户对公司贡献的价值也是不一样的。要认真分析电信产品针对的目标市场，分析不同产品需要的服务支持，分析不同客户的不同服务需求，决不能无差异地开展服务活动。基于服务的客户细分，一是按照客户需求的服务内容不同进行细分；二是按照客户的价值不同进行细分。把客户的服务需求差异找出来，然后再把此类客户的特征描述出来，这样服务策略就有了针对性，就明白了什么样的客户应该提供什么样的服务，客户服务的质量就会提高，企业服务成本与效益的比例就会合理。

（3）建立服务文化，倡导全员服务理念。没有精神的民族是危险的，没有文化的企业也是可怕的。服务绝对是一种企业文化。一种好的文化，能激励企业员工保持良好的工作心态，塑造团队良好的工作氛围，提升员工工作的质量和效率，从而保证企业健康、和谐、持续的发展。如果将服务定位到战略高度后，那么这种服务文化的倡导就十分重要，服务理念的持续灌输，直至深入到每位员工的内心和各种行为，长此以往，企业服务文化就会形成。

（4）服务战略需要制定完善的服务体系来保障实施。服务战略定位一旦形成，如何保证服务战略落地就至关重要。除了要建立企业服务文化外，还要建立成套的服务策略。例如，企业应提供哪些服务内容，服务方式如何，做出如何的服务承诺，服务操作规范是怎么样的，服务满意度评价体系是怎样的，还有就是服务组织、服务人员和服务设备应该如何保证服务战略落地等，这些都是应该考虑的。没有完善服务体系保障的服务战略也是空中楼阁。企业有了服务体系还不够，还需要很强的执行力。“做服务就是做细节”，对企业而言，基于客户接触点的服务行为质量提升非常关键，因为细节决定服务成败。

15.3.3 电信企业实施服务战略的对策

电信企业通过采用服务竞争战略来获取竞争优势的目的是提升服务竞争力。服务竞争战略确立后，具体实施管理是关键，只有抓好工作中的每一个细节才能达到在市场中胜出的目的。

（1）认识竞争环境，创造竞争优势。波特提出的“五力模型”指出企业在竞争中面临新进入者威胁、供应商要价能力、现有竞争者之间的对抗、消费者还价能力、替代产品或服务威胁。企业要想加强自身能力对付进入者、供应商、现有竞争者、消费者、替代产品或服务带来的问题，抓住机会，改变企业与其他竞争者之间的竞争力量对比，必须采取一定的服务竞争战略，而且服务战略对于企业创造竞争优势起着重要的作用。为了实施服务竞争战略，首先应对企业的资源进行重新整合配置，从人力和财务上保证服务的质量及效率，并确定新的组织架构形式及管理模式，为企业提供一个良好的后台管理，为企业创造竞争优势。

（2）加强与顾客的沟通，不断提高服务质量。顾客感受到的价值和满意度越高，企业的竞争力就越强。著名的 80/20 法则指出企业的 80%的利润来自于 20%的老顾客，企业与新顾客交易费用是与老顾客交易的 5 倍，培养顾客的忠诚度是企业营销中的最大挑战。企业应以顾客为中心，根据顾客需求提供特定的产品和服务，同时借助网络数据库可以对目前电信服务产品的满意度和购买情况作分析调查，及时发现问题和解决问题，确保顾客的满意，建立顾客对企业的忠诚度。企业在改善与顾客关系的同时，可以通过合理配置销售资源来降低销售费用和增加企业收入。例如，对高价值的顾客可以配置高成本销售渠道，对低价值顾客用低成本渠道销售，同时建立顾客忠诚和品牌忠诚，满足顾客的特定的需求和高质量的服务要求。

（3）实施差异化战略，体现服务的个性化。实施服务差异化战略可采取使无形产品有形化、将标准产品顾客化定制、加强员工培训、加强服务质量管理等措施，来体现企业所提供服务的个性化和差异化。服务差异越明显，在竞争中的优势就越大。服务最讲究个性化，因为服务对象的需求是个性化的，因此必须建立与消费者的直接沟通，而重要的是通过沟通收集目标人群的有效资料，以便为进一步服务、建立与消费者直接沟通奠定基础，并进而为提供个性化服务创造条件。

（4）实施产品定位战略，提高新产品开发和服务能力。企业可以从与顾客的交互作用过程中了解顾客需求，甚至由顾客直接提出需求，因此很容易确定顾客要求的特征、功能、应用、特点和收益。通过直接与顾客进行交互式沟通，更容易产生新产品概念，克服了传统市场调研中的滞后性、被动性和片面性，以及很难有效识别市场需求而且成本也很高的缺陷。对于现有产品，也通过获取顾客对产品的评价和意见，决定对产品的改进方面和换代产品的主要特征。例如，美国联邦捷运（FedEx）公司，通过 Internet 让用户查询了解其邮寄物品的运送情况，用户不出门就可以获取公司提供的服务，公司因此省去了许多接待咨询的费用，同时又能够得到顾客的好评。

（5）培育品牌文化，提高服务竞争力。企业之所以要强调品牌文化，是因为品牌文化可以传达消费者与企业之间共同的价值观，达到沟通的目的，有价值的品牌文化是企业文化、产品文化、社会文化和目标消费群文化的交融。品牌文化是经营过程中的主帅，它决定了一切工作的内容与形式，没有品牌文化即使是再好的产品和服务也不能被认识，不能实现有效益的销售。只有以产品、服务、企业文化为基础，以目标消费群、社会文化为依据，才能形成和传播品牌文化，最终通过产品与服务提供的利益满足来实现消费者心目中的定位。企业提供服务的过程，也就是品牌传播到消费者心目中寻求定位的过程，是建立品牌美誉度与顾客忠诚的过程。

综上所述，电信企业只有充分、合理、适当地制定和实施电信服务战略，通过了解竞争对手的强弱和与顾客的沟通，不断提高服务质量，并有效实施产品定位战略，提高新产品开发和服务竞争能力。电信企业的服务战略还应注重培育品牌文化，才能充分体现服务的差异化，企业才能获取核心竞争力，并且增强自身的竞争优势，企业才能在众多的竞争者中获得胜利。因此，只有成功运用服务战略的电信企业才能在竞争中立于不败之地。

本章小结

服务是为满足顾客的需要，在同顾客的接触中，供方的活动和供方活动的结果。服务的特征为：服务的无形性、不可触性；生产与消费的不可分性；服务的不可储存性；服务的多变性；顾客参与服务过程。电信服务是指电信运营商通过电信基础设施，为客户提供实时信息（声音、数据、图像等）传递的活动。

电信服务管理以服务质量管理为中心目标，具体包括：研究顾客如何通过服务感知形成感知价值及其变化规律；研究电信运营企业如何具备提供感知质量和感知价值的能力；研究如何通过管理和控制实现预期服务质量；建立恰当的模式，实现多方共赢。

电信服务战略是指电信企业以顾客满意为宗旨，提供一系列的电信服务以及各种服务性因素来加强企业与顾客之间的关系，使服务资源与变化的环境相匹配，实现企业长远发展的动态体系，从而在市场竞争中获得有利地位。完整的电信服务战略至少包括 6 个方面的内容：

树立电信服务理念；确定顾客服务需求；电信服务设计与实施；电信服务人员的管理；电信服务质量的管理；实现顾客满意与忠诚。

思考与练习题

15-1 什么是服务？简述服务的特征和分类。

15-2 什么是电信服务？电信服务有哪些特征？

15-3 简述服务包及其构成要素。

15-4 说明电信服务管理的内涵及特征。

15-5 简述电信服务战略的内容、要求，以及电信企业实施服务战略的对策。

案例讨论

欧洲运营商的 3G 服务战略

1. 传统移动运营商

沃达丰作为欧洲最大的运营商，同时也是最大的 2G 移动运营商，在 3G 网络建设初期主要以大城市为主，涵盖交通枢纽如机场等地，在网络建设中以实视 2G 和 3G 网络之间的平滑过渡，保证服务连续性为主。沃达丰一方面利用 3G 网络发展数据通信，另一方面也充分利用 2G 网络开展语音业务，试图利用大规模推广 3G 数据卡业务来增强用户对 3G 业务的体验度和业务黏性。

在服务方面，除高速上网以外，还提供包括视频电话、多媒体信息的发送、手机游戏、音乐歌曲的下载、手机电视等业务。沃达丰的 3G 资费沿用原有的 2.5G 与 2G 的资费架构，仅对费率进行重新设定或调整。其资费虽然因为和黄的竞争而有所下降，但仍比和黄略高。

2. 新进入的 3G 运营商

和黄作为欧洲 3G 市场的新进入者，以前没有 2G 用户，也没有营销网络。要实现有效生存与持续发展，就必须在短期内快速建立大规模用户基础和构建有效的营销网络渠道。为抢占传统运营商的 2G 用户，和黄在欧洲发动了大规模的价格战。这种低价资费策略，为其在欧洲市场打开了一个缺口，使其用户数量和用户使用量都得到了快速的发展。

在服务方面，和黄定位于移动多媒体运营商，在欧洲推出的 3G 业务主要包括视频电话、内容浏览、流媒体业务、彩色互动游戏、定位业务等。和黄针对其自身新进入者的特点，推出了 3G 语音业务和数据业务捆绑定价体系，资费透明，简单易懂。包月方式是和黄最主要的销售方式。正是这种低廉、透明的资费政策刺激了欧洲用户的转网及 3G 业务尝试。

3. 传统固网运营商

法国电信是欧洲的老牌固网运营商之一，2000 年法国电信成功收购了英国移动运营商 Orange。在服务方面，Orange 的 3G 业务主要分为数据接入服务和 3G 移动电话商用服务两类，其业务内容包括可视电话、网络浏览、视频消息、音频服务、在线游戏、手机电视、即时消息等。为促进用户接受并使用新业务，Orange 在开展 3G 业务时，还充分利用了法国电信同时拥有固定网络、移动网络和 Internet 网络的优势，提供三重业务捆绑服务或四重业务捆绑服务。为提高 3G 业务的竞争力，Orange 推出套餐式服务收费标准，并提出了一系列的优惠服务。

讨论题：

结合案例谈谈 3G 环境下我国电信运营商实施服务战略的对策。

第16章 电信服务设计

【引例】麦当劳的全球“统一味道”

“麦当劳不仅仅是一家餐厅”，这是麦当劳经营理念的精髓所在。它卖的可能是最简单的产品，但却拥有最精密的管理流程，正是因为管理流程的成功复制，保证了全球的质量和速度能够一致。对于麦当劳而言，每一片汉堡肉厚度、重量都是一定的，即便是生产一万个汉堡都是相同的品质。在麦当劳“统一味道”的背后，是其严格的标准化流程操作。比如为炸制出符合质量要求的薯条，麦当劳要求供应商提供的土豆要有较长的果型，芽眼不能太深，同时淀粉和糖分的含量必须控制在一定范围之内。而且，麦当劳对薯条的规格都有量化的要求，长度为5英寸的要达到20%左右，3～5英寸的达到50%左右，3英寸以下的比例在20%～30%之间。又如汉堡中的生菜，在麦当劳的《全面供应链管理》手册中，规定从源头步骤选土开始，详细记录地段和土壤的资料，其后每一环节如养土、选种、播种、种植、灌溉、施肥、防虫也一一详细记录，再加上完善的产品回收计划，包括定期模拟测试，万一有问题发生，可在最短的时间内找到每一片菜的来源并及时解决。麦当劳的标准化除了体现在食品加工上以外，还有专用的餐厅厨房设备供应商、餐厅桌椅供应商、冷气设备和制冰器械供应商等。

麦当劳从原料到粗加工到物流配送都是由其供应商完成的，从这点来说，麦当劳“仅仅是个餐厅”。麦当劳全球营收近460多亿美金，其中30%涉及供应链。据统计，为麦当劳供应土豆的企业年销售额达50亿美金，但麦当劳绝不自己种土豆，也不会因为需要做牛肉食品而去养牛。麦当劳本身不参与任何物料的生产与投资，才能确保在产品采购上拥有最好、最佳的弹性空间，才能非常严苛、公正的要求厂商提供最优异的服务。

服务设计是指服务企业根据自身的特点和运营目标，对服务运营管理作出的规划和设计，它的核心是完整的服务包与服务传递系统的设计。本章讲述电信服务系统及电信服务流程的设计。

16.1 电信服务系统与产品

16.1.1 电信服务系统

电信服务系统由电信服务结构要素和电信服务管理要素这两大部分组成。电信服务结构要素又分为电信服务传递系统、电信服务设施设计、电信服务地点和电信服务能力规划 4 个要素。电信服务管理要素分为电信服务接触、电信服务质量、电信服务能力和需求管理、电信服务信息管理这 4 个要素。

（1）结构要素

电信服务传递系统：前台和后台、自动化、顾客参与。

电信服务设施设计：规模、美学、布局。

电信服务地点：顾客的人口统计特征、单一或多个场所、竞争、场所特征。

电信服务能力规划：管理排队、服务人员数量、平均接待量或最高需求。

（2）管理要素

电信服务接触管理：服务文化、激励、挑选和培训、员工授权。

电信服务质量管理：测评、监督、方法、期望与感知、服务担保。

电信服务能力和需求管理：调整需求和控制供给的战略、队伍管理。

电信服务信息管理：竞争资源、数据搜集。

16.1.2 电信产品生命周期

产品生命周期（Product Life Cycle，PLC），是指产品如同世界上其他事物一样，也有自身的生命运动规律，需要经历出生、成长、成熟直至衰亡的过程。产品生命周期理论是市场营销学的重要内容，但是对于服务设计也有很好的指导作用。把握和利用产品生命周期的规律，有助于制定电信产品发展战略，有效部署和安排不同生命周期阶段的产品品种、产品规模和长远发展规划，增加企业的竞争能力和赢利能力。

一项产品在市场上的销售情况及获利能力，通常随着时间的推移而发生变化。这种随时间变化的特点，将产品的生命周期分为 4 个阶段：投入、成长、成熟和衰退，如图 16-1 所示。

（1）投入期（introduction）。在这个阶段的电信产品通常代表的是当时新技术，虽然客户对它了解不深，但是具有绝对的技术领先优势。对于这些产品，主要考虑的是如何更好的市场化，需要改进的通常是一些附加服务方面的问题，力求能在最短的时间内让客户了解其技术优势。通过市场的测试和反馈，把新技术和客户的需求最完美的结合，使新技术产生最大利润，是对于投入期产品的主要服务设计任务。

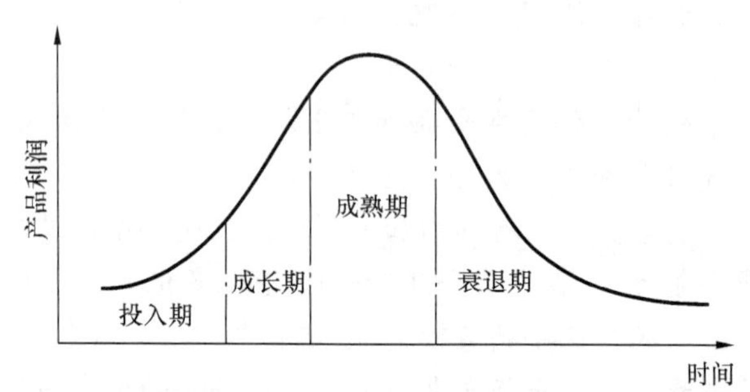

图 16-1 产品生命周期的 4 个阶段

（2）成长期（growth）。在这一阶段的产品，已经拥有了一定的市场，并且市场规模在不断扩大，利润也在不断增加。对于这一阶段产品，企业要关注的是成本的规模效益，并且考虑规模扩大后消费群体的扩大是否会产生更细分的市场需求，并且可以根据进一步的细分需求产生新的服务产品概念。

（3）成熟期（maturity）。这一阶段的产品已被广泛接受，市场趋于饱和，且同类产品的竞争也开始趋于白热化。这时，电信企业就要关注怎样能够使产品和服务差异化的优势。服务设计的主要任务是以差异化为导向，使产品的获利空间增大，延长成熟期的时间。

（4）衰退期（decline）。对于这一个阶段的产品，基本上不需要再进行设计，它们已经是即将要淘汰的技术和服务。但是我们也应该关注到，衰退的服务中是否有还没有完全被其他产品取代的需求，这就需要设计新的产品去填补这一需求的空缺。

16.1.3 电信服务产品开发

1. 电信服务创新的类型

电信新服务产品的开发是指开发和设计某一种电信企业目前没有的产品，或是将已有的核心业务重新组合，能够满足客户的不同电信需求的创新，因此，在很多的研究中又叫做电信服务产品创新。

产品的创新根据新的服务产品的创新程度的不同，可以分为以下几个类型。

（1）重大变革，指为尚未定义的市场提供新的服务。

（2）创新业务，包括一切为现有市场的同类需求提供的新服务，而该市场已存在产品满足同类需求。

（3）为现有服务市场提供新的服务，指向组织现有的客户提供组织原来不能够提供的服务（也许其他组织可以提供）。

（4）服务延伸，指扩大现有的服务产品线。

（5）服务改善，可以说是服务变革最普遍的一种形式。

（6）风格转变，是服务变革中最为时尚的一种形式，表面上这种改变最为显眼，并可能在客户感知、情感与态度上产生显著影响。

无论是哪一种服务概念的开发，都需要电信企业内外推动力的共同作用。对以电信企业的创新服务产品，有一些组织上的推动力，找到这些系统的创新途径，抓住主要的概念来源，就可以产生最好的服务产品概念，并且这个创新将会具有持续性的，为电信企业带来长期竞争优势。

2. 电信服务产品创新的推动力

创新的推动力量，主要有两个层次的意义，一是直接提供创新思想来源的力量；二是对创新的顺利进行有重要推动作用的力量，这些力量有来自企业内部的，也有来自企业外部的。对于不同类型的企业，创新推动力量组合的复杂程度也不同。电信企业的创新有相当大的难度，是很多企业、很多机构和组织共同参与的结果，因此也涉及多种创新的推动力量，他们共同营造了电信运营企业的创新空间。电信企业创新的推动力量及其相互作用如图16-2所示。

3. 电信服务创新的四维度模型

不同服务行业的创新侧重点各不相同。电信企业究竟应在哪些方面进行创新？创新的关键维度是什么？Bilderbeek等学者在1998年提出了服务创新的整合概念模型，其中包含了4个关键维度，即“四维度模型”。

（1）维度一：新服务概念。服务概念是企业对服务的理解以及由此所衍生的具体运作模式，服务概念创新就是提出新的服务理念。在服务业中，创新大多具有无形性，创新结果并不是一个有形实物产品，而是解决一个问题的新的概念或方法，因此服务创新在很大程度上是一种“概念化创新”。当一个企业面临着以下问题:我们需要提供什么样的产品来维持现有顾客以及吸引新顾客；我们的竞争对手提供什么样的产品以及我们如何与客户沟通等时，新的服务概念就将形成。因此，服务概念创新通常是市场推动型的，创新者通过观察市场的服务需求或从其他市场行为中获得启示，形成新的服务概念。

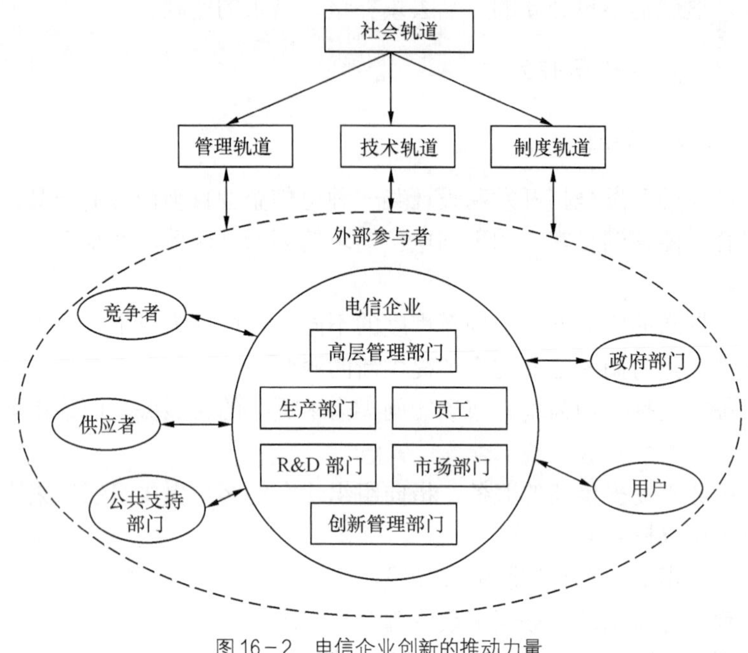

图 16－2　电信企业创新的推动力量

（2）维度二：新顾客关系界面。服务创新的第 1 个维度是顾客界面的设计，包括服务提供给顾客的方式以及与顾客间交流、合作的方式。顾客在很大程度上已成为服务生产中不可缺少的一部分，特别是在针对最终顾客的服务提供中。服务提供者与顾客间的交流和相互作用已成为创新的一个主要来源。许多顾客界面创新以 IT 为基础，而 IT 应用软件的广泛应用使得处理现有和潜在客户的需要变得相当方便，用户界面的创新将导致整个创新过程的再造。电信企业近几年开发的，基于 IT 技术的网上营业厅、呼叫中心、账务管理系统、电子数据交换等，都是顾客界面创新的典型事例。

（3）维度三：新服务交付系统和组织。维度三包括新服务交付系统和组织，主要指生产和传递新服务产品的组织。它侧重于服务企业的内部组织安排，即通过合适的组织安排、管理和协调，确保企业员工有效地完成工作，并开发和提供创新服务产品。在这方面，湖北电信的服务交付系统和组织创新工作为我们提供了许多值得借鉴之处。他们根据不同行业客户的属性特点将大客户细分成党政关、文教、卫生、金融、外企、内企、网吧、高档住宅小区等类别，并有针对性分别设计、制定和实施不同的应用解决方案，为客户提供专业化、个化服务。建立了以大客户服务门为龙头、社会力量广泛参与、高效率的客户服务体系；建立了服务与营销人员一体化制度；他们充分发挥资源优势，构建了快速服务机制。

（4）维度四：新技术选择。由于电信产业天然的技术依赖性，技术在电信服务创新中扮演着重要角色，电信服务创新离不开技术创新。在技术驱动型创新中，技术的变化是主要的推动因素。服务企业对于技术的选择与制造企业不同，许多创新是由下游服务部门所推动的，并被认为是用户主导的创新。尽管电信服务的某些技术要求来源于设备供应商，但是用户在新服务的发展和应用中也起着至关重要的作用。例如，移动智能网、DDN、ADSL、IDC 以及 IP 电话等新技术的应用均始于客户的需要。新技术的应用推动了电信产业的发展，提高了电信行业的服务水平。

4. 电信服务创新过程

电信服务创新划分为构思产生与机会分析、定义与可行性研究、服务流程设计、开发与测试、实验与实施、商业推广与评价 6 个阶段，其中设计与开发测试阶段完成主要的 R&D 工作，如图 16-3 所示。

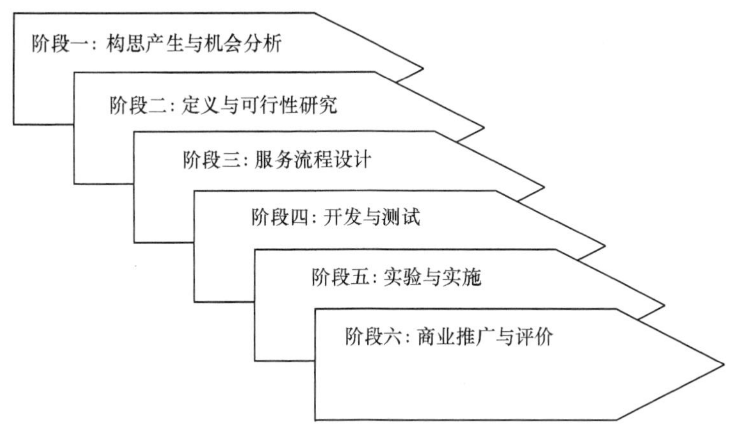

图 16-3　通信服务创新的 6 阶段模型

（1）构思产生与机会分析。在创新的第 1 阶段，创新构思产生，但是只停留在初步的概念阶段。企业应对这种概念进行评价，一般要考虑 3 个方面：企业的发展战略、市场吸引力和企业内部能力，即要确定新服务是否符合企业的总体发展方向，企业是否具备在市场中提供新服务的能力，新服务是否可以经济高效地提供给市场并获得预期的收益。由于创新工作涉及很高的投入和费用，因此只有那些最适合的和最有盈利潜力的创新构思才能进入到下一阶段，进行更深入的可行性研究。

（2）定义与可行性研究。这一阶段要完成的主要工作包括定义所要开发的创新内容、估算创新所需要的费用以及其他资源、进行可行性研究、提出项目计划。首先，要定义电信新业务的功能、特性和标准，通过服务运行标准体现，依据所依靠的硬件和软件性能标准来完成。其次，还要定义用户界面层次，将用户的需求以一种规范的形式进行描述，包括服务申请受理、查询、收费以及故障报告、维修等工作。进行详细定义之后，新服务对企业资源的要求也更加清晰，包括了市场营销能力、网络与技术支持能力、网络工程与规划能力、运行分析与管理能力、计费与信息系统等方面。企业不仅要从这些方面进行详细的内部评估。还要与竞争者进行实力对比，并考虑外部管制可能发生的变化。在以上两项工作完成以后，电信服务能力已经具备了进行详细设计的条件，在这一阶段的最后，提出详细的创新计划表。

（3）服务流程设计。在第 3 阶段要进行创新项目的具体设计工作，它将网络基础设施、运营支撑系统与商业过程结合在一起，这是最复杂的一个阶段，因为它需要这些领域作为一个整体协调工作。首先，为建设网络基础设施，电信运营企业必须策划和设计接入、交换、传输和互连方案。凭借从供应商和其他群体获得的资源，企业将完成网络的设计配置，鉴别在网络层次实现服务所必须的要素。其次，对于运营支撑系统要设计业务从申办到提供给用户再到获取业务收入的全过程，这其中涉及大量的数据库设计与定义工作，必须确保个系统间所必须的各种数据都能够按照要求获取和处理。最后，将网络系统和过程综合起来，使他们能够一致工作，成为一个端-端运行的系统。这一阶段的结果，将直接指导创新的执行阶段。

（4）开发与测试。开发与测试就是创新执行阶段的开始，电信运营企业将获取服务所需的基础设施和信息系统，按照设计要求把它们融合在一起，并为提供新服务制定日程表。随着第 3 阶段设计工作的完成，所有的概念与设计蓝图将交付网络运行与维护部门、业务部门和营业部门等业务部门转变成为实际的生产能力。这一阶段使创新服务在网络服务层次、服务交付层次和商业组织层次等方面准备就绪。商业组织层次上的准备意味着很多方面的工作，包括人员配置、培训以及责任划分、利益分配等，还包括市场细分、目标市场选定、确定实施顺序、投产进度和最后阶段的培训计划，对收入目标和最终定价进行详细分析，完成销售渠道计划并与外部供应者协调工作。

（5）试验与实施。商业实验与实施也是一个执行阶段，这一阶段有两个目的，一是确保企业所有部门已经完成所有开始新服务所需要的工作，二是确定服务在商业环境下可以按照需要的方式工作。商业试验将表明新业务是否能够按照所设计的方式来提供给客户，和企业能否按照要求的方式来支持这项业务。同时商业试验还为企业提供了重要的市场信息，使企业在下一阶段能够以正确的方式推广该业务。在商业试验通过之后，必须为网络的发展制订计划，包括为建立网络的容量和性能制订网络装备计划，确定网络的预定规模和支持用户预测以及今后网络扩容与升级的阶段计划。

（6）推广与评价。该阶段之前的所有工作都是为了达到最后的商业推广，这是最具策略性的阶段。如果新服务确定的时间进度是同时进入多个市场，这一阶段就短，如果确定的首次进入市场的时间是一个分阶段的展示过程，推广阶段就会相应的延长。根据这一决策的结果，与网络、系统等各支持要素的开发计划联合考虑，确定每一商业推广区域的具体实施计划。商业推广之后是推广后期的评价工作，从而确保创新周期以后的商业活动将继续进行，直到最终完成。只有对创新服务作出了肯定的评价，创新服务才将转入正常的业务管理。

16.2 电信服务流程设计

16.2.1 电信服务流程

服务流程是服务据以传递的政策、任务、程序等的有机结合。流程改进的作用不只是创造最高的质量或效率，还要为客户和员工创造相似的最高的价值以及满意度，最终为投资者创造利润。

1. 服务流程的定义

服务流程是指企业所进行的一个或一系列连续有规律的服务行动，这些行动以确定方式发生和执行，导致特定结果的实现，是一个或一系列连续的操作。

服务流程作为流程的一种，具有它自身的特殊性，换句话说，不同组织的服务流程是不同的，同一企业不同服务活动的流程也是不同的。服务流程既具流程的一般特点，同时也还具有它自身的一些特点。美国服务营销学者斯蒂文·阿布里奇对服务流程作了如下界定：服务流程是从客户的角度来观察事物，实质上是指客户感受到的由企业在每个服务步骤和环节上为他们提供的一系列服务的总和。企业及其员工无论怎样看待服务流程中的每一环节，他们大都是把这些环节当成作业来完成；而客户会对服务流程中的每一环节都作出评价，然后加以汇总，得出一个完整的评价结果。

从上面的论述我们看出服务流程既有作为流程的一般内涵，又有服务流程自身的特殊性。归纳起来，服务流程有以下3个特征。

（1）服务流程体现了在服务的每一环节、每一步骤为客户提供一系列服务的总和。

（2）服务流程由提供服务所经历的步骤、顺序、活动构成。

（3）服务流程是从客户的角度来安排企业的服务活动，它的宗旨是保证在服务的每一环节、每一个步骤都能增加客户享受和体验服务时的价值。

提高服务流程的合理性、有效性是赢得客户满意的关键一环，需要服务企业精心设计和有效管理。

从组织的角度看，服务流程是服务组织为了给客户提供某项服务而执行某项任务、开展某项业务活动的程序或步骤。电信服务流程，是指电信运营企业为了给客户提供信息通信服务，而展开的提供、运营、维护等业务的服务规律性流程。

2. 电信服务流程设计的过程

服务流程是电信提供服务的一个步骤，在电信行业的服务中，所有的服务流程都将涉及到人（员工或客户）的评价，这使服务流程的标准很难以确定，而且对于服务流程的要求也会随时间的变迁而不断的变化。因此，电信企业的服务流程不可能是一成不变的，必须要形成一个服务流程设计的规范化流程。电信服务流程设计包括两种主要的类型：第一，对已有服务的流程改进；第二，对新业务服务流程的全新设计。电信服务流程设计过程如图16-4所示。

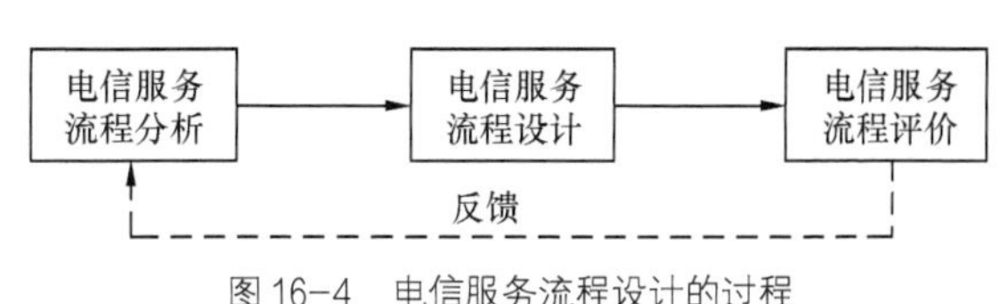

图16-4　电信服务流程设计的过程

16.2.2 电信服务流程分析

电信服务流程的设计是基于电信企业现有服务流程的一个再设计工作。所以，必须要对电信现有的服务流程有一个透彻的了解，才能设计出最优的电信新服务流程方案。对于电信服务流程的分析，主要可以采用3种方法：问卷调查法、流程图法、观察调查表法。

1. 问卷调查法

问卷调查法也称问卷法，它是调查者运用统一设计的问卷向被选取的调查对象了解情况或征询意见的调查方法。问卷一般由卷首语、问题与回答方式、编码和其他资料4个部分组成。

卷首语是问卷调查的自我介绍。卷首语的内容应该包括调查的目的、意义和主要内容，选择被调查者的途径和方法，对被调查者的希望和要求，填写问卷的说明，回复问卷的方式和时间，调查的匿名和保密原则，以及调查者的名称等。对于电信服务流程的问卷调查一般有3种：针对管理者、针对服务人员、针对客户，不同的问卷的卷首语必须要有不同的内容，体现问卷的针对性。

问题和回答方式。它是问卷的主要组成部分，一般包括调查询问的问题、回答问题的方式以及对回答方式的指导和说明等。其他资料包括问卷名称、被访问者的地址或单位（可以是编号）、访问员姓名、访问开始时间和结束时间、访问完成情况、审核员姓名和审核意见等。这些资料，是对问卷进行审核和分析的重要依据。

问卷调查的一般程序是：设计调查问卷，选择调查对象，分发问卷，回收和审查问卷。然后，再对问卷调查结果进行统计分析和理论研究。

2．流程图法

流程图法是将所有组成服务流程的要素以一种图形化的方式表示出来。把需要决策的工序和不需决策的工序分开表示。在流程图中决策用菱形表示，剩下的工序用矩形表示，两工序间的优先关系用实箭头表示，缓冲用三角形表示，信息流用虚线表示。除此之外，明确业务流程中的有关事项，如流程的开始和结束、需发布报告的关键点等也是有用的，流程图中用椭圆形表示事项。最后，流程图经常需要描述开展工序所需的资源。

在流程图中增加资源分配也是很有用的。把资源分配显示在流程图中的一种做法是把其水平性地分割成许多不同的颜色或条带，每种代表一种资源。至于流程的哪些要素需反映在流程图上，取决于使用该图的情形和所要求的细致程度。

电信企业的服务种类繁多，流程也非常复杂，而流程图法以最直观的图形展示了电信的服务流程。把一项流程细分成各种工序，识别它们之间的关系和图形化地表示方法，都有助于提高我们对整个流程的认识。对于比较复杂的流程部分，可以考虑利用服务流程图组来展示服务流程。

3．观察调查法

观察调查法是调查人员在服务现场对调查对象（电信服务人员、电信客户）的情况直接进行观察和写实，获取所需信息的一种调查方法。观察调查法的优点是调查较为客观，真实性高，受调查人员偏见影响小，可以实际地记录下所有流程作业动作和花费的时间。

时间动作研究最早起源于泰勒的科学管理理论。进行服务时间动作研究的原则在于保留必要的过程，并进一步缩短过程的时间，调整服务流程的结构，减少流程中非必要过程的时间。分析服务中的每一个动作，是否可以同时进行或者是后台完成，这都可以节约必要的服务时间。

16.2.3 电信服务流程设计方法

电信服务流程设计包括 3 种基本方法：客户参与法、生产线法和客户接触法。

1．客户参与法

电信客户积极主动参与服务活动，一方面提高了服务的效率，另一方面提高了服务的定制程度。因此在进行电信服务流程设计时，必须认真考虑客户的参与程度、需求偏好和特点，将其作为服务的一种生产要素纳入服务传递系统中去，从而有效地实现服务系统的功能，满足客户的个性化需求，以实现提高客户的满意度和电信企业的服务效率的目的。

客户参与方法的主要内容包括 4 个方面。

（1）电信企业在服务提供过程中给前端服务员工更大的自主权。企业在服务流程设计时，为员工制定相应的服务措施和授权方式，使他们在客户个性化需求中发挥主动、积极的作用。

（2）电信企业应该充分理解和判断客户的个性化需求和参与程度。电信企业必须根据所提供的服务类型，研究目标客户的需求和心理特点，分析他们的偏好，掌握客户在服务传递过程中的可能行为和可能出现的情况，对服务提供的整个流程进行分析，确定哪些工作可由客户承担，或者可以让客户拥有更大的控制权，从而准确判断和确定客户在不同的服务环节中所能达到的参与程度。

（3）动态监控和评估服务绩效。由于不同的电信客户对服务的个性化要求和参与程度不同，因此企业必须及时进行调控和评价。客户参与法能较好地满足客户的需求偏好，提供更加个性化的服务，并能通过客户主动参与调节供求平衡，使服务效率得到提高。但服务的个性化必然影响服务系统的运行效率，因此必须合理确定客户参与的环节和参与的程度，以实现满足个性化需求和提高效率的双重目的。

（4）在服务流程设计中体现电信服务提供系统的灵活性。电信企业在重新设计和改进服务流程时候，要为客户的参与和控制留下更大的余地或空间，以便使客户的参与和个性化服务得到有效的保证。同时，还要考虑服务提供系统对客户学习的支持作用。由于客户需要在服务过程中更多地参与并发挥自主权和控制权，所以必须使客户能够快速、简易地掌握各种所需的技能和知识，避免由于客户的参与而造成系统营运效率的降低。

2. 生产线法

生产线方法是服务流程设计的基本方法，是将制造企业的生产线流程和管理方法应用于服务企业的服务流程设计与管理。运用生产线法对电信企业服务流程进行设计和管理，目的是为了达到服务的高效率和规范化。具体方法如下。

（1）明确合理的劳动分工，对工作任务进行简化。生产线法的基本思路是把工作划分为较为具体的任务，使每个人的工作变得简化，并且只需要员工具备相应的一种或几种技能。这样可以提高服务效率，减少服务差错，降低运营成本。

（2）采用各种设施替代服务人员的工作。这种方法要求在服务产生和提供活动的过程中尽量采用各种设施和技术替代传统服务的人工劳动。具体包括采用机械和自动化设备、信息系统等硬技术和现代管理系统等软技术。

（3）促使服务的标准化。要对服务产品本身重新分析和定位，尽量减少其中的可变因素，使之标准化，为客户提供稳定、规范化服务。只有这样，相应的服务系统才能进行标准化运作，也才能明确定义各类服务分工，从而制定相应的流程和操作规范，最终实现提高服务效率和规范化的目的。

（4）实现服务人员的行为规范化。通过行为规范化，可以提高服务质量的稳定性，提高服务效率，使所有的客户都能得到一致的服务，减少人为因素的影响，提高服务质量和经营效率。

（5）控制电信服务人员的自主权。服务标准化和服务质量的稳定性是生产线的优势所在。对于标准化的常规服务，服务行为的一致性受到客户关注和认同。因此，服务人员行为的标准化要求把个人的自主权控制在有限的范围内。

3. 客户接触法

客户接触法是服务流程设计的又一基本方法，是指根据客户的接触程度不同，把电信服务系统分为前台部分和后台部分，也就是服务的前台部分和后台部分。前台是与客户接触较多的部分，采用客户参与方法的设计思想，适应不同客户个性化的需求和参与程度的需要，灵活处理服务过程中可能出现的各种具体情况，以达到较高的客户满意度。后台采用生产线法的设计思路，实现服务的规范化、标准化，因而避免了与客户接触造成的不确定性，从而达到较高的服务效率。因此，客户接触法是一种将前两种基本方法有机结合的服务流程设计方法。

服务接触方法的主要内容如下。

（1）合理划分服务提供系统中的前台部分与后台部分。首先，对服务系统进行全面考察和分析，合理划分前台部分和后台部分；其次，在前台和后台子系统内分别寻找出最关键的服务营销目标，明确界定各系统、各环节、各步骤的工作任务；最后，建立前台和后台服务的有机衔接关系，保证能够协同有效地运转。

（2）分别设计前台部分和后台部分的业务流程。在前台部分服务流程设计中，详细评价和判断与客户接触的各环节及步骤的重要程度和客户的真正需求，根据客户参与程度和方式，尽量减少影响服务效率的不必要的接触。例如，将部分人工服务改为自动化服务或剔除不必要的接触环节。在后台部分服务流程设计中，遵循产品线法设计思想，采用新技术和自动化设备，制定时间、质量和费用标准，对资源要素、流程和产出进行精确的控制。

（3）充分考虑和把握前台部分和后台部分业务流程的特点和要求。在服务流程设计过程中，必须对二者的特点和设计要求有明确的认识，才能把握设计的关键，优化服务流程的性能。

综上所述，电信企业可以选择一个适合自己的服务流程分析方法，也可以采用多种方法混合的方式，力求对于电信企业现有的流程有一个彻底的了解，对于服务流程中的弱点和不足，进行针对性的改进设计，对于服务流程中的空缺部分，进行创新设计。

16.2.4　电信服务流程的评价

对于一个服务流程而言，有 3 个重要的评价指标，即服务流程的有效性、高效性、适应性。所谓有效性，是指服务流程对于客户需求满意度的贡献水平，只有在服务流程能够有效提高客户的满意度的情况下，它才是有效性的。所谓高效性，是指服务流程的运营成本要足够电信企业在行业竞争中处于优势地位，没有高效性的有效性是毫无意义的。所谓适应性，是指服务流程对于内外环境具有自我调节的能力，不会因为一时环境状态的变化而导致系统运转失灵。

体现在具体的服务流程指标上主要有两个：一是对服务流程中增值部分占用时间的参数计算增值效率，另一个是对流程绩效指标进行计算，考察业务流程的绩效。

（1）增值效率评价。在电信企业的服务流程中，服务流程可以分为增值活动（能够创造价值的活动）和非增值活动。出于对有效性和高效性的考虑，能够尽量保证增值活动以尽可能高的效率方式开展，而相应的将非增值活动控制在最低的水平。增值效率就是指一个增值活动在整个流程系统时间所占的比例，即增值服务占用时间和服务流程总时间的比例。

虽然有些服务属于非增值活动，但是对流程的效率依然存在影响，有些甚至是电信企业运营所必要的，对于这些活动，主要是看如果对它进行活动整合是否会影响其职能的完成，再结合具体情况确定是否对它进行再造。对于某些流程很难确定其中的增值活动与非增值活动，可以引入任务分解的办法，判断其中活动对于分解后的任务的增值性，从而确定它的增值环节和非增值环节。

（2）服务流程绩效指标评价。服务流程整体绩效指标体系通常是由多个高层次度量指标组成，这些指标在很大程度上与企业绩效评价的指标区别不大，如流程的产能，流程中进行交换的信息量等。通过对子流程的动作时间分析表，可以分别计算出子流程的平均服务所需时间，再根据流程绩效的计算公式，可以计算出其他一些绩效指标。

以电信呼叫中心的服务流程系统为例，我们需要建立的主要指标有：

呼叫平均等待时间 = 等待时间总和 / 呼叫次数总和

服务平均时间 = 服务时间总和 / 呼叫接通次数

服务平均空闲时间 = 服务等待时间总和 / 服务人次

服务繁忙率 = 通话总时间 / 服务提供总时间

通过这些量化指标我们可以客观地评价一个服务系统的效率，不会因为管理人员或客户的主观因素而产生不合理的偏差。但是由于服务具有无形性和个性化的特征，量化的服务流程绩效指标体系往往还不够全面，必须和别的评价方法一起使用才更具有说服力。本次服务流程的评价也意味着下一次服务流程设计的前期分析，标志着下一个服务流程设计的开始。因此，电信企业必须意识到电信服务流程是一个不断循环往复的过程，只有不断地改进才能使服务流程最优化。

本章小结

电信服务系统由电信服务结构要素和电信服务管理要素两大部分组成。电信服务结构要素又分为电信服务传递系统、电信服务设施设计、电信服务地点和电信服务能力规划 4 个要素。电信服务管理要素分为电信服务接触、电信服务质量、电信服务能力和需求管理、电信服务信息管理 4 个要素。电信产品的生命周期分为 4 个阶段：投入、成长、成熟和衰退，把握和利用产品生命周期的规律，有助于制定电信产品发展战略，增加企业的竞争能力和赢利能力。电信服务创新划分为构思产生与机会分析、定义与可行性研究、服务流程设计、开发与测试、实验与实施、商业推广与评价 6 个阶段。电信服务流程是电信运营企业为了给客户提供信息通信服务，而展开的提供、运营、维护等业务的服务规律性流程。电信服务流程设计过程包括分析、设计和评价。对于电信服务流程的分析，主要可以采用 3 种方法：问卷调查法、流程图法、观察调查表法。电信服务流程设计包括 3 种基本方法：客户参与法、生产线法和客户接触法。服务流程评价指标包括服务流程的有效性、高效性、适应性。

思考与练习题

16-1 简述电信服务系统的组成。

16-2 简述电信产品的生命周期。

16-3 简述电信服务创新的过程。

16-4 什么是电信服务流程？

16-5 电信服务流程有哪几种分析方法？

16-6 电信服务流程设计的基本方法有哪些？

16-7 电信服务流程评价指标有哪些？

案例讨论

浙江移动的全球通俱乐部

浙江移动通信公司通过大客户全球通俱乐部活动，实施差异化服务营销战略。为了避免以往仅赠送一张 VIP 卡走走形式的现象，浙江移动采取了以下举措:

① 细分客户群，甄选高价值客户作为俱乐部会员。为充分体现出俱乐部会员与普通客户的差异性，浙江移动从全省 700 多万客户中精挑细选出 50 万左右，作为俱乐部会员的发展对象。

② 体现差异化服务。将全球通俱乐部会员分为 3 类，分别持有 A、B、C 三种 VIP 会员卡，不同类别的高价值客户将享受不同档次的服务。

③ 实时跟踪，贴身服务。区别以往单纯赠送 VIP 卡的形式，本次会员全部登记在浙江移动大客户服务系统中，浙江移动可以实时调取客户资料，了解客户的个性服务需求。同时，大客户在使用俱乐部会员卡时，如果遇到疑问，只需一个电话，浙江移动会细致周到地解决公司承诺服务范围内的所有困难。

④ 提高服务的含金量。俱乐部会员享受的服务涵盖了手机维修、业务受理、餐饮、住宿、门票、娱乐等多项服务，会员客户只要出示自己的 VIP 卡，即可很方便的享受到会员卡所标注的优惠。

讨论题：

试用电信服务创新的四维度模型分析浙江移动服务创新的成功之处。

第 17 章 电信服务运营管理

【引例】海底捞火锅“超越客户期望”的服务

任何一位去海底捞火锅的顾客在等候区里都可以看到如下的景象：大屏幕上不断打出最新的座位信息，几十位排号的顾客享用着无限量的水果、瓜子等小吃以及柠檬水等饮料，享受店内提供的免费上网、擦皮鞋和美甲服务，如果是一帮子朋友在等待，服务员还会拿出扑克牌和跳棋供你打发时间，减轻等待的焦躁。

大堂里，女服务员会为长发的女士扎起头发，并提供小发夹夹住前面的刘海，防止头发垂到食物里；戴眼镜的朋友可以得到擦镜布；放在桌上的手机会被小塑料袋装起以防油腻；老人和孩子会得到一份赠送的甜品；每隔 15 分钟，就会有服务员主动更换你面前的热毛巾，如果你带了小孩子，服务员还会帮你喂孩子吃饭，陪他/她在儿童天地做游戏。抻面是很多海底捞老顾客必点的食物，不为了吃，只为了看。年轻的师傅会把 4 元一根的抻面舞得像艺术体操的缎带，还不时抛向某个客人，赢来阵阵喝彩。餐后，服务员马上送上口香糖或是一份冰淇淋，一路遇到的所有服务员都会向你微笑道别。

“超越客户期望”的服务为海底捞赢来了客户。在大众点评网北京、上海、郑州、西安的“服务最佳”榜单上，海底捞始终居于前 2 位。

海底捞火锅之所以取得成功，很大一部分原因在于重视服务运营管理。只有做好服务运营管理，才能牢牢抓住顾客的心。服务运营管理的内容十分丰富，根据电信运营企业的特点，本章主要讲述电信客户关系管理、服务接触管理、电信服务需求与产能管理、排队问题管理、服务质量管理以及电信服务的 SLA 模式。

17.1 电信客户关系管理

17.1.1 需求层次理论

客户与电信企业的关系是建立在客户需求的层次上的，因此电信企业的客户关系管理理论基础为需求层次理论。

1. 马斯洛需要层次理论

人的需要是指人体某种生理或心理上的不满足感，它可使人产生行动的动机。人的需要是多样和复杂的。某一时刻，在人的许多需要中，会有一种需要是相对最强烈的，我们称它为强势需要。强势需要产生主导动机，而主导动机直接导致人的行动。人通过行动满足了强势需要后，又会有新的需要变成强势需要，如此循环往复。为了便于分析研究人的需要，美国心理学家马斯洛在1943年提出了“需要层次理论”，如图17-1所示。

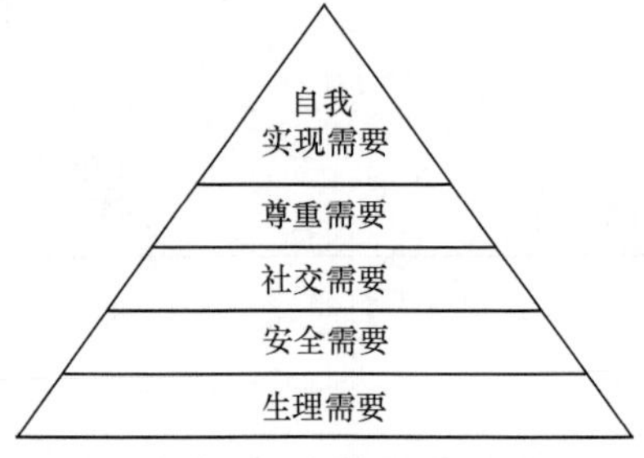

图17-1 需要层次理论

马斯洛认为，人的需要可以归纳为5大类，即生理、安全、社交、尊重和自我实现等需要。①生理需要，是人类生存的最基本、最原始的本能需要，包括摄食、喝水、睡眠、求偶等需要。②安全需要，是生理需要的延伸，人在生理需要获得适当满足之后，就产生了安全的需要，包括生命和财产的安全不受侵害，身体健康有保障，生活条件安全稳定等方面的需要。③社交需要，是指感情与归属上的需要，包括人际交往、友谊、为群体和社会所接受和承认等。此种需要体现了人有明确的社会需要和人际关系需要。④尊重需要，包括自我尊重和受人尊重两种需要。前者包括自尊、自信、自豪等心理上的满足感；后者包括名誉、地位、不受歧视等满足感。⑤自我实现需要，这是最高层次的需要，是指人有发挥自己能力与实现自身的理想和价值的需要。

2. 电信企业客户关系的需求层次理论

电信企业客户关系的需求层次理论建立在满足——上升——满足的基础上，需求的层次也分为3种：①通信的需求（Communication），包括语音沟通与通信质量和安全的需要；②相互关系和谐的需求（Relatedness），包括有客户与客户之间、客户与运营商之间相互和谐的社会人际关系；③增值的需求（Value），这是高层次的需求，包括客户自身价值的提升，潜能的发展和自我实现。电信客户关系的需求层次理论，简称为CRV需要理论，与马斯洛需要层次理论的比较如图17-2所示。

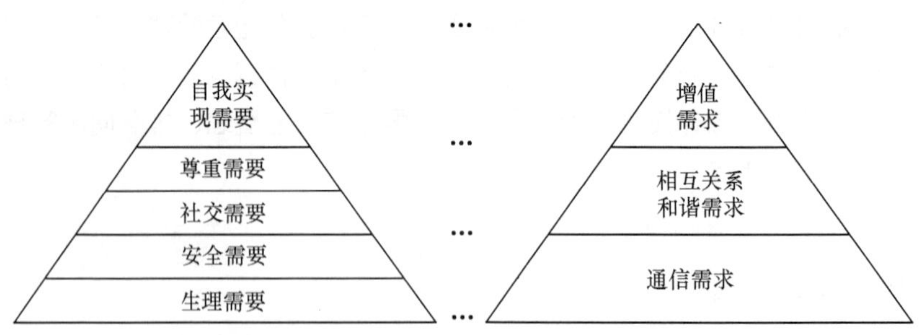

图17-2 电信客户关系需求层次理论与马斯洛需要层次理论的比较

在电信市场竞争形成之前，客户只有低层次的“通信需要”；当通信市场由卖方市场转变为买方市场，客户的“通信需要”已相对满足，其上一级“相互关系和谐需要”开始转为强势需要；当强势需要得到满足时，电信只有达到为客户“增值需要”的目的，才能最终得到客户认可。

17.1.2　市场细分

1．电信市场细分的定义

1956 年，温德尔·史密斯正式提出“市场细分”的概念。目前，这一理论已被广泛的用来指导企业的市场营销活动。所谓市场细分是指营销者根据顾客之间需求的差异性，把一个整体市场划分为若干个消费者群（子市场）的市场分类过程。不同细分市场的消费者对同一产品的需求与欲望存在着明显的差异；而同一细分市场的消费者，他们的需求和欲望却极为相似。

电信市场细分是依据电信市场特有的运作规律，按照电信市场消费者在市场需求、购买动机、购买行为和购买能力方面的差异，运用系统的方法将整个电信市场划分为若干个不同的消费者群（子电信消费市场），然后选择合适的子电信消费市场作为电信企业服务目标市场的过程。

2．电信市场细分的程序

一般而言，市场细分常由明确细分目的、选择细分变量、确定数据来源及收集数据、选择数据分析方法并进行细分、描述细分市场并进行有效性检验、选择目标市场并制定营销策略这 6 个步骤组成，如图 17-3 所示。

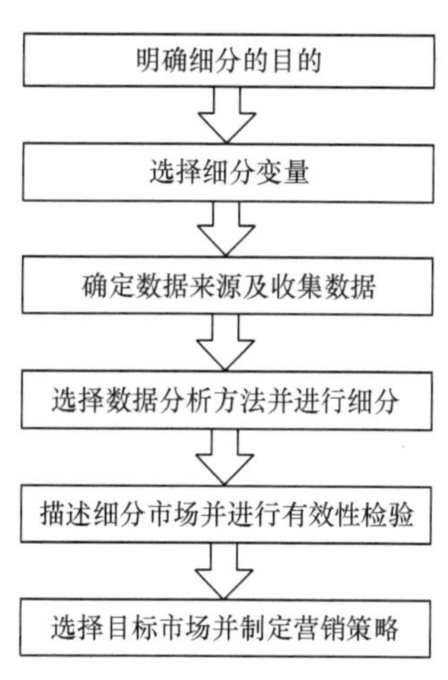

图 17-3　电信市场细分程序

（1）明确细分的目的。市场细分的第 1 步是要明确开展市场细分的目的是什么。通常市场细分的目的包括以下方面的一个或多个：识别价值高的客户，了解高价值客户的特征；集中发挥广告的更大效果；为新技术或新产品设计寻找可能的目标市场；改进现有产品或服务的设计；寻找新产品或服务的市场机会；评估竞争者的新产品、新服务、新策略对市场的影响；树立更好的品牌或公司形象；为不同的客户群提供不同的套餐。

（2）选择细分变量。细分变量的选择应围绕细分目的进行。如果细分的目的是识别有价值的客户，选取的变量就有可能是 ARPU 值、MOU、在网时间长度或使用业务种类等；如果细分的目的是依据客户的语音消费行为制定套餐，选取的变量可能是单次时长、话务时段、拨打次数及号码集中度等；如果细分的目的是提高广告的针对性，选取的变量为客户的媒体接受习惯等。总之不同的细分目的有不同的变量选择。

（3）确定数据来源及收集数据。数据来源由选取的变量类型决定。有些变量在企业现有的营业、计费或 CRM 系统中有记录，如 ARPU 值、MOU、时长、次数及去向等，这些变量数据可以直接从系统中提取。而有些变量如家庭生命周期、个性、兴趣爱好、态度、满意度等，在企业的现有系统中并无记录，需要通过市场调查来获取数据。

（4）选择数据分析方法并进行细分。这一步骤是市场细分中最具难度的一步。目前有许多分析方法可以用于市场细分研究。从简单列表和交叉列表，到同时考虑多个变量的复杂统计分析工具。后者被称为多变量分析技术，包括分割聚类、系统聚类和交互检验，而且要使用专业的统计分析软件，如 SPSS、SAS 等。在每一个细分研究中，分析人员必须选择最恰当的分析技术。

（5）描述细分市场并进行有效性检验。市场细分的第 5 步是描述细分市场并进行有效性检验。一旦通过第 4 步形成了市场细分的模型，就需要对各个细分市场的特征进行刻画，描述每一个细分变量以及其他相关信息在各个细分市场上的异同。描述应尽可能客观、量化。描述结束后就要对细分方案进行检验。一是检验细分市场之间在关键变量上的差异是否显著；二是检验细分结果是否符合可识别性、可接近性、可行动性、效果性及现实性等市场细分有效性的特征。

（6）选择目标市场并制定营销策略。市场细分的最后一步就是选择目标市场并制定营销策略。

3. 电信市场细分常用的变量

市场细分工作是寻找需求差异，追溯差异原因的过程，电信市场之所以可以细分，是由于电信消费者的需求存在差异性。引起消费者需求差异的变量很多，实践中，电信企业一般是组合运用有关变量来细分市场，而不是单一采用某一变量。细分的标准分别是地理和人口特征、心理特征和生活方式、产品态度和利益追求特征、消费行为和价值，如图 17-4 所示。

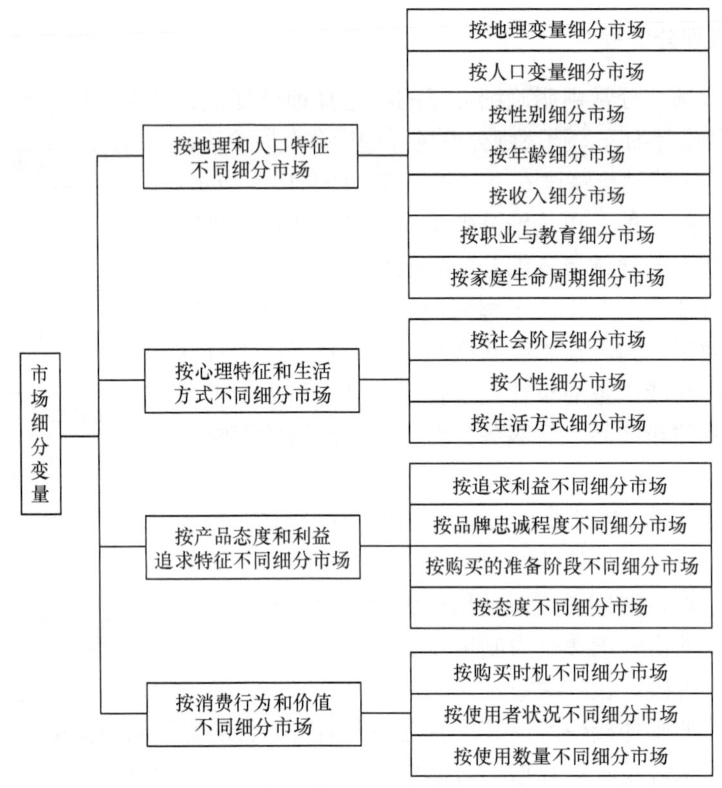

图 17-4 市场细分类型

17.1.3 客户关系建立

在电信企业细分了市场后，就到了说服客户购买，促成客户关系建立的阶段。下面将从客户的角度出发，通过客户购买产品风格的不同，介绍一些与客户建立关系的方法。

1. 客户关系建立前的有效需求分析

通过市场调研等方式与顾客初步接触后，可以大致了解客户的一些基本情况。将具有相似特征的客户分类，根据有效需求=欲望+购买力，建立一个二维坐标系（如图 17-5 所示）。横坐标表示购买力，分高低两级；纵坐标表示欲望，分强弱两级。将这个二维坐标系分成 4 个象限：

第 1 象限表示购买力高、欲望强的客户群体，第 2 象限表示购买力高、欲望弱的客户群体，第 3 象限表示购买力低、欲望强的客户群体，第 4 象限表示购买力低、欲望弱的客户群体。

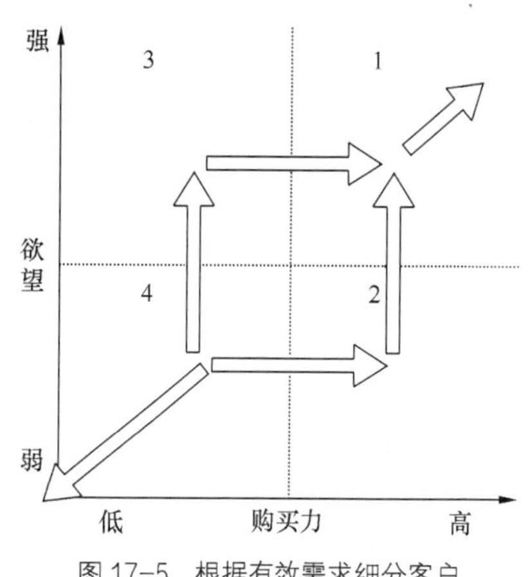

图 17-5 根据有效需求细分客户

对于不同大类的客户群体要实施不同的客户建立规划。第 1 象限的客户要重点培养。第 2 象限的客户通过消费引导，作用于他们的社会心理因素，激发他们的购买欲望。第 3 象限的客户可以用促销刺激和采取相应的价格策略，促进这类客户的购买。第 4 象限的客户，如果要实现他们的购买可以先将他们向第 2 或第 3 象限迂回过渡，然后再向第 1 象限发展，不过成本可能比较大，另一种策略就是放弃这种客户。

2．说服客户购买，促成客户关系建立

要说服客户购买产品，建立客户关系，就必须要了解客户决策过程，在客户决策模型中，理解客户的信息搜寻处理过程对于制定正确的营销沟通策略有着至关重要的作用。信息搜寻是提供营销信息并影响客户决策最根本的阶段。

（1）客户搜集信息及解决办法。客户搜寻信息的目的在于对企业提供产品/服务以及企业品牌/形象等内在的质量、价值与功能作出区分和评价，以便作出正确的购买决策。信息搜寻的效果取决于客户信息搜寻能力和信息搜寻成本，如图 17-6 所示。

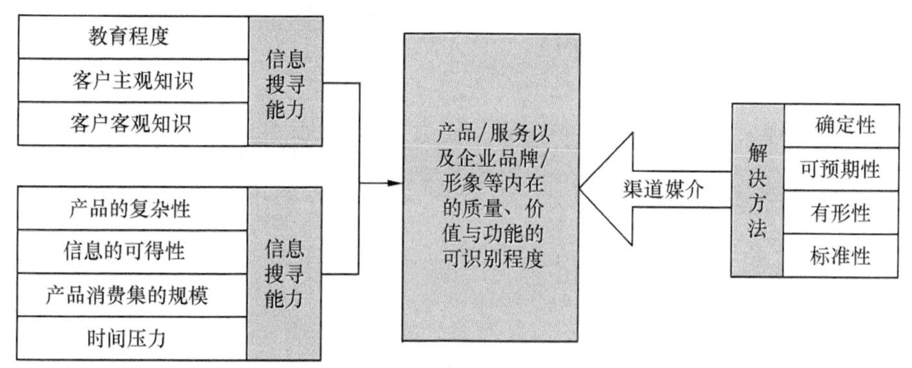

图 17-6 客户搜集信息及解决办法

客户信息搜寻的最终目的是要避免消费风险，所以我们应该围绕客户信息搜寻过程，制定相应的解决办法：保证销售渠道和媒介对信息正确、及时、畅通地传播；增加产品和服务的确定性；增强产品和服务的可预期性；强化产品和服务的有形性；增强产品和服务的标准性。在客户关系的识别期，即使为客户解决了信息搜寻的问题，企业还需要考虑在现实交易中如何通过合理的沟通，有效传递信息。

（2）建立大客户关系。研究表明，即使客户在消费之前掌握了相当的信息，在消费点的说服同样重要。所以企业需要区分客户决策类型，采用不同的方式说服客户，促成客户关系的建立。大客户的客户关系建立与普通客户有所不同。

首先，大客户的购买决策流程与普通客户不同。大客户购买决策流程一般比较复杂，如图 17-7 所示。

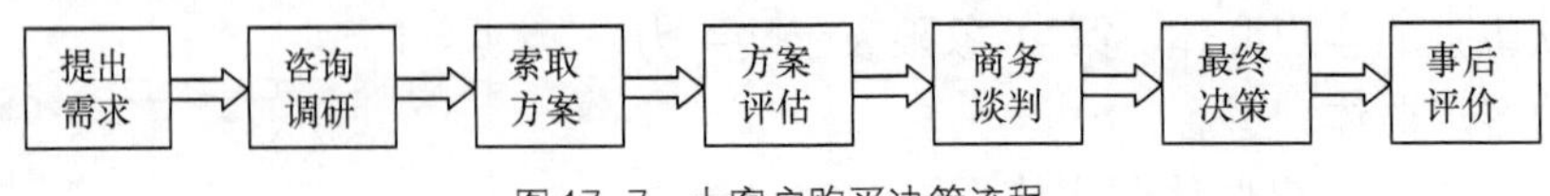

图 17-7　大客户购买决策流程

其次，大客户的购买规模大、风险高、过程复杂，因此其购买决策往往是由各类人员共同参与完成的。一般情况下，一个完整的大客户购买决策过程需要发起者、评估者、过滤者、购买者、决策者、影响者 6 类人员的参与。而在现实中，这 6 类角色是由一线员工、部门主管和高层领导担任的，他们组成了金字塔结构，如图 17-8 所示。

由于大客户的决策流程和决策者与普通客户有很大的不同之处，因此在与大客户建立客户关系时要做到"分层公关"。所谓"分层公关"指的是针对集团客户购买行为的发生过程进行有组织的公关活动，其内容与实质在于分析并研究客户购买活动中的参与者所处的层次及扮演的角色，组织本企业中对应层次的人员进行分层与组合公关，通过个人营销关系与组织营销关系的建立，达到产品的销售与产品价值进一步开发的目的。

为了与大客户建立关系，必须注重售前分层公关。在这个过程中，电信企业应针对客户购买规模的大小及产品的复杂程度，组成专门的公关团队。售前分层公关的 3 个基本层次有不同的任务，如图 17-9 所示。而这公关活动应贯穿销售活动的全过程，包括信息的搜集、客户关系的建立、客户需求的理解、解决方案的形成和最终合同的签署等基本步骤。

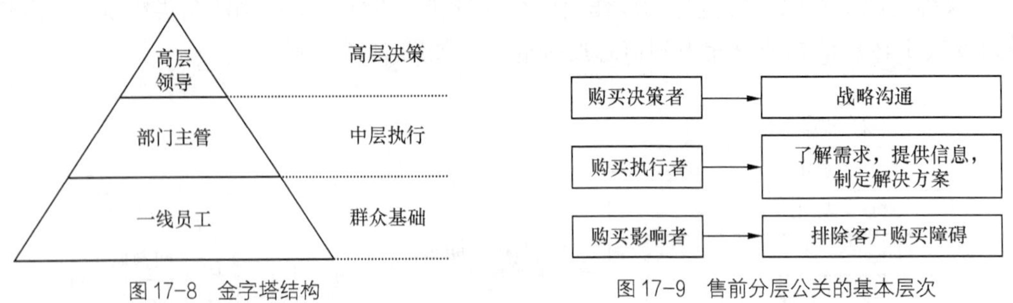

图 17-8　金字塔结构

图 17-9　售前分层公关的基本层次

17.1.4　客户关系维系和深化

虽然已经与客户建立了关系，但这种关系是短暂的、不稳定的。企业要取得长期的利润，必须要有稳定的、高质量的用户。而这就要靠企业维系和深化与客户建立起来的关系。本小节将从客户价值与客户生命周期两个角度来说明如何维系和深化客户关系。

1．客户再细分与策略制定

客户的再细分是从客户的价值上对客户的重新细分，目的在于识别价值客户，实现客户组合的动态优化。对于企业来说，更重要的是能为企业带来长期效益的价值客户，因此需要对已经建立了客户关系的客户进行再衡量，找出企业的价值客户。客户价值包括两个方面：当前客户价值和潜在客户价值。其中当前客户价值用毛利润、购买量和服务成本来衡量；潜在客户价值由信用度、忠诚度和信任度来衡量。分别用当前客户价值和潜在客户价值作为横坐标和纵坐标，建立经济型客户分类模型，如图 17-10 所示。

该模型将客户分成 4 类：

（1）当前价值和未来价值都很高的客户，是企业的价值客户，是企业稳定的利润来源。

（2）当前价值高但是相对关系不稳定的客户是企业的次价值客户，这类客户往往具备一定的购买力，会对企业的短期利润造成影响，有相当的讨价还价的能力，可能包括企业的一些大客户。

（3）潜价值客户是指那些对企业有一定的依赖性的客户，他们将在未来为企业带来利润，当前却购买力有限。这类客户从总体上看是企业长期经济实体的基础。

（4）第 4 类是双低客户，对于这类客户，企业要具体分析造成双低的原因，进而采取相应的策略。

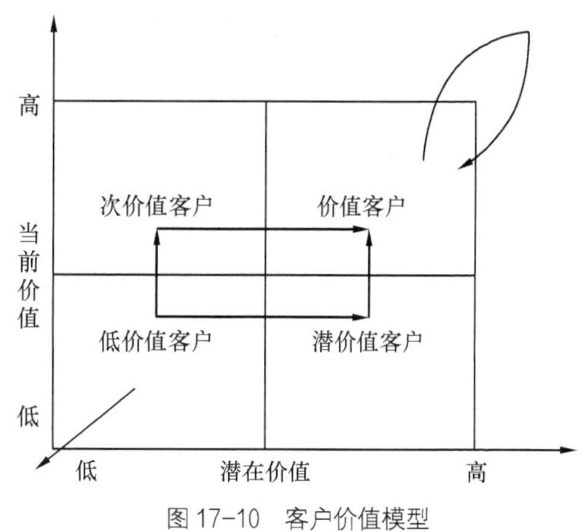

图 17-10 客户价值模型

客户价值模型的建立是为了对客户进行分类，从而对不同的客户采取不同的维系和深化手段，达到巩固客户关系的目的。

2．基于生命周期理论的客户保持

客户生命周期指一个客户对企业而言是有类似生命一样的诞生、成长、成熟、衰老、死亡的过程。在电信行业，所谓的客户生命周期，是指电信客户从成为电信公司的客户并开始产生业务消费开始、消费成长、消费稳定、消费下降，最后离网的过程。如图 17-11 所示，分为 4 个阶段。

客户生命周期理论是研究客户关系的重要理论。在客户生命周期的各个阶段，客户的购买方式和价值衡量标准是不同的。因此，企业要依据客户生命周期各阶段的特点，正确把握客户保持的策略重点。

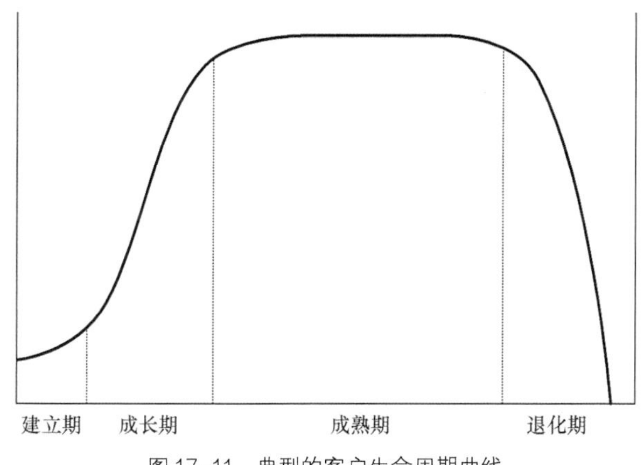

图 17-11 典型的客户生命周期曲线

（1）建立期。建立期客户保持的策略重点是制定专业服务计划。专业服务计划是指在售前、售中以及售后提供客户相关产品的专业性服务，帮助客户深入了解和适应企业的产品或服务。

在沟通阶段，企业应通过多种途径向客户传递有效信息，引导客户使用本企业的产品或服务，激发潜在客户的购买欲，帮助他们制定购买决策。进入接洽阶段，客户掌握了企业的产品或服务信息，做出交易决策。

（2）成长期。成长期客户保持的策略重点是完善服务体系。完善服务体系旨在更好地服务客户，满足客户需要，提高客户忠诚度。主要通过利益合伙人关系、增值服务和感情联络计划 3 个途径实现。

利益合伙人关系是指企业将部分业务信息与客户共享，引导客户参与产品研发和销售，提高产品或服务的个性化水平，更好地满足客户需要，增进客户忠诚。增值服务分为无偿服务和有偿服务，无偿服务是提供客户如免费维修、免费升级、上门培训等服务；有偿服务是企业通过增量和交叉销售向客户提供增值和配套的产品或服务，强化客户忠诚，延伸客户需求。感情联络计划是通过联谊活动和情感交流活动来强化客户关系，达到客户保持的目的。完善的客户服务体系有利于企业向客户提供符合其特殊需要的个性化产品或服务，保持企业产品或服务对客户的长期吸引力，提高客户忠诚度水平。

（3）成熟期。成熟期客户保持的策略重点是设置客户退出壁垒和降低交易成本。企业通过设置客户退出壁垒维持长期客户关系。企业可以从经济、技术专利和契约 3 方面设置客户退出壁垒。经济壁垒是指结束客户关系会给客户带来经济上的损失——经济转移成本。经济转移成本越高，客户关系越不容易破裂。技术专利壁垒使客户对企业产品或服务产生一定的依赖性。契约壁垒是通过与客户签订购销合同，产生一定的法律效应，造成了客户的退出壁垒。此外，企业还应从降低交易成本的角度来提高客户保持的效率。

（4）退化期。退化期客户保持的策略重点是恢复客户关系和建立预警长效机制。恢复客户关系的目标是恢复危机中的客户关系使他们重新回到原先的忠诚状态。预警长效机制是指分析客户流失的原因，提出预防现有客户流失的措施，建立一个预防客户流失的长效机制。

17.2 电信服务接触管理

由于电信服务具有与有形产品不同的特征，即服务结果的无形性，以及生产与消费的同时性，顾客所感知的价值和满意不仅仅体现在他们获得的服务的结果方面，也体现在与企业组织和服务提供人员的服务接触过程中。如图 17-12 所示，服务接触在整个服务过程中占有很重要的地位。

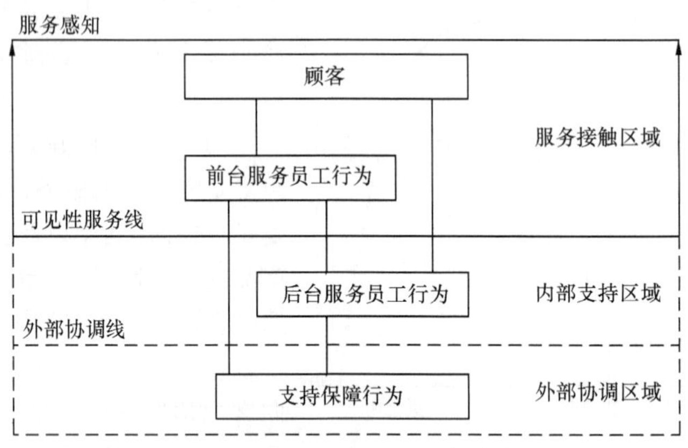

图 17-12 服务接触及其在服务过程中的地位

17.2.1 服务接触的内涵

1. 服务接触的含义

服务接触（Service Encounter）指的是在服务体验过程中顾客与服务组织的服务提供者进行接触而发生的相互影响、相互作用。服务接触过程是顾客评价服务产品质量的关键所在，揭示了服务的真面目，所以在服务质量管理中又称为“关键时刻”，亦即“真实瞬间（The

Moment Of Truth)”。这个概念由斯堪地亚航空公司的创始人 Jan Carlzon 提出，指客户形成一个关于企业的印象或感觉的任何情绪。瑞典学者理查德·诺曼（Richard Normann）最早于1984 年引进服务质量管理理论之中。诺曼认为“顾客心中的服务质量是由真实瞬间的相互影响来定义的。一个顾客和服务提供者一起经历多次相遇之时，在这经常的短暂相遇的瞬间中顾客评价着服务并形成对服务质量的看法。每一个真实瞬间就是一次影响顾客感知服务质量的机会。

2. 服务接触的特点

对于大多数服务组织来说，服务接触的开始与结束存在于顾客与服务人员之间，这些服务接触是人与人之间的相互作用。这些服务接触有以下特点。

（1）服务接触有明确的目的。不管起因是什么，服务接触都有预先的目的。顾客走进电信企业营业厅是为了办理或咨询业务；电视中的广告是为了现有的和潜在的客户；邮局卡车上的标志则告诉看到该卡车和标志的人，邮局正在进行配送。

（2）服务提供者不是利他的。对于服务提供者来说，服务接触是他日常工作的一部分。服务提供者的最基本的目的是完成工作，取得报酬。因此，对于他来说，服务接触只是一项工作，他有可能对每一个顾客都重复地、机械地完成他分内的工作，而不考虑每位顾客的不同需求。

（3）不需要预先相识。在绝大多数情况下，顾客和服务提供者是互不认识的，即使没有进行互相介绍，在服务过程中双方也不会不舒服。例如，顾客去营业厅办理业务等。但有些服务接触不仅需要彼此间的正式介绍，还需要给予更多的信息。电信企业和大客户之间的服务接触就是很好的例子。

（4）服务接触的范围有限。虽然刚见面的问候、礼貌和一些简单的交谈都是某些服务接触的一部分，但花费在非服务内容上的时间通常是很短的。顾客与服务提供者之间相互作用的范围取决于服务任务的性质。

（5）交换与任务相关的信息。在服务接触中经常需要交换与服务内容相关的信息。例如，电信企业要为某大客户提供服务，首先要了解对方的人数、规模，使用习惯等，同时还要提供自己在该服务方面的情况。

（6）顾客与服务提供者的角色有明确定义。在服务接触中，为达到有效和高效的服务结果，顾客与服务提供者都需要有明确的行为规则。有些规则可以从经验中学到，有时候需要服务提供者引导顾客了解规则。例如，有些客户会明确告诉电信企业他要什么业务，而有些客户需要电信企业为他量身定做，设计业务组合。

3. 服务接触的分类

服务接触一般可以分为 3 大类：面对面服务接触、电话服务接触和远程服务接触。顾客可以通过任何一类接触方式或综合方式接受服务并形成体验。

（1）面对面接触。面对面接触指顾客与服务企业或服务人员的直接接触。例如，去电信企业营业厅办理业务，顾客要与营业厅工作人员发生面对面的接触。面对面接触有时能降低顾客的感知风险，如飞机上空姐和蔼的态度、亲切的笑容在很大程度上缓解了没有飞行经验旅客的紧张情绪。在面对面接触中，影响顾客感知服务质量的因素最多，也最为复杂。语言和非语言的行为都对感知质量产生重要影响，如服务人员的态度、着装、服务场所的环境以及用于提供服务的设备。

（2）电话接触服务。电话接触服务是指顾客通过以电话为媒介，从服务组织中接受服务。这种服务接触在日常生活中越来越广泛。顾客往往通过接听电话，通过电话人员的语气、接电话人员的专业知识及沟通能力、处理顾客问题的速度和效率等方面的工作表现，来判断所感知的服务质量。

（3）远程服务接触。远程服务接触是指顾客通过设备与设备之间的接触而接受的服务。例如，顾客通过网上营业厅与电信企业进行接触。在远程服务接触中，虽然不是人与人之间的接触，但对于服务企业来说，每一次接触都是提高顾客对企业组织感知质量的机会。

17.2.2 服务接触的管理

服务接触主要由 4 个要素组成：顾客、服务员工、服务系统和有形展示，这 4 个要素构成了服务接触管理的主要对象。通常认为，服务技能、效率、信息容量、态度、服务柔性和营业环境（服务接触属性）是影响服务接触水平高低的具体因素，这些因素蕴含在服务接触的 4 个要素中。

1．顾客

顾客是服务接触中的最主要要素。服务接触的终极目标是顾客满意，顾客对服务质量的评价、对服务的整体满意度、是否下次再来的决定等，都极大地取决于他在服务期间的感受。因此，完整服务产品和服务提供系统的设计必须考虑用一种最有效的方式来满足顾客的要求。

2．服务员工

服务员工是指直接与顾客打交道的那些人员。一个服务员工代表其服务组织，是保持服务提供系统正常运转的力量。常年完成同样的任务使得服务员工往往只重视服务接触的效率和有效性，千篇一律地对待顾客，而不是把每一个顾客看作一个具有个性的个体，考虑有的顾客可能缺乏经验、有的顾客有焦虑心情、有的顾客担心服务情况、有的顾客可能有特殊要求等。很多情况下，除了服务技能、服务效率，顾客对服务员工所表现出来的诸如友善、温暖、关怀和富有情感等人际交往技能也非常在意，甚至往往是这些因素决定了一次服务接触的成败。因此，管理者有责任帮助服务员工培养这些技能，使组织服务员工能够站在顾客的角度进行服务接触。还需要对员工加以培训，使他们具有一定的行为规范。

美国最成功的航空公司之一的西南航空公司的 CEO Herb Kelleher 曾说："企业经营中向来难以回答的一个问题是应该把谁放在首位?员工，顾客还是股东?但是这对于我从来就不是一个问题。对于我来说，员工第一。如果他们满意、具有献身精神、精力充沛，他们就会为顾客提供最好的服务；如果顾客就此满意了，他们就还会再来；最终股东也会满意。"这段话很好地说明了员工管理的重要性。

3．服务系统

服务系统包括设施设备、各种用品、服务程序和步骤，以及规则、规定和组织的文化。但服务提供系统影响服务接触，实际上只是顾客能够看到、接触到的那一部分，这一部分也可称为可视部分，即前台部分。这部分的设计和运行必须从顾客的角度出发。而在后台，服务系统的设计主要考虑如何支持前台的运营。

4. 有形展示

有形展示包括一项服务和服务组织可能形成顾客体验的可触的所有方面。后台设施，或顾客不可视部分的设施不属于有形展示的部分，因为它们不会直接形成顾客的体验。有形展示包括服务企业所在的建筑物的外形设计、停车场、周边风景，以及建筑物内的家具摆设、设备、灯光、温度、噪声水平和清洁程度等，还包括服务过程中使用的消耗品、使用手册、服务人员的着装等可触的东西。一般来说，顾客在服务设施内停留的时间越长，有形展示的重要性越高。

有形展示不仅有可能影响顾客，还有可能影响服务员工的行为。服务员工要在服务设施内度过他们绝大多数的工作时间，因此他们的工作满意度以及工作动力和工作绩效也受有形展示的影响。有形展示的设计还应该考虑到如何能够使员工无障碍地执行任务，使顾客和所要执行的任务顺利地通过系统。

17.2.3 服务接触过程分析与评价

服务接触过程是由一系列服务接触点构成的，不同的服务接触点所呈现的功能是不同的。因而在对服务过程进行分析时需要识别关键接触点并对关键点进行系统性地合成分析，从而评价整体服务能力。

1. 服务接触点的确定

服务接触点是顾客和服务系统进行物质流、资金流和信息流交换的点，是影响顾客对服务质量感知的基础环节，在每一个接触点，服务系统由服务提供者完成一项相对独立的活动，而该活动是系统服务功能的一部分。对服务接触点的确定常用的方法有两种，一种是基于服务提供流程图分析的方法，如服务蓝图方法；另一种是图论的方法。

服务蓝图是由美国学者 Shostack 和 Kingmam-Brundage 于 20 世纪 80 年代提出。主要用于描绘服务体系，寻找并确定关键的服务接触点。该技术通过对服务流程、顾客行为、服务企业员工行为以及服务接触服务证据等方面的描述，将复杂抽象的服务提供过程简单化、具体化，如图 17-13 所示。

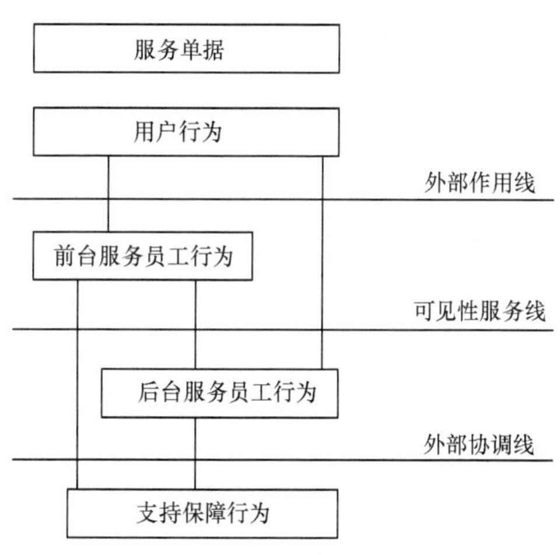

图 17-13 服务蓝图的基本组成

用户行为主要描述顾客在采购、消费和评价服务质量过程中所采取的步骤、表现的行为以及它们之间的相互关系。前台服务员工行为是指服务体系中直接向用户提供服务，并能够被用户看得见的员工行为。后台服务员工行为是指发生在服务体系的后台、用户看不见的员工行为，主要是为前台员工提供技术、知识等保障服务，必要时也可为用户提供直接服务。

支持保障行为涵盖了所有保障服务体系正常运行的辅助工作，主要是为前后台服务员工提供后勤服务。

服务蓝图的实质是对服务流程的一种“二维描述”，横向按照服务流程的顺序安排，纵向表示服务提供过程中涉及的职能部门及其相互关系。通过服务蓝图，不但可以形成对整个服务提供过程的明确认识，而且可以清晰地确定服务传递过程中影响服务质量的内外部服务接触点，从而便于确定参与服务质量评价的主客体。

电信服务接触点主要包括图 17-14 所示的几个方面。通过这些载体，负责营销沟通的经理就能够诱发客户联想到品牌和产品的重要接触点。一般常用方法是通过一连串的深入访谈进行了解。

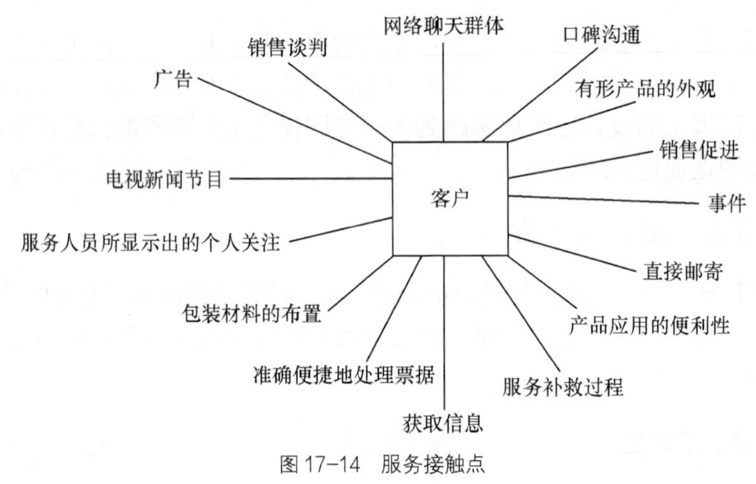

图 17-14　服务接触点

2．关键接触点的确定

服务过程中的接触点可能很多，点与点之间的重要性是不同的，有些接触点是服务质量流运行过程的瓶颈或薄弱点，是接受、处理和传递服务质量的重要环节，对服务的顺利开展以及服务整体质量的高低起决定作用，把这些点称为关键接触点。可以运用图论的方法来分析识别关键接触点。

GERT （Graphical Evaluation and Review Technique，图形评审方法）是在系统工程方法中广义网络计划技术的基础上不断完善发展起来的一种广义随机网络方法。它使用带概率的有向网络图进行分析，能够全面地刻画服务流程，描述各环节之间的关系，不仅可以用来分析研制性和情况复杂多变的项目计划与控制问题，还可以将它用于排队论、存储论、可靠性、质量控制等统筹问题。

GERT 主要由节点、支线和流 3 个要素组成，节点表示各活动之间的逻辑关系，支线表示活动，流表示活动的各种参数（如实现概率、完成时间、分布类型等）。服务接触分析 GERT 基本步骤如图 17-15 所示。

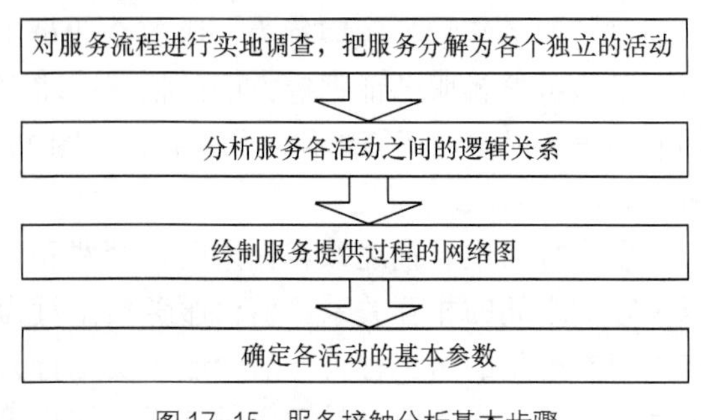

图 17-15　服务接触分析基本步骤

3. 服务接触能力指数

过程能力的思想来自制造业的产品质量控制，是指加工过程满足技术规格要求的能力，通常用过程能力指数来定量描述。相应地，服务接触能力是指在服务产品的生产与提供过程的一系列服务接触中，服务系统能够满足顾客心目中的服务质量标准的能力，其结果可以用服务接触能力指数来衡量。

采用分层的思想对服务接触能力进行逐层分解。第 1 层是服务接触能力指数，代表服务系统运作评价的目标。第 2 层是关键接触点的服务质量，对它进行综合即得到了顾客对服务系统总的评价。第 3 层为每一个关键接触点的服务接触属性（如服务技能、效率、信息量、态度和营业环境）。第 4 层为服务接触属性所对应的具体评价指标。这样就形成了服务接触能力的模型，如图 17-16 所示。

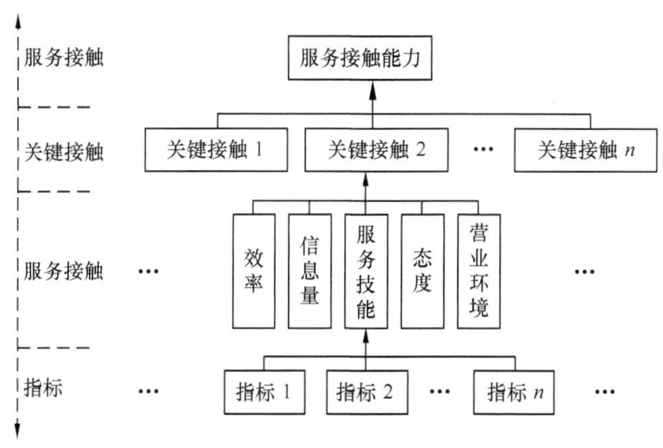

图 17-16 服务接触能力层次图

案例：某移动公司的服务接触管理实践

某移动公司面临高普及率的市场环境和精明、挑剔的消费者，“服务接触”成为其提高服务质量的突破口。该市公司将服务接触分为实体渠道和电子渠道，实体渠道包括自营渠道和社会渠道，电子渠道包括客户服务热线、网站（网上）营业厅、短信营业厅、掌上营业厅、自助终端、短信、彩信、WAP 等线上客户接触点如图 17-17 所示。该公司从营业厅、客户服务热线、网上营业厅等方面加强了服务接触管理。

（1）营业厅管理

营业厅是电信运营企业与客户之间的第一接触，其功能和作用对公司具有举足轻重的地位。某移动公司将服务现场的 3 个主要相关方和服务现场的 3 项主体活动（如图 17-18 所示），连接成一个有机的整体，以客户满意为导向，以服务流程优化为核心，以员工自我实现为基础，不断改进、持续发展。

在推进营业厅服务现场管理过程中根据不同业务的操作程序、不同物品的放置要求及使用频率等，对物品进行合理定位，提高查找效率；对服务流程进行优化，减少服务环节，提升工作效率；制定《现场管理手册》、《营业厅现场管理标准》，将成果和有效做法固化到管理制度中；开发“营业厅服务现场管理信息系统”，通过现场管理、物品管理、文件管理等功能模块，实现营业厅现场环境、物流和信息流的动态监控和即时管理。

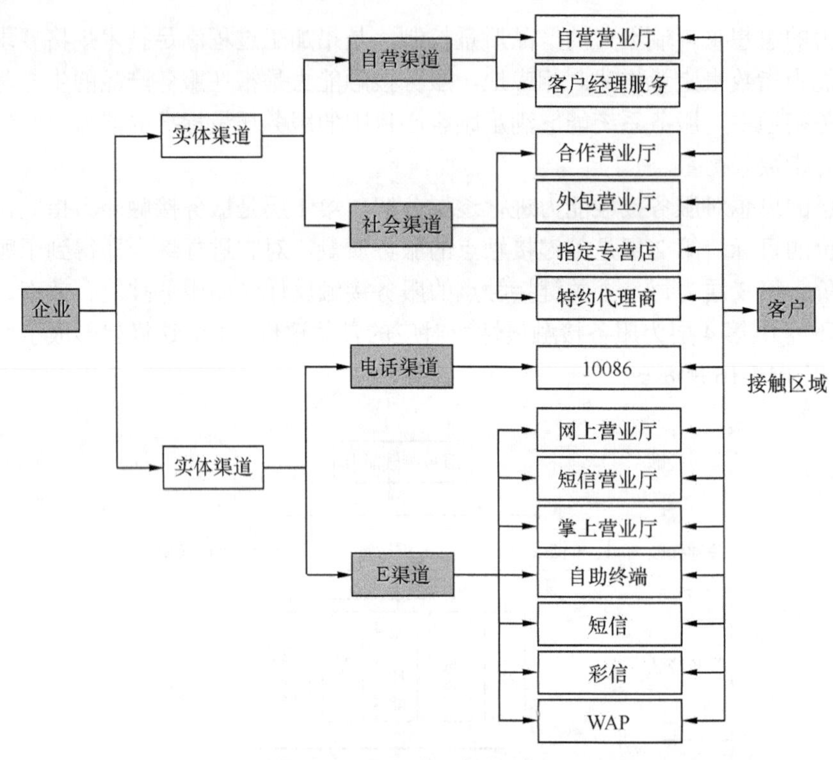

图 17–17　某移动公司服务接触渠道

（2）服务热线管理

预测排班科学化，通过分析高峰时间呼叫量的构成，掌握话务呼入规律。同时，建立适宜的预测模型并借助仿真工具，设计不同排班方案，使话务量曲线与坐席安排曲线尽量相吻合；菜单设计合理化，通过呼叫中心客户互动分析系统解决方案，克服了自动语音引导系统（IVR）的使用率低及成功率低的薄弱环节；针对客户使用最多的账务查询，开辟专门的直拨短号，进行快捷查询，有效缓解了人工服务话务压力；引入“客户运营高绩效管理（COPC）”，建立呼入、呼出和投诉处理等服务流程，确保服务的一致性。

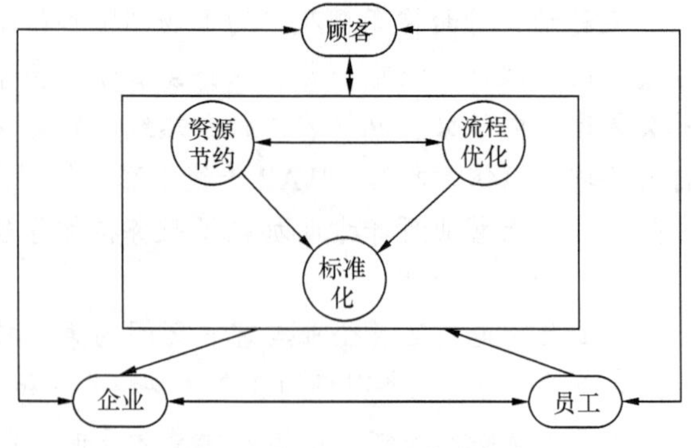

图 17–18　服务现场管理模型

（3）电子渠道管理

作为实体渠道的重要补充，电子渠道已经成为公司与客户的重要接触点。客户根据自己的个性特点和需求，在电子渠道实现功能定制，不受时间和地域的限制。网上营业厅实现了所有业务的受理、查询和退订。为最大限度保障客户利益安全，公司还增设了自助业务二次确认功能；增加登录附加码、系统自动退出等功能；对话单查询、积分兑换等自助业务增加短信随机码验证和发送客户查询信息短信提醒。

17.3 电信服务需求与生产能力管理

电信业务服务能力具有易逝的特性。不像有形产品那样能够储存在仓库里以待未来消费，它是一种不能从一个人转移到另一个人的无形的个人体验。一方面，电信业务的生产和消费同时进行，如果消费需求相对于服务能力不足，结果将导致服务人员和设备闲置。另一方面，服务需求是变化的，不可能在所有时间电信业务的消费是均等的。这种需求波动造成了在某些时间服务处于闲置期，而在其他时间顾客不得不为接受服务而等待。因此，充分利用电信企业的服务能力资源，提高效益是电信服务运营的重要内容。

17.3.1 电信服务需求与生产能力概述

1. 电信服务需求的波动与模式

（1）电信服务需求波动的特性

与制造业中的产品需求与供给不同，电信行业中需求与供给的匹配相当困难，这主要由电信服务需求的波动特性造成。电信服务需求的波动特性来源于以下 5 方面。

① 电信服务具有易逝性和无法储存性，电信服务的生产与消费是同步的。电信企业无法用储存的方法来平衡供求。例如，节假日期间通信线路经常繁忙，电话难以打出和打入，其他时间则存在大量线路闲置的现象。

② 电信企业的最大供应量不具有弹性。类似于宾馆、餐厅、电影院、医院等有生产能力限制的服务企业，在生产能力饱和的情况下，通过加班加点向顾客增加服务供给的能力很有限。

③ 电信服务需求较难预测。首先，电信服务需求的变化较多，且在短时间内发生，因此随机性较强。例如，是否打电话、发短信或上网等服务活动经常取决于消费者的临时决定。其次，服务需求会出现波峰和波谷的差异变化。

④ 电信服务时间具有多变性。电信服务时间的多变性由服务提供的多样性、服务的个性化以及顾客需求的多样性造成。因此，要预测为一定数目的顾客提供服务所需的时间较困难。

⑤ 电信服务的提供受到地域的限制。电信服务不可运输，因此只能在一定时间、一定地点提供服务。当一地的需求供不应求、另一地无人问津的状况，此时无法像实体产品，将服务由一地运往另一地来满足不平衡的需求。

（2）识别电信服务需求模式

电信企业可以按照如下步骤识别服务需求模式。

① 描绘需求模式，预测周期性变化。电信企业通过描绘和观察不同时间段内的需求水平曲线（高峰或低谷），包括年度、季度、月度、每周、每天甚至每小时，确定是否存在有规律的需求周期变化，包括日周期（变化按小时计）、周周期（变化按天计）、月周期（变化按周或日计）、季周期（变化按月计）或年周期（变化按月或季度计）。

② 分析周期性变化的原因。不同行业需求波动的原因有一定的独特性。例如，酒店的需求变化与季节性假期和气候变化有关，儿童护理服务则随假期和学期而变化，而电信业在假期、每周、每天的特定时段（如午休或傍晚）处于需求高峰。同一行业在不同时间周期内的

需求变化也有特定原因。例如，一周内需求周期性波动的原因是工作日和公休日，导致周一至周五的通信量大，周六和周日的通信量小。

③ 寻找需求随机变化的原因。电信服务需求经常是随机波动的，这种波动由超出管理控制的因素导致。电信企业应尽可能找出使需求随机变化的原因。例如，洪水、暴风雨、火灾等会增加对通信等服务的需求。2008 年春节中国南方各省遭受的冰雪和冻雨灾害在短时间内增加了对通信服务的需求。

④ 通过市场细分划分需求模式。通过顾客需求数据分析将整体服务划分为不同细分市场，可以识别出某些细分市场的需求模式。例如，大客户和普通小客户的需求模式是不一样的。电信企业可以根据顾客管理系统识别顾客的消费类型，并划分出不同的细分市场。某些细分市场的需求可以预期，另一些细分市场的需求可能是随机的。

2. 电信服务生产能力

电信服务生产能力指电信服务系统提供服务的能力，它是电信企业按设计标准所能提供的服务的量。电信企业可以在短期或长期内扩展或收缩服务能力，但在给定时刻，服务能力是固定的。限制电信服务生产能力的要素有：人力资源、服务设施、设备和工具、时间、顾客。

电信服务能力涉及电信企业的最优能力与最大能力。最优能力表示资源得到最有效使用但没有过度使用时的能力水平，此时顾客能及时获得高质量服务。最大能力指服务生产能力的最大限度（上限）。最优能力与最大能力可能相同，但在很多情况下二者并不相同。

3. 电信服务需求与电信生产能力的关系

对电信企业来说，有效管理需求波动是一项重要的管理内容。在任何给定时刻，服务需求和生产能力之间存在 4 种基本关系：需求过度、需求超过最优生产能力、需求与供给平衡、生产能力过剩。

（1）需求过剩。需求过剩指需求水平超过企业的最大生产能力，一些顾客因无法得到服务而流失，企业会丧失这部分潜在业务。

（2）需求超过最优生产能力。需求超过最优生产能力指需求处于最优生产能力和最大生产能力之间。这种情况下每个顾客都能得到服务，但由于顾客太多，导致服务能力的过度使用，服务质量和顾客满意度降低；服务员工因得不到休息而抱怨；服务设施因得不到维修而容易损坏。

（3）供求平衡。供求平衡是最理想的匹配关系，服务人员和设备充分利用但未超负荷，顾客得到准时而优质的服务。

（4）生产能力过剩。生产能力过剩指需求水平低于最优生产能力，部分资源未被充分利用，人员和实施闲置，服务生产率低下。资源利用率低还会形成一定风险，使顾客对服务体验感到失望，并怀疑服务企业的生存能力。例如，当处于闹市区的某电信营业厅顾客人数太少时，会大大降低身处其中的顾客的感知服务质量，并使顾客产生不信任，因为顾客的感知服务质量依赖于其他顾客的存在或参与。

4. 平衡电信服务需求与电信生产能力的策略

当清楚了解生产能力的限制因素和需求模式后，电信企业要制定平衡服务需求和生产能力的策略。一般包括两种基本策略。

第1种策略是改变需求以适应现存的供给能力，其实质是通过平滑需求曲线的起伏变化（需求最大量的波峰和需求最小量的波谷）来实现需求与现有能力的匹配，使顾客对服务的需求更加稳定。

第2种策略是改变能力以适应需求波动，即调整生产能力满足不同需求，其实质是改变能力曲线以适应需求的变化。这种方法的关键是对生产能力的构成有很好的把握，并掌握提高或降低产能的方法。

基于以上两种基本策略，电信企业需要进行需求管理和供给管理，许多企业同时将以上两种基本策略结合使用。

17.3.2 电信服务需求管理

电信服务的需求管理建立在电信服务需求预测的基础上，关于电信服务需求预测的知识，我们在第4章已做了介绍。

管理服务业需求的基本方法包括3大类：不采取任何措施，由需求自我调节；采取措施，影响和调节需求水平；采取措施，管理和应对需求。电信企业进行需求管理的方法包括影响和调节需求、管理和应对需求的方法。

1. 影响和调节需求

影响和调节需求水平法也称为间接需求管理法，它的核心是促使在高峰期需要服务的顾客将他们需求转移到非高峰时段，它主要通过刺激顾客的价格策略和以及预先告知顾客策略而实现。

（1）差别定价策略。对于有效利用资源而言，转移高峰期需求非常重要。若这样的转移不能缓解需求电信企业必须建立足够多的设施来满足最大需求，或放弃高峰期的部分顾客。前一种选择会导致无法有效利用资源，非高峰期的设施、设备和员工得不到有效利用；而后一种选择的结果会使利润下降，甚至难以维持经营。通过差别化的定价，电信企业可以调节需求的高峰期和低谷期，降低需求波动的激烈程度。如在夜间或周末等话务空闲时段降低长途电话的资费。

（2）预先告知顾客策略。另一种改变需求的方法是与顾客沟通，使他们了解需求的高峰时间，通过在其他时间获得服务而避免拥挤或等待。例如，银行和邮局的告示牌可以作为对顾客的一种提醒，公园、博物馆等场所都宜用预先告知的方法降低需求高峰。广告、减价等销售信息和其他形式的促销活动都可以用于向顾客强调需求在不同时期的不同利益，说服和诱导顾客在非高峰期接受服务，从而获得更高的顾客满意度并增加利润。

2. 管理和应对需求

管理和应对需求法主要包括预订策略、管理排队等待需求策略、调整服务时间和地点策略、收益管理策略4种策略。

（1）预订策略。预订的实质是预先提供了潜在服务，可视做服务的“库存”或“延迟发货”。预订适用于紧缺的服务项目。当作出预订后，额外的服务需求会转移到同一组织相同设施的其他适宜服务时段或转移到其他服务设施上。预订服务通常能保证一个稳定的需求水平，并保证需求不会超过计划上限，还可以通过减少等候时间和保证随时提供服务而使顾客受益。

（2）管理排队等待需求策略。在既难以采取影响和改变需求的策略，又难以采取预约、预订等方法的情况下，企业往往让顾客排队等待。面对无法消除的排队现象，电信企业必须采取有效方法管理排队，如开发互补性服务、利用排队论和仿真技术进行科学管理、利用排队心理学等。

（3）调整服务时间和地点策略。这种方法的基本思想是通过改变提供服务的时间或地点来应对市场需求，而不是试图调整服务需求。例如，改变提供服务的时间来应对顾客对不同季节、不同时间的偏好；在靠近顾客的新地点提供服务；利用新技术同时改变提供服务的时间和地点等。目前各电信运营商推行的“网上营业厅”就是利用 Internet，为顾客提供 24h 的服务。

（4）收益管理策略。收益管理的基本思想是对收益产生单位的存货进行分割，然后将它们卖给不同的客户群体。通过收益管理，既可以合理管理各种细分需求，又能为企业获取最大化收益。

17.3.3 电信生产能力管理

平衡服务供给与需求的另一种策略是改变服务企业生产能力，基本思路是通过改变、扩展现有能力，达到与顾客需求相匹配的目的。

1. 扩展现有能力

电信企业可以适当扩展服务资源的现存能力以适应需求，增加或延长人力、设施和设备的工作时间，加大强度。例如，在特殊的环境或服务需求增加的时期，通过延长经营时间来增加服务产出；通过增加或整修设施，提高生产力，扩大产出水平；通过增加、维护设备等，在最大能力范围内短期满足顾客需求；通过预测需求增加或减少的趋势，逐渐增加或减少雇员数量来适应服务需求变化。在服务供给中，顾客是十分有价值的资源，电信可以巧妙地将顾客作为合作生产者加以利用。顾客参与程度的提高可以减少企业的劳动投入、加快服务的速度，从而提高服务产出水平。这样，服务能力直接随需求发生变化。例如，通过掌上营业厅或网上营业厅，用户在任何地方、任何场所都可以办理业务。

2. 使能力和需求保持一致

电信企业可以采取以下措施使能力和需求保持一致。当业务持续高峰较长且可以预测时，雇用兼职员工可以显著提高服务规模的伸缩性，补充正式员工的不足，管理者可以更好地控制服务的供给；跨部门交叉培训员工，在需求增大时转移到最忙碌的服务环节提供服务，由此增加服务供给量，提高整个系统的效率；对不能满足的临时性的服务需求高峰，电信企业可以选择从外部专业化公司获取相关的服务功能作为暂时性的解决方案；为节省固定资产投资，电信企业可以在需求高峰时期租赁额外的设备或设施；在需求低谷时，要对服务能力（包括人力、设备、设施等）进行维护、维修与更新，员工的休假也应安排在需求低谷期。

17.4 电信服务中排队问题的管理

排队论又称随机服务系统理论，是通过对服务对象到来及服务时间的统计研究，得出这些数量指标（等待时间、排队长度、忙期长短等）的统计规律，然后根据这些规律来改进服务系统的结构或重新组织被服务对象，使得服务系统能够经济地满足服务对象的需要，它是运筹学的一个重要分支。排队论起源于对电话通信服务系统的研究，创始人是丹麦工程师厄兰。1909年，他为了提高通信效率，研究了电话系统的排队问题。1930年以后，开始了更为一般情况的研究，取得了一些重要成果。1949年前后，开始了对机器管理、陆空交通等方面的研究，1951年以后，理论有了新的进展，形成了以排队现象和排队系统为研究对象的新学科。

现在，排队论已被广泛应用于工商、交通、公用事业、军队等部门。排队论起源于电信企业，为电信行业的发展做出了重要的贡献，在电信企业的运营管理中，它也有着重要的作用。

17.4.1 排队论基本概念

1．排队系统的组成及特征

一个排队系统可以抽象描述为：为了获得服务的顾客到达服务设施前排队，等候接受服务，服务完毕后就自行离开。其中把要求得到服务的对象称为顾客，而把服务者统称为服务设施或服务台。

在排队论中，把顾客的到达和离开称为排队系统的输入和输出。潜在顾客的总体称为输入源或输出源。任何一个排队系统是一种输入—输出系统，它的基本结构如图17-19所示。

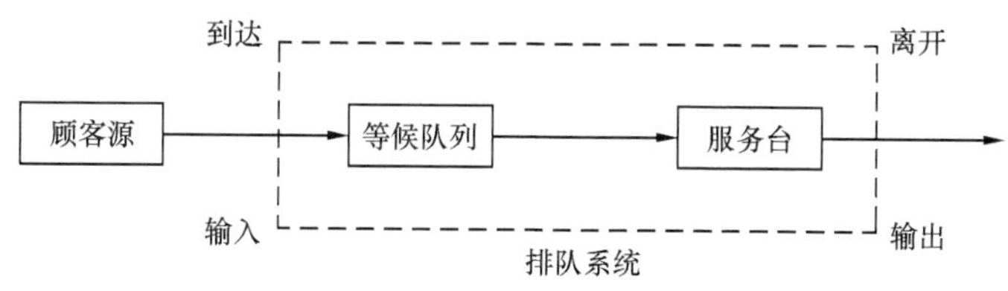

图17-19 排队系统的组成

排队服务系统主要由3个部分组成：输入过程、排队规则和服务机构。

（1）输入过程。输入过程是指顾客到达排队系统的情况。主要内容包括如下3点。

① 顾客到达的时间间隔分布。相继到达系统的时间间隔是确定性的还是随机性的。如自动装配线上待装配的部件到达各个工序的间隔时间是确定的，而到银行自动取款机前取款的客户的间隔时间则是随机的。事实上多数排队系统的顾客到达都是随机的。若是随机的，则必须研究顾客相继到达的间隔时间所服从的概率分布，或者研究在一定的时间间隔内到达 n（$n=1$，2，…）个顾客的概率有多大。

时间间隔分布是刻画输入过程最重要的内容。令 T_i 表示第 i 个顾客到达的时刻，则第 i 个顾客和第 i–1 个顾客到达时间间隔为 $X_n = T_i - T_{i-1}$。设$\{X_n\}$独立分布，分布函数为 $A_{(t)}$。$\{X_n\}$常见分布形式有两种：

- 定长分布（D）：顾客到达时间间隔确定。
- 泊松流（M）：顾客相继到达的时间为独立、同负指数分布，密度函数如下。

$$a(t)\begin{cases}\lambda e^{-\lambda t} & t \geqslant 0 \\ 0 & t < 0\end{cases}$$

② 顾客到达方式。顾客到达系统的方式是单个的，还是成批的。例如，到达宾馆服务台要求登记住宿的有单个到达的游客，也有成批到达的旅游团体。

③ 顾客总体数量。顾客源是有限集还是无限集。例如，工厂内待修的机器数显然是有限集，而到某航空售票处购票的顾客源则可以认为是无限的，因为一般并不存在一个最大的限制数。

（2）排队规则。排队规则是指顾客来到排队系统后如何排队等候服务的规则，一般有即时制、等候制和混合制 3 大类。

① 即时制（或称损失制）。即时制指当顾客到达时，如果所有服务台都已经被占用，顾客可以随即离开系统。例如，电话拨号后出现忙音，顾客不愿等候而自动挂断电话，这种排队规则就是即时制。

② 等候制。等候制指顾客到达系统时，所有服务台已被占用，顾客就加入排队等候服务。

- 先到先服务。对于等候制，最常见的排队规则是先到先服务。在该规则下顾客按照到达的先后次序接受服务。一般的服务系统都使用这种排则。
- 晚到先服务。LIFO（晚到先服务）是另一种排队规则，乘电梯的顾客经常是后进先出，货物装卸也是这种情况。
- 随机服务。随机服务也是一种排队规则，是指服务提供者从等待的顾客中随机选取一个进行服务，不管顾客到达的先后次序如何，电话交换台接通呼唤电话就是如此。
- 优先权服务。此外，优先权服务也是一种排队规则，如医院对病情严重的病人予以优先治疗，公交车上对老年人予以优先让座，此外还有较短服务时间优先，预约优先，重要客户优先等。

③ 混合制。混合制是即时制和等候制相结合的一种排队服务规则。主要分为两种情况。

- 队长有限制的情况，即当顾客排队等候服务的人数超过规定数量时，后来的顾客就自动离开，另求服务。例如，某汽车加油站只能容纳 3 辆待加油的汽车，则第 4 辆车就会自动离开该加油站。
- 排队等候时间有限制的情况，即当顾客排队等候超过一定时间就会自动离开，不能再等。

排队规则会影响等待中的顾客离开队伍的可能性。因此，服务组织应向到达的顾客传递有关预期等待时间的信息，并随时更新。

（3）服务机构。由于排队论研究的是顾客接受完服务后就自行离开，因此系统的输出主要取决于排队系统对顾客的服务规则。系统的服务规则和系统内服务设施的数量、结构以及为顾客服务时间的分布有关，主要内容包括如下 4 点。

① 服务台数量是单服务台还是多服务台的。在一个单服务台系统中，一个服务台为所有的顾客服务。例如，一个专科医生为所有前来就诊的病人看病。

② 若是多服务台系统，那么它们的结构是平行排列（并列）的，还是前后排列（串联）的，或者是混合排列的。如图 17-20 中，（a）为单服务台服务系统，（b）为多服务台一个队

列服务系统，（c）为多服务台多队列服务系统，（d）为多服务台串联服务系统，（e）为多服务台混合排列服务系统。

③ 服务的方式是对单个顾客进行的，还是对成批顾客进行的。例如，公共汽车对在站台等待的顾客是成批进行服务的。排队论主要研究单个服务的方式。

④ 对顾客的服务时间是确定的还是随机的。例如，自动冲洗汽车的装置对每辆汽车冲洗（服务）的时间是确定性的。但大多数情形下服务时间是随机性的。对于随机性的服务时间，需要知道它的概率分布。通常服务时间服从的概率分布有定长分布、负指数分布、厄兰分布等。

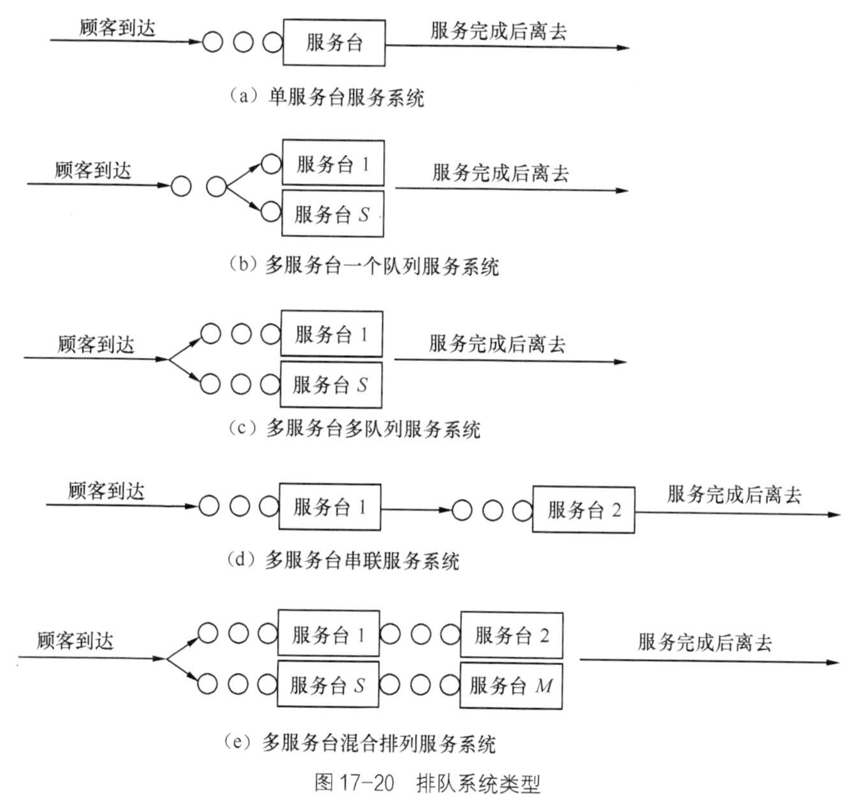

图 17-20　排队系统类型

2．排队系统模型的分类

1971 年排队论符号标准化会议决定，排队模型的分类符号为：

$$X/Y/Z/A/B/C$$

其中，X——顾客相继到达的时间间隔分布；

Y——服务时间分布；

Z——并列的服务台数量；

A——系统容量限制，即系统最多可以容纳的顾客数，默认是无穷大；

B——顾客源的数量；

C——服务次序，即先来先服务，还是后来先服务等，默认是先来先服务。

相继到达的时间间隔和服务时间分布的符号表示如下：

M——负指数分布（符合 Markov 特性）；

E_k——k 阶厄兰分布（Erlang）；

GI——一般独立的时间间隔分布（General Independent）；

G——一般独立时间分布（General）。

3．排队系统的主要数量指标

一旦排队系统的模型建立起来之后，系统分析者就需要对排队系统的运行效率和服务质量进行研究和评估，以确定系统的结构是否合理，是否存在可以改进的替代方案等。

一个排队系统开始运行时，系统的运行状态在很大程度上取决于系统的初始状态和运转的时间。但经过一段时间以后，系统的状态将独立于初始状态和经历时间。这时我们称系统处于稳定状态。排队论主要研究系统处于稳定状态时的工作情况。在稳定的状态下，系统的工作情况与时间 t 无关。以下衡量系统运行效率的工作指标也是以稳态系统为前提的。

（1）平均队长 L_s 和平均排队长 L_q：平均队长 L_s，指一个排队系统的顾客平均数（其中包括正在接受服务的顾客）；而平均排队长 L_q 则是指系统中等待服务的顾客平均数。

（2）平均逗留时间 W_s 和平均等待时间 W_q：平均逗留时间 W_s，指进入系统的顾客逗留时间的平均值（包括接受服务的时间），而平均等待时间 W_q 则是指进入系统的顾客等待时间的平均值。

以上 4 个工作指标对顾客或排队系统的管理者都是非常重要的，通常称之为重要的运行指标，这几个运行指标值越小，说明系统队长越短，顾客等候时间越少，因此系统的性能就越好。

为了计算上述运行指标还需要引入其他常用的数量指标。

（1）平均到达率 λ：λ 指单位时间内到达服务系统的平均顾客数。

由 λ 的定义可知，$\frac{1}{\lambda}$ 为相邻两个顾客到达系统的平均间隔时间。例如，$\lambda=2$ 人/分钟为平均到达率，那么相邻两个顾客到达的平均间隔时间 $\frac{1}{\lambda}$=1/2 分钟。

（2）平均服务率 μ：μ 指单位时间内被服务完毕后离开系统的平均顾客数。

同理，$\frac{1}{\mu}$ 表示每个顾客的平均服务时间。

（3）服务强度 ρ：ρ 指每个服务台在单位时间内的平均服务时间。一般有 $\rho=\frac{\lambda}{c\mu}$，其中 c 为系统中并列服务台的数目。

（4）$P_n=P(N=n)$：P_n 指系统的状态 N（即系统中的顾客数）为 n 的概率。

当 $n=0$ 时，P_n 为系统中的顾客数为 0（或系统所有服务台全都空闲）的概率。

在对一个排队系统作定量分析时，通常先要计算系统中的顾客数量 N 的概率分布 P_n（$n=1$，2，…），然后计算系统中其他运行指标。由上述定义可知：

$$L_s=\sum_{n=1}^{\infty} nP_n$$

$$L_q=\sum_{n=c}^{\infty}(n-c)P_n=\sum_{n=0}^{\infty} nP_{c+n}$$

（5）有效到达率λ_e：λ_e指单位时间内进入服务系统的平均顾客数。

对于即时制的排队系统，顾客到达服务系统时，如果出现服务台已被占用，或者排队等待服务的人数超过规定数量时，会自动离开不再进入系统。此时到达系统的顾客不一定会全部进入系统。为此引入有效到达率的概念。有效到达率λ_e是单位时间内平均进入服务系统的顾客人数。显然对于等候制的排队系统，平均到达率λ和有效到达率λ_e是一致的。

当系统达到稳态时，如果系统的有效到达率为λ_e，每个顾客平均服务时间为$\frac{1}{\mu}$，则有下面的李特尔（Little）公式成立：

$$L_s = \lambda_e W_s$$
$$L_q = \lambda_e W_q$$
$$W_s = W_q + \frac{1}{\mu}$$
$$L_s = L_q + \frac{\lambda_e}{\mu}$$

由以上李特尔公式可知，在 L_s、L_q、W_s、W_q 4 个运行指标中只需知道其中的一个，其他 3 个就可由李特尔公式求得。

4．到达时间间隔分布和服务时间分布

下面介绍几种常用的到达时间间隔和服务时间的概率分布：负指数分布、泊松分布、厄兰分布。

（1）负指数分布。若随机变量T概率密度为：

$$f_T(t) = \begin{cases} \lambda e^{-\lambda t}, & t > 0 \\ 0, & t \leqslant 0 \end{cases}$$

其中，$\lambda > 0$，则T的分布函数服从λ的负指数分布。该随即变量的数学期望为$E[t] = \frac{1}{\lambda}$，方差为$VAR[T] = \frac{1}{\lambda^2}$。

若顾客到达的时间间隔服从参数为λ的负指数分布，则$\frac{1}{\lambda}$表示顾客到达的时间间隔，λ表示单位时间顾客的到达数，也称平均到达率。它的概率分布随着时间变长，曲线以指数形式下降，这也表明低于均值的较小的时间间隔具有较大的间隔性，比均值大得多的到达时间间隔出现概率很小，如一些顾客会很快到达，而过了很长时间间隔下一个客户才到达。

若对某个顾客服务时间服从参数为μ的负指数分布，则$\frac{1}{\mu}$表示一个顾客的平均服务时间，μ表示单位时间平均服务的顾客数。

（2）泊松分布。若单位时间到达的顾客数服从泊松分布，即单位时间到达n个顾客的概率为：

$$P(n)=\frac{\lambda^n e^{-\lambda}}{n!}, n=0,1,2\cdots$$

其中，$\lambda>0$，则输入过程为泊松流；参数λ表示单位时间顾客到达的平均值；所以泊松流的到达速率为λ。

可以证明，顾客到达时间间隔服从负指数分布与输入过程时泊松流是等价的，都用M表示。

（3）厄兰分布。设T_1，T_2，…，T_k是k个相互独立的随机变量，服从相同参数$k\mu$的负指数分布，则称服从k阶厄兰分布。它的数学期望和方差为$\frac{1}{\mu}$和$\frac{1}{k\mu^2}$。

可以证明，k阶厄兰分布的概率分布为：

$$b_k(t)=\begin{cases}\frac{k\mu(k\mu)^{k-1}}{(k-1)!}e^{-k\mu t}, & t\geqslant 0\\ 0, & t<0\end{cases}$$

厄兰分布当$k=1$时，就是负指数分布；当$k\geqslant 30$时，它近似正态分布；当$k\to\infty$时，由于$\frac{1}{k\mu^2}\to 0$，它是确定性分布。

17.4.2 典型的排队系统模型

1. 单服务台排队系统模型

对于输入过程为泊松流，服务时间服从负指数分布的单服务台排队系统模型，主要包括下列几种：标准的$M/M/1/\infty/\infty$系统、有限等待空间系统$M/M/1/N/\infty$、顾客为有限源系统$M/M/1/\infty/m$。

（1）标准的$M/M/1/\infty/\infty$系统。该模型是指顾客按泊松流到达，到达速率为λ，服务时间服从负指数分布，服务速率是μ，单服务台，系统对顾客无限制，对客户源也无限制，服务次序是先到先服务。我们只研究系统处于稳定状态的情形。在稳定状态下，系统的工作情况和时间无关。

在标准的$M/M/1/\infty/\infty$系统，可以得到如下指标：

① $P_n=\rho^n(1-\rho)$

② $L_s=\sum_{n=0}^{\infty}nP=\frac{\lambda}{\mu-\lambda}$

③ $L_q=\sum_{n=0}^{\infty}(n-1)\ P_{\text{n}}=\frac{\lambda^2}{\mu(\mu-\lambda)}$

④ $W_s=\frac{L_s}{\lambda}=\frac{1}{\mu-\lambda}$

⑤ $W_q=\frac{\lambda}{\mu(\mu-\lambda)}$

【例 17-1】由于种种原因，某营业厅现在只有一名工作人员在上班，来办理业务的顾客按泊松分布到达，平均每小时 4 人，办理业务的时间服从负指数分布，平均需要 6 分钟。试求：

① 营业厅空闲的概率 P_0；
② 营业厅里有 3 个顾客的概率 P_3；
③ 营业厅里至少有 1 个顾客的概率 P（$n\geqslant 1$）；
④ 营业厅里顾客的平均数，等待服务的顾客的平均数 L_s；
⑤ 顾客在营业厅里的平均逗留时间 W_s 和平均等待时间 W_q；
⑥ 必须在营业厅里消耗 15 分钟以上的概率。

解：此为 $M/M/1$ 系统，已知：$\lambda=\dfrac{4}{60}=\dfrac{1}{15}$（人/分钟），$\mu=\dfrac{1}{6}$（人/分钟），$\rho=\dfrac{\lambda}{\mu}=\dfrac{6}{15}=0.4$。

① $P_0=1-\rho=1-0.4=0.6$

② $P_3=(1-\rho)\rho^3=0.6\times 0.4^3=0.0384$

③ $P(n\geqslant 1)=1-P(n<1)=1-P_0=1-0.6=0.4$

④ $L_s=\dfrac{\rho}{1-\rho}=\dfrac{0.4}{1-0.4}=0.667$（人）

$L_q=L_s-\rho=0.667-0.4=0.267$（人）

⑤ $W_s=\dfrac{1}{\mu-\lambda}=\dfrac{1}{\frac{1}{6}-\frac{1}{15}}=10$（分钟）

$W_q=W_s-\dfrac{1}{\mu}=10-6=4$（分钟）

⑥ 设 W 表示顾客在系统中的逗留时间，则：

$$P(W\geqslant 15)=1-P(W<15)=\mathrm{e}^{-(\mu-\lambda)\times 15}=\mathrm{e}^{-\left(\frac{1}{6}-\frac{1}{15}\right)\times 15}=\mathrm{e}^{-1.5}=0.22$$

（2）有限等待空间系统 $M/M/1/N/\infty$。它的情况与标准的 $M/M/1/\infty/\infty$ 系统相同，系统最大容量为 N。生活中经常遇到队长有限制的服务。如果营业厅规定每天只为 100 个人服务的话，那么第 100 个人以后的到达者就会自动离开服务系统。

在有限等待空间系统 $M/M/1/N/\infty$ 模型，$\rho\neq 1$ 时，可得到如下系统指标：

① $P_n=\dfrac{1-\rho}{1-\rho^{N+1}}\rho^n, 0\leqslant n\leqslant N$

② $L_s=\dfrac{\rho}{1-\rho}-\dfrac{(N+1)\rho^{N+1}}{1-\rho^{N+1}}$

③ $L_q=L_s-(1-P_0)$

④ $W_s=\dfrac{L_s}{\mu(1-P_0)}$

⑤ $W_q=W_s-\dfrac{1}{\mu}$

⑥ $\lambda_e=\lambda(1-P_n)=\mu(1-P_0)$

【例 17-2】某电信企业接待处有一位对外接待人员，由于接待室内面积有限，只能安排 3 个座位供来访人员等候，一旦满座，后来者将不再进入等候。若来访人员按泊松流到达，平均间隔时间 80 分钟，接待时间服从负指数分布，平均接待时间为 50 分钟。试求任一来访人员的平均等待时间及该接待室潜在来访人员流失率。

解：这是一个 $M/M/1/N/\infty$ 系统，N=3+1=4。

已知：$\lambda=\frac{1}{80}$(人/分钟)，$\mu=\frac{1}{50}$(人/分钟)

$$\rho=\frac{\lambda}{\mu}=\frac{\frac{1}{80}}{\frac{1}{50}}=0.625$$

$$P_0=\frac{1-\rho}{1-\rho^{N+1}}=\frac{1-0.625}{1-0.625^5}=0.4145$$

$$L_s=\frac{\rho}{1-\rho}-\frac{(N+1)\rho^{N+1}}{1-\rho^{N+1}}=\frac{0.625}{1-0.625}+\frac{5\times0.625^5}{1-0.625^5}=1.1396\text{（人）}$$

$$L_q=L_s-(1-P_0)=1.1396-(1-0.4145)=0.5541\text{（人）}$$

$$\lambda_e=\mu(1-P_0)=\frac{1}{50}\times(1-0.4145)=0.0117$$

来访人员的平均等待时间：$W_q=\frac{L_q}{\lambda_e}=\frac{0.5541}{0.0117}=47$（分钟）

潜在来访人员的流失率，即系统满员的概率：

$$P_4=\rho^4P_0=0.625^4\times0.4145=0.06=6\%$$

（3）顾客有限源系统 $M/M/1/\infty/m$。如果一个车间有很多机器，当个别机器损坏时，再发生一台机器损坏的概率会改变。在顾客源变为无限集的情况下，平均达到率是按照全体顾客考虑的。而有限源的情况是按每一位客户考虑的。

在顾客为有限源系统 $M/M/1/\infty/m$，可以得到如下运行指标：

① $P_0=\dfrac{1}{\sum\limits_{n=0}^{m}\dfrac{m!}{(m-n)!}\bullet\left(\dfrac{\lambda}{\mu}\right)^n}$

② $P_n=\dfrac{m!}{(m-n)!}\left(\dfrac{\lambda}{\mu}\right)^n P_0,1\leqslant n\leqslant m$

③ $L_s=m-\dfrac{\mu}{\lambda}(1-P_0)$

④ $L_q=L_s-(1-P_0)$

⑤ $W_s=\dfrac{m}{\mu(1-P_0)}-\dfrac{1}{\lambda}$

⑥ $W_q=W_s-\dfrac{1}{\mu}$

⑦ $\lambda_e=(m-L_s)\lambda=\mu(1-P_0)$

【例 17-3】设有一名工作人员负责照看 6 台机器，机器会不定时的停机，等待工作人员照看。设平均每台机器两次停机的时间间隔为 1 小时，又设平均需要工作人员照看的时间为

0.1 小时，以上两者均服从负指数分布，试计算：

① 工作人员空闲的概率 P_0；

② 6 台机器都出故障的概率 P_6；

③ 出故障的平均机器数 L_s；

④ 等待修理的平均机器数 L_q；

⑤ 平均停机时间 W_s；

⑥ 平均等待修理的时间 W_q；

⑦ 机器利用率 τ。

解：这是一个 $M/M/1/\infty/m$ 系统，$m=6$。

已知：$\lambda=1$（台/小时），$\mu=10$（台/小时），$\rho=\dfrac{\lambda}{\mu}=0.1$

① $$P_0=\frac{1}{\sum_{n=0}^{m}\frac{m!}{(m-n)!}\cdot\left(\frac{\lambda}{\mu}\right)^n}=\frac{1}{\sum_{n=0}^{6}\frac{6!}{(6-n)!}\cdot(0.1)^n}=\frac{1}{2.06392}=0.4845$$

② $$P_6=\frac{m!}{(m-n)!}\left(\frac{\lambda}{\mu}\right)^n P_0=\frac{6!}{(6-6)!}\times(0.1)^6\times0.4845=0.0003$$

③ $$L_s=m-\frac{\mu}{\lambda}(1-P_0)=6-\frac{10}{1}\times(1-0.4845)=0.845\text{（台）}$$

④ $$L_q=L_s-(1-P_0)=0.845-(1-0.4845)=0.3295\text{（台）}$$

⑤ $$W_s=\frac{m}{\mu(1-P_0)}-\frac{1}{\lambda}=\frac{6}{10\times(1-0.4845)}-\frac{1}{1}=0.1639\text{（小时）}=4.835\text{（分钟）}$$

⑥ $$W_q=W_s-\frac{1}{\mu}=0.1639-\frac{1}{10}=0.0639\text{（小时）}=3.834\text{（分钟）}$$

⑦ 机器设备利用率 $\tau=\dfrac{m-L_s}{m}=\dfrac{6-0.845}{6}=85.9\%$

2．多服务台排队系统模型

对于输入过程为泊松流，服务时间服从负指数分布的多服务台排队系统模型，主要包括下列几种：标准 $M/M/c/\infty/\infty$ 系统、有限等待空间 $M/M/c/N/\infty$ 系统、顾客源有限的 $M/M/c/\infty/m$ 系统。

（1）标准 $M/M/c/\infty/\infty$ 系统。标准 $M/M/c/\infty/\infty$ 系统各种特征的规定与标准 $M/M/1/\infty/\infty$ 系统的规定相同。顾客的平均到达率为常数 λ。每个服务台的平均服务率 μ 是相同的，同时规定各服务台的工作是相互独立的。就整个服务机构而言，平均服务率与整个系统状态有关，即：

$\mu_n=\begin{cases}c\mu & n\geqslant c\\ n\mu & n<c\end{cases}$，同时系统的服务强度 $\rho=\dfrac{\lambda}{c\mu}<1$，这样系统不会排成无限队列。

在标准 $M/M/c/\infty/\infty$ 系统，可以得到如下运行指标：

① $P_0=\left[\sum_{n=0}^{c-1}\frac{1}{n!}\left(\frac{\lambda}{\mu}\right)^n+\frac{\left(\frac{\lambda}{\mu}\right)^c}{c!\left(1-\frac{\lambda}{c\mu}\right)}\right]^{-1}$

② $P_n=\begin{cases}\frac{1}{n!}\left(\frac{\lambda}{\mu}\right)^n P_0, & 1\leqslant n<c\\ \frac{1}{c!c^{n-c}}\left(\frac{\lambda}{\mu}\right)^n P_0, & n\geqslant c\end{cases}$

③ $L_q=\frac{\rho(c\rho)^c}{c!(1-\rho)^2}\bullet P_0$

④ $L_s=L_q+\frac{\lambda}{\mu}$

⑤ $W_q=\frac{L_q}{\lambda}$

⑥ $W_s=\frac{L_s}{\lambda}$

【例 17-4】某公共电话亭有 2 部电话，打电话的人按泊松分布到达，平均每小时 24 人。又假定每次电话的通话时间服从负指数分布，平均为 2 分钟。求该系统各项运行指标。

解：本题为 $M/M/c/\infty/\infty$系统。

已知：$\lambda=24$（人/小时），$\mu=30$（人/小时）

当 $c=2$ 时，$\rho=\frac{\lambda}{c\mu}=\frac{24}{2\times30}=0.4$

① $P_0=\left[\sum_{n=0}^{c-1}\frac{1}{n!}(\frac{\lambda}{\mu})^n+\frac{\left(\frac{\lambda}{\mu}\right)^c}{c!\left(1-\frac{\lambda}{c\mu}\right)}\right]^{-1}=\left[1+0.8+\frac{0.8^2}{2!\quad(1-0.4)}\right]^{-1}=0.4286$

② $L_q=\frac{\rho(c\rho)^c}{c!(1-\rho)^2}\bullet P_0=\frac{0.4\times0.8^2}{2\times(1-0.4)^2}\times0.4268=0.1524$（人）

③ $L_s=L_q+\frac{\lambda}{\mu}=0.1524+0.8=0.9524$

④ $W_q=\frac{L_q}{\lambda}=\frac{0.1524}{24}=0.0064$（小时）$=0.3810$（分钟）

⑤ $W_s=\frac{L_s}{\lambda}=\frac{0.9524}{24}=0.0397$（小时）$=2.3810$（分钟）

⑥ 打电话需要等待的时间$=1-P_0-P_1=1-P_0-\left(\frac{\lambda}{\mu}\right)^1P_0=1-0.4286-0.8\times0.4286=0.2285$

（2）有限等待空间 $M/M/c/N/\infty$系统。本系统中有 c 个服务台，所容纳的顾客逗留的最大容量为N，当顾客来到系统而容纳不下时（即队长已达 $N-c$），就会自动离去。所以这是一个混合的多服务台排队系统。

在有限等待空间 $M/M/c/N/\infty$系统，可以得到如下运行指标：

① $P_0=\left[\sum_{n=0}^{c}\frac{1}{n!}(c\rho)^n+\frac{c^c}{c!}\bullet\frac{\rho(\rho^c-\rho^N)}{1-\rho}\right]^{-1},\rho\neq 1$

② $P_n=\begin{cases}\frac{(c\rho)^n}{n!}\bullet P_0, & 1\leqslant n<c\\ \frac{c^c}{c!}\bullet P_0, & c\leqslant n\leqslant N\end{cases}$ 　其中 $\rho=\frac{\lambda}{c\mu}$

③ $L_q=\frac{(c\rho)^c\rho}{c!(1-\rho)^2}\left[1-\rho^{N-c}-(N-c)\rho^{N-c}(1-\rho)\bullet P_0\right]$

④ $L_s=L_q+c\rho(1-P_N)$

⑤ $W_q=\frac{L_q}{\lambda_e}=\frac{L_q}{\lambda(1-P_N)}$

⑥ $W_s=W_q+\frac{1}{\mu}$

⑦ $\lambda_e=\lambda(1-P_N)$

【例 17-5】某风景区准备建造旅馆。顾客到达为泊松流，每天平均到 6 人，顾客平均逗留时间为 2 天。若该旅馆有 5 个房间，试分别计算每天客房满员概率和平均占用数。

解：这是一个 $M/M/c/N/\infty$系统，$c=N=5$为即时制。

已知 $\mu=\frac{1}{2}$（人/天），$\lambda=6$（人/天），$c\rho=\frac{\lambda}{\mu}=12$，$\rho=2.4$。

① $P_0=\left[\sum_{n=0}^{c}\frac{1}{n!}(c\rho)^n\right]^{-1}=\left[1+12+\frac{12^2}{2!}+\frac{12^3}{3!}+\frac{12^4}{4!}+\frac{12^5}{5!}\right]^{-1}=3310.6^{-1}=0.0003$

② 满员概率 $P_5=\frac{(c\rho)^5}{5!}\bullet P_0=\frac{12^5}{5!}\times 0.0003=0.6264$

③ $L_s=c\rho(1-P_c)=12\times(1-0.6214)=4.483$（间）

（3）顾客源有限的 $M/M/c/\infty/m$ 系统。本系统有 c 个服务台，顾客总数为 m 个，同时假定$c<m$。其中顾客到达率λ也是按每个顾客来考虑的，即单位时间内每个顾客到达排队系统的概率或平均次数。因此当系统状态为n时，系统外顾客对系统的平均到达率$\lambda_n=(m-n)\lambda$。同时假定每个服务台工作是相互独立的，且每个服务台的平均服务率μ也相同。就整个服务机构而言，平均服务率也随系统状态变化而变化，即：

$$\mu_n=\begin{cases}c\mu, & c\leqslant n\leqslant m\\ n\mu, & n<c\end{cases}$$

在顾客源有限的 $M/M/c/\infty/m$ 系统，以得到如下运行指标：

① $P_0=\left[\sum_{n=0}^{c}\binom{m}{n}\left(\frac{\lambda}{\mu}\right)^n+\sum_{n=c+1}^{m}\binom{m}{n}\frac{n!}{c!c^{n-c}}\left(\frac{\lambda}{\mu}\right)^n\right]^{-1}$

② $P_n=\begin{cases}\binom{m}{n}\left(\frac{\lambda}{\mu}\right)^n P_0, & 1\leqslant n<c\\ \binom{m}{n}\frac{n!}{c!c^{n-c}}\left(\frac{\lambda}{\mu}\right)^n P_0, & c\leqslant n\leqslant m\end{cases}$

③ $L_q=\sum_{n=c+1}^{m}(n-c)P_n$

④ $L_s=L_q+\frac{\lambda_e}{\mu}=L_q+\left[c-\sum_{n=0}^{c-1}(c-n)P_n\right]$

⑤ $W_s=\frac{L_s}{\lambda_e}=\frac{L_s}{\lambda(m-L_s)}$

⑥ $W_q=\frac{L_q}{\lambda_e}=\frac{L_q}{\lambda(m-L_s)}$

⑦ $\lambda_e=(m-L_s)\lambda$

【例 17-6】 2 名工作人员管理 5 台机器，每台机器平均 1 小时修理一次，每次修理平均需要 15 分钟，设机器连续运转时间和修理时间均服从负指数分布，试求相关运行指标。

解：这是一个 $M/M/c/\infty/m$ 系统，其中 $c=2$，$m=5$。

已知：$\lambda=1$（台/小时），$\mu=4$（台/小时），$\frac{\lambda}{\mu}=\frac{1}{4}$。

① $P_0=\left[\sum_{n=0}^{c}\binom{m}{n}\left(\frac{\lambda}{\mu}\right)^n+\sum_{n=c+1}^{m}\binom{m}{n}\frac{n!}{c!c^{n-c}}\left(\frac{\lambda}{\mu}\right)^n\right]^{-1}=0.3149$

同理：$P_1=0.394$，$P_2=0.197$，$P_3=0.074$，$P_4=0.018$，$P_5=0.002$

② $L_q=\sum_{n=c+1}^{m}(n-c)P_n=P_3+2P_4+3P_5=0.118$

③ $L_s=L_q+\frac{\lambda_e}{\mu}=L_q+\left[c-\sum_{n=0}^{c-1}(c-n)P_n\right]=L_q+c-2P_0-P_1=1.094$

④ $W_s=\frac{L_s}{\lambda(m-L_s)}=\frac{1.094}{5-1.094}=0.28$（小时）

⑤ $W_q=\frac{L_q}{\lambda(m-L_s)}=\frac{0.118}{5-1.094}=0.03$（小时）

17.4.3 排队管理的策略

当电信服务生产能力与电信服务需求无法一致或平衡两者的成本过高时，电信企业必须采用顾客等待和排队策略。

1．使排队等待变得有趣或至少可以忍耐

顾客在等待期间的满意度很大程度上取决于顾客对等待的心理感受，它比顾客等待的实际时间长度更重要，顾客往往根据他们对等待时间的心理感受来评价等待服务。因此电信企业不仅要切实减少顾客的实际等待时间，还要通过处理等待过程设法减少顾客的心理等待时间，从而影响顾客满意度。电信企业要了解顾客在等待过程中的心理特点，并采取相应对策。

（1）无事可做的等待比有事可做的等待感觉时间更长。顾客在没有获得服务的空闲时间很容易产生厌倦情绪，比他们有事可做时更关注时间。电信企业可向这些客户提供一些活动，若活动本身能提供利益，或这些活动在一定程度上与服务有关，就能改善客户对服务的感知，使企业获利。例如，在营业厅提供有关业务的宣传手册，或各类报纸杂志，或播放有关的视频等。

（2）服务等待的时间比正式服务的时间感觉更长。在顾客的感觉中，服务等待时间比正式服务时间要长得多。等待服务时，人们往往显得很焦急。但一旦顾客置身于服务系统之中，焦虑情绪会不经意地消失。若等待时间被与服务相关的活动所占用，顾客可能会感觉服务已经开始，这会使等待时间感觉更短。因此服务管理者可以通过使顾客在服务开始时获取更好的准备而使企业受益。

（3）焦虑情绪使等待时间感觉更长。使顾客感到焦虑的原因除了顾客害怕被遗忘外，还包括：对未来等待时间不确定；不了解服务的形式；不知所排队列是否正确；不知道排到自己时是否还能得到服务。顾客的焦虑情绪会增强等待的负面影响，电信企业应创造一种宽松、安全的消费环境，通过提供关于等待时间长度的信息或使用单队列排队来减轻顾客的焦虑情绪。例如，迪斯尼乐园沿着队列每隔一段距离就会给出标记，让顾客清楚队列和等待时间还有多长。

（4）不确定的等待时间比确定的等待时间感觉更长。当顾客不能确定未来等待时间并且不知情时，将会变得非常焦虑甚至愤怒。例如，航空公司一再推迟航班起飞时间而不告知旅客任何相关信息，会使顾客很不满意。电信企业应让顾客知情，向顾客提供关于预期等待的时间长度或在队列中的相关位置等信息，以减少不确定性。在顾客知情的情况下，如果电信企业表现不好，也会引起相反的效果。例如，营业厅收银台前顾客排着长队等待办理业务，但服务人员漫不经心地工作，甚至和其他服务人员聊天，就会让顾客产生反感，感觉等待时间更长。

（5）无解释的等待时间比有解释的等待时间感觉更长。当顾客能理解等待原因时，将有更大的耐心等待，尤其是等待理由合情合理时。因此，电信企业在必要时要向顾客提供解释，以减少不确定性。不知等待原因的顾客会感到无助、沮丧甚至被激怒。例如，客服人员向顾客说明因为堵车，所以维修人员不能及时上门维修线路。电信企业要诚实、热情地向顾客解释不能按时提供服务的原因。

（6）不公平的等待时间比公平的等待时间更长。不公平的等待（如插队者获得服务、服务员优先接待熟人等）将会使等待时间显得更长。这种情况通常发生在没有明显等待规则的等待场所以及大量顾客争取获得同意服务时。

（7）服务越有价值，顾客愿意等待的时间越长。时间是顾客获取服务的非货币价值要素之一，耗费时间是消费者为了得到服务而作出的牺牲的一部分。等待的服务越有价值，顾客

愿意支付的非货币价值也越多，顾客能忍耐的时间也越长。例如，很多超市推出短时间的无偿赠送或大幅打折促销时，大批消费者就会提前排长队获取服务。因此，电信企业必须了解自己的服务对顾客的价值有多高，避免让顾客付出太多等待成本。

（8）不舒适的等待比舒适的等待时间感觉更慢。等待环境的舒适程度，是否符合顾客的生理特点和需求，都会影响顾客对服务的感知。舒适的软椅、温馨的环境会增加顾客的舒适感。

（9）单独等待时间比集体等待时间感觉更长。若人们在一个集体中等待，其他成员可以分散注意力，与单独等待相比顾客愿意等待更长时间。因此，电信企业应该尽可能创造机会，使顾客之间可以相互交流，分散顾客注意力，使顾客感觉等待时间缩短了。

2．区分排队等待的顾客

电信企业可以根据需求特征或顾客的优先级，将顾客分成不同部分，允许一些顾客等待的时间比其他顾客短。划分顾客的标准包括以下 4 条：

（1）顾客的重要性程度。那些花费大量时间在组织里的顾客、对企业经营有者贡献的顾客（大客户）可以获得优先权。例如，中国移动的全球通客户，中国联通的世界风客户以及一些客户价值高的政企客户。

（2）工作紧急程度。急需获得服务的特殊顾客得到优先安排，如抢修故障。

（3）服务交易的时间差异。若服务提供者发现某位顾客的服务具有特殊的时间要求，则可以由专门负责这类服务的工作人员为该顾客提供服务。

（4）支付的溢价差异。那些提供超额支付的顾客可以享受优先服务。

在为优先级别高的顾客提供优先服务时，要避开正常排队的顾客，否则可能引起正常排队顾客的不满。例如，可以开设专门的房间提供 VIP 贵宾服务。

17.5 电信服务质量管理

对服务企业而言，质量评估是在服务传递过程中进行的。在服务过程中，顾客与服务人员要发生接触。顾客对服务质量的满意可以定义为：将对接受的服务的感知与对服务的期望相比较。当感知超出期望时，服务被认为具有特别质量，顾客表示出高兴和惊讶。当没有达到期望时，服务注定是不可接受的。当期望与感知一致时，质量是满意的。服务期望受到口碑、个人需要和过去经历的影响。第 3 章介绍了电信网络服务质量管理以及服务质量的改进方法，本节将讲述电信服务质量内涵和服务质量评价方法。

17.5.1 电信服务质量内涵

1．服务质量含义

服务是一系列非实体过程，生产和消费过程不能截然分离，同时顾客也积极参与生产过程，因而服务质量的感知也相当复杂。根据服务的特性，从顾客价值的角度可以给服务质量定义为：服务质量是组织的服务行为在顾客眼里的独特性及其所感受到的价值，它取决于组织的行动及顾客对这种行动的评价。鉴于服务交易过程的顾客参与性和生产与消费过程的不可分离性，服务质量的内涵包括以下内容。

（1）服务质量评价及认可是由顾客掌握的，不能由管理者单方面决定，它必须适应顾客的需求和愿望。

（2）服务质量既要有客观的方法加以制定和衡量，更多地要按顾客主观的认识加以衡量和检验。

（3）服务质量的范围不能太小、太窄，一方面要尽可能从顾客角度审视服务质量问题，把握住交易的真实瞬间，另一方面需要在企业内部形成有效管理和支持系统。

根据国际标准化组织的定义，我们认为，服务质量是指服务满足明确目标和隐含需要的全部特征和性质。

2．电信服务质量含义

电信服务质量是指电信服务能够满足明确目标和隐含需要的全部特征和性质，是指服务工作能够满足客户需求的程度。它是电信企业为使目标顾客满意而提供的最低服务水平，也是电信企业保持这一预定服务水平的连贯性程度。服务质量同顾客的感受关系很大，可以说是一个主观范畴，不同的客户对相同的服务过程有不同的感受与理解。

电信服务质量包括两层内涵:通信服务质量和服务功能质量。

通信服务质量主要包括网络接通率、网络传输质量（传输损耗、误码率）、拨号时延（接入时延）、计费准确率（计费差错率）和网络可靠性（网络故障发生率和清障平均时间）等。通信服务质量的评价较为客观。信息产业部在2005年发布了《电信服务规范》，在《电信服务规范》中，对各项通信服务质量指标作出了详细的规定，是电信企业的最低服务标准。

电信的服务功能质量主要包括方便快捷受理客户装、移机申请，合理设置营业服务网点，服务态度热情周到，业务精通，电信资费明码实价，提供免费咨询和资费查询服务，及时修复通信终端设备故障等。职能质量的评价较为主观。

要提高电信服务质量，通信服务质量和服务功能质量两者缺一不可。对于电信业而言，技术质量是基础，但只有提高服务功能质量才能有助于确立电信企业的长期竞争优势。

17.5.2 服务质量测量方法

服务质量的测量在评估服务绩效、诊断服务问题、管理服务的传递、决定基于顾客满意度的电信服务质量研究员工的雇佣以及衡量公司回报方面起着非常重要的作用。但要对服务质量进行测量并非易事，因为顾客对服务质量的评价是由许多无形因素决定的。下面介绍一些著名的服务质量评价方法。

1．SERVQUAL 测量方法

SERVQUAL是Service Quality（服务质量）的缩写。该方法由美国的服务管理研究组合PZB（Parasuraman，Zeithaml，Berry）于1988年提出，是调查客户满意度的有效工具。具体办法是，首先度量顾客对服务的期望，然后度量顾客对服务的感知，由此计算出两者之间的差异，并将它作为判断服务质量水平的依据。

如图17-21所示，PZB提出的5个服务质量要素包括：可靠性（可靠及准确地提供所允诺之服务的能力），有形性（指场地、实体设备及服务人员的外表呈现），反应性（服务人员协助顾客与提供即时服务的能力），保证性（服务人员的专业知识、礼貌及赢得顾客信任及信赖能力），移情性（服务人员对顾客的关心与个别照料）。

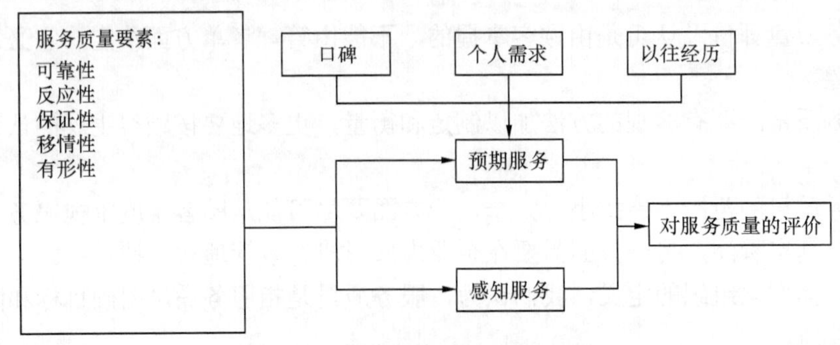

图 17-21 服务质量评价模型示意图

SERVQUAL 是一个包含 44 个项目的量表，其中 22 个项目度量顾客对特定服务行业中优秀公司的期望，22 个项目度量消费者对被评价公司的感知，将这两部分结果进行比较，就得到 5 个维度的差距分值。差距越大，顾客的服务感知离期望值越大，服务质量评价越低；反之，服务质量评价越高。

2. Juran 的服务质量五要素理论

Juran（1986）认为可将服务质量分为内部质量（顾客看不到的质量）、硬体质量（顾客看得见的有形质量，如演唱会会场的设施、装潢）、软体质量（顾客看得见的软体质量，如演唱会的宣传）、及时反应（指服务时间的迅速性，如顾客买票的方便性）、心理质量（指服务人员给顾客具有亲切、礼貌的应对态度等）这 5 个部分。

3. Martin 的双层面服务质要素理论

Martin（1986）则将服务质量区分为程序层面及态度层面。在程序层面中包括了便利、预备、及时、有组织的流程、沟通、顾客反馈、监督等；在态度层面中，包括了态度、注意、说话的声调、肢体语言、叫得出顾客的名字、引导、建议性销售、解决问题、机制等。

4. Sasser 的服务质量七要素理论

Sasser 等（1987）认为顾客会根据安全性（人身安全和财产安全）、一致性（服务的规格化和可靠性）、态度（服务态度）、完整性（服务项目是否够完整）、环境（服务环境和气氛）、方便性（服务时间和服务地点是否方便顾客）、时间（指服务所需的时间和服务速度）这 7 类服务要素评估服务质量。

5. Mitra 的服务质量四要素

Mitra（1993）则将服务质量分成 4 个组成要素，分别为服务人员的行为及态度、时效性、服务不合格点、设施有关特性。

服务人员的行为及态度指与服务人员有关的态度，包括了礼貌、自信、提供服务的意愿、是否细心及体贴等；时效性是指由于服务具有易逝性，服务质量好坏取决于服务当时的过程，所以时效性包括等待时间、服务完成所需的时间等；服务不合格点表明了时机成效偏离目标值的情况；设施有关特性是指服务设施的好坏。

17.5.3 电信服务质量评价指标

构建电信服务质量评价指标是进行电信服务质量管理的重要环节，只有构建了准确的、具有实际意义的评价指标，才能正确评价电信服务质量。

1. 电信服务质量评价指标的设计原则

（1）服务质量评价指标必须以现代服务理论为指导。根据服务理论，服务是以无形的方式，在用户与服务人员、有形资源产品或服务系统之间发生的，可以解决顾客问题的一种或一系列行为。服务质量是指用户对实际所得的服务与用户对服务的预期之间的差距。由于电信服务同时具备有形服务和隐形服务的特点，因此，用户感知的服务质量包括技术质量和职能质量。后者又可分为服务过程和服务人员两个方面。

（2）服务质量评价指标设置必须体现用户导向。坚持用户导向，必须落实在具体的服务管理中。首先，必须清楚地知道用户的服务预期和服务要求，按照用户要求设计产品和服务标准；其次，要知道从用户的角度来看电信服务质量，找出与用户要求的差距并加以改进；最后，还要了解不同用户对不同业务的满意度。

（3）服务质量评价指标体系必须坚持实践原则。

① 指标体系总体上的一致性原则。

② 指标内容的差异化原则。

③ 检查标准的客观性原则。

④ 指标权重的导向性原则。

2. 电信服务质量评价指标

（1）用户端的服务质量评价。用户主要如下 4 个方面来评价人员服务质量。

① 过程质量。涉及服务效率、业务办理手续、障碍排除速度、服务承诺、业务办理环节 5 项具体内容。

② 用户导向。涉及倾听用户意见、了解用户需求、站在用户角度考虑问题、为用户着想 4 项具体内容。

③ 人员质量。涉及规范化服务、礼貌服务、业务素质 3 项具体内容。

④ 服务体系。主要涉及满足用户个性化需求、业务办理方式多样化两个方面。

另外，客户感知研究也是营业厅和服务热线检查的一种重要途径。它与营业厅和服务热线暗访不同的是，前者测量的是用户感知的服务质量，后者监测的是实际提供的服务质量。当采用相同的指标体系时，这两种方法结合起来就能够准确地找出二者之间的差距。再结合内部诊断就可以发现导致出现这种差距的一系列内部原因。例如，市场信息差距、服务标准差距、沟通差距和服务提供差距等。显然，只监测服务提供质量而不跟踪用户感受质量还是不能很好地找出问题所在。

（2）窗口服务质量评价。窗口服务以人员服务为最主要的特点。与电信服务总体评价不同，窗口服务质量评价着重检查在用户服务过程中表现出来的程序质量和人员质量。

① 营业厅服务质量评价指标。为了全面反映营业厅服务质量，可以设立服务意识、人员质量、过程质量、营业厅环境和设施、服务结果、用户满意度、主动营销等指标内容。

② 服务热线服务质量评价指标。为了全面反映热线服务质量，可以设立服务意识、人员质量、过程质量、技术质量、服务结果、用户满意度、主动营销等指标内容。

在电信企业实际运营过程中，可以根据企业的实际情况，取舍以上评价指标，或者赋予不同的指标权重，从而保证服务质量评价的有效性。

17.6 电信服务的 SLA 模式

随着我国电信市场竞争日渐加剧，电信运营企业一方面要满足客户越来越苛刻的质量要求，另一方面还要不断寻找新的业务增长点。在这种背景下，各基础电信运营商和部分增值服务商开始引入了服务水平协议（Service Level Agreements，SLA），以满足客户对服务质量的特定需求。

17.6.1 SLA 概述

1．SLA 的定义

SLA 指 IT 服务提供商和客户之间就服务提供中关键的服务目标及双方的责任等有关细节问题而签订的协议。

从本质上看，SLA 是用户和服务提供商签订的正式契约，它可以是合同中的一个组成部分，也可以是附属于主合同的与主合同有相同效力的说明性文件。它的根本目的是让合作各方在项目运行之前达成一个清晰的共同愿景，同时建立一定的机制来约束各方权利和义务、鼓励各方努力达到或超过事先设定的愿景。

2．SLA 的特征

（1）客户选择服务提供商的参考。服务水平协议（SLA）可以作为客户选择服务提供商的参考，比较各服务提供商的服务水平和服务能力，保护客户的利益。

（2）个性化。SLA 反映客户对服务提供商的服务质量和服务水平的不同需求。

（3）时效性。服务提供商和客户可以根据 SLA，或者双方协商修改、调整、完善或终止现有服务水平协议 SLA。

（4）定制化。服务水平协议是基于各种特定的、具体的业务实现，是对具体业务类型的客户群的细分。

（5）双向性。服务提供商和客户需要就协议内容进行协商；发生故障和告警的时候，根据服务水平协议及时通知客户；定期向客户提供服务水平协议的执行情况报告。

（6）具有法律效力。SLA 类似于其他协议，具有法律效力，双方都有追究违反协议的对方的权利。

3．SLA 的分类

按照 SLA 适用的范围主要可以分成 3 类。最普通的是外部 SLA，它是服务提供商和其客户之间的协议，如运营商与企业客户签订的协议。第 2 种比较常见的是服务提供者和内部客户之间的内部 SLA，如 IT 部门和 IT 用户之间的协议，网络运营商运维/建设部门与销售部门之间的协议等。第 3 种协议模式就是外包协议，即网络运营商与虚拟运营商、服务提供商之间的协议，如图 17-22 所示。

这 3 种类型的 SLA 从本质上都是需求与供应双方为了规范双方之间的行为，就双方关心的服务细节水平进行协商，并采用一些可明确量化的指标进行约定；另外，为了更好地约束双方的行为，会采用类似结算价格或绩效考核的方式进行调节，并明确规定了双方的违约责任与赔偿机制；其次，SLA 协议需要定期进行更新与协商，重要的是一种机制，而不是某一时刻的内容。这三者的不同之处就在于服务水平的参数随着应用行业、范围不同而不同，结算价格或考核模式有所不同，相应的违约责任随着签署对象的不同而有所差异，最终所负责的法律责任也有所不同。

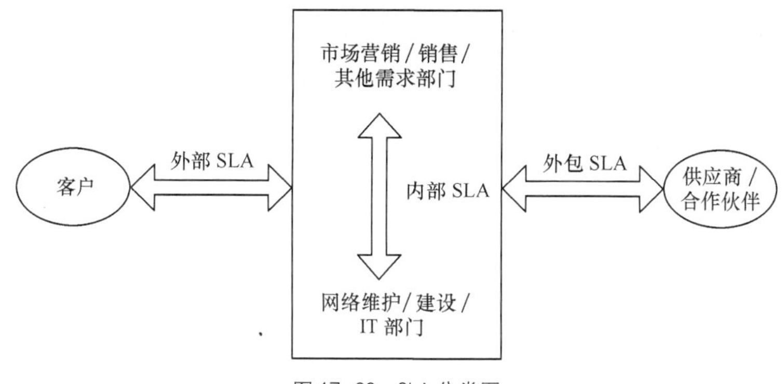

图 17-22 SLA 分类图

4. SLA 的内容

（1）对服务的描述。在这一部分要明确用户和服务商之间的关系，双方各自应承担的义务。说明服务中包含哪些项目，哪些项目应排除在外。对用户的需求也要有量化的估计，如需要说明租用线路的平均流量和峰值流量。用户选择外包电信服务的重要因素之一是期望得到可扩展性，所以 SLA 中既要有对现实需求的描述，也要有对可预计的未来需求的明确描述，服务商要承诺满足这些未来的需求。在服务的过程中，用户可能需要追加一些临时性的服务项目，可以在 SLA 中指定对这些服务的定价原则。

（2）对服务质量的描述。常用的指标有：性能指标，如带宽、误码率等；可用性指标，如每个月线路正常的时间比率；及时性指标，如开通服务所需的时间、故障恢复所需的时间等。

（3）服务质量的度量和报告机制。SLA 中要明确对服务质量的测试点和测试方法，有时还要指定测试仪器和评价标准。用户需要根据指标来对服务商进行评价，更需要根据指标的时间序列及早发现变化的趋势并做好准备工作。在现实运行中常常由服务商来进行服务质量的测定，所以需要在 SLA 中规定服务商提交报告的周期以保障用户能及时了解到最新的情况。

（4）惩罚和奖励机制。SLA 中需要规定当服务商没有达到约定的服务质量时应被扣除部分服务费用或赔偿损失。除此之外，SLA 中还应该包括激励条款，即规定服务质量超过约定水平时给予服务商一定的经济奖励。赔偿和奖励条款都要可量化，如约定的某个指标是 99%，那么根据条款应能明确而无争议地知道达到 98%或 100%时应如何处理。由于质量评价指标很多，通常只选取最重要的几条作为奖惩的评判依据。

（5）争议的解决和合作结束机制。通常合同中都有争议发生时申请仲裁或提起诉讼的相关条款，但执行了这些条款也就意味着合作的失败和双方的损失。SLA 中的争议条款则有所不同，它规定的是在合作过程中双方对一些具体事件的处理方式和原则，如服务商应将哪些事件通知给用户组织的哪个人，多长时间召开一次联席会议，通过这样一种规范化的途径让双方进行充分的交流，可以最大程度地争取合作能顺利地进行下去。

5．SLA 的要素

SLA 核心要素包括服务目录、服务日历、可用性和处理时间。

（1）服务目录。服务目录决定了 SLA 约束的服务范围，即服务商到底提供哪些服务，只有客户“选择”了的服务目录，服务商才会报价与后续的响应，在服务目录之外的内容，将不受 SLA 的限制。

（2）服务日历。服务日历决定了 SLA 约束的时间范围，即为客户提供的服务响应期，是 7 × 24 还是 5 × 8，是否扣除一个周期内的法定假期。每一个服务型的项目都存在着一个服务日历，服务日历与公司日历很多时候不是相同的，不同则意味着成本的增加就需要进行在报价结算时综合考虑，因为它直接关系到人力的配备与排班。

（3）可用性。可用性的计算公式是：可用率=(AST−DT)/AST×100。AST（agreed service time）是指约定的服务时间即上面提到的服务日历，DT（actual downtime during agreed service time）在约定服务时间内的停机时间。

（4）处理时间。处理时间是指当发生各种类型的事件时的完成处理时间要求，事件分为咨询、请求、投诉、故障、新需求。例如，一级故障要求多少分钟处理完毕。约定了可用性与处理时间这两个核心指标，对于客户而言就有了基本保障。

6．SLA 常用的指标

从客户支持和可靠性的角度出发，SLA 中采用了许多指标，其中最常用的指标包括客户支持、可靠性、服务条款、业务连续性和灾难的恢复等。

除了可靠性和客户支持的指标，服务性能对于商业应用来说也是很重要的。服务性能的指标一般包括响应时间、吞吐量、并发访问数等。

17.6.2 电信服务的 SLA

1．电信服务的 SLA 的含义

电信服务的 SLA 是电信运营商在传统通信产品的基础上，为客户提供不同等级的服务，双方通过签订协议的方式约定服务等级、服务项目、资费及赔付标准等。它的特征是客户在享受高等级服务的同时需要支出更多的费用，若电信运营商提供的服务未达到承诺的等级时，需要按照相应的赔付标准向客户进行补偿。

SLA 针对不同的技术服务划分不同的产品等级，等级区分围绕网络维护的关键指标（如电路可用性、电路误码率、平均故障修复时间等），同时对故障受理时间、所提供的报表等进行相应规定。根据相关承诺，如果运营商达不到服务标准，就需给客户一定的赔偿。对客户而言，SLA 指标能够直接反映租用线的服务质量（QOS），可以对运营商的服务流程进行监督。对运营商而言，SLA 也在管理体制和技术手段上提出更多的新要求。

目前从美国各大运营商的经验来看，为大客户提供 SLA 并紧紧围绕大客户进行资源配置、流程优化，同时借助业务保障系统为大客户提供优质的服务，是在激烈的竞争环境下赢得大客户的一种有效途径。

对于电信运营商来讲，针对企业大客户的 SLA 协议，其实就是一份个性化服务菜单，客户通过与运营商协商确定自己所需要的服务种类（网络服务质量与售后服务质量），然后以市场价进行购买，双方要互相承担一定的责任，并有违约赔偿机制。电信服务的 SLA 则可能存在两种情况：第 1 种情况即大客户部门与客户签订 SLA 协议后，网络运维或者建设部门为了更好地满足客户的要求，而与大客户部门所签订的 SLA 内部协议，内部可以通过特定的考核指标来对双方进行考核，或者引入市场/协议价格进行虚拟的结算，这时候内部的 SLA 协议要比针对客户的 SLA 协议更加复杂，对客户起到真正的支撑作用；第 2 种情况就是 IT 部门与内部需求部门之间的 SLA 协议，目的是规范 IT 部门与其他部门之间的需求接口，其间一般不需要结算，通过考核指标约束双方的行为。

2. 电信服务 SLA 的内容

1998 年，帧中继论坛（Frame Relay Forum，现在是 MPLS and Frame Relay Alliance）发布了服务水平定义实施协议（Service Level Definitions Implementation Agreement），规定了延迟、帧传送率、数据传送率和服务的可用性等 4 个方面的评价指标、评价方法并给出了相关的 SLA 框架，自此以后 SLA 得到了产业界的广泛关注。

SLA 一般包括目的、背景、适用范围、服务范围、服务提供方的责任、客户方的责任、详细条款（如服务水平的参数）、违约责任、其他事项、附件等内容。

为了保持竞争力，运营商不但要提供关于业务可用性的保证，还需提供关于业务性能的保证（如响应时间、丢包率、吞吐率等）。目前，常见的 SLA 保证主要包括客户支持、网络可用率（可靠性）、业务备份、业务的连续性和灾难恢复、响应时间、传输速率、利用率等。具体 SLA 的内容需要运营商和客户协商来制定，但关键的指标有两项：网络可用率和平均故障修复时间（MTTR）。

此外，各类电信服务中都会涉及安全性的问题。安全性说明要分清楚用户和服务商各自的责任。例如，要规定哪一方对数据进行加密，在传输或存储的哪一个环节进行加密；在哪些环节发生的问题由服务商负责，做出何种赔偿；服务商是否应对用户的地址分配负保密责任。服务商在管理措施条款中承诺具体的管理规范，如员工的筛选和培训制度，数据中心保安制度，保留系统审计和日志的技术方案等。细节内容可能非常繁杂，SLA 中指出采用某个操作手册上的规定就可以了，但相关的操作手册应该作为 SLA 的附件，用户和服务商应对它有明确而一致的理解。

3. SLA 服务模式与传统电信服务模式的比较

SLA 服务模式与传统电信服务模式的比较如表 17-1 所示。

表 17-1　SLA 服务模式与传统电信服务模式的比较

SLA 服务模式	传统电信服务模式
适用于关键业务、实时业务	适用于传统电话、电报和非关键业务
针对个性化需求提供差异化的服务质量和服务水平保证	《电信条例》的公众服务质量要求
促使电信企业提高服务水平，提高资源利用率和竞争力	缺少提高服务质量的推动力
客户化的 SLA 服务管理，用户参与 SLA 服务管理	用户不参与服务管理

17.6.3 电信企业实施 SLA 的意义

在 2000 年 8 月和 2001 年 1 月，www.nestslm.org 针对 SLA 的应用在北美和全球作了两次深入调查，结果表明 SLA 已经在商业、通信、运输、基础设施、服务等行业得到广泛应用。在电信行业，各大网络运营商普遍采用 SLA 的形式为大客户提供差异化服务。SLA 明确了用户和服务商的权利和义务，对双方的行为有了更多的约束，能够创造更好的合作氛围，起到双赢的效果。电信企业通过实施 SLA，不仅让用户认同其服务质量，而且根据不同的 SLA 对服务进行差别定价还有利于电信运营企业获取更高的利润。具体表现在如下 3 点。

（1）对大客户的意义。SLA 通过明确双方权利和义务，以及对运营商所提供服务的明确衡量，将能为保护大客户的利益起到良好的作用，改变了传统电信运营商与大客户之间的服务关系。

（2）对电信运营企业的意义。SLA 提供了一种机制来管理资源。SLA 的正确使用不但有助于运维、建设部门有效配置资源，而且有助于网络运维、建设、IT 部门更好的对它们的服务水平作出正确的决定，从而控制企业成本。SLA 能够调整用户需求和高水平服务之间的关系，SLA 也能够督促网络运维、建设、IT 部门必须提供承诺的义务，为用户提供目标明确的服务。

（3）在大客户服务中的作用。在产品同质化竞争环境下，如果不能给大客户提供可预期的服务和明晰的服务内容、服务手段和衡量指标，大客户忠诚度将会降低。为此，近几年各大电信企业在大客户服务工作中，都开始对大客户进行细分，引入分级服务概念，根据客户的不同需要及双方约定，提供不同等级、不同质量的服务，从而进一步提高企业在大客户业务市场的竞争能力。SLA 是电信运营商为满足不同大客户对电信服务不同需求、实施个性化服务而提供的有效途径。

本章小结

本章首先介绍了电信企业的客户关系管理，重点分析了如何细分市场，并在此基础上做好与客户关系的建立、维系和深化。接着介绍了服务接触理论。电信企业虽然不是制造业，但也有自身的生产能力和需求管理，本章给出了电信企业产能满足需求的策略。还介绍了电信服务中排队问题的管理、电信服务质量的测量方法。最后简单介绍了电信服务的 SLA 模式。

思考与练习题

17-1 简述电信市场细分的程序和变量。

17-2 如何建立客户关系，并维系和深化客户关系？

17-3 什么是服务接触？服务接触包括哪些要素？电信服务接触点有哪些？

17-4 说明服务需求和生产能力之间的 4 种基本关系。

17-5 测量服务质量有哪几种方法？

17-6 阐述排队等待的若干策略，对每一种策略举例说明。

17-7 什么是SLA？SLA 模式与传统电信服务模式有何不同？说明电信企业实施SLA 的意义。

17-8 考虑一个典型的电信营业厅：

（1）为什么它是一个排队系统？

（2）这里什么是队列？服务次序是什么？

（3）是否存在随机到达？

（4）什么是服务时间？服务时间是否存在巨大波动？

17-9　某电信营业厅每天中午只有一个柜台受理业务。来办理业务的顾客以 15 人/小时的平均速度到达，服从泊松分布；营业员平均 3 分钟办理一名顾客的业务，每小时办理 20 名顾客的业务，服从指数分布。试求：

（1）营业厅空闲的概率；

（2）营业厅里顾客的平均数，等待服务的顾客的平均数；

（3）顾客在营业厅里的平均逗留时间和平均等待时间。

案例讨论

某移动公司市场细分与服务策略的制定

某移动公司对其全球通用户按 ARPU 值细分为 5 类：全球通钻石卡用户、全球通金卡用户、全球通银卡用户、全球通贵宾卡用户和普通全球通用户，并对不同级别的客户采取不同的服务策略。进一步采用 ARPU、网内/网间通话时长、网内/网间通话次数、短信数量、WAP 上网次数、使用电子渠道次数等细分变量对用户行为进行聚类分析见表 17-2。

表 17-2　某移动公司客户细分及特征描述

细分市场	客户行为特征
1. 低使用率客户	只使用手机的通话功能，主要在本地活动，与市内用户沟通多。通话时间长，次数少。优惠时段通话次数占比高。短信使用量较多，IP 通话电话次数占比高，访问营业厅次数少
2. 中低使用率客户	有一定长途漫游，与市内用户固话联系较多，IP 电话使用比例较小。点-点短信使用量少，梦网短信使用量高。访问营业厅次数中等
3. 网间联系紧密客户	通话需求居中，网间通话频繁，长途漫游较少，网间短信比例高，访问营业厅、拨打资费查询号码次数中等
4. 短信高使用客户	点-点短信、网间短信、梦网短信、WAP 等数据业务使用量大，通话次数居中，优惠时段通话次数、时长最高。IP 使用占整个通话的 40%，IP 电话通话时间最长。拨打资费查询号码次数多
5. 本地通话频繁客户	本地通话次数高，互转全球通、秘书台等次数高，每次通话时间少，入网时间长，ARPU 值较高，拨打资费查询号码次数较少
6. 高 IP 与漫游客户	IP 电话、漫游业务使用量高，呼转固话时长、次数高，工作时间通话时间长、次数高，入网时间长、ARPU 值高，75%是 VIP 用户。拨打客服热线次数多

讨论题：

针对细分市场 1 的低使用率客户，该类人群对资费敏感，可能会对价格低廉的产品感兴趣；可通过被叫包月类产品释放其被叫需求；由于这类人群交往圈子窄，并且主要为市内通话，容易成为小灵通的抢夺对象，可设计亲情号码类产品。

请你为其他几种细分市场制定相应的服务策略。

第 5 部分

电信运营支撑系统

信息化助推电信运营管理

管理信息系统对于电信企业的运营管理具有十分重要的意义，它通过集约化的管理方式来提高企业的运营效率，增强企业的市场竞争能力。因此从长远来看它是企业运营的“倍增器”。电信运营支撑系统是电信运营企业一体化、信息资源共享的支持系统，它不仅能帮助电信企业制定符合自身特点的运营支撑系统，还能帮助企业制定系统的发展方向，改善和提高客户服务水平。在本部分中，将介绍电信企业管理信息系统的有关知识，以及电信管理网（TMN）、电信运营支撑系统（OSS）、增强的电信运营图（eTOM）、下一代运营软件和系统（NGOSS）的框架与模型。

第18章 电信企业管理信息系统

【引例】某电信公司管理信息系统

1996年6月的一天，某电信公司信息中心主任林某正在考虑星期五早上召开的会议，在会上，将讨论重新设计市话营业管理信息系统。这是一套以前从来没有建立过的系统，解决电子工单流转的问题后，此次系统方案可以持续发展、不断升级。新设计的管理系统不应像以前的老的人工操作方式那样，使用和运行起来比较困难，而且运行效率不高。现在利用新的管理信息系统，电子工单可以在公司内自动流转、实时处理，而以前的人工系统则要花费若干天的时间。

但是，没有人能够告诉林某，这套系统是否可行，它是否能马上设计出来。营业员都说，没有这个系统，他们也能继续工作。新的系统能为客户提供巨大的利益和服务，但是对电信公司的员工来说却没有什么好处，一旦电子工单取代手工工单，工作量极大减少，他们感到恐惧而抵触。

管理信息系统的出现和使用，为企业的生产和运营提供了有效的支撑。管理信息系统能够对企业在经营、决策中面对的浩瀚信息进行广泛的收集、精确的分析、迅速的反应，从而为企业的运营、决策过程提供满足需要的信息资源。同时，企业的管理信息系统建设不是一个孤立的问题，涉及了企业的组织、管理等各个方面，也需要相应的企业文化加以支持。

18.1 电信企业管理信息系统概述

对于电信企业来说，信息是生产运营的主要对象。因此电信企业应该充分利用信息资源和技术资源方面的优势，建立并完善企业生产运营管理信息系统，从而有效地提高企业的信息化管理水平，增强企业的生产运营调控能力和市场竞争力。

18.1.1 信息的概念

由于信息在自然、社会和思维等领域的普遍存在，且有众多的表现形式和储存、转换、传递等特点，使得人们从不同的角度给“信息”以多种多样的定义。

我国《辞海》里对信息的解释是：①音讯：“消息”。②通信系统传输和处理的对象，泛指消息和信号的具体内容和意义，通常需要通过处理和分析来提取。信息的量值与它的随机性有关，如果在接收端无法预估消息或信号中所蕴含的内容或意义，即预估的可能性越小，信息量就越大。

美国《韦氏字典》对信息这样解释：信息是用以通信的事实，是在观察中得到的数据、新闻和知识。

信息论创始人香农（C.E.Sannon）认为："信息是不确定量的减少"，"信息是用来消除随机不确定性的东西"。

对信息论做出特殊贡献的美国数学家维纳（N·Wiener）说过："信息就是我们在适应外部世界和控制外部世界中，同外部世界进行交换的内容的名称。"

麦克卢汉的观点："媒介就是信息。"

法国物理学家布里渊（L·Brillouin）认为："信息是原材料，知识是思维对信息加工的产物。"

《Fortran 程序设计》（谭浩强）认为：简单地说，信息是表现事物特征的一种普遍形式，这种形式应当是能够被人类和动物感觉器官（或仪器）所接受的。确切地说，信息是客观存在的一切事物通过物质载体所发生的消息、情报、指令、数据、信号中所包含的一切可传递和交换的知识内容。

美国 Whatis 权威网站对信息的解释是：信息是一种刺激，这种刺激对于接收信息的人来说有着深刻的含义。有些信息（如果不是全部信息）可以转换为数据并发送给其他接收者。从计算机的角度，可以这样理解信息，信息由数据构成，以数据的方式在计算机内进行存储和处理，然后以能够表示信息的数据形式从计算机输出。

从管理信息系统的角度，可以这样理解信息：信息是经过加工后的数据。它对接受者有用，对决策和行为有现实的潜在价值。

与信息密切相关的一个重要概念是数据。在管理信息系统中，信息和数据是不同的。数据是一组表示数量、行动和目标的、可鉴别的非随机符号，它可以是字母、数字或其他符号。对于管理信息系统来说，数据是管理信息系统的原材料和载体。

信息可以分为自然信息、生物信息和社会信息 3 大类。每种信息的具体内容尽管各不相同，但都具有一些相同的特征。例如，信息是可以传递的；信息是可以存储的；信息也是可以进行处理的。

对于电信企业来说，信息是主要的处理对象。电信企业的生产运营信息，是电信企业管理的重要资源，也是电信企业生产运营的无形基础。通过及时获取、组织和利用企业生产运营信息，决策者可以及时作出各种生产经营决策。

一般可以把电信企业管理的生产运营信息分为以下 7 大类。

（1）电信企业的人、财、物等资源管理信息，如财务管理信息、人力资源管理信息、物资管理信息等。

（2）电信企业的办公信息，如企业的生产计划、经营决策、项目管理等信息。

（3）电信网络的运行维护信息，如网络运行质量、维护日志等信息。

（4）电信营业账务信息，包括营业、业务结算、业务资费等信息。

（5）市场和客户服务信息，包括客户服务、市场反馈、市场调研等信息。

（6）项目管理信息，如项目进度控制、项目风险控制、项目采购控制等信息。

（7）其他信息。

18.1.2 信息与决策

决策就是要对未来的方向、目标以及实现途径做出决定，它是指个人或集体为了达到某一目标，借助一定的科学手段和方法，从若干备选方案中选择或综合成一个满意合理的方案，并付诸实施的过程。决策具有目的性、超前性、创新性、管理性 4 大特征。

1. 信息在决策中的作用

信息是科学决策的基础和依据。决策过程就是在全面掌握准确信息的基础上，依据决策对象的发展规律及其内外条件，在变动的环境中，做出最有利于决策对象发展的决断，并有效地监督实施的过程。因此，就其本质而言，决策活动就是一个对大量相关信息进行收集、筛选、判断、分析，进而对创造性方案的拟定、评价、选择和执行的过程。信息贯穿了决策过程的每一阶段。

（1）信息是提出问题的前提。只有在收集、掌握大量信息的前提下，才会发现问题，才会要求人们做出决策。

（2）信息是确定决策目标的依据。决策目标的确定离不开预测、分析，而预测和分析离不开信息。

（3）信息是制定方案的基础。决策者只有根据所掌握的信息进行科学合理的预测，才能制定各种可能的行动方案。

（4）信息是决策方案抉择的依据。决策者要根据信息对各方案进行可行性、收益性、风险性等的研究分析，最终确定一个最佳行动方案。

（5）信息是控制决策实施的条件。在决策实施的整个过程中离不开信息的控制和协调，同时信息也是检验决策效果的标准。

2. 信息与决策的关系

决策本身是信息转换的过程，而信息的转换又严格地依赖于环境和系统内的信息资源与能力。信息与决策是一种辩证关系：

信息是决策过程的原料和灵魂。没有大量的信息，决策将成为无源之水，无本之木。

获取有效信息是决策成功的保障。由于信息泛滥与有效信息不足的矛盾日益突出，决策者必须对大量信息进行认真分析，在此基础上形成有效合理的信息，并利用这些有效信息为决策提供重要依据。

信息使用不当是造成决策失误的一个重要因素。信息不全面、信息不真实、信息不及时以及信息渠道不畅、信息筛选没有遵循一定的原则等，都会造成决策的重大失误。作为决策者，既不要轻视信息，也不要过分夸大信息的作用。决策者必须具备信息环境辨识能力、信息领悟力及较强的风险意识。

3. 决策过程中对信息质量的要求

（1）可信度要求。一是原始信息是真实的、准确的；二是经过加工的信息是真实的和准确的。

（2）完整度要求。指决策信息应包含决策所需的全部信息，如范围、种类、时间等多方面的涵义。

（3）精确度要求。指决策信息应准确反映决策对象的细微特征。

18.1.3　管理信息系统

1. 管理信息系统的概念

一般来说，企业管理信息系统是指广义的管理信息系统（Management Information System，MIS），泛指在管理工作中以数据库为核心的计算机应用。它是依据系统的观点，通过计算机、网络通信等现代化工具和设备，运用数学的方法，服务于管理领域的人机结合的信息处理系统。以计算机为基础的管理信息系统可以使用户系统、高效地利用信息，使组织内部的信息使用效率达到最高。

人们可以从下面的角度加深对 MIS 的理解。

MIS 可以分为广义和狭义两个方面。广义地说，MIS 是用系统论创建起来的，以计算机为信息处理的载体，以现代通信设备为基本传输工具，能为管理决策者提供信息服务的人机系统。狭义地说，MIS 是一个由人和计算机组成的，能进行数据的收集、传递、存储、加工、维护和使用的系统，它具有计划、预测、控制和辅助决策等功能。本章中的 MIS 指广义的管理信息系统。

MIS 综合了管理科学、系统科学、操作研究、统计学、计算机科学等学科的知识。是对这些不同学科、不同领域的知识和技术的综合应用。MIS 吸收了各个学科的先进思想和技术，通过对它们的集成和综合发挥对信息的管理作用。

MIS 涉及到了企业的技术、管理、组织等多个层面。MIS 的建设和实施不是一个孤立的过程，而是贯穿企业的各个层面，需要组织成员的通力配合。因此需要相应的企业文化加以支持。

从企业的角度看，MIS 是企业的一个部分。MIS 与企业功能是互动的。一方面由于 MIS 的影响，企业的结构向扁平化方向发展，企业的所有员工通过使用 MIS 高效率的努力工作；另一方面 MIS 的开发受到企业自身的影响，企业需要根据实际需求来规划和执行 MIS。

MIS 为企业管理决策提供服务，它通过对管理活动中发生的信息进行处理支持企业的决策过程。MIS 系统运用数据挖掘、数据仓库等先进的信息处理技术，对企业生产、经营过程中收集到的数据进行分析和处理，归纳整理出对企业决策有用的部分，从而为企业的战略决策提供依据和信息资源。

2. 管理信息系统的发展阶段

管理信息系统的概念是随着计算机技术的发展而逐步形成的。自从 1946 年第 1 台计算机诞生以来，人们就开始了管理领域内的计算机应用。20 世纪 50 年代，计算机在数据处理技术上的突破，为计算机的应用拓展了空间，于是陆续出现了数据统计系统、数据更新系统、数据查询系统、数据分析系统、系统状态报告系统等。同时，还出现了电子数据处理系统（Electronic Data Processing System，EDPS），有力地推动了管理信息系统的发展。当时，各企业纷纷投资于计算机设备，以追求它的高处理速度、大存储能力和广阔的应用领域，这给他们带来了巨大的经济效益。因此，信息技术也得到重视，人们对计算机的发展充满了信心和期望。但是30多年过去了，计算机在信息处理领域的应用没有达到人们的期望，在管理领域，人的参与还是必不可少的；部分企业的管理信息系统始终达不到设计要求；资源的利用不充分，于是人们又重新思考该如何开发好管理信息系统。

在经过曲折的不断探索之后，20世纪60年代后期到20世纪70年代产生了管理信息系统（Management Information System，MIS）、决策支持系统（Decision Support Systems，DSS）。80年代，又出现了为企业最高决策层服务的高层主管支持系统（Executive Support System，ESS）。在人工智能领域，出现了专家系统（Expert System，ES）。在加工制造企业中，计算机集成制造系统（Computer Integrative Manufacturing System，CIMS）的应用使企业生产经营环节实现了自动化。步入20世纪90年代，信息技术更加发展，出现了群体决策支持系统（Group Decision Support System，GDSS）和智能决策支持系统（Intelligent Decision Support System，IDSS）。

总之，管理信息系统的发展与计算机技术的进步紧密相关。计算机应用技术经历了数值处理、数据处理、知识处理和智能处理4个阶段。与之相对应的管理信息系统也经历了从数据处理到知识处理，再到智能处理3个阶段。电子信息处理系统、狭义的MIS和决策支持系统，各自代表了管理信息系统发展过程中的某一阶段，至今它们仍各自在不断发展和完善。

3. 管理信息系统的特点

MIS作为支持企业信息使用率提高和竞争力增强的有效工具，是各种先进的IT技术和信息设备，以及管理理念的综合应用。企业通过实施有效的MIS，能够对信息资源进行高效率的收集和提取，进行分析，为管理决策提供支持。为了实现这些目标，企业的管理信息系统一般具有以下特点。

（1）MIS具有管理决策导向。MIS是继管理学的理论、管理与决策的行为理论之后的一个重要发展，它是一个为管理决策服务的信息系统，它必须能够根据管理的需求，及时提供所需要的信息，帮助决策者做出决策。

（2）MIS 涉及的企业部门越来越多。随着管理信息系统本身复杂性和在企业中应用复杂程度的提高，系统的开发应用已从部门级上升至企业级，系统建设也几乎涉及企业的所有部门。

（3）MIS融合了先进的管理思想和管理方法。MIS建设不仅仅是为提高企业经营管理效率而安装一套软件的简单过程，更重要的是能否在系统建设中为企业注入先进的管理理念，能否利用系统而丰富的管理内涵，规范企业管理，提升企业竞争力，这是一个管理创新的过程。另外，新的技术、新的管理思想、理论和方法不断出现，要求系统根据企业发展的要求，注入新的管理思想和理念。

（4）MIS对企业组织结构和业务流程的影响越来越大。MIS的应用和流程重组是相辅相成的。随着 MIS 在企业中应用复杂程度的提高，从业务自动化到综合信息管理直至流程重组和经营转型，MIS对企业战略、组织结构和企业流程的影响也在逐渐增加，对企业变革作用力度加大。

（5）MIS 建设的投入和风险加大。风险和投入体现在两个方面，一是系统要求企业组织整合、重组，信息资源统一规划，对企业管理基础提出了综合性要求，能否适应这一转变，是主要风险所在；二是由于软件本身复杂性增加，软件开发或购买的费用上升，且实施牵涉的企业范围广、实施周期长，带来的人员和资金投入巨大，机会成本高。

总的来说，随着 MIS 复杂程度的提高，企业的 MIS 建设已不仅仅是开发或实施单一软件那么简单，它已成为一个投入高、风险大，与企业的组织结构、业务流程等紧密相关的管理创新过程，已成为一个复杂的系统工程，且随着信息战略重要性的增加，管理信息系统战略已成为企业战略的一个重要组成部分。

4. 管理决策层次与对应的管理信息系统

在企业的组织结构中，最常见的一种就是金字塔结构，如图 18-1 所示。在金字塔结构的组织中，水平方向分为 3 个层次，从上往下依次是高层管理者、中层管理者和基层执行者。高层管理者主要面对的是企业总体战略的制定，使用的信息大部分是非结构化的；中层管理者处于控制级位置，除了要执行高层管理者定制的战略之外，自己本身也需要做出一些决策，使用的信息主要是半结构化的；而对于处于最低层的执行者来说，他们的主要任务是执行管理者已经制定好的各种政策和决定，完成日常的工作，主要的信息是结构化的。在垂直方向上，金字塔结构把企业的生产运营主要分为 4 个部分，分别是销售和市场、制造和生产、财务和会计以及人力资源。

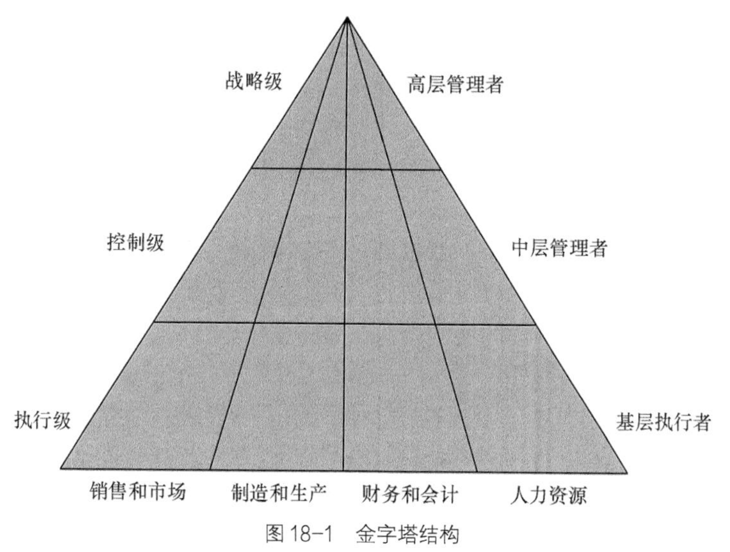

图 18-1　金字塔结构

由于每个层次的人员在组织中所扮演的角色不同，面对的信息类型也不同，因此需要不同类型、不同特点的信息系统为其服务。如表 18-1 所示，对于金字塔高层的管理者主要面对的是非结构化的信息，MIS 在这个层次上提供了支持群体的战略规划系统，支持个人的主管支持系统。对于基层的执行人员主要处理的是结构化的信息，结构化的信息是可以数字化的数据信息，可以方便地通过计算机和数据库技术进行管理，结构化信息更加忠实、详实地记录了企业的生产交易活动。在这个层次上 MIS 提供了业务处理系统、业务员系统等。介于高层与基层之间的中层管理者，面对的也是介于结构化与非结构化之间的半结构化信息，MIS提供了战略计划与控制系统和知识工作者系统帮助他们对数据进行管理。

表 18-1　　各层管理团队应用的 MIS

层　次	支持群体的系统	支持个人的系统
高层	战略规划系统	主管支持系统
中层	管理计划与控制系统	知识工作者系统
基层	业务处理系统	业务员系统

18.1.4　电信企业管理信息系统介绍

随着电信重组的完成，中国电信业逐步进入了市场化较为显著的阶段，国内的电信运营商要想在以客户为中心的现代市场环境及日益激烈的市场竞争中处于有利的地位，不仅需要在组织结构、管理模式、经营体制、管理手段等方面下大功夫进行改革和优化，在技术手段上也需要一套管理信息系统来确保上述目标的实现。

1．电信企业管理信息系统的发展历程

我国电信运营企业的管理信息系统建设要追溯到 20 世纪 80 年代中期，程控交换机引进过程中开始进行的配套计费系统的建设，当时企业的管理信息系统主要是计费系统和一些简单的网管系统。这一阶段还称不上是基础管理阶段。

20 世纪 90 年代中后期，我国正式全面启动了各种计算机应用系统的建设，如市话业务综合管理系统、狭义 MIS 系统、网管系统等，这时正式进入基础管理阶段，但是一些基础管理系统的建设还不完备。

20 世纪 90 年代后期是一个有代表性的时期，中国电信开始了“九七系统”的酝酿和建设，体现了很多先进的思想和理念，代表了当时电信运营企业业务支撑系统的方向。但是“九七系统”的建设并不顺利，持续到 1999 年才基本结束，建设的也不算太成功。这个时期办公系统和财务电算化等一批专用办公系统也分别进入建设阶段，但各个省公司、地市公司独立建设比较多，没有一个很科学的统一规划。这一阶段应该是基础管理阶段的延伸和企业资源规划的准备阶段。

进入 2000 年以后，中国电信、中国移动、中国联通等代表性电信运营商纷纷开始了业务支撑系统的集中化改造。企业的办公自动化（OA）、综合资源管理和综合网管等系统的建设也如火如荼，客户关系管理和以财务和人力资源为主的企业 ERP 系统也在运筹和建设当中，而且绝大多数系统的规划和建设已经充分利用了 Internet 工具，考虑到了电子商务的模式。这一时期绝大多数的电信企业已经完成了基础管理阶段，正在进行企业资源规划，协同电子商务模式已露雏形。

经过长期的建设，到目前为止，各个运营商已经建成的管理信息系统在功能上已经比较完善，性能也比较稳定，能够有效地支撑企业的运营和管理。随着网络时代的来临和 3G 业务的开展，电信运营商正在着手建设适应下一代网络的支撑运营系统和满足 3G 业务需求的管理信息系统。

表 18-2 介绍了目前中国 3 大运营商的管理信息系统框架。

表 18-2　　中国 3 大电信运营商的管理信息系统框架

企业名称	管理信息系统框架
中国电信	CTG-MBOSS（China Telecom Group-Management & Business Operation Supporting System） 建立统一的企业内部 IT 专网，统一的企业数据架构，以省为中心集中存放和管理关键应用系统和数据；各系统间利用 EAI 连接分为管理支撑系统（MSS）、业务支撑系统（BSS）、运营支撑系统（OSS）、基础架构 EAI/数据仓库系统等
中国移动	EISS（Enterprise Information Support System） 从管理层面上可分成两级结构，即集团公司总部（一级）和各省公司（二级）系统，按职能和功能不同可分为两类系统，即企业管理信息系统 MIS（包括财务系统、人事系统、OA 网、决策支持系统）、生产信息支撑系统（包括网管系统、客户服务系统和业务管理系统）等
中国联通	UNI-IT（Union Information Technology） 包含了管理支撑系统（MSS）、业务支撑系统（BSS）和企业资源计划系统（ERP）3 大部分，并与运营支撑系统（OSS）相互支持。该架构通过在企业运营管理体系、客户及业务网之间建立有机联系，有效地支持中国联通运营过程中的决策、规划、营销、业务产品开发、销售、客户服务和收入实现

CTG-MBOSS 是中国电信企业信息化建设的品牌，中文含义是“中国电信集团管理/运营支撑系统”，是企业信息化的整体解决方案。它描绘了中国电信运营和管理的企业信息化架构，明确了目前和未来几年中国电信企业信息化建设的目标。它的主要内容包括企业信息化战略目标、三阶段性要求（信息共享、有效支撑、创造价值）、MPDS 方法论（管理和运营架构、业务流程、信息数据、应用系统）、功能和技术架构（MSS、BSS、OSS、EDA 和基础平台）、管控架构（IT 组织、IT 规划流程、IT 推进模式、IT 供应商管理、IT 建设与维护）以及规范体系等。

中国移动企业信息支持系统的重要组成部分是 BOSS 系统。它利用计算机网络及相关应用技术形成一个对中国移动业务组织、管理及市场经营、客户服务工作的整体技术支撑平台。整个系统以客户为中心，同时系统层次清晰，职能明确，配置灵活，能够方便地提供多样化、个性化的服务，还能提供全方位统计分析要素，可以满足各类统计报表的要求。

2002 年，中国联通提出名为 UNI-IT 的企业整体 IT 系统框架，由 UNI-CRM、UNI-ERP、UNI-MSS 3 部分组成，其中 UNI-CRM 系统包括综合营账、经营分析等系统。2004 年中国联通调整 UNI-IT 的定义，将原有 UNI-CRM 更新为 UNI-BSS。在新的 UNI-BSS 系统规划中，BSS 系统包括综合计费账务、CRM、经营分析等系统。其中 CRM 系统包含原综合营业系统中的营业部分、客服等模块。

2．电信企业建设管理信息系统的意义

在 20 世纪的最后 30 年里，全球《财富》500 强企业的淘汰率从 32%提高到 50%以上，即一半以上的企业退出了 500 强行列。这些数字说明，只有那些“创造了在市场竞争中不可取代位置”的企业才能够存留下来。而“创造不可取代位置”中很重要的一点，就是要比竞争对手能更快的获取和处理各种信息，将信息和网络技术手段渗透到企业生产运营与管理中。这一点对于电信运营商同样适用。

（1）MIS 是企业进行有效管理的工具。MIS 是建立现代企业制度的有效手段之一，能够给企业带来替代性、升级式乃至结构性等不同层次的变化。有效可靠的 MIS 能够发挥出企业

生产力的作用。电信企业在经营中应用MIS可以明显地降低成本、加快管理运作速度，从而提高市场占有率，增加业务收入，提高用户服务水平。

（2）MIS是企业增强竞争力的手段。MIS是电信企业获得竞争优势的手段之一。企业在产品差异化策略、市场细分与定位策略以及信息交换投资策略等的制定时，需要根据生产经营中收集到的数据，通过加工和分析形成有用的信息资源，以提供制定策略的依据。以信息资源为依据制定的一系列企业策略能够在市场竞争中发挥作用，增强企业的竞争优势。

（3）MIS是企业保持可持续发展的要求。MIS的能力是电信企业拥有可持续竞争优势的基本要求。新经济时代企业竞争的重点已从“硬件优势”转向了“软件优势”，这些软件包括管理、技术、人才、企业文化等。这些要素具有自发性、可塑性、不易模仿性、延续性等特征，形成了电信企业可持续发展的基础。企业要实现对这些软件的经营，必须具有良好的MIS，以支持形成的企业可持续竞争优势。

（4）MIS是企业信息化的表现。MIS是企业信息化建设的表现。随着信息时代的到来，企业信息化建设显得异常重要。特别是电信企业的信息化，不仅承担社会信息化的重担，要为社会信息化水平的提高做出积极的贡献，同时也会极大地扩展自己的业务领域及市场，为电信企业提供了又一次发展机遇。因此MIS的建设与实施是企业信息化的标志，具有重要的意义。

18.2 电信企业管理信息系统建立的技术基础

电信企业建设管理信息系统就是要在生产、管理等环节充分应用各种信息技术，提高电信企业的生产效率和管理能力，增强企业的市场竞争力。由于电信企业生产的产品主要是各种电信业务和服务，因此MIS涵盖了计费、网管、财务、人力资源、客户关系管理等方方面面。MIS的建设需要有先进的IT技术作支持，只有在先进技术的基础上建立起来的MIS才能发挥它强大的管理功能，支撑电信企业的生产和运营。

18.2.1 数据仓库与数据挖掘

1. 数据仓库

数据仓库（Data Warehouse，DW）是一个面向主题的、集成的、不可更新的、随时间不断变化的数据集合，它用于支持企业或组织的决策分析处理。

在体系上，数据仓库是从多个数据源收集来的信息的仓储，它在一个地点以统一的模式存储。一旦信息被收集起来后，数据将长期保存。因此数据仓库提供给用户一个统一的数据接口，使得决策支持查询的处理更为容易。

数据仓库的体系结构包括了数据源、数据加载工具、数据中心库、联机分析处理和前段工具。其中，数据源是数据仓库系统的基础，是整个系统的数据源泉，它们可以是结构化的，也可以是非结构化、半结构化的。数据加载工具是连接数据源和数据仓库的桥梁，可以将数据从数据源经过必要的抽取、清洗、转换等处理后加载到数据仓库系统中，即抽取、转换、加载（Extraction Transformation Loading，ETL）过程。数据仓库是整个系统的核心，也称为数据中心库。主要由两个部分组成，包括业务相关数据和元数据。业务相关数据主要来源于数据源，而元数据主要是指描述业务相关数据的数据，同时还包括若干关于系统管理的数据。联机分析处理（On-Line Analysis Processing，OLAP）利用扩充的操作可进行复杂的历史分析，还可以预先计划和预测。前端工具主要包括各种数据分析工具、报表工具、查询工具、数据挖掘工具以及各种基于数据中心库的开发和应用。其中数据分析工具主要面向 OLAP 服务器，报表工具、数据挖掘工具既可以面向数据中心库，也可以面向 OLAP 服务器，根据实际情况予以确定。

电信企业的数据仓库可以分为部门级数据仓库和企业级数据仓库。目前国内建设的数据仓库基本都是部门级数据仓库，主要包括一些部门级的数据内容如计费数据、市场数据等，企业级的数据仓库将包括所有部门的数据，因此比较庞杂。

2. 数据挖掘

数据挖掘（Data Mining，DM）是一个利用各种分析工具在海量数据中发现模型和数据间关系的过程，这些模型和关系可以用来做出预测。数据挖掘作为一种分析方法，主要能提供以下 5 种功能。

（1）分类（Classification）。首先从数据中选出已经分好类的训练集，在该训练集上运用数据挖掘分类的技术，建立分类模型，对于没有分类的数据进行分类。

（2）估值（Estimation）。估值与分类类似，不同之处在于，分类描述的是离散型变量的输出，而估值处理连续值的输出；分类的类别是确定数目的，估值的量是不确定的。

（3）预言（Prediction）。通常，预言是通过分类或估值起作用的，也就是说，通过分类或估值得出模型，该模型用于对未知变量的预言。从这种意义上说，预言其实没有必要分为一个单独的类。预言的目的是对未来未知变量的预测，这种预测是需要时间来验证的，即必须经过一定时间后，才知道预言准确性是多少。

（4）聚集（Clustering）。聚集是对记录分组，把相似的记录在一个聚集里。聚集和分类的区别是聚集不依赖于预先定义好的类，不需要训练集。

（5）描述和可视化（Des cription and Visualization）。描述和可视化是对数据挖掘结果的表示方式。

在数据挖掘技术日益发展的同时，许多数据挖掘的商业软件工具也逐渐问世。数据挖掘工具主要有两类：特定领域的数据挖掘工具和通用的数据挖掘工具。

特定领域的数据挖掘工具针对某个特定领域的问题提供解决方案。在设计算法的时候，充分考虑到数据、需求的特殊性，并作了优化。对任何领域，都可以开发特定的数据挖掘工具。例如，IBM 公司的 Advanced Scout 系统针对 NBA 的数据，帮助教练优化战术组合；加州理工学院喷气推进实验室与天文科学家合作开发的 SKICAT 系统，帮助天文学家发现遥远的类星体等。特定领域的数据挖掘工具针对性比较强，只能用于一种应用；也正因为针对性强，往往采用特殊的算法，可以处理特殊的数据，实现特殊的目的，发现的知识可靠度也比较高。

通用的数据挖掘工具不区分具体数据的含义，采用通用的挖掘算法，处理常见的数据类型，一般提供 6 种模式。例如，IBM 公司 Alma den 研究中心开发的 QUEST 系统，SGI 公司开发的 Mine Set 系统，加拿大 Simon Fraser 大学开发的 DBMiner 系统。通用的数据挖掘工具可以进行多种模式的挖掘，挖掘什么、用什么来挖掘都由用户根据自己的应用来选择。

目前常用的数据挖掘软件包括 SAS enterprise miner 、IBM intelligent miner、SPSS Clementine 等。

数据挖掘和数据仓库的协同工作，一方面，可以迎合和简化数据挖掘过程中的重要步骤，提高数据挖掘的效率和能力，确保数据挖掘中数据来源的广泛性和完整性。另一方面，数据挖掘技术已经成为数据仓库应用中极为重要和相对独立的方面和工具。

18.2.2 信息安全技术

管理信息系统管理着企业的核心数据和信心，涉及企业战略、营销策略等方方面面，因此它的安全性十分重要，如果没有安全保障，系统很容易被攻击瘫痪，将直接给生产、管理带来巨大的灾难。信息安全涉及很多方面的内容，包括入侵检测、病毒防治、安全加密、认证管理中心（Certificate Authority，CA）认证等很多领域的内容。通过信息安全技术，可以保证数据的私密性、完整性和可用性。

1．信息安全的概念

一般认为满足以下特点的信息被认为是安全的。

（1）信息的完整性。信息在存储、传递和提取的过程中没有残缺、丢失等现象的出现，这就要求信息的存储介质、存储方式、传播媒体、传播方法、读取方式等要完全可靠，因为信息总是以一定的方式来记录、传递与提取的，它以多种多样的形式存储于多样的物理介质中，并随时可能通过某种方式来传递。简单地说，如果一段记录由于某种原因而残缺不全了，则它记录的信息也就不完整了。那么，我们就可以认为这种存储方式或传递方式是不安全的。

（2）信息的机密性。信息的机密性就是信息不被泄露或窃取。这也是一般人们所理解的安全概念。人们总希望有些信息不被自己不信任的人所知晓，因而采用一些方法来防止，如把秘密的信息进行加密，把秘密的文件放在别人无法拿到的地方等，都是实现信息机密性的方法。

（3）信息的有效性。信息的有效性一种是对信息的存取有效性的保证，即以规定的方法能够准确无误地存取特定的信息资源；另一种是信息的时效性，指信息在特定的时间段内能被有权存取该信息的主体所存取等。

当然，信息安全概念是随着时代的发展而发展的，信息安全概念以及内涵都在不断地发展变化，并且人们以自身不同的出发点和侧重点不同提出了许许多多不同的理论。

2．信息安全技术

面对信息安全的诸多问题，计算机专家们采取了多种的防范措施来解决很多问题。

（1）防火墙技术。防火墙是指设置在不同网络（如可以信任的企业内部网和不可以信任的外部网）或网络安全域之间的一系列软件或硬件的组合。在逻辑上它是一个限制器和分析器，能有效地监控内部网和 Internet 之间的活动，保证内部网络的安全。为迎合广泛用户的需要，可以在网络中实施 3 种基本类型的防火墙：网络层、应用层和链路层防火墙。

（2）网络信息数据的加密技术。目前，信息在网络传输时被窃取，是个人和公司面临的最大安全风险。为防止信息被窃取，则必须对所有传输的信息进行加密。加密体系可分为：常规单密钥加密体系和公用密钥体系。

具体来说，在传输链路方面，一般可以使用 IPSec 加密、SSL 加密等方式，确保传输链路的安全；在系统管理方面，可以通过防火墙对内部系统进行保护，一般通过双层防火墙构建方式进行内部网与外部网的隔离，通过入侵检测系统可以防范可能的外部攻击；在病毒防治方面，建立相关的系统，实时进行监控；从应用层面考虑，要对用户建立一个统一的权限管理体系，用户仅需要一次登录，就可以根据系统设定的权限，访问不同系统的资源。

18.2.3　知识管理

1．知识与知识管理的概念

知识管理（Knowledge Management，KM）。就是为企业实现显性知识和隐性知识共享提供新的途径，知识管理是利用集体的智慧提高企业的应变和创新能力。知识管理包括 4 个方面工作：建立知识库；促进员工的知识交流；建立尊重知识的内部环境；把知识作为资产来管理。

知识管理在知识资产管理、学习型组织、人力资源管理和信息化 4 个方面进行深化和突破。知识管理是企业在面对由非连续的变化造成的重大变故时，建立的将资料、资讯技术与整个组织流程、企业精神等加以整合的过程及成果，其中包含了全体员工的创新力和创造力。

要进行知识管理必须明确知识的含义。按照联合国经合组织（OECD）的分法知识有 4 种表现形式。

（1）知道是什么的知识（Know-What）。这是理解性知识。指对于要管理的对象首先要有具体的认识，如企业的组织结构、产品结构等。

（2）直到为什么的知识（Know-Why）。这是推理性知识。指对外观表象后面的运作机理有所研究，如企业生产和管理的规律，原料供应和市场变化的规律等。

（3）知道是谁的知识（Know-Who）。这是管理性知识。指运用知识协同工作、实现协调管理，如在工作过程中，如果出现了问题知道应该找谁来解决。

（4）知道怎样做的知识（Know-How）。这是技术性知识。指如何在实际环境中具体操作，如组织生产、开拓市场等。

简单说这 4 类知识就是知、懂、用、管的知识。一个企业的知识链通常包括知识的识别、知识的获取、知识的开发、知识的分解、知识的储存、知识的传递、知识的共享以及知识产生价值的评价等环节。这些环节形成完整的知识链，它是企业供应链、信息链、价值链的更高层次的体现，是对企业资源利用的更高阶段。

2．知识管理的方法论体系

知识管理涉及的领域非常广泛，不同学科都用到知识管理的概念，大部分属于知识工程和人工智能领域，但人工智能研究经常将知识管理降格为专家系统的开发和使用。目前的知识管理实践显示，以 IT 为基础的知识管理方法依旧占据着主导地位，它强调知识的存储（数据库、文档管理系统）和传递（内联网、Internet 应用），在很大程度上忽略了隐性知识的管理。近来很多学者和研究机构提出将知识管理活动融入业务流程中，通过知识管理提升业务流程的价值。

（1）Common KADS 方法体系。Common KADS 方法体系源于 KE，由 Schreiber 等人

（2000）提出。Common KADS 方法体系支持知识管理解决方案的开发。通过构建组织模型，描述和定义组织中的知识。该方法强调知识管理的价值与流程，提供了知识型工作分析技术和加强知识共享和复用的方法，但不支持与隐含知识有关的流程设计，对知识管理与业务流程的融合没有提供明确的方法。

（2）业务知识管理法。业务知识管理法由 Bach 等人（1999）提出，目标是将知识管理活动与业务目标和以多媒体文档处理为基础的业务流程联系起来。它建立在内联网基础上的 PROMETI.NET 知识管理方法体系的重点是对显性的、电子文档方式的数据和信息的管理。该方法在后续的改进中，考虑到了隐性知识在知识管理中的作用，增加了对改进业务流程中隐性知识利用水平的工具。

（3）基于模型的知识管理方法。基于模型的知识管理方法由 Allweyer（1998）提出，重点研究知识密集型流程的建模问题。该方法对知识进行分类，并构建知识分布图和象形图，便于描述业务流程中的隐性知识。但该方法也没有明确提出将知识管理活动与业务流程融合的方法。

（4）PROMOTE 方法体系。PROMOTE 方法体系由 Hinkelmann 等人（2002）提出，目的是为业务流程及知识加工的建模提供一种方法和软件工具。该方法体系以业务流程管理系统方法为基础，通过对所选业务流程进行建模，找出知识密集型任务，分析完成这些任务所需的知识，并确定业务流程中的知识流。但该方法体系缺少分析知识及设计流程的标准，没有阐明知识对流程的影响以及改进知识管理所需的方法。尽管如此，PROMOTE 方法体系被认为是将知识管理活动与业务流程融合的最佳方法之一。

（5）构建模块法。Wiig 首先提出了知识管理构建模块的概念，强调构建模块与业务流程设计之间的联系，并提出知识创造与传播的构建模块的实例。

构建模块法由 Probst 等人（1998）提出，建立了管理知识的 8 个模块：知识的目标、识别、获取、开发、共享、利用、保留和评估。但该方法没有阐述如何将构建模块与业务流程融合。

（6）以业务流程为导向的知识管理法 GPO-WM。GPO-WM 由柏林弗朗霍弗生产设备研究所 PIK 提出，目标是使业务流程中更系统的应用、产生知识与相关人员的活动同步，使提供支持的信息技术与使从全球任何地点均可对显性知识库进行访问的工具同步，使隐性知识使用者之间的即时联系更为便捷。该方法包括 GPO-WM 实施模型、KM 审计、构建模块分析等。

面对当前电信市场激烈竞争和客户需求的多样化，只有具备智慧经营、反应灵活、行动敏捷、不断进步的企业，才能立于不败之地。而 KS 正是解决上述问题的有效途径，通过推动电信企业内、外部知识资源的采集、分析和应用，可以不断提高经营决策的正确性和灵活性。

18.2.4 其他技术

在电信企业的 MIS 建设过程中，还有其他一些先进 IT 技术也发挥着巨大的作用。

1. 门户与办公自动化

门户（portal）是建立在 J2EE 基础上的一种具体应用层次的概念，迎合了企业内部各种资源进行整合的需要，侧重在应用层和展示层进行系统的整合。门户提供了一个单一的访问入口，能够为内部和外部用户提供个性化服务，为用户在不同的位置及时提供所需的信息和服务。

2. 中间件及 J2EE 技术

中间件是一种独立的系统软件或服务程序，分布式应用软件借助这种软件在不同的技术之间共享资源。

在 MIS 建设过程中，也会涉及信息化系统的体系结构设计问题。J2EE 作为近年来流行的一种应用系统的技术体系结构，已经成为越来越多的管理信息系统的总体框架。

3. 企业集成应用

EAI 是将基于各种不同平台、用不同方案建立的异构应用集成的一种方法和技术。EAI 通过建立底层结构，来联系横贯整个企业的异构系统、应用、数据源等，满足在企业内部重要的系统之间共享和交换数据的需要。

另外，在电信企业的 MIS 建设过程中，还有其他一些先进 IT 技术也发挥着巨大的作用。例如，XML 语言、UML 语言、Web Service 技术等，它们都参与了不同类型的 MIS 系统建设。在后续的章节，将对这些技术作进一步介绍。

18.3 电信企业管理信息系统建设

18.3.1 电信企业管理信息系统建设概述

1. MIS 建设的方法

管理信息系统的开发是一项复杂的系统工程，它涉及的知识领域广泛，涉及的单位部门众多，需要在计算机技术、管理业务、组织及行为等方面全面把握。可以采用的系统开发方法较多，如传统的结构化方法、原形法、面向对象法等。

（1）结构化方法。结构化系统开发方法（Structured System Analysis and Design，SSAD）是自顶向下结构化方法，是工程化的系统开发方法和生命周期方法结合的产物，是至今为止所有开发方法中应用最广泛、最成熟的系统开发技术。结构化方法的基本思想是：采用结构化思想、系统工程的观点和工程化的方法，按照用户至上的原则，先将整个管理信息系统作为一个大模块分而治之，自上向下，利用模块化结构设计技术进行模块分解，然后，再自底向上按照系统的结构将各模块进行组合，最终实现系统的开发。

（2）原型法。为了解决结构化方法存在的周期长、成本高的缺点，研究人员在关系数据库系统、第四代程序生成工具和各种系统开发生成环境诞生的基础上，提出了开发管理信息系统的快速应用程序开发方法（Rapid Application Development，RAD），这种方法的本质是尽快地开发出可以使用的原型系统，因此也把此方法称为快速原型法（简称原型法）。它并不注重对管理信息系统进行全面、系统地调查和分析，而是根据对用户的信息需求的大致了解，借助强有力的软件环境支持，迅速构造一个新系统的原型，然后通过反复修改和完善，最终完成新系统的开发。原型法的特点是快速地创建出管理信息系统的测试版本，该版本可以用来演示和评估，用户可以借助这种测试版本更加详细地提出自己的需求，系统开发人员可以借助这种测试版本挖掘用户的需求，然后在此基础上对系统的测试版本进行修改。

（3）面向对象法。尽管结构化开发方法和原型法是当前普遍使用的管理信息系统分析和设计方法，但是这些方法存在许多问题，如生产效率比较低、软件重用度很低、软件维护非常困难、开发出的软件往往不能真正地满足用户的需要。为了解决这些问题，提出了面向对象的开发方法（Object Oriented Method，OOM），它是从各种面向对象的程序设计方法基础上逐步发展起来的，以类和对象以及继承、消息传递等概念描述客观事物及其联系，与传统的面向数据的思想完全不同，为管理信息系统开发提供了全新的思维。实践表明，面向对象分析和设计技术是解决当前管理信息系统分析和设计问题的一个有效的方案。使用面向对象技术，特别是使用统一建模语言（United Modeling Language，UML），可以大大提高管理信息系统分析和设计的质量和效率。

2．MIS 建设的步骤

任何一个事物都有其孕育、诞生、成长、成熟、衰退直至灭亡的过程，称之为生命周期。管理信息系统也有自己的生命周期，大致分为开发阶段和运行阶段。对 MIS 的建设，一般按照它的生命周期分为以下 5 个阶段：①系统规划阶段；②系统分析阶段；③系统设计阶段；④系统实施阶段；⑤系统运行维护阶段。

3．MIS 建设的指导思想

MIS 对企业具有重要的意义，因此开发和建设一套优秀的 MIS 系统就成为每个企业的急迫要求。事实上，MIS 的建设是一个复杂而长期的过程，每个 MIS 也因为自身的特点在建设时需要从不同的角度开展。但总的来说，MIS 建设除了要严格按照步骤外，还要有正确的思想加以指导。

（1）数据位于处理的中心。MIS 处理的对象本身就是众多的数据和信息，MIS 的基本功能就是对信息的收集、传递、存储、加工、维护和使用，具有计划、预测、控制和辅助决策等功能。因此，在 MIS 建设过程中，要以数据为中心，采用行之有效的信息收集、分析、处理方法，对数据进行有效的管理。

（2）建立稳定的数据模型。在一个企业或组织中，它的总目标一旦确定，围绕着实现这个总目标的数据类也就基本确定。数据实体的类型是不变的，除了偶尔少量地增加几个新的实体外，变化的只是这些实体的属性值。这样可以用一种方法来表达这些数据实体的逻辑结构，即建立稳定的数据模型。这种模型是企业或组织所固有的，是 MIS 开发坚实的基础。虽然数据模型是相对稳定的，但这些数据实体的属性值的处理却经常发生变化。只有建立了稳定的数据模型，才能使业务变化被 MIS 所适应。

（3）用户参与开发建设过程。企业或组织中的高层领导到各级管理人员都是系统的用户，他们最了解业务和管理上的信息需求，所以从系统开发的开始到运行的每一阶段都必须有用户参与。否则，如果系统开发人员独立工作，系统开发的成功与否便要到开发工作结束，进入系统试运行阶段才能得以验证。

18.3.2 系统规划

1．系统规划的内容

系统规划阶段的任务就是要站在全局的角度，对所开发的系统中的信息进行统一的、总体的考虑。只有经过对 MIS 的系统规划，才能从总体上对将要建设的 MIS 有一个全局而清晰的认识。一般说来，系统规划的内容主要有以下 5 点。

（1）根据企业的目标和发展战略，确定 MIS 的发展战略。

（2）对开发建设新系统的需求做出分析和预测，同时充分考虑目标系统所受到的各种约束，研究开发系统的必要性和可能性。

（3）对系统进行规划设计，主要是描述系统的概念模型。

（4）确定系统的实施计划，包括划分开发阶段、确定预算、安排进度和人员等。

（5）最后作出可行性分析，提出可行性研究报告。

2. 系统规划的工作流程

系统规划的工作流程如图 18-2 所示。首先，要选择合适的管理者成立系统规划的领导机构，负责整个企业的建设过程。接着，进行初步的调查，在初步调查时，系统分析员采用各种方式进行调查研究，搞清现行系统的运行环境、界限、组织分工、业务流程、资源及薄弱环节等，对系统开发请求做出初步评价，估计系统开发条件和存在的风险，如果可行，则提出初步的新系统开发目标和开发原则，制定总体结构，确定系统规划分阶段实施方案。实施方案包括长期计划（总体内容）、中期计划（标准设计子系统）和短期计划（开发项目）。实施方案经过不断修改后，进行新系统开发的可行性研究，提交可行性报告，如果可行，则进入下一阶段，如果不可行，则停止新系统开发。

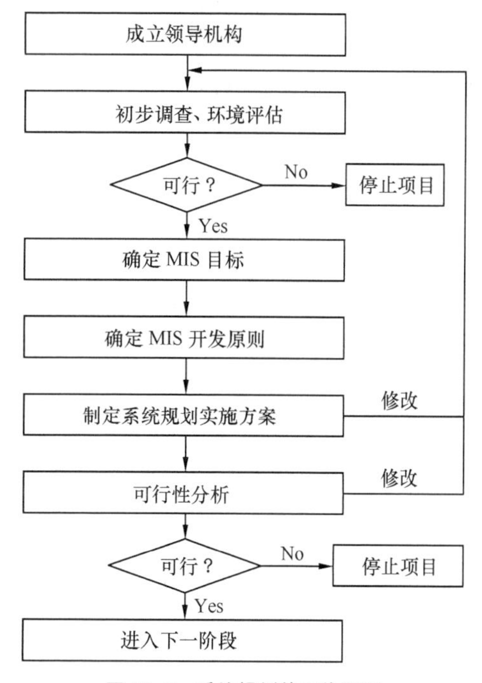

图 18-2　系统规划的工作流程

3. 系统规划的方法

用于 MIS 规划的方法很多，主要有关键成功因素法（Critical Success Factors，CSF）、战略目标转化法（Strategy Set Transformation，SST）以及企业系统计划法（Business System Planning，BSP）。

（1）关键成功因素法。1970 年哈佛大学教授 William Zani 在 MIS 模型中用了关键成功变量，这些变量是确定 MIS 成败的因素。过了 10 年，MIT 教授 Jone Rockart 将 CSF 提高成为 MIS 的战略。关键成功因素法就是要识别联系于系统目标的主要数据类及其关系。关键成功因素法是对开发 MIS 过程中的成功因素进行识别，找出实现目标所需要的关键成功因素集合并确定优先次序。关键成功因素法通过目标分解和识别、关键成功因素识别、性能指标识别，产生数据字典。识别关键成功因素所用的工具是树枝因果图。

（2）企业系统计划法。IBM 公司 20 世纪 70 年代初将 BSP 作为用于内部系统开发的一种方法，它主要是基于用信息支持企业运行的思想。在总的思路上是自上而下识别系统目标，识别企业过程，识别数据，然后再自下而上设计系统以支持目标。企业系统计划（BSP）法主要是基于用信息支持企业运行的思想，是将企业目标转化为管理信息系统战略的过程，它可用于对电信企业MIS的规划。企业系统计划法虽然强调目标，但没有明显的目标引入过程。

（3）战略目标转化法。战略目标转化法是William King（1978）提出的，他把整个战略目标看成“信息集合”，由使命、目标、战略和其他战略变量组成，MIS的战略规划过程是把组织的战略目标转变为MIS战略目标的过程。战略目标转化法从另一个角度识别管理目标，反映了各种人的要求，而且给出按照这种要求的分层结构，然后转化为管理信息系统目标的结构化方法。

其他MIS的规划方法还有企业信息分析与集成技术（BIAIT）、产出/方法分析（E/MA）、投资回收法（ROI）、征费法（char gout）、零线预算法、阶石法等。

18.3.3 系统分析

系统分析是MIS建设过程中很重要的一步，也是关键性的一步。只有通过系统分析才能把系统功能和性能的总体概念描述为具体的系统需求说明，从而奠定整个系统开发的基础。系统分析阶段的任务是按照总体规划的要求，逐一对系统规划中所确定的各组成部分进行详细的分析。

1．系统分析的目标

管理信息系统的开发就是要实现目标系统的物理模型，物理模型是由系统的逻辑模型经过实例化得到的。系统的逻辑模型只描述系统要完成的功能和处理的信息，忽略了实现的方法与细节。物理模型用来描述系统“怎么做”的问题，逻辑模型描述“做什么”的问题。系统分析的目标就是借助于当前系统的逻辑模型，导出目标系统的逻辑，解决目标系统“做什么”的问题。

2．系统分析的内容

根据系统分析的目标和系统规划得到的结果，系统分析的内容可以分为目标分析、需求分析和功能分析3个部分。

（1）目标分析。目标分析包括对现行系统的组织目标分析和对目标系统的组织目标分析。任何一个企业都有自己的目标，这是组织开展各项工作的指南。MIS是帮助企业实现其总体目标的，因此，在建设MIS时，首先要弄清楚企业的组织目标。

（2）需求分析。在系统分析阶段，系统分析员要对企业各有关部门的业务流程进行详细的调查，分析系统每部分内部的信息需求。除了要分析内部对主题数据库的需求外，还要分析为了完成用户（即管理人员）对该部分所要求的功能而必须建立的一些专用数据库。分析之后要定义出数据库的结构，建立数据字典。

（3）功能分析。详细分析系统各部分如何对各类信息进行加工处理，以实现用户所提出的各类功能需求。在对系统的各个组成部分进行详尽的分析之后要利用适当的工具将分析结果表达出来，与用户进行充分地交流和验证后才能进入下一阶段。

3．系统分析的步骤

要完成系统分析的目标，可以将系统分析分为几步来进行。系统分析的工作流程如图18-3所示。

（1）对系统进行详细的调查。在详细调查阶段，主要收集的信息有：组织本身的信息，包括组织的基本情况、组织的目标、结构、职能、规模和外部环境等；组织中人的信息，包括用户需求信息、人际关系、各种工作任务、人事信息等；工作方面信息，包括工作流程、工作方法和规程、工作计划及工作量、性能标准、控制机制等；工作环境信息，包括办公室布置，现有的管理信息系统设备，如计算机主机情况、终端等现有可用资源。采用的方法主要有查阅资料、面谈、问卷调查、观察、工作采样及测定等。

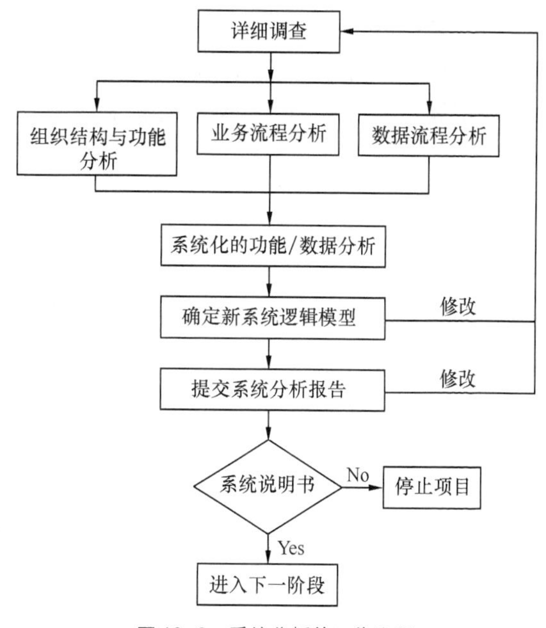

图 18-3 系统分析的工作流程

（2）对收集的数据进行分析。进行信息收集后，就要对组织结构与功能、业务流程、数据流程进行分析。其中组织结构与功能是整个系统分析工作中最简单的一环，就是将组织结构图、业务与组织关系和组织内部各项管理业务功能都用图或表的方式罗列出来，作为后续分析和设计新系统的基础。在这个基础上进行业务和数据流程分析，从实际业务流程和数据流向的角度将系统调查中有关的资料都串起来进行进一步分析，帮助我们发现和处理系统调查工作中的错误和疏漏，修改和删除原系统的不合理部分，在新系统基础上优化业务处理流程和数据流向。

（3）建立 U/C 矩阵。上述分析之后，建立一个 U/C 矩阵来进行系统化的功能、数据分析，由此得出现有系统逻辑功能的划分和数据资源分布，以便以后整体地考虑新系统的功能子系统和数据资源的合理分布。

（4）建立系统的逻辑模型。详细调查、进行系统分析都是为确立新系统的逻辑方案做准备。新系统逻辑方案要在对原系统分析的基础上，提出新系统的目标、拟定的业务流程和业务处理方式、数据流程和数据处理方式、管理方法和模型、管理制度和运行制度、系统开发的资源和时间进度计划等。

（5）撰写系统分析报告。最后，将所有系统分析阶段的成果以系统分析报告的形式体现出来。它包括了对现有系统的评价和新系统的逻辑方案，并进行进一步的修改和完善，以作为下一步设计和实施系统的纲领性文件。

4．系统分析的方法

随着计算机技术的不断提高和管理信息系统的普遍应用，人们不断尝试、总结进行系统分析的方法。在管理信息系统的开发实践中，常用的系统分析方法有：结构化分析方法、面向数据的 Jackson 方法和原型法等。

18.3.4 系统设计

所谓系统设计，就是根据目标系统逻辑功能的要求，结合实际情况，采用一定的方法，详细确定系统的结构和具体实施方案，即建立目标系统的物理模型。

1．系统设计的原则

（1）系统的观点。用系统工程的方法去设计和建立目标系统，整个系统应有统一的数据代码和数据组织方法。要充分认识到系统内部各部分之间的相互连系和制约关系，用最少的输入数据满足系统各部分的数据处理和信息输出要求。

（2）具有较高的可靠性。从设计的角度来提高系统的可靠性，就应该提高系统的检错、纠错及容错与调试能力，同时还要设计系统的故障恢复能力。对关键的输入信息应设计检错与调试功能，对可能的错误应进行容错设计；对关键性的数据和操作，应设置必要的权限控制，防止越权操作，引发系统故障；在必要的情况下应设置执行日志（Log）和信息追踪功能，使系统任何业务和数据被处理时，都有相应的详细记录，以便发生故障时从故障点迅速恢复，不至于导致系统崩溃；此外，对于网络设计还应有网管功能。

（3）良好的互动性与可操作性。对于 MIS 的设计，特别强调具有亲和力的人机接口，它是提供给不熟悉计算机操作的管理人员使用的，最好是不需要专门训练就能够使用的系统。因此在设计时，要采用图形界面，屏幕显示美观清晰，数据的输入、输出、处理以及查询的操作性良好，并提供较强的人机交互方式，使客户能方便灵活地使用系统。提供简便的中文输入法，减少输入的工作量。

（4）有较好的可扩充性与可维护性。对 MIS 来说，系统需要扩充、修改或改善是比较常见的，为了保证系统具有较长的生命力，必须提供系统较好的扩充性与维护能力。在系统设计中，要使系统具有较好的开放性结构，在软件系统设计中就必须使数据与程序分离，采用模块化结构，提高各个模块的独立性、可装卸性。这样，当系统需求发生变化时，可以对系统做功能上、性能上或结构上的调整，允许系统在硬件上的扩充，软件上的升级（Upgrade），从而提高系统适应环境变化的能力。

2．系统设计的内容和步骤

系统的设计内容主要包括系统的总体结构设计和详细设计。在系统设计阶段，就是要决定使用什么样的技术和设施来实现系统的功能要求。图 18-4 是系统设计阶段的工作流程。

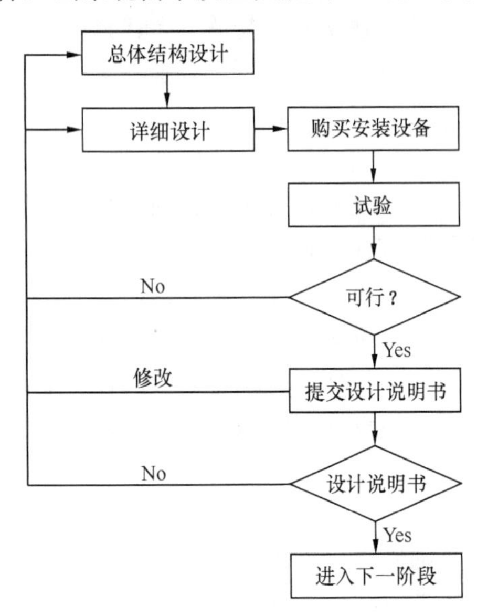

图 18-4　系统设计的工作流程

（1）系统的总体结构设计。系统总体结构设计是要根据系统分析的要求和组织的实际情况来对新系统的总体模块结构形式和可利用的资源进行大致设计，它是一种宏观的、总体上的设计和规划。系统总体结构设计的主要内容有系统划分、网络和设备的配置、设备选型和新系统计算机处理流程图。

（2）系统的详细设计。详细设计则具体考虑每一模块内部采用什么算法，对总体设计的结果进行进一步细化，进行代码设计、数据库/文件设计、输入/输出设计、模块结构与功能设计，直至符合小组编程的要求。

（3）撰写系统设计说明书。设计完成之后，要对购买的设备进行试验，并对设计方案进行反复修改和完善，最后提交系统设计说明书。

3．系统设计的方法

20 世纪 70 年代以来，计算机管理信息系统分析设计的理论和技术取得了一系列的成果。70 年代初，人们提出并逐渐发展了结构化系统分析和设计方法。

在介绍系统分析时已经介绍过结构化方法。在系统设计中，有代表性的有 Constantine 的结构化设计技术，它依赖于贯穿系统始终的数据流；以数据结构为基础的 Jackson 等方法；还有 Ledgard 的数据流与数据结构相结合的方法。

18.3.5 系统实施

系统实施阶段就是将文档中的逻辑系统变成真正能够运行的物理系统。

1．系统实施的内容

在系统实施阶段，主要任务包括以下 6 点。

（1）建立计算机硬件环境、软件环境，选择合适的开发环境和工具。

（2）利用上述环境和工具，在实施方案的指导下实现物理系统。

（3）对初步实现的系统进行全面测试，排除错误并完善功能。

（4）装载基础数据，进行系统试运行，对一些不完全符合用户需求的地方做局部调整。

（5）对用户进行全面的技术培训和操作培训。

（6）进行系统交接，向用户移交整个物理系统和所有文档资料。

2．系统实施的步骤

系统实施的工作流程如图 18-5 所示。①按设计说明书选择合适的开发环境和工具；②进行程序的编制、人员的培训和基础数据的装载，建立数据库系统；③对数据库和程序进行测试，发现问题及时修改，直至没有任何错误；④撰写测试分析报告，报告完成后新系统开始试运行，在运行过程中发现问题及时修改直至系统能够正常运行。

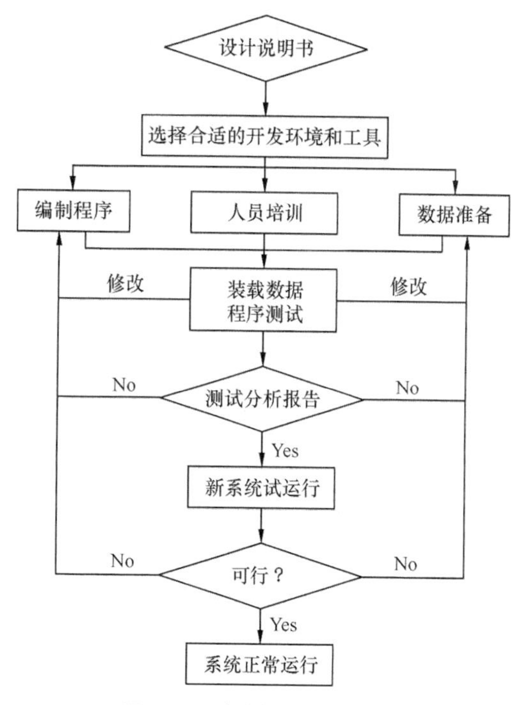

图 18-5 系统实施的工作流程

3．系统实施应注意问题

系统实施有两个关键问题：一是管理问题，二是技术问题。系统实施要涉及开发人员、测试人员、各级管理人员，涉及大量的物质、设备、资金和场地，涉及各个部门及应用环境，执行过程中具体情况十分复杂，如果没有强有力的管理措施，系统实施工作就无法顺利进行。人员培训是系统实施中一项非常重要的工作，培训质量的好坏直接关系到系统未来的效益。

另外，编程完毕后，系统将要投入试运行和实际运行，因此在编程同时，由系统分析人员开始培训系统操作和运行管理人员，才不会影响整个实施计划的执行。一个好的MIS应该是开放的、支持业务过程重构的、具有良好的人机界面的应用系统，因此要使用合适的系统开发工具来实现。

18.3.6 系统运行与维护

MIS交给用户、投入实际运行之后，系统的开发工作即告结束，此后进入运行维护阶段。但是，一般来说在系统正式运行之前要进行一段时间的试运行。最好的方法是将新开发出的系统与原来旧系统并行运转一段时间来进一步对系统进行各个方面的测试。这种做法尽管可以降低系统的风险性，但是由于两套系统的同时运作使得投资加大。因此，可以根据实际运行情况适当缩短试运行的时间。

1．系统维护的内容

在运行过程中需要对系统进行维护。系统维护是为了适应系统的环境和其他因素的各种改变，保证系统正常工作而对系统进行的修改。它包括系统功能的改进和解决系统在运行期间发生的一切问题和错误。系统维护的内容主要包括如下4点。

（1）程序的维护。指根据需求变化或环境的变化对程序进行修改。一般来说，MIS的主要维护量是对程序的修改。

（2）数据文件的维护。MIS的业务处理对数据的需求是不断变化的，要经常对数据库或文件进行修改。例如，建立新文件、修改现有文件的结构等。

（3）代码的维护。随着环境的变化，旧的代码不能适应新的要求，必须进行改造，包括制定新的代码或修改旧的代码体系。代码维护的困难不是代码本身的变更，而是新代码的贯彻。

（4）机器、设备的维护。机器、设备的维护包括机器、设备的日常管理和维护工作。一旦机器发生故障，要有专人进行修理，以保障系统的正常运行。

2．系统维护的类型

根据产生的原因不同，系统维护可以分为4种。

（1）更正性维护。在系统交付使用后，由于测试的不彻底会有一些隐藏的错误被带到运行阶段。为了识别和纠正错误而进行的维护过程就是更正性维护。

（2）适应性维护。随着计算机的飞速发展，MIS的内外环境、数据结构、系统接口都可能会发生变化，为了适应这些变化对系统所做的修改是适应性维护。

（3）完善性维护。在系统的不断使用过程中，用户可能会提出新的功能或性能需求。完善性维护就是为了满足这些需求而修改或再开发的活动。

（4）预防性维护。这是主动性的预防措施，对那些目前仍然在正常使用，但是未来可能会产生错误的系统部分进行提前修改。

3．系统运行维护的步骤

系统运行维护的步骤如图18-6所示。系统投入正式使用后，为了保证系统正常运行，使它产生最大的管理效益，必须制定严格的系统管理和操作制度。同时进行系统日常运行管理、评价和监理审计 3 部分工作，然后分析运行结果。如果运行结果良好，则送管理部门，指导生产经营活动；如果有问题，则对系统进行修改、维护或局部调整；如果出现了不可调和的大问题（一般是系统运行若干年以后，系统的运行环境发生了根本性改变），则用户将会进一步提出开发新系统的要求，这标志着旧系统生命的结束，新系统的诞生。

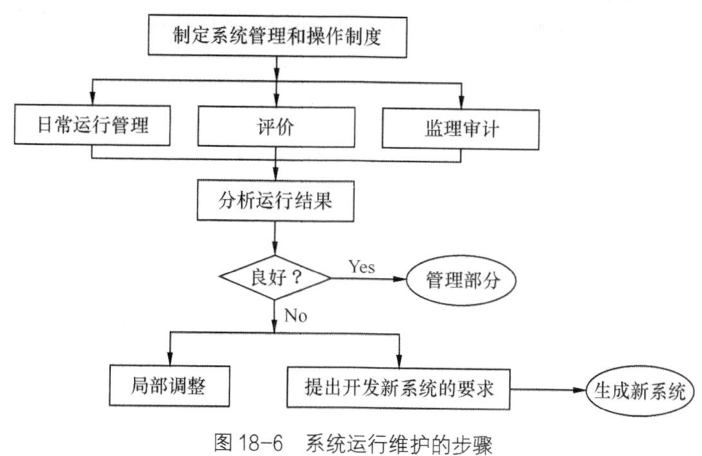

图 18-6　系统运行维护的步骤

18.4　电信企业管理信息系统的发展趋势

过去半个世纪以来，信息技术发展速度很快，并在企业中获得了广泛的应用，构成了各种类型的管理信息系统。从管理信息系统的发展历史可以看出，管理信息系统在沿着 3 个方向前进：①管理信息系统集成度不断增强，从单个部门系统走向多部门集成系统，将越来越多的单个部门整合为一个集成系统；②管理信息系统向高层管理信息系统发展，从支持程序性决策向支持非程序性决策方向发展；③管理信息系统从单个企业向整个供应链发展，从企业内部管理信息系统向组织间管理信息系统发展。

18.4.1　电信运营企业管理信息系统建设存在的问题

经过长期的建设，我国电信运营企业的管理信息系统已经达到了比较成熟的阶段，但是也还是存在以下问题。

（1）缺乏统一规范。

（2）数据冗余。

（3）缺乏整体数据管理。

（4）缺乏灵活的扩展能力。

随着电信市场的迅速成长、市场竞争、合作的多元化、企业资源不断膨胀、产品服务所涉及的业务层次日益加深以及“端-端服务”需求的提出，要求企业对内部系统进行整合、对企业流程进行调整、对各个系统进行统一的规划才可能规避上述问题，为最大限度地创造企业效益服务。

18.4.2　企业管理信息系统的总体发展趋势

企业竞争形态的变化，竞争环境的变化，学习型组织的出现，基于供应链的企业运作，战略联盟的形成等，使企业运作一刻也离不开信息系统的支持。随着各种管理理论的发展及相互融合的趋势，对企业信息化的研究与应用建设必将进一步得到重视和加强。企业管理信息系统在未来将朝着以下趋势发展。

1．协同化

长期来看，未来是协同商务的时代。协同商务是指企业利用先进的信息技术所提供的一整套跨企业合作的能力，得以更有效地管理当今错综复杂的企业网络。它能帮助企业同其关键的交易伙伴共享业务流程决策、作业程序和数据，共同开发新产品、市场和服务，提高竞争力水平。协同商务发展包含两个目标：聚合（Aggregation）和集成（Integration）。聚合是指建立更加广泛的商业合作伙伴；集成是指在合作伙伴之间启动更加流畅、有效的商业过程。因此，未来电信企业的管理信息系统的发展将是在现有信息技术框架的基础上，充分利用Internet技术，把SCM、CRM、商业智能（Business Intelligence，BI）、EC以及决策支持系统（Decision Support System，DSS）等功能全面集成，以实现资源共享、信息共享、适应网络经济的充分柔性的企业管理信息系统。

2．多种管理思想和管理模式的融合

单一的管理思想和管理模式已难以适应电信企业发展的要求，如CRM、SCM、知识管理（Knowledge Management，KM）和电子商务等这些包含现代管理思想的企业应用正逐步成为企业的重要工具，帮助企业提高竞争优势，发挥核心竞争能力去占领市场。这些不同的企业应用中既容纳了属于“灵魂”的现代管理思想，又涵盖了属于“躯干”的信息技术，两者互为依托、不可分割。可以预见，以这些管理思想为基础的管理信息系统将逐渐进入管理信息系统发展的主流体系，并将和企业管理信息系统进行整合，形成一个支持企业成长的全面的信息化解决方案。

3．开放式的系统设计和系统集成架构

传统的电信企业管理信息系统是基于不同的运营商而开发的，由此形成了众多的“信息孤岛”，即使在有了一些综合性的解决方案，电信企业仍然要面对如何与遗留系统集成以及与合作伙伴的集成问题。因此，近年来管理信息集成一直在电信企业管理信息系统发展过程中扮演着重要的角色，当前阶段和未来的管理信息系统在设计时，必须将开放和集成放在重要位置加以考虑和规划。

电信企业管理信息系统正在经历一个快速发展的过程，它的管理理念、系统框架和各种功能都有待于在今后的实践和研究中去摸索和不断完善。信息化已是大势所趋，是电信企业未来生存、发展的前提，企业必须在对管理信息系统的发展规律和发展趋势保持清晰认识的情况下，高度重视管理信息系统的开发和实施工作。

本章小结

本章介绍了电信企业管理信息系统的相关知识。首先，介绍了信息的概念以及信息与决策的关系。接着，介绍了企业管理信息系统的一般概念以及MIS的特点、发展阶段。根据

MIS 的生命周期，将 MIS 的建设过程分为系统规划、系统分析、系统设计、系统实施、系统运行与维护 5 个阶段，并分别对每个阶段进行了详细的论述。在一般 MIS 的基础上，本章还介绍了电信企业的 MIS，包括我国电信企业 MIS 的发展过程，实施 MIS 建设对电信企业的意义。最后，阐述了未来电信企业 MIS 的发展趋势。

思考与练习题

18-1 什么是信息？信息与决策的关系？

18-2 管理信息系统有哪些特点？

18-3 试说明建设 MIS 对电信企业的意义。

18-4 简要描述 MIS 的建设过程。

18-5 进行系统设计时要遵循的哪些原则？

18-6 论述电信企业 MIS 的发展趋势。

案例讨论

某电信公司人力资源管理信息系统

某电信公司现有员工 10000 余人，42 个基层单位，利用专线网进行人力资源的统一管理。实施人力资源管理系统后，各类员工档案管理、信息分析、领导查询、工资管理、报表自动处理、保险管理、机构管理等业务均实现了计算机化，大大提高工作效率和质量，提高企业竞争力。

构架管理信息系统时，目前主要有两种体系结构：Client/Server 三层结构和 Browser/Server 三层结构，这两种体系各有其应用范围和优势。结合电信运营企业人力资源管理实践的实际需要、IT 技术的发展情况，以及企业网络环境现状和规划，本着满足现实应用、适应未来发展的原则，采用面向对象技术、组件技术，C/S 三层与 B/S 三层结合的体系结构来构架电信人力资源管理系统的技术方案。

在系统结构方面，把企业的人力资源管理信息系统从整体上分为三级网络，分别为总公司、省级分公司、地市级分公司和县级分公司。该系统以市级单位应用为主。系统中的所有数据通过设定权限由基层分公司来维护，各项职能业务根据管理权限分别由总公司、省级分公司、地市级分公司或县级分公司来处理。这种方式，既保证了数据的集中与分散的有机统一，又将大部分的业务变动功能集中到省级分公司，保证了数据的真实性和安全性，还减少了地市级、县级分公司的工作强度。

讨论题：

请分析人力资源管理信息系统的实施给某电信分公司的管理带来了什么样的影响。

第19章 电信管理网

【引例】A 公司的综合网管系统

随着全业务电信运营牌照的发放，各电信运营商网络环境异质性日益明显。包括 3G、GSM 网、CDMA、IP 网、智能网、信令网、GPRS、PSTN 等网络结构复杂，用于管理和控制的费用比较高。另一方面，有效的网络管理已不仅局限于网络层，还面向业务管理甚至影响着运营模式的方方面面。网络管理已成为一个电信运营管理的关键环节。随着未来几年移动通信的高速发展，迫切要求加快网管建设，提高维护管理水平和规划能力，保证移动通信业务向更深更广层次的发展。

A 公司开发的综合网管系统是以 TMN 的设计思想为基础，兼顾体系结构的适应性和可靠性，适应全业务发展的综合网管系统。它适用于总部和省一级网络管理中心，可以管理多个厂商的设备；既侧重于网络层的综合管理，同时兼顾网元层的集中操作、智能排障等维护功能，具备配置管理，性能管理，故障管理，安全管理，网管网自身维护的能力，可以在网管中心实现对全省通信网络的统一管理。

网络的发展给企业的生产运营带来了生机，但同时也带来了管理的难度。随着电信市场的扩大，网络运营商引入不同厂商的设备，电信运营商和服务提供商也自主开发了许多网络管理系统。在得到利益的同时也带来了网络管理的复杂与困难。为了对电信网实施统一的管理，国际电信联盟（ITU）提出了电信管理网（TMN）的概念。

19.1 TMN 概述

19.1.1 TMN 的提出背景

近十几年来，在全世界范围内，电信技术不断进步，电信市场也在扩大。为降低网络成本，网络运营商引入多个厂商的设备，同时电信运营商、设备提供商都陆续引进和自主开发了众多的网络管理系统（Network Management System，NMS）。然而传统的电信网络管理系统没有标准的互联接口，相互之间难以协调互通，难以共享网络及信息资源，已经不能适应现代电信网络运营管理的需要。

因此在这种情况下，国际电信联盟电信标准化部门（ITU-T）于 20 世纪 80 年代提出了对电信网实行统一综合维护管理的新手段——电信管理网（Telecommunications Management

Network，TMN）。ITU-T 在 TMN 标准化方面的工作始于 1985 年，第 1 个关于 TMN 的建议是 1988 年推出的 CCITT 蓝皮书 M.30，M.30 的修订版于 1992 年完成，同时其版本号改为 M.3010。M.3010 是 TMN 的基石，它是关于 TMN 的总体要求，包括设计总体原则、体系结构、逻辑分层结构及其基本功能要求等。

19.1.2 TMN 的基本概念

1．基本概念

在 TMN 于 1992 年提出的 M.3010 建议中指出，电信管理网是提供一个有组织的网络结构，以取得各种类型的管理系统（OS）之间、管理系统与电信设备之间的互连，是一种采用商定的具有标准协议和信息接口进行管理信息交换的体系结构。TMN 采用开放系统互连（OSI）的标准，沿用OSI的管理方法来对电信网和电信业务进行管理，ITU-TX1700 序列建议中定义了这种管理方法，而在 M.13000 序列建议中则对 TMN 的原理、功能、接口、服务及通用信息模型作了系统的规范。

简单地说，TMN 是收集、处理、传送和存储有关电信网维护、操作和管理信息的一种综合手段，为电信主管部门管理电信网起着支撑作用，即协助电信主管部门管理电信网。

TMN 为网络用户提供网络业务和业务维护。它既是一系列管理业务、管理活动、管理功能和代表电信资源的管理对象的集合，又是具有一系列将各类电信网连接起来的标准接口（包括协议和信息规程）的网络体系结构。

TMN 的目的是提供一组标准接口，从而使网络操作、组织管理、维护管理功能及对网络单元的管理变得容易实现。

2．TMN 的特点

从 TMN 的概念可以看出，TMN 实际上是一种标准化的综合管理手段，通过制定标准的协议、接口、功能、体系结构来满足对电信网的统一管理。因此，TMN 具有以下一些特点。

（1）标准化。TMN 是一个标准化程度很高的网络，这是由 TMN 的管理目标决定的，即 TMN 要管理的是不同厂商的不同种类设备。标准化包括 TMN 体系结构的标准化和接口的标准化。

（2）以面向对象的管理为核心。TMN 信息结构的主要特点反映在面向对象的信息建模上，基本做法是通过对网络资源和管理方法的抽象，采用面向对象技术，按 OSI 的管理方法实现对网络实体的管理。

（3）组成多样性。一个 TMN 可以是由一个单一的电信设备与一个操作系统连接而成的简单模式，也可是由许多不同的操作系统与多种电信设备互连而成的复杂网络，在具体实施上可以针对某个电信业务的实际发展需要，及时调整 TMN 的应用范围和扩展方向。

19.1.3 TMN 与电信网的关系

TMN 与电信网的关系如图 19-1 所示。

图 19-1 中的虚线内部属于 TMN 部分，它包括各种操作系统、工作站和数据通信网（DCN）。操作系统代表实现各种管理功能的处理系统，工作站代表实现人机界面的装置，数据通信网提供管理系统与被管理网元之间的数据通信能力。从图 19-1 中还可看出，电信网中的各种被管理设备都有一部分位于虚线框之内，这是为了使这些设备能接受 TMN 的统一管理，设备内部必须提供 TMN 标准化的通信接口（通信协议）和信息模型（被管理对象及其

表示）。这些功能嵌入在电信设备内部，属于 TMN 的一部分。

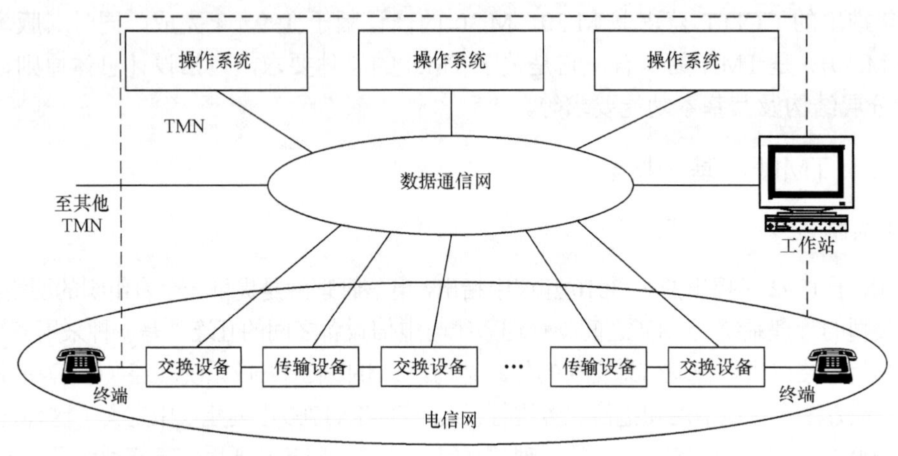

图 19-1　TMN 与电信网的关系

19.2　TMN 的管理功能

19.2.1　TMN 的逻辑分层体系结构

TMN 主要从 3 个方面界定电信网络的管理，即管理层次、管理功能和管理业务。这一界定方式被称为 TMN 的逻辑分层体系结构，具体划分如图 19-2 所示。

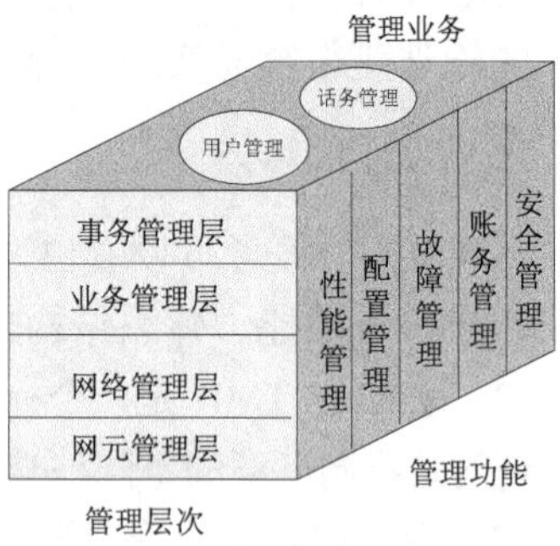

图 19-2　TMN 的逻辑分层体系结构

1．TMN 的管理层次

TMN 的网络结构可划分为 4 个层次：事务管理层、业务管理层、网路管理层、网元管理层。它们的主要功能如下。

（1）事务管理层（BML）：事务管理由支持整个企业决策的管理功能组成。例如，产生经济分析报告、质量分析报告，任务和目标的确定等。

（2）业务管理层（SML）：业务管理包括业务提供、业务控制与监测以及与业务相关的计费处理。

（3）网络管理层（NML）：网路管理提供网上的管理功能，管理网络资源，控制可用的网络容量和能力，提供合适的服务质量。

（4）网元管理层（EML）：网元管理是指对一个或多个网元进行管理，如对交换机、复用器这些远端操作维护、设备软件、硬件的管理等。在网元管理层之后又分出一个网元层，由众多的网元构成，它的功能是负责网元本身的基本管理。

2．TMN 的管理业务

TMN 是一种网络，它提供自己的网络业务，拥有自己的用户。TMN 提供的管理业务是从用户对网络进行操作、管理和维护等需求出发来描述的。每一种标准化的管理业务通过若干个管理功能组来实现，每一组 TMN 管理功能集又包含一系列 TMN 管理功能。

TMN 的管理业务基本上可以归纳为 3 类：通信网日常业务和网络运营管理业务；通信网监测、测试和故障处理等网络维护管理业务；网路控制和异常业务处理等网络控制业务。TMN 的用户可以是电信运营公司，电信运营公司的管理组织部门、维护部门及人员，也可以是电信业务服务的客户。

根据不同的电信网络和业务，ITU-TM.3200 规范确定了 13 种被管理域（Managed Area）。它们是：电话交换网，移动通信网，数据交换网，智能网，No.7 公共信道信令网，窄带综合数字业务网，宽带综合数字业务网，专用可重新配置电信网，电信管理网（TMN），IMT-2000，用户接入网，传送网以及基础设备。同时，还规定了 11 种 TMN 业务。它们是：客户管理，网络提供管理，人力资源管理，资费、计费和账务管理，服务质量和网络性能管理，业务量测量和分析管理，业务量管理，路由管理，维护管理，安全管理以及后勤管理。如果把被管理域作为列，管理业务作为行，就得到一张具有 13 列和 11 行的二维表格。行、列的交叉处用来标明相应列中的某一电信管理域是否需要对应行中的管理业务。例如，电话交换网需要 11 种管理业务；传送网则不需要资费、账务管理业务，也不需要路由选择和号码分析业务，共需 9 种管理业务；而接入网只需要 7 种管理业务。在此基础上，需要针对每一种管理业务，确定它们在电信运营公司中所有的业务管理流程。

3．TMN 的管理范围

TMN 管理的对象主要有如下 6 种。

（1）公用网和专用网，包括 ISDN、移动网、专用语音网、虚拟专用网和智能网。

（2）TMN。

（3）传输终端，如复用设备、交叉连接设备、传输设备、SDH 等。

（4）数字及模拟传输系统。

（5）操作系统及外设。

（6）与电信业务相关的软件等。

此外，通过监视、测试和控制这些设备，TMN 可以管理分散的实体，如电路和上述设备提供的业务。TMN 的管理范围可以用图 19-3 更直观地表示出来。

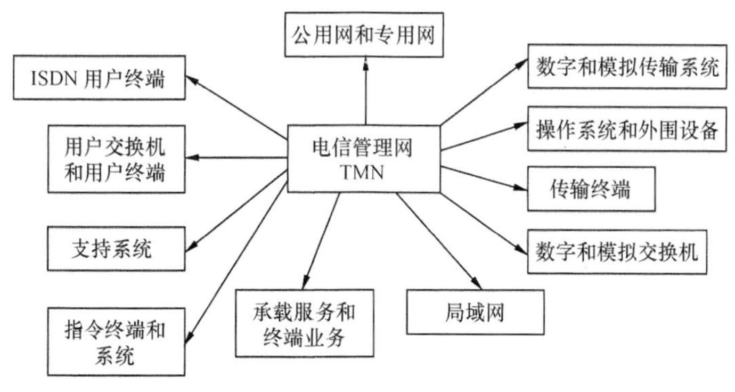

图 19-3　TMN 的管理范围

19.2.2　TMN 的管理功能

TMN 的每种管理业务都是由许多 TMN 的管理功能的组合来支持的，TMN 的每种管理功能是TMN管理业务的一个组成部分，是最小的功能单元。TMN管理功能由定义的对象或被管对象上的一系列行为组成，是管理系统与被管理系统上应用进程间的相互作用。

TMN为电信网及电信业务提供一系列的管理功能，这些功能是依据OSI的管理功能分类法加以扩展的，以适应现代化电信网管理的需要，共分为5种类别：配置管理（Configuration Management，CM）、故障管理（Fault Management，FM）、性能管理（Performance Management，PM）、账务管理（Accounting Management，AM）和安全管理（Security Management，SM）。

1. 配置管理

配置管理的目的是管理网络的建立、扩充和开通，主要提供资源清单管理、资源开通、业务开通以及网络拓扑服务功能。

配置管理是一个中长期的活动。它要管理的是网络增容、设备更新、新技术应用、新业务开通、新用户加入、业务撤销、用户迁移等原因所导致的网络配置的变更。网络规划与配置管理关系密切，在实施网络规划的过程中，配置管理发挥最主要的管理作用。

2. 故障管理

故障管理的目的是迅速发现和纠正网络故障，动态维护网络的有效性。故障管理的主要功能有告警监测、故障定位、测试、业务恢复及修复等，同时还要维护故障日志。

网络发生故障后要迅速进行故障诊断和故障定位，以便尽快恢复业务。为此可以采用事后策略或预防策略。事后策略重视迅速修复。预防策略一种是采用配备冗余资源的方法，将发生故障的资源迅速地用备用资源替换；另一种预防策略是分析性能下降的趋势，在用户感到服务质量明显下降之前采取修复措施。

3. 性能管理

性能管理的目的是维护网络服务质量（Quality Of Service，QOS）和网络运营效率。为此性能管理一方面要提供性能监测、性能分析以及性能管理控制功能，另一方面要提供性能数据库的维护以及在发现性能严重下降时启动故障管理系统的功能。

在性能管理的各个功能中，性能监测功能联机监测网络性能数据，报告网络元素状态，控制状态和拥塞状态以及业务量性能；性能分析功能对监测到的性能数据进行统计分析，形成性能报表，预测网络近期性能，维护性能日志，寻找现实的和潜在的瓶颈问题，如发现异常进行告警；性能管理控制功能控制性能监测数据的属性、阈值以及报告时间表，改变业务量的控制方式，控制业务量的测量及报告时间表。

4. 账务管理

账务管理的主要目的是正确地计算和收取用户使用网络服务的费用。但这并不是唯一的目的，账务管理还要进行网络资源利用率的统计和网络的成本效益核算。在账务管理中，首先要根据各类服务的成本、供需关系等因素制定资费政策，资费政策还包括根据业务情况制定的折扣率。其次要收集计费收据，如使用的网络服务、占用时间、通信距离、通信地点等计算服务费用。

5．安全管理

安全管理的目的是提供信息的隐私、认证和完整性保护机制，使网络中的服务、数据以及系统免受侵扰和破坏。目前采用的主要网络安全措施包括通信伙伴认证、访问控制、数据隐私和数据完整性保护等。一般的安全管理系统包含风险分析功能，安全服务功能，告警、日志和报告功能，网络管理系统保护功能等。

19.3 TMN 的体系结构

19.3.1 TMN 的功能体系结构

1．TMN 的功能模块

TMN 功能体系结构从逻辑上描述了 TMN 内部的功能分布。在 TMN 功能体系结构中，引入了一组标准的功能块和参考点，这些功能块和参考点的连接就构成了 TMN 的功能体系结构，如图 19-4 所示。其中包括工作站功能（WSF），操作系统功能（OSF），中介功能（MF），适配功能（QAF）以及网路单元功能（NEF）等功能块。参考点是功能块的分界点（接口）。

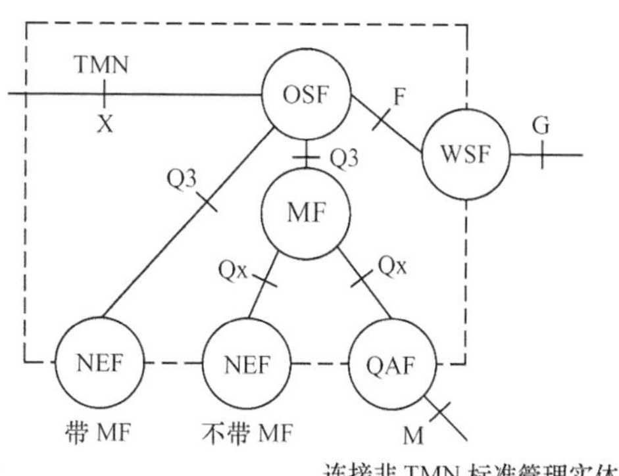

图 19-4 TMN 功能体系结构

各功能模块的基本功能如下。

（1）WSF 提供 TMN 与用户之间的交互能力。用户通过 WSF 获取管理信息，输入管理指令，与 TMN 进行交互。

（2）OSF 处理与电信网管理相关的信息，支持和控制电信网管理功能的实现。对应 TMN 的网络分层又可分为事务管理 OSF、业务管理 OSF、网路管理 OSF 和网元管理 OSF。

（3）MF 在 OSF 和 NEF、QAF 之间进行信息的传送，以保证各功能块对信息模式的要求，使网元（NE）到 OSF 的结构更加灵活，并能执行 OSF 的部分功能，以避免 OSF 的过载。

（4）QAF 将不具备标准 TMN 接口的 NEF 连接至 TMN 内部，实现 TMN 与非 TMN 网元和 OSF 之间的连接。

（5）NEF 向 TMN 传送自身的信息并接受 TMN 的管理，这部分功能是属 TMN 的，而它的通信功能本身处于 TMN 之外。

2．TMN 的参考点

参考点是功能块的分界点。

Q 接口：Q 接口包括 Q3 接口和 Qx 接口。Q3 接口是一个跨越了 OSI 七层模型协议的集合，从第 1 层到第 2 层的 Q3 接口标准是 Q.811，称之为低层协议，从第 4 层到第 7 层的 Q3 接口协议标准是 Q.812，称之为高层协议。每一个和操作系统联系的功能构件都采用 Q3 接口。Qx 接口存在于 NE 与 MD、OA 与 MD、MD 与 MD 之间，是不完善的 Q3 接口。

F 接口：F 接口处于 WSF 与具有 OSF、MF 功能的物理构件之间，它将 TMN 的管理能力呈现给用户，或将用户的干预转呈给管理系统，提供对 TMN 5 个管理功能领域相关的人机接口的支持能力，使用户通过电信管理网（TMN）接入电信管理网系统。

X 接口：X 接口在 TMN 的 X 参考点处实现。提供 TMN 与 TMN 之间或 TMN 与具有 TMN 接口的其他管理网络之间的连接，相对 Q 接口而言，X 接口上需要更强的安全管理能力，要对 TMN 外部实体访问信息模型设置更多的限制。

另外，还有常见的 G、M 参考点。G 是连接用户和工作站的参考点，M 是连接 QAF 和非 TMN 管理实体的参考点，它们都处于 TMN 之外。

19.3.2 TMN 的物理体系结构

除了功能体系结构外，TMN 还定义了物理结构，如图 19-5 所示。

TMN 物理结构提供了传输和处理电信网络管理有关信息的手段。与 TMN 的 5 个管理功能相对应，每个 TMN 功能模块都定义了一个物理实体，它们包括操作系统（OS）、网元（NE）、中介设备（MD）、工作站（WS）和 Q 适配器（QA）等物理实体。

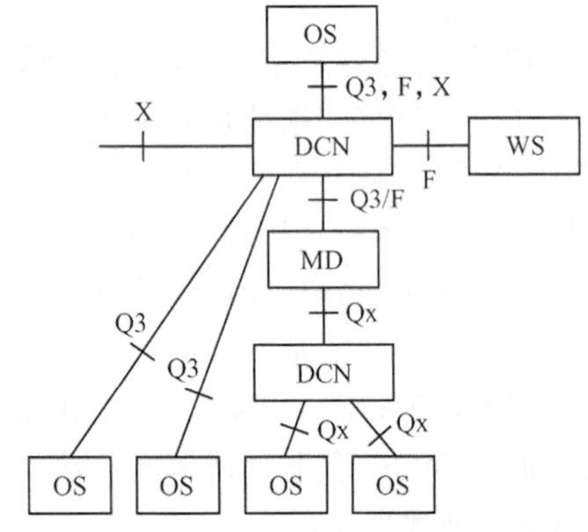

图 19-5 TMN 的物理体系结构模型

（1）OS 用于管理信息的处理以及 OAM（操作、管理与维护）应用过程的管理与控制，一般是以 UNIX 操作系统为核心，存有大量 OAM 软件的网络管理中心，是一个大型的计算机系统。

（2）WS 是实现 OAM 功能的用户终端，用户通过 WS 实现对电信网络的控制，它为用户提供与 TMN 交互的手段，包括接入登记，用户识别，提供可用菜单，屏幕显示和键盘输入等功能。

（3）NE 是执行 NEF 的电信设备，处于 TMN 和电信网的交界面，具有为两个网络服务的功能，既用于交换或传输等通信过程，也用于电信网管理，如电信设备使用质量等管理信息的提取、设备控制和故障定位等。因此 NE 应具有一定的 OSF，带有 CPU、软件存储器等智能化装置。

（4）QA 用于 TMN 某些实体非标准的通信接口和标准 Q 通信接口的变换。

（5）MD 用于 OS 和 NE 或 QA 功能块之间的协调或中介。引入 MD 可以简化系统的设计。MD 应 OS 的要求，对来自于 NE 或 QA 的功能模块的管理信息进行处理，具有部分管理功能。MD 还执行 OS 的部分管理功能，减少 DCN 中的管理信息方的流量，并在出现异常情况时，维持网络的运行。

19.3.3 TMN 的信息体系结构

TMN 信息体系结构主要用来描述功能块之间交换的不同类型管理信息的特征。信息体系结构的关键是管理信息模型和组织模型。

1．管理信息模型

信息模型描述了管理对象（MO）及其特性，它精确地规定可以用什么消息（信息的内容）来管理所选择的目标，以及这些消息的含义。它采用一致的描述模板和描述语言对描述对象进行组织、分类和抽象概括。前者遵循 ITU-T X.722 的模板结构，后者用抽象语法标记 ASN.1 来进行 MO 的统一描述规范。管理信息模型的建立，主要采用面向对象的编程技术，可以自然地与分布式并行程序、多机系统、网络通信模型取得一致。

2．组织模型

组织模型主要用来描述网络管理中管理任务的分配和组织。具体说就是描述管理者和代理的能力以及它们之间的相互关系。管理者的任务是发送管理命令和接收代理回送的通知；代理的任务是直接管理有关的管理目标，响应管理者发来的命令，并回送反映目标行为的通知给管理者。图 19-6 具体描述了管理者、代理和管理目标之间的基本关系。管理者和代理的关系不是一一对应的，一个管理者可以与多个代理进行信息交换，一个代理也可以与多个管理者进行信息交换。两个系统要能够互通，必须使用同样的协议和 TMN 功能，具有公共的管理目标、目标示例和包含关系，即具有同样的共享管理知识。

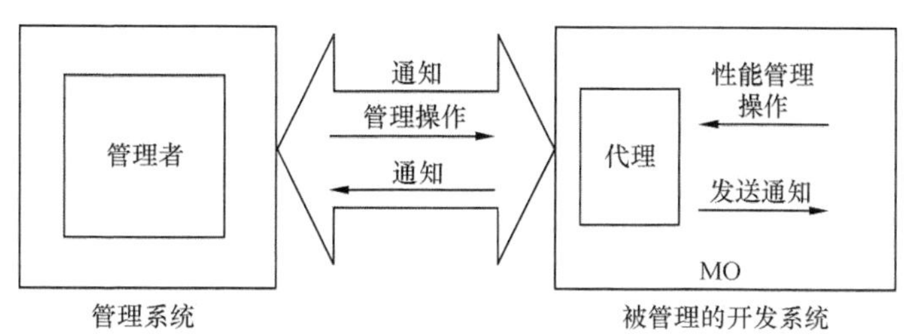

图 19-6 管理者、代理和管理目标之间的关系

19.4 TMN 的发展趋势

作为电信企业的后台支撑系统，网络管理系统最为关键的是要对前台的业务运营和信息处理提供全面完善的系统保障。未来，网络管理系统的管理对象将是下一代网络（NGN）。总体说来，TMN 将向以下方向发展。

1．综合化与集成化

未来的电信网络是由几个或十几个不同专业、不同设备、不同网络设备共同组成的一个集合体，系统与系统之间有着千丝万缕的联系，因此建立一个集成化的电信网络管理系统就显得十分重要了。

2．网元管理向网络管理转化

目前电信企业的网络管理系统大部分仍然为网元级别的管理，为了实现更高效率的集中化管理，必须深入研究各个专业网络管理系统之间的互操作性和互通性。涵盖了网元级别管理和网络级别管理两个层次的网管产品对电信企业的网管部门来说非常必要。

3．Web 化

随着网络技术的迅速发展，网络规模不断扩大，网络的异构问题也逐渐突出，传统的高度集中的网络管理模式已不能适应复杂网络管理的各种需要，现代电信网络管理应更多地与

Internet 相结合。

4．智能化

由于电信网的规模越来越大，网络的技术越来越复杂，开放的业务越来越多，而网络管理的内容也越来越复杂，要求也越来越高，因此就需要有智能化的网络管理功能来支持网管中心的管理人员。

5．面向业务的网络管理

现代化的电信网络越来越注重用户使用网络资源的满意程度。传统技术管理的对象是不同类型的设备，而业务管理是为用户提供一种全面的端-端的服务，要达到业务要求的技术条件，就必须要有一个综合化的电信网络管理系统，实时地为业务管理提供必要的数据。

本章小结

本章介绍了电信管理网（TMN）的有关知识。首先，介绍了 TMN 的提出背景，在此基础上给出了 TMN 的基本概念、特点、TMN 与电信网的关系。然后，介绍了 TMN 的功能模型、TMN 的体系结构。最后，提出了未来 TMN 的发展方向。

思考与练习题

19-1 说明 TMN 的基本概念和特点。
19-2 描述 TMN 的逻辑分层体系结构。
19-3 说明 TMN 的 5 大管理功能。
19-4 描述 TMN 的功能体系结构。
19-5 说明 TMN 的 3 大标准接口。
19-6 说明 TMN 的发展趋势。

案例讨论

某运营商骨干网网管系统

1997 年以前，某运营商骨干网由 8 个汇接交换机组成。随着用户的不断增加，到 1998 年底，扩容到 30 个汇接交换机。1997 年以前，对骨干网的管理基本上是分散的计算机辅助管理方式，这种管理方式无法适应新的要求。在这种情况下，开发了骨干网网管系统，该系统的功能主要包括：拓扑管理功能、故障管理功能、性能管理功能、配置管理功能、任务管理功能、用户管理功能和终端仿真功能。

（1）拓扑管理功能

拓扑管理功能是对 GUI 中的图形部分进行管理和控制，如从一个图切换到另一个子图、进入某个图的子图、对图形进行重排和存取图形等功能。

（2）故障管理功能

故障管理功能是对骨干网网管系统中的故障进行监视和处理。通过故障管理功能模块，可以查询整个网络中的故障，并对故障进行处理；网络中的故障可以在系统的拓扑图中反映出来；还可以对网络中的故障进行实时的监视，当网络上有一个故障报上来后，故障的内容将写在一个窗口上，系统管理员就可以查询故障的情况，对故障进行及时的处理。

（3）性能管理功能

性能管理功能是对网络的性能进行查询，以便系统管理员对网络的性能有一个全面的了解。性能管理功能提供以下几个方面的性能查询：交换机、电路群、目的码、信令电路的当前性能数据和历史数据的查询。

（4）配置管理功能

配置管理模块的功能是对网管系统中的一些管理对象进行配置和管理。

（5）任务管理功能

为了对系统的性能进行监视和管理，骨干网管系统根据需要查看性能数据的类型，将查看性能数据的动作定义为一组任务，通过对这些任务的执行，系统管理员就可以查看相应的性能数据。当任务执行完成后，就可以删除任务。

（6）用户管理功能

骨干网管系统是一个分布式系统，一个网管系统可以带若干个 GUI，每个省都可以有一个 GUI，通过它对网络进行监控。

（7）终端仿真功能

终端仿真功能是网管系统中的一个附加功能。其功能比较简单，就是提供一个从图形用户界面到交换机的透明通道。

讨论题：

1．某运营商骨干网网管系统是在什么样的环境背景下提出的？
2．该骨干网网管系统能实现哪些功能？

第20章 电信运营支撑系统

【引例】综合故障监控系统在某电信公司的应用

某电信公司原有的网络管理系统是运行维护部门支撑系统的重要组成部分，经过多年的建设，网管系统初步满足了各专业网络或业务管理和监控的需要。然而各网管系统之间相互独立，形成信息孤岛，系统故障无法做到跨专业的相关性分析，致使故障的定位十分困难，缺乏与客户信息相关联的手段，无法为大客户提供高等级的通信保障。通过建设综合故障监控系统，在一个平台内实现了对传输网、数据网、交换网、接入网、信令网、小灵通网以及环境动力故障信息的综合接入，逐步实现对网内各个专业告警的集中监控、集中管理，并做到了跨专业的相关性分析以及实时告警信息与业务信息的直接关联，结合业务层面来分析和保障通信网的可靠、高效、优质运行，提高了网络故障特别是大客户网络故障的响应和处理效能，适应了市场竞争和维护体制改革的需要。

运营支撑系统（OSS）是电信企业信息系统体系中重要的组成部分。它借助IT手段实现对电信网络和电信业务的管理，以达到支撑运营和改善运营的目标。OSS涵盖了电信企业业务的各个方面，通过对企业目标和战略的理解与支持，构建系统以实现对电信企业业务流程的支撑作用。

20.1 OSS概述

20.1.1 OSS的概念

1. OSS的含义

运营支撑系统（Operation Support System，OSS）是电信企业运营管理不可或缺的组成部分和有效的工具。它是借助IT手段实现对电信网络和电信业务的管理，以达到支撑运营和改善运营的目标。

关于OSS并没有确切的定义，不过很多组织从不同的角度对它都有概述性的说明。在业界，OSS的概念最初起源于ITU-TM.3010《TMN总体原则建议》中明确定义的操作系统、工作站和数据通信网。它是这样定义OSS的：OSS是对用来支撑网络运营的OAM&P系统的抽象，它的管理功能分布在企业管理、业务管理、网络管理和网元管理4个逻辑层次上。

IEC（International Engineering Consortium，国际工程协会）认为，OSS通常是指这样一些系统：

它们为通信服务商及其网络提供业务管理、资源资产、工程、规划和故障维修等方面的功能支撑。

Forge Group（一家 OSS 厂商）对 OSS 的定义是：OSS 是保证电信公司管理、监控和操作电信网络的系统，计费、客户关怀、目录服务、网元管理和网络管理都是 OSS 系统的组成部分，服务管理包括受理新客户及其订单，服务激活以及后续的服务保障等也都属于 OSS 系统的管理范畴。

通过以上描述，我们可以看到 OSS 有着丰富的内涵。它是一个庞大而复杂的系统，从不同的层面和维度看会呈现出不同的特征。

首先，OSS 以电信运营商为服务对象。电信运营商又包括网络提供商、基础业务提供商、增值业务提供商以及虚拟运营商等。以支撑运营和改善运营为主要目标，以现代 IT 技术（包括网络技术、软件工程技术等）和 IT 管理方法（包括项目管理、需求管理、系统维护管理等）作为实现手段，借助一系列先进的技术与管理方法实现最终目标。

其次，OSS 的管理范畴从纵向看覆盖了电信运营商的整个业务流程，包括业务开通、业务保障、业务计量、产品开发等；从横向看又覆盖了客户管理、业务管理、资源管理、网络管理、供应商与合作伙伴管理等各个层面。而且运营支撑系统的内涵已经从运营管理的范畴向企业管理的范畴延伸，企业策略、产品规划、网络与资源规划、收入管理与风险管理等都成为新一代运营支撑系统关注的内容。

此外，从运营支撑系统的设计和开发角度来看，OSS 不是简单地开发一套管理软件，还包含了对企业发展目标和运营目标的理解和支撑，对业务流程的梳理，对企业信息模型的建设和引用，对运营数据和遗留系统的整合等。从展现形式来看，运营支撑系统并不是孤立的一个计算机系统或网络本身，是整个运营基础结构，包括运营网络和客户服务系统。同时也包括承载在运营支撑系统之中的业务规则、业务流程、关键业务数据，以及一系列与之协同作业的企业规章制度、管理办法、作业流程。

OSS 与第 11 章介绍的 BSS 有着密切的联系。BSS 主要完成客户支撑的功能，以提供和满足客户需求为主，功能又包含在 OSS 功能之内。从客户的角度看，OSS 与 BSS 之间没有区别，他们所需要的就是服务与信息；从运营商的角度考虑，OSS 与 BSS 又相互包容。因此，随着“以客户为中心”理念的盛行，两者之间的区别正在渐渐淡化，并在实际操作中有效的整合在一起。

2．OSS 的特点

OSS 借助 IT 手段实现对电信网络和电信业务的管理，以达到支撑运营和改善运营的目标，OSS 贯穿了电信企业业务流程的每个方面，涉及网络管理、客户服务、计费等多个部分，对系统的要求十分严格。为了实现对电信企业的支撑运营和改善服务的目标，总的说来，OSS 具有以下特点。

（1）灵活性。

（2）可扩展性。

（3）满足实时处理能力。

（4）具有很好的开放性和兼容性。

（5）监控功能。

（6）规范化和专业化。

实施 OSS 就是为了要将电信运营商原有的业务流程自动化，利用 OSS 的先进理念与技术实现原有的从业务受理、业务实施、业务保障、计费、用户跟踪服务的阶段式业务流程到整个业务流程的自动化，从而降低运营商提供服务的时间，提高效率。

20.1.2 OSS的发展历程

1. OSS的起源及发展

第1套OSS的确定诞生时间已经无法考证，但早期的OSS则源于对电信运营商关键运营环节的支撑。当时的OSS包含两类系统：一类是网络管理系统，它是设备供应商在向运营商提供网络设备时附带的面向设备的管理软件，为设备提供一系列面向操作维护人员的管理系统和管理指令，使得管理人员能够熟悉设备和进行日常作业；另一类早期的OSS是计费系统。最初的计费由人工核算，计算过程烦琐，完成周期长，错误也较多。这种对计费改进的需求驱动计费处理纳入计算机管理，实现了一定程度的自动化作业。早期的OSS系统界面不够友好，管理的范围也比较有限，但这些系统的出现把人工的流程实现了计算机化，对网络运营提供了很大的支撑，使得网络管理和业务运营的效率大幅提高，起到了支撑运营日常工作的作用。

国内早期的OSS在20世纪80年代中期就有雏形。随着程控交换机的引进，一些网络管理系统开始为人们所使用，如早期的营业系统和计费系统。业内普遍公认的早期具备真正意义的OSS系统是“九七工程”。1997年中国电信提出利用先进的技术手段和管理方法，彻底提高电信业务的服务质量和综合管理水平，适应电信经营管理体制的改革，实现本地网市内电话业务数据的集中管理和各生产部门的信息共享。“九七工程”的体系结构是基于开放式网络、分布式数据库管理和电子邮件的C/S模式的支撑系统；能实现各个业务子系统的联网共享和信息复制，支持业务子系统之间的共享交互处理；还能为客户提供业务登记、处理进程、费用资料和资源情况的信息查询，即为客户提供承诺、允许用户监督。

此后的一段时间里，电信行业飞速发展，电信网络技术突飞猛进，用户对电信产品和服务的需求日新月异，运营商迫切的需要在变化的市场和激烈的竞争中去管理更为复杂的网络资源和服务，于是更多的OSS出现了。例如，客户服务系统、资源管理系统、结算系统、大客户系统以及各类专业的网络管理系统。

2. 国内OSS的现状

国内电信运营商的OSS经过不断建设和发展已经初具规模，能够基本满足对电信网络维护以及对已有业务支撑的需求。但是由于我国OSS建设起步较晚，并且一直受电信改革和重组进程的影响，电信运营市场格局一直不确定，因此整体上来看，我国的OSS建设仍处于初级阶段。

中国电信的南方各省，网上在线运营的支撑系统多数仍然沿袭旧有格局，主要的系统包括“九七系统”、计费账务系统、客服系统、资源管理系统、交换网管系统、传输网管系统、经营分析系统等。北方各省由于没有遗留系统，支撑系统的建设基本都是按照“一体化”的模式，体现在BSS上。各省基本上都是建设一套综合业务支撑系统，而在里面涵盖了业务受理、计费、账务、结算、产品管理、代销商管理等功能。

中国移动的支撑系统中比较有代表性的是移动业务运营支撑系统（BOSS，Business & Operation Support System）。它具有两个突出的特色：首先它是一套系统，是一体化的业务支撑；其次它是以省集中为建设模式。BOSS系统的功能范围包含了数据采集、计费处理、网间结算、客户服务、业务管理、综合账务、系统监控、联机指令、BOSS网管和数据挖掘等各个方面。

联通的业务支撑系统联通也是按照省集中的模式建设的。在联通的系统中，营业和账务是合在一起的，这与电信的系统中将计费与账务建设在一个系统中有所不同。同时在联通 OSS 中还包含了统一客户资料管理的模块，用以实现多业务的交叉优惠。

激烈的市场竞争要求电信运营商更加重视对 OSS 建设的投入，这也是企业信息化的标志。特别是 3G 时代的临近，对 3G 业务的支撑已经成为 OSS 面临的紧迫任务。下一代运营软件和系统（NGOSS）的建设与发展，成为解决这一难题的关键。关于 NGOSS 知识，将在第 22 章中详细介绍。

3. OSS 标准的发展

在 OSS 发展初期，OSS 标准就已经存在，这些标准是为管理电信网元、提供网络互联或者构筑 OSS 而设立的统一规范或协议。OSS 标准的发展可以分为 3 个主要阶段。

早期阶段，在 20 世纪 80 年代，为了对网元进行操作管理，确定了基本的 OSS 标准规范，如 TL1。这一阶段的主要标准化机构是 Bellcore。

中期阶段，20 世纪 90 年代初，很多团体开始提出自己的 OSS 标准。其中以国际电信联盟（ITU）、国际标准化组织（ISO）、Internet 工程工作组（IETF）为主要力量。这一时期的规范以 TMN 和 SNMP 为代表，分别面向电信网和计算机网的管理。

最新发展趋势，随着下一代网络的出现，电信网与计算机网逐步融合，市场竞争的方向由资源转向服务，OSS 也将从面向网络和业务的管理转向面向服务的管理。总的趋势包括：TMN 与 NGOSS 的融合；新技术网络管理的应用；客户 SLA 管理，包括 SLA 通用模板、各专网 SLA 的参数定义；端-端的服务质量管理，包括各种探针、测量技术在端-端的服务质量保证方面的应用以及各种框架体系下信息模型的融合。

20.1.3 OSS 的技术基础

1. 数据仓库与数据挖掘

数据仓库是一个面向主题的、集成的、相对稳定的、反映历史变化的数据集合，用于支持管理决策。数据挖掘是从大量的、不完全的、有噪声的、模糊的、随机的数据中提取隐含在其中人们事前不知道的，但又是潜在有用的信息和知识的过程。

操作型运营支撑系统主要应用基于关系型数据库，而分析型运营支撑系统则需要采用数据仓库的技术。数据仓库对操作型数据进行抽取、清理和转换，然后有效集成、加载，并按照面向主题的方式重新组织和存储，因此数据仓库是面向主题的、集成的、相对稳定的和可动态刷新的。数据仓库的这 4 个关键特征，使其更适宜完成诸如历史数据对比分析、多维数据分析等 OLAP 应用。而数据挖掘技术的使用，能够揭示信息内在的价值，特别是重要的商业价值。因此，数据仓库和数据挖掘技术的应用，可以对商业信息进行分析处理，提高客户的价值，从而提升企业的竞争优势。

2. 中间件技术

中间件是指这样一些软件，它们位于网络操作系统和应用软件之间，在操作系统所提供的基本功能和服务的基础上，从一般的应用需求中抽象出来通用的、分布式计算所需要的更高层功能和服务，为处于自己上层的应用软件提供运行与开发的环境，帮助用户灵活、高效地开发、集成和管理复杂的应用软件。

中间件屏蔽了底层操作系统的复杂性，使程序开发人员面对一个简单而统一的开发环境，减少程序设计的复杂性以及技术上的负担。电信运营商为了更好的为客户服务，已经基本放弃单一的系统建设，而更愿意建立完善的 IT 服务平台，因此需要不断的思考和重新设计每项业务流程，为客户提供一站式服务。原来的以产品为中心的运营模式不再适用，而转向以客户为中心，以服务为导向的业务流程的设计模式。这就需要在重新设计 OSS 时，有面向服务能力和可以管理的中间件技术提供支持。

3. 工作流技术

工作流是指业务流程的全部和部分自动化，工作流管理系统是用于定义、实现和管理工作流运行的软件系统。简单地说，工作流管理系统所要实现的目标就是使企业中大量的基于知识与规则的任务与活动能够协调一致、高效运作，在正确的时间能够将正确的信息传给正确的人或应用系统，从而完成正确的业务流程。工作流管理主要包括工作流的建模、工作流的执行和工作流的监控功能。

运用工作流，所有的工作任务将被自动发往每个业务人员的业务桌面。由于任务由工作流服务器发送，因此不会发生发错任务的情况。业务人员只需按照业务桌面的任务清单执行就可以。同时任务清单还提供任务的处理时间的限制等要求，这样业务人员就可以有选择的优先处理时间紧迫的任务，避免传统手工处理过程中由于大量业务堆积，一些重要或紧迫任务被耽误的现象，提高 OSS 的效率。

4. 企业应用集成

企业应用集成（Enterprise Application Integration，EAI）通过建立底层结构来联系横贯整个企业的异构系统、应用、数据源等，完成在企业内部的 ERP、CRM、数据库、数据仓库以及其他重要的内部系统之间无缝地共享和交换数据的需求。同时，EAI 还能将业务流程、应用软件、硬件和各种标准联合起来，在两个或更多的企业应用系统之间实现无缝集成，使它们像一个整体一样进行业务处理和信息共享。

从狭义上讲，OSS 不是一个单一的应用系统，它是由计费、账务、客服、营销、服务开通和资源管理等多个系统组成的。在业务支撑角度，电信运营需要这些系统能够有机、高效的组织在一起协调工作，在应用层面实现整个企业的统一，在核心数据层面实现整个企业的信息共享。为达到这个目的，要求应用系统开发对外的业务接口，实现系统融合。EAI 技术能够完成不同通信接口、通信机制的转换功能，通过为应用系统定制适配器来抽取共享数据，然后通过消息映射功能来完成不同信息模型之间的消息映射，实现数据共享，从而解决 OSS 发展中的矛盾与问题。

20.1.4 实施 OSS 的意义

为了适应日益激烈的竞争环境，电信运营商纷纷抛出各种新兴业务，以吸引用户的关注和使用，从而占领市场。而电信运营商所提供的所有业务，包括数据、语音、图像、传真都应该通过共同的数据通信平台来承载。实施一套完善的 OSS，能够为电信运营商提供一个非常重要的开放的技术平台，将极大地方便运营商在电信运营、维护、管理方面开展具有世界先进水平的研究。

1．快速开发新业务

随着电信市场竞争的不断加强，客户对电信业务的要求也越来越高，尤其是个性化的服务需求迫使电信运营商不断开发新的产品以满足需要。OSS 可以快速地开发和部署新的业务，通过经营决策分析系统挖掘出市场的需求，有的放矢，以达到满足用户需求，增强竞争力的目标。通过自动化操作来降低运营成本，提高网络的处理能力及提高网络设备的利用率，并最终推动运营管理水平产生质的飞跃。

2．提高生产率

从网络维护的角度来看，OSS 可以帮助运营商通过自动化操作来降低运营成本，提高网络设备的利用率，改进服务质量，提高网络的处理能力和流量。从业务运营的角度来看，它在降低运营成本的同时，可以提高企业的生产效率，提高客户满意度，提供业务进度管理等。通过实施 OSS，电信企业的生产运营趋于自动化、流程化和规划化，能从整体上提高企业的生产率。

3．协调企业的多个运营部门

对于客户的多个运营部门，包括市场部、营销部、计划建设部、业务部门等，OSS 能通过一个有效的管理工具，把这些部门的业务流程有机地整合起来，为用户提供很好的服务。通过这个系统，运营商可以观测到什么样的业务是最受欢迎的，用户喜欢使用哪类服务；通过对用户信息进行分析，运营商则可以观测到哪些业务是盈利性最高的业务。

4．完成多个系统的集成

通过 OSS 的实施，可以将传统电信企业中独立实施运行的业务受理系统、网络调度系统、故障监控系统、性能管理系统、资产资源管理系统、计费与账务处理系统、客户服务系统、网络规划系统、客户网络管理系统以及传统的人工操作等各种功能模块动态地集成到一个统一的逻辑软件平台上，并通过该平台完成子系统间的信息同步共享和基于定制工作流程的信息交互。

5．改变经营理念

OSS 为运营商带来了一个最大的变化，就是由以前偏重于 OSS 的后台，即计费和账务系统，转变为对前台的关注，即对客户的服务质量提上来。运营商要做到将自己的服务和其他运营商的服务区分开来，将简单的价格竞争转移到服务品质和客户满意度的全新层次的竞争上来。对于电信运营商来说，完善的 OSS 是为客户提供更好的服务、从而在激烈的竞争中立于不败之地的有力武器，同时也是加强企业管理，使自己不断发展壮大的法宝。因此，迅速建立先进的 OSS 以不断跟上业务和网络发展的需要是至关重要的。

20.2 OSS 基础协议

20.2.1 传统电信业务的管理协议

1．TCP/IP

（1）TCP/IP 简介

OSS 主要分为 3 个层次，即客户服务层、业务管理层和网络管理层。现在 Internet 的应用已经成为电信运营商的主要业务之一。因此构建 Internet 的 TCP/IP 协议簇也就成为了电信企业 OSS 的网络管理层中的重要协议。

TCP/IP 是一个允许不同软硬件结构的计算机进行通信的协议簇。它是 20 世纪 70 年代中期美国国防部为 Arpanet 广域网开发的网络体系结构和协议标准。TCP/IP 协议簇除了 TCP、IP 外，还包括了 UDP、RIP、FTP、HTTP 等一系列协议。

TCP/IP 协议簇通常分为 4 层，如图 20-1 所示。

应用层	Telnet、FTP、POP、SMTP 等
传输层	TCP 和 UDP
网络层	IP、ICMP 和 IGMP
链路层	设备驱动程序及接口卡

图 20-1　TCP/IP 协议簇的 4 个层次

每一层负责不同的功能。

① 链路层也称作数据链路层或网络接口层，通常包括操作系统中的设备驱动程序和计算机中对应的网络接口卡。它们一起处理与电缆（或其他任何传输媒介）的物理接口细节。

② 网络层也称作 Internet 层，处理分组在网络中的活动，如分组的选路。在 TCP/IP 协议簇中，网络层协议包括 IP、ICMP 以及 IGMP。

③ 传输层主要为两台主机上的应用程序提供端—端的通信。在 TCP/IP 协议族中，有两个互不相同的传输协议：TCP 和 UDP。TCP 为两台主机提供高可靠性的数据通信。它所做的工作包括把应用程序交给它的数据分成合适的小块交给下面的网络层，确认接收到的分组，设置发送最后确认分组的超时时钟等。一方面，由于传输层提供了高可靠性的端—端的通信，因此应用层可以忽略所有底层的细节。另一方面，UDP 则为应用层提供一种非常简单的服务。它只是把称作数据报的分组从一台主机发送到另一台主机，但并不保证该数据报能到达另一端。任何必需的可靠性必须由应用层来提供。

④ 应用层负责处理特定的应用程序细节。

（2）TCP/IP 间关系

TCP/IP 协议簇的一些重要协议及协议关系如图 20-2 所示。

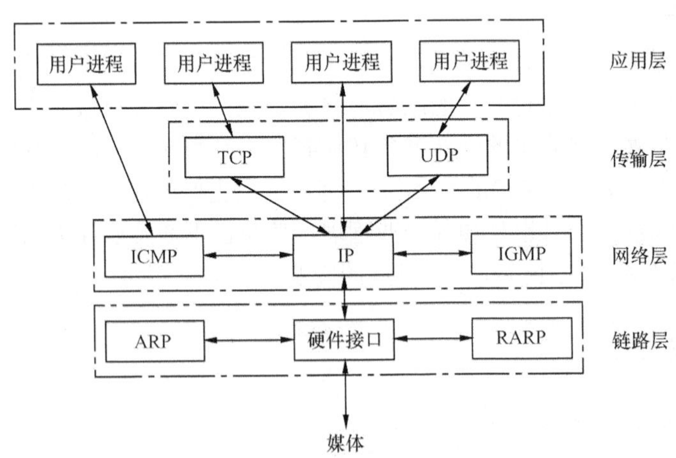

图 20-2　TCP/IP 协议簇中不同层次的协议

TCP 和 UDP 是两种最为著名的传输层协议，二者都使用 IP 作为网络层协议。

UDP 为应用程序发送和接收数据报。一个数据报是指从发送方传输到接收方的一个信息单元（如发送方指定的一定字节数的信息）。但是与TCP不同的是，UDP是不可靠的，它不能保证数据报能安全无误地到达最终目的地。

IP是网络层上的主要协议，同时被TCP和UDP使用。TCP和UDP的每组数据都通过端系统和每个中间路由器中的IP层在Internet中进行传输。ICMP是IP的附属协议。IP层用它来与其他主机或路由器交换错误报文和其他重要信息。IGMP用于把一个UDP数据报发送到多台主机。ARP和RARP是某些网络接口（如以太网）使用的特殊协议，用来转换IP层和网络接口层使用的地址。

2. 其他协议

下面介绍一些TCP/IP协议簇里的其他常见协议。

（1）ARP（Address Resolution Protocol，地址解析协议）在局域网中，网络实际传输的是“帧”，帧里面是有目标主机的MAC地址的。在以太网中，一台主机要和另一台主机进行直接通信，必须要知道目标主机的MAC地址。这个目标MAC地址就是通过地址解析协议获得的。所谓“地址解析”就是主机在发送帧之前将目标IP地址转换成目标MAC地址的过程。ARP协议的基本功能就是通过目标设备的IP地址，查询目标设备的MAC地址，以保证通信的顺利进行。RARP（Reverse Address Resolution Protocol，反向地址解析协议）正好相反，该协议将IP地址映射到数据链路地址。

（2）DHCP（Dynamic Host Configuration Protocol，动态主机配置协议）为客户系统提供启动信息。DHCP支持IP地址信息、操作系统配置信息以及其他相关信息。从网络地址角度看，在商业公司中使用DHCP管理IP地址是一种非常好的方法。例如，客户机可以在启动时动态获得IP信息，因此减少了配置每台机器的负担。

（3）DNS（Domain Name Service，域名服务）提供主机名和IP地址之间的映射。它能提供客户端通过向一个或多个DNS服务器请求来获得解析名字和地址的能力。

（4）FTP（File Transfer Protocol，文件传送协议）在系统间提供传送文件的功能。FTP提供了在远程系统上基本的用户认证，这种基本的认证包括使用登录名和密码。FTP的接口虽然简单，但提供了传送单个或多个文件的简单途径。

（5）TFTP（Trivial File Transfer Protocol，普通文件传输协议）提供一个比FTP更简单的文件传输功能。TFTP可以认为是FTP的简化版，因为TFTP不支持复杂的认证机制和命令集。TFTP主要用来下载系统配置信息或数据。

（6）HTTP（Hyper Text Transfer Protocol，超文本传输协议）从Web服务器向浏览器发送Web页面和文档。

（7）SMTP（Simple Mail Transfer Protocol，简单邮件传输协议）提供邮件分发机制，该协议被许多电子邮件程序包使用，并且该协议是Internet上标准的邮件传输协议。

20.2.2 新兴电信业务的管理协议

电信技术是一个发展极为迅速的领域，电信企业的OSS必须适应这种快速变化并且能够作出相应调整来保证自己在市场上处于有力地位。因此，在开发OSS时要充分考虑变化的因素，给系统更多的自由；同时也要考虑到兼容与协作的问题，用一定的规则对开发进行约束。在这样的前提下，一些新的协议就发挥了重要的作用。下面介绍3种新的协议。

1. CORBA 协议

CORBA 是 OMG（Object Management Group）组织在 1991 年提出的公用对象请求代理体系结构（Common Object Request Broker Architecture，CORBA）的技术规范。CORBA 有很广泛的应用，它易于集成各厂商的不同计算机，是针对大中型企业应用的优秀的中间件。最重要的是，它使服务器真正能够实现高速度、高稳定性处理大量用户的访问。

CORBA 的底层结构是基于面向对象模型的，由 OMG 接口描述语言（OMG Interface Definition Language）、对象请求代理（Object Request Broker）和 HOP 标准协议（Internet Inter-ORB Protocol，也称网络 ORB 交换协议）3 个关键模块组成。

CORBA 体系的主要内容包括以下 5 部分。

（1）对象请求代理 ORB（Object Request Broker）：负责对象在分布环境中透明地收发请求和响应，它是构建分布对象应用、在异构或同构环境下实现应用间相互操作的基础。

（2）对象服务（Object Services）：为使用和实现对象而提供的基本对象集合，这些服务应独立于应用领域。主要的 CORBA 服务有名录服务（Naming Service）、事件服务（Event Service）、生命周期服务（Life Cycle Service）、关系服务（Relationship Service）、事务服务（Transaction Service）等。这些服务几乎包括分布系统和面向对象系统的各个方面，每个组成部分都非常复杂。

（3）公共设施（Common Facilities）：向终端用户提供一组共享服务接口，如系统管理、组合文档和电子邮件等。

（4）应用接口（Application Interfaces）：由销售商提供的可控制其接口的产品，处于参考模型的最高层。

（5）领域接口（Domain Interfaces）：为应用领域服务而提供的接口，如 OMG 组织为 PDM 系统制定的规范。

CORBA 是在特定的背景下产生的，它在面向对象的技术兴起，客户/服务器模式普遍得到应用的前提下，为屏蔽通信和实现细节的需求，继承已有系统，消除“孤岛”现象而产生。它弥补了传统分布处理系统的不足，具有很多新的特色。

（1）引入代理（Broker）概念。代理起到如下作用：完成对客户方提出的抽象服务请求的映射；自动发现和找到服务器；自动设定路由，实现服务方的程序的执行。

（2）客户方的程序与服务方的程序完全分离。与传统的客户/服务器方式有很大的不同，客户将不再与服务方发生直接的联系，而仅需要与代理发生联系，客户与服务器都可方便升级。

（3）提供“软件总线”机制。任何应用系统只要提供符合 CORBA 系统定义的一组接口规范，就可以方便的集成到 CORBA 系统中，这个接口规范独立于任何实现语言和环境。因此，客户应用与服务对象之间可以透明地交互运行，实现应用软件在“软件总线”上的“即插即用”。

（4）分层的设计原则和实现方式。CORBA 系统的底层核心是一个精练的系统，各种复杂系统和应用可以由核心扩展和延伸。

2. J2EE 协议

Java 2 Platform Enterprise Edition（简称 J2EE）是一个企业应用程序的开放标准。J2EE 定义了一个开发和部署多层应用程序的平台。包括 BEA、IBM、Oracle 和 Sun 在内的几家供应商都通过提供符合 J2EE 标准的应用服务器来支持 J2EE。简单来说，应用服务器充当着用户和数据库管理系统之间的中间层，提供一个构建和部署企业应用程序的框架。由于创造了标准的可重用模块组件以及构建出能自动处理编程中多方面问题的等级结构，J2EE 简化了应用程序的开发，也降低了对编程和对受训的程序员的要求。

J2EE 主要由 4 个元素组成。

（1）J2EE 应用编程模型是标准的编程模型，它用于简化多层客户端应用程序的开发。

（2）J2EE 平台包含了必要的策略和 API，如 Java Servlet 和 Java 消息服务（JMS）。

（3）J2EE 兼容性测试组件保证了 J2EE 的产品是与平台标准兼容的。

（4）J2EE 参考实现解释了 J2EE 的能力，并提供了它的可操作定义。

J2EE 在系统构建上的特点，决定了 J2EE 能够为系统的构建提供很多便利的机制。具体来说，J2EE 有以下一些突出的优点。

（1）面向对象的编程语言。J2EE 平台是建立在 Java 语言基础上的，Java 是真正面向对象的语言，具有丰富的数据和强大的功能。不仅可以设计复杂的系统，还能使营业程序具有良好的扩充性和维护性，能够方便地实现国际化和本地化的功能。

（2）平台独立的特性。J2EE 平台独立的特性包括两个方面，一是 Java 语言本身的平台独立性，二是 J2EE 标准的平台独立性。独立性使得任何符合 J2EE 标准的应用服务器之间可以共用标准的组件。这样，在电子商务应用的开发中可以任意选择或购买符合标准的通用组件，加快开发的过程。同时 J2EE 的平台独立性使程序的移植变得轻松简单。

（3）高性能的服务器端编程语言。即时编译技术的使用使得 Java 语言的执行率大大提高。Java 语言在使用过程中一直被开发人员认为执行率比较低，影响了 Java 语言的推广。通过使用即时编译技术，能够大大提高 Java 语言的执行率，从而提高整个系统的开发设计速度。

（4）标准的系统框架和服务。J2EE 平台提供了事务处理、对象生存控制、状态维持、并发控制、安全检测、资源共享等系统服务。使用这些服务的代价并不高，不用编程，而只要通过简单的配置就行。这使电子商务开发者从烦琐的系统设计中解脱出来，将精力主要放在商业逻辑上，提高应用的质量和加快开发的速度。

标准化的框架结构是以分布式的多层应用体系为基础，使 J2EE 应用本身就具有可扩充性和可维护性。

（5）适合团体开发。标准的结构将应用分成表现层、企业逻辑层和数据层，可以使企业中的美工、系统分析员、编程人员各司其职，发挥各人的长处。特别是 J2EE 构架通用的 MVC（Model、View、Contro1）模式，能够将系统各个层面的功能独立开来，这种构架非常适合团队开发的模式，提高工作的效率。

（6）可控性好。J2EE 安全控制和状态控制机制非常完善，这种控制机制使得整个应用拥有统一的状态转换规则。这样，不会让用户进入到不该进入的页面而引起状态的混乱，增加了系统的安全性。

3．XML

XML（Extensible Markup Language，可扩展标记语言）是由 Internet 联合组织（W3C，World Wide Web Consortium）于 1998 年 2 月发布的一种标准。它与 HTML 一样，都是标准

通用标记语言（Standard Generalized Markup Language，SGML）。XML 是一种简单的数据存储语言，使用一系列简单的标记描述数据，在描述的同时能突出对结构的描述，从而体现出数据之间的关系。

XML 并不仅仅包括 XML 标记语言，还包括很多相关的规范，如文本格式化标准、文档显示模式定义、文档查询标准、文档解析标准和文档链接标准等。而且基于 XML 低层的规范，还包括很多高层的应用协议，如开放贸易协议、SOAP 等。

目前，XML 语言逐渐得到了开发人员的青睐，因为它拥有一系列 HTML 语言不具备的特点和优点。具体说来，XML 具有以下优点：

（1）开放性。XML 得以成功的主要因素之一就是它基于规范和标准的开放性。XML 技术根据标准规范，允许在任何平台上读取和处理数据。更重要的是 XML 允许通过 HTTP 和其他传输协议交换 XML 数据。

（2）简单性。XML 另外一个非常重要的优点就是简单性。XML 文档只是纯文本。这样 XML 文档就可以自由地在两个不同的系统之间交换数据，因为基本上任何系统都提供了对文本格式的支持。

（3）结构和内容分离。在复杂的应用系统中，XML 有一个更重要的优点：在运用 HTML 时，数据的显示和数据本身混合在一起，当对 XML 而言，数据的显示和数据本身是区分开的。这样就可以在不改变数据本身内容的前提下，自由的改变数据的显示格式。

（4）互操作性。XML 文档是纯文本的，很容易在系统间传递他们。这不仅仅是因为这些元素简单，而且因为 XML 更容易在应用程序间迁移。不同的环境和操作系统可以互相通信，这对于混合了新旧系统的业务来说特别有用。

（5）可扩展性。可扩展性是指使用 XML 可以按照自己的需要定制语言。这个特点使编程人员在开发系统过程中能够根据自己的需要，调整语言工具，为编程工作实现个性化提供了可能。

20.3 OSS 设计

20.3.1 OSS 的设计原则

在设计运营支撑系统的体系结构、关键信息模型时主要考虑以下原则。

（1）完整性原则。考虑运营支撑系统的体系架构时，最主要的就是要考虑体系的完整性，即提出来的体系结构是否能覆盖电信企业运营管理的全部活动。

（2）边界清晰性原则。由于电信运营支撑系统功能非常多，体系架构非常复杂，因此，体系中的各子系统的边界应该划分清晰，系统之间不应出现功能的重叠和交叉。

（3）组件化原则。随着电信行业的不断发展，各种新技术、新业务不断涌现，运营支撑系统也需要不断更新，因此，在考虑运营支撑系统的体系架构时，体系中的系统或模块应具备组件化的特征。系统间不仅要边界清晰，也满足松耦合的特征。当需求发生变化时，通过组件的调整就能完成对系统的升级而不会影响体系框架。

（4）应用与数据分离性原则。电信运营支撑系统涉及大量的数据，各种数据需要在不同的子系统之间共享，因此在规划时就应该考虑到将应用与数据相分离，以便于分散控制，重复利用，提高系统的整体效率。

（5）客户参与性原则。电信运营支撑系统最重要的功能之一就是为客户服务，因此系统的规划和建设要本着面向客户、服务客户的原则，尽可能多地实现客户参与，提供丰富的客户交互能力。

（6）灵活性原则。电信技术的迅猛发展，导致新业务的层出不穷；客户在使用电信服务时，需求也在不断变化；日益激烈的竞争，也导致了管理体制的革新，这些都需要体系具有相当的灵活性，以保证能适应快速变化。

在设计 OSS 时还应该注意到要进行必要的商业分析。例如，由于 IP 和数据业务在各运营商的业务中所占比例各不相同，不同运营商对电信 OSS 也应有不同的定位。另外，要有阶段性的发展计划。首先保证新业务能够顺利开通，经过阶段性运行后，再总结新业务的特点和规律，以便为下一步建设打好基础。

20.3.2　OSS 的框架体系

目前，大多数电信运营商使用的电信运营支撑系统总体框架如图 20-3 所示，主要分为业务支撑系统（Business Supporting System，BSS）、网络运营支撑系统（Operation Supporting System，OSS）和经营分析系统。

其中 BSS 系统中包括了 3 个子系统：计费系统、账务系统和结算系统；OSS 系统中包括了 4 个子系统：网管系统、资源管理系统、客服系统和客户关系管理系统。

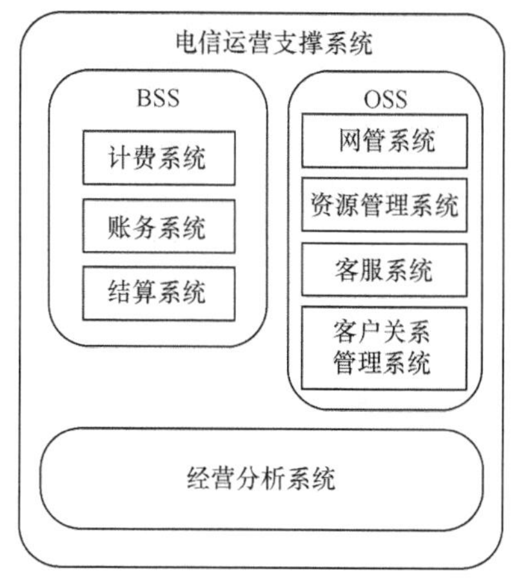

图 20-3　电信运营支撑系统体系结构

20.4　OSS 的发展趋势

在“2008 电信运营支撑系统发展论坛”中，提出了面向全业务运营，构建融合创新的运营支撑系统。国内各大基础电信运营商正在通过运营支撑系统的建设，获得新的竞争手段来适应通信技术发展，完成向以市场为重点、以客户为核心的转变。同时，全球化竞争的电信市场和电信多元化价值链的形成促进了网络与业务支撑技术的飞跃发展，电信运营支撑系统在电信集约化经营的实践中扮演着越来越重要的角色。

目前的电信运营环境主要存在 5 个方面的竞争：客户服务、集中运营、深入运营、广度运营和精益运营。电信运营维护管理工作也在转型：由分散维护转向集中维护，即纵向集中；由面向网络逐渐转向服务，即横向延伸；由粗放的运营转向精益运营，即面向经营。总地来说，未来的 OSS 应该具备下列特点。

（1）面向服务。新一轮的电信重组方案已经尘埃落定，新的 3 大运营商目前都忙于重组后的整合工作。重组工作全部结束后，3 家运营商都将实现全业务经营，不论各自发展业务的侧重点是否相同，3G 市场的争夺和竞争的加剧是可以预见的。在这样的形势下，服务质量就成为决定胜败的关键因素。OSS 的设计也应该以面向服务为导向。

（2）实时性。实时处理不仅是客户服务的要求，而且是企业运营的要求，到一定阶段将成为业务的基本保障，因此在新一代业务支撑系统的建设中，实时性将成为系统的重要指标。

（3）稳定性。由于业务支撑系统已经介入到了业务中，对支撑系统的运行也要求是全局的，业务支撑系统发生中断和故障不仅对企业运营带来影响，而且将直接使客户无法正常使用业务。因此系统的稳定性对电信企业来说是一个重要的关注点。

（4）综合性。未来的时代是全业务竞争的时代。随着竞争格局的调整和变化，各运营商都希望能够针对不同的客户群提供全套的电信业务产品和服务，或者通过合作的方式扩展业务种类和营销渠道。对于支撑系统来说，技术层面强调支持综合接入，而在系统功能方面要求支持综合账务，支持多业务、多产品的交叉、叠加和捆绑。

（5）支持多种商业合作模式。目前国内的业务合作模式相对比较简单，对于产品链的管理模式也未定型。随着业务合作模式的发展，伙伴关系管理（Partner Relationship Management，PRM）的概念和功能也逐步清晰，对合作伙伴的管理模式应是分层次的，而且合作伙伴的范围也将越来越大，因此业务支撑系统应当密切跟踪业务需求和模式的演变，参与业务部门的讨论和设计，保障业务与合作的开展。

随着电信运营商全业务竞争的展开，对运营支撑系统提出了更高、更强的要求，向新一代的运营支撑系统发展成为电信运营商决胜市场的关键。合理使用 OSS 技术，建设功能完善、互通灵活、充分共享信息的运营支撑系统，是电信运营商目前极为关注并重点发展的运营管理战略之一。

本章小结

本章主要介绍了电信企业运营支撑系统（OSS）的有关内容。首先，介绍了 OSS 的概念，描述了 OSS 产生的背景和发展状况以及 OSS 的技术基础。然后，讲述了电信企业实施 OSS 的意义。接着，介绍了与 OSS 有关的基础协议，OSS 设计原则，OSS 的框架体系结构。最后，阐述了未来 OSS 的发展趋势。

思考与练习题

20-1 说明 OSS 的含义、特点。

20-2 电信企业实施 OSS 的意义有哪些？

20-3 说明 OSS 未来的发展方向。

案例讨论

HP OSS 系统

2008 对于中国电信行业来说，是个意义非凡的年份。在新的电信运营商可以提供全业务服务的同时，新的机遇也向运营商的运营管理提出了严峻的挑战。如何借助信息技术全面提升运营管理水平和服务质量，满足电信用户不断增长的个性化需求，增强自身的核心竞争力，成为全新的中国电信运营商必须考虑的问题。

HP OSS 系统架构如图 20-4 所示，分为运维分析层、运维支撑层、网络支撑层、专业网管及网元管理等五层。下面重点介绍网络支撑层的电信管理信息平台（Te MIP）解决方案和运维支撑层的 IT 服务管理（ITSM）解决方案。

（1）网络支撑层——电信管理信息平台 Te MIP 解决方案

HP Te MIP（Telecommunication Management Information Platform）是面向电信运营支撑系

统的 OSS 平台软件，HP Te MIP 产品系列提供了针对交换、传输、信令、移动、小灵通、电源环境动力、光纤、IP 和数据以及 3G 和 NGN 的多专业、多厂家和多技术运营支撑系统解决方案。HP Te MIP 通过各专业网管系统的北向接口，对管理信息进行相关性分析、过滤、抽象与整理，掌握整个电信网的全局信息，从而实现对全网的集中监控、集中维护和集中管理。

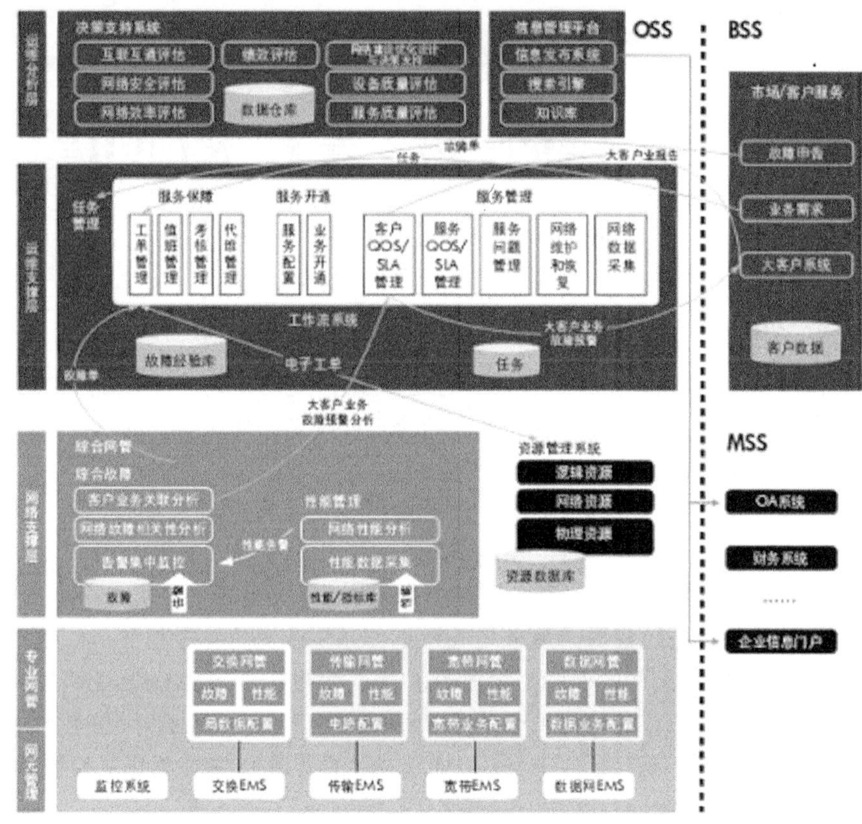

图 20-4 HP 的电信企业运营支撑系统 OSS 解决方案架构

（2）运维支撑层——IT 服务管理（ITSM）解决方案

HP IT 服务管理解决方案（IT Service Management Solution，ITSM）是惠普公司基于 ITIL(IT Infrastructure Library ，IT 基础架构标准库)，结合惠普公司多年的 IT 管理经验，提出的一整套规划、建设、维护企业 IT 组织的标准方法，该方法将帮助 IT 部门建立一整套规范的流程管理、人员管理以及技术管理体系，为 IT 部门提供一个高效率的工作流管理的系统平台与灵活量化的服务管理平台。

讨论题：

1．我国电信企业进入全业务运营时代后，将会面对什么样的挑战？
2．试分析 HP OSS 的体系架构。

第21章 增强的电信运营图

【引例】eTOM 成为电信运营流程架构的标准

随着下一代网络的发展和电信与IT技术的逐步融合，电信市场竞争环境从以往资源的竞争转向服务的竞争，OSS也从面向网络和业务的管理转向了面向服务的管理，新一代的OSS标准更得到各国电信企业的普遍关注。

2004年，由世界电信管理论坛（TMF）组织的一年一度的国际电信盛会——“电信管理论坛世界大会”在法国尼斯隆重举行。在谈及对本次大会的感想，亚信公司产品及解决方案市场总监薛先生表示：由TMF制定的国际规范NGOSS已成为各国代表关注的焦点，而eTOM作为电信运营业务流程向导的蓝图，越来越成为NGOSS开发的参考模型和依据。在本次会议上，BT、荷兰电信等展示了以eTOM模型为基准，对现有OSS系统进行试验性的改造。目前，全球各大运营商将eTOM作为运营业务流程框架，不断参与eTOM模型的建立，推动其成为NGOSS产品开发和销售的基础。eTOM正成为世界电信运营流程架构的标准。

为了规范电信企业的服务管理流程，电信管理论坛提出了电信运营图（TOM）的概念，之后又改进为增强的电信运营图（eTOM）。TOM和eTOM作为发展的蓝图，已经成为业务和运营支撑系统（OSS）开发和集成的起点，为电信企业内部的流程重建和彼此之间的合作、结盟以及达成共同协议提供了中性的参考。

21.1 eTOM的提出背景——TOM

21.1.1 TOM的提出与概念

在eTOM提出之前，电信管理论坛的成员已经建立了服务管理业务流程的模型，后来称之为电信运营图（Telecom Operations Map，TOM）。TOM最早创立于1994年，1995年电信管理论坛（TMF）初次以“业务管理商业流程模式”为题将它发表，1998年10月推出评估版V1.0，1999年4月推出评估版V1.1，同年推出评估版V2.0，直到2000年3月推出被大家认可的V2.1。

TOM作为发展的蓝图，已经成为业务和运行支撑系统（OSS）开发和集成的起点，它帮助TMF的成员共同致力于发展NGOSS。对于电信运营商来说，TOM为他们内部的流程重建和彼此之间的合作、结盟以及达成共同协议提供了中性的参考。对于网络和OSS供应商来说，TOM描述了软件组件潜在的边界以及产品必须支持的输入和输出。具体来说，TOM包括以下6个部分。

（1）对TOM所起作用的描述。

（2）通信过程的高层视图以及组织严密的、以客户为中心的端-端的业务过程。

（3）从高层确定主要的端-端的业务过程的实现、保证、结算过程及其子过程。

（4）举例说明端-端的业务过程的流程图。

（5）每个子过程功能的详细视图，包括子过程的活动以及对其他子过程的输入和输出。

（6）MAP的用途。

21.1.2 TOM的目标

TOM的目标是为电信业设定一个展望图，以使他们能在实现流程驱动式运营管理的竞争过程中取得胜利。这需要把服务及支持相关的主要运营支持系统都整合起来。TOM文档的重点是电信运营商使用的业务流程、流程之间的连接、接口的确定以及各流程对客户、服务、网络等信息的使用情况。业务的每一个新用户对信息的使用情况对将来的成功都很重要。具体来说，TOM的目标就是在以下方面取得进一步发展。

（1）把模型扩展到电信行业所有的通用业务流程模型。

（2）定义一些通用的概念以描述电信运营商的业务流程。

（3）在实现每个流程、子流程以及流程的每个活动所需的基本信息方面达成协议。也就是说，要有足够多的高层信息作为业务需求、信息模型以及电信行业标准和产品满意度的出发点。

（4）搭建一个流程框架，以确定哪些流程和接口是整合和自动化最需要的，哪些流程和电信行业标准是独立的。TOM文档描述了所有过程以及TOM各个层之间实现、保证、结算等端-端流程之间的连接点，它确定了组成端-端流程主要过程和接口。电信运营商需要这些流程图以便和其他实体高效地合作，并开发使用第三方软件而无需进行很多的专有改造。

21.1.3 TOM的模型

根据TMN的逻辑分层原则，TOM将电信业务处理框架分成了客户界面管理、客户服务、业务开发与运营、网络与系统管理、网元管理5个层次。因此在TOM模型中，从横向看包括客户界面管理过程、客户服务过程、业务开发与运营过程、网络与系统管理过程、网元管理过程，每个过程又包括了不同内容。从纵向看，TOM定义了3个端-端的流程，即业务实施、业务保障和业务计量，每个流程同样包括了不同的服务。TOM的模型如图21-1所示。

TOM定义的过程框架是独立于企业、技术和业务的。TOM采用TMN模型设计核心的电信业务过程，将业务管理层的内容分为两个部分：客户服务层和业务开发与运营层。其中，客户界面管理层是与客户进行直接交互的过程，它可作为单独的一个过程，也可在某个业务中作为客户服务层的一部分执行。客户界面管理层将客户的请求和查询转化为相应的“事件”，如订单生成、故障记录或账单调整等，并调用后续过程，为客户提供相应的服务。

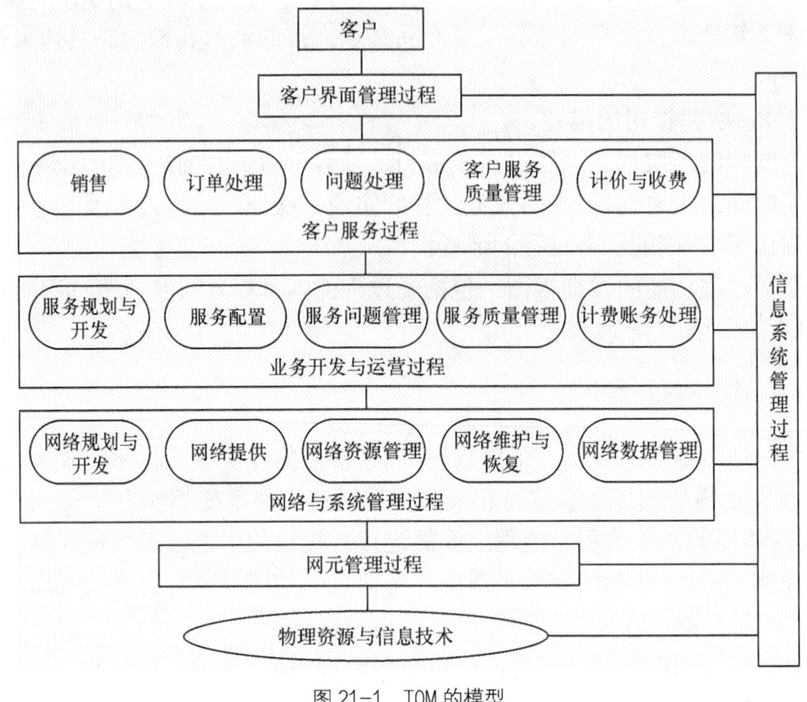

图 21-1 TOM 的模型

客户服务层包括在业务提供、维护、问题报告和收费等过程中与客户进行的直接交互。此处的客户是指业务的最终购买者和实际使用业务的大量用户。为了支持客户和用户，业务供应商必须在多个接口上与之进行交互。客户服务层包括的过程：销售、订单处理、客户问题处理、客户 QOS 管理和计价与收费。

业务开发与运营层致力于服务的提供和管理，但不包括底层网络和信息技术的管理。在服务开发与运行的处理过程中，某些功能是一次性的，如一个新业务或新功能的设计和开发。而某些功能则与客户的需求紧密相连，如业务容量的规划、针对某些特定客户所设计的业务应用等。业务开发与运营层包括的过程：服务规划与开发、服务配置、服务问题处理、服务质量管理和计费账务处理。

网络与系统管理层是负责维护所有提供端-端的业务的基础设施，包括基础设施的部署和平稳运行，业务层对基础设施的访问，以及根据业务和客户的需要所做出的直接或间接的响应。网络和系统管理层位于 TMN 分层模型的网元管理层和业务管理层之间，它的基本功能就是采集来自于网元管理系统的信息，对数据进行集成、关联和概括，再将相关信息传递到业务管理层，或是执行一定的网络管理活动，如网络规划与开发、网络提供、网络资源管理等。网络与系统管理层包括的过程：网络规划与开发、网络提供、网络资产管理、网络维护与恢复以及网络数据管理。

TOM 简化了电信运营管理的复杂性，它通过一个框架表示出运营管理的多个过程。由于运营管理的复杂性，要求从多个角度进行管理，而 TOM 最重要的一个优点就在于它简单地表达了运营管理的各个角度。TOM 并未对运行过程所包含的每个视点进行描述，而仅为服务提供商如何开发和执行业务过程提供了一个通用的过程框架。

21.2 eTOM概述

21.2.1 eTOM的概念

TOM模型解决了TMN中间两层（网络和服务）的不足，但仍然还存在很多问题。第一，TOM不是全面的企业管理，不包括销售营销的管理、供应商的管理、合同伙伴的管理、其他的支持功能（如管理知识功能）等。第二，TOM没有产品生命周期和客户关系管理概念。为了弥补TOM功能上的不足，TMF提出了增强的电信运营图eTOM。

eTOM是TMF在TOM的基础上进行改进和发展而得到的，其中的“e”可以从以下几个方面来理解：企业过程（Enterprise Process），电子商务能力（e-Business Enable），改进（Enhance），扩展（Expanded），所有的事情、地点、时间（Everything、Everywhere、Every time）。

对eTOM的概念，可以从不同的角度加深理解。

eTOM是一种业务过程框架或模型，它为服务提供商提供所要求的企业流程。eTOM作为电信运营业务流程向导的蓝图，是NGOSS（新一代运营系统和软件）的重要概念和关键组成元素。eTOM业务过程框架是对TOM计算机化、企业战略化的提升，它主要包含对电信运营企业业务过程的规范描述。

相对于TOM，eTOM作了以下方面的扩展。

（1）eTOM将TOM模型扩展到整个企业的活动中，而不仅仅是电信业务的运营中，它包括企业的战略规划、企业的基础结构、企业的产品规划等各个方面，除了涉及客户以外，还要涉及企业职工、企业股份持有者等。

（2）由于在电子商务环境下，市场营销过程非常重要，因此在eTOM中专门定义了这一过程。

（3）专门定义了企业管理过程，这样做的目的是为了使eTOM能够指导整个企业的活动，使得企业中的所有组织能够识别企业职责范围内的重要生产和管理过程。

（4）将实施、保障和计费置于总体模型的高层视图中，以强调以客户为中心的过程是企业的重点过程。

（5）定义了一个操作支持和有所准备的端-端的过程组。除企业管理层以外，该过程组贯穿了所有的功能层次（客户关系、业务管理和操作、资源管理与操作、供应商/合作伙伴关系管理）。今后，随着OSS的完善以及Internet、电子商务的发展，客户在线的操作过程会越来越多，越来越重要。

（6）确认了3个不同于功能性操作和客户操作过程的企业过程组。这3个过程组形成了SIP（战略、基础设施和产品）过程。

（7）确认SIP过程和与客户有关的各种业务操作过程。这两种过程在管理周期和日常操作方面有不同的特点，eTOM将这两种过程进行了分离。

（8）从面向客户服务或业务转为面向客户关系管理。这是为了强调客户自行管理和控制，提升客户对于企业的价值，向客户提供更好的个性化服务。面向客户关系管理赋予了客户操作层更丰富的内容，它可以更好地表示销售过程，并将市场营销的实施和客户关系管理结合起来。eTOM的客户关系管理将比TOM客户关系管理的定义有更广泛的内涵和外延。

（9）eTOM将网络和系统管理过程定义为资源管理和操作，在其中也包含了对系统信息的管理。

（10）更加关注商务过程。原先，企业与合作伙伴、供应商之间的商务服务通过购买方式实现。现在，在电子商务环境下变成了商务过程的一部分，通过供应商/合作伙伴关系管理过程中提供的企业和供应商及其合作伙伴间的操作接口和支持，将企业内部商务过程与合作伙伴、供应商过程集成。

（11）电子商务环境下，市场从面向供应转变为面向需求，因此在 eTOM 中强化了以客户为中心的理念。在 eTOM 高层视图中，就直接描述了 3 列垂直的端–端的过程分组 FAB。这些过程被称作客户运营过程或客户优先过程，直接和客户交互并支持客户，同时也是企业优先关注的地方。

21.2.2 eTOM 的优点

eTOM 框架的主要优点和功能体现在如下几点。

（1）不是与 TOM 商务过程相抵触，而是增强了 TOM。

（2）不仅解决了运营和维护方面的问题，而且还涵盖了所有重要的企业过程区。

（3）面向电子商务，引入了许多新概念，如客户忠诚度、一种新的商务关系环境模型，供应商/合作伙伴关系管理等。

（4）不仅涵盖了网络管理区，而且还把范围扩大到了应用方面和计算机管理，以及目前急需的管理集成。

（5）把生命周期管理（包括开发过程）从运营和日常过程中分离出来。

（6）不仅可以表示框架（静态）视图，还可以表示过程的过程流（动态）视图，其中包括用于与自动化方案实现强连接的高级信息要求和商务规则。

（7）为电子商务时代的信息和通信服务业提供了一个业务过程的参考框架。

eTOM 被广泛接受，不仅是因为它增强了 TOM 模型，还因为有更多的服务提供商参与了它的不断开发。现在，eTOM 的最新版本已经被更多的服务提供商所采用。

21.2.3 eTOM 的术语简介

eTOM 定义了与业务流程和活动相关联的通用术语。通用术语使得服务提供商与客户、供应商和合作伙伴之间的沟通更容易。为了使 eTOM 文档更易理解和有效地使用，有必要对文档中出现的名词术语给出含义的解释，以区别于常用或专用的含义。下面介绍一些常见和重要的术语含义。

1．实体

实体（Entity）是指在流程中交互的人、业务、技术等。客户是最重要的实体。企业管理流程是与政府、监管者、竞争者、媒体、股东、公众、工会和业余团体进行交互的流程。供应商和合作伙伴关系管理流程是与经销商、零售商、合作伙伴、经纪人、第三方提供商、附属提供商、财务提供商、服务供应商和原材料供应商进行交互的流程。

2．客户

客户（Customer）从企业购买产品和服务或者接受免费的供应或服务。客户既可以是个人也可以是商家。

3．中间商

在电信价值网中，中间商（Intermediary）是企业运营必要条件的一部分，它代表企业行使一些功能。中间商提供的产品和服务是企业自身不能提供或不是出于成本和质量考虑的选择。有3种典型的中间商：销售、业务开通、信息和通信。

4．最终用户

最终用户（End User）是企业所提供产品或服务的实际使用者。最终用户消费产品或服务。

5．企业

企业（Enterprise）是指所有利用eTOM构建它的业务流程模型的商家、企业或公司。企业负责把产品和服务交付给用户。在这里，假定企业是信息和通信服务提供商。

6．合作伙伴

合作伙伴（Partner）在与企业签订的业务协议中与供应商相比较而言，拥有更大的利益，要承担更大的风险。合作伙伴对客户来说，通常比供应商更明显。合作伙伴可能是一个联盟、一个联合服务供应的一部分。

7．供应商

供应商（Supplier）在提供货物和服务时与企业交互，企业为了把产品和服务交付给客户而对供应商进行组合。

8．过程

过程（Process）描述的是对交付专门结果的一套系统化、序列化的功能活动。换句话说，过程是指交付某种结果或输出的一系列相关的活动或工作。

9．过程元素

过程元素（Process Element）可以看作是功能模块或组件，用作构建端-端的业务过程。因此，过程元素直接被企业应用，在eTOM中处于最低层面。当一个功能过程群组或端-端的过程群组被分解到第3级层面，过程元素才变得可视，如订单处理。

过程元素是模块化的，具有潜在的可重用和独立升级或替代的特点。

10．端-端的过程流向

端-端的过程流向（End-to-End Process Flow）包括完成流程目标所需的所有子流程、活动和关联顺序。eTOM的最高层面视图中没有显示端-端的业务流程，因为没有关联顺序。eTOM显示的是端-端的流程群组。

在eTOM中认可的端-端的客户流程是一系列为达到预期结果而在企业内需要发生的通用活动。eTOM不负责指导或限制端-端过程的实现，而只是指导定义在企业内运用的标准流程元素。通过这种方法，流程元素可以根据特定服务提供商的端-端流程进行组合。

11．端-端的过程群组

eTOM业务流程框架最高层面的视图给出了端-端的过程群组（End-to-End Process

Grouping)。在该层面的流程框架中，过程流向是不清晰的。然而，这些过程群组代表了企业具有端-端的结果的流程，而这些结果是企业的关键衡量标准。

12. 企业管理过程群组

企业管理过程群组（Enterprise Management Process Grouping）包括企业级活动和需求的知识，还包含支持企业运营过程所需的所有业务管理功能，而这些对于在竞争激烈的市场中运营业务是极其重要的。有时称它们为协作流程和支持。

13. 功能过程群组

功能过程群组（Functional Process Groupings）（如客户关系管理、服务管理与运营等）汇集了包含类似知识的过程。像 TOM 一样，eTOM 功能过程群组是在企业最高层面的分解。功能过程群组在 eTOM 中横向显示。这些功能过程群组没有等级之分，也不存在是谁建立在谁之上（也就是，一个过程不是另一个过程的分解），如“服务管理与运营”不是“客户关系管理”的分解。

14. 层次结构的过程分解

层次结构的过程分解（Hierarchical Process Decomposition）是在适合于过程流向的层面上建立过程模型的系统方法。层次结构的过程分解方法允许过程的开发更加模块化。

15. 信息和通信服务提供商

信息和通信服务提供商（Information and Communications Service Provider，ICSP）是一个服务提供商企业，它销售信息或通信服务给另一方。

16. 电子商务

电子商务（e-Business）是通过 Internet 和电子贸易的数字媒介进行的业务交易。它还包括为产品或服务的提供、支持和计费的前后台办公流程和应用的集成。在 eTOM 中它有了更广的扩展。电子商务是传统业务模式和方法与电子商务商机的集成。

17. 电子贸易

电子贸易（eCommerce）是通过 Internet 和数字媒介进行的业务交易。

18. 层次、层面

对大量内容和细节进行组织的最好方法就是以多个层次（或层面）（Levels）来构建信息，这样层面高的视图代表着概要视图，而且每一层面可以分解成更详细的低一级层面。这就是层次结构分解。

通过把 eTOM 划分成多级层面，使框架应用者可以参照 eTOM 不同的框架层面来安排其企业框架或过程实施，如根据第 1 级和第 2 级层面或根据第 1、2、3 级层面来安排。

19. 资源外包

资源外包（Outsourcing）是指企业把一个或多个内部过程和功能以契约的形式外包给外

部公司。资源外包是把企业资源转给外部企业，同时保持对资源外包的过程关系管理的能力。

20. 产品

产品（Product）是一个实体（供应商）向另一实体（客户）提供的东西。产品可以包括服务、加工的材料、软件或硬件或上述的任意组合。一项产品可以是有形的（如货物）或无形的（如概念），也可以是两者的结合。然而，产品总是包含服务成分。

21. 资源

资源（Resource）代表构建服务所运用的物理和非物理的组件，它们组成应用、计算和网络域。如网元、软件、IT 系统和技术组件。

22. 服务

服务（Service）由服务提供商开发并包含在产品内销售。相同的服务可能存在于多个产品中，以不同的包装、不同的价格等形式出现。

23. 泳道

“泳道”（Swim Lane）是一种利用二维的方式来描述过程流向的方法，横向显示序列，纵向显示不同参与者或过程类型。用“泳道”来描述过程流向允许更好的过程设计，体现更好的端-端过程，实现过程流向中更好的客户交互可见度。

24. 价值网络

企业是价值网络（Value Network）的中心，价值网络（与价值链对应）是电子商务的关键概念。价值网络是企业的协作网，包括供应商、附属商和中间商（或称中介机构）。

与顾客合作，从而实现顾客价值，让价值网络上的所有参与者获得利益。电子商务作为价值网络定义的一部分，它的成功在于价值网络几乎是作为纵向集成的组织为客户服务。

21.3 eTOM 的业务过程框架

eTOM 框架最初是从企业内部发展起来的，后来根据需要扩展到企业外部，提供和外部合作伙伴（用户、供应商/合作伙伴）的接口。eTOM 框架采用自上而下层次结构的方法对企业运营相关的所有过程单元和活动进行层次化的描述。目前，eTOM 版本提供了 4 级业务过程分解：0 级、1 级、2 级和 3 级过程。eTOM 业务过程框架包括了企业面向客户开展服务的各方面的过程元素，以及这些过程之间的复杂关系。

eTOM 的零级过程从最高层面给出了 eTOM 业务过程框架的概念，从总体上设定了 eTOM 的研究范围和关注领域。1 级过程显示了整个企业过程的处理细节，对于 CEO、CIO 和 CTO 来说，更关注这个层次上的结构。2 级和 3 级过程在上一级过程的基础上，对每个过程进行更细节的分解。目前的 eTOM 版本提供了框架中所有过程的 2 级分解，但只对某些主要过程提供了 3 级过程分解。对于具体的设备供应商、软件开发人员和系统建设人员会更加关注 2 级和 3 级过程中定义的详细过程。

下面将具体介绍 eTOM 业务过程框架的 0 级和 1 级过程，不对每个 2 级过程作出详细的描述。TMF 文档 GB921D 中对每个 2 级过程作出详细的定义。

21.3.1 eTOM 业务过程框架的第 0 级

图 21-2 显示了 eTOM 业务过程框架的最高级——概念视图，此视图提供了一个把战略和生命周期过程与运营过程区分开来的总体环境，它把战略和生命周期管理与运营管理分离为两个独立的区域，分别位于图中上部左右两边，图中下部的第 3 部分是企业管理。图中 4 个横向的框图表示 4 个主要的处理功能结构，它们贯穿了上部两个处理区域。另外，还用椭圆形表示了内部和外部有关的实体。

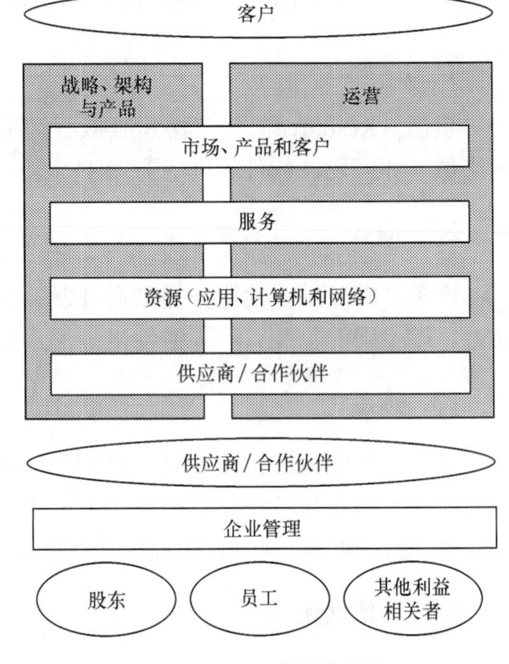

图 21-2 eTOM 的概念视图

在整体的概念层次上，eTOM 业务过程框架分成了 3 个主要区域如下。

（1）运营过程区，是 eTOM 的核心。它包含支持客户运营和管理的所有运营过程以及支持直接客户运营的过程。这些过程包含日常工作和运营支持以及准备过程。eTOM 的运营视图还包括销售管理和供应商/合作伙伴关系管理。

（2）战略、架构和产品过程区，包含研究企业的战略和约定、建造基础设施、开发和管理产品以及开发和管理供应链的过程。在 eTOM 中，基础设施不仅指支持产品和服务的 IT 和资源等基础设施，还包括支持功能过程中所需的基础设施，如 CRM。这些过程将用于指导和支持运营过程。

（3）企业管理过程区，包含开展商务活动所需的基本商务过程。这些过程的重点是企业级的过程、目标和目的。这些过程与企业中的其他过程（不论是运营过程还是战略基础设施产品过程）之间都有接口，它们有时被认为是企业功能或过程，如财务管理、人力资源管理过程等。

eTOM 商务过程框架的概念视图不仅显示出了上述的主要过程区，还以水平层次的形式显示了支持功能过程区，反映了从事业务所需的主要技术和重点内容。概念视图中显示的 4 个功能区如下。

（1）市场、产品和客户过程包含处理销售和渠道管理、营销管理、产品和供应管理以及客户关系管理、订购、问题处理、SLA 管理和计费等工作的过程。

（2）服务过程包含处理服务开发和配置、服务问题管理和质量分析、计价等工作的过程。

（3）资源过程包含处理企业基础设施的开发和管理的过程，这些过程或者与产品和服务相关，或者与对企业本身的支持相关。

（4）供应商/合作伙伴过程包含处理企业与其供应商和合作伙伴相互作用的过程。包括支持基础设施和产品的供应链的管理过程，以及支持与供应商和合作伙伴的运营接口的过程。

另外，在图 21-2 中还显示了企业和与它相互作用的主要实体，这些实体包括客户、供应商/

合作伙伴以及员工、股东和其他债权人。

（1）客户：企业以产品形式销售服务的对象。客户是商务的焦点。

（2）供应商：以直接或间接方式向企业提供产品或资源来支持企业的商务实体。

（3）合作伙伴：企业在某个共享商务领域中的合作对象。

（4）员工：为企业工作、使企业向商务目标迈进的人员。

（5）股东：在企业中投资并拥有企业股票的人员。

（6）债权人：以非股权的形式对企业有义务的人员或机构。

21.3.2 eTOM 业务过程框架的第 1 级

基于 eTOM 的概念性框架，eTOM 业务过程框架还可以进一步分解为一组过程单元组，称为第 1 级，如图 21-3 所示。在这个层次上显示了整个企业过程的处理细节。对于 CEO、CIO 和 CTO 来说，更关注这个层次上的结构，因为这些过程的实施效果决定了企业的成功与否。

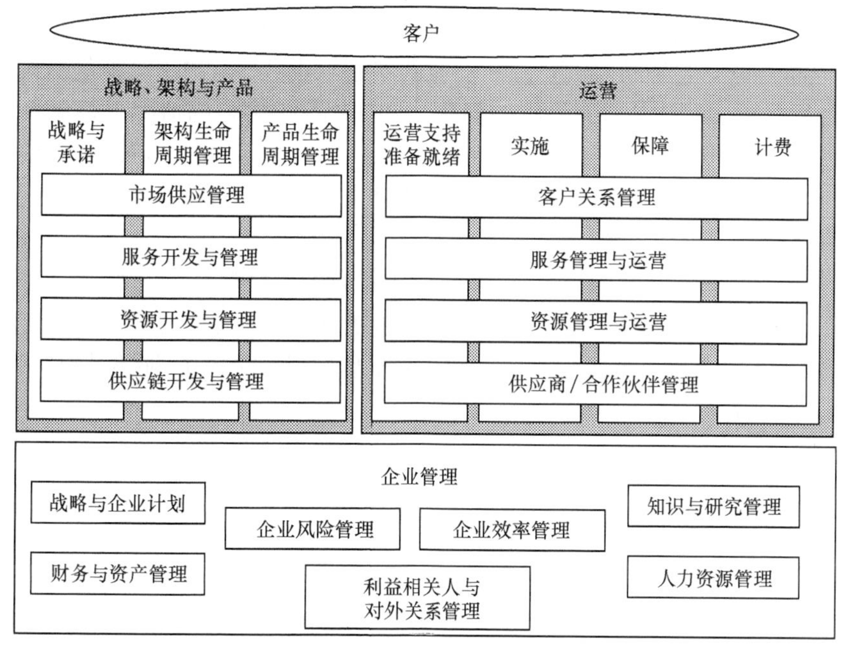

图 21-3 eTOM 业务过程框架的第 1 级过程

为了反映业务的处理过程，eTOM 从两个不同的角度对这些过程单元组进行了描述。

（1）纵向过程组：它代表商家内部的端-端的过程的视图，如面向客户的整个计费过程。这种端-端的角度对负责计费、运营和管理端-端的处理人员有重要的参考意义。这些处理过程跨越了组织的界限，因此端-端的过程效率是高级管理者关心的问题。

（2）横向过程组：代表商家内部的与功能相关的视图，如对供应链管理的过程。从横向功能处理的角度看，eTOM 业务过程框架遵循了严格的等级划分，每个单元只与一个相邻更高层的单元相关。在分类中，每个单元必须是唯一的。

纵向功能过程组和横向功能过程组形成 eTOM 业务过程框架交织矩阵式的结构，这种矩阵式的结构是 eTOM 业务过程框架的创新和基本优点。它第 1 次提出了一种关于处理单元的标准语言和结构。不管是设计还是管理运营端-端业务的人员，或是负责建立这些处理过程能力的人员，都可以理解和使用这些标准。

所有这些处理过程的综合为信息和通信业务提供商提供了企业级的处理框架。随着对处理单元的细化，每一级又分解为一组更低层次的单元，这样0级分解为第1级，第1级分解为第2级，以此类推。

21.3.3 运营过程区域的第1级过程组

1. 运营纵向过程组

从纵向来看，运营过程区域包含实施、保障、计费和运营支持准备就绪过程组，如图21-4所示。其中实施、保障和计费合称为FAB，又称为运营端-端的过程组。

（1）实施：该过程组负责及时并准确地提供客户需要的产品。它把客户的业务或者个人需求转换为一种解决方案，这种方案可以通过选用企业适当的产品来实现。这个处理过程向客户通报订单的处理状态，保障按时开通所需要的服务，并使客户满意。

（2）保障：该过程组负责执行维护活动，以保障向客户提供不间断的服务，并且达到SLA和QoS性能需求。它不断监测资源和性能的状态，并尽早监测出可能的错误。它搜集性能指标数据进行分析，确认是否有潜在的问题，并在不影响客户的情况下解决问题。

（3）计量：该过程组负责采集相关的使用记录，生成周期性和准确的计费信息，提供对用户的计费、处理付款和执行付款。另外它还处理客户对账单的查询，提供计费查询的状态，并负责及时满足客户的查询要求。

（4）运营支持准备就绪：该过程组负责对FAB处理组提供管理、后勤和管理支撑，并保障在实施、保障和计费过程中操作就绪。在这个组中的端-端的处理过程通常不像FAB过程中那么实时，通常和用户及业务没有直接的关系，而主要是为了保障FAB端-端的过程能够正常运行。

2. 运营横向过程组

从水平方向看，有4个运营功能过程组用于支持运营的处理过程，支持客户、业务、资源和供应商/合作伙伴的接口，如图21-5所示。

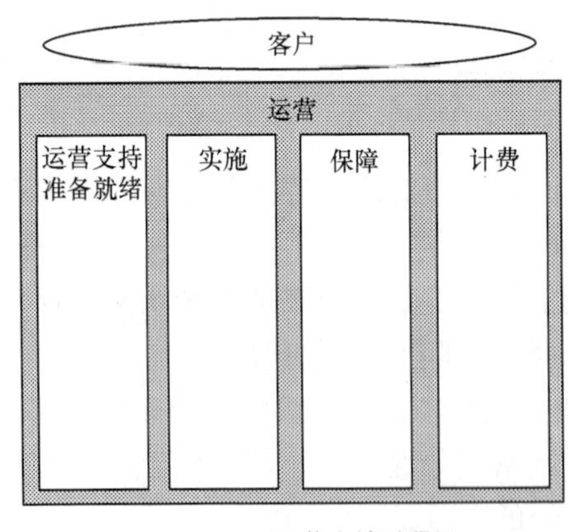

图21-4 eTOM运营支持过程组

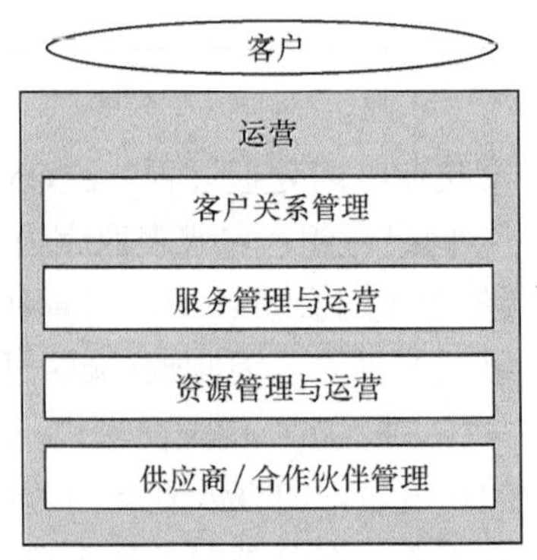

图21-5 eTOM运营功能过程组

（1）客户关系管理（CRM）：该过程组主要处理客户需求的基本信息，包括建立、改善和维持客户的关系所需要的功能。主要是客户服务和支持，如营业厅、电话、网上和现场服务，也包括营销和销售。CRM 还包括收集客户信息，并利用它向客户提供个性化、定制化和综合化的服务，以及确定客户是否可以为企业增加效益。

（2）服务管理和运营（SM&O）：该过程组主要关注的是业务信息（接入、链接、内容等）的管理，包括通信、信息服务管理和运营维护所需要的所有功能，这些功能可以是客户提出的，也可以是运营商推荐给客户的。这个过程组的重点在于业务的提供和管理，而不是对下层网络和信息技术的管理。这些功能包括对一个业务案例的短期业务能力计划，对特定的客户开展特定的业务，或者管理主动的业务能力提升。这个功能与日常的客户有密切的关系。服务管理和运营过程组中的过程应该至少满足业务质量的需求，包括处理性能，用户对业务的满意程度，以及业务成本。eTOM 框架将日常的运维和支撑过程分开来，支撑包括了计划、开发，以及其他策略和生命周期处理。在电子商务领域这更好地描述了企业的结构。

（3）资源管理和运营（RM&O）：该过程组包含了资源（应用、计算和网络架构）的信息，并负责管理这些资源，如网络、IT 系统、服务器、路由器等，以向用户提供各种服务。它还包括各种直接管理这些企业资源（如网络单元、计算机、服务器等）的功能。另外，还包括对资源信息（来自于网络元素或网元管理系统）进行分析，然后对数据进行综合、关联和汇总，将相关信息传送到业务管理系统，或者直接手动配置规划相关的资源。同时资源管理和运营过程组还包括传统网络元素管理，管理着业务提供商的整个网络和子网络以及信息技术架构。这个过程组的目的是保证系统架构的顺利运行。

（4）供应商/合作伙伴关系管理(S/PRM)：供应商/合作伙伴关系管理与供应商或合作伙伴的客户关系管理过程关系密切。eTOM 框架包含独立的供应商/合作伙伴关系管理，可以提供和相关的生命周期、端-端的客户运营过程的直接接口。需要重点注意的是，当企业向供应商/合作伙伴推销产品时，是通过企业 CRM 过程来管理的，此时合作伙伴是企业的客户，供应商/合作伙伴处理只涵盖了企业购买服务时的情况。

21.3.4 战略、架构和产品过程区域（SIP）的第 1 级过程组

1．战略、架构和产品过程的纵向过程组

SIP 纵向端-端的过程组包括战略与承诺、架构生命周期管理和产品生命周期管理 3 个过程组，如图 21-6 所示。

（1）战略与承诺：该过程组负责产生企业战略，用于支持架构和产品生命周期的处理过程，同时还负责在企业内建立战略的实施。这包含了运营的所有层面，包括市场、客户和产品，通过它们依赖的业务和资源以及满足这些需求的供应商和合作伙伴。战略与承诺处理过程重点在分析和实施管理。这些处理过程产生企业级特定的战略，并跟踪战略实施的结果和效率，以根据结果对战略不断进行调整。

（2）架构生命周期管理：该过程组负责定义、规划和实施所有的基础设施，包括应用，计算能力和网络等，以及所有其他支持基础设施和业务能力。这个功能组一般和资源层或者其他功能层结合使用。这个纵向端-端的过程组提供了设计和开发新的或者改善原有的基础设施的过程以支持各种产品。架构生命周期管理对产品生命周期管理过程中降低单位成本、提高产品质量、开发新的产品等环节给予了必要的支撑。

（3）产品生命周期管理：该过程组负责企业所有产品的定义、规划和实现。产品生命周

期管理过程对产品进行管理以提高利润，提高用户满意度和质量承诺，以及向市场提供新的产品。这个生命周期过程通过所有重点功能区域来理解市场、业务环境、用户需求和竞争以设计和管理在特定市场环境中能够获得成功的产品。产品管理过程和产品开发过程是两种独立的过程类型，产品开发主要是面向目标的过程，用于开发并向客户提供新的业务，以及为现有产品和业务增加新特性和改善服务。

2. 战略、架构和产品过程的水平过程组

与运营区域的水平功能过程组对应，在战略、架构和产品区有 4 个水平功能过程组。这些功能组支持 SIP 端-端处理过程，支持对运营的管理，以提供市场与供应、服务、资源和供应链接口，如图 21-7 所示。

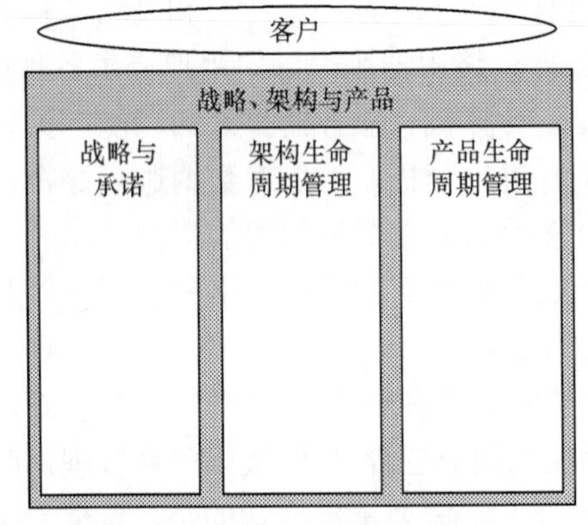

图 21-6 eTOM 的 SIP 纵向过程组

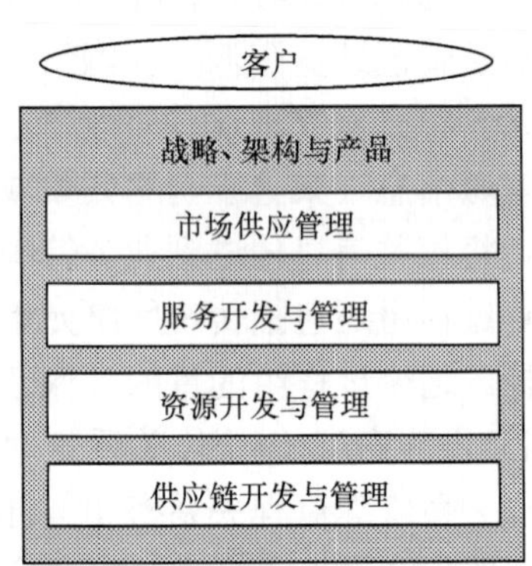

图 21-7 eTOM 的 SIP 水平功能过程组

（1）市场与供应管理：该过程组的重点在于信息和通信业务提供企业运营和开发核心业务所需要的知识。它包括各种对信息、通信产品和业务必须的功能，以及定义战略、开发新产品、管理现有的产品、开发市场和提供战略。市场与供应管理是商务过程，这些功能可能有多种组合方式。这些过程是使能过程，承担企业收入承诺的核心功能以及所有产品的结果、利润和损失。这些处理涉及产品以及市场和渠道的建立，它们管理市场和产品策略、定价、销售、渠道、产品开发、市场宣传等。

（2）服务开发和管理：该过程组的重点在于为运营区域进行计划、开发和提供业务。包括定义建立业务和涉及的战略，管理现有的业务，并保障适应未来业务发展的需要。

（3）资源开发和管理：该过程组的重点在于计划、开发和提供支持运营区域的业务和产品所需的资源。它包括各种定义战略所必备的过程、战略用于开发网络和其他物理或者非物理的资源，引进新技术，与现有技术融合，管理现有资源，保障适应未来业务发展的需求。

（4）供应链开发和管理：供应商/合作伙伴构成了供应链。供应链是一个负载的关系网络，业务提供商要管理供应链，购买产品并提供产品。这个水平功能过程组的重点在于企业与供应商/合作伙伴的接口。在电子商务世界，企业与供应商/合作伙伴的关系日益密切，他们互相促进，联合形成业务生态系统以扩展产品范围，提高生产率。这个过程组保证了最好的供应商/合作伙伴被选为企业的供应链，它们帮助企业作出采购决策，并保证企业间、企业与供应商和合作伙伴有交换的能力。这种能力保证供应商和合作伙伴对供应链的贡献是及时的，并能够提供需要的支持。供应链开发和管理过程包含建立和维护所有的信息流，管理各

种协调需求以及供应商和企业之间的财务过程。

21.3.5 企业管理过程区域的第1级过程组

企业管理过程域主要管理企业级的各项事务，它包含了所有的商业管理过程，内容和特征如下。

（1）支持整个企业运行必需的过程，包括财务管理、法律管理、规章制度管理、成本和质量管理等。

（2）负责建立相应的政策、战略和方向，为整个业务制订方针和目标，包括战略开发和计划，将来业务的方向和开发领域的过程集成，如企业结构等。

（3）贯穿整个企业，包括目标管理、性能评估、成本管理等过程。

企业管理过程域的第1级分解如图21-8所示。在企业管理的很多过程组中，包含了与制订政策和支持企业都相关的单元，这些过程有时可以认为是“企业级共同”的功能或者过程。

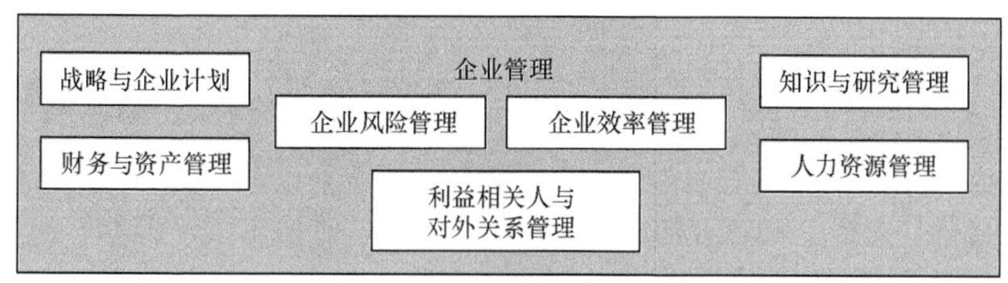

图21-8 eTOM的企业管理过程组

（1）战略与企业计划：该过程组的重点是为业务提供商开发战略和计划。包括决定企业业务和重点的战略计划的原则，企业要开拓哪些市场，应满足什么样的采购才可以增强企业盈利或市场地位等，同时使企业中的关键部门协调工作。这些过程驱动了企业的使命和视野，还在企业范围内指导IT，提供IT方针和政策，决定资金批准等。企业结构管理是这个过程组中的关键过程。

（2）企业风险管理：该过程组的重点在于确定对企业价值或声誉有影响的风险并采取适当的控制手段来减少或者消除这些风险。风险可能是实际存在的，也可能是逻辑的或虚拟的。成功的风险管理使企业在面临严重的事故、安全威胁和欺诈企图时，能够保证运营、处理、应用和通信正常运行。

（3）企业效率管理：该过程组的重点在于定义和提供各种工具、方法论和通过这些管理保证企业运营过程有效地开展。这个过程保证企业运营过程随时间变化、按照需求演进，对项目和目标的管理过程是行之有效的，质量和性能管理过程也是有效的。

（4）知识与研究管理：该过程组的重点在于企业的知识管理、技术研究以及技术购买。

（5）财务与资产管理：该过程组的重点在于管理企业的财务和评估。财务包括应付账款、应收账款、支出报告、收入保障、职工工资单、税务计划和支付等管理过程，还包括收集数据、产生报告和分析结果。这些处理过程负责企业收入状态的所有管理。

（6）利益相关者与对外关系管理：该过程组的重点在于管理和股东及外部企业关系。利益相关者包括股票持有者、员工组织等。外部实体包括规则制订者、本地社区和团体。这个过程组中的过程包括股东关系、外部事务、劳动关系和公共关系等。

（7）人力资源管理：该过程组的重点在于管理企业达成自身目标所需要的人力资源。例如，提供薪酬结构、职位等级等。

21.4 eTOM的发展趋势

eTOM 提供了企业的业务过程框架结构，通过将企业中所有业务活动进行分类和综合，提出了一个通用的参考过程框架。目前 eTOM 主要关注两个方面的内容：首先，对业务过程进一步细分，建立从企业最高层面过程框架逐级分解和细化到尽可能底层的过程层面；其次，eTOM 分别从不同视点角度出发分析过程框架，如基于企业组织架构、企业管理功能架构以及企业内部或外部的关联关系等，在过程中考虑不同过程单元之间划分和组合的关系。

eTOM 作为 TOM 的增强，经过一段时间的发展目前已经基本稳定下来了，成为业务和运行支持系统（OSS）开发和集成的起点，它帮助电信管理论坛（TMF）的成员共同致力于发展 NGOSS。

本章小结

本章主要介绍了增强的电信运营图的有关知识。首先，介绍了 eTOM 的前身——TOM 的有关内容；接着，介绍了 eTOM 的概念、优点以及一些重要术语，描述了 eTOM 的业务过程框架模型；最后，对 eTOM 的发展趋势进行了简要介绍。

思考与练习题

21-1 说出 eTOM 的概念、优点。

21-2 说出 eTOM 与 TOM 的不同点。

21-3 描述 eTOM 的概念视图。

21-4 描述 eTOM 业务过程框架的第 1 级过程。

案例讨论

基于 eTOM 的过程梳理

某省运营商有 11 个市分公司，185 个县（市、区）分公司、营销中心。在全省开办营业网点 2000 余个，公话代办点约 20000 个，还通过客户服务中心和网上营业厅等为客户提供了方便的服务。本着“以市场为导向、以客户为中心，以价值链为主线”的原则，某省电信公司基于 eTOM 业务过程框架，通过过程辅助管理平台的支撑开展过程架构设计，并在过程架构的指导下进行省公司本部和各市分公司的过程梳理、整合、优化以及通过引入过程管理系统（BPMS）进行过程固化工作，提出了有针对性的电信行业过程梳理解决方案。

首先，搭建一个统一的全省过程管理平台。搭建以省公司为中心的过程管理平台，支撑公司过程架构设计与管理，实现全省基于 DCN 网络的分布式过程建模和维护，过程可以发布和展现，供各级的过程使用者方便查阅、执行和管理，并可实现不同管理主题基于过程的分析和整合，输出相关的统计报表和报告，辅助过程改进和体系优化工作。

其次，基于过程管理平台，建设一个统一的过程管理体系。搭建全省统一的过程架构体系；建立全省统一的过程管理的规范和标准；使各市分公司在一定层次的过程架构和过程标准下开展过程梳理，从而保证过程体系的整体性。

第三，eTOM 的本地化定制。根据“对上承接战略，对下结合企业经营实际”的架构构建思路，在企业的高阶上，以 eTOM 参考模型为依据，依据该运营商当前的战略需求进行了定制，明确了公司当前分客户群经营的思路，也为将来公司过程梳理的进一步推进提供了有效的指导。

第四，形成一套统一的过程管理机制。通过过程管理平台及下一阶段过程管理系统的支撑，初步建立一套过程管理的过程梳理－实施－固化－监控－改进的机制，形成过程管理的长效机制。

讨论题：

基于 eTOM 业务过程框架，该运营商提出了怎样的过程梳理解决方案？

第22章 下一代运营软件和系统

【引例】中华电信与微软合作开发 NGOSS 系统

2006 年 5 月 18 日，中华电信与微软公司发表联合声明，宣布它们将合作开发基于 NGOSS 的电信运营软件系统平台。

微软公司将为中华电信公司提供微软连通业务框架、其他软件工具和工艺咨询服务。中华电信称，NGOSS 已经成为电信运营商向客户提供标准化服务的一项全球标准，之所以选择与微软公司合作是因为微软公司已经与世界上的多家电信运营商合作研发 NGOSS，并且微软公司的软件工具的集成灵活性很强。中华电信期待利用基于 NGOSS 的平台缩短公司新业务从开发到营销的时间，并为其客户提供一站式综合服务。

双方合作开发的平台包括共享信息/数据和增强电信运营图（eTOM），其中增强电信运营图将在当年十二月举行的电信论坛上展示出来。

22.1 NGOSS 概述

22.1.1 NGOSS 的提出

随着全球电信业务的逐步开放，电信企业的经营理念从“以业务为中心”转向了“以客户为中心”，经营方式也从货架式转向个性化定制，这种变化使得原来单一业务运营支撑系统无法满足新业务不断涌现的需求。电信企业现有的 OSS/BSS 系统是在满足不断更新的业务和日益变化的市场需求的过程中逐渐建立起来的。很多的 OSS/BSS 系统只满足了运营商某个特定时期的业务需求，是相对静态的运营支撑系统。在使用的过程中，随着业务范围的扩大，这些支撑系统又进行了更新和升级，但大多是补丁式的，这给系统的稳定性留下了隐患。同时，每个运营商的支撑系统建设是相对独立的，系统之间在接口和信息共享方面存在差异和阻碍，从而造成了电信企业进行业务流程重组的困难。

为了满足电信业务迅速发展带来的 OSS/BSS 建设需求，下一代运营软件和系统（NGOSS）框架应运而生。NGOSS 的提出同时也是为了适应下一代网络（Next Generation Net，NGN）的应用。NGN 是一个在继承的基础上实现了网络与业务融合的网络，包含了众多厂商所生产的软硬件产品和各种及其复杂的网络基础设施，交换核心为软交换技术。NGOSS 虽然是由 TMF 倡导和推动的，它的思想却来源于 TMN、企业管理、业务过程管理和成熟商业软件

（Commercial Off The Shelf，COTS），是这4个方面的有机结合和提升。

22.1.2 NGOSS的概念

1. NGOSS的定义

NGOSS（New Generation Operation Software and System，下一代运营软件和系统）是由TMF提出的，为通信行业OSS/BSS的快速和灵活集成提供了框架体系。NGOSS包括业务框架、高层体系结构和实现新一代OSS/BSS的方法论，它从系统（即插即用的规则）、过程（企业业务流程模型）、信息（共享核心数据模型）、产品（符合NGOSS规范的实现）4个方面保证OSS/BSS具备标准化的特点，能够逐步演化实现端到-端的自动化管理。

NGOSS从业务、系统、实现和运行4个方面对NGOSS知识体系进行划分，形成相应的业务视图、系统视图、实现视图和运行视图。

NGOSS所强调的是一个体系概念和结构，在此指导下规定和开发具体的标准和技术。在抽象模型和结构的基础上，研究和选择适应的分布、数据和信息共享等技术，以构造最有效的系统和应用。同时NGOSS的核心框架不使用任何的特殊技术，这样即使使用新出现的技术构建新的组件时，也无需在不同技术间建立接口，只须通过构造适当的适配器就可以实现组件间的通信，从而保证了核心框架的有效性和连续性。

2. NGOSS的目标

贴近运营商需求，使系统开发变得更迅速、更灵活、成本更低是NGOSS的目标。NGOSS提出了一系列的文档、信息模型和代码，分析研究了企业核心业务流程和信息技术，提出了一套指导OSS建设的系统框架和设计即插即用的OSS组件的方法，帮助开发商迅速开发支撑系统，满足电信运营商对OSS建设的需要，从而使OSS的设计、开发从满足个别运营商的需求发展到分析电信运营商的整体需求。NGOSS不仅制定了一系列的共享信息模型、数据模型和技术中立架构，更重要的是NGOSS从企业高层管理的视角和电信企业服务提供的流程方面，提出了电信企业的运营框架和资源配置的方法。

3. NGOSS的特征

NGOSS是与下一代网络（NGN）相适应的电信运营支撑系统。与过去的运营支撑系统相比较，NGOSS在管理、技术和结构3个方面有新的特征。

在管理方面，激烈的市场竞争使得客户在企业经营中的价值越来越高。以客户为中心的经营理念体现在OSS的系统模型和系统概念上，就是从以内部管理为出发点、以技术为中心转移到以客户为出发点、以服务为中心上，提供统一的客户服务层，实现“一台清”、“一单清”，另外把客户特征贯穿于整个业务流程中，为客户提供差异化服务。

在技术方面，为了保证迅速响应客户对新业务的需求，OSS系统必须能够以最快的速度对新业务和新技术提供支持，使企业迅速将这些新的技术和业务推向市场。同时，为了更好地为电信运营服务，OSS本身使用的技术手段需要能够不断地发生变化以支持业务、管理的可能变化，随时使用最有效的技术支持系统自身的不断升级，最大程度地保证系统的可重用性。

在结构方面，电信管制逐步放松，竞争日益激烈，单个运营商往往不能满足客户提出的所有需求，各电信服务提供商和网络运营商之间的互联互通操作也是不可避免的。因此，新一代的 OSS 系统必须能够保证任何运营商的任何客户，在提出要求后迅速得到响应。

22.1.3 NGOSS 的关键技术

NGOSS 立足于从抽象的业务流程中，尽可能地利用通用逻辑组件，定义企业所需要的业务流程过程。随着计算机技术的发展以及与企业流程重组相关的工作流技术的成熟，以及其他先进 IT 技术的发展成熟，最终使得 NGOSS 的实现成为可能。

NGOSS 作为 OSS 的发展与升级，建设 OSS 的一些关键技术对于 NGOSS 来说，同样发挥着重要的作用，如第 20 章中提到的 XML 和 J2EE 技术、中间件技术、工作流技术、EAI 技术、数据挖掘和数据仓库技术等。随着系统的改进，这些技术在 NGOSS 建设中，关注与应用的角度与以前的 OSS 相比有所不同。

1．XML 和 J2EE 技术

通过 XML 和 J2EE 技术可以建立 NGOSS 数据流框架。在这个方案中，客户、运营商和网络管理员可以通过 Web 浏览器和一些应用程序与 J2EE 服务器进行交互。在 J2EE 服务器向浏览器返回 Web 信息时，由于 XML 技术在显示和描述数据方面的优势使它代替 HTML 作为 Web 数据描述语言。

2．工作流技术

在建立 NGOSS 时引入工作流技术，可以充分发挥工作流技术在过程集成、业务流程自动化的功能，将抽象的业务流程从组件中分离出来，使组件能够方便、灵活地相互集成，将业务流程和与具体技术相关的执行分离，从而使系统具有良好定义合约接口的分布式组件。

3．EAI 技术

EAI 在 NGOSS 中的作用在于，OSS 基于 EAI 可以分成 4 层体系结构，分别是接入层、企业门户层、EAI 总线层和系统层。4 层体系结构的 OSS 将表示逻辑、业务流程逻辑和应用逻辑有效地分离，使业务过程的改变不会引起应用系统的改变，实现一种松耦合的应用集成。而且基于 EAI 的设计思想使整个系统具有良好的模块化和可扩展性，符合 OSS 建设的原则。另外，通过 EAI 在不同通信接口通信机制间的转换功能和信息映射功能可以克服 OSS 系统间接口通信机制多样性的问题。

4．UML

UML 即标准建模语言，是一种定义良好、易于表达、功能强大且普遍适用的建模语言。它融入了软件工程领域的新思想、新方法和新技术。它的作用域不限于支持面向对象的分析与设计，还支持从需求分析开始的软件开发的全过程，UML 的定义包括 UML 语义和 UML 表示法两个部分。

（1）UML 语义：描述基于 UML 的精确元模型定义。元模型为 UML 的所有元素在语法和语义上提供了简单、一致、通用的定义性说明，使开发者能在语义上取得一致，消除了因人而异的表达方法所造成的影响。此外 UML 还支持对元模型的扩展定义。

（2）UML 表示法：定义 UML 符号的表示法，为开发者或开发工具使用这些图形符号和文本语法为系统建模提供了标准。这些图形符号和文字所表达的是应用层的模型，在语义上它是 UML 元模型的实例。

5．成熟商用软件

从第三方软件组件供应商处购买的并能把它集成到目标软件系统中的软件组件称为成熟商用软件（Commercial Off-The-Shelf，COTS）组件。主要采用成熟商用软件建造的软件系统称为基于 COTS 软件系统。

目前许多政府和企业组织逐渐加大了对于成熟商用软件系统的使用，同时在企业的关键应用中逐渐开始采用现成的组件。基于 COTS 的系统集成方法打破了原来从需求分析到系统设计、编码的线性开发过程，采用并行的方法，通过流程将关键的活动链接，然后一起完成系统的开发。这些关键活动包括用户需求分析、商用流程定义、可应用的技术和组件分析、目标体系结构设计和编程限制考虑等。

6．Web Services

以前程序员在开发应用程序时通常是调用操作系统的某些函数来集成本地的服务，程序员只可以访问本地的资源。但是随着网络技术的发展，本地的资源已经不能满足需求，程序员更多的是将程序的计算任务分布在网络上。为了解决这些计算模型在 Internet 上应用时的缺陷，Web Services 的概念应运而生。

从应用角度而言，Web Services 是指由企业发布的、能够完成某些特定商务需求的在线应用服务。其他公司或应用软件可以通过 Internet 访问和使用这些在线服务。Web Services 是一种可重复使用的软件组件，它从语义上封装了一些离散的软件功能，而且它的访问和使用具有可编程性，对外提供调用接口，软件人员可以通过接口调用 Web Services，获取相关数据，并将这些数据集成到自己的应用中。

对于 NGOSS 来说，最重要的是让新建的系统和原有的系统能够协调工作。由于各系统原本彼此独立，内部技术也不同，想用传统技术整合是一件困难的事。而将 Web Services 应用于 NGOSS，通过转换网关就可以实现各系统间的无缝整合。对于新开发的系统，可以直接采用 Web Services 技术服务提供接口，使用中间件平台来开发关键模块，以便提供系统的重用性、可扩展性和稳定性。

22.2 NGOSS 的体系结构

NGOSS 的体系架构与它的生命周期是紧密相连的。NGOSS 生命周期包括业务、系统、实现和开发 4 个视图，这些视图从不同阶段、不同角度描述了 NGOSS 系统的整体结构。因此 NGOSS 从业务、系统、实现和运行 4 个方面对整个体系进行划分，形成相应的业务视图、系统视图、实现视图和运行视图，如图 22-1 所示。

TMF 指出，为 NGOSS 定义的是一个采用 NGOSS 合约的方式，以构件为基础的分布式结构。与此相适应，还要定义一套该系统所具有的相对严格的服务。服务是构件对外提供的功能，这些功能通过合同定义的接口向外部提供。

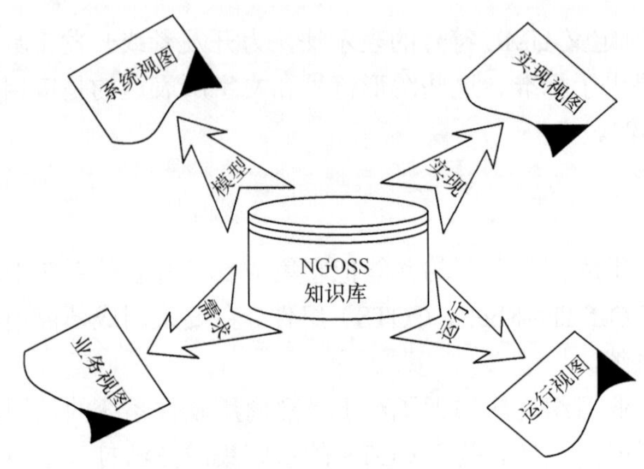

图 22-1 NGOSS 的体系结构

NGOSS 体系结构使用共享信息服务实现分布式组件之间的关联，同时也支持业务处理流程从组件中分离出来。在 NGOSS 系统结构中定义了技术无关和技术相关体系框架结构，任何一个系统的实施都是基于一个或多个技术相关的 NGOSS 体系框架结构，但是每一个技术相关的体系框架都建立在一个技术无关的体系基础上。

NGOSS 体系从概念上包括了方法论、知识库和规范等内容。方法论提供了分析 NGOSS 的 4 个视角，同时也决定了知识库围绕这 4 个视角进行组织，与此对应的 NGOSS 标准规范也是围绕这 4 个方面展开。eTOM 从商业视角出发，对企业 OSS 建设需求分析进行规范，涵盖了电信运营企业的各种企业活动和管理活动，规范了 OSS 中涉及的企业流程模型。系统集成图（System Integration Map，SIM）从系统视角出发进行规范，描述了可部署的企业组件框架，并且提出如何使用组件构建系统。TMF 的示范项目"催化剂项目"（Catalyst Project）从实施视角出发，通过开发实际的企业应用案例，解决 OSS 在实现中遇到的各种问题。TMF 的技术相关框架从运营角度考虑应用系统的实时运行环境以及各种技术的具体应用。4 个视角分别解决了以下几个问题：系统的需求是什么、怎么建模系统、如何实现系统、怎样通过重用机制开始系统的循环。

具体地说，NGOSS 的体系架构主要包括以下几个组成部分：①NGOSS 的生命周期和方法论；②增强的电信运营图 eTOM；③共享信息和数据模型 SID；④技术中立架构 TNA；⑤NGOSS 一致性测试。

eTOM 在第 21 章中有详细介绍，下面重点介绍其余几个部分。

22.2.1 NGOSS 生命周期和方法论

NGOSS 生命周期和方法论主要描述了电信企业进行业务设计、系统分析、系统开发和业务流程设计及 OSS 系统监视的一整套方法论和基本概念。NGOSS 的生命周期和方法论的目的是显示企业如何将 NGOSS 提供的各种手段和思路应用在企业自身业务分析、系统需求、解决方案设计、实现和开发的各个过程中。

1. NGOSS 生命周期视图

NGOSS 生命周期反映了不同的使用者对 NGOSS 不同的关注点，开发 NGOSS 生命周期的首要问题是明确各个使用者的利益在 NGOSS 架构中如何体现，并且随着生命周期各个阶段的转移不断传递。通过从不同角度对 NGOSS 生命周期的划分，能够明确表示出不同使用者各自关心的信息。NGOSS 称这种划分为 NGOSS 的维度。

第 1 个维度从逻辑和物理两个层面关注系统。逻辑视图关注解决方案中与技术无关的内容的定义，如业务流程、业务规则、信息模型等；物理视图则关注于解决方案中与技术相关的内容的定义和具体措施，如具体实现技术选择、COTS 产品选择、运行方案选择等。第 1 个维度的划分将抽象的解决方案（逻辑视图）和实际的开发实现和运营实例（物理视图）分离开来，便于根据一套解决方案可以开发出多种相应的实例。

第 2 个维度从 NGOSS 不同的应用者层面关注系统。它从业务提供者和业务开发者的关注角度，将解决方案划分为业务提供者视图和业务开发者视图。

NGOSS 的两个维度划分是相互重叠和交叉的，业务提供者既关注逻辑视图，如业务问题、业务目标、业务流程和策略，同时也关注物理视图，如实际系统的开发、运营和维护。同样，业务开发者关注逻辑视图中的模型建立等问题，也关注物理视图中如何利用具体的技术实现建立模型等。

根据两个维度的划分，NGOSS 在概念上分为 4 个象限，分别代表 NGOSS 解决方案中的定义、设计、实现、运行 4 个阶段，形成了业务视图、系统视图、实现视图和运行视图，如图 22-2 所示。这种方法的显著优点是提供了解决方案从业务定义到结构、实现和运行过程中的可跟踪性，也促进了在开发过程中信息和数据实体的全面性和一致性。

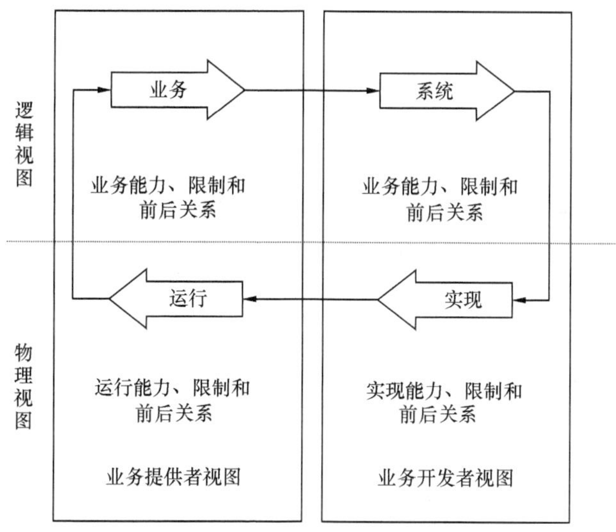

图 22-2　NGOSS 生命周期的 4 个视图

2．NGOSS 生命周期的 4 个视图

NGOSS 生命周期包括了业务视图、系统视图、实现视图和运行视图。这些视图从不同的阶段、不同的角度描述了 NGOSS 体系的整体结构。

（1）业务视图。业务视图的重点在于确定业务需求，目的是规范业务需求，以及相关的业务活动。它利用 eTOM 和 SID 描述业务过程、业务实体、业务流程和业务规则，以适合管理环境和业务提供的需要。业务视图从高层角度，用技术无关的方法描述了电信企业的各种企业活动和管理活动，这些活动是 OSS 必须满足企业流程的模式，为 OSS 的开发指明了需求和方向。

在这一阶段，要明确系统的业务目标、范围和职责。

（2）系统视图。系统视图的重点在于关注系统的管理对象、行为和计算交互，进行系统解决方案的建模。它利用 eTOM、SID 和 TNA 来建立功能模型、组件模型、流程模型和信息模型，明确对象间的信息交互，协调一致地支持业务过程。

NGOSS 系统视图中使用和生成的部分如下。

① eTOM 中业务过程环境的建立。

② SID 中系统视图信息的定义和描述。

③ TNA 中分布式计算的体系结构。

④ NGOSS 输入：NGOSS 生命周期系统视图使用案例，业务视图生成的部分。

⑤ NGOSS 输出：NGOSS 生命周期系统视图合约，业务视图生成的部分。

（3）实现视图。实现视图重点解决了已经设计完成的系统如何构建系统的硬件、软件和固件，并将系统视图中采用技术中立架构的解决方案映射到具体的目标实现方案上。它采用 SID 建立解决方案的模型，用 TNA 规定系统之间相互连接的标准和规范，并用合约的形式描述实现的细节和相关接口的定义。

NGOSS 实现视图中使用和生成的部分如下。

① 利用 SID 建立和提出的解决方案模型。

② 利用 TNA 中相关规范提出的分布式计算策略。

③ NGOSS 输入：NGOSS 生命周期实现视图使用案例，业务视图和系统视图生成的部分。

④ NGOSS 输出：NGOSS 生命周期实现视图合约，业务视图和系统视图生成的合约，还有业务视图和系统视图合约，同时也有 SID 建立的 NGOSS 组件。

（4）运行视图。运行视图研究的是电信运营商的实际运营环境和如何进行有效的监测，以便在必要的时候调整基于 NGOSS 的行为和策略，从而保证 OSS 系统按预定的方式工作，并实现对合约和案例的评估，通过系统性能测试来实现电信运营商经营业务的不断发展和进步。

运营视图解决了在实际环境中实现设计方案的各种行为。它使用和生成的部分如下。

① NGOSS 输入：NGOSS 生命周期运行视图使用案例，业务视图、系统视图和实现视图生成的部分。

② NGOSS 输出：NGOSS 生命周期运行视图合约，业务视图产生的组件，系统视图和运行视图生成的合约，还有实现视图和 SID。

3. NGOSS 方法论和知识库

NGOSS 生命周期提供了分析、定义、设计和开发 OSS 解决方案的一套循序渐进的方法。为了找到在整个生命周期及每个视图阶段都可以使用的一致循环方法，TMF 开发了 NGOSS SANRR 方法论，用于明确生命周期相关的步骤、活动和输出结果。这种方法论包括了 5 个步骤。

（1）定义范围：通过对当前环境和目标的描述，明确解决方案范围，包括解决方案的任务，需要实现的业务和功能的范围、边界。

（2）分析：分析新增业务与原有业务的关系，并用模型化语言对新增业务进行定义和描述。

（3）规格化：通过分析新增业务对原有业务流程、功能模型、信息模型和业务规则等的影响，将新增业务融入到原有模型中，形成统一的新模型。

（4）合理化：检查规范化的模型是否适应需求和变化，是否需要改进。

（5）调整：针对合理化步骤中发现的问题，对有需要的模型进行修改，完成后回到第 3 步循环直至完成。

NGOSS SANRR 方法论可以用于整个生命周期，也适应于生命周期的每个视图阶段。

NGOSS 方法论提供了一种信息集中保存的机制，这就是 NGOSS 知识库，它负责收集和发布来自业务、系统、实现和运行等方面的经验以及企业支撑系统的过程信息。NGOSS 知识库包含 3 类信息。

（1）现有的企业信息，包含了企业在实际业务运营过程中积累起来的经验。

（2）NGOSS 信息，包含了 TMF 定义的各种框架、模型、规则、技术方法。

（3）公共或者共享知识。

由 SID 表示的知识库是 NGOSS 的中心，它有组织地集合了商业实体和系统实体的定义及模型，提供了通用的信息/数据语言，明确了实体间的相互关系。在 NGOSS 的视图之间起到了“粘合剂”的作用，确保商业需求驱动系统的设计和实现。

22.2.2 共享信息数据

1. SID 的概念

共享信息数据（Shared Information Data，SID）是 NGOSS 提出的建立共享信息模型的通用框架，以满足电信企业对共享信息数据定义和模型的需求。SID 分别从商业和系统两个视角描述了共享信息模型。一方面，SID 从商业视角出发，以 eTOM Level 0 定义的业务处理模型为基础，依据对商业过程中涉及的各种商业信息的抽象和分析，定义了各种可聚合的商业实体 ABE 以及各种商业实体 BE，并将它们划分为不同的管理域，形成了系统信息图 SIM，从而最大限度地实现信息和数据的共享。SIM 建立了 NGOSS 方法论中业务视图、系统逻辑视图和信息数据间的映射关系，通过抽象对象将数据信息和业务功能聚合在一起。另外还提供了一个框架结构，将 NGOSS 的功能部件（如系统处理流程、业务应用合同接口、共享信息模型和技术相关合同接口等）组织在一起。另一方面，SID 从组建 OSS 系统的视角出发，对各种商业实体的属性进行定义，并利用 UML 将它们有机地组合在一起，形成 UML 模型，作为实现 OSS 系统共享信息模型的参考模型。

SID 为运营商、系统集成商、软件提供商提供了讨论电信运营的共同概念和语言，用于分析电信企业的核心业务流程，划分出不同的管理功能区域，为建设实际的 OSS 系统提供了通用的信息模型框架。

SID 模型由一系列组件组成：SID 框架，业务实体及属性，业务实体的 UML 类模型。

2. SID 的域

SID 的框架中包含了多个业务领域和业务实体的聚集。业务领域又按照服务提供商不同的关注点划分为不同的部分，这些划分统一命名为域，企业中所有的域构成了企业的信息框架，即 SID 框架。域是对流程和信息框架进行分析而得到的，它具有以下特征。

（1）域中包含的业务实体对企业信息及操作进行了封装。

（2）相对于流程，域是企业数据和相应操作的集合。

（3）域也能够提供稳定的企业信息格式。

（4）域具有清晰的责任和归属关系。

在同一个域里的实体密切相关，而域与域之间的实体相对松散，这样的划分可以有效地把一个完成的业务问题分割为几部分，并采用分治策略进行处理。例如，涉及客户的应用可以单独考虑，而无需考虑服务和资源。业务实体、属性及实体间的关系构成了 SID 模型的业务视图。

3．SID 的框架

SID 的框架提供了 SID 业务实体的高层部分，同时提供了业务实体分布的结构图。SID 的域和 eTOM 框架中的过程组具有对应关系。例如，在 SID 模型中，运营数据被分成了 8 个域：市场/销售域、产品域、客户域、服务域、资源域、供应商/合作伙伴域、企业域和公共业务域。每个域里包含不同的业务实体，如图 22-3 所示。

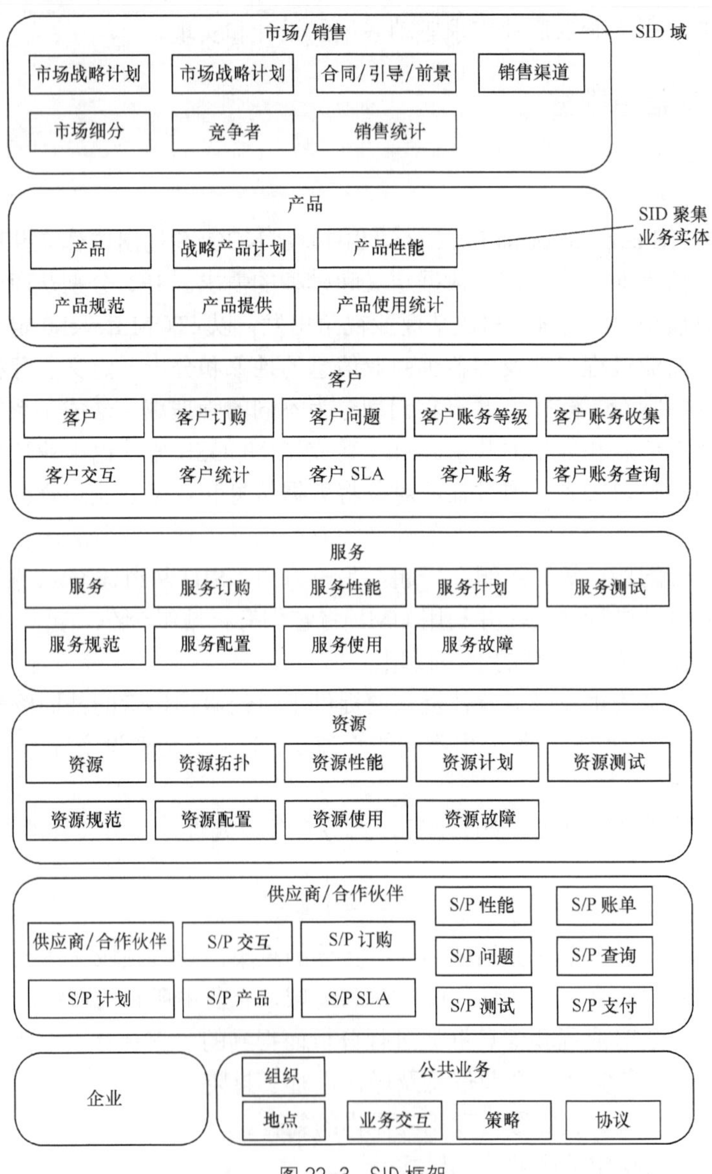

图 22-3 SID 框架

22.2.3 技术中立架构

1. TNA的概念

对于所有运营商来说，采用不同技术的新旧系统有集成问题。对于个别运营商来说，他们自己有对技术的偏好和选择。在这种形势下，为了保证达到OSS建设的目标（特别是互操作和逐步演化升级），就必须处理好技术的兼容和选择问题。为了保证NGOSS的目标能够顺利实现，也为了解决不同技术的兼容问题，TMF提出了NGOSS的技术中立结构（Technology Neutral Architecture，TNA）。

TNA是解决方案所必须参照的体系架构，它以技术中立的方式描述了NGOSS框架的重要概念和架构细节，用于描述电信企业内部各个系统与业务过程和角色之间的接口定义、组件、合约、文档以及通信方式的规则和方法，使得采用不同技术构建的系统能快速集成，形成价值链，缩短新业务推向市场的时间，使电信运营商成为精益运营商。TNA定义了NGOSS在系统结构方面的功能，即是一个抽象的、通用的系统结构。同时，TNA描述了系统结构实现各个阶段所关心的问题和方法。有时可以将TNA看成是TMN的参考结构。不过同后者相比，TNA更加抽象，也具有更大的灵活性和指导意义。

2. TNA定义的重要概念

TNA 首先明确定义了一系列和分布式构件系统有关的系统结构概念和这些概念之间的关系，包括构件、合约、服务、接口以及共享数据和信息等。

（1）构件。构件和构件间的关系是TNA的核心。构件是TNA部署的，可管理的基本单元，它是合约的承载者或容器，同时也是服务的提交实体。

关于构件的定义，TNA引用了SEI（卡内基·梅隆大学软件工程研究所）的概念：是一种功能的二进制实现，即完成这种功能的软件实体；有合同定义的接口；可以独立部署的单元；可以由第三方来构造；和一种构件模型一致。

TMF同时指出，在TNA中作为软件实体，必须明确定义构件提供的服务。NGOSS中具体实现的构件还必须明确定义它外部关联；用一种技术相关的构件模型来实现；无论构件是否有持续的状态，构件操作所需的信息应当能够永久存储。

（2）合约。合约是NGOSS系统协调工作的基本单元，NGOSS定义的4个视图通过一致的方式使用合约来实现各个阶段的协调工作。

不同人员对合约的具体功能有不同的理解，关注合约的角度也不同，也就是说合约具有自身的生命周期，在解决方案的每个阶段合约功能的规范和实现都是不断推进的。

① 从 NGOSS 业务视图来看，合约从高层角度规定了资源和业务必须提供的目标和职责，并用业务相关人员易于理解和交流的概念和术语对目标和职责作了定义。

② 从NGOSS系统视图来看，合约规定了设计合约必须具备的计算需求，并用技术人员易于理解和沟通的技术中立方式从技术上定义这些需求。

③ 从NGOSS实现视图来看，合约规定了实现合约功能组件的配置、编程和其他具体的实现因素，用于实现合约中定义的功能。

④ 从 NGOSS 运行视图来看，合约规定了检测组件在性能、费用和其他特性上的机制，并管理合约使它生效或失效。

（3）服务。服务是一个或多个合约描述的一组功能，代表了管理能力单元。服务的定义需要具有以下特点。

① 服务描述必须包括用于描述接口和调用该服务的元数据以及对每种操作调用后返回的终止信息。

② 某些服务需要指定前置和后置条件，只有满足前置条件才能调用该服务，后置信息给出了调用服务后对系统状态的要求。

③ 服务必须能够单独进行管理。

服务可以分为 3 种类型，包括基础框架服务、OSS 框架服务和 OSS 应用服务。

（4）接口。接口是一组相关的组件操作定义，客户通过使用接口调用组件的功能。

3．TNA 的目标和功能

TNA 的定义有很明确的应用需求目标。这样一个抽象的结构为日后系统的稳定创造了条件。TNA 构建了一个低耦合、高度集成的构件系统，它为 OSS 的不断演化和升级打好了基础。同时，也为系统间的互联互操作提供了保证。通过分布构件的运行环境和公用的信息服务，一个业务处理构件可以有多个实例，这就实现了系统的可伸缩性和高可用性。

使用 TNA 的系统结构还提供了新旧系统集成和不同 NGOSS 互联互操作中解决技术兼容的途径。在一个统一的构件模型的指导下，只要有一些适配和转换手段，技术的不同就不会成为集成和互联互操作的障碍。

TNA 的所有功能，无论是业务服务还是框架服务，都在一个与具体实现技术中立的文档中说明。NGOSS 的另一个文档，即技术特定架构部分将技术中立的框架和服务映射到具体的视线技术中。

22.2.4 系统一致性测试

1．一致性测试的定义

NGOSS 一致性测试定义了如何检验组件或者解决方案是否符合 NGOSS 中的所有内容。NGOSS 一致性测试的标准包括测试的原则与策略、测试案例及 XML 计划等，测试的内容包括公共通信测试、合约接口、流程控制要求等。通过一致性测试方案，可以简化系统间的集成度，提高互操作性，促进多供应商环境的出现，使得服务提供商、网络运营商、设备和 OSS 提供商真正从 NGOSS 中获益。

2．一致性测试的内容

NGOSS 一致性测试采用矩阵方式记录测试结果，即用矩阵的形式记录一个方案是否已经满足某些 NGOSS 原则、是否满足 NGOSS 的业务过程、信息模型、什么时候测试的等信息。这个矩阵中的元素包括公共通信设施、合约定义接口、外部化流程控制、合约注册和交易、SIM 域的覆盖和 SID 的一致性。

（1）公共通信设施的一致性测试提供了易于集成和获取信息的方法，使得构建的 OSS 系统具备良好的伸缩性。

（2）合约定义接口的一致性测试提供了易于集成和采购 OSS 插件的方法，使得组件功能的扩展很容易在现有的框架上实现。

（3）外部化流程控制的一致性测试提供了易于采购的方法，同样使得组件功能的扩展很容易在现有的框架上实现。

（4）SIM 域的覆盖的一致性测试用于检验业务过程和信息的完整性。

（5）SID 的一致性测试提供了易于集成的方法，可以有效地节约各种资源的投入。同时也可以检测功能组件的技术，判断组件间的功能是否有重叠和间断。

（6）合约注册和交易的一致性测试提供了易于集成和升级的方法。

3．一致性测试的步骤

图 22-4 显示了一致性测试的步骤。首先收集数据，包括提供商先前提供的必须信息和通过查找得到的信息；接着分析数据，通过输入和分析收集到的数据，生成一致性事件；最后生产报告，根据一致性事件生产一致性报告。

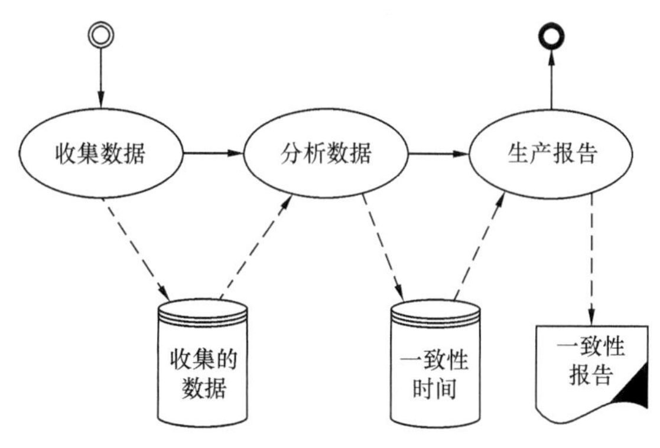

图 22-4　一致性测试的步骤

一致性测试报告记录了系统中发生的事件，这些事件被归结为 4 种类型。

① 通过：事件合乎 NGOSS 的一致性。

② 警告：事件可能不合乎 NGOSS 的一致性。

③ 微小：事件似乎不合乎 NGOSS 的一致性，需要进一步验证。

④ 重大：事件不合乎 NGOSS 的一致性，但并不会影响整个方案的一致性。

⑤ 严重：事件严重不符合 NGOSS 的一致性，从而导致整个方案不符合 NGOSS 的一致性。

22.3 NGOSS 与 TMN 的融合

22.3.1 NGOSS 对 TMN 的加强

国际电信联盟（ITU）提出的电信管理网（TMN）模型长久以来一直指导着电信领域的网络管理建设。但是由于 ITU-T 对 TMN 标准化活动的定义是一种自下而上的过程，即从网元管理到企业管理，因而导致目前在企业管理层面的标准比较匮乏。具体来说，TMN 的局限性表现在以下 4 个方面。

（1）缺乏对高层管理功能的定义。TMN 从层次上对管理功能进行的分类，但是对管理功能的定义局限在网元管理层，更高层次的管理功能因为管理信息的缺乏而难以定义完整。同层管理功能间的关系也还在研究中。

（2）缺乏标准化的管理信息模型。只有网元管理层集中定义了标准化的管理信息模型，其他层次在这一方面还比较缺乏。

（3）结构不够完善。TMN 的信息体系结构不能完全支持分布式的管理环境。另外管理系统软件的开发也缺乏支持。

（4）实现的复杂性。TMN 的 4 层管理模型虽然简单，但涉及了系统的各个层面，在真正实现时却非常复杂。TMN 标准仅仅覆盖了一个狭义的网络管理范围，大量的管理工作放在了网络本身，而对网络上的业务管理以及更高级别的抽象运营管理活动的规范仍然是一片空白，还需要进一步完善。

运营过程的集成性、实时性和动态性，要求运营商的支撑系统必须能支撑动态变化的需求和在线实时管理变化的要求，能支撑局部功能模块升级的需要。而原有的运营支撑系统的技术架构和业务规划都无法满足这种需求。在这种需求的推动下 TMF 提出了 NGOSS 的基本架构。

NGOSS 体系结构强调自上而下端-端的运营管理支持，充分体现“以客户为中心”的运营原则。NGOSS 体系结构以 TMN 框架模型为基础，以 eTOM 为管理需求的出发点，重新确定了运营支撑系统与软件所应具有的体系结构特征，是对 TMN 进一步的发展与补充。

22.3.2 NGOSS 与 TMN 的融合

电信运营支撑系统体系框架应该完整地覆盖从客户支持到网络运营支撑的全过程。TMN 体系以网络层为重点，从下到上进行支撑。NGOSS 体系以市场和客户为重点从上到下进行支撑，两者的融合是必然趋势。

由于这两个体系在构建时有不同的关注点，两者的融合会为运营支撑系统建设带来全面的解决方案。但是也因为两者的差异，要实现真正融合还必须解决一些问题。

1. 方法论的融合

两个体系采用了不同的方法论。TMN 采用功能结构、信息结构和物理结构的方法进行架构的分析和描述，并有了相对稳定的建议体系。NGOSS 采用业务过程框架、共享信息模型和技术中立体系结构的模式进行体系的分析和描述。两个体系在方法论上存在本质的区别，很难直接进行融合。

2. 开发术语的融合

两个体系的开发人员采用的术语完全不同。而术语的统一是两个体系融合的必要条件之一。

3. 管理模式的融合

两个体系有着不一样的管理模式和管理重点。因此两个体系在管理模式上的协调也是一个必须解决的问题。

22.4 NGOSS 的发展趋势

随着网络技术和电信市场的进一步发展，NGOSS 仍然存在着大量的问题需要解决。目前，TMF 一方面围绕着 NGOSS 知识库，不断完善标准和系统模型的定义，另一方面通过“催化剂项目”实现具体的应用实例，提供实际可行的解决方案，同时验证模型的可行性。下一步需要做的工作有：

1．对于新业务和新技术的支持

电信技术和业务正经历着深刻的变革，如电信核心网络 IP 化、电信业务多样化以及电信设备和技术的复杂化等。这些变革对运营支撑系统提出了新的要求。TMF 正在不断地完善体系结构，针对各种新技术增补相应的实现模型和方案。

2．对于宽带业务的支持

随着宽带业务的需求增加，运营商遇到了来自网络管理和业务管理的巨大压力。运营商需提供高度灵活的解决方案，包括针对不同宽带技术的计费解决方案和管理方案，以及根据不同流量特性和业务质量进行计费的解决方案。

3．关注产品管理以及伙伴关系管理

NGOSS 还需要关注产品管理以及伙伴关系管理。特别是随着 3G 业务的开展和 3G 商业模式的推广应用，运营商对业务伙伴的管理非常重要，如果支撑不好将直接影响 3G 业务的推广。

4．电子商务在运营支撑系统中的应用

NGOSS 模型将运营管理活动扩展到整个企业活动的各个方面，而不仅仅是电信业务的运营。它包括了企业的战略规划、基础结构、产品规划等多个方面，定义了专门的电子商务过程。为了支持电子商务的应用，运营支撑系统需要解决很多的新问题，包括技术、业务环境下的客户/业务模型，有效的端-端的管理支持和 SLA 管理流程等。

本章小结

本章主要介绍了下一代运营系统和软件的有关知识。首先，介绍了 NGOSS 的概念、实现 NGOSS 的一些关键技术；然后，重点介绍了 NGOSS 的体系结构；最后，阐述了 NGOSS 对 TMN 的加强与融合，以及 NGOSS 发展的趋势。

思考与练习题

22-1 谈谈对 NGOSS 概念的理解。
22-2 试描述 NGOSS 的体系结构。
22-3 试描述 NGOSS 生命周期的 4 个视图。
22-4 阐述 NGOSS 的发展趋势。

案例讨论

基于 IMS 的下一代运营支撑系统

2007 年，中国联通与中兴通讯合作的“IMS 运营支撑（OSS/BSS）”Catalyst 项目在美国达拉斯“TM World”会议上亮相。会议现场展示了 IMS＋NGOSS 端—端运营支撑系统，实

时演示了IMS业务部署、业务激活、计费、管理，并引起美国同行关注，认为其在推动IMS大规模商用化道路上具有里程碑意义。

“TM World”会议由电信管理论坛（TMF）发起。为推动新一代OSS的发展，TMF通过组织一系列的工程项目，开发出新一代的“即插即用”型的OSS的框架结构与指南，是专门研究NGOSS的权威组织。TMF总裁Martin Creaner指出，“目前，通信市场正以指数级速度增长，Catalyst计划即是一个很好的范例，向人们展示领先的CSP和厂商如何相互协作，共同促进技术创新和提高收益。”

中国联通技术部总经理张智江表示：“通过无缝OSS/BSS架构提供IMS业务的能力极为重要，从这个项目中我们获得了宝贵的经验。”中兴通讯IMS产品总经理叶征则指出：“当前传统电信运营面临着向信息服务提供商转型以及全IP下一代网络建设的战略选择。中兴通讯IMS解决方案致力于有效支持固定和移动融合、IT和CT融合，以及电信与广电业务融合，力助运营商踏上信息服务的转型之路。”2007年4月，中兴通讯面向全球发布基于IMS的新一代多网络融合解决方案——ZIMSTM“至美”解决方案，该方案遵循3GPP、3GPP2、TISPAN等国际标准，聚焦多媒体及融合业务的实现和创新，是一个涵盖核心网、业务平台、接入和终端的端-端、一站式IMS解决方案，完全满足全球领先客户需求。

随着电信融合趋势的进一步加剧，业界预测在未来5年内IMS的大规模商用将真正到来。

讨论题：

1. 实施基于IMS的NGOSS对电信企业有什么意义？
2. 请思考并描述中兴推出的基于IMS的NGOSS将会有哪些特点和功能？

附录A 缩略语英汉对照表

3G（3rd Generation）第三代移动通信
3GPP（3G Partnership Project）第三代合作伙伴计划
ABU（Asia Pacific Broadcast Union）亚太地区广播联盟
AHP（Analytic Hierarchy Process）层次分析法
AM（Accounting Management）账务管理
APT（Asia Pacific Telecommunity）亚太电信组织
ARP（Address Resolution Protocol）地址解析协议
ATM（Asynchronous Transfer Mode）异步转移模式
BI（Business Intelligence）商业智能
BOSS（Business＆Operation Support System）移动业务运营支撑系统
BPR（Business Process Reengineering）业务流程重组
BSP（Business System Planning）企业系统规划法
BSS（Business Support System）业务支撑系统
CA（Certificate Authority）认证管理中心
CCIR（Consultative Committee of International Radio）国际无线电咨询委员会
CCITT（International Telegraph and Telephone Consultative Committee）国际电报电话咨询委员会
CDMA（Code Division Multiple Access）码分多址
CIMS（Computer Integrative Manufacturing System）计算机集成制造系统
CLM（Council of Logistics Management）美国物流管理协会
CM（Configuration Management）配置管理
COTS（Commercial Off The Shelf）成熟商业软件
CP（Content Provider）内容提供商
CP（Catalyst Project）催化剂项目
CRM（Custom Relationship Management）客户关系管理
CSF（Critical Success Factors）关键成功因素法
CTO（Configure to Order）按订单配置方式
DHCP（Dynamic Host Configuration Protocol）动态主机配置协议
DM（Data Mining）数据挖掘

DMTF（Distributed Management Task Force）分布式管理任务组
DNS（Domain Name Service）域名服务
DSS（Decision Support Systems）决策支持系统
DW（Data Warehouse）数据仓库
EDPS（Electronic Data Processing System）电子数据处理系统
ES（Expert System）专家系统
ETO（Engineer to Order）按订单定制方式
eTOM（enhanced Telecom Operations Map）增强的电信运营图
ETSI（European Telecommunications Standards Institute）欧洲电信标准协会
FDMA（Frequency Division Multiple Access）频分多址
FM（Fault Management）故障管理
FTP（File Transfer Protocol）文件传送协议
GDSS（Group Decision Support System）群体决策支持系统
HTTP（Hyper Text Transfer Protocol）超文本传输协议
IAO（Indirect Access Operator）间接接入服务运营商
ICP（Internet Content Provider）互联网内容提供商
IDSS（Intelligent Decision Support System）智能决策支持系统
IEC（International Engineering Consortium）国际工程协会
IETF（Internet Engineering Task Farces Internet）互联网工程任务组
IFRB（International Frequency Registration Board）国际频率登记委员会
IMSO（International Maritime Satellite Organization）国际海事组织
INTELSAT（International Telecommunications Satellite Organization）国际通信卫星组织
INTERSPUTNIK（International System and Organization of Space Communications）国际空间通信系统和组织
ISDN（Integrated Services Digital Network）综合业务数字网
ISO（International Organization for Standardization）国际标准化组织
ISP（Internet Service Provider）互联网服务提供商
ITU（International Telecommunication Union）国际电信联盟
ITU-T（International Telecommunications Union- Telecommunications）国际电信联盟—电信标准化部门
KM（Knowledge Management）知识管理
KPI（Key Performance Indicators）关键绩效评价指标
LIF（Location Interoperability Forum）区域互用性论坛
MIS（Management Information System）管理信息系统
MNO（Mobile Network Operator）移动网络运营商
MVNO（Mobile Virtual Network Operator）移动虚拟运营商
MTO（Make to Order）按订单方式生产
MTS（Make to Stock）按库存方式生产
NGN（Next Generation Net）下一代网络

NGOSS（New Generation Operation System and Software）下一代运营系统和软件
NMS（Network Management System）网络管理系统
OASIS（Organization for the Advancement of Structured Information Standards）结构化信息标准促进组织
OLAP（On-Line Analysis Processing）联机分析处理
OOM（Object Oriented Method）面向对象的开发方法
OSI（Open Systems Interconnection）开放系统互连体系
OSS（Operation Support System）运营支撑系统
PDA（Personal Digital Assistant）个人数码助理
PM（Performance Management）性能管理
QOS（Quality of Service）服务质量
R&D（Research and Development）研究开发
RAD（Rapid Application Development）快速应用程序开发方法
RMA（Radio Manufacturers' Association）无线电制造商协会
SCM（Supply Chain Management）供应链管理
SGML（Standard Generalized Markup Language）标准通用标记语言
SID（Shared Information Data）共享信息数据
SIM（System Integration Map）系统集成图
SLA（Service Level Agreement）服务水平协议
SM（Security Management）安全管理
SMTP（Simple Mail Transfer Protocol）简单邮件传输协议
SP（Service Provider）服务提供商
SSAD（Structured System Analysis and Design）结构化系统开发方法
SST（Strategy Set Transformation）战略目标集转化法
TDMA（Time Division Multiple Access）时分多址
TFTP（Trivial File Transfer Protocol）普通文件传送协议
TMN（Telecommunications Management Network）电信管理网
TNA（Technology Neutral Architecture）技术中立结构
TOM（Telecom Operations Map）电信运营图
TSP（Tied Service Provider）捆绑业务提供商
TTC（Telecommunication technology commission）日本电信技术委员会
UML（United Modeling Language）统一建模语言
URSI（International Union of Radio Science）国际无线电科学联合会
VAN（Value Added Network）增值网
VANS（Value Added Network Service）增值网业务
VNO（Virtual Network Operator）虚拟电信运营商
W3C（World Wide Web Consortium）万维网联盟
WISP（Wireless Internet Service Provider）无线互联网服务提供商

附录 B 运营咨询工具

运营咨询工具可以分为以下几类：问题界定工具、数据搜集工具、数据分析和方案研发工具、成本影响和支付的分析工具以及执行工具[①]。同时还包括战略管理、市场营销和信息系统工具，这些工具也经常用于运营管理咨询。通过图 B-1 可以系统地了解各个工具的关系。

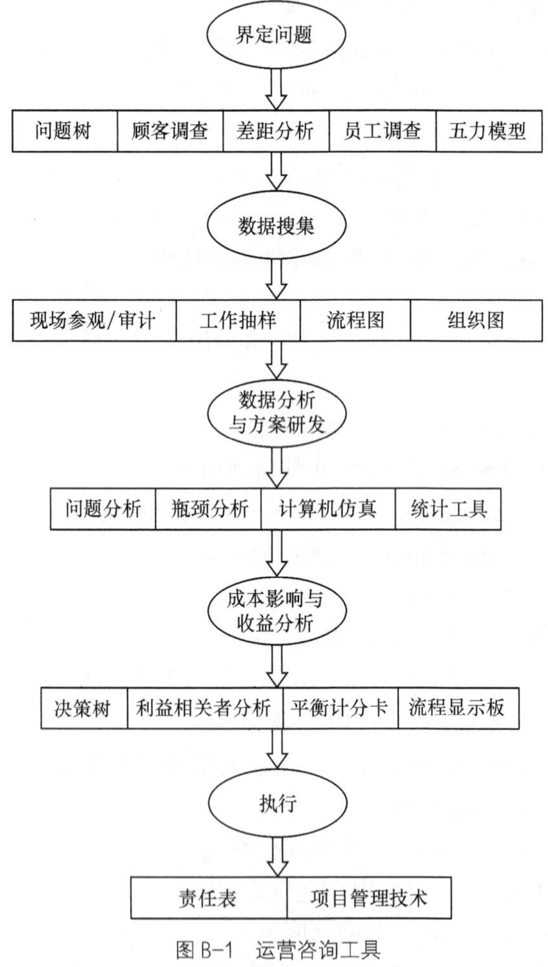

图 B-1 运营咨询工具

① 该部分内容可以参见理查德 B. 蔡斯等著，任建标等译. 运营管理. 北京：机械工业出版社，2007

1. 问题界定工具

(1)问题树

麦肯锡公司使用问题树来显示需要调查的主要问题,对于可能的解决办法,设定有效的初始假设。从图 B-2 可以看出,问题树从总问题(如增加装饰品销售量)出发,然后逐级展开,直至找到问题的所有根源。一旦画出了问题树,也就确定了所包含的关系和可能的解决办法,从而明确了项目计划。

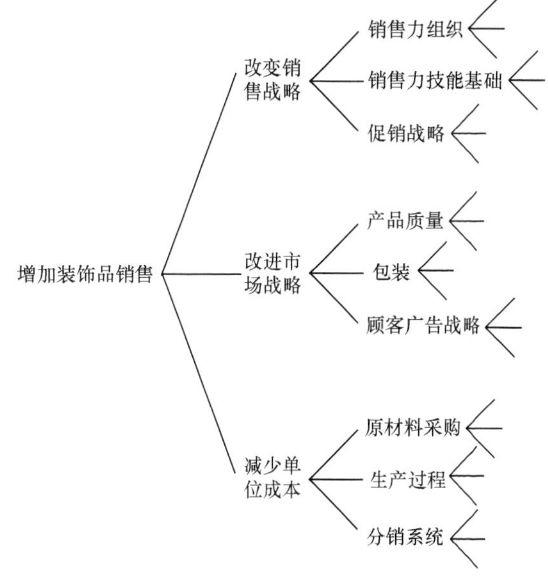

图 B-2 问题树

(2)顾客调查

通常,在营销咨询人员或市场人员进行顾客调查之后,运营咨询人员被召集到一起,确定顾客调查所反映的问题。顾客调查主要用于分析顾客忠诚度,它的依据是 3 个典型的市场指标:客户保留、客户份额以及对竞争对手价格变化的敏感度。这些可获得的信息能够帮助运营管理咨询人员对组织进行深入的研究,找出与客户保留直接相关的运营因素。

(3)差异分析

差异分析分为绩效差异分析和流程差异分析。前者用于评估客户的绩效,是相对于顾客的期望或竞争者的绩效而言的;后者是比较某个客户公司的流程与标准流程之间的差异,并量化这些差异。

(4)员工调查

包括员工满意度调查和意见调查。如果咨询人员要求员工提出建议,则得到的信息必须得到管理层的认真评估和执行。

(5)五力模型

波特提出的著名的模型,根据公司的产业结构来评估它的竞争地位。五力分别是顾客购买力、潜在的进入者、供应商、替代产品以及行业中的竞争对手。咨询人员在应用此模型时,需要列出每个项目下的各种因素。

五力模型常与价值链模型一起使用。如图 B-3 所示,价值链反映了组织活动之间的关联结构,这些组织活动在为顾客创造价值的同时也为公司创造利润。

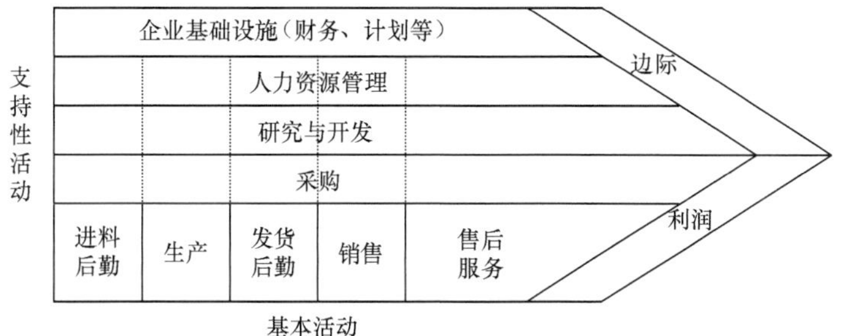

图 B-3 价值链模型

SWOT 分析是与五力模型类似的工具。这种方法在评估组织时更为常见。

2．数据搜集

（1）现场参观/审计

现场参观/审计可以分为制造业参观/审计和服务业参观/审计。不仅要审查生产设备和流程的方方面面，还要审查支持性的工作，如设备维护和库存保管。利用为客户所在的行业专门设计的核查单进行审计，通常需要几周的时间。相反，在实际过程中，现场参观往往是走马观花，通常只需半天的时间就可以完成。参观的目的是在集中精力解决问题之前，对生产流程有个大致了解。调查时使用普通核查单或"工厂速评法"中提出的一般问题。

工厂速评法（RPA）可以帮助研究小组在 30 分钟内分析出不足之处。这个方法包括一张有 20 项内容的调查问卷和一个有 11 类因素的评级表。在调查过程中，小组成员要与工人和主管进行谈话，寻找进行最佳实践的依据。小组中的每个成员应该各自负责几项调查，同时为了避免打断与员工的谈话以及忽视谈话过程中的眼神交流，建议不要做笔记。在调查的最后，研究小组讨论他们的观点，填写工作表。因素分类是整个调查过程的核心。

（2）工作抽样

工作抽样是对工作活动的随机观察。设计工作抽样的目的是对工人花费的时间和设备利用情况作一个统计上的了解。工作日志是另一种收集数据的方法。咨询人员通过这种方法可以对工人执行的特殊工作有一个了解。在这种方法中，雇员只要记下他们一周内所做的工作就可以了，避免了分析人员必须通过监视工人的一举一动来收集数据。

（3）流程图

流程图用来跟踪物料流、信息流和人员的流动。工作流软件广泛应用于流程分析中。除了提供定义流程的功能之外，大多数的工作流软件具备 4 个基本功能：工作分配和流程、生产时刻表、工作清单管理以及自动状态和流程度量。服务行业中使用的流程图（即服务蓝图）增加了产品线在可见性上的差异，以明确区分发生在顾客和企业之间的活动。

（4）组织图

组织图易于改变，因此应该注意观察在现实中谁直接向谁汇报。由于担心泄露竞争信息，一些公司不太愿意对外公布组织图。

3．数据分析与方案研发

（1）问题分析（SPC 工具）

帕累托分析、鱼刺图、散点图以及控制图都是基本分析工具。帕累托分析应用于 ABC 分析下的库存管理，在考察库存管理问题时，这种 ABC 分析仍然是标准的切入点。对于寻找咨询项目的入手点，鱼刺图（又称因果图）是一个好方法，尤其适用于问题的因果分析。

（2）瓶颈分析

在许多运营管理咨询项目中，都会出现资源瓶颈。在这种情形下，咨询人员必须明确，对于某种产品或服务的期望产能，目前有多少实际产能，以便确定和消除瓶颈。这种差距不一定都很明显，理清这些关系需要使用逻辑分析。

（3）计算机仿真

计算机仿真分析已经成为运营管理咨询中的常用工具。最普遍的仿真方法是 Extend 和

CrystalBall。对于较小的、相对简单的仿真，咨询人员经常使用 Excel。

（4）统计工具

相关分析和回归分析在运营管理咨询服务中是常用的技术。这些分析可以很容易地通过电子表格来实现。在咨询公司的方法手册中，假设检验也经常出现。咨询人员在分析数据时还会使用卡方检验和 T 检验。另外，排队论和预测技术是电信服务业广泛使用的两种统计分析的工具。咨询人员经常使用排队论来计算顾客排队或者电话呼叫时需要多少服务通道，或是使用预测技术预测电信网节点的业务量情况。

4．成本影响与收益分析

（1）决策树

策树树是广泛应用于风险分析的基本工具。这种方法在考察工厂、设备投资以及研发项目时大量使用。

（2）利益相关者分析

许多咨询项目都在某种程度上影响了 5 个利益相关者：顾客、股东、雇员、供应商和社会。实际上，考虑所有利益相关者利益的重要性几乎在所有大公司的任务说明书中都得到了反映，这样也能为咨询人员提供指导。

（3）平衡计分卡

为了在绩效评估系统中反映出每个利益相关者的特定要求，会计人员开发出一种称为平衡计分卡的工具，使得绩效评估不仅仅关注底线数字和一两种考评绩效。

（4）流程显示板

与关注组织范围内绩效数据的平衡计分卡不同，流程显示板用于为专门的流程提供简要的即时操作更新。显示板的组成部分包括一条用颜色标记的趋势线，上面有一个操作标准的选择，并且以感叹号的形式来警示关键指标处于故障边缘。

5．执行

（1）责任表

责任表用于为项目的责任制定计划。它通常采用矩阵的形式，矩阵的列表示任务，行表示项目小组成员。这种方法的目的是确保给每个人都分配了任务。

（2）项目管理技术

咨询公司使用 CPM/PERT 和甘特图等项目管理技术来计划和掌控整个公司的咨询业务，同时也监控单个项目。Microsoft Project 和 Primavera Project Planner 都提供这些工具。Evolve Software 为专业的服务公司开发了一种软件包，它以 ERP 软件为模型，允许管理者将销售流程、资源管理和产品交付管理等模块集成起来。

附录C ERP沙盘模拟对抗实验

1. 背景介绍

在经济全球化背景下，生产资源的有效管理是关系企业战略发展和获得竞争优势的关键。企业运营管理就是面向企业生产资源的管理活动。通过运营管理设计并控制企业生产系统，从而在产品或服务的生成过程中，有效利用企业的各项资源，最大程度地提高服务的质量和生产率。

企业资源计划系统（ERP）是建立在信息技术基础上，利用现代企业的先进管理思想，全面集成了企业的所有资源信息，并为企业提供决策、计划、控制与经营业绩评估的全方位和系统化的管理平台。ERP 可以帮助企业管理人员根据外部环境的变化而对企业资源进行合理规划，使企业流畅运转，从而达到商业上的成功。ERP 沙盘模拟对抗实验通过直观的企业经营沙盘，来模拟企业运行状况，使参与者实现在运营管理课程学习之后的“顶峰式体验”。

2. 实验内容

（1）实验目的

ERP 沙盘模拟对抗实验的目的是让学员在分析市场、制定战略、组织生产、整体营销和财务结算等一系列活动中体会企业运营管理的全过程，认识到企业资源的有限性，领悟课堂教学所讲授的运营管理理论蕴含的规律，全面培养学员的运营管理能力。

（2）实验环境

实验环境如图 C-1 所示。

（3）实验内容

具体实验内容包括如下几点。评估内部资源与外部环境，制定长、中、短期策略；预测市场趋势、调整既定战略；产品研发的技术经济分析与决策，必要时作出修改研发计划，甚至中断项目决定；选择获取生产能力的方式（购买或租赁）；设备更新与生产线改良；全盘生产流程调度决策；匹配市场需求、交货期和数量及设备产能；库存管理及产销配合；必要时选择清偿生产能力的方式；市场开发决策；新产品开发、产品组合与市场定位决策；模拟在市场中短兵相接的竞标过程；刺探同行敌情，抢攻市场；建立并维护市场地位、必要时作退出市场决策；制定投资计划，评估应收账款金额与回收期；预估长、短期资金需求，寻求资金来源；掌握资金来源与用途，妥善控制成本；洞悉资金短缺前兆，以最佳方式筹措资金；

分析财务报表、掌握报表重点与数据含义；运用财务指标进行内部诊断，协助管理决策；如何以有限资金转亏为盈、创造高利润；编制财务报表、结算投资报酬、评估决策效益；实地学习如何在立场不同的各部门间沟通协调；培养不同部门人员的共同价值观与经营理念；建立以整体利益为导向的组织；在信息系统支持下，做好企业"平衡供需"；借助信息系统做好企业资源合理规划。

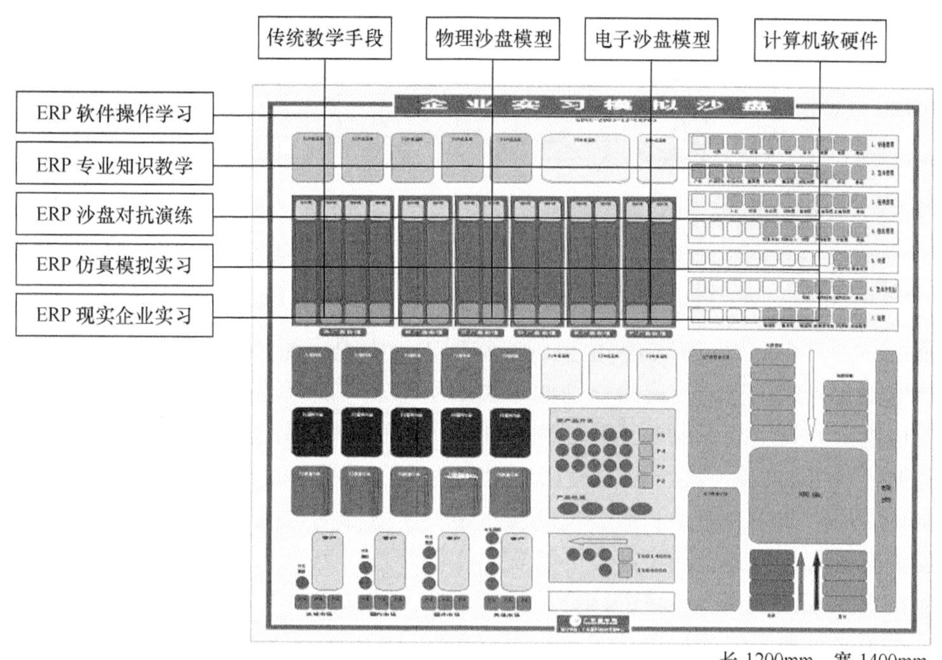

图 C-1 ERP 沙盘实验示意图

目前，本 ERP 模拟对抗实验的基本背景设定为一家已经营若干年的生产型企业，把参加实验的学员分成 6 组，每组 4～5 人，代表 6 个此类生产企业的虚拟公司。实验过程中，每个小组的成员将分别担任公司中的重要职位（CEO、CFO、市场总监、生产总监等）。6 组学生均作为同行业中的竞争对手，从先前的管理团队中接手企业，在面对来自其他企业（其他学员小组）的激烈竞争中，将企业向前推进、发展。实验过程中，学生必须作出众多的决策。例如，新产品的开发、生产设施的改造、新市场中销售潜能的开发等。每个独立的决策似乎容易作出，然而当它们综合在一起时，许多不同的选择方案自然产生。

每一轮（假定为一个计划年度）模拟之后，指导教师将会进行评讲与分析，同时讲解在下一轮中应用的企业运营管理知识和业务工具，及其对竞争的结果产生的直接影响。因此参与者需要在沙盘模拟的"几年"中，在客户、市场、资源及利润等方面进行一番真正的较量。本实验让学生通过"做"来"学"，以看到并触摸到商业运作的方式来体会深奥的商业思想。这种体验式的"设计-决策"学习可以大大增强学生的理论联系实际的能力。

附录 D 基于 Living Lab 的电信运营管理与服务体验实验

1. 背景介绍

Living Lab 模式是 1995 年首次由美国麻省理工大学提出的，近年来在欧洲得到广泛发展的一种技术创新模式，它的发展路标图如图 D-1 所示。它的核心是把产品与服务的研发过程从传统的理论研究到产品和服务开发再到商业推广的三点循环模式，改变为从理论研究到产品和服务的开发再到实际应用测试，最后进行商业推广的四点循环模式。在新的创新模式中，用户的实际应用测试成为产品和服务创新过程中一个重要的组成部分。Living Lab 就是为实施这一创新模式而在现实生活中建立的真实的实验环境，可以是一个居民小区，也可以是一个城市的某个区域。在这一环境里，公共部门、研究机构以及开发企业共同参与，随时获得最终用户对于产品和服务的反馈信息，用户将帮助开发企业不断改进产品和服务的设计与品质，从而达到商业推广的要求。Living Lab 实际上也是相对于传统意义的研发实验室而被命名的，是建立在现实生活中的产品和服务研发测试基地。这一模式并不是人们通常所理解的“以用

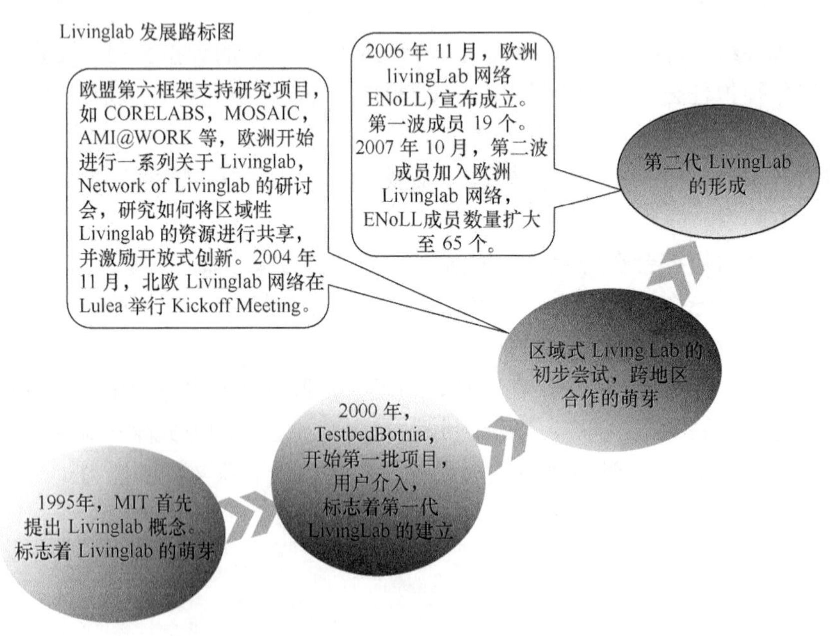

图 D-1 Living Lab 发展路标图

户为中心”的开发模式，而是一种“用户驱动”的开发模式，在这一模式下，用户不再是创新的客体而是转变成创新的主体。

20 世纪 90 年代以来，面向数据包传输的计算机网络崛起和 Internet 的商业化发展，使传统电信网和传统电信运营商受到了前所未有的冲击，电信企业不再是单纯的信息承载者，全球电信运营商都在进行向信息服务商过渡的战略转型。电信技术这一领域已经从单纯的远程通信（Remote communications）转变为信息通信技术（Information Communication Technologies，ICT），促使 IT、传媒和电信这 3 个各不相同的行业越走越近，形成了更广泛意义的信息产业。与此同时，3G 时代的到来，给电信运营商的业务创新模式也提出了更大的挑战。

2．实验内容

（1）实验目的

电信运营管理与服务体验实验的目的是从 3 个层面培养学员：①要求学员把自己视为新型电信业务的目标用户群，体验和感受用户任务、行为、期望，在互动中产生用户创意，收集用户回馈，改进业务和应用；②要求学员又把自己视为市场的开拓者，引导学员快速地建立业务原型，利用自己所学的通信技术和经济管理知识，通过测试活动将原型规范化，以此为依据形成产品开发的功能需求说明书；③要求学员把自己看成是电信服务业的经营者，对形成的业务功能说明书进行仿真实现，特别是实现过程的价值链管理。经过这 3 个层面的训练，使学员领悟课堂教学所讲授的电信运营管理理论知识，全面培养学员电信运营管理的实践能力。

（2）实验环境

实验环境如图 D-2、图 D-3、图 D-4 所示，电信运营管理与服务体验实验通过面向服务的体系架构（Service - Oriented Architecture，SOA），提供在 Living Lab 服务体验的模拟试验项目，在实验中学员可以体会到电信用户的需要和实际系统功能与技术需求之间的关系，从而在人机互动环境中培养和训练对用户—市场—技术的互动关系。

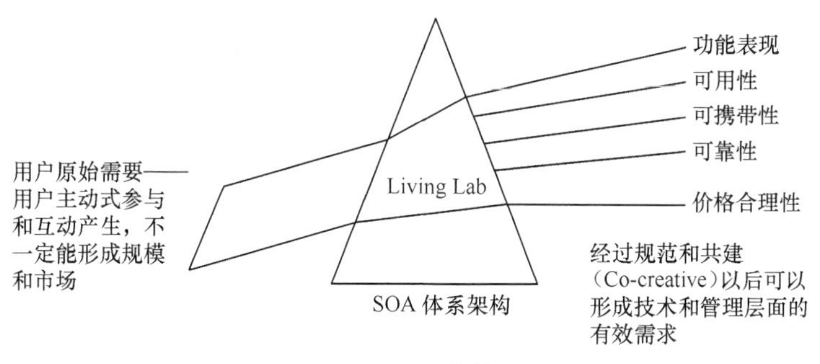

图 D-2　SOA 架构

（3）实验内容

实验内容包括如下几点。通过模拟一个竞争环境，开展一系列基于客户体验来驱动的价值链管理实验，使学员感受复杂多变的环境。包括宏观环境、市场（消费者）环境和竞争环境、产品属性偏好的分析技术、产品定位技术-语义量表分析、多元量表分析、持续营销过程管理、战略规划模型分析、运营管理和业务管理仿真等。针对电信行业价值链进行运营管理和服务体验的实验模拟设计，遵循从市场营销环境分析、购买行为分析、市场调研与预测，到市场细分、产品定位，再到产品决策、价格决策、分销渠道决策、促销决策、产品和服务设计、战略规划设计、运营支撑环境仿真等这样一条主线进行设置。具体实验项目包括：电信产业价值链流程认知实验；电信增值业务消费体验；虚拟社区客户消费体验；基于用户需求的电信增值业务产品设计；基于用户需求的虚拟社区产品设计；市场营销策划模拟；市场调研与预测模拟；市场营销战略决策模拟；市场营销环境分析模拟；市场营销战术制定模拟；用户驱动的价值链平台的构建和设计；电信业务管理系统仿真；电信运营支撑系统仿真；客户关系管理；电信资费决策分析与设计等内容。

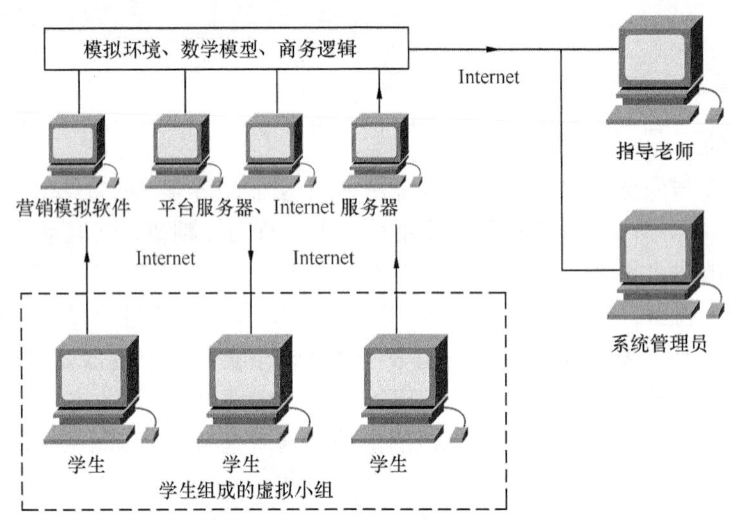

图 D-3 实验环境示意图

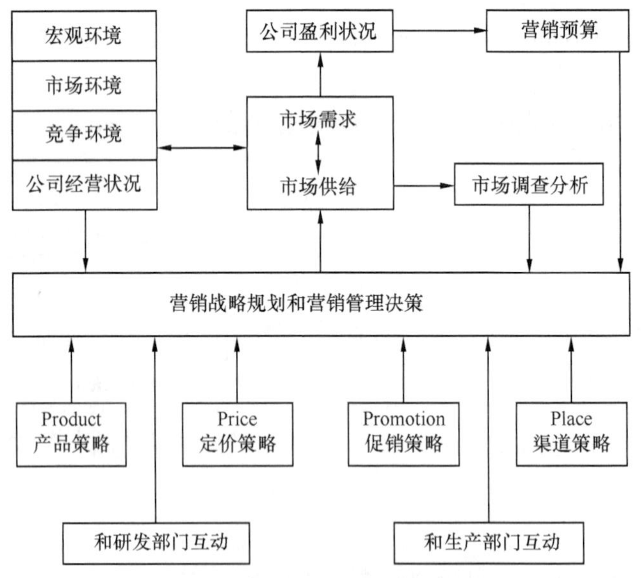

图 D-4 电信运营企业战略规划和管理决策

参考文献

[1] Patrick O'Connor. The new management of engineering [J]. *Technology*，2005.

[2] Terry McNulty. Ewan Ferlie Reengineering Health Care：The Complexities of Organizational Transformation[J]. *Business &Economics*，2004.

[3] Hossain，M.Brown，A.Nguyen，D.-T. Telecommunications reform in the Asia-Pacific region. Northampton , MA USA: E. Elgar Pub，2004.

[4] Object Management Group. Common Object Request Broker Architecture: Core Specification Version.3-0-3[S]. 2004.

[5] Hui-Lian Tsai. Information Technology and BPR [J]. *Business and Economics*，2003.

[6] Brian Arkills. LDAP Directories Explained: An Introduction and Analysis[M]. Addison Wesley. 2003.2:58-60.

[7] Skolnikoff E.B.Security and Sanity[J]. *IEEE Spectrum*. 2003，4:13-14.

[8] Adma Braff，William J.Passmore，Miehael Simpson. Going the distance with telecom customers[J]，MK Quarterly 2003.

[9] TMF，NGOSS Powered Compliance Testing Strategy Technical Specification-TMF050 v2.0 Released Tuesday. TMN Documentation. 2002，11.

[10] Mark Basham，Laryr Goldman，Pstriek Kelly. Global OSS Forecast [J]. RHK Telecommunication Industry Analysis[J]，2002.

[11] Foster I. Kesselman C. Nick J. The Physiology of Grld [R]. Global Grid Fo-rum，2002.6

[12] Fabio Casati and Ming-Chien Shan.Event-Based Interaction Management for Composite E-Services in eFlow[J]. *Information Systems Frontiers*，2002，4(1):19.

[13] Robert S. Pindyck, Daniel L. Rubinfeld. Microeconomics. Fifth Edition. Upper Saddle River, N. J. [J]. *Prentice Hall*，2001.

[14] Shaw, James K.Boston, Telecommunications deregulation and the information economy[J], *Artech Hous*，2001.

[15] CarlosRyan, Douglas Schmidt. Using Real-time CORBA Effectively Patterns&Principles[R]. America: University of California，2001.

[16] Mohsen Attaran, Why does reengineering fail A practical guide for successful implementation[J]. Journal of management development[J]. Vol 19 No.9，2000.

[17] Carlos Ryan, Fred Kuhns, Douglas C Schmidt, OSSama Othamn, and Jeff Parsons. *The Design and Performance of a Pluggable Protocols Framework for Real-Time Distributed Object Computing Middleware*[M]. Heidelberg:SpringerBerlin，2000:372-395.

[18] Michael Hammer. Reengineering work：don't automate，obliterate [J]. Harvard Business Review. 1990，7 (8)：104-112.

[19] Hal R. Varian. Intermediate Microeconomics: A Modern Approach. Fifth Edition. W. W. orton

&Company[D]. New York，1999.
[20] GigaInformationGroup(IdeaBytel/27/99).
[21] GigaInformationGroup(IdeaByte11/24/98).
[22] Michael Hammer and James Champy. *Reengineering the Corporation: A Manifest for Business Revolution*[M] . Harper Collins Publishers，1993.
[23] Joe Peppard and Philip Rowland. The Essence of Business Process Reengineering[M] .北京：中信出版社，1999.
[24] Ravi Anupindi, Sunil Chopra, Sudhakar D. Deshmukh, Jan A.Van Mieghem,Eitan Zemel. 企业流程管理[M]. 北京：清华大学出版社，2003.
[25] 梁雄健，杨瑞桢，张静．电信组织管理[M]．北京：人民邮电出版社，2006.
[26]（美）理查德 B. 蔡斯，F.罗伯特•雅各布斯，尼古拉斯 J. 阿奎拉诺等著．任建标等译．运营管理[M]．北京：机械工业出版社，2007.
[27]（美）理查德 B. 蔡斯等著．任建标等译．生产与运作管理——制造与服务[M]．北京：机械工业出版社，2006.
[28] 范秀成．服务管理学[M]．天津：南开大学出版社，2006.
[29] 张宏斌，葛娟．运筹学方法及其应用[M]．北京：清华大学出版社，北京交通大学出版社，2008.
[30] 杜娟，赵春艳．管理信息系统分析与设计[M]．北京：清华大学出版社，2008.
[31] 张雷．NGOSS 新一代电信运营支撑系统[J]．通信世界，2008(1):23～24.
[32] 刘虚心，彭斌．基于 COTS 的客户管理系统的设计与实现[J]．微计算机信息，2008，24(3):288～290
[33] 蔺雷，吴贵生．服务管理[M]．北京：清华大学出版社，2008.
[34] 马东力．服务质量评价体系文献综述 [J]．理论与研究，2008(12).
[35] 杨刚．数据管理技术在电信运营业务支撑系统中的应用[J]．消费导刊，2008(9):184.
[36] 王荣鑫，张新，姜青．基于客户生命周期理论的客户保持策略研究[J]．企业活力，2008(7).
[37] 张晓洲，张永红．电信大客户营销 [M]．北京：人民邮电出版社，2008.
[38] 王林林．电信服务与服务营销 [M]．天津：天津大学出版社，2008.
[39] 赵宏波，孔薇．基于运营商的电信业务创新与设计[J]．中国新通信，2008:82～85.
[40] 沈其东．服务战略的定位 [J]．销售与市场营销版，2008(5).
[41] 王建玲，刘思峰，吴作民．服务接触理论及其最新研究进展[J]．企业经济，2008(1).
[42] 高斌．通信经济学 [M]．北京：人民邮电出版社，2008.
[43] 吕成华，李福娟．全业务运营海外经验系列报道（之五）Verizon 精细运营铸就全业务巨无霸[J]．通信世界，2008（32）.
[44] 宋向东．全业务运营海外经验系列报道（之七）NTT 的 FMC 何以起死回生[J]．通信世界，2008（34）.
[45] 吕成华，仇月娟．全业务运营海外经验系列报道（之八）KDDI 全业务运营挑战市场主导地位[J]．通信世界，2008(35).
[46] 仇月娟，吕成华．德国电信借全业务运营扭转困境[J]．通信世界，2008(38).
[47] 吴康迪．英国电信：以 NGN 引领全业务运营[J]．通信世界，2008(38).

[48] 吕成华，张一文．西班牙电信加速成为更强的全方位领导者[J]．通信世界，2008(38)．
[49] 顾欣，袁千．破解全业务运营的五维密码[J]．华为技术，2008(28)．
[50] 金典，金国强．电信服务接触管理创新与服务竞争力形成机制研究[J]．研究与发展管理，2007（4）．
[51] 孙昌璐，黄韬，魏蔚．电信管理网与 NGOSS[M]．北京：机械工业出版社，2007．
[52] 陈龙．电信运营支撑系统（第 2 版）[M]．北京：人民邮电出版社，2007．
[53] 孙秋菊等．IT 支撑系统的现状与发展[J]．世界电信，2007(4)．
[54] 钱鸿生，黄立平．NGOSS 的演进及对我国电信企业的支撑作用[J]．IT 技术，2006(4):70～71．
[55] 田志龙，盘远华，高海涛．商业模式创新途径探讨[J]．经济与管理，2006(1):42～45．
[56] 张静，梁雄健．电信服务的创新点[J]．通信企业管理，2005.2．
[57] 张延川，易向军．我国电信运营企业管理信息系统发展战略[J]．世界电信，2005(4):15～19．
[58] 陈龙，张春红，云亮．电信运营支撑系统[M]．北京：人民邮电出版社，2005．
[59]（美）斯蒂芬・P・罗宾斯著．组织行为学[M]．北京：中国人民大学出版社，2005．
[60] 王良元，储成祥，殷群．通信企业管理[M]．北京：北京邮电大学出版社，2005．
[61]（美）诺曼•盖泽，格雷格•富兰泽尔著．刘庆林等译．运营管理[M]．北京：人民邮电出版社，2005．
[62] 宋彦军．TOM/ISO9000 与服务质量管理 [M]．北京：机械工业出版社，2004．
[63] 舒华英，齐佳音．电信客户全生命周期管理 [M]．北京：北京邮电大学出版社，2004．
[64] 梁雄健，杨旭．通信企业信用管理[M]．北京：北京邮电大学出版社，2004．
[65] 广小明，李东颖，龙志勇．新一代电信运营支撑系统及关键技术分析 [J]．电信科学，2004(5):40～44．
[66] Roger G. Schroeder．运营管理新概念与案例 [M]．北京：清华大学出版社，2003．
[67] 电信管理论坛．增强的电信运营图（eTOM）信息和流通服务业的业务过程框架[M]．北京：中信出版社，2003．
[68] 马士华，林勇，陈志祥．供应链管理 [M]．北京：机械工业出版社，2003．
[69] 信息产业部电信管理局．电信网间互连管理 [M]．北京：人民邮电出版社，2003．
[70] 吕廷杰，杨宁，吴海军．电信运营支撑系统 OSS——理论、策略和实践 [M]．北京：人民邮电出版社，2003．
[71] 迈克尔・哈默．企业行动纲要 [M]．北京：中信出版社，2002．
[72] 泽斯曼尔・A・瓦拉瑞尔，彼特纳玛丽乔著．服务营销（第二版）[M]．北京：机械工业出版社，2002．
[73] 杨海荣．通信企业生产运作管理 [M]．北京：人民邮电出版社，2002．
[74] 刘丽文．服务运营管理[M]．北京：清华大学出版社，2004．
[75] 芮明杰．再造流程[M]．浙江：浙江人民出版社，1997．
[76] 中国电信、中国移动、中国联通、中国网通历年年报．
[77] 国金证券行业研究报告．电信服务行业研究服告，2008．
[78] 平安证券行业研究报告．电信困局与重组，2008．
[79] 姬智，刘楠．全业务运营海外经验系列报道（之三）[J]，通信世界，2008（29）．
[80] 陈荣秋，马士华．生产运作管理（第二版）[M]．北京：机械工业出版社，2006．

[81] 齐二石等．生产与运作管理教程[M]．北京：清华大学出版社，2006．
[82]（美）拉图里，（中）马士华等．运作管理原理[M]．北京：电子工业出版社，2008．
[83] 陈福军．生产与运作管理（第二版）[M]．北京：中国人民大学出版社，2008．
[84] 郑称德．运作管理[M]．南京：南京大学出版社，2003．
[85] 黄卫伟．生产与运营管理（第二版）[M]．北京：中国人民大学出版社，2006．
[86] Hank Intven. 电信规制手册[M]．北京：北京邮电大学出版社，2001．
[87] 中华人民共和国电信条例．北京：法律出版社，2000．